인구 쇼크

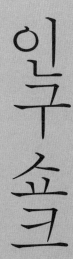

인구 쇼크

과잉 인구 시대,
지구와 인류를 위한
최선의 선택

앨런 와이즈먼 지음 | 이한음 옮김

COUNTDOWN
Our Last, Best Hope for
a Future on Earth?

RHK
알에이치코리아

베키에게
한결같은 사랑에 감사하며

지혜가 여기 있으니 총명한 자는 그 짐승의 수를 세어 보라.
그것은 사람의 수이니라.

〈요한계시록〉 13장 18절

지혜로이 판단할 때 아이를 더 낳을 필요가 없다고 여겨지면,
정관수술을 허용할 수 있다.

아야톨라 알리 하메네이(이란 최고지도자), 1989년경.

한국의 독자들에게

한국어를 비롯해 34개 언어로 출간된 전작 《인간 없는 세상The World Without Us》을 집필하며, 나는 자발적인류멸종운동Voluntary Human Extinction Movement이라는 불길한 이름의 단체를 설립한 사람과 인터뷰를 한 적이 있다. 그는 인류가 다른 수많은 종들과 더불어 우리 자신까지 멸종으로 내몰고 있을 정도로 이미 자연을 심각하게 파괴해 왔다고 이야기했다. 그리고 우리 자신의 번식을 중단하는 것만이 남아 있는 유일한 윤리적 대안이라고 말했다. 그렇게 한다면, 더 이상 동료 생물 종들을 함께 죽자고 끌어들이는 일 없이 인류는 한 세기 안에 서서히 사라질 것이라고 했다.

나는 그의 주장이 이해되지 않았다. 물론 내가 인터뷰한 많은 과학자들은 지나치게 증가한 인구로 지구가 황폐해져 인류가 조만간 멸종하지 않을까 우려한다. 하지만 이 책의 서문에서 밝혔듯이, 내가 《인간 없는 세상》을 쓴 이유는 인류가 사라지기를 원치 않기 때문이었다. 나는 호모사피엔스를 사랑한다. 나는 호모사피엔스 중 한 명과 결혼했다. 우리 인류는 엄청난 문제들을 일으키지만, 경이로울 만치 아름다운 것들도 만들어낸다. 나는 인류가 새들처럼 계속 아름답게 노래했으면 한다.

나는 아기를 더 이상 낳지 말자는 그의 급진적인 계획과 계속 인구를 늘리고자 하는 인류의 행동 사이에서 중용을 지킬 필요가 있다고 판단했다. 그래서 인구가 정확히 어느 정도로 증가하고 있는지 알기 위해 유엔 인구국에 물어보았다가 경악하고 말았다. 인류는 4.5일마다 100만 명씩 증가하고 있었다.

그러한 증가율이 지속 가능한 수준이 아니라는 것은 명백했다. 그래서 《인간 없는 세상》의 에필로그에 넣고자 국제적 명성의 인구통계연구소 한 곳에 모든 나라가 중국처럼 한 자녀 정책을 채택한다면─관련된 모든 사회적 요인을 제쳐두고─어떻게 될지 계산해달라고 요청했다.

그들이 내놓은 답은 놀라웠다. 한 세대 뒤에 세계 인구가 정점에 이르렀다가 줄어들기 시작하고, 금세기 말에는 15억 명 남짓한 수준으로 떨어진다는 것이었다. 인구가 갑작스럽게 두 배로 늘어났다가 다시 두 배가 되기 전인 20세기 초의 세계 인구와 같았다.

현재 인구의 약 5분의 1에 해당하는 그 정도 인구라면, 우리뿐 아니라 다른 종들도 한결 여유 있게 살아갈 수 있을 것이다. 하지만 진지하게 생각해 보라. 중국의 한 자녀 정책을 우리도 채택하자는 말에 좋아할 사람이 누가 있겠는가. 중국인들도 대부분 어쩔 수 없이 받아들이고 있는데 말이다. 잠자리에서의 일까지 정부가 시시콜콜 이래라저래라 하는 것을 좋아할 사람은 아무도 없다. 그리고 우리는 강제 낙태와 불임 수술은 물론이고 사실상의 유아 살해, 특히 여아 살해에 이르기까지 정부의 지나친 인구 억제 정책이 어떤 최악의 결과들을 낳았는지 익히 들어 알고 있다.

그렇긴 해도, 그 정책이 없었더라면 현재 중국의 인구는 4억 명이 더 늘어났을지 모른다. 이 책에 등장하는 중국의 생태학자들은 그런 과격한 조치를 취하지 않았다면 중국이 대단히 심각한 재앙을 맞이했으리라고 설명한다. 또 이 책을 읽으면서 독자들은 현재 우리 종이 생물 역사상 가장 비정상적으로 급격히 증가하고 있다는 사실을 깨닫고, 그 이유도 알게 될 것이다. 하지만 우리는 이 유례없는 인구 폭발이 일어나는 와중에 태어났기에 혼잡한 군중, 교통 정체, 무분별한 도시 팽창 같은 것들이 모두 당연하게 여겨지는 듯하다.

하지만 이 혼잡함은 정상이 아니다. 게다가 지구 자체가 팽창하지 않는데 인구가 무한정 늘어날 수 없다는 점은 어린아이도 알 수 있다. 하지만 독자들은 물을 것이다. "그렇다고 해서 우리가 할 수 있는 일이 뭐가 있을까?" 내가 중국이 시도한 정책의 대안을 찾아 21개국을 돌아다닌 이유가 바로 그 때문이다. 나는 그 여행을 시작할 때보다 훨씬 더 희망을 품게 되었다고 말할 수 있어서 무척 기쁘다. 이 책에는 지극히 자발적으로 자기 사회에 적합한 인구 조절 방식을 택해서 성공을 거둔 국가들의 사례가 많이 나와 있다. 그리고 그 나라들은 인구 억제에 성공함으로써 환경 스트레스를 줄이는 동시에, 사회적 및 경제적으로도 놀라운 혜택을 보고 있다.

하지만 이런 사례들이 한국과 어떤 관련이 있다는 것일까? 한국은 이미 평균 출산율이 세계 최저 수준인데 말이다. 한국에서는 고령층을 지원할 연금이 부족해지는 사태가 일어나지 않도록, 자녀를 더 많이 낳아서 노동 인구를 충분히 확보해야 한다고 경제학자들이 말하고 있지 않은가? 그리고 인적 자원이야말로 한국의 가장 중요한 자원이 아니던가?

이 책은 그런 문제들을 상세히 다루고 있으므로, 여기서는 한 가지만 언급하고 넘어가기로 하자. 지속적인 성장이 경제의 건전성을 말해주는 핵심 지표라고 찬양하는 경제학자들은, 인구가 대규모로 유지되기를 바라는 진짜 이유를 털어놓는 일이 거의 없다는 사실이다. 그것은 일자리를 놓고 경쟁하는 이들이 많을수록, 더 값싸게 노동력을 이용할 수 있기 때문이다. 이 책에 나온 일본의 저명한 경제학자가 설명하고 있듯이, 설령 인구가 감소하여 국가의 GDP가 감소하더라도 국민 1인당 소득, 즉 당신의 소득은 줄어들지 않을 것이다. 일할 사람이 줄어들수록, 노동력은 더 귀해질 것이기 때문이다.

따라서 인구가 줄어들어도 임금은 줄어들지 않으며, 한 세대가 지난 뒤 고령층과 후세대 사이에 다시 균형이 이루어지면서 복지 문제도 완화될 것이다. 나는 식구가 적은 가구일수록 더 건강하게 지속 가능한 생활을 꾸리고 있음을 전 세계에서 목격했다. 자녀 일곱 명보다 한두 명을 키우고 교육시키는 편이 더 여유가 있기 때문이다. 그리고 인구가 줄어들수록 실업 문제도 줄어들 것이므로, 사회는 더 행복하고 더 안정될 것이다.

하지만 성장을 옹호하는 경제학자들은 세계가 당면한 과제들을 해결하려면 인류의 창의성이 필요하고, 인구가 더 늘어나야 천재적인 능력을 지닌 이들도 많아질 것이라고 주장하곤 한다. 실제로 내게 이렇게 물은 사람도 있었다. "모차르트의 엄마가 볼프강 아마데우스를 낳지 않고 피임을 했다면 어떻게 되었을까요?"

나는 그 당시에 세계 인구가 7억 5000만 명에 불과했지만, 그래도 모차르트가 태어났지 않느냐고 답해주었다. 현재 세계 인구는 그보다 아홉 배 이상 많다. 그 많은 인구가 에너지를 쓰고 있기에, 현재 대기의 이산화탄소 농도는 300만 년 전과 같은 수준으로 높아졌다. 당시 해수면은 지금보다 30미터나 높았다. 우리는 경이롭고 창의적인 종일지 모르지만, 그렇다고 인구가 많아질수록 더 좋아지는 것은 아니다. 지나치면 아니함만 못하다.

이 책에 등장하는 몇몇 과학자들이 간파하고 있듯이, 인구가 지금처럼 많지 않다면 세계의 현안들도 더 적었을 것이다. 어떤 식으로

든 간에 인구는 자연적인 한계에 맞게 조정되어야 할 것이다. 그렇지 않으면 자연이 우리를 대신하여 인구를 조정할 것이다. 인구를 줄이면 서울의 교통 정체와 혼잡함도 완화될 것이고, 공기도 깨끗해질 것이고, 한국뿐 아니라 세계가 더 건강한 곳이 될 것이다.

이 책을 쓰기 위해 취재를 하면서, 나는 세계 각지에서 우리가 아주 수월하게, 그리고 놀라울 만치 적은 비용으로 그 일을 해낼 수 있음을 보여주는 사례들을 접했다. 그리고 내가 깨달은 바를 여러분에게 전하고 싶다.

자신의 아름다운 조국과 인류의 미래를 걱정하는 독자 여러분께 감사드린다.

앨런 와이즈먼

들어가는 말

어쩌면 나의 전작《인간 없는 세상》이 인류가 이 행성에서 사라졌을 때 어떤 일이 일어날지를 상상한 일종의 사고실험이었음을 떠올리는 독자들이 많을지도 모르겠다.

우리를 지구에서 없애 보자는 착상은 비록 우리가 지구에 엄청난 피해를 입혀 왔다고 해도 자연에는 놀라운 복원력과 치유력이 있음을 보여 주려는 마음에서 나왔다. 우리 인류가 매일같이 짓누르는 압력에서 풀려나면, 자연의 복원과 재생은 놀라우리만치 빠르게 진행된다. 이윽고 새로운 식물, 동물, 균류 등도 진화하여 빈 생태적 지위를 채울 것이다.

나는 상쾌하고 건강한 지구라는 멋진 전망에 이끌린 독자들이, 어떻게 하면 이 경관에 호모사피엔스를 다시 집어넣을 수 있을지 자문하지 않을까 하는 희망을 품고 있었다. 지구의 다른 생물들과 치명적인 전투를 벌이는 것이 아니라 조화를 이루는 방식으로 말이다.

다시 말해, 어떻게 하면 우리는 세계와 함께 살아갈 수 있을까?

바로 그 주제를 놓고 또 한 번의 사고실험을 해보자. 이번에는 상상할 필요가 아예 없다. 여기 나온 시나리오들은 현실이기 때문이다. 그리고 내가 묘사하는 사람들, 즉 지역 주민들과 전문가들 말고도 독자와 나까지 포함한 모든 이들이 이 시나리오에 들어 있다. 뒤에서 드러나겠지만, 우리 모두의 미래는 근본적으로 내가 전 세계를 돌면서 던진 네 가지 질문에 어떻게 답하느냐에 달려 있다. 방금 말한 전문가들 중에는 이 질문들이 지구에 다른 무엇보다 중요하다고 말하는 이들도 있다.

그들 중 한 명은 이렇게 덧붙였다.

"하지만 아마 대답하기가 불가능하지 않을까."

그가 이 이야기를 할 때 우리는 세계에서 가장 오래되고 신성시되는 고등교육기관 중 한 곳에서 점심을 먹고 있었다. 그는 그곳의 명망 높은 교수였다. 그 순간에 나는 전문가가 아니라서 기뻤다. 언론인은 어떤 분야에서든 심오한 주장을 하는 일이 거의 없다. 우리 일은 무엇을 취재하든 간에 연구에 매진하는 사람들, 아니 사실상 연구를 위해 사는 사람들을 찾아서, 우리 같은 이들이 이해할 수 있도록 상식적인 질문을 하는 것이다.

그런 질문들이 분명 세상에서 가장 중요하다면, 전문가들이 대답하기가 불가능하다고 생각하든 말든 상관없다. 그래도 답을 찾아 나서는 편이 더 낫다. 아니면 찾을 때까지 계속 질문을 하든지 말이다.

그래서 나는 그렇게 했다. 2년 넘게 20여 개국을 여행하면서 물었다. 이제 독자 여러분도 내 여행과 탐구를 따라가면서 스스로 그들에게 물을 때가 되었다.

결국 우리가 답을 찾아낼 것이라고 생각하는가? 그렇다면 독자 여러분도 우리가 이제 무엇을 해야 하는지를 이해할 것이라고 확신한다.

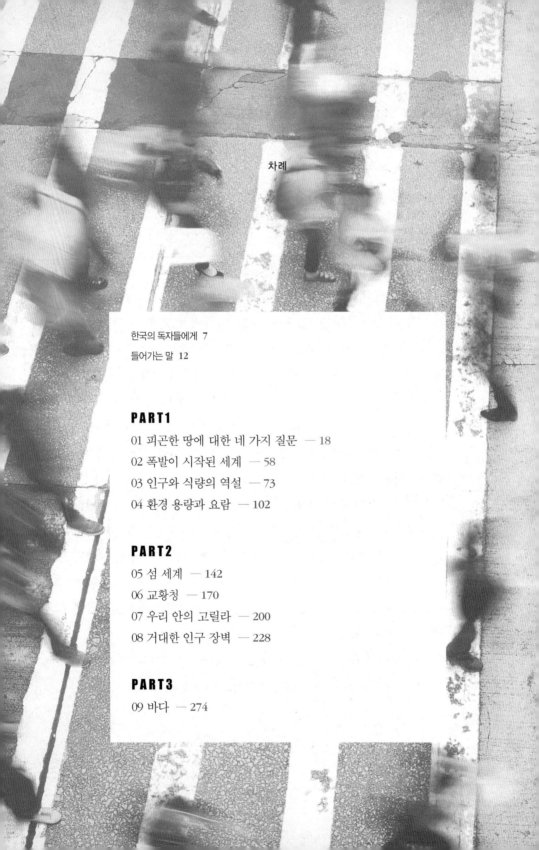

차례

PART 1

01
피곤한 땅에 대한 네 가지 질문

출산 전쟁

유대교의 안식일을 하루 앞둔 쌀쌀한 1월 금요일 늦은 오후의 예루살렘. 지평선 가까이에 걸린 겨울의 태양이 성전산Temple Mount 꼭대기의 황금색 바위돔을 검붉게 물들였다. 오후 기도 시간을 알리는 무에진muezzin(회교 사원에서 기도 시간을 알리는 사람─옮긴이)의 목소리가 동쪽에서부터 울려 퍼지다 올리브 산에서 막 그칠 무렵, 황금 돔은 먼지와 차량의 매연이 만들어 낸 희끄무레한 분홍색 연무에 감싸여 있다.

이 시간이면 유대교에서 가장 신성한 곳인 성전산 자체는 이 유서 깊은 도시에서도 좀 조용한 편이다. 외투를 입고 책을 끼고서 사이프러스가 그늘을 드리운 쌀쌀한 광장을 서둘러 지나가는 몇몇 학자들이 보일 뿐, 텅 비어 있다. 예전에 이곳에는 솔로몬 왕의 성막이 세워져 있었다. 그 안에는 모세가 십계명을 새겼다고 믿어지는 석판인 계약의 궤가 보관되어 있었다. 기원전 586년, 바빌로니아인들이 침략하여 성막을 파괴하고 유대인들을 포로로 잡아갔다. 반세기가 지난 뒤, 페르시아의 키루스 황제가 그들을 풀어 주고 돌아가서 사원을 재건할 수 있게 했다.

기원전 19년 무렵 헤롯왕은 성전산을 재건하고 방벽으로 에워쌌다. 이 방벽은 채 90년도 지나지 않아 로마군에게 파괴되었다. 비록 그 전에도, 그 후에도 성지 추방이 있긴 했지만, 로마군의 이 예루살렘 제2성전 파괴야말로 유대인을 유럽과 북아프리카, 중동으로 흩어놓은 디아스포라Diaspora를 상징하는 유명한 사건이 되었다.

오늘날 예루살렘의 구시가지에 서 있던 높이 18미터의 제2성전 방벽 중 남은 잔해인 서쪽 벽, 이른바 통곡의 벽은 유대인들이 이스라엘을 방문하면 반드시 들르는 순례지가 되었다. 하지만 오가다가 지성소Holy of Holies에 뜻하지 않게 발을 들이는 일이 없도록, 랍비들은 유대인이 성전산 자체를 오르는 것을 공식적으로 금하고 있다. 하지만 이따금 반발하는 이들도 나타나고 예외 조치가 내려질 수도 있다. 무슬림도 성전산을 관리하는 이유가 이것으로 설명된다. 무슬림에게도 이곳은 성지다. 예언자 무함마드는 이곳에서 어느 날 밤 날개 달린 말을 타고서 일곱 번째 하늘까지 갔다가 돌아왔다고 한다. 이곳은 무슬림에게 무함마드의 탄생지인 메카와 묘지가 있는 메디나 다음으로 소중한 성지다. 이스라엘과 이슬람 사이에 이루어진 극히 드문 협정에 따라 무슬림만이 이 성지에서 기도를 올릴 수 있다. 무슬림은 이곳을 '알하람 알샤리프'라고 한다.

하지만 지금은 예전에 비해 이곳에 오는 무슬림의 수가 줄었다. 2000년 9월까지는 매일 수천 명이 이곳을 찾았다. 그들은 분수 주위에 놓인 돌 벤치들을 따라 줄을 서서 손을 씻는 정화 의식을 치른 뒤 바위돔의 광장 맞은편에 대리석으로 지은 알아크사 모스크로 심홍색 양탄자를 밟고 들어갔다. 금요일 정오에는 이맘iman(이슬람 교단의 지도자-옮긴이)이 하는 설교를 듣기 위해 신자들이 더 많이 모였다. 이맘은 코란은 물론 시사적인 세상사까지 설교했다.

칼릴 토우파크지Khalil Toufakji는 사람들이 농담 삼아 "야세르 아라파트의 생물학무기"라고 부르던 것이 당시에는 단골 이야깃거리였다고 회상한다. 물론 그것은 결코 농담이 아니었지만 말이다. 현재 예루살렘의 아랍연구협회에서 일하는 팔레스타인 인구통계학자 토우파크지는 이렇게 기억한다. "당시는 모스크에서든, 학교에서든, 가정에서든 아이를 많이 낳으라고 가르쳤습니다. 이유는 많았지요. 아메리카나 유럽에서는 뭔가 문제가 생기면 경찰을 부를 수 있어요. 하지만 법의 보호를 아예 기대할 수 없는 곳에서는 가족에게 의지해야 하지요."

토우파크지는 말끔하게 다듬은 회색 콧수염을 쓰다듬으면서 한숨을 쉰다. 그의 아버지는 경찰관이었다. "이곳에서는 대가족을 이루어야만 보호받는다고 느끼게 되지요." 가자 지구는 더 심하다고 한다. 그곳에 사는 한 하마스 지도자는 아내 넷에 아이가 열넷이었다. "우리의 정신 구조는 유목민 시대로 돌아가 있어요. 충분히 큰 일족을 꾸리면 모두가 그를 두려워하지요."

토우파크지는 대가족을 지향하는 또 한 가지 이유가 이스라엘인에게 결코 얕보이지 않게 하기 위해서라는 점에도 동의한다. 팔레스타인해방기구의 지도자 아라파트는 늘 말하곤 했다. 팔레스타인인의 자궁이 자신들의 최고의 무기라고 말이다.

토우파크지와 그의 형제 13명 중 몇몇은 라마단 기간이면 알아크사 모스크의 순례자 무리에 합류하곤 했는데, 발 디딜 틈 없이 모여든 50만 군중은 알하람 알샤리프의 석조 광장에까지 넘쳐흘렀다. 2000년 9월, 이스라엘의 전 국방장관 아리엘 샤론Ariel Sharon이 이스라엘 전투경찰 1000명의 호위를 받으면서 성전산을 방문했다. 당시 샤론은 총리 후보였다. 그는 1982년 레바논 내전 때 이스라엘 군대가 주둔하고 있었음에도 기독교도인 팔랑헤당 당원들이 팔레스타인 민간인 난민 1000여 명을 대량 학살하는 행위를 그냥 지켜보도록 했다는 이유로, 그 일을 조사하던 이스라엘 위원회로부터 비판을 받고 물러난 전력이 있었다. 샤론의 성전산 방문은 이스라엘이 그 성지에 대한 역사적 권리를 지니고 있음을 주장하려는 의도로 이루어진 것이었다. 그 결과 시위와 투석이 벌어졌고, 경찰은 최루가스와 고무총탄으로 맞섰다. 그러다가 성전산에서 던진 돌이 그 아래 통곡의 벽에 있던 유대인들에게 떨어진 것을 계기로, 실탄이 발사되기 시작했다.

상황은 곧 걷잡을 수 없이 확대되었고, 예루살렘과 그 너머에서 수백 명의 사망자가 발생했다. 이른바 제2차 인티파다Second Intifada였다. 이윽고 자살 폭탄 공격까지 등장했다. 더구나 샤론이 총리로 선출된 뒤에는 몇 년 동안 총격과 대량 학살, 로켓 공격, 더 많은 자살 폭탄으로 이어지는 상호 보복이 끊이지 않았다. 결국 이스라엘은 자국을 에워싸는 방벽을 쌓기 시작했다.

현재 서안 지구는 거의 대부분이 길이 200킬로미터가 넘는 까마득한 높이의 콘크리트와 철조망으로 에워싸여 있다. 1967년에 이스라엘이 주변 아랍국들과 벌인 6일전쟁 이래로 점령하고 있는 영토의 경계선인 녹색선Green Line 안으로 깊이 돌출된 곳만 빠져 있다. 이 방벽은 베들레헴과 대예루살렘(옛 예루살렘과 6일전쟁으로 점령한 땅까지 포함하여 그 주변 수백 제곱킬로미터로 이루어진 지역-옮긴이) 같은 도시들을 따라 들쭉날쭉 세워져서 각 도시를 이웃 지역과 격리한다. 이스라엘인을 팔레스타인인과 격리할 뿐 아니라 자국민과도, 그들의 밭과 과수원과도 격리했다. 따라서 그 목적이 안전 보장만이 아니라 영토를 병합하고 우물을 차지하기 위한 것이라는 비판이 쏟아졌다.

또 이 방벽은 팔레스타인인 대다수를 알아크사 모스크에 오지 못하게 막는다. 이스라엘이나 보안장벽 안의 동예루살렘에 살고 있는 이들을 빼고 말이다. 게다가 이스라엘 경찰 당국은 그곳에 사는 팔레스타인인들 중에서도 마흔다섯 살 이상의 남성만 성전산 입구의 금속탐지기를 통과할 수 있도록 허용하곤 한다. 아랍의 젊은이들이 예배하는 유대인들에게 돌을 던지고픈 유혹에 빠지는 것을 예방하겠다는 공식 조치다. 특히 인접한 광장 위로 높이 솟은 서쪽 벽의 석회암 틈새에 기도문을 적어 쑤셔 넣고 있는 해외 유대인 여행자들을 보호하려는 것이다. 기도문을 꽂아 넣는 이 풍습은 안식일이 시작될 때 특히 더 활기를 띠지만, 최근 몇 년 전부터는 유대인들조차 금요일 해 질 녘에 서쪽 벽 근처에 가기가 어려워졌다. 하레디haredi가 아니고, 남성이 아니라면 말이다.

하레디는 원래 히브리어로 '두려움과 전율'을 의미한다. 현재 이스라엘에서 그 단어는 초정통파 유대인을 가리킨다. 그들은 2000년에 걸친 디아스포라 기간에 기나긴 세월 이국땅에서 조상들의 기도에 귀를 기울였던 하느님 앞에서 칙칙한 옷을 입은 채 격렬히 몸을 떤다. 하레디가 아닌 유대인들이 경계심을 가질 정도로, 서쪽 벽은 사실상 하레디에게 찬탈당해 그들의 회당이 되어 왔다. 안식일에는 넓은 테가 달린 모자를 쓰고 의례용 술을 달고 검은 프록코트를 입은 남성 수만 명이 모여서 절을 하고 몸을 떨어대고 환호하고 찬송하고 찬양하고 기도하면서 그곳을 독차지한다. 여성들을 위해, 즉 감히 그곳에 오는 여성들을 위해 자그맣게 울타리를 친 구역만 남겨둔 채로 말이다. 유대인 여성에게는 기도용 숄과 부적을 쓸 권리가, 또는 하레디에게 궁극적인 공포라 할 토라 문서를 실제로 만지고 읽을 권리가 있다고 주장하는 여성들은 하레디 남성들에게 온갖 수모를 당할 수도 있다. 남성들은 이 뻔뻔스러운 신성모독자들에게 의자를 휘두르고, 랍비들은 안식일 노래를 방해하기 위해 창녀라고 고함을 질러댄다.

극단적인 하레디는 여성이란 모름지기 집에서 독실한 남성과 자라는 아이들을 위해 안식일 식사를 준비해야 한다고 믿는다. 비록 아직 소수이긴 하지만, 이스라엘의 하레디는 소수파라는 불리한 상황을 바꾸기 위해 불철주야 노력한다. 그들의 전술은 단순하다. 바로 출산이다. 하레디 가정은 평균적으로 자식이 거의 일곱 명에 이르며, 열 명이 넘는 집도 부지기수다. 그들은 많은 자식을 낳는 것이 종교를 모독하는 현대 유대인들에 대한 해결책일 뿐 아니라, 역사적인 고향에서 유대인보다 인구를 늘리려고 드는 팔레스타인인에 맞서는 최상의 방어 수단이라고 본다.

예루살렘 일간지 〈하레츠Haaretz〉에는 자기 후손이 450명이라고 자랑하는 하레디 남성의 기사가 실리기도 했다. 그들의 수가 늘어나자 이스라엘 정치가들은 어쩔 수 없이 이스라엘 정부를 구성하는 연합 세력에 하레디 쪽도 넣지 않을 수가 없었다. 이러한 정치적 영향력을 토대로 이 초정통파 유대인들은 몇 가지 특권을 얻어냈는데, 그 결과 다른 이스라엘인들에게 야유를 받고 있다. 병역을 면제받고(토라를 끊임없이 연구하여 유대교를 수호한다는 명분으로), 이스라엘 아이를 낳을 때마다 정부 보조금을 받는 특권이었다. 2009년까지 이 보조금은 사실상 자식이 한 명씩 늘어날 때마다 더 올라갔다. 결국 보수파 총리인 베냐민 네타냐후Benyamin Netanyahu조차 이들의 인구 급증에 따른 급격한 비용 상승에 충격을 받아 보조금을 정액제로 변경했다. 그것이 하레디 출산율 증가를 억제하는 효과를 미쳤는지는 서쪽 벽에서 아직 뚜렷이 드러나지 않고 있다. 그곳에서는 검은 두건을 쓴 어린 소년 수천 명이 수염을 기른 모습으로 춤을 추는 아버지들 옆에서 길게 기른 구레나룻을 흔들며 맴돌고 있다.

예루살렘의 석회암처럼 노란 상현달이 벽으로 둘러싸인 옛 도시 위로 높이 솟아오를 때, 하레디들은 그들의 임신한 아내와 딸이 있는 집으로 줄지어 향하기 시작한다. 걸어서 가는데, 안식일에는 동력을 이용한 수송 수단이 금지되기 때문이다. 대다수는 메아 셰아림Mea She'arim으로 간다. 예루살렘에서 가장 큰 지구 중 하나다. 그곳은 인구 증가의 압력을 받아서 눈에 띄게 환경이 악화되고 있다. 토라를 연구하는 일은 생계에 거의, 또는 전혀 도움이 되지 않는다. 주로 부인들이 육아를 하는 사이사이에 닥치는 대로 일을 해서 생계를 꾸려 나가는데, 하레디 가정의 3분의 1 이상은 빈곤층이다. 높이 솟은 지저분한 아파트의 복도와 계단통마다 아장거리는 아기들이 가득하다. 공중에는 넘치는 쓰레기와 하수구의 냄새가 가득하고, 또 안식일에 차량이 전혀 돌아다니지 않는다는 점을 생각하면 의아한데, 디젤 배기가스 냄새도 가득하다. 하레디 중 많은 이들이 이스라엘 전기 회사가 안식일에도 쉬지 않고 화력발전소를 가동하는 것은 신을 모독하는 짓이라고 주장하기 때문에, 그들은 해가 지기 전에 전등을 켜기 위해 메아 셰아림의 지하실에서 휴대용 발전기 수백 대를 가동한다. 안식일 식탁에서는 발전기의 윙윙거리는 소리를 배경으로 전통적인 노랫소리가 울려 퍼진다.

　메아 셰아림에서 북쪽으로 4킬로미터를 가면 석회암 산등성이가 나온다. 녹색선 바로 너머의 언덕인 라마트 슐로모Ramat Shlomo는 헤롯왕이 제2성전의 벽을 쌓을 때 쓴, 거의 9미터에 이르는 바닥판을 캐던 고대의 채석장이 있는 곳이었다. 이 지역을 점령한 지 얼마 지나지 않은 1970년, 이스라엘은 이곳에 숲을 조성했다. 유대민족기금Jewish National Fund으로 조성한 이전의 숲들(전 세계의 유대인 아이들에게 나눠 준 주석 저금통에 모인 동전으로 조성한 숲으로, 오스트레일리아산 유칼립투스를 줄 맞추어 심거나 알레포소나무만을 죽 심었다)과는 달리, 이 숲은 토종 참나무, 침엽수, 테레빈 나무를 심은 혼합림이었다. 이 젊은 숲은 자연보호구역으로 지정되었다. 팔레스타인인들은 항의했다. 그들은 보호구역을 지정한 진짜 의도가 인근의 아랍 마을인 슈아파트의 성장을 막으려는 것이라고 주장했다. 그들의 의구심은 1990년 새로운 하레디 예루살렘 마을, 혹은 기술하는 입장에 따라 새로운 서안 지구 정착촌일 수도 있는 마을을 조성하기 위해 그 숲을 불도저로 밀었을 때 사실로 입증되었다.

라마트 슐로모의 정착민이자 하시디즘Hasidism(유대교 부흥을 주장하는 신비주의적 유대교 종파—옮긴이) 랍비인 두디 질베르슐라그Dudi Zilbershlag는 인정한다. "언덕을 완전히 밀었지요." 환경을 위한 하레딤Haredim for the Environment, 즉 '환경을 위한 공포'라고 번역되는 비영리 기구를 창시하기도 한 그는 이어서 밝은 어조로 덧붙인다. "하지만 다시 심었어요."

자기 집 거실에서 질베르슐라그는 들장미 열매 차를 홀짝거린다. 유리문이 달린 육중한 목재 책장이 벽마다 늘어서 있다. 안에는 가죽 장정의 카발라와 탈무드 관련 책들이 죽 꽂혀 있다. 은제 메노라(여러 갈래로 나뉜 의례용 촛대—옮긴이), 안식일용 촛대, 전통 만찬에 쓰이는 키두시 잔만 놓여 있는 진열장도 있다. 너그러운 미소의 건장한 오십 대 남자인 그는 챙 없는 성직자용 검은 모자 양쪽으로 잿빛 구레나룻을 길게 기르고 있다. 길게 자란 잿빛 턱수염은 흰 셔츠와 의례용 술 위에 껴입은 검은 조끼에까지 닿아 있다. 그는 이스라엘 최대의 자선단체인 메이르 파님Meir Panim의 창립자이기도 하다. 무료 급식소 네트워크를 갖춘 단체다. 그의 초정통파 환경 단체는 주로 도시 문제에 초점을 맞춘다. 소음, 대기오염, 교통 체증, 쓰레기 노천 소각, 사람들이 우글거리는 하레디 지구에 널려 있는 정크푸드 포장지 같은 문제. 하지만 그는 그런 것들을 넘어서 자연 보전에도 관심을 갖고 있다.

그는 이렇게 설명한다. "게마트리아Gematria, 즉 카발라의 숫자점에 따르면 하느님과 자연이라는 단어는 동등합니다. 따라서 자연이 곧 신이지요."

신이 존재하는지 알기 위해 굳이 기적이 필요하지는 않다. "나는 자연의 세세한 것들 속에서 신을 봅니다. 나무, 계곡, 하늘, 태양 같은 것들에서요." 하지만 아마 카발라학자만이 풀 수 있을 신비주의 저술에서, 그는 유대인의 생존이 신의 자연법칙 지배와 더 나아가 그 법칙의 유예를 수반하는 기적에 의지해 왔다고 적었다. "이스라엘인이 이집트를 탈출한 사건이 고전적인 사례입니다. 신은 바다를 갈랐지요."

그전에도 자연에 반하는 기적은 있었다. 물이 피로 변하고, 사막에 개구리가 우글거리고, 밤이 사흘 동안 지속되고, 이집트인의 작물에만 우박이 떨어지고, 태어난 지 1년 된 이집트인의 가축과 아이만이 죽은 일이 그러했다. 유월절이면 유대인은 이 모든 신의 활동을 찬양한다. 유월절은 유대인 아이들이 그 만찬의 상징적인 의미에 관한 전통적인 질문 네 가지를 하는 것으로 시작된다. 그리고 식사를 하면서 이스라엘인이 기적을 통해 이집트 노예 생활에서 해방되는 과정을 자세히 설명하면서 질문에 답한다.

두디 질베르슐라그의 집 구석구석에는 이 질문을 하는 아이들을 떠올리게 하는 물건들이 놓여 있다. 보행기, 아기 놀이울, 요람 등이다. 아내 리브카는 열한 명의 아이를 낳았고, 그보다 훨씬 더 많은 손자를 볼 기대를 하고 있다. 하지만 이 신화로 가득한 땅에서는 그 무엇도 확신할 수 없으며, 그러한 경향은 점점 더 심해지고 있다. 이 땅의 주인이라고 주장하는 두 민족 사이의 긴장이 점점 더 첨예해지고 있기 때문이다. 압력과 위험이 하루하루 커지면서, 그리고 양쪽이 서로를 인구로 누르기 위해 점점 더 많은 자식을 낳으면서 유대인과 아랍인 양쪽 진영 —양쪽 진영의 정치적·종교적 스펙트럼의 전 영역—에서 현실을 깨닫는 이들도 나타나기 시작했다.

옛 팔레스타인, 즉 이스라엘과 팔레스타인이 다투고 있는 지중해와 요르단 강 사이의, 넓은 곳도 폭이 80킬로미터가 채 안 되는 땅에 현재

26

1200만에 이르는 사람이 살고 있다는 사실을 말이다.

제1차 세계대전 직후 국제 위임통치령 아래 팔레스타인을 통치한 영국은 대부분 사막으로 이루어진 이 땅에 기껏해야 250만 명이 살 수 있을 것이라고 믿었다. 1930년대에 미심쩍어하는 영국 정부에게 이 땅이 유대인의 고국이 되어야 한다고 설득하기 위해, 시오니스트인 다비드 벤구리온David Ben-Gurion은 영국이 외딴 벽지라고 여기는 곳을 개척할 유대인의 결단력과 창의성을 과소평가하지 말라고 주장했다.

훗날 이스라엘의 초대 총리가 될 그는 이렇게 썼다. "우리는 한 뼘의 땅도 소홀히 하지 않을 것이다. 모든 수원을 개발할 것이다. 모든 늪지의 물을 남김없이 뺄 것이다. 모든 모래언덕을 비옥하게 만들 것이다. 모든 벌거벗은 산을 나무로 뒤덮을 것이다. 손대지 않고 남겨 두는 땅은 결코 없을 것이다." 벤구리온은 팔레스타인의 토양과 수자원이 인구—초기 저술들에서 그는 유대인과 아랍인이 공존한다고 상상했다—를 지탱할 수 있는 환경 용량carrying capacity을 말하고 있었다.

그는 그 땅에서 600만 명이 살 수 있을 것이라고 믿었다. 나중에 총리로 있을 때 그는 아이를 열 명 넘게 낳는 이스라엘 '여성 영웅'에게 포상을 내리곤 했다(하지만 이 포상은 결국 중단되었다. 아랍인 여성들이 더 많이 상을 받았기 때문이다). 현재 이스라엘의 하레디 인구는 17년마다 두 배로 늘고 있다. 그런 한편으로, 팔레스타인인 인구의 절반이 가임 연령대에 막 진입했거나 그 근처에 있으니 옛 팔레스타인—이스라엘, 서안 지구, 가자 지구—의 아랍 인구는 2016년이면 이스라엘인 인구를 초월할 수도 있다.

그 시점 이후에 이 인구통계학적 경주에서 어느 쪽이 이길지를(관점에 따라서는 지는 것일 수도 있겠지만) 예측하기란 어렵다. 역사적으로 이스라엘의 인구 증가는 타지에서 오는 유대인 이민자들에게 크게 의존해 왔다. 소련이 무너진 뒤에 러시아 쪽에서 50만 명 넘게 이주하기도 했다. 하지만 최근에 이스라엘로 이주하는 유대인의 수는 급감했다. 오히려 이스라엘에서 미국으로 이주하는 유대인의 수가 그 반대쪽으로 이주하는 인구보다 훨씬 더 많다. 그렇긴 해도 하레디의 출생률이 기하급수적으로 증가하고 있기 때문에, 2020년대가 되면 유대인이 다시 다수를 차지할지도 모른다. 일시적으로라도 말이다.

어느 쪽이 앞서는가보다 훨씬 더 중요한 것이 있다. 유대인 인구통계학자도, 아랍인 인구통계학자도 이 점을 부정하지는 않는다. 지금 추세가 계속된다면, 금세기 중반에 지중해와 요르단 강 사이의 인구가 거의 두 배, 적어도 2100만 명으로 늘어난다는 것이다.

예수가 다시 빵과 물고기의 기적을 일으킨다고 해도 그 많은 인구를 먹이지는 못할 것이다. 그런 냉엄한 통계 수치는 네 가지 새로운 질문을 낳는다.

첫 번째 질문 | 그들의 땅에 정말로 얼마나 많은 사람이 살 수 있을까? 더
나아가 이 성지에서 벌어지는 일이 그들이 다투는 경계선 너머에서도
일어나고 있으므로, 범위를 넓혀서 과연 우리 행성은 얼마나 많은 인구
를 지탱할 수 있을까?

지구의 어느 지역을 상정하든 간에, 이 질문에 답하려면 엄청난 지식과 전문성, 상상력이 필요하다. 그들은 어떤 사람들일까? 무엇을 먹을까? 주거 형태는 어떠하며, 인구 이동은 어느 정도일까? 물은 어디에서 얻을까? 쓸 수 있는 물은 얼마나 될까? 또 연료는? 가용 연료는 얼마나 되며, 배출되는 가스와 폐기물은 얼마나 위험할까? 또 식량 문제로 돌아가서, 그들은 자급자족을 할까? 그렇다면 수확량은 얼마나 될까? 즉 비는 얼마나 내리고, 그 지역의 강은 몇 개나 되며, 토양은 얼마나 좋고 기름지고, 비료와 각종 화학물질은 얼마나 소모되며, 그것들

을 썼을 때, 어떤 피해를 입을까?

목록은 계속 이어진다. 집은 어떤 형태일까? 얼마나 클까? 어떤 건축재로 지었을까? 자기 지역에서 생산되는 재료를 쓴다면, 그 재료는 얼마나 구할 수 있을까? (비록 이스라엘의 절반이 사막이라고 해도, 건축재로 쓸 만한 등급의 모래가 고갈되고 있다는 우려가 이미 나오고 있다. 시멘트와 섞을 물은 말할 것도 없다.) 건축하기에 적합한 용지는 얼마나 될까? 또 도로, 하수관, 가스관, 송전선을 설치할 땅은? 학교, 병원, 사업체 등의 기반 시설은 얼마나 많은 인구를 받아들이고 고용할까?

그런 질문에 완벽한 답을 하려면 공학자와 경제학자뿐 아니라 생태학자, 지리학자, 수문학자, 농업학자의 도움을 받아야 한다. 하지만 다른 곳도 마찬가지이지만 이스라엘과 팔레스타인에서는 대부분의 의사 결정이 그들과 무관하게 이루어진다. 문명이 시작된 이래로 최종 조정자 역할을 맡은 것은 기업 및 문화와 군사 전략을 결부해 판단하는 정치였으며, 지금도 여전히 그렇다.

경영에 해박하고 정치적으로도 빈틈이 없는 비영리 재단의 사무국장이자 하시디즘 랍비인 두디 질베르슐라그는 적어도 한 가지 면에서는 문화적 현실주의자다. 그는 이스라엘에 종교적인 유대인뿐 아니라 세속적인 유대인도 필요하다는 것을 인정하며(그 모든 탈무드학자들을 누가 먹여 살리겠는가?), 궁극적으로는 자신의 아이들과 아랍인이 함께 살아가야 할 것이라고 덧붙인다. "공통의 언어를 마련하고 평화가 이루어지도록 해야 합니다."

하지만 그로서는 자기 민족이 낳는 아이의 수를 제한해야 한다는 것은 아예 상상할 수도 없는 주장이다.

하레디 환경교육가 라헬 라다니Rachel Ladani는 이렇게 말한다. "하느님이 아이들을 세상에 내보내는 것이니, 아이들이 살 공간도 마련해 주실 겁니다."

산아제한이라는 말에 맬서스주의자들이 몸서리를 치고 중국 전체주의자들이 악몽에 시달린다고 한다면, 라헬 라다니와 두디 질베르슐라그 같은 하시디즘 유대인들은 그런 것을 아예 상상조차 할 수 없다. 라다니는 초정통파 유대인들이 많은 브네이 브락Bnei Brak에 산다. 이곳은 연안 도시인 텔아비브보다 좀 더 내륙에 있고, 이스라엘에서 인구가 가장 밀집된 도시다. 그녀는 환경 의식을 가르치는 일과 8남매의 어머니로 살아가는 일 사이에서 아무런 갈등도 느끼지 않는다. 그녀의 가정이 하시디즘 생활양식을 채택하고 있다는 것은 상점, 학교, 회당까지 걸어서 다니고, 동네 바깥으로 나가는 일이 거의 없다는 것을 의미한다. 라헬을 비롯해 그녀의 가족 가운데 비행기를 타본 사람은 아무도 없다. 그녀는 자랑스럽게 말한다. "우리 딸 둘과 아들 여섯이 한 해에 배출하는 이산화탄소 양이 미국에서 비행기를 타고 이스라엘을 방문하는 한 사람이 내뿜는 것보다 적어요."

아마 그럴 것이다. 하지만 그들은 모두 음식을 먹고 집을 필요로 하며, 집을 지으려면 건축재와 그에 따른 각종 기반 시설이 필요하다. 그들이 낳을 훨씬 많은 자식들도 마찬가지일 것이다. 그리고 필요한 서비스가 동네에서 제공된다고 하더라도(두 블록 안에 청과물점과 유대교 율법을 지키는 정육점, 식료품점이 있고 아기 용품과 가발을 파는 가게도 있다. 가발은 정통파 여성의 수수한 머리 장식으로 용인된다. 라헬은 안쪽으로 말린 다갈색 가발을 쓰고 있다), 금욕적인 하레디도 에너지를 갈구하는 현대적인 물품의 유혹에 넘어간다는 점 역시 명백하다. 브네이 브락의 어디에서든 인도까지 침범해 주차된 차를 볼 수 있다. 거리마다 오토바이가 빼곡하고 집집마다 위성 접시안테나가 달려 있다.

이곳은 이스라엘에서 사막이 아닌 절반의 영토, 즉 북부 지역 중에서 인구밀도가 가장 높은 곳이다. 1제곱킬로미터당 740명이 산다. 서

양의 어떤 나라보다도 인구밀도가 높다(유럽에서 인구밀도가 가장 높은 네덜란드도 1제곱킬로미터당 403명에 불과하다). 그렇다면 라헬 라다니는 자국 인구가 2050년쯤에 두 배로 늘어나리라는 예측에 대해 어떻게 생각할까? 아니 우리 세계 전체는? 유엔은 그때쯤 세계 인구가 거의 100억 명에 육박할 것이라고 추정하지 않던가.

"나는 전혀 걱정하지 않습니다. 하느님이 문제를 만드셨으니까, 해결도 하시겠지요."

예전에 그 도시 인근에는 솔숲이 있었다. 러시아 이민자였던 라헬의 어머니는 그곳에서 그녀에게 꽃과 새의 이름을 가르쳤다. 라헬은 열 살 때 여성 조경사를 만났다. 그것은 이중의 계시였다. 그녀는 조경 같은 것이 있는지도 몰랐고, 여성이 일을 한다는 것도 몰랐다. 열아홉 살에 결혼할 때, 그녀는 식을 진행하는 유대 학교 교사에게 자신이 이스라엘 공대, 테크니온에 입학했다는 사실을 말하지 않았다. 그녀는 5년이 지나서 학위를 받았고, 그사이에 아이 셋을 낳았다.

그녀는 급속히 성장하는 도시를 아름답게 가꾸는 일을 계속하면서, 학습장애자들을 위한 학교의 교장인 남편 엘리에제르와 함께 다섯 명의 아이를 더 낳아 키웠다. 마흔 살이 되었을 때 그녀는 텔아비브에 이스라엘 최고의 환경 싱크탱크인 환경 학습과 리더십을 위한 헤셸 센터 Heschel Center for Environmental Learning and Leadership가 있다는 것을 알게 되었다. 테크니온이 그렇듯 그곳도 정통파 쪽이 아니었지만, 그곳을 통해 그녀는 더 넓은 시각을 갖게 되었고 믿음을 바꾸지 않고도 삶을 변화시킬 수 있었다.

"환경은 토라와 같아요. 여러분의 일부랍니다." 그녀는 자신이 가르치는 종교계 학교에서 여학생들에게 그렇게 말한다. 예전에 학생들이 그 땅을 콘크리트로 뒤덮어 변모시킨 시오니스트들을 찬미하는 애국가를 불렀던 곳에서, 그녀는 씨앗이 싹트는 모습을 지켜보게 하고 제대로 보기 시작할 때까지 자연을 바라보게끔 가르치면서 학생들이 환경에 눈뜰 수 있게 한다. 그녀는 고대의 미드라시midrash, 즉 토라에 대한 랍비들의 해석 중 하나를 인용한다. 신이 아담에게 에덴의 숲을 보여 주면서 이렇게 말했다는 것이다. "내가 한 일을 보아라. 너무나 사랑스럽지 않으냐. 모두 너를 위해 창조한 것들이니라."

하지만 헤셸 센터의 창립자 예레미 벤스테인Jeremy Benstein은 2006년에 펴낸《유대교와 환경으로 나아가는 길The Way Into Judaism and the Environment》에서 신이 아담에게 경고하는 미드라시의 구절을 언급한다. "내 세계를 더럽히거나 파괴하지 않도록 주의하거라. 그것을 파괴하면, 네 다음에 복구할 이가 아무도 없기 때문이다."

그 말을 인용하면서 벤스테인은 우리가 신의 눈앞에서 올바로 행동한다면 신이 어떻게든 우리를 실망시키지 않을 것이라는 독실한 신자의 이론적 낙관주의를 펼치고 있었다. 또 그는 그 책에 이렇게 적었다. "우리에게는 우리 문제를 해결하려 할 때 기적에 의지하는 것이 금지되어 있다. 신은 우리 뒤에 청소를 할 사람이 아무도 없을 것임을 명확히 밝히고 있다."

오하이오에서 자란 벤스테인은 하버드를 다닌 뒤 이스라엘로 왔다. 그는 예루살렘의 히브리 대학교에서 환경인류학으로 박사 학위를 받았다. 아메리카에서 온 다른 이민자들과 함께 헤셸 센터를 설립했고, 이스라엘 남부의 키부츠에 있는 지속 가능성 연구 센터인 아라바 연구소에서 강의를 했다. 인티파다를 겪으면서 그는 인구에 관해 두 가지를 명확히 깨달았다. 이스라엘과 팔레스타인 환경의 충돌이 엄청난 결과를 가져온다는 점, 하지만 그것을 논의하는 것이 거의 금기시되어 있다는 점이다.

헤셸 센터 도서관의 의자에 걸터앉아 그는 이렇게 말한다. "세계 유대인의 3분의 1이 대량 학살당한 충격에서 우리가 아직도 회복 중에 있기 때문입니다." 유엔이 팔레스타인을 둘로 나누어 유대인의 조국을 건설하도록 한 계기가 된 홀로코스트는 이곳에서 결코 지난 일이 아니다. 그는 2006년 책에 이렇게 썼다. "60억보다는 600만 명이 지닌 의미를 더 우선시하는 것이 옳다." 특히 그는 살해당한 유대인 중 100만 명은 어린아이였다고 덧붙였다.

"현재 세계의 유대인 수는 1939년보다 적다. 우리는 자신을 서구 문화에 몰살당한 토착민처럼 여긴다. 우리는 우리를 다시 보충할 권리가 있다."

하지만 쌍둥이의 아버지이기도 한 벤스테인은 세계 인구가 60억에서 70억으로 불어나는 데 12년밖에 걸리지 않았다는 사실을 안다. 그는 7년마다 땅을 묵히라는 〈출애굽기〉에 실린 명령(23:11) 같은 환경 지침을 얻기 위해 토라와 성서 주해서들을 연구하면서, 신이 인간에게 생육하고 번성하라고 지시했을 때 정확히 어떤 뜻으로 그 말을 했는지 단서를 찾기도 했다.

"그것은 한계가 있음을 뜻하는 듯합니다. 무한정 또는 할 수 있는 한 생육하고 번성하라고 하지 않으니까요. '생육하고 번성하여 땅에 충만하라'라고 말했지요."

하버드 대학교 언어학 학위를 지닌 벤스테인은 〈창세기〉에 적힌 그 미묘한 구절의 의미를 탐구해 왔다. "이 말을 진지하게 받아들인다면, 그 계율을 우리가 충족시킬 날이 올 것이고 우리는 멈출 수 있어요. 그러면 이런 질문이 나오겠지요. 언제일까? 아직 오지 않은 것일까? 그리고 랍비는 '땅에 충만하라는 것이 어떤 의미인가?'라는 질문에 답할 수 없어요. 그것은 생태학자의 문제입니다."

하지만 〈창세기〉에서 그는 흥미로운 단서를 찾아냈다. 그 단서는 남성이 아내를 얻고 아들을 낳는 이야기가 40장에 걸쳐 죽 이어진 뒤에 나타난다. 구약성서의 인물들은 번성하라는 계명을 따르는 데 아무런 문제가 없었다. 그들은 정력적으로, 그리고 때로 음탕하게 그렇게 했다. 그러다가 가장인 야곱의 자식 열셋 중 하나인 요셉이 등장한다.

요셉은 두 아들을 낳기 이전에, 이집트 파라오의 꿈을 해석한다. 벤스테인은 이렇게 적었다. "그는 기근이 닥치리라는 것을 알자 더 이상 자식을 낳지 않았다. 탈무드는 이것을 사례로 삼아 이렇게 말한다. '기근이 닥쳤을 때는 부부관계를 갖는 것을 금한다.'"

그는 탈무드의 비슷한 문장을 덧붙인다. "그 금지를 산아제한을 무뚝뚝하게 표현한 것이라고 보자. '세계가 대빈곤 상태에 들어가는 것을 볼 때면, 아내에게 아이가 없도록 하라.'"

하지만 벤스테인은 단순히 머릿수만으로는 금세기 동안 더 악화될 것으로 예상되는 많은 인류가 겪는 굶주림과 갈증을 제대로 설명하지 못한다고 말한다. 그는 지난 100년에 걸쳐 인구가 네 배로 느는 동안, 세계 각국의 국민총생산을 더한 우리의 자원 소비량은 17배 증가했다고 계산한다. 지금까지 이 지구의 뷔페를 즐긴 것은 비교적 소수였다. 다수를 희생시키면서 말이다. 상품의 불균등한 분포는 성서 시대에도 고통과 전쟁을 일으켰지만, 그것이 오늘날처럼 편향된 적은 결코 없었다.

하지만 그는 소비와 인구가 동전의 양면임을 인정한다. 그 동전이 더 빨리 회전할수록, 그의 분열된 국가를 넘어서는 더 큰 질문들이 쏟아진다. 통제를 벗어나서 소용돌이치는 힘들 때문에 세계 전체가 점점 더 혼란에 빠져들고 있기 때문이다.

물

두 번째 질문 | 인간의 생존을 보증할 만큼 생태계가 튼튼해지도록 하기 위해 인구가 100억 명까지 늘어나지 않게 막아야 한다면, 혹은 이미 있는

70억 명보다 더 줄여야 한다면 세계의 모든 문화, 종교, 국적, 부족, 정치 체제에 속한 이들에게 인구를 줄이는 것이 최선의 이익이라고 설득할 수 있는 수용 가능한 비폭력적 방법이 과연 있을까? 그들의 전례서, 역사, 또는 신앙 체계에 있는 무언가를 근거로 삼아서, 혹은 다른 어떤 이유로 우리에게, 그리고 다른 모든 종에게 가장 자연스럽게 다가오는 것, 즉 자신을 닮은 2세를 낳는 행위를 제한한다는 부자연스러워 보이는 개념을 받아들일 가능성이 있을까?

아야트 움사이드Ayat Um-Said는 한 가지 방법을 알고 있다. "종교는 아닙니다. 바로 현실을 보게 하는 거죠."

그녀는 연보라 히잡과 자주색 울 코트에 어울리는 파란 아이섀도를 칠한 커다란 눈으로 건너편에 있는 어머니를 바라본다. 1월의 추위에 맞서 녹색 벨벳 드레스와 검은색 울 머릿수건으로 몸을 감싼 루와이다 움사이드Ruwaidah Um-Said는 하얀색 플라스틱 의자의 팔걸이에 몸을 기댄 채 자식들의 나이를 헤아리고 있다. "스물다섯, 스물넷, 스물셋, 스물둘, 스물, 열일곱, 열여섯, 열넷, 열셋, 열." 아들이 여섯, 딸이 넷이다. 터틀넥 위에 지퍼가 달린 검은 스웨터, 그리고 그 위에 양털 안감을 댄 나일론 재킷을 껴입은 막내딸은 엄마의 무릎에 기대어 있다. 난민촌이었다가 현재 서안 지구 라말라 시의 영구 거주지가 된 알아마리의 5층짜리 콘크리트 건물의 1층에 있는 방 3개짜리 그들의 집에서 열기라고는 오직 여기에 사는 사람들의 몸에서 나오는 것뿐이다. 집 안에는 늘 사람이 북적인다.

루와이다는 1958년 이곳에서 태어났다. 이스라엘이 건국될 때 가족이 리다Lydda—성서 시대의 로드Lod—에서 추방된 지 10년이 지났을 때였다. 당시 아버지는 석류나무, 오렌지나무, 레몬나무를 키우는 과수원을 지니고 있었고 양파와 무, 시금치, 껍질콩, 밀, 보리도 키웠다. "아버지는 늘 우리가 돌아갈 수 있을 것이라고 생각했어요. 그래서 여기에서 부동산을 사지 않았죠." 그녀는 평생 지켜보고 살아온 눅눅한 파란 벽을 둘러본다. 더 짙은 파란색 징두리널을 덧댄 부분을 제외하고는 고스란히 드러나 있다. 그녀는 내뱉듯이 말한다. "이 땅은 유엔 소유예요. 집만 우리 거죠."

금방 고향으로 돌아가지는 못하리라는 것을 알아마리의 난민 수천 명이 서서히 깨달아 가고 있던 10년에 걸쳐, 유엔의 텐트는 콘크리트와 모르타르로 대체되어 갔다. 다시 10년이 흐르고 6일전쟁으로 모든 것이 이스라엘에 편입되었을 때, 그들의 아버지는 그들을 데리고 가서 고향을 보여 주었다. 그는 여전히 땅 문서를 갖고 있었지만 아무 쓸모가 없었다. 자신의 나무들이 사라지고 그 자리에 벤구리온 국제공항의 활주로가 건설되었을 때에야 결국 그도 포기했다.

다른 것들도 서서히 변해 갔다. "어느 팔레스타인 가정을 봐도 투옥되거나 다치거나 살해당한 식구가 있어요. 그래서 대개 아이를 대여섯 명 낳던 가정들이 더 많이 낳기 시작했지요." 루와이다는 열세 살이 된 딸 야심의 학교 사진을 가리킨다. "친척이 살해당하면 다른 아이를 낳아서 그 이름을 붙여요. 우리는 점점 더 많은 아이가 필요할 겁니다." 그녀는 딸 아야트를 돌아보면서 덧붙였다. "이 땅을 통째로 해방시키려면요."

아야트는 빙긋 웃고는 고개를 절레절레 저었다. "겨우 둘이에요."

루와이다는 힘없이 어깨를 으쓱했다. 그녀의 딸들은 모두 아들 한명, 딸 한 명 둘만 낳고 싶어 한다.

아야트는 말한다. "우리가 어렸을 때는 다 그랬어요. 한 방에서 여섯 명씩 복작거리며 살았죠. 지금은 그 많은 아이를 키울 여력이 누가 있겠어요? 생활비가 너무 많이 들잖아요."

지금은 그들이 먹을 작물을 기를 땅이 전혀 없으며, 설령 있다고 해도 서안 지구에서 오는 수돗물은 일주일에 고작 두 차례만 나올 뿐이다. 관개는 아예 불가능하다. 예전에는 유엔이 이들에게 설탕과 쌀, 밀가루, 식용유, 우유를 배급했지만 이제 예산이 동나고 말았다. 아야트는 아들 자카리아와 딸 르헴을 양팔로 감싸면서 말한다. "이제는 교육만이 살길이에요. 하지만 아이를 가르치려 해도 역시 돈이 들지요."

그녀의 오빠 중 둘은 대학교에 들어갔다. 또 한 명은 기적처럼 노르웨이에서 축구 선수로 뛰고 있다. 나머지 형제들은 거의 일거리 없이 지내며, 그나마 받는 월급도 쥐꼬리만 하다. "게다가 지금은 이스라엘의 대부분이 폐쇄되어 있어서 일자리를 구하기가 더 어렵답니다."

라말라 위로는 방벽이 높이 솟아 있고 이스라엘 군의 검문소 앞에 끝없이 뻗어 있는 줄에서 하염없이 기다려야 하는 상황인지라, 일자리를 찾아서 간다는 것, 아니 어디로든 간다는 것 자체가 거의 불가능하다. 진통 중인 산모조차 줄을 서서 기다려야 한다. 오죽했으면 아기에게 검문소라는 이름을 지어 준 엄마도 나왔겠는가. 사실상 서안 지구의 어디에서나 보안 장벽을 볼 수 있으며, 농민들을 올리브 밭과 격리시킨 곳도 많다. 이스라엘인 정착촌—고층 건물, 쇼핑몰, 산업단지, 그리고 외곽에 늘어나는 이동 주택들로 이루어진 사실상의 소도시—처럼 점점 더 좁아지는 구역에 거주하는 팔레스타인인들 역시 갑갑하게 살아가고 있다.

공급되는 주택은 드문 데 반해 인구는 넘치기 때문에, 모스크에서는 아기를 낳으라는 설교를 더는 하지 않는다. "이제는 이맘이 왈가왈부할 수 없는 문제가 되었지요." 아야트가 한소리 한다.

"그런 생각이 바로 이스라엘인들이 바라는 거예요." 술이 달린 갈색 히잡으로 감싼 이웃 여성이 들어오면서 참견한다.

"그렇다면 팔레스타인을 해방시키는 일은 정치가들보고 하라고 그래요. 우리보고 아이를 많이 낳아서 해방시키라고 요구하지 말고요.

아라파트 본인도 딸만 둘이잖아요." 아야트는 텔레비전에서 이스라엘 정치가들이 아이를 더 낳도록 하레디에게 보조금을 주자고 주장하는 뉴스를 본다. "여기는 다르죠. 아이를 더 많이 낳을수록, 들어가는 돈도 더 많아진답니다."

어쨌든 유엔은 아직 여성용 피임 기구를 무료로 제공하고 있다.

아비르 사파르Abeer Safar는 베들레헴에서 강낭콩 모양의 서안 지구에 세워진 장벽 지도를 연구한다. 강낭콩이 굽은 지점에 예루살렘이 있다. 그녀가 사는 베들레헴은 예루살렘에서 겨우 몇 킬로미터 떨어져 있다.

아비르는 요르단 과학기술대학교에서 화학공학을 전공했다. 지금은 팔레스타인에 있는 연구소 ARIJ에서 물 전문가로 일하고 있다. 그녀는 청바지에 연녹색 터틀넥을 입고 그 위에 검정 스웨터를 겹쳐 입은 차림이다. 금 펜던트를 목에 걸고 있고, 긴 갈색 머리칼을 감싸지 않고 드러냈다. 그녀는 시댁에서 남편과 함께 산다. 이곳의 주택들이 다 그렇듯이 그 집도 점점 더 위로 증축되고 있다. 이 예수의 탄생지가 이스라엘의 보안 장벽(팔레스타인인들은 격리 장벽이라고 부른다)에 에워싸여 있기 때문에 어쩔 수가 없다.

그녀는 이런 상황을 도저히 납득할 수 없다. 이스라엘이 팔레스타인을 계속 이렇게 조각낸다면, 팔레스타인 국가는 아예 성립할 수가 없을 것이다. 하지만 이스라엘이 단일국가를 계속 유지한다면 유대인은 수에 밀려서 소수파로 전락할 위험이 있다. 소수파가 권력을 유지할 수 있는 방법은 민주주의가 아니라 격리 정책뿐이다.

아비르는 삼십 대 말인 지금에야 첫 아이 출산을 앞두고 있다. 다른 팔레스타인인 전문직 여성들도 아이 갖는 것을 미루어 왔으며, 지금의 젊은 여성들은 아이를 갖기보다는 먼저 학교를 다니고 직장을 얻기를 원한다.

설령 그렇다고 해도 극심한 인구 압력이 약해지려면 시간이 걸릴 것이며, 그 한편으로 더욱 시급한 문제들이 있다. 아비르는 말한다. "이 서안 지구는 이스라엘과 같은 대수층을 이용하지만, 전체 유역 관리 같은 건 아예 없습니다."

그 말은 이스라엘이 대수층을 독점 관리하고, 팔레스타인이 새 우물을 파지 못하게 금지하고 있다는 의미다. 그곳의 주된 대수층인 웨스턴마운틴 대수층의 주요 함양 지역은 현재 높이 굽이치면서 뻗은 보안 장벽으로 감싸여 있다. 그럼에도 서안 지구 고지대에서 유래한 지하수의 4분의 3은 이스라엘로 간다. 아비르는 말한다. "그리고 정착촌들은 원하는 것은 뭐든 가져가요." 수영장을 가득 채울 물은 말할 것도 없다. 팔레스타인인들은 이스라엘인이 하루에 1인당 물을 280리터 공급받는 반면 자신들은 고작 60리터밖에 얻지 못한다고 주장한다. 세계보건기구의 최소 권장량은 100리터다.

이스라엘 환경보전론자들은 자국에 분배되는 소중한 물의 절반을 농업에 쓰는 것은 미친 짓이라는 데 동의한다. 농업은 이스라엘 소득에서 겨우 1퍼센트를 차지할 뿐이다. 그들은 비록 이스라엘이 점적관수點滴灌水나 농업 폐수 재활용 같은 기술을 앞장서서 개발해 왔을지라도, 유럽에 팔 목화나 꽃, 폴란드에 수출할 감자처럼 물이 많이 필요한 작물(그 나라들도 충분히 기를 수 있다)을 재배한다는 것은 가장 소중한 자원을 수출하는 것과 다름없다고 주장한다. (〈예루살렘 포스트Jerusalem Post〉에는 이런 기사가 실렸다. "좋은 소식은, 2020년이면 모든 이스라엘인이 재활용된 하수를 마시리라는 것이다. 나쁜 소식은 그 물로도 모자랄지 모른다는 것이다.")

이스라엘의 또 다른 주된 수원인 요르단 강은 한 호수에서 찔끔찔끔 흘러 내려오는데, 지금은 악취 풍기는 시궁창이 되어 있다. 이름 자체를 놓고 갈등이 벌어지는 이 호수를 유대인은 키네레트 호라고 부르고, 팔레스타인인은 티베리우스 호라고 하며, 기독교인은 갈릴리 해라고 부른다. 요르단 강은 요르단과 이스라엘 사이 국경선의 일부이므로, 요르단 강 수변 지역은 군사시설 보호구역으로 지정되어 팔레스타인인은 아예 접근할 수도 없다. 요르단뿐 아니라 시리아도 상류 수원 중 일부를 관리한다. (수원은 골란 고원에도 있다. 이스라엘은 1967년 골란 고원을 장악한 뒤 반환하지 않고 있다. 이 물줄기를 돌리려는 계획을 세운 아랍 연맹을 이스라엘 공군이 공격한 것이 6일전쟁을 촉발하는 데 한몫했다.)

오늘날 요르단 강물의 2퍼센트 정도는 호수를 떠날 때쯤 이미 분배된다. 사해로는 살충제, 비료, 호르몬, 어업 폐기물, 논밭과 양어장에서 나오는 미처리 유출수가 찔끔찔끔 흘러든다. 예수가 세례를 받았고 여호수아가 성지로 건너간 지점이라고 전해지는 곳에서 몸을 씻는 순례자들은 온몸에 발진이 생길 것이다. 한때는 맑았던 성수를 조금이라도 삼킨다면 구토를 할 것이다.

서안 지구 하수의 90퍼센트 이상은 처리되지 않고 흘러나온다. 이곳에 위생매립지는 키네레트-티베리우스 호 인근에 한 곳뿐이었으며, 2013년에야 베들레헴과 헤브론에 새 매립지가 조성되었다. 하지만 고체 폐기물은 대부분 소각되거나 바람에 날려 사막으로 흩어진다. 하지만 팔레스타인의 폐기물만 그런 것은 아니다.

아비르는 말한다. "정착촌은 팔레스타인 농지로 미처리 하수를 마구 방류합니다. 이스라엘 환경법을 준수하지 않는 공장들도 많지요." 지난 인티파다 이후 팔레스타인인들의 주요 도로 통행이 금지되었기에, 아비르의 현장 조사단은 뒷길로 다니면서, 법원 명령으로 이스라엘에서 폐쇄되자 서안 지구로 옮긴 살충제 공장과 비료 공장에서 나오는 폐수를 추적하려고 애쓰고 있다.

"이 모든 폐수가 이스라엘인들이 마시는 대수층으로도 흘러 들어갑니다. 우리는 그들이 스스로를 중독시키고 있다고 주장합니다." 하지만 이스라엘은 유대인 정착촌에서 나오는 하수도 처리하겠다고 동의하지 않으면 팔레스타인인들의 하수처리시설 신축을 더 이상 허가하지 않을 것이다. 아비르는 펜던트를 만지작거리며 말한다. "우리는 그 하수까지 처리하지는 않을 거예요. 정착촌 자체가 불법이니까요. 교착 상태지요."

정착촌은 얼마 되지도 않는 물까지 소비하고 있다. 현재 서안 지구 정착촌에는 약 35만 명의 유대인이 산다. 그리고 가자 지구도 있다. 폭이 6~11킬로미터이고 길이가 약 40킬로미터인 이 좁은 공간에는 150만 명이 살고 있으며, 12~15년마다 인구가 두 배로 늘고 있다. 이스라엘이 2005년에 이 지역에서 일방적으로 철수한 것은 가자 지구 우물의 90퍼센트에서 분뇨 정화조의 오수나 바닷물이 나올 정도로 이곳의 연안 대수층이 고갈되었기 때문이라고 추정된다. 비록 키네레트 호의 물을 곧 개발이 이루어질 예정인 남쪽의 네게브 사막으로 운반하는 이스라엘의 국영 수로 수송관이 근처를 지나가고 있지만, 그 수송관에서 팔레스타인인들에게 판매하는 물의 양은 가자 지구 수요량의 5퍼센트에 지나지 않는다.

유대인과 아랍인이 아브라함-이브라힘의 두 아내 사라와 하갈이 각각 낳은 자식에서 유래했다고 설명하는 이들도 있다. 그 뒤로 유전적으로 거의 동일한 이 두 민족은 서로 질투하던 그 두 사람이 일으킨 증오심에 죽 사로잡힌 채로 바짝 마른 조그만 땅덩어리를 두고 다투어 왔다. 비록 면적에 비해 역사적으로, 종교적으로, 정치적으로 세계에 대단히 큰 영향을 끼친 지역이긴 하지만 말이다.

그런데 바닷가의 작은 모래통 같은 이 땅덩어리와 총 1200만 명(현재 세계 인구의 584분의 1도 되지 않는다)의 인구가 또 하나의 척도로 볼 때, 즉 생태학적으로 볼 때 인구가 100억 명을 향해 가는 이 세계에서 얼마나 큰 의미가 있을까?

요시 레셈Yossi Leshem은 세계가 생각보다 훨씬 크다고 믿는다. 즉 우리가 유심히 살펴보지 않은 상태에서 생각하는 것보다 크다고 믿는다.

하늘

세 번째 질문 | 인류가 생존하려면 얼마나 많은 생태계가 필요할까? 다시 말해, 우리가 생존하려면 어떤 종이나 생태적 과정이 필요할까?

아니, 우리가 인구를 엄청나게 불려 가면서 절대적으로 의존하고 있음을 알아차리지 못한 채 지구에서 내몰고 있는 종의 수가 돌이킬 수 없는 지경이 되는 시점은 언제일까? 우리가 살아가려면 반드시 있어야 할 종은 무엇일까?

요시 레셈은 유대 산맥Judean Mountains의 절벽에서 밑을 굽어보는 것으로 일을 시작했다. 원래 그는 텔아비브의 조류학 연구실에 틀어박혀 참새류의 부리 길이와 먹이의 상관관계를 조사하는 생물학 석사학위 논문을 쓰고 있었어야 했다. 하지만 자연으로 나가고 싶은 마음이 굴뚝같았던 그는 긴다리말똥가리를 관찰하는 과학자를 돕는 일에 자원했다. 말똥가리 새끼 세 마리의 다리에 가락지를 끼우기 위해 처음으로 밧줄을 붙잡고 둥지로 하강했을 때, 그는 맹금류에 푹 빠지고 말았다.

그는 참새류에서 아프리카와 아시아, 유럽 남부에 걸쳐 분포하는 커다란 맹금류인 흰배줄무늬수리로 연구 방향을 틀었다. 이스라엘에는 적어도 일흔 쌍이 산다고 보고되었지만, 1982년 무렵에는 열여섯 쌍밖에 남지 않았다. 레셈은 이유를 찾아내기로 마음먹었고, 더 나아가 그들을 구할 방법이 있는지 알아내고자 했다. 그는 오래지 않아 원인을 찾아냈다.

1960년대에 이스라엘은 광견병이 창궐하는 것이 자칼의 개체 수가 크게 불어났기 때문이라고 보고, 자칼을 없애기 위해 독성 물질인 스트리크닌을 주사한 닭 5만 마리를 풀었다. 사실 나중에 그 전염병은 늘어난 인구 때문임이 드러났다. 자칼은 점점 쌓여 가는 농업 폐기물 더미에서 죽은 칠면조와 닭, 송아지, 소를 먹고 있었다. 닭 작전—다른 야생동물들도 무수히 죽였으며, 아마 갈릴리표범도 그 때문에 멸종했을 것이다—이 성공을 거두자, 당국은 독이 유용하다고 더욱 굳게 믿게 되었다. 인구가 늘어나고 농업 활동도 활발해지면서 DDT와 유기인산염을 살포하는 비행기가 점점 더 이스라엘의 하늘을 뒤덮기 시작했다. 흰배줄무늬수리는 중독된 자고새와 비둘기를 먹고 죽어 가기 시작했다. 비록 지금은 DDT가 금지되었지만, 이스라엘의 경작지 단위 면적당 살충제 사용량은 선진국 가운데 여전히 최고 수준이다. 2011년에 남은 수리는 여덟 쌍에 불과했다.

하지만 레셈의 가장 큰 발견은 1980년대 초에 박사 학위를 쓰기 위해 멸종 위기에 처한 또 한 종의 맹금류를 연구할 때 이루어졌다. 주름얼굴대머리수리라는, 사체를 뜯어 먹는 강인한 새였다. 그들의 개체수를 좀 더 정확히 파악하고 싶었던 그는 조종사를 고용해 그 새들이 날아드는 가을에 이스라엘의 남부 네게브 사막 위를 날았다. 높은 하늘 위에서 내려다본 그는 경악하고 말았다. 무려 수백만 마리나 되는 크고 작은 온갖 새들이 사막 위를 날고 있었던 것이다.

헤브론 근처에서 벌매 한 마리와 마주쳤을 때, 조종사가 최근 500만 달러짜리 이스라엘 공군기 한 대가 파괴된 적이 있다고 말했다. 그 순간 요시 레셈은 무엇을 연구해야 하는지 퍼뜩 깨달았다. 그는 곧바로 이스라엘 공군본부로 가서 군용 항공기와 새가 부딪힌 사건 기록을 살

살이 훑었다. 평균적으로 해마다 세 건의 심각한 충돌 사건이 일어나고 있었다. 1972년에서 1982년 사이에 파괴된 비행기와 죽은 조종사를 따져 보니 적과 싸우다가 희생된 수보다 새와 충돌해 그렇게 된 사례가 더 많았다.

네 차례 전쟁을 치른 바 있는 역전의 용사이자 예비역 장교인 레셈은 공군에 이렇게 말했다. "새마다 이주하는 시기와 비행 고도가 다릅니다. 그들이 정확히 언제 어디로 비행하는지 알고 싶지 않습니까?"

공군은 그에게 동력 글라이더를 내주었다. 그는 2년 동안 네게브 사막과 갈릴리 농경지, 유대민족기금이 조성한 숲 위를 구름처럼 무리지어 날아가는 명금류, V자를 이루며 날아가는 기러기 떼, 왜가리와 황새와 펠리컨 무리의 뒤를 쫓아서 272일을 비행했다. 그는 공군본부에 조류들이 그저 마음 내키는 대로 이곳 상공을 날아가는 것이 아니라고 보고했다. 이곳은 진정한 항공로였다. 해마다 10억 마리의 새들이 이스라엘 영공을 통과했다. 공해상에는 새들이 타고 날아갈 온난 상승기류가 형성되지 않기 때문에, 아프리카와 유럽 또는 서아시아 사이를 계절에 따라 이주하는 철새들은 지중해를 피한다. 일부는 지브롤터해협을 건너거나 튀니지에서 시칠리아를 통해 이탈리아로 가기도 하지만, 대다수(약 280종)는 세 대륙 사이의 교차로인 이스라엘과 팔레스타인을 지나간다. 그곳에서는 땅에서 늘 따뜻한 공기가 솟아오르기 때문이다.

레셈의 박사 학위 논문을 보면, 단위 면적당 이주하는 철새의 수는 이스라엘이 세계 최고이며, 철새들이 이주할 때 떠 있는 군용 항공기의 수도 세계에게 가장 많다. 그는 공군에 치명적인 충돌을 피하려면 두 가지가 필요하다고 했다. 첫째는 레이더 기지였다. 운 좋게도 당시 소련이 해체되면서 군용 설비를 대폭 할인 판매하고 있었는데, 160만 달러의 가치가 있는 몰도바의 기상관측소를 겨우 2만 달러에 인수할 수 있었다. 그리고 그 관측소를 운영하고 있던 유대인인 소련의 전직 장군도 따라와서 조류 연구에 맞게 시설을 고치는 일을 돕기로 했다.

또 하나, 이스라엘 주변 국가들의 협조가 필요했다. 철새들이 어느 쪽으로 이주하고 있는지를 미리 경고해 줄 이웃 나라의 조류 관찰자들이 있어야 했다. 레셈은 이스라엘 공군을 설득해 터키와 요르단의 공군 관계자들과 만났고, 팔레스타인과 요르단의 조류학자들이 이스라엘의 조류학자들과 자료를 공유하는 방안을 마련했다. 그는 레바논, 이집트, 심지어 이란의 조류학자들과도 이미 안면이 있었다. 시리아의 자료는 암만에 있는 버드라이프인터내셔널Birdlife International 사무국을 통해 간접적으로 얻을 수 있었다.

이러한 협력과 예루살렘의 텔아비브 고속도로 인근에 위장하여 설치한 레이더 기지 덕분에 충돌 횟수를 76퍼센트 줄일 수 있었고, 항공기 파손이나 추락에 따른 비용도 7500만 달러나 줄어든 것으로 추정된다. 물론 조종사와 새의 희생도 줄일 수 있었다. 아마 그것만이 아닐 것이다. 이 좁은 항공로, 혹은 그 철새들이 이주하다가 잠시 들러서 먹이를 먹고 쉬는 그 아래 지상 생태계의 존속을 위협하는 것은 무엇이든 간에 이스라엘과 팔레스타인만이 아니라 훨씬 더 넓은 세계에까지 영향을 미칠 것이다. 새가 그저 화려한 색깔로 치장하고 즐겁게 노래를 부르기만 하는 것은 아니다. 새는 꽃가루를 옮기고, 씨를 퍼뜨리고, 곤충을 잡아먹는다. 이 병목 지점이 없다면, 아프리카와 유럽의 생태계 중 상당수는 아예 존재할 수 없을 것이고, 있는 것도 붕괴할 가능성이 높다.

위협받은 것이 전투기만은 아니다. 요시 레셈이 연구한 주름얼굴대머리수리는 네게브 사막에서 사라졌고, 사해가 내려다보이는 마사다의 절벽에 둥지를 틀던 개체들도 사라졌다. 그는 더 많은 종이 사라지기 전에 살충제 사용을 줄이자는 운동을 전국적으로 펼쳤다. 조류 자체를 살충제의 대안으로 사용하자는 것이었다. 예전에는 나무로 지은 농가 건물에 둥지를 틀었던 헛간올빼미가 금속으로 지어진 현대 건물에는 둥지를 짓지 못한다는 것을 알아차린 레셈은 동료들, 그리고 이스라엘과 팔레스타인, 요르단의 학생 수백 명과 함께 농경지 주변에 2000개 가까운 새집을 설치했다.

"올빼미 한 쌍은 1년에 약 5000마리의 설치류를 잡아먹습니다. 거기에 2000쌍을 곱해 보세요. 농민들이 강력한 살충제를 쓸 일이 없어질 겁니다. 살충제 사용을 전면 중단시킬 수는 없을지 몰라도, 현재 이스라엘에서 쓰이는 826종의 살충제 가운데 가장 유독한 것들은 줄일 수 있을 겁니다." 그는 덥수룩한 회색 곱슬머리를 덮고 있는 털실 두건을 매만졌다. "우리의 정자 수는 현재 40퍼센트가 줄어들었습니다. 반대로 암 발병률은 그만큼 올라갔고요. 모두 호르몬과 살충제 탓입니다. 훌라 계곡에서는 엄청나게 많은 화학물질을 뿌려댔지요. 인지 능력에 영향을 미칠 정도예요. 지난 20년 동안 아이들을 검사해 왔으니까 알지요. 지금은 손자들까지 검사를 하고 있습니다."

키네레트 호 바로 북쪽에 있는 훌라 계곡은 검은목두루미가 겨울을 나는 곳이다. 1950년대에 근동近東에서 생물 다양성이 가장 높았던 훌라 습지의 물을 빼서 경작지를 조성하는 작업이 진행되었다. 이스라엘은 그 습지가 키네레트 호의 여과지 역할을 한다는 것을 뒤늦게야 깨달았다. 하지만 이미 때는 늦었다. 그 습지가 흡수했던 질소와 인 같은 부영양화 물질들이 바닥에 쌓였던 이탄 덩어리들과 함께 거침없이 키네레트 호로 흘러들었다. 그 결과 이스라엘의 가장 중요한 수원이 산소가 희박한 더러운 녹색 시궁창으로 변할 위험에 빠졌다.

죽어 가는 키네레트 호를 구하고자, 이스라엘은 훌라 계곡의 30제곱킬로미터 면적에 다시 물을 채웠다. 하지만 이주하던 물새들이 예전에 들르곤 했던 넓은 습지에 비하면 10분의 1도 되지 않는 면적이었다.

이스라엘 훌라 계곡의 검은목두루미

농민들은 땅콩 밭을 습격하는 검은목두루미, 잉어와 틸라피아 양어장을 습격하는 펠리컨 7만 마리와 황새 10만 마리를 없애기 위해 독을 풀고 있었다. 그래서 레셈과 동료들은 보조금을 받아서 두루미를 위해 옥수수와 병아리콩 수천 킬로그램을 뿌리고, 홀라 호에 황새와 펠리컨의 먹이인 모기고기mosquito fish를 풀어놓았다.

현재 겨울이 되면 눈 덮인 골란 고원을 배경으로 끼룩거리는 3만 마리의 검은목두루미가 매일 수많은 관광객을 끌어들인다. 이들은 트랙터가 푹신한 땅에 쏟아내는 옥수수 낟알에 이끌려 홀라의 땅콩 밭에서 옮겨 온 개체들이다. 좁고 메마른 땅에서 펼쳐지는 이 장관은 초현실적인 느낌을 준다. 세계의 3분의 1을 날아다니는 이 새들이 기력을 보충할 만한 습지가 이 지역에는 거의 남아 있지 않기 때문이다. 홀라 습지가 완전히 사라진다면, 러시아에서부터 남아프리카에 이르기까지 많은 지역에서 연쇄적으로 생태학적 재앙이 빚어질 수 있다.

이스라엘 국회 구내의 암벽 산비탈에 세운 조류 연구소에서 요시 레셈은 예루살렘 건너편 동쪽의 요르단을 바라본다. 그는 예언자 예레미야가 "하늘을 나는 학도 제철을 알고, 비둘기와 제비와 두루미도 저마다 돌아올 때를 지키는데"라고 말할 때 바로 이곳에서 바라보고 있었을 거라고 상상한다.*

"그분에게는 레이더가 필요 없었지요. 지금 우리가 보는 새들이 적어도 세 번은 하늘을 뒤덮는 광경을 보고 있었을 겁니다. 아니, 그 이상이었을지도 모르죠."

그 시절 예루살렘의 인구는 채 2000명도 되지 않았고, 그 아래 사막

---

* 〈예레미야서〉 8장 7절

은 샐비어, 덩이괭이밥, 엉겅퀴의 꽃들로 뒤덮였을 것이다. 그 위로 자란 참나무, 피스타치오, 올리브 나무의 무성한 가지에는 솔새류, 박새류, 되새류, 딱새류, 참새류, 태양새 등이 와글거렸을 것이다. 유대 산맥에 사는 치타, 사자, 늑대, 표범은 붉은사슴, 가젤, 영양, 야생 당나귀, 야생 염소를 사냥하러 이곳으로 오곤 했을 것이다. 하지만 지금은 남아 있는 새가 얼마 되지 않는다. 대부분 사라졌다.

레셈은 말한다. "우리의 자연 보전 구역은 그 옛 생태계의 파편에 불과합니다. 우리 나라는 뉴저지만 하고, 위쪽 절반은 인구과잉 상태에 있습니다. 도로와 보안 장벽으로 에워싸서 가젤과 염소 무리는 다른 무리들과 단절되어 있어요. 가젤 수컷은 이끌고 다닐 암컷 무리가 있어야 합니다. 갑자기 이 장벽이 불쑥 솟아오르는 바람에 이제 암컷 무리를 찾을 수 없게 되었지요. 몽구스와 늑대도 마찬가지예요. 그들은 원래 먹이를 찾아 하룻밤에 70킬로미터를 돌아다닙니다. 새들은 날 수라도 있지요. 하지만 포유류와 파충류는 그렇지 못해요. 심각한 위기에 처한 것이죠."

그는 도시 외곽의 유대 산맥을 가리킨다. 그곳에는 가젤 스무 마리가 남아 있다. "야생으로 돌아간 개들이 가젤 새끼들을 쫓아다닙니다. 미래가 위태롭지요."

그는 사람도 마찬가지라고 덧붙인다. "팔레스타인인들도 단절되어 있어요. 야생동물과 마찬가지죠."

사막

네게브 사막 한가운데, 이스라엘 남쪽 끝에서 바로 위쪽인 아라바 지구대地溝帶의 모래사막 안에 남아 있는 포유류를 위해 울타리가 둘러쳐진 자연 보전 구역이 있다. 십자군이 유니콘이라고 착각했던 아라비아오릭스white oryx도 거기에 있다. 다른 대륙에서는 동물원에 몇 마리만 남아 있을 뿐인 이 동물을 여기서는 본래 생태계로 다시 들여보내겠다는 계획하에 번식시켜 왔다. 이곳에서 아라비아표범, 카라칼, 늑대, 하이에나는 우리에 들어가 있지만, 영양, 야생 염소 같은 발굽동물은 길이가 5킬로미터에 이르는 울타리 안을 돌아다닌다. 관광객들에게 시달릴 수도 있다. 여기에는 타조도 있다. 비록 원래 이 지역에 살던 아종이 아니라 소말리아에서 들여온 종이긴 하지만. 아라비아타조는 1966년에 마지막으로 야생에서 목격된 이래로 사라졌다.

그곳에서 10분 거리에 케투라가 있다. 이 키부츠에는 아랍인과 유대인을 위한 환경 교육 대학원 과정을 운영하는 아라바 연구소가 있다. 교수진에는 이스라엘인도 있고 팔레스타인인도 있으며, 재생 가능 에너지, 국가 간 수질 관리, 지속 가능 농업을 가르친다. 동쪽으로 몇 킬로미터 떨어진 요르단에서도 학생들이 많이 온다. 아라바의 교육 이념은 환경이 공통의 생득권이자 공통의 위기이며, 사람들을 가르는 모든 정치적·문화적·경제적 차이보다 우선하는 시급한 문제라는 것이다.

학생들과 키부츠 주민들을 위한 공동 식당에서는 자체 낙농장에서 짠 젖과 신선한 오이, 토마토, 갖가지 채소가 나온다. 이스라엘인이나 팔레스타인인이나 하루 세 끼에 모두 샐러드를 먹는 식습관이 있는데, 이는 고기가 귀했던 옛 시절의 산물이다. 양쪽 민족이 온갖 살충제를 뒤집어쓰고 있는데도 세계에서 기대 수명이 가장 높은(거의 80세에 가깝다) 것은 어쩌면 이 식습관 때문일지도 모른다. 하지만 여기에서도 일부 살충제가 쓰인다. 키부츠 케투라의 소득은 주로 도입종인 대추야자 과수원에서 나오는데, 이 종은 씨 안에 알을 낳는 딱정벌레 종에 매우 취약하다. 씨 안에서 부화한 애벌레가 이 나무를 공격한다. 이스라엘인은 대추야자를 보호할 화학물질을 뿌리는 작업을 맡고 싶어 하지 않으며, 팔레스타인인은 설령 원한다고 해도 심한 검문 탓에 군사 지역 안으로 아예 들어가기가 어렵다. 결국 타이 농업 노동자 수천 명이 들어와서 그 일을 맡다 보니 성지는 더욱 복작거린다. 키부츠 케투라 에도 그처럼 유독한 작업을 맡은 외국인들이 와 있다.

고국에서는 사냥꾼이었던 저임금 타이 노동자들은 이스라엘에서 덫 과 새총으로 가젤, 오소리, 자칼, 여우, 토끼, 멧돼지—심지어 소와 개 까지—를 잡아서 식단을 보충한다. 그들은 끈끈이 덫을 써서 설치류, 새, 개구리, 도롱뇽, 뱀, 도마뱀도 잡는다. 유대교의 율법은 가축 도살만 허용하고 있기 때문에 이스라엘인은 사냥을 거의 하지 않는다. 하지만 아라바 연구소의 설립자 알론 탈Alon Tal이 《약속된 땅의 오염Pollution in a Promised Land》에 썼듯이, 타이에서 온 덫 사냥꾼 3만 명은 그렇지 않아도 적은 야생동물을 멸종 직전까지 내몰아 왔다. 탈은 그들이 골란 고원 에서만 해도 가젤 개체군의 90퍼센트를 없앤 것으로 추정한다.

회색 염소수염을 기른 오십 대 초반의 말끔한 신사인 탈은 박멸의 표적이었던 문화를 구하기 위해 창설된 국가에서 위험한 주제를 감히 거론하는 극소수의 이스라엘 환경보전론자 중 하나다. "우리 땅은 만 원입니다. 미래의 역사가들은 막다른 골목에 이른 현재의 상태를 이스 라엘의 가장 큰 비극 가운데 하나라고 판단할지도 모릅니다." 이스라 엘 녹색당의 부대표이기도 한 탈은 아이를 더 많이 낳도록 초정통파 가정에 지급하는 보조금이 인구문제를 막다른 골목에 이르게 했다고 말한다. "정통파 유대인은 평균적으로 100명의 자손을 남깁니다. 그들 이 쓰는 기저귀를 생각해 봐요!"

그 기저귀에 함축된 압력은 환경뿐 아니라 사람들에게도 치명적이 다. 유대인과 팔레스타인인이 같은 땅을 놓고 다투고 있는 상황에서는 말이다. 인구 경쟁에 양쪽 민족이 받은 장수라는 축복이 더해져서 상 황은 더욱 복잡해진다. 벤구리온 대학교의 생태학 교수로서 탈은 팔레 스타인인 생태학 교수들과 많은 환경 계획을 설계했다. 특히 공동의

물 관리에 중점을 두었다. "하지만 이 모든 것의 바탕에는 인구문제가 있어요. 그 문제를 곧 처리하지 않는다면, 너무 늦을 겁니다. 머지않아 우리는 생태적으로 헐벗고 사회적으로 견딜 수 없는 상태가 될 겁니다. 나는 다른 모든 것을 제쳐 놓고 그 문제를 공개 석상에 올리기 위해 애써 왔습니다. 하지만 너무 힘들어요."

알론 탈은 케투라에서 남쪽으로 30분쯤 차를 몰아서 이스라엘 최남단 도시인 에일라트에 도착했다. 국경 너머 요르단의 도시 아카바에 있는 데이즈 여관에서 열리는 아라바 연구소 동문들의 모임에서 연설을 할 예정이다. 현재 정부와 비영리 기관에서 환경기획자와 환경과학자로 일하는 젊은 요르단인, 유대인, 팔레스타인인들의 모임이다. 도중에 그는 아카바 만에 있는 이스라엘 탈염 시설을 지났다. 바닷물을 음용수로 바꾸는 시설이다. 탈은 사람들이 인구과잉의 위협을 부정하는, 아니 무시하는 이유가 자국의 기술적 낙관주의 때문이라고 말한다. 이스라엘이 사막을 경작지로 만들 수 있다고 믿은 전 세계의 유대인들은 앞다퉈 기부를 했고, 그 결과 점적관수 같은 기술들이 발명되었다. 젖과 꿀이 흐르는 약속된 땅에 현대 중동의 중요한 성분, 즉 석유가 없다는 것을 깨달은 다비드 벤구리온은 세계의 유대인 물리학자들에게 자국의 풍부한 자원인 햇빛을 다스릴 방법을 내놓으라고 요청했고, 그들은 현대의 지붕 태양열 집열 장치를 개발했다.

이 땅의 환경 용량을 늘릴 방법을 인류가 얼마든지 찾아낼 수 있다는 확신을 가진 것은 유대인만이 아니다. 아라바 재생에너지 및 에너지 보전 센터를 운영하는 타레크 아부 하메드Tareq Abu Hamed는 교정을 태양전지판으로 채우고 있다. 그의 목표는 태양에서 얻은 전기로 물 분자를 구성 성분인 산소와 수소로 쪼갠 뒤 수소를 붕소 기반의 매체에 저장했다가 필요할 때 탄소 배출이 없는 연료로 사용할 수 있도록 하는 과정을 완성한다는 것이다.

"이 지역은 세계에서 태양복사선이 가장 센 곳입니다. 우리는 오염 물질을 줄이고 에너지 자립을 이룩할 수 있어요."

하지만 이스라엘과 팔레스타인을 존속시킬 기술적 해결책은 특정한 현실과 충돌한다. 현재 에일라트의 탈염 시설 주변에는 소금이 산처럼 쌓여 있다. 일부는 수족관에 홍해산 소금으로, 일부는 일반인에게 코셔 소금kosher table salt(요오드 같은 첨가물이 없는 소금 ─ 옮긴이)으로 팔리기도 한다. 하지만 시장이 소화할 수 있는 양은 그 정도에 불과하며, 나머지 엄청난 양은 다시 아카바 만으로 쏟아붓기 때문에 해양 생물에 과다 염분 피해를 일으킬 수 있다. 또 역삼투압 방식으로 바닷물을 필터로 투과시키는 데 엄청난 에너지가 들어간다. 이스라엘에는 석유도 나지 않고 수력발전용 댐을 건설할 만한 강도 없기 때문에, 에너지는 지중해 연안에 늘어선 화력발전소에서 나온다. 2011년에 물 부족이 너무 심해지자 긴급 조치에 따라 탈염 시설이 24시간 가동되면서 더 많은 석탄을 태웠다.

태양에너지를 더 많이 이용하는 것이 확실한 해결책이 될 듯하지만, 아라바에서도 종종 그렇듯이 기온이 섭씨 45도에 이르면 태양전지의 효율이 떨어지기 때문에 중동의 햇빛 활용도는 낮아진다. 타레크 아부 하메드는 면도한 머리를 문지르면서 말한다. "우리는 그 문제를 풀기 위해 애쓰고 있습니다."

하지만 기온은 계속 오르고 있다. 족장 야곱이 4000년 전에 기근이 다가오고 있다고 이집트인에게 경고하던 아들 요셉과 만나기 위해 지났던 길로 다시 돌아온다면, 야생동물이 훨씬 적다는 점을 빼고는 경관이 그때와 여전히 비슷해 보일 것이다. 당시와 마찬가지로 지금도 주된 식생은 가젤, 야생 염소, 곤충, 그리고 새들이 즐겨 먹는 가뭄에 강한 아카시아 나무다. 아라바 연구소 아부 하메드의 동료 생태학자 엘리 그로너Elli Groner는 이렇게 말한다. "아라바 계곡의 농업은 모두 아카시아를 기반으로 합니다. 아카시아는 토양과 그 안의 물을 움켜쥐고 있지요."

문제는 강수량이 줄면서 아카시아가 죽어 가고 있다는 사실이다.

"아카시아가 사라진다면 생태계 전체가 무너질 겁니다. 생태학자들이 한 상태에서 다른 상태로의 단계 전환stage shift이라고 말하는 것이죠. 우리는 새 상태가 어떤 것일지 알지 못합니다. 아무도 예측할 수가 없어요."

이스라엘의 자연보호청은 아카시아에 물을 주자고 주장해 왔다. 여기서 장기 생태학 연구를 지휘하는 그로너는 금속테 안경을 벗고 메마른 계곡을 가리키며 말한다. "키네레트 호의 물로요? 아니면 탈염 시설에서 얻은 물로요?"

그는 또 덧붙여 말한다. 이스라엘 임업 당국은 "자신이 할 줄 아는 일만 했습니다. 그들은 아카시아를 새로 심기 시작했어요. 유대민족기금의 기부자들은 현재 죽은 나무를 대신해 이스라엘에 심을 새 아카시아를 고를 수 있습니다."

집단생태학자들은 흔히 네덜란드 오류Netherlands Fallacy(네덜란드 같은 선진국일수록 환경이 더 좋다고 보는 오류. 사실은 오염 산업을 가난한 나라로 이전한 결과일 뿐이다―옮긴이)를 이야기한다. 네덜란드가 인구밀도가 대단히 높으면서도 그토록 높은 생활수준을 유지한다고 해서 그것이 곧 인류가 본질적으로 부자연스럽고 인위적인 환경에서 번영을 누릴 수 있음을 증명하는 것은 아니다. 누구나 그렇듯이, 네덜란드인도 생태계만이 제공할 수 있는 것들을 필요로 한다. 다행히도 그들은 다른 곳에서 그것들을 구입할 여력이 있다. 마찬가지로 이스라엘도 남들의 잉여 산물(그리고 부조)로 살아간다.

하지만 희소성 때문이든 화석연료 연소로 대기 중에 늘어나는 온실가스 때문이든 간에 바나나, 블루베리, 곡물을 기를 연료를 대양 너머에서 수입하는 비용이 엄청나게 올라간다고 상상해 보자. 이스라엘이든 팔레스타인이든, 혹은 세계의 어떤 지역이든 자급자족해야 하는 상황이 벌어진다면, 사람들은 의지할 수밖에 없는 것들, 그리고 다른 생물들이 없이는 살 수 없다는 사실을 받아들여야 할 것이다. 그리고 그 모든 것들이 번성하려면 토양과 물이 충분해야 한다.

이스라엘인과 팔레스타인인의 문제만은 아니다. 성지에서 가장 다산하는 민족은 그들이 아니라 베두인족이다. 알론 탈은 그들이 아마도 자식을 평균 14명까지 낳을지도 모른다고 생각한다. 그렇다면 세계 최고 수준일 것이다. 그들이 늘 사막을 떠돌아다니는 유목 생활을 해왔기 때문에 어느 누구도 확신할 수는 없다. 하지만 그들이 많다는 것은 분명하다.

더 많은 도시와 군사기지를 지을 땅이 네게브 사막뿐이기 때문에, 이스라엘은 베두인족이 조상 대대로 가축들을 방목하던 땅을 달라고 요구하고 있다. 베두인족은 별다른 선택의 여지도 없이 이스라엘이 자신들을 위해 지은 도시로 이주하고 있다.

베두인족의 신도시 라하트에서 알론 탈의 녹색당 동료이자 학교 교사인 아마드 암라니Ahmad Amrani는 자기 가문의 여러 식구들과 함께 쓰고 있는 4층짜리 주택의 평지붕 꼭대기에 서 있다. 사실 암라니 가문은 거리 전체에 산다. 그는 바람에 흩날리는 먼지와 비닐봉지들 사이로 13개의 모스크가 높이 솟아 있는 생경한 도시를 가리키면서 말한다. "저 아래의 거리 하나하나가 가문 하나씩이에요."

광택이 나는 예루살렘의 석회암으로 치장된 그의 집은 거의 텅 비어 있다. 그의 친척들은 주로 집 뒤에 있는 베두인족 텐트 안에서 시간을 보낸다. 양탄자에 앉아 달콤한 차를 마시면서 말이다. 아마드는 아버지나 할아버지와는 달리, 카프탄caftan(아랍 국가 남자들이 보통 허리에

벨트를 매고 입는 긴 옷—옮긴이)과 케피예keffiyeh(아랍 남자들이 머리에 쓰는 사각형 천—옮긴이) 차림이 아니다. 그는 청바지에 가죽 재킷을 입고 있다. 또 그의 가문에서 처음으로 대학교도 다녔다.

"10년 전 내가 벤구리온 대학교에 들어갔을 때, 베두인족 학생은 넷뿐이었어요. 지금은 400명이나 되지요." 잠시 숨을 고르고는 덧붙여 말한다. "그중 350명은 여성이에요."

그는 평생 낙타 위에서 탁 트인 사막을 가로지르며 염소를 몰던 베두인족 남성에게 도시라는 갑갑한 공간에 적응한다는 것은 쉬운 일이 아니라고 말한다. 더 이상 족장이 되려는 남성도 없다. 남성들은 대부분 일을 하지도 않고 가족을 부양하지도 않기 때문에, 여성들이 그 일을 떠맡고 있다. 젊은 여성들은 교육을 더 많이 받을수록 더 나아진다는 것을 금방 알아차린다.

지금 가장 큰 문제는 이 교육받은 여성들이 과연 누구와 결혼을 하겠느냐는 것이다. 암라니는 말한다. "민감한 문제죠. 그들은 자존감이 높아 적당한 짝을 찾기가 어렵습니다. 독신 생활을 하는 이들이 더 많아요. 그리고 아이를 14명이나 낳는 이들은 이제 찾아볼 수 없지요." 그는 차와 아몬드 쿠키를 얻으러 텐트로 내려간다. 학교 교사인 아내와 외아들이 곧 집에 올 시간이다.

이스라엘과 팔레스타인을 떠나기 전에 던져야 할 질문이 하나 더 남아 있다. 그러나 그 답은 중동의 이 환하게 빛나는 화약고, 영적인 동시에 험악한 인간의 열정이 단순한 인구통계로 환원되기를 거부하는 이곳이 아닌 바깥에서 더 명확히 드러날 것이다. 하지만 이곳에 겨우 수천 명이 살던 '창세기' 시절에도 점점 늘어나던 부족들 사이에서 소중한 우물을 놓고 이미 싸움이 벌어졌었다는 점을 떠올려 보라.

네 번째 질문 | 지구의 지속 가능한 인구가 앞으로 불어날 100억 명보다 적다는 사실이, 아니 우리가 이미 도달한 70억 명보다 적다는 사실이 드러난다면, 감소한 인구, 그래서 안정화된 인구를 위한 경제를 우리는 어떻게 설계해야 할까? 즉 지속적인 성장에 의존하지 않고도 번영할 수 있는 경제를 어떻게 설계해야 할까?

02
폭발이 시작된 세계

1994년 6월 케이프커내버럴Cape Canaveral. 과학자와 공학자 600명이 파란색과 흰색으로 칠한 에어컨이 장착된 버스를 타고서 존 F. 케네디 우주센터로 향하고 있었다. 세계수소에너지대회에 참석하기 위해 34개국에서 모인 이들이었다. 더러운 석탄과 석유로 추진되는 경제를 깨끗한 수소로 가동되는 경제로 전환한다는 꿈 하나로 모인 사람들이었다. 그들은 자동차, 가전제품, 항공기, 난방 기기와 냉방 기기, 산업 전체를 전환할 방안을 강구해 왔다. 오염이 없는 세계를 일굴 방법을 말이다.

그들에게 이 여행은 영감을 주는 순례의 길이었다. 이제 곧 우주로 날아갈 우주왕복선 컬럼비아 호가 놓인 발사대의 하얀색 둥근 탱크는 순수한 수소로 채워져 있었다. 달 탐사선을 쏘기 전에도 미 항공우주국의 우주비행사들은 수소 연료 전지에서 얻은 동력을 우주에서 써왔다. 그것은 마치 건전지처럼 연료를 화학적으로 직접 전기로 전환하는 재충전 가능 장치다. 비록 미 항공우주국이 쓰는 수소는 마찬가지로 이산화탄소를 내뿜는 과정을 거쳐 천연가스로부터 얻은 것이었지만, 학회 참가자들은 곧 탄화수소가 아니라 물 분자를 원료로 사용할 수 있을 만큼 태양력 이용 기술의 효율이 개선될 것으로 기대하고 있었다.

그로부터 거의 20년이 흐른 지금, 아라바 연구소의 타레크 아부 하메드 같은 신세대 연구자들은 여전히 경제적인 방식으로 청정 수소 에너지를 생산할 수 있을 것이라는 희망을 버리지 않고 있다. 우주에 다른 모든 원소들을 더한 것보다 많은 수소가 있다는 점을 생각하면, 그것을 이용하지 못한다는 사실이 좌절감까지 불러일으킬 정도다. 내연기관을 통해 태우든 연료전지에 주입하든 간에, 수소 연료에서 배출되는 것은 수증기밖에 없다. 이론적으로는 이 배기가스를 모아서 응축하여 그 물을 다시 수소 생산에 쓸 수 있다. 즉 무한히 순환시킬 수 있는, 완벽히 닫힌 계인 셈이다. 세부적으로 한 가지 성가신 문제가 있다는 점만 빼면 말이다. 이 우주에서 순수한 수소 기체가 쓸 수 있을 만큼 자연적으로 생성되는 공간은 태양 같은 곳밖에 없다. 지구의 수소는 모두 산소, 탄소, 질소, 황 같은 원소들과 단단히 결합되어 있다. 이 결합을 끊어서 수소를 해방시키려면(H_2O에서 H를 떼어 내듯이) 수소에서 얻는 것보다 더 많은 에너지를 써야 한다. 태양전지판을 설치하여 우리 문명을 가동할 만큼의 수소를 물에서 얻는다는 것은 현실성이 거의 없다. 다년간 시도한 지금도 수소를 추출하는 가장 효율적인 방법은 과열된 증기를 이용해 천연가스에서 수소를 빼내는 것이다. 그리고 이 과정에서 성가신 오염물질인 이산화탄소도 방출된다.

1994년 수소 학회의 오찬 강연에서 미 항공우주국의 대니얼 골딘 Daniel Goldin이 좀 불편한 소식을 전했기에, 그 점이 더욱 유감스럽게 다가왔다. 골딘은 10년에 걸친 위성 측정 자료를 분석해 세계의 해수면이 거의 2.5센티미터 상승했다고 말했다. 골딘이 이 특별한 청중에게

군이 연관성을 짚어 줄 필요도 없었던 것이, 강연에 참석한 이들은 해수면 상승과 세계 기온, 인위적인 에너지를 얻기 위해 배출한 이산화탄소 사이의 연관성을 이미 충분히 알고 있었다. 세계적으로 우리가 쓰는 에너지의 5분의 4는 자연이 지구를 가동하는 데 쓸 필요가 없어서 안전하게 묻어 놓았던 고대의 유기 폐기물에서 나온다. 이 묻힌 유기물은 기나긴 세월에 걸쳐 압축되어 고도로 농축된 석탄과 석유가 되었다. 그런데 300년이 채 안 되는 기간에 걸쳐, 인류는 수억 년에 걸쳐 쌓인 이것을 파내어 태워 왔다. 그러면서 지구가 300만 년 동안 접하지 못한 양의 이산화탄소를 대기로 쏟아 냈다. 300만 년 전에는 지구가 좀 따뜻했고, 해수면이 지금보다 30미터가량 더 높았다.

그것이 바로 수소 연구자들이 화석연료의 대안을 찾고자 하는 두 가지 이유 중 하나였다. 또 한 가지 이유는 그날 오후 물리학자 앨버트 바틀릿Albert Bartlett의 강연에서 나왔다. 콜로라도 대학교의 명예교수인 바틀릿은 수소에 관해 아는 것이 거의 없지만 기초적인 계산을 해보겠다고 했다. 그는 무언가가 두 배씩 증가할 때 벌어지는 일에 특히 흥미를 느꼈다.

"어느 세균 종이 1분마다 둘로 나뉘어 증식을 한다고 상상해 봅시다. 두 마리는 네 마리가 될 것이고, 네 마리는 여덟 마리가 되는 식으로 불어날 겁니다. 오전 11시에 병 안에 세균 한 마리를 넣었는데, 12시가 되니 병이 세균으로 꽉 찼습니다. 그러면 세균이 병의 절반을 채우는 시점은 언제였을까요?"

답은 오전 11시 59분이다.

청중들이 그 의미를 알아차리기 시작하자, 바틀릿도 정수리가 다 벗겨진 머리를 끄덕였다. "이제 당신이 그 병 속의 세균이라고 생각해 봅시다. 당신이 공간이 부족해지고 있음을 깨닫는 것은 어느 시점일까요? 오전 11시 55분? 병이 아직 32분의 1밖에 채워져 있지 않고, 개발

욕구를 자극하는 열린 공간이 97퍼센트를 차지하고 있는 때요?"

모두가 낄낄거렸다. "이제 남은 시간이 1분밖에 없을 때, 세균이 거주할 새로운 병 3개를 발견한다고 합시다. 그들은 안도의 한숨을 내쉽니다. 지금까지 알고 있던 병보다 3개나 더 있고, 공간 자원이 총 네 배로 늘어난 거죠. 이제 그들은 자급자족할 수 있는 공간을 지닌 것이겠지요? 맞나요?"

물론 그렇지 않다. 바틀릿은 정확히 2분이 더 지나면, 병 4개가 모두 꽉 찰 것이라고 지적했다.

그는 이 기하급수적인 증가가 공간만을 집어삼키는 것은 아니라고 했다. 1977년 미국 대통령 지미 카터James Earl Carter Jr.는 대국민 연설에서 이렇게 말했다. "우리는 1950년대에 1940년대보다 두 배나 많은 석유를 썼습니다. 1960년대에는 1950년대보다 두 배를 더 썼고요. 이렇게 10년마다 그 이전의 인류 역사 전체에 걸쳐 쓴 것보다 더 많은 석유를 써왔습니다." 하지만 그 세기가 저물 무렵 그 증가율은 불가피하게 줄어들었다.

바틀릿은 말했다. "우리는 낮게 달린 과일을 따 먹어 왔습니다. 이제는 과일을 따기가 점점 더 어려워질 겁니다."

당시 앨버트 바틀릿은 기반암을 깨서 그 안에 갇힌 천연가스를 채굴하거나 역청탄을 쥐어짜서 석유를 뽑아내는 21세기의 기술을 알지 못했다. 아니, 그보다는 석유 가격이 1배럴당 약 16달러였던 당시에 그 가격이 높이 달린 과일처럼 감당할 수 없을 만큼 비싸다고 여겼다. 어쨌든 기반암을 깨고 역청탄을 압착하는 신기술도 그저 새로운 병 2개를 찾아낸 것에 지나지 않는다. 중국과 인도 같은 나라의 수요가 미국을 초월하여 기하급수적으로 증가하고 있으니 그런 신기술들도 기껏해야 시간을 몇십 년 더 벌어 준 것일 뿐이다. 게다가 이산화탄소는 더 많이 배출한다.

이제 팔십 대 후반이 된 앨버트 바틀릿은 세균 병 이야기를 학생, 과학자, 정책 결정권자, 그 밖에도 듣고자 하는 모든 청중을 상대로 1500번 이상 해왔다. "지금도 알아들은 것 같지는 않습니다." 그는 인류가 가장 더러운 것을 찾아 더욱 깊이 땅 속을 파헤치면서, 바닥나기 전에 화석연료가 얼마나 큰 피해를 입히는지 알아보겠다고 경주를 벌이는 듯한 상황이 벌어지고 있다고 개탄한다.

그는 사례를 더 많이 들어 설명해도 사람들이 기하급수적 배증이라는 개념을 전혀 알아듣지 못한다는 사실에 놀라곤 한다. 그가 즐겨 드는 사례가 또 하나 있다. 중국 황제가 신하가 발명한 장기라는 새 게임에 푹 빠졌다. 그는 창안자를 불러서 말했다.

"보상을 내리려 하니, 원하는 것이 있으면 말하라."

"그저 식구들이 먹을 쌀이면 족하옵니다."

"윤허하노라. 얼마나 필요한가?"

"조금이면 됩니다. 황제께서 장기판에 놓고 헤아릴 수 있을 정도입니다. 우선 첫 칸에는 쌀알을 한 톨만 놓으소서. 그리고 다음 칸에는 두 톨을 놓으소서. 이런 식으로 두 배씩 늘려 놓으시면 충분합니다."

황제는 장기를 창안할 수 있는 인물이라면 노련한 수학자가 틀림없으리라는 사실을 미처 생각하지 못했다. 장기판의 첫 줄에서 마지막 칸인 여덟 번째 칸에 놓이는 쌀알은 고작 128톨에 불과했다. 한 입 거리도 안 되었다. 하지만 황제는 열여섯 번째 칸에 3만 2768톨을 놓아야 했다. 세 줄이 지나자, 총 838만 8608톨이 놓였다. 황궁의 창고를 거덜 낼 양이었다. 장기판의 절반을 채울 무렵에는 중국 전체의 쌀이 다 동원될 터였고, 마지막 칸에는 1800경 톨이 놓일 터였다. 지금까지 지구 전체에서 생산된 쌀알보다 더 많은 양이었다. 물론 실제로 신하는 그런 보상을 받지 못했다. 그전에 황제가 그의 목을 쳤으니 말이다.

다른 사례도 있다. 모두가 아하! 하는 깨달음을 안겨 주는 사례다.

종이를 절반으로 계속 접어 나간다면(대개는 일곱 번째쯤에 물리적 한계에 도달하지만), 마흔두 번 접었을 때 그 두께가 달에 이를 만큼 두꺼워질 것이다. 하지만 기하급수적 배증의 흥미진진함은 여러분이 바로 그 배증의 당사자라는 점을 깨닫는 순간 줄어들기 시작한다. 콜로라도 볼더에 사는 앨버트 바틀릿은 1960년대에 한 광고지에 실린 글을 보고서 배증 이야기를 하기 시작했다. "10년마다 인구가 두 배로 늘고 있는 볼더는 진정으로 안정적이고 번영하는 도시입니다."

재빨리 계산을 해본 바틀릿은 그 속도로 배증이 계속된다면 2000년이면 볼더가 뉴욕 시보다 큰 도시가 되리라는 것을 알아차렸다. 안정을 유지할지는 모르겠지만 말이다. 다행히 배증 속도는 느려졌다. 볼더 주민들이 도시를 둘러싸고 있는 열린 공간이라는 빈병을 모조리 개발하려는 데 반발했기 때문이다. 애초에 그곳에 살게 된 주된 이유가 풍족한 물과 더불어 경관 때문인데, 그것을 없애겠다니?

최근에 바틀릿은 미국이 인구에 집어삼켜지기 전에 이민 수용을 멈춰야 한다고 주장해 논란을 불러일으켰다. 하지만 그것이 윤리적·현실적·사회적·환경적 측면에서 몹시 복잡한 문제라고 비판하는 사람들조차 그의 계산 자체에는 의문을 제기하지 않는다. 특히 우리가 자신에게 일어나고 있는 일을 보지 못할 만큼 규모가 커지는 시점을 다룬 계산 결과에는 동의한다. 예를 들어, 지구의 규모가 그렇다. 1900년에 지구의 인구는 16억 명이었다. 20세기가 흐르는 동안 세계의 인구는 두 배로 늘어났다가, 다시 두 배로 늘어났다. 우리 병에는 공간이 얼마나 남았을까? 사실상 우리가 이미 다 채운 상태인지 아닌지를 어떻게 하면 알 수 있을까?

플로리다의 케이프커내버럴에서는 이제 우주왕복선 발사가 중단되었다. 그리고 적어도 현 시점에 플로리다에서 중단된 것이 또 있다. 역사상 가장 활황을 누렸던 단독주택 짓기 열풍이 그렇다. 1999년 〈탬파 트리뷴Tampa Tribune〉에 플로리다 주의 470개 시와 군에 1억 100만 명의 주민이 거주할 수 있는 토지 이용 계획을 마련한다는 기사가 실렸다. "캘리포니아, 텍사스, 뉴욕, 펜실베이니아의 인구를 플로리다에 다 모아 놓은" 것에 해당하는 인구였다. 이 터무니없는 수치는 플로리다의 도시계획자들이 과수원, 농장, 숲, 야생 생물, 호수, 강, 대수층을 줄곧 경시해 왔음을 정확히 보여 준 사례일지 모른다.

10년 뒤 지구의 가장 귀한 생태계 중 한 곳인 에버글레이즈Everglades 를 침범하여 조성되었다가 유령 마을이 되고 만 도시들은 그들이 경시 한 것이 그것만이 아니라는 걸 보여 주었다. 10년 전에는 노랑부리황 새와 멸종 위기에 있는 세이블곶참새가 가득했고 토마토 밭으로 에워 싸인 습지였던 곳에 세워진 스페인식 타일로 치장한 텅 빈 콘도, 압류 딱지가 붙은 쇼핑센터, 짓다 만 병원 등으로 이루어진 이 버려진 도시 는 밀려드는 곰팡이에 지고 있었다.

이곳은 2008년 서브프라임 모기지 사태 때 미국의 선벨트Sun Belt(연 중 따뜻한 날씨가 계속되는 미국 남부 및 남서부 지역−옮긴이)에서 몰락한 몇몇 지역 가운데 하나다. 미국 중산층의 직업이 외주 하청 형태로 변 하면서 대출 자격이 있는 주택 구매자가 줄어들자, 은행들은 6퍼센트 에 이르는 월 대출이자를 감당할 수 없는 이들에게 7년 또는 10년 뒤 라면 불어난 이자를 마법처럼 갚을 수 있다는 환상을 심어 주는 주택 담보대출 방식을 고안했다. 이 수상쩍은 대출 계약을 수천 건씩 파생 상품이라는 인상적인 이름으로 포장하여 숨긴 채, 그들은 전 세계의 잘 속는 투자자들에게 판매했다(이 어수룩한 투자자들은 한술 더 떠서 휴지 조각임이 드러났을 때 쥐꼬리만큼 이익을 올릴 수 있게 해주는 그 파생상품에 대한 매도 포지션을 구매했다).

아마 세계는 이제 좀 더 현명해지지 않았을까? 플로리다에 30만 채의 빈집을 남긴 경제적 대량 학살을 경험했는데도 지방자치단체들이 그 뒤로 55만 채가 넘는 주택단지 건설 계획을 승인해 왔다는 사실을 덮어 둔다면 말이다. 이처럼 현실과 명백히 동떨어진 정책은 심리학자들이라면 우리 인구와 경제 사이의 상호의존성 기능장애dysfunctional code-pendence라고 이름 붙일 법한 것을 보여 준다. 우리가 흔히 하듯이 경제적 건강 상태를 매월 신축되는 주택의 수로 측정한다면, 누군가는 그 집에 살면서 가구를 들여놓고 집을 꾸미고 살림을 하고 집을 유지하는 데 필요한 것들을 구입해야 한다. 수많은 상품들이 필요할 것이며, 각 상품마다 그것을 만들고 파는 일을 하는 누군가가 있다. 직장이 많아질수록, 어디에 살든 간에, 그 직장을 채워야 할 사람이 더 많아진다. 상품이 많아질수록, 그것을 구입할 소비자도 더 많이 필요하다. 멋진 선순환으로 보이겠지만, 정말로 그럴까? 더 필요한 것이 있다는 점을 뺀다면, 아마 그럴 것이다.

어느 시점에 이르면 뭔가가 마침내 고갈된다. 주택 시장의 붕괴 사례에서는 대출금을 갚을 여력이 있는 사람들이 줄어들면서 주택 수백만 채가 압류당했다. 그럼에도 미국뿐 아니라 전 세계에서 인구는 계속 증가하고 있으며, 그에 따라 지구의 경제도 그들을 먹이고 입히고 재워야 한다. 더 나아가 그러한 기본 욕구를 넘어서 그들이 필요로 하거나 욕망하는 다양한 방식으로, 또 그들이 원할 만한 새롭고 짜릿한 것이 더 있다고 홍보 담당자들이 설득할 수 있는 수많은 방식으로 그들이 누리고 즐길 수 있도록 해야 한다. 따라서 이 움직임은 원이 아니라 나선이다. 인구가 나선을 그리며 상승하고, 도시는 나선을 그리며 팽창하고, 주택이 늘어나고, 그러다가 갑자기 마구 뻗어 나간다. 부동산 개발업자에게는 달갑지 않을 수도 있겠지만, 좋은 일만 가득한 상황이 아닌가?

1950년대에 인류의 3분의 2는 시골에 살았다. 지금은 절반 이상이 도시에 산다. 도시 주민은 필요한 농장 일손이 적으니 자식을 더 적게 낳는 경향이 있다. 사실 인류의 배증 속도는 마침내 느려지고 있다. 하지만 느려진다고 해서 증가하지 않는다는 뜻은 아니다. 도시화가 인구 과잉 문제를 해결했다고 말한다면, 세계의 많은 지역에서 말이 이미 떠난 뒤에야 마구간 문이 닫혔다는 점을 간과하는 것이다.

설령 오늘날의 세대가 가구당 자식의 수가 더 적다고 할지라도, 그들의 조부모와 부모는 자식이 많았기 때문에 4.5일마다 세계 인구는 100만 명씩 더 늘어나고 있다. 이 상황은 어린 학생들에게조차 그다지 지속 가능해 보이지 않는다.

현재 인구가 100만 명이 넘는 도시의 수는 거의 500개에 이른다. 그중 27곳은 인구가 1000만 명을 넘으며, 그중 12곳은 2000만 명 이상이다(가장 큰 도시권인 도쿄 대도시권에는 3500만 명이 산다). 현재의 느려지는 증가 속도를 고려할 때, 금세기 중반이면 세계 인구는 현재 인구의 거의 절반만큼 더 늘어나서 90~100억 명 또는 그 이상이 될 것이다.* 그들은 모두 쓰레기를 배출하고 이산화탄소를 배출하며 음식, 연료, 생활공간, 다양한 서비스를 필요로 한다. 그리고 최근에 시골에서 도시로 이사한 사람들에게는 휴대전화를 충전하고, 도시에 살다 보면 어쩔 수 없이 보게 되는 TV를 켜는 데 쓸 전기도 추가로 상당히 많이 필요하다.

이 모든 활동은 이산화탄소를 더 늘리고, 또 늘린다. 2008년 오리건 주립대학교의 과학자 폴 머토Paul Murtaugh와 마이클 슐랙스Michael Schlax 는 미국의 현재 조건에서 한 어머니의 자식들이 궁극적으로 배출하는 이산화탄소 총량을 추정했다. "아이 한 명이 평균적인 여성의 탄소 유

---

* 널리 받아들여진 이 추정값은 유엔 인구국이 내놓은 것이다.

산遺産에 이산화탄소 약 9441톤을 추가하며, 그것은 그 어머니가 평생에 걸쳐 배출하는 양의 5.7배다." 500년 단위로 찾아올 확률의 홍수나 폭풍이 10년 사이에 두 번 이상 들이닥치기 시작할 때 뭔가 어긋났음을 계산하는 데는 굳이 물리학자의 수학 능력까지 필요하지 않다. 최근 모든 대륙과 제도에 사는 학생들이 학교가 물에 잠기는 광경을 지켜보아 왔으니 말이다.

대양을 건널 만큼 거대한 중국의 황사, 북아메리카 서부와 시베리아와 오스트레일리아의 삼림이 시꺼먼 연기를 내뿜으며 타오르는 놀라운 일들을 목격하며 70억 명이라는 인구를 먹여 살리려 고군분투하는 지금, 100억 명이 살게 될 미래는 우리로서는 상상할 수도 없을뿐더러, 어쩌면 서브프라임 대출처럼 현실이 아니라고 부정할지도 모른다. 모든 생명의 역사를 보면, 자신의 자원으로는 감당할 수 없는 수준으로 불어난 종은 모두 개체군 붕괴를 겪는다. 그리고 이 붕괴는 때로 종 전체에 치명적이다. 문제는 단순히 우리가 성장을 중단할 필요가 있느냐는 것이 아니라, 우리 자신의 생존을 위해 말 그대로 모두가 함께 살아갈 수 있는 수준으로 우리 인간의 능력 범위 안에서 인구를 줄여야 할 것인가 여부일지 모른다.

우리가 받아들이든 말든 간에, 우리 행성의 적정 인구가 얼마인가 하는 결정이 이루어지는 것은 이번 세기일 가능성이 높다. 아마도 둘 중 한 가지 방식으로 결정될 것이다.

우리가 인구를 관리하기로, 즉 문명 그래프의 모든 선들이 충돌하는 것을 피하기로 결정하거나, 아니면 기근, 갈증, 기후 혼란, 생태계 붕괴, 뜻밖의 질병, 줄어드는 자원을 둘러싼 전쟁을 통해 마침내 인구가 줄어듦으로써 자연이 우리를 위해 그 일을 하게 만들거나 둘 중 하나다. 중국이 시도해 온 인구 관리는 우리의 침실과 심지어 아이 방까지 밀고 들어오는 강압적인 정부라는 섬뜩한 이미지를 떠올리게 한다. 하지만 사회는 물론 자신을 위해서라도 가족의 수를 줄이자고 사람들을 독려하는 비침투적 방법을 찾아낸 사회도 놀랍도록 많다.

그렇다면 자기 행성의 최선의 이익을 위해서는?

2010년 〈프로스펙트 매거진Prospect Magazine〉에 실린 '인구과잉 신화'라는 제목의 기사에는 이렇게 적혀 있다. "인구 증가가 지구를 파괴할 것이라는 개념은 터무니없다. 하지만 과잉 소비는 그럴 것이다." 많은 이들이 동의할 것이다. 말하자면 이런 식이다. '우리 삶에서 물건의 양을 줄이고, 다른 모든 것을 짓밟지 않도록 우리 발자국을 줄이자. 그리고 공유하는 법을 배우자. 우리가 기르는 모든 식량을 균등하게 분배한다면, 모두에게 충분히 돌아갈 것이다.'

이런 것들은 가치 있는 목표다. 하지만 모든 이들의 소비 충동을 언제든 금세 억누를 수 있다는 생각은 아마도 소망에 불과할지 모른다. 지구를 구하는 일이 탐욕스러운 인간 본성(무엇보다도 상업 광고에 엄청난 예산을 쓴다는 의미에서)을 바꾸는 데 달려 있다면, 그 일을 해내기 훨씬 전에 먼저 지구가 철저히 약탈당할 공산이 크다.

식량의 균등 분배를 살펴보자. 그것이 모든 생물 종을 뜻하는 것일까, 아니면 단지 우리 종만을 의미하는 것일까? 신이 인류가 새출발을 하게끔 하려고 자기 가족만이 아니라 모든 동물을 구하라고 노아에게 알려주었으므로, 우리는 그들이 없이는 세계를 가질 수 없다는 점을 이해해야 한다. 하지만 우리는 지구의 얼어붙지 않은 육지 표면 중 40퍼센트가량을 현재 인류의 식량 생산에 쓰고 있다. 게다가 우리의 모든 도로와 크고 작은 도시를 더하면, 우리는 지구의 거의 절반을 단 한종, 즉 우리를 위해 써왔다. 다른 종은 모두 어떻게 삶을 꾸려 나가란 말인가?

모든 이가 채식주의자라면 우리에게는 4분의 1의 땅만 필요할 거라는 주장도 가능하다. 지금 나머지 땅은 모두 풀을 뜯어 먹는 가축을 기르거나 그들을 먹일 사료를 재배하는 데 쓰이기 때문이다(그리고 쇠고기 1킬로그램을 생산하는 데는 평균적으로 자동차를 260킬로미터 모는 것만큼의 이산화탄소가 배출되며, 밀 1킬로그램을 생산하는 것보다 10배나 많은 물이 쓰인다). 이 말이 다 맞을까? 하지만 이 문제도 그렇게 간단하지는 않다. 세계의 육류 수요가 감소하지 않고 계속 증가하고 있다는 것도 사실이기 때문이다. 대부분의 사람들은 고기를 구입할 여력이 되면 그것을 갈구하는 경향이 있다. 채식을 하면 더 건강해지든 그렇지 않든 간에, 채식주의자가 곧 주류가 될 것 같지는 않다.

인구는 주로 가장 가난한 나라에서 증가하고 있고 가난한 여성들이 그 아이들을 낳고 있으므로, 가장 강한 국가가 지구에 끼친 피해를 가장 약한 국가가 보전하리라는 기대는 지극히 부당해 보인다. 햄프셔 대학의 인구 및 발전 프로그램 소장이자 여성의 건강을 위해 노력하는 활동가 벳시 하트만Betsy Hartmann이 운영하는 웹사이트 팝데브PopDev에는 2006년 "'인구과잉'을 재고해야 할 10가지 이유"라는 제목의 글이 실렸다. "환경 파괴를 인구과잉 탓이라고 비난하다가는 진정한 범인을 놓치게 된다. 자원 소비만으로 볼 때, 세계에서 다섯 번째로 부유한 나라의 사람들은 세계에서 다섯 번째로 가난한 나라의 사람들보다 66배나 더 많이 소비를 한다. 미국은 지구온난화를 일으키는 온실가스의 최대 배출국이자 그것을 줄이려는 의지가 가장 없는 국가다."

현재 중국이 미국의 탄소 배출량을 능가한다는 점과 부가 편중될 확률이 현재 더욱 커지고 있다는 점을 제쳐 둔다면, 이 주장들은 여전히 설득력이 있다. 하지만 공정하든 공정하지 않든 간에, 오늘날의 지구 생태계에 있는 모두가 존재하는 것이 중요하다. 현재 인구는 우리가 본질적으로 원죄라는 개념을 재정의해야 할 시점에 이르렀다. 태어난 순간부터 우리 가운데 가장 보잘것없는 이들조차 식량, 장작, 지붕을 원할 수밖에 없으니 세계의 산더미 같은 문제는 더욱 복잡해진다. 말 그대로 또 비유적으로, 우리는 모두 이산화탄소를 배출하고 다른 종들을 벼랑 끝으로 내몰고 있다. 그리고 미국은 엄청난 오염 배출자일 뿐 아니라, 다른 어떤 선진국보다도 여전히 더 빨리 성장하고 있다. 그리고 미국을 포함하지 않은 인구 감소 논의는 당연히 인종차별적이면서 무의미할 것이다.

한편 필요는 언제나 발명을 낳기 마련이며, 기술을 고안하는 창의적인 성향이 반드시 향후의 문제를 해결할 것이라는 장밋빛 견해도 있다. 이를테면 이스라엘의 기술적 낙관주의 같은 것을 들 수 있다. 메릴랜드 대학교의 경제학자 줄리언 사이먼Julian Simon은 1996년 출간한 《근본 자원 2The Ultimate Resource II》에서 이렇게 썼다. "우리는 더 깊이 파고 더 빨리 퍼 올리는 법을 배운다. 그리고 새로운 에너지원을 찾아낸다." 그가 말하는 근본 자원이란 인간의 창의성이다. 그는 인구 증가를 옹호하며, 우리가 더 많이 낳아야 한다고 주장한다.

하지만 어떤 문제를 해결하려는 기술적 도약은 예기치 않은 또 다른 문제를 일으키기 마련이다. 게다가 수소 학회의 구성원들 역시 잘 알다시피, 해결이 요원한 문제들도 있다. 수소를 토대로 한 또 다른 형태의 에너지인 상온 핵융합(기본적으로 폭발을 통제한 수소폭탄)도 그중 하나다. 상온 핵융합의 활용 시기는 계속 40년 뒤로 미뤄지고만 있는 듯하다. 지금까지 나온 최상의 대안 에너지원은 태양력과 풍력이다. 비록 앞으로 그 에너지원들을 이용하는 방식이 지금보다 훨씬 더 다양해지겠지만, 우리는 아직 그 방면으로는 거의 시작도 못한 상태다. 세계 최대의 경제 대국은 지각에서 마지막 한 방울까지 석유를 쥐어 짜내는 데만 몰두할 뿐, 이 분야에 별 도움을 주지 못하고 있다. 설령 에너지 효율을 대폭 높인다고 할지라도, 태양력과 풍력으로 우리의 모든 교통, 산업, 그리고 중국과 인도의 모든 에너지 수요를 충족한다는 것은 현재로서는 요원한 일이다.

그리고 오염 물질 배출이 없는 진정으로 무한한 에너지원을 어떻게든 고안한다고 할지라도, 교통 문제나 도시의 무분별한 팽창이나 소음 공해까지 해결되지는 않을 것이다. 더 많은 자원을 갈구하는 욕구만 자극할 것이 분명하다. 하지만 엄청난 인구가 끼치는 영향을 사실상 완화할 수 있는 기술을 우리는 이미 하나 지니고 있다. 바로 소비자의 수를 우리 스스로 줄이는 기술이다.

가족계획(산아제한보다 덜 부담스러운 용어다)이 모든 문제를 해결할 수 있는 것은 아니다. 우리는 모든 사람을, 특히 미래 세대를 여전히 에너지에 중독된 육식동물에서 환경 의식을 갖추고 공유하며 탄소를 적게 쓰는 존재로 바꾸도록 노력해야 한다. 물론 거기에도 위험은 있다. 인류가 하는 일이 다 그렇듯이, 그런 시도도 우생학 같은 사악한 목적에 이용될 수 있고, 실제로 그런 사례가 있었다. 그리고 오염 감소가 경제 위축을 뜻한다면, 우리는 경제 위축에 움찔했던 경험을 많이 겪었다. 하지만 고령화에 이어 인구가 이미 줄어들기 직전에 이른 일본이 깨닫고 있듯이, 인구 감소는 우리가 현실에 부딪힐 때까지 오로지 성장을 위해 미친 듯이 질주할 때 놓치고 있던 새로운 번영의 기회를 제공할 수도 있다.

무엇보다도 지금에 비해 평등을 이룰 가능성이 훨씬 더 높아진다. 그러니 적정 인구를, 우리 대다수가 받아들일 수 있을 만한 생활수준을 누릴 수 있는 인구라고 정의해 보자. 대략 유로 위기* 이전의 유럽

---

* 마찬가지로 주택 시장 붕괴의 결과다.

수준에 해당하는 생활수준이 그럴 것이다. 미국이나 중국보다 훨씬 덜 에너지 집약적이고, 아프리카나 동남아시아의 많은 국가들보다 훨씬 더 개방적이고, 교육을 받은 유능한 여성(가장 효과적으로 피임을 할 수도 있는)의 비율이 최고 수준인 지역이다.

그렇다면 적정 인구는 얼마일까? 어떻게 하면 그 수준에 이를까?

호모사피엔스가 처음 출현한 이래로 인구가 처음으로 10억 명에 도달한 1815년경까지 걸린 세월은 거의 20만 년이었다. 그 뒤로 인구는 갑자기 그보다 일곱 배로 늘었다. 이런 일이 대체 어떻게 일어난 것일까? 어떻게 지금의 수준에 이르게 된 것일까?

03
인구와 식량의 역설

인구

유전적 증거에 따르면, 우리 호모사피엔스의 조상은 5만~10만 년 전의 어느 시기에 채 1만 명도 안 되는 수준으로까지 인구가 줄어들었을 가능성이 있다고 한다. 그 뒤에 그들은 아프리카에서 출발해 북쪽으로의 이동 통로인 현재의 이스라엘과 팔레스타인 지역을 거쳐 유럽과 아시아, 그 너머로 퍼져 나갔다. 그 과정에서 더 많은 식량을 찾아내면서 그들은 수가 늘어나기 시작했다. 하지만 거의 알아차리기 힘들 만큼 미미한 수준이었다. 월드워치 연구소의 로버트 엥글먼Robert Engelman이 《더 많이More》에 썼듯이, 그들이 현재의 인구 증가율(전 세계적으로 연간 1.1퍼센트이며, 이는 63년마다 두 배로 늘어난다는 것을 의미한다)을 유지했다면 수천 년 사이에 지구가 아니라 태양계 전체로도 감당하지 못할 수준으로 늘어났을 것이다.

비교적 최근까지 인구가 낮은 수준으로 유지된 이유는 그저 태어나는 수만큼 많은 이가 사망했기 때문이다. 수만 년 동안, 태어나는 사람의 대다수는 첫돌을 맞이하지 못했을 가능성이 높았다. 출생률은 높았을지 몰라도, 유아 사망률 역시 그에 못지않게 높았다. 한 여성이 낳은 일곱 아이 중에서 살아남는 아이는 둘뿐이었을 것이다.

남녀 두 사람이 아들과 딸을 한 명씩 낳는다면, 본질적으로 자신을 대체하는 셈이다.* 셋 이상을 낳는다면 인구는 증가한다. 약 200년 전까지 인구가 서서히 증가했다는 사실은 스스로 자식을 낳을 수 있는 나이까지 살아남는 자식의 평균수가 거의 두 명을 넘지 않았다는 의미다. 어른이 될 때까지 살아남는 자식이 셋 이상인 가정보다 자식이 한 명이거나 없는 가정이 더 많다면, 인구는 줄어든다.

14세기 중반 인류의 4분의 1을 몰살시킨 것으로 추정되는 흑사병이 크게 유행했을 때처럼, 이따금 인구가 급격히 줄어든 시기도 있었다. 하지만 그런 심각한 전염병이 없었다고 할지라도, 모든 가정에 드리워졌던 죽음의 수의가 걷히기 시작한 것은 1796년이 되어서였다. 그해에 영국 의사 에드워드 제너Edward Jenner는 해마다 수백만 명의 목숨을 앗아 갔던 천연두의 백신을 발견했다. 제너가 발견한 것은 세계 최초의 질병 백신이기도 했다. 이에 고무되어 19세기 프랑스의 화학자 루이 파스퇴르Louis Pasteur는 광견병과 탄저병 같은 전염병의 백신을 개발했다. 이 밖에도 파스퇴르는 인류의 생존에 두 가지 중요한 공헌을 더 했다. 하나는 우리가 유제품에 지금도 적용하고 있는 저온살균법이

---

* 현재 인구통계학자들은 인구 대체율이 두 명보다 조금 더 높은 수준(평균적으로 선진국 여성 1인당 아이 2.1명)이라고 본다. 사망하는 아이가 불가피하게 나올 것이기 때문이다. 개발도상국은 아이가 사망할 가능성이 더 높으므로 대체율도 더 높다. 세계 평균 대체율은 2.33명이다.

라는 친숙한 과정이다. 저온살균법으로 우유의 유통기한이 늘어나 인류는 영양을 더 잘 공급받을 수 있었고 살모넬라, 성홍열, 디프테리아, 결핵 같은 병원균의 감염도 줄어들었다.

또 파스퇴르는 질병이 수수께끼 같은 자연 발생 과정을 통해 생기는 것이 아니라, 병원균을 통해 퍼진다고 사람들을 납득시키는 데에도 기여했다. 19세기에 처음으로 가정과 병원에서 손비누가 널리 쓰이게 되었다. 그때까지는 병 때문에 죽는 환자 못지않게 그 병을 고치려다가 외과 의사의 오염된 손과 수술칼에 감염되어 죽는 환자도 많았다. 빈의 산부인과 병동은 수술할 때 소독제를 처음으로 사용한 곳이었는데, 의사들이 염소 용액에 손을 씻기 시작한 뒤로 아기와 산모의 사망률이 10분의 1로 줄어들었다. 이것은 인구에 직접적인 영향을 끼친 혁신이었다.

20세기에 들어서도 생명을 구하고 수명을 연장하는 의학적 발전이 꾸준히 이어졌다. 쿠바 미생물학자 카를로스 핀라이Carlos Finlay가 황열병 바이러스의 매개체를 찾아낸 뒤, 미국 의사 윌리엄 고거스William Gorgas와 월터 리드Walter Reed는 세계 최초의 대규모 모기 박멸 계획을 실시했다. 이 계획이 없었다면 파나마운하는 결코 완공되지 못했을 것이다. 디프테리아, 파상풍, 소아마비에 이르기까지 다양한 백신이 더 개발되고 항생제라는 중요한 발명이 이루어지면서, 사망률은 낮아지고 수명은 늘어났다. 그것은 남녀노소를 가릴 것 없이 살아남는 사람들의 총수가 더 증가했다는 것을 의미했다. 1800년에 태어난 대다수 사람들의 평균 기대 수명은 40세였다. 지금은 세계의 많은 지역에서 그보다 거의 두 배로 늘어났다.

일찍 죽지 않고 더 오래 산다는데, 반대할 사람이 누가 있겠는가. 앨버트 바틀릿도 기꺼이 인정한다. "사망률을 낮춘다는 인도적인 목표는 내게 매우 중요합니다. 바로 나의 사망 확률을 줄이는 것이니까요."

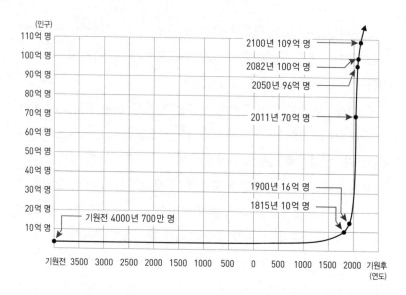

마흔 살이 넘은 이들은 어느 누구도 반박하지 않을 것이다. 이런 의학적 승리가 없었다면 그들은 살아 있지 못할 공산이 크기 때문이다. 다른 이들도 아마 마찬가지일 것이다. 따라서 적정 인구라는 주제를 논의할 때에는 보건 활동도 최적의 상태로 이루어진다고 전제해야 한다. 의료 수준을 낮춰 인구를 줄인다는 개념은 선택적으로 솎아 내어 인구를 줄인다는 개념만큼이나 용납할 수 없는 것이다.

그렇다고 해서 앞으로 이루어질 의학 발전으로 제기될 윤리적 문제까지 배제하자는 것은 아니다. 현재의 가장 큰 도전 과제(이를테면 말라리아나 HIV의 치료법을 찾아내는 것) 가운데 어느 것을 해결하는 데 성공한다면, 인구가 상당히 늘어날 것이다. 현재 말라리아는 30초마다 아이 한 명을 죽이고 있다. 아이가 더 이상 말라리아로 죽지 않는다면, 그들은 살아남아서 마찬가지로 말라리아에 죽지 않는 아이들을 낳을 것이다. 인구를 억제한답시고 말라리아 박멸에 반대한다는 것은 터무니없을 터이므로, 문제는 말라리아와 HIV 연구를 지원하는 이들이 가

인구 쇼크

족계획도 지원할 도덕적 의무를 지니는가 여부가 될 것이다. 그에 따른 인구 증가가 인류의 생태적 토대 자체를 위협하는 일이 벌어지지 않도록 말이다.

아직까지 멸종을 막을 백신은 나와 있지 않다.

풍요롭고 멋진 신세계

지난 세기에 인구가 그렇게 급격히 늘어난 데는 또 하나의 이유가 있다. 식량 공급이 유례없이 늘어났다는 점이다. 지구의 모든 사람을 부양할 수 있어야 한다는 주장은 도덕적으로 당연한 말처럼 들린다. 하지만 여기에는 좀 까다로운 문제가 숨어 있다. 기하급수적 배증의 예기치 않은 결과처럼, 언뜻 볼 때 직관에 반하는 듯한 역설을 제기하기 때문이다.

인구 증가는 노동 집약적인 유럽의 산업혁명이 성공을 거두는 데에서 중요한 역할을 했다. 하지만 그것은 유럽이 그들을 먹이기 위해 전보다 더 많은 식량을 생산해야 한다는 것을 의미하기도 했다. 독일 화학자 유스투스 폰 리비히Justus von Liebig는 그 문제를 해결하는 데 두 가지 기여를 했다는 평가를 받는다. 하나는 엄청난 것이었고, 또 하나는 기념비적인 것이었다. 엄청난 것은 세계 최초의 조제분유 개발이다. 그의 주장대로 조제분유와 모유가 동등한 영양가를 지니고 있는지는 지금도 열띤 논란거리다. 그렇긴 해도 그 조제분유 덕분에 많은 어머니가 끝도 없이 계속해야 하는 고단한 수유에서 벗어났고, 아기는 일찍 젖을 떼고도 살아남을 수 있었다. 그리고 수유는 배란을 억제하는 호르몬을 분비하므로, 수유를 덜하게 되자 임신 횟수도 늘어났다.

유스투스 폰 리비히의 두 번째 기여, 즉 기념비적 기여는 질소가 인,

칼륨과 더불어 식물의 필수영양소임을 발견했다는 점이다. 비록 그가 비료의 발명자로 여겨지긴 하지만, 오늘날 쓰이는 인공 질소비료(자동차와 컴퓨터를 포함해 현대사에 등장한 그 어떤 것보다도 인류의 진행 경로를 바꾼 혁신일 것이 분명하다)를 그가 만든 것은 아니었다. 이 비료는 더 뒤에 등장했다. 리비히의 시대에 상업용 질소비료는 주로 바닷새와 박쥐의 배설물에서 얻었다. 특히 페루 앞바다의 섬에서 얻는 구아노guano가 선호되었다. 그곳에는 엄청나게 많은 가마우지, 펠리컨, 부비새가 영양분이 풍부한 멸치류를 먹고 배설한 하얀 배설물이 45미터 높이로 쌓여 있었다. 19세기에 갤리언선과 증기선은 혼 곳에서 유럽으로 2000만 톤이 넘는 구아노를 실어 날랐다.

자신의 발견에 특허를 신청하는 데 소홀했던 탓에, 리비히는 수입을 거의 올리지 못했다. 나중에 네슬레 같은 경쟁자들이 부를 쌓아 가는 모습에 분개했던 그는 인류의 영양에 기여한다는 자신의 마지막 발명품인 쇠고기 부용 큐브bouillon cube(음식을 탈수하고 굳혀 정육면체로 만든 것으로, 녹여서 수프를 만든다—옮긴이)의 특허권은 확보했다.

필수영양소인 질소는 수소와 달리 자유분자 형태로 주변을 흔히 떠다니는 비교적 불활성을 띤 기체다. 사실 우리가 호흡하는 공기의 4분의 3 이상은 순수한 질소다. 우리 폐에는 그것과 화학적으로 결합하는 것이 전혀 없기 때문에, 우리는 아무런 피해 없이 그것을 다시 배출한다. 자연에서 오직 한 종류의 효소만이 대기 질소를 고정할 수 있다. 즉 대기 질소를 흡수하여 식물의 영양소인 암모늄처럼 기체가 아닌 형태로 화학적으로 전환할 수 있는 효소다. 그리고 이 효소를 만드는 세균을 몸속에 지닌 식물은 몇 종류밖에 없다. 이 식물들은 뿌리혹에서 이 세균들을 기른다.

이들은 주로 렌즈콩, 콩, 토끼풀, 완두, 알팔파, 아까시나무, 땅콩 같은 콩과 식물이다. 인공 비료가 등장하기 전까지, 이 공생하는 식물과 세균은 지구가 생산할 수 있는 식물의 양을 제한하는 토양 질소의 주된 원천이었다. 자라는 식물은 거의 모두 콩과 식물이 고정한 질소의 혜택을 보고 있었다. 그 때문에 농민들은 전통적으로 곡류와 콩과 식물을 윤작하거나 함께 재배하거나(라틴아메리카에서 옥수수와 콩을 함께 기르듯이), 질소가 풍부한 토끼풀 같은 것을 작물이 자라는 밭에 뿌려서 질소를 보충하는 방법을 써왔다.

유스투스 폰 리비히의 발견으로 세계의 절반을 돌아서 온 새로운 질소가 공급되고 있었지만, 그의 비료는 천연자원에서 온 것이었기에 마찬가지로 생물학적 먹이 사슬의 제한을 받았다. 20세기가 시작될 무렵 페루의 섬에서 쉽게 채취할 수 있었던 구아노는 이미 고갈되었고, 새 구아노는 새 아기가 태어나듯이 빨리 생산되지 않았다. 그다음으로 이용된 질소 공급원은 초석saltpeter이었는데, 이는 캘리포니아의 데스밸리, 칠레의 아타카마 사막처럼 매우 건조한 환경에서만 풍부하게 존재하는 질산나트륨 결정이었다. 그러다가 1913년 농업기술이 자연의 이 막힌 천장을 뚫었다. 리비히의 상상을 훌쩍 뛰어넘는 수준으로 공기에서 질소를 포획함으로써 비료를 대량 생산하여 식물에 공급하는 방법을 알아낸 것이다. 연구를 주도한 두 독일인 프리츠 하버Fritz Haber와 카를 보슈Carl Bosch는 나중에 하버-보슈법이라고 알려지게 될 것에 각자 기여한 공로로 노벨상을 받았다. 하버-보슈법이 탄생한 이후의 세계는 그전과는 완전히 다른 곳이 되었다. 하지만 두 사람은 독일 국적 때문에 파멸하게 되었다.

프리츠 하버는 1868년 프로이센의 하시디 유대인 상인 가정에서 태어났다. 그는 실험 연구에 상당한 기여를 한 분젠 버너의 발명자인 로베르트 분젠Robert Bunsen 밑에서 화학을 공부했다. 카를스루에 대학교에서 학생들을 가르치던 하버는 1905년 열역학을 연구하다가 섭씨

1000도의 철 촉매에 질소와 수소를 통과시키면 소량의 암모니아가 생성된다는 것을 발견했다. 그는 나중에 압력을 높여 이 온도를 절반으로 낮출 수 있었다.

그가 연구 결과를 발표한 뒤, 독일의 염료 제조사 바스프BASF가 그의 방법을 사들였다. 바스프는 젊은 공학자 카를 보슈에게 실험실 수준에 머물렀던 하버의 암모니아 연구를 산업 규모로 확대하는 일을 맡겼다. 보슈는 고압에서 폭발하지 않을 2개의 공간으로 나뉜 관, 순수한 철 촉매, 고압과 고온이 둘 다 가능한 가열로를 설계하면서 4년을 보냈다.

1913년 바스프는 최초의 암모니아 합성 공장을 가동했다. 암모니아는 질소비료인 황산암모늄의 원료였다. 그럼으로써 바스프는 농산업이라는, 완전히 새로운 사업 영역을 개척했다. 제1차 세계대전 중 독일이 칠레 초석에 접근하지 못하게 연합군이 봉쇄하고 있던 몇 년 사이에 그들의 새 합성 비료는 이미 역사를 만들고 있었다. 독일은 이제 비료를 자급할 뿐 아니라 황산암모늄을 합성 초석으로 전환할 수 있었다. 바스프는 곧 그 초석을 이용해 화약과 폭약을 제조하기 시작했다. 하버-보슈법이 없었다면, 제1차 세계대전은 더 빨리 끝났을 것이다.

프리츠 하버의 비료 합성법은 대단히 엄청난 발견이었기 때문에 그가 노벨 화학상을 받은 것도 결코 놀랄 일이 아니었다. 하지만 1918년 전쟁이 끝나자마자 논란이 벌어졌다. 전쟁 중에 하버는 적의 참호에 화학무기를 사용하자고 독일군에게 처음 제안한 인물이었을 뿐 아니라 이어서 그 작전을 지휘하는 자리에 올랐다. 본인 역시 화학자였던 그의 아내는 남편이 염소 가스와 머스터드 가스 공격을 지휘했다는 사실을 알게 된 뒤 자살하고 말았다(역시나 화학자였던 아들마저 나중에 그 사실을 알고는 자살했다).

음산한 목적에 전용될 수 있는 농업화학을 연구한 하버의 능력은 거기에서 끝나지 않았다. 그는 청산가리를 토대로 곡물 저장용 훈연 살충제인 지클론 A_{Zyklon A}를 만들었는데, 나중에 나치 화학자들은 이 물질을 정제해 더 강력한 지클론 B 가스를 개발했고, 이를 죽음의 수용소에서 사용했다. 하버는 유대인 출신이었지만, 자기 발명품에 직접 희생되지는 않았다. 학생 때 루터교로 개종한 데다 군에 상당한 기여를 했다고 생각한 그는 1933년 새 나치 정부가 자신의 연구실에 있는 유대인 12명을 내쫓으라고 명령했을 때 응하지 않아도 괜찮다고 자신했다. 그들이 해고당하자, 그는 항의의 표시로 사직서를 냈다. 그제야 그는 자신이 택할 길은 망명밖에 없음을 깨닫고 충격을 받았다. 그는 아무런 양심의 가책도 없이 자신의 재능을 화학전에 투자한 애국자였지만, 독일 바깥에서는 실직자에 불과했다. 결국 그는 그로부터 채 1년도 지나지 않아 사망했다. 시오니스트이자 나중에 이스라엘 대통령이 될 하임 바이츠만_{Chaim Weizmann}의 초청으로 팔레스타인으로 가던 길이었다. 바이츠만은 오늘날 그의 이름이 붙어 있는 연구소의 소장으로 오라고 하버를 초청했다.

카를 보슈는 바스프를 매입한 대기업인 I. G. 파르벤_{I. G. Farben}의 사장이 되어 독일에서 가장 강력한 기업가 중 한 명으로 부상했다. 그는 천연가스를 수증기로 개질하여 수소를 생산하는 방법을 창안하는 등 고압 화학 분야에서 이룬 업적으로 1931년 노벨상을 받았다. 하지만 제3제국의 정책에 경계심을 품게 된 그는 히틀러를 만난 자리에서 조국을 다시금 전쟁에 몰아넣으려는 히틀러의 의도를 단념시키려 했다. 총통은 흔들리지 않았다. 오히려 보슈를 I. G. 파르벤에서 내쫓았다. 나중에 그 공장에서 지클론 B가 생산되었다. 절망에 빠진 보슈는 알코올 중독자가 되었고, 1940년에 사망했다.

오랫동안 지속된 두 차례의 끔찍한 세계대전을 거치며 발전을 거듭

한 하버와 보슈의 비료 합성 공정은 그사이에 전 세계로 퍼져 나갔고, 이윽고 농업에 혁신을 일으켰다. 인공 비료를 합성하려면 고온과 고압이 필요하다. 그 말은 에너지를 집중 투여해야 한다는 것을 의미한다(현재 세계 에너지 총 소비량의 1퍼센트를 차지한다). 비료를 만들려면 수소의 원료인 천연가스도 필요하기 때문에 이중으로 화석연료에 의존하는 셈이다. 따라서 인공 질소 공급도 화석연료가 고갈될 때면 중단될 것이다. 하지만 공급이 계속되는 한, 인공 질소비료는 자연이 제공할 수 있는 것보다 사실상 두 배나 많은 양분을 식물에 제공하며, 이 비료가 없다면 우리 가운데 거의 절반은 지금 살아 있지 못할 것이다.

인공 질소비료가 널리 쓰이기 이전에 세계 인구는 약 20억 명이었다. 그 비료가 더 이상 공급되지 못한다면 — 혹은 우리가 쓰지 않기로 결정한다면 — 인구는 자연스럽게 그 수준으로 줄어들지도 모른다.

굶주림

1954년 8월, 스물아홉 살인 빌 왓슨Bill Wasson은 하느님이 존재한다고 굳게 믿고 있었다. 애리조나 주 피닉스의 자애롭고 독실한 가톨릭 집안에서 자랐기에 신의 존재를 의심할 이유가 전혀 없었다. 선교사가 되기 위해 준비하던 그를 베네딕트 수도회가 신학교 졸업반에서 내쫓기 전까지는 말이다. 그는 갑상샘의 절반을 잘라내는 응급수술을 받았는데, 수도회는 그가 성직을 맡기에는 몸이 너무 쇠약해졌다고 판단했다.

낙심한 왓슨은 집으로 돌아왔다. 가족들은 몹시 상심한 아들을 설득해 대학원에 입학시켰다. 그는 법학과 사회학으로 석사 학위를 받았지만, 늘 체중 미달인 데다 성격마저 침울해졌다. 기분 전환을 위해 멕시코로 간 휴가 여행은 오히려 그에게 거의 재앙이 되었다. 병이 재발했기 때문이다. 그런데 멕시코시티에서 그가 찾아간 의사는 정반대의 진단을 내렸다. 의사는 왓슨이 매일 먹는 갑상샘 약을 자신도 모르게 너무 많이 먹은 것이 원인이라고 판단했다. 갑자기 왓슨은 몇 년 동안 침울해 있던 기분이 훨씬 나아지는 것을 느꼈다. 믿고 의지할 의사를 만났다는 사실에 감격한 그는 멕시코에 정착해 아메리카 대학교에서 심리학과 범죄학을 가르치기 시작했다.

하지만 왓슨은 가난한 이들을 돕는 성직자가 되겠다는 꿈을 이루지 못한 것을 늘 한스러워했다. 결국 그는 정신분석의를 찾아갔다. 공교롭게도 그가 찾아간 사람은 가톨릭 사제이기도 했다. 의사가 왓슨에게 말했다. "당신은 미친 것이 아닙니다." 그는 정신요법을 쓰지 않고 멕시코시티에서 남쪽으로 한 시간쯤 걸리는 도시 쿠에르나바카의 신임 주교를 만나 보라고 주선했다. 세르히오 멘데스 아르세오Sergio Mendez Arceo 주교는 1953년 부임 첫해에 성당의 일요 미사에 거리 악사들을 끼워 넣어 부유한 교구민들의 분노를 샀고, 가난한 이들에게는 찬사를 받은 인물이었다. 주교는 멀쑥한 금발의 미국인을 두 시간 동안 엄하게 신문한 뒤, 준비를 하라고 말했다. "넉 달 뒤에 서품을 할 겁니다."

주교는 그에게 쿠에르나바카의 시장에 있는 템페타테스 성당을 맡겼다. 왓슨은 그곳을 무척 좋아했다. 그는 숙소의 절반을 무료 진료소와 급식소로 바꿨다. 자선함의 돈을 훔친 좀도둑이 집 없는 고아로 밝혀지자, 그는 도둑을 유치장에 보내려는 경찰관을 막아섰다. "그는 범죄자가 아닙니다. 그저 배가 고팠을 뿐이지요."

그는 소년을 떠맡았다. 다음 날 누군가 문을 두드렸다. 바로 그 경찰관이었다. 그는 유치장에 있던 고아 여덟 명을 데리고 왔다. "죄 없는 떠돌이들이라고 하셨으니, 얘들도 맡을 수 있겠지요?"

왓슨은 바삐 움직였다. 그날 밤 그는 아이들이 모두 잘 수 있는 빈 맥주 창고를 찾아냈다. 곧 미국인 신부가 버려진 아이들을 돌본다는 소식이 퍼지기 시작했다. 채 한 달도 지나지 않아 아이는 30명으로 늘었다. 석 달이 가기 전에 83명으로 불어났다. 그는 길거리를 떠도는 아이들이 그렇게 많다는 사실에 놀랐다. 그는 그들을 모두 찾고 싶었다.

1954년에 멕시코 인구는 2500만 명을 막 넘어섰다. 세계 인구의 증가 속도보다 두 배나 빨랐기에 반세기 뒤에는 네 배 이상 불어나게 된다. 왓슨은 자신이 데려온 소년 중에 형제자매가 10명이 넘는 사례가 많다는 사실을 곧 알게 되었다. 아버지가 외도를 한 가정의 이복 형제자매까지 포함하면 20명이 넘는 사례도 있었다. 어머니가 죽으면(대개는 혼자서 너무나 많은 아이들을 키우다가 기력이 다해 죽었다) 아버지가 가정을 내팽개치고 떠나 버리는 일도 빈번했다.

어느 날 밤 왓슨이 돌아오니, 아이들이 라디오 주위에 옹기종기 모여 있었다. 베라크루스를 허리케인이 휩쓸고 지나갔다는 뉴스가 나오고 있었다. 고아가 된 아이들이 물에 잠긴 거리를 헤매고 있다는 소식도 들렸다. 아이들은 신부에게 간청했다. "신부님, 그들을 구해 와야 해요."

기부받은 음식을 먹으면서 바닥에 담요를 깔고 지내는 아이들이었다. 신부는 안 된다고 말했다. "너희가 먹을 콩과 빵, 덮을 담요도 부족하잖니."

하지만 아이들은 이미 결정을 내렸다. "나눠 쓸게요."

신부는 30명을 더 데리고 왔다. 다행히도 신부가 어떤 일을 하는지 아는 사람들, 또 그들을 모두 돌볼 수는 없을 것이라고 계속해서 이야기하던 사람들은 그가 다시 아이들을 데려왔을 때 계속 음식과 돈을 지원해 주었다. 폐허가 된 걸프 해안에서 데려온 소년 가운데 몇이 뒤에 남은 형제들을 걱정하고 있다는 사실을 알게 된 그는 그들을 찾으러 되돌아갔다. 식구가 거의 200명에 이르자, 주교의 비서로 일하던 여성이 직장을 떠나 그를 도우러 왔다. 소년들에게는 자매도 있었기 때문이다. 1975년 '우리의 어린 형제자매들Nuestros Pequenos Hermanos'은 식구가 1200명에 이르는 세계 최대의 고아원이 되었다. 멕시코시티는 세계 최대의 도시가 되어 있었고, 인구가 6000만 명을 돌파한 멕시코는 세계에서 가장 빨리 성장하는 국가였다. 너무나 빠른 인구 증가 속도에 놀란 정부는 가톨릭의 반대를 무릅쓰고서 국가 가족계획을 실시하고 나섰다. 곧 당나귀를 탄 사람들이 콘돔과 피임약, 소아마비와 DPT(디프테리아-백일해-파상풍균) 백신을 실은 스티로폼 안장주머니를 달고서 산과 골짜기를 오르내리기 시작했다. 여성들은 아이의 목숨을 앗아 가는 질병을 막아 줄 예방접종을 해준다고만 하면, 마을 보건소까지 차를 얻어 타고서라도 와서 기꺼이 피임약을 받아 갔다.

채 10년도 지나지 않아 멕시코의 인구 배증 연수는 15년에서 24년으로 늘어났다. 배증 속도가 낮아지지 않았다면, 이론상 22세기에는 멕시코의 인구가 10억 명으로 늘어날지도 모른다. 물론 물리적으로 불가능한 인구이므로, 그보다 훨씬 전에 환경 때문이든 북쪽의 이웃 나라가 그들을 막기 위해 세운 장벽에 짓눌려서든 붕괴할 것이다. 현재 멕시코 가정의 아이는 평균 2.2명에 불과하다. 거의 대체율 수준이다. 그렇다고는 해도 가파른 인구 증가의 추진력이 아직은 남아 있기 때문에, 멕시코 인구는 앞으로 수십 년 동안 계속 증가할 것이다. 이미 태어난 아이들이 자신의 아이를 더 낳을 것이기 때문이다.

빌 왓슨 신부의 식구는 이미 자력으로 감당할 수 있는 수준을 넘어섰다. 그는 그들을 먹이고 입히고 가르치는 데 필요한 기금을 모으는 일에 절반이 넘는 시간을 할애하고 있었다. 1970년대 말에 그는 쿠에르나바카 남쪽, 예전에 사탕수수 대농장이 있던 땅을 기증받아 대가족을 데리고 이사했다. 1910년 멕시코 혁명 때 에밀리아노 사파타Emiliano Zapata의 군대에 약탈당한 곳이었다. 그는 아이들 모두를 넉넉히 먹일 수 있을 만큼 옥수수와 콩, 채소를 재배한다는 계획을 세웠다. 그 일을 돕기 위해, 스페인어 약어로 CIMMYT *라고 알려진 국제옥수수밀연구소International Maize and Wheat Improvement Center에서 최근 은퇴한 에드윈 웰하우젠Edwin Wellhausen 박사가 왔다. 멕시코시티 북동쪽에 있는 유명한 테오티우아칸 피라미드 인근에 록펠러 재단이 설립한 국제옥수수밀연구소는 오늘날 이른바 녹색혁명의 발상지로 꼽힌다. 고인이 된 그곳의 전임 소장 노먼 어니스트 볼로그Norman Ernest Borlaug 박사는 질병에 내성이 있고 수확량이 더 많은 키 작은 밀 품종을 개발한 공로로 노벨 평화상을 받았다(볼로그가 유전적으로 선택한 품종은 낟알이 많이 달려 정상적인 키의 밀은 무게를 이기지 못하고 꺾이기 때문에 키 작은 밀이 필요하다).

  에드윈 웰하우젠은 국제옥수수밀연구소의 옥수수 육종 전문가였다. 그는 '우리의 어린 형제자매들'의 아이들이 날마다 끼니때 먹는 옥수수 빵인 토르티야의 단백질 함량을 상당히 높일 수 있는 옥수수 품종을 개발한 바 있는데, 이 품종은 아미노산 리신의 함량이 높다. 안경을 쓴 데다 멀쑥한 웰하우젠은 밀짚모자를 쓰고서 하얀 자루 수백 개를 실은 트레일러트럭을 끌고 도착했다. 몇몇 자루에는 기증받은 종자가 들어 있었다. 또 질산암모늄과 요소, 즉 질소비료가 든 자루도 있었다. 나머지 자루에는 살충제와 살균제가 들어 있었다. 녹색혁명 연구소에서 개발한 잡종들은 바람직한 형질을 얻기 위해 몇 세대에 걸쳐 속성으로 만들어 낸 것이기 때문에, 멕시코가 원산인 옥수수 같은 식물이 수천 년에 걸쳐 진화하면서 획득한 다양한 해충에 대한 내성을 갖추지 못했다.

  이때쯤 왓슨 신부에게는 일손을 돕는 사람이 꽤 있었다. 그중에는 '우리의 어린 형제자매들'에서 성장한 뒤 다음 세대의 고아들을 키우

---

* Centro Internacional de Mejoramiento de Maíz y Trigo.

고 가르치는 일을 돕는 이들도 많았다. 그들은 독성 있는 것들도 섞인 이 화학물질들이 기증받은 농장의 토양과 아이들에게 해를 입히지 않을까 토론을 벌였다. 또 하나 걱정되는 것은 비용이었다. 트럭에 실려 기증품이 오긴 했지만, 세워진 지 이미 25년이나 흐른 고아원은 자선 활동이 계속 이어지는 사례가 거의 없다는 것을 알고 있었다.

토론은 짧게 끝났다. 먹여야 할 입이 너무나 많았다. 걱정은 나중에 할 일이었다.

———————

멕시코시티에서 국제옥수수밀연구소까지 약 40킬로미터를 고속도로를 타고 가다 보면, 놀라운 경관을 잠시 지나치게 된다. 아무것도 없는 텅 빈 땅이다. 이 황량한 염습지는 에르난 코르테스Hernán Cortez의 스페인 군대가 처음 왔을 때 멕시코 중부의 이 고지대 분지를 채우고 있던 5대 호수 중 가장 컸던 텍스코코 호의 잔해다. 아즈텍족의 수도 테노치티틀란이 바로 이 호수의 섬에 있었고, 둑길을 통해 연안과 이어져 있었다. 이곳을 정복한 스페인인들은 호수의 물을 뺐다. 이윽고 분지는 다시 채워졌고 넘쳐흘렀다. 이번에는 인구로 말이다. 오늘날 멕시코 연방구와 주변 5개 주의 일부를 포함한, 콘크리트와 아스팔트로 뒤덮여 있는 지역 중 세계에서 가장 넓은 곳인 이곳에는 2400만 명이 산다. 지하수를 너무나 많이 퍼 올려 쓰는 바람에 대수층의 수위가 너무 낮아져서, 이곳의 하수도는 더 이상 바깥으로 물이 흘러가지 않을 정도가 되었다. 비라도 오면 멕시코시티는 쓰레기에 익사할 위험에 놓여 있다. 그래서 세계에서 가장 긴 하수관을 건설해야만 했는데, 지름약 58센티미터에 길이가 60킬로미터에 이르는 하수관이 거의 150미터 높이를 내려가 아래쪽 계곡에 하수를 쏟아 낸다.

가시투성이 회색 관목들이 자라는 말라붙은 호수 바닥과 버려진 자동차들이 낮은 언덕처럼 쌓인 곳을 지나면 다시 도시가 나타나고, 이어서 농업 연구 센터를 둘러싼 밀과 옥수수 밭이 보인다. 입구 근처에 노먼 볼로그의 모습을 담은 광고판이 보인다. 2009년 아흔다섯의 나이로 사망한 그는, 카키색 셔츠와 바지를 입고 한 손에 공책을 들고 허리 높이까지 자란 밀밭에 서 있는 모습이다. 녹색과 흰색으로 조합된 국제옥수수밀연구소의 로고 위에 1970년의 노벨 평화상을 비롯해 그가 받은 세계적인 상의 내역이 적혀 있다. 1965년경 볼로그와 동료들은 멕시코에서 개발한 잡종들을 인도와 파키스탄에서 시험 재배할 계획을 세웠다. 두 나라는 미국에서 대량으로 곡물을 수입하고 있었음에도 기근을 면치 못했다. 하지만 1970년이 되자 두 나라의 수확량은 두 배로 늘었고, 임박한 재앙을 피할 수 있었다. 녹색혁명의 작물과 육종 기술이 전 세계로 퍼지기 시작한 시점이다. 2007년에 미국은 역사상 그 어느 누구보다 많은 인명을 구한 공로를 인정하여 볼로그에게 의회 금메달을 수여했다.

그는 토머스 로버트 맬서스Thomas Robert Malthus의 우울한 예측을 무효화한 인물로도 널리 알려져 있다. 영국의 경제학자이자 성공회 신부인 맬서스는 1798년의 걸작《인구론An Essay on the Principle of Population》에서 인구 증가 속도가 늘 식량 증산 속도를 초월할 것이라고 경고했다. 맬서스는 늘어나는 인구가 점점 더 적은 몫을 할당받기 때문에 대중이 비참한 상황에 빠질 운명이라고 결론 내렸다. 찰스 다윈Charles Robert Darwin을 비롯한 많은 과학자들이 그의 연구에 직접적인 영향을 받았다. 하지만 성장—특히 맬서스의 시대에는 노동력의 성장—이란 경이로운 현상에 매료되어 있던 대다수의 경제학자들은 그의 주장에 콧방귀를 끼었다. 맬서스의 결론은 본질적으로 암울해 보였으므로, 세상에 더 많은 생명을 덧붙이고자 하는 자연적인 충동에 반하는 그의 학술적인 글은 널리 악명을 떨치게 되었다. 2세기 남짓 지난 지금도 그 책의 불편한 느낌과 악명은 계속되고 있으며, 그의 이름은 대개 경멸적인 어조로 쓰이는 '맬서스주의자'라는 용어까지 만들어 냈다.

1968년 스탠퍼드 대학교의 생태학자 폴 에를리히Paul Ehrlich는《인구 폭탄The Population Bomb》에서 맬서스의 음울한 경고를 부활시켰다. 그 무렵 세계 인구는 지금의 절반인 35억 명에 도달해 있었다. 나비의 개체군 동역학을 연구한 곤충학자 에를리히는 아내이자 공동 연구자인 앤과 함께 인도를 여행한 뒤 인구 증가에 관한 글을 쓰고 강연을 하기 시작했다. 그들은 함께 펴낸 책*에서 1970년대를 시작으로 기근과 그에 따른 질병이 만연할 것이라고 예측했다.

《인구 폭탄》이 나온 해는 인류가 처음으로 지구 밖으로 나가서 지구의 사진을 찍은 해이기도 했다. 아폴로 8호의 우주비행사 빌 앤더스Bill Anders가 찍은 달의 지평선 위로 떠오르는 지구의 사진은 공허한 검은 배경과 대비되어 너무나 생생했기 때문에, 16년 전 레이첼 카슨Rachel Carson이 살충제의 위험을 설파한 선구적인 책《침묵의 봄Silent Spring》이래로 연기만 피우고 있던 대중 환경 운동에 불을 지피는 데 기여했다. 그다음 해에 유엔은 첫 지구의 날을 선포했다. 1970년이 되자 지구의 날은 세계적인 행사가 되었다.

에를리히의 책이 나오자, 살충제와 오염과 함께 인구도 주된 환경 의제로 부상했다.《인구 폭탄》은 수백만 부가 팔렸다. 자니 카슨Johnny Carson의 〈투나잇 쇼The Tonight Show〉에 20회 이상 출연한 폴 에를리히는 미국에서 유명 인사가 되었다. 맬서스의 이름처럼 그의 책 제목도 통속적인 용어가 되었고, 그 책의 가장 절박한 주장이 틀렸음이 드러난 뒤에도 여전히 널리 쓰이고 있다. 그 책에서 에를리히는 10년 안에 아

---

* 앤 에를리히는 출판사의 결정에 따라《인구 폭탄》의 공저자로 언급되지 않았다. 하지만 이후에 작업한 많은 책과 기사는 두 사람의 이름으로 발표되었다.

시아인 수억 명이 기근으로 굶어 죽을 것이라고 예측했지만, 그런 일은 일어나지 않았다. 에를리히 부부는 노먼 볼로그의 경이로운 녹색혁명이 세계의 식량 공급량을 대폭 늘리리라는 것을 예측하지 못했다.

그 뒤로 수십 년 동안 에를리히와 볼로그의 이름은 으레 함께 쓰였다. 특히 에를리히를 비방하는 사람들이 주로 그랬다. 듀크 대학교의 공학자 대니얼 발레로Daniel Vallero는 2007년 출간한《공학자를 위한 생명의학 윤리Biomedical Ethics for Engineers》라는 교과서에 이렇게 썼다. "에를리히는 '인류를 먹이려는 싸움에서는 진다'고 확신했다. 에를리히는 인도의 인구가 1980년이 되면 2억 명이 더 늘어나서 감당할 수 없는 지경에 이를 것이라고 주장했다. 노먼 볼로그 같은 생명공학자들 덕분에 그의 예측은 틀렸다." 전형적인 조소였다. 불행의 예언자인 에를리히가 인도와 파키스탄의 기아를 예언한 반면, 볼로그는 1970년대 중반 두 나라의 밀 생산량을 자급자족하는 수준으로 끌어올리고 있었다.

발레로는 이렇게 덧붙였다. "기술적 낙관론을 통해 공학자는 이를 성취할 방법을 찾아냄으로써(이를테면, 볼로그가 에를리히의 예측을 망쳐놓았듯이) 맬서스 곡선을 '엉망으로 만든다.'" 이것이 전형적인 결론이었다. 노먼 볼로그는 수많은 사람들이 더 먹고살 수 있게 함으로써 인구과잉에 관한 공포를 퍼뜨리는 에를리히와 맬서스를 논박했다는 것이다.

하지만 볼로그 자신은 그 결론에 동의하지 않았다. 그는 노벨 평화상 수락 연설을 의기양양한 말이 아니라 경고로 끝냈다.

…… 우리는 식량 생산이라는 과학적 힘과 인간의 번식이라는 생물학적 힘, 이 두 상반된 힘을 다루고 있습니다. 서로 맞서는 두 힘을 다스리는 인류의 능력은 최근 들어 경이로운 수준으로 발전해 왔습니다. 과학, 발명, 기술을 통해 인류는 식량 공급량을 상당히, 그리고 때로는 경이롭

도록 늘리는 물질과 방법을 획득해 왔습니다. …… 또 인류는 번식 속도를 효과적이면서도 인도적으로 낮추는 수단도 획득해 왔습니다. 지금 인류는 식량 생산의 속도와 양을 늘리기 위해 자신의 능력을 쓰고 있습니다. 하지만 인류의 번식 속도를 낮출 잠재력은 아직 충분히 쓰고 있지 않습니다. ……

식량 생산을 늘리기 위해 싸우는 기관들과 인구 억제를 위해 싸우는 기관들이 하나가 되어 공동의 노력을 펼칠 때까지, 굶주림에 맞서는 전투에서 영속성을 띤 진척은 결코 이루어질 수 없습니다.

볼로그는 녹색혁명이 본질적으로 세계의 인구문제를 해결하는 데 필요한 한 세대 정도의 시간을 벌어 준 것이라고 흔히 말하곤 했다. 여생 동안 그는 자신의 연구로 늘어난 수많은 인구를 먹여 살릴 작물 연구를 계속하는 한편으로, 여러 인구 기관의 이사로도 봉사했다.

두 세대 뒤

국제옥수수밀연구소의 2층짜리 본부 건물, 한때 노먼 볼로그가 쓰던 널찍한 사무실의 한쪽 구석에서 한스요아힘 브라운Hans-Joachim Braun은 육중한 회의 탁자의 가장자리에 걸터앉아 델 노트북으로 파워포인트 슬라이드를 검색한다. 그는 찾은 자료들을 매슈 레이놀즈Matthew Reynolds 앞에 띄웠다. 화면에는 이렇게 적혀 있다. "앞으로 50년 안에, 우리는 인류 역사 전체에 걸쳐 소비한 것만큼 많은 식량을 생산해야 할 것이다."

레이놀즈는 고개를 끄덕인다. 논란의 여지가 없다.

브라운은 이 사무실과 함께 볼로그의 직함인 국제옥수수밀연구소의 세계밀계획Global Wheat Program 책임자 자리도 물려받았다. 그의 국제옥수수밀연구소 동료 레이놀즈는 밀 수확량을 늘어나는 인구가 먹을 양보다 더 많이 늘리기 위해 애쓰는 자신 같은 식물생리학자, 유전학자, 생화학자, 작물육종학자로 이루어진 국제 컨소시엄을 이끌고 있다. 볼로그의 키 작은 밀은 수확량을 여섯 배까지 늘린 일종의 양자 도약이었다. 하지만 그 뒤로 수확량 증가율은 급격히 떨어져 왔으며, 지금은 연간 1퍼센트도 안 된다. 한편 세계 인구는 여전히 그보다 빠른 속도로 늘고 있으며, 언제 정점에 이를지도 알 수 없다. 21세기의 첫 10년 가운데 7년 동안, 밀은 생산되는 양보다 더 많은 양이 소비되었다. 그들은 소비량을 따라잡으려면, 어떻게든 2020년까지 수확량을 연간 1.6퍼센트씩 늘려야 한다고 본다.

어떻게 하면 그럴 수 있을까? 나무가 사라지면 물도 사라지는 상황에서 더 많은 숲을 논밭으로 개간하는 것은 대안이 아니다. 브라운은 유엔의 최근 회의 때 있었던 일에 여전히 분개하고 있다. "우리는 지구온난화를 이야기하고 온갖 문제를 이야기하지만, 그 바탕에 있는 가장 큰 문제인 인구 증가는 언급조차 하지 않았어요." 그는 잿빛 수염이 난 턱으로 노트북을 가리킨다.

그 문제들이 서로 무관하기 때문이 아니다. 다른 작물이 대부분 그렇듯, 밀도 온도에 민감하다. 농업학자들은 점점 뜨거워지는 지구의 중위도 지역에서 기온이 섭씨 1도 올라가면 밀 수확량이 10퍼센트씩 감소한다고 계산한다. 많은 농업학자들(그리고 경제학자들)은 지구온난화가 더 추운 지역의 수확량을 높이는 데는 실제로 도움을 줄지 모른다고 희망 섞인 추측을 해왔지만, 최근 유럽과 러시아에 열파가 밀어닥쳤을 때 수확량이 30퍼센트 이상 급감했다. 기온 상승으로 논란의 여지가 없이 늘어나는 것은 작물을 갉아먹는 곤충들이다.

브라운과 레이놀즈는 더 많은 사람들이 연료를 태우고 그 연료로 생산한 식량을 먹기 때문에 기온이 높아지는 것이라는 데 동의한다.

인구는 가용 식량이 더 많기 때문에 늘어나고 있다. 녹색혁명이 거둔 두 가지 가장 큰 성과는 그 결과물에 짓눌려 몰락할 위험에 처해 있다. 2025년이 되기 전에 인도는 중국을 넘어서 세계 최고의 인구 대국이 될 것이다. 파키스탄은 현재 지구에서 인구가 가장 빨리 늘어나는 나라다. 1970년 이래로 1억 8700만 명으로 세 배나 증가했다. 직장, 특히 좌절한 수백만 젊은이들을 위한 직장을 계속 늘릴 수 없기 때문에, 파키스탄은 세상에서 가장 불안한 나라 중 하나다. 게다가 공교롭게도 핵무기까지 갖고 있다.

하지만 그저 인구가 더 늘어나기 때문만은 아니다. 역설적으로 식량 증산은 굶주리는 인구를 더 늘리는 결과를 낳았다. 약 10억 명이 늘었다. 농업 기술이 발전한 덕분에 영양실조에 걸린 사람의 비율은 감소해 왔지만, 맬서스의 오싹한 말처럼 살아남아서 번식하는 사람의 수는 그들의 식탁에 오르는 식량이 늘어나는 속도보다 앞서 나간다.

노먼 볼로그는 1997년에 이렇게 말했다. "비록 수확량이 계속 늘어나리라는 점은 의심의 여지가 없지만, 인구 괴물을 계속 먹여 살릴 만큼 늘어날 수 있는지는 다른 문제다. 농업 생산량이 매우 높은 수준을 유지하지 않는다면, 다음 세기에는 숫자로 볼 때 지금까지 역사에서 일어난 가장 최악의 사건을 능가하는 진정으로 비참한 일이 일어날 것이다."

그의 후계자들이 서둘러 뭔가 조치를 취하지 않는다면 전 세계에서 굶주리는 사람의 수와 비율이 증가할 것이고, 그들의 분노도 커질 것이다. 하지만 그들이 시도할 수 있는 방법은 그다지 많이 남아 있지 않다. 브라운은 말한다. "달에 가는 것은 그저 공학적인 문제였을 뿐이지요. 앞으로 40년 안에 우리에게 필요한 식량을 생산하는 일은 훨씬 더 복잡합니다. 아폴로 계획에 투자한 것보다 훨씬 더 많은 투자를 해야 해결할 수 있을 겁니다. 현재 그렇지 못하다는 점이 문제지요."

특히 그들은 밀 연구비가 부족하다고 걱정한다. 그들은 쌀이나 옥수수보다 단백질 함량이 더 높은 밀이 가장 중요한 식량 작물이라고 주장한다. 옥수수와 달리 밀은 자가수정을 하기 때문에, 농민들이 수확한 낟알을 다시 심을 수 있다는 것이다. 레이놀즈는 말한다. "옥수수 연구비가 그보다 다섯 배는 많아요. 농민들이 해마다 옥수수 종자를 사야 하니까요. 반면에 밀은 수확한 종자를 계속 씁니다. 그러니까 투자는 식량 안보와 무관하게 이루어지는 겁니다. 그저 돈벌이와 관련이 있지요." 그는 주먹으로 탁자를 내리치며 덧붙여 말한다. "식량 안보를 심각하게 여긴다면, 격차를 더 줄여야 하지 않겠습니까?"

그는 농업 발전을 이끄는 동기가 사람을 먹이는 것이 아니라 이익을 올리는 것이라는 점을 생각할 때마다 분노가 치민다. 레이놀즈는 일어서서 창가로 걸어간다. 둘 다 이곳에서 볼로그 박사와 함께 일하고 논문을 쓰면서 경력을 쌓아 왔다. 노벨상을 받긴 했지만, 인류 문명을 출범시켰고 지금도 여전히 우리가 의지하는 진정한 생존 기반을 계속 연구할 자금이 너무나 부족한 실정이다. 12월의 황금빛 밭을 바라보면서 레이놀즈는 양털 조끼를 단단히 여민다. 복잡한 교배 계통을 적어 놓은 푯말 뒤로, 잡종 옥수수들이 죽 심어져 있는 시험 재배장 너머로, 국제옥수수밀연구소의 파란 모자를 쓴 멕시코 대학원생 열두어 명이 최소한의 손상으로 더 많은 식량을 생산하는 보전 농법의 결과를 살펴보고 있다.

보전되는 것은 비옥도, 그리고 더 나아가 대기일 것이다. 무경운 농법no-till farming이라는 최근 추세에 따라 국제옥수수밀연구소가 나름대로 생각한 방식이다. 대개 농민은 수확한 뒤 남은 유기물을 태우거나 가축에게 먹인 뒤, 밭을 갈고 써레질을 하여 잡초를 제거하고 비료를 섞어서 씨를 뿌리기 알맞게 흙을 성기게 만든다. 밭을 괭이로 갈든 동물이나 트랙터를 이용해 갈든 간에, 이 일에는 시간(때로 일주일 이상)과

에너지가 든다. 또 지렁이, 곤충, 세균이 만든 토양 구조도 파괴된다.

쟁기질을 하지 않으면, 토양과 그 속의 생물학적 활동이 온전히 보전된다. 작물의 잔해를 밭에 그대로 놔두면, 물을 머금는 양분 스펀지 역할을 한다. 이론상 무경운 농법은 이산화탄소를 땅에 계속 붙들어 놓는 역할도 한다.

국제옥수수밀연구소의 무경운 시험 재배지 32곳에서 학생들은 수분, 작물 생장, 잡초, 지렁이, 콩과 식물 윤작이 가져오는 이점, 온실가스 배출량의 동태를 측정한다. 실망스럽게도 토양이 간직하는 탄소량이라는 측면에서는 별 효과가 없는 듯하다. 트랙터 연료는 확실히 절약되지만 말이다. 잡초 방제는 전혀 다른 문제다. 밭을 갈지 않으면, 제초제를 더 많이 써야 한다. 하지만 자연 상태를 그대로 이용하는 이 방식은 생산성이 매우 높다. 이 재배지에서는 기존 방식으로 쟁기질을 하여 말끔한 밭보다 이전에 수확하고 남은 잔해가 두 배로 더 수북이 쌓여 있는 곳에 자체 개발한 도구로 구멍을 뚫어서 밀 씨를 심는다. 하지만 유기 농법은 아니다. 손으로 조작하기도 하고 기계로 조작하기도 하는 이 도구는 씨와 함께 질소비료도 흙에 주입한다. 쟁기질을 하지 않으면 수확량에 도움이 되긴 하지만, 그 자체로는 충분치 않다. 먹여야 할 사람이 너무나 많고 세계가 낟알로부터 열량의 절반을 얻기 때문에, 국제옥수수밀연구소로서는 작물에 화학물질을 강제로 먹이지 않으면서 세계적인 혼란을 피할 수 있는 방법을 도저히 떠올릴 수가 없다.

식물이 공기와 햇빛을 생물량으로 전환하는 과정 자체, 즉 광합성 과정을 더 강화하면 달라질지도 모른다. 바로 그 때문에 매슈 레이놀즈의 국제 컨소시엄은 연구비를 필요로 한다. 단순한 물리학을 적용해 보면 광합성이 늘수록 생산량이 늘어난다고 추정할 수 있다. 레이놀즈 밑에는 밀밭에서 빛이 어떻게 반사되는지를 연구하는 중국인 수학자가 있다. 그는 이렇게 설명한다. "숲에서는 꼭대기의 잎이 받는 온전한 햇빛과 바닥에 있는 잎이 받는 빛이 전혀 다릅니다. 또 질소의 양도 다르지요. 밭은 숲의 축소판이라고 할 수 있어요. 밭을 더 잘 이해한다면, 빛과 질소가 더 잘 분배되도록 해서 광합성의 효율을 높일 수 있습니다."

하지만 할 수 있는 일은 거기까지다. 볼로그는 받는 태양에너지의 90퍼센트를 전환하는 수준으로까지 이미 밀을 개량했다. 남은 것은 루비스코RuBisCO*를 조작하는 것밖에 없다. 루비스코는 대기 중의 이산화탄소를 셀룰로오스, 리그닌, 당으로 전환하는 효소다. 따라서 본질적으로 모든 식물과 동물의 생존 토대라 할 수 있다. 루비스코의 탄소 고정 능력을 강화하려면 유전자를 변형해야 한다.

광합성 방법으로 볼 때, 밀과 벼는 C3 식물이다. 들이마시는 이산화탄소로부터 만드는 첫 탄화수소 분자에 탄소 원자가 3개 들어 있다는 의미다. 더 나중에 진화한 옥수수와 수수는 C4 식물이다. 국제옥수수밀연구소의 자매기관인 필리핀의 국제미작연구소International Rice Research Institute, IRRI에서 식물유전학자들은 볏잎의 세포 구조를 재배열하여 C3 식물인 벼를 C4 식물로 바꾸려 노력하고 있다. 그러면 광합성 효율을 50퍼센트까지 높일 수 있을 것이다. 국제옥수수밀연구소는 그 일이 성공한다면, 밀에도 똑같이 적용할 수 있을 것으로 기대한다. 하지만 국제미작연구소의 과학자들은 상업성 있는 C4 벼를 생산하려면 적어도 20년은 걸릴 것으로 예상한다. 그들에게는 또 하나의 목표가 있다. 그들은 수율을 높이는 한편으로 스스로 대기 질소를 고정할 에너지를 충분히 갖추고, 값비싼 화석연료를 쓰는 인공 비료에 덜 의존하는 또는 전혀 의존하지 않는 강력한 벼를 만들고 싶어 한다. 국제미작연구소가

---

* Ribulose-1,5-bisphosphate carboxylase/oxygenase의 약어.

인구 쇼크

어떤 기술을 내놓든 간에 그것을 밀에 적용하려면 더 오랜 시간이 걸릴 수 있으며, 따라서 식량 전쟁이 일어나기 전에 더 많은 파키스탄인을 먹여야 한다는 당면 문제에는 도움이 되지 않는다.

영국인 연구자 레이놀즈는 한 세균의 효소를 조작하여 담배 식물의 생물량을 40퍼센트 높였다는 최근의 연구 결과를 알고 있다. 그 방법이 밀에도 먹힐지를 알아내려면, 마찬가지로 소중한 시간과 연구비가 든다. 모든 연구가 다 그렇다. 단순히 잡종 교배를 하여 새 품종을 만들어 내는 데도 10~12년이 걸린다. 밀에 유전자를 주입하는 데 성공하려면 그보다 두 배나 더 긴 시간에다가 2500만~1억 달러의 비용이 들 것이다. 그 뒤로도 유전자 조작 식물에 대한 국제 규제와 소비자의 공포에 맞서야 한다.

국제옥수수밀연구소의 밀과 옥수수 유전자은행, 즉 바닥부터 천장까지 하얀 금속 선반에 종자가 빼곡히 놓여 있는 웰하우젠-앤더슨 유전자원센터Wellhausen-Anderson Genetic Resources Center는 세계 최대의 밀 재래 품종 보관소다. 약 2만 8000종의 밀 종자가 보관되어 있는데, 대부분은 밀의 원산지인 라틴아메리카에서 얻은 것이다. 원시 품종landrace은 각 지역의 농민들이 수천 년 동안 선택하여 길러 온 품종을 말한다. 이 품종들은 모두 테오신트teosinte라는 볏과의 잡초에서 유래했다. 옥수수의 야생 조상으로서 멕시코가 원산인 이 식물의 종자도 여기에 보관되어 있다. 노란색, 하얀색, 파란색, 붉은색의 옥수수 품종도 플라스틱 병에 들어 있다. 전 세계에서 모은 약 14만 종의 현대 밀 재배 품종과 옛 원시 품종이 알루미늄 포장지에 밀봉되어 종이 상자에 차곡차곡 담겨 있다. 모두 바코드가 붙어 있고, 섭씨 0도에서 보관된다. 그리고 동일한 품종들을 따로 영하 18도 이하에서 장기 보관하고 있다.

또 콜로라도 주 포트콜린스의 국립유전자원보전센터National Center for

Genetic Resources Preservation와 노르웨이의 영구 동토층 깊숙이 동굴을 파서 세운 스발바르 세계종자보관소Svalbard Global Seed Vault에도 동일한 품종들이 보관되고 있다. 후자는 지구의 식물 다양성을 보존할 이른바 최후의 보관소다. 재앙이나 전쟁, 혹은 기후변화로 식물이 사라지는 상황에 대비해 종자를 보관한 은행이다. 이 유전자은행의 목적은 새 품종을 개발하려는 육종가들에게 한 번에 5그램씩 유전물질을 나눠 주는 것이다. 하지만 1999년 밀 곰팡이 때문에 줄기녹병이 우간다를 휩쓸고 지나갔을 때, 국제옥수수밀연구소가 수백 킬로그램의 내성 종자를 동아프리카로 항공 운송한 사례에서처럼, 위기 상황에서 위험을 분산하는 역할도 한다.

국제옥수수밀연구소는 앞으로 이 종자를 모두 유전적으로 분류한다는 계획을 세우고 있다. 이곳에는 역사적으로 재배된 품종뿐 아니라, 노먼 볼로그가 녹색혁명을 일으키면서 단계별로 획득한 품종이 모두 보관되어 있다. 이곳 관계자들은 생명공학을 통해 궁극적으로 지난 수십 년 동안 밀이 정확히 어떤 식으로 개량되어 왔는지를 알아낼 수 있을 것이라고 믿는다. 높은 수율, 질병이나 가뭄 내성 같은 유용한 형질을 지녔음이 이미 알려진 수천 가지 품종부터 우선 살펴볼 것이다. 각 품종의 씨를 온실에서 발아시켜 적어도 한 개체를 얻어서 신선한 잎을 유전형 분석 연구실로 보내면, 그곳에서 DNA를 추출해 모든 계통의 유전자 서열을 해독한다.

이들은 이 엄청난 유전적 유산을 해독하면 형질전환된 밀이나 더 새로운 잡종을 통해 지구의 경작지를 늘리지 않고서도 세계적으로 수확량을 늘릴 방법을 찾아낼 수 있을 것으로 기대한다. 이것은 잘 알려져 있는 생태적으로 긴박한 문제이긴 하지만, 국제옥수수밀연구소로서는 자긍심의 원천이기도 하다. 녹색혁명이 화석연료를 마구 쓰고 강을 비료로 오염시키고 독극물에 의존하게 했으며, 단작을 통해 생물 다양성을 위협한다는 환경보전론자들의 비난에 맞서 이 기관은 품종 개량이 없었다면 그 모든 인구를 먹이기 위해 세계의 숲과 초원 수천만 제곱킬로미터가 개간되어 사라졌을 것이라고 대답하곤 한다.

환경보전론자들의 비난은 나무를 비롯한 토착 식물상을 잃어 가는 세계가 전멸 직전에 있다는 것을 인정하면서도, 그 식물상을 위협하는 굶주린 인류를 먹여 살린 것이 국제옥수수밀연구소였음을 무시하는 주장이다. 역사상 그 어느 누구보다 많은 생명을 구했다는 것은 곧 더 많은 사람이 살아가고 있으며 그들이 더 많은 아이를 낳을 것이라는 뜻이다. 국제옥수수밀연구소의 딜레마는 세계가 처한 딜레마의 축소판이다. 더 늘어나지 않는 공간에서 어떻게 더 많은 인구를 유지할 것인가?

매번 성공을 거둘 때마다 세계는 더 갑갑해질 뿐이며, 수요는 더 커져 갈 것이다. 유전자 서열 분석이라는 우아한 수학조차 이 악순환을 없애지는 못한다.

───────

'우리의 어린 형제자매들'이 멕시코 모렐로스 주의 기증받은 대농장에 정착하고, 녹색혁명이 그 고아들을 먹여 살린 이래로 30여 년이 흘렀다. 빌 왓슨 신부도 2006년 82세를 일기로 세상을 떠났다. 그전에 그는 온두라스, 아이티, 도미니카공화국, 과테말라, 엘살바도르, 니카라과, 볼리비아, 페루에도 고아원을 세웠다. 그가 키운 1만 5000명에 이르는 아이들 중 상당수가 현재 이 새 고아원의 운영을 돕고 있다.

멕시코에 있는 본가가 여전히 가장 크긴 하지만, 가장 많을 때 1200명이었던 그곳의 인구는 지금 약 800명으로 줄었다. 이 변화는 멕시코 자체의 인구통계학적 변동을 반영한다. 멕시코의 인구는 왓슨이 처음 고아 소년을 받아들인 1954년부터 현재에 이르기까지, 20년마다 두 배로 늘어났다. 지금은 연간 증가율이 채 1퍼센트도 안 된다. 이 증가율이 이어진다면, 멕시코 인구는 71년 뒤에야 다시 두 배로 늘 것이다. 하지만 현재 거의 대체율에 맞먹는 수준인 증가율은 계속 떨어지는 중이다. 멕시코에서 가족계획이 자리를 잡으면서 여성들은 아이를 더 적게 낳는 쪽을 택했고, 그들의 딸들은 더욱 적게 낳았다. 현재 멕시코인은 대부분 도시에 살며, 도시에는 가축을 몰거나 땔나무를 모을 일손이 별 필요가 없다. 멕시코 여성들은 대부분 일을 원하거나 필요로 하며, 집안에서 여덟이나 되는 아이들에게 얽매여 있을 수 없다.

현재 여성들은 대개 둘만 낳지만 그들의 할머니들은 그렇지 않았고, 고아원인 대농장 주변의 시골 마을들은 지금 서로 이어지는 도시가 되어 있다. 대농장의 옛 사탕수수 창고는 지금 기숙사로 쓰이며, 초등학교와 중학교도 들어섰다. 아이들이 배구를 하는 잔디밭 너머에는 이곳에서 자란 조각가 카를로스 아얄라Carlos Ayala가 만든 실물 크기의 청동 인물상 세 점이 놓여 있다. 의자에 앉은 빌 왓슨 신부가 소년과 소녀에게 이야기를 하는 모습이다.

기숙사 뒤에는 밭이 있다. 도금된 강철 사일로 옆, 다섯 소녀가 수북이 쌓인 하얀 옥수수 더미 위에서 옥수수를 까고 있다. 사일로에는 질소비료가 몇 포대 들어 있다. 어느 독일인이 기증한 것이다. 양어장과 틸라피아 양식장 주변에서는 양들이 풀을 뜯고 있다. 돼지우리와 닭장도 있다. 새로 기증받은 온실에서는 아이 12명이 두 품종의 겨울 토마토 씨를 뿌리고 있다. 점적관수를 하는 채소밭에서는 비트, 수박, 양배추, 상추, 고추, 꽃양배추, 당근이 자란다. 아이마다 서로 다른 고랑을 맡아서 씨를 뿌리고 잡초를 뽑고 있다.

농장의 수의사 루이스 모레노Luis Moreno는 옥수수 열매를 살펴보고 있다. 그는 원래의 40만 제곱미터 가운데 현재까지 경작을 하는 8만 제곱미터에서 나오는 올해 수확량이 나쁘지 않다고 기뻐한다. 하지만

12톤에 이르는 수확량은 겨우 토르티야 100일분에 불과하다. 식구 수가 줄어들고 있다는 점은 좋은 일이다. 3년 전 이곳에 왔을 때, 그는 토양의 상태에 충격을 받았다. 수십 년 동안 화학물질이 집중적으로 뿌려진 탓에 밭은 '네이팜탄에 맞은 듯한' 상태가 되었다. 잡초조차 자라지 못하는 곳도 있었다. 1930년대 오클라호마의 황진지대가 떠올랐다. 이웃들과 큰 아이들이 예전에 이곳에서 옥수수가 얼마나 많이 자랐는지 이야기할 때 그는 도저히 믿을 수가 없었다.

그는 무경운 농법, 그리고 소규모 구획 경작으로 방법을 바꿨다. 이웃의 비료 공장 주인은 일종의 농업적 개종을 해서, 현재 그들에게 유익한 세균과 곰팡이를 접종한 유기비료를 팔고 있다. 루이스는 그것을 인공 질소비료와 반반씩 섞어 뿌린다. 온실과 시장에 내다 팔 채소를 기르는 곳에서는 유기비료만 쓰려고 한다.

"언젠가는 완전히 자연 농법으로 바꿀 수 있을 겁니다. 퇴비는 효과가 늦게 나타나지만 오래갑니다. 화학비료는 20일이면 사라지고 염분만 남아요." 그들은 동물과 옥수수의 잔해를 흩뿌려 나머지 땅도 서서히 회복을 시도하고 있다. 새와 지렁이도 돌아오고 있다.

그는 하얀 옥수수 낟알로 플라스틱 들통을 채우고 있는 소녀들을 바라본다. "아이들이 더는 황진을 겪게 하고 싶지 않습니다."

04
환경 용량과 요람

국가 그리고 교회

1948년 호세 피게레스 페레르José Figueres Ferrer는 어쩌면 세계 역사에서 가장 독창적일 쿠데타를 단행했다. 대통령 선거 결과가 뒤바뀌는 사태를 겪은 뒤, 키가 157센티미터에 불과한 커피 재배 업자 피게레스는 700명의 민병대를 모아서 코스타리카 정부를 전복했다. 새 정부의 지도자가 된 그가 군 통수권자로서 처음 한 일은 군대 자체를 없앤 것이었다.

피게레스는 상비군이 내부의 불안을 억압하는 것보다는 시민이 학교, 보건, 사회보장을 맡는 것이 더 쉽다고—게다가 비용이 덜 든다고—판단했다. 코스타리카 남부의 커피 농장에서 그는 일꾼들에게 임금을 제대로 지불하고, 의료도 제공하고, 아이들에게 낙농장에서 짠 우유를 공짜로 제공한다면, 더 성실한 노동력을 확보할 수 있다는 것

인구 쇼크

을 터득했다. 정부를 전복한 지 1년도 지나지 않아서 그는 군 막사를 학교로 바꿨고, 재선거를 실시하고, 임시 대통령직에서 물러났다. 몇 년 뒤 그는 민주 선거를 통해 대통령에 선출되었고, 그 뒤로도 두 번 더 선출되었다.

그의 혁명이 성공한 것은 운때가 잘 맞아서였다. 세계 자본주의와 세계 공산주의 사이에 냉전이 싹트기 시작할 때, 미국은 점점 심각해지는 한반도의 상황에 몰두하느라 등 뒤의 중앙아메리카에 신경 쓸 겨를이 없었다. 코스타리카의 혁명이 5년 뒤, 즉 한국전쟁이 끝난 뒤에 일어났다면, 피게레스는 1954년 토지개혁으로 유나이티드프루트 사의 바나나 농장이 몰수당할 위기에 처하자 CIA가 제거한 과테말라 대통령 하코보 아르벤스 구스만Jacobo Árbenz Guzmán과 같은 운명에 처해졌을지도 모른다. 혹은 이란의 석유 산업을 국유화하려다가 마찬가지로 1953년 CIA의 손에 축출된 이란 총리 모하마드 모사데크Mohammad Mosaddeq와 같은 전철을 밟았을지 모른다.

그때쯤 피게레스는 코스타리카 은행들을 국유화하고, 여성과 흑인에게 선거권을 주고, 보건 서비스를 확대하고, 전국에 고등교육기관을 세운 지 오래였다. 그 결과 사회가 안정되어 노동자와 기업가 양쪽으로부터 찬사를 받았기 때문에 미국은 그의 수상쩍은 포퓰리즘을 간과했다. 1959년 피델 카스트로Fidel Castro가 쿠바혁명을 일으킨 뒤에는 더욱 그러했다. 라틴아메리카의 공산주의 광고판 같은 쿠바에 소련이 돈을 쏟아붓자 미국은 자본주의의 광고판이 필요했고, 당연히 그 지역에서 가장 믿을 만한 민주주의 국가를 선택했다. 1961년 존 F. 케네디John Fitzgerald Kennedy 대통령은 미국의 국익에 도움이 되는 국가들을 후하게 원조할 국제개발처United States Agency for International Development, USAID를 설립했다. 국제개발처의 최대 원조국은 코스타리카였다. 라틴아메리카의 그 어떤 나라보다도 1인당 원조액이 여덟 배나 많았다.

또 코스타리카는 미국이 피임약을 가장 먼저 보낸 곳 중 하나다. 당시 코스타리카는 세계에서 인구가 가장 빨리 증가하는 곳 중 하나였고, 한 가정에 평균 일고여덟 명의 아이가 있었다. 피게레스가 도입한 선진 공중보건 의료 서비스 덕분에 그 아이들은 대부분 살아남았고, 그 축복은 인구 폭발이라는 예기치 않은 결과를 낳았다. 미국이 외국의 우정을 돈으로 사는 정책으로 해외의 가족계획 분야에 개입하는 데 논란이 없지는 않았다. 국제개발처가 1966년 코스타리카에 나눠 주기 시작한 피임약은 오늘날까지도 생식건강이라는 대의를 훼손하고 있는, 카리브 해의 섬에서 자행된 약물 시험의 산물이었다.

1934년, 미국은 첫 정부 산아제한 계획을 출범했다. 1898년 시어도어 루스벨트Theodore Roosevelt가 스페인-미국 전쟁의 전리품으로 빼앗으라고 정부에 설득했던 곳인 푸에르토리코에서였다. 루스벨트는 자신이 중앙아메리카 지협을 파서 만들겠다고 꿈꾸던 운하를 이용할 선박을 위한 석탄 공급소와 미 해군기지를 푸에르토리코에 건설할 계획을 세웠다. 결국 모든 일은 계획대로 진행되었다. 파나마운하 덕분에 미국은 세계경제의 중심지가 되었고, 푸에르토리코 동부 해안에 건설된 최대 규모의 미 해군기지는 미국이 세계적인 군사 대국이 되는 데 일조했다.

현재 속해 있는 대륙 전체에 걸쳐 있는 본토 지역과 달리, 푸에르토리코는 늘어나는 인구를 수용할 공간이 그리 많지 않은 길이 170킬로미터, 폭 56킬로미터에 불과한 섬이었다. 하지만 어쨌거나 인구는 늘어나고 있었다. 19세기 초에 15만 명에 불과했던 푸에르토리코의 인구는 어느덧 100만 명으로 늘어났다. 영어를 모르는 갈색 피부의 사람들로 가득한 작은 섬을 얻었을 때 적잖은 미국인들은 경계심을 가졌다. 비록 1917년 푸에르토리코인에게 시민권이 주어지긴 했지만(식민주의에 맞서 일으킨 반란으로 탄생한 미국이 이제 식민 권력 자체가 되었다는 비난을 잠재우려는 의도의 일환이었다), 지금도 의회나 총선에서 투표할 권리는 주어지지 않고 있다.

하지만 푸에르토리코인은 유용할 수도 있었다. 제1차 세계대전 이래로 징집된 그들 가운데 상당수가 미국이 외국에서 벌인 여러 전쟁에서 사망했다. 제2차 세계대전 때에는 푸에르토리코 군인이 백인보다 머스터드가스에 더 내성을 띠는지 알아보기 위해, 그들에게 독가스를 살포하는 실험을 했다. 그리고 1950년대에 푸에르토리코 여성은 나중에 코스타리카로 보내진 경구 피임약을 시험할 인간 실험쥐가 되었다. 코스타리카에 보낸 약은 푸에르토리코인에게 실험할 때 쓴 약보다 에스트로겐 함량이 3분의 1 낮았고, 프로게스테론 함량은 100분의 1에 불과했다.

원래의 고용량 약을 먹은 푸에르토리코 여성 중 다수는 구역질, 졸음, 두통, 위 팽만감, 구토를 일으켰고 눈이 흐릿해졌다. 혈전이 생기거나 뇌졸중을 일으킨 이들도 있었다. 사망한 이들은 단 한 명도 부검을 받지 않았다. 보스턴에서 짧게 시험을 한 것이 전부였을 뿐, G. D. 설 컴퍼니G. D. Searle and Company의 신약은 임상 실험을 거치지 않았다. 푸에르토리코 여성들은 임상 실험 대상자도 아니었다. 그들은 그저 그 알약이 임신을 예방해 준다고 들었을 뿐이다.

진실이 드러났을 때, 크게 놀란 사람은 아무도 없었다. 푸에르토리코 여성들은 찰스 다윈의 자연선택 이론을 왜곡한 사이비 과학인 우생학에 토대를 둔 가장 무분별한 정책의 대상이 되었다. 나치가 샤워기로 지클론 B를 뿜어내기 전까지는. 20세기의 첫 30년 동안, 하버드와 예일을 비롯한 유럽과 미국의 대학 수백 곳에서는 우생학을 가르쳤다. 시어도어 루스벨트, 윈스턴 처칠Winston Churchill, 알렉산더 그레이엄 벨Alexander Graham Bell, 아침 식사 대용 시리얼로 거부가 된 J. H. 켈로 그Kellogg, 스칸디나비아의 몇몇 국가, 가족계획협회Planned Parenthood(여성의 건강, 가족계획 등을 목적으로 한 단체— 옮긴이)의 창립자 마거릿 생어Margaret Sanger도 우생학을 옹호했다. 비록 다윈 본인은 우생학을 지지하지 않았지만, 그의 아들 레너드는 런던에서 열린 제1회 국제우생학대회를 주관했다.

우생학eugenics이라는 용어는 다윈의 사촌인 프랜시스 골턴Francis Galton이 창안했다. 그는 영국의 통치 계급이 통치자가 된 생물학적 이유가 있다고 주장한 과학자였다. 즉 그들이 우월한 유전자를 지니고 있기 때문에 통치자가 된 것이라고 주장했다. 이 주장은 곧 확대되어 최적자가 사회적·경제적으로 살아남는다는 이론인 사회다윈주의가 되었다. 사회다윈주의가 내세운 과학적 논리는 일부 인종, 특히 피부색이 더 짙은 식민지의 피지배자들이 남들보다 열등하다는 것을 엘리트들에게 재확인시키는 역할을 했다. 아메리카에서 우생학은 몇몇 주에서 제정된 인종 간 결혼 금지법을 비롯해 법적으로 인정된 편견을 정당화하는 구실이 되었다. 우생학을 토대로 유전자 풀gene pool이 오염되지 않도록 인종을 격리해 세심한 교배로 인류를 개량하겠다는 목표를 내세운 켈로그의 인종개량재단Race Betterment Foundation 같은 기관도 우수수 생겨났다.

마거릿 생어는 함양해야 할 특징이 아니라 제거해야 할 특징을 염두에 두고서 우생학을 받아들였다. 그녀는 '정신적으로 부적합한' 자들은 아이를 갖지 못하게 해야 한다고 믿었다. 그 신념은 소수집단에 피임법을 전파한 그녀의 활동과 뒤섞여서 가족계획협회가 인종차별주의와 더 나아가 소수집단을 계획적으로 말살하려는 의도를 품고 있지 않나 하는 의구심을 불러일으켰다. 비록 마틴 루터 킹Martin Luther King Jr. 같은 유명 인사들이 생어를 지지하긴 했지만, 그 혐의는 여전히 가시지 않고 있다. 그녀가 피임약 개발과 푸에르토리코에서 이루어진 그

약의 지역사회 임상 실험에 필요한 연구비를 확보하는 데 도움을 주긴 했어도, 종족 말살 주장은 그녀가 직접적으로는 거의 관여하지 않았던 일과 관련이 있다. 즉 1930년대에 시작된 푸에르토리코에서의 대규모 불임 계획이 바로 그것이다. 그 계획은 사실상 끝난 적이 없다.

식민지에 반대하던 미국이 자국의 식민지를 서툴게 대한 탓에 상황은 더 혼란스러웠다. 1940년대 말까지 푸에르토리코 총독으로 임명된 사람은 모두 본토의 백인 남성이었고, 총독은 의회가 통과시킨 모든 법에 거부권을 행사할 수 있었다. 그 섬의 법원과 학교에서는 반드시 영어를 쓰도록 했기 때문에(지금도 그렇다), 스페인어를 쓰는 교사가 마찬가지로 스페인어를 쓰는 학생들에게 서로가 거의 이해하지 못하는 언어로 가르치는 상황이 벌어졌다.

우생학이 널리 받아들여졌다는 점도 미국 본토에 푸에르토리코인이 다소 열등하다는 편견이 널리 퍼지는 데 한몫을 했다. 히틀러가 등장하기 전까지, 우생학을 가장 열렬히 뒷받침한 것은 그 미심쩍은 주장을 펼친 과학자들이 내세운 기준이었을 것이다. 다년간 하버드에서 유전학을 공부하는 학생들은 알코올의존증, 범죄 행동, '정신박약'(마거릿 생어도 이 용어를 썼다)이 교배를 통해 나온 유전형질이라고 배웠다. 하버드 대학교의 과학사가 에버렛 멘델슨Everett Mendelsohn에 따르면, 교과서에 "생물학적으로 가장 열등한 요소가 지적이고 문화적인 요소"보다 더 빨리 번식한다고 적혀 있었다고 한다.

더욱 불리한 상황은 푸에르토리코가 심각한 인구과잉 상태에 들어서고 있었다는 것이다. 1930년대에는 인구가 거의 100만 명이 늘어났다. (지구와 마찬가지로 푸에르토리코의 인구도 20세기에 네 배로 늘어났다. 현재 인구는 400만 명이며, 여기에는 미국 본토에 사는 또 다른 400만 명은 포함되지 않는다. 이들은 미국 시민이므로 자유롭게 이주할 수 있다.) 인구 못지않게 실업률이 치솟는 상황에서, 연방 정부는 1934년에 푸에르토리코

긴급구호기금을 통해 섬 전체에 산아제한 진료소 67곳을 설립했다. 긴급 상황으로 분류되었기에, 의사들은 말 그대로 신속하게 불임수술을 하라는 재촉을 받았다.

당시에는 믿을 만한 피임법이 그리 많지 않았다. 마거릿 생어는 '음란하고, 음탕하고, 외설적인' 물품의 우편 취급을 불법화한 1873년의 컴스톡 법Comstock Act에 공공연히 맞서 최초로 프랑스에서 미국으로 페서리를 직접 수입했다. 생어가 콘돔이 질병 예방에 유용하다고 인정하는 법원 판결을 받아내기 전에는 콘돔도 우편 발송이 불법이었다(안타깝게도 이 판결은 너무 늦게 나와서 제1차 세계대전 때의 미군에게는 도움이 되지 못했다. 연합군 가운데 미군이 임질과 매독에 걸린 군인의 비율이 가장 높았다). 아이를 11명이나 낳고 여러 차례 유산을 한 탓에 마흔 살에 죽은 어머니를 둔 가톨릭 집안의 아일랜드계 미국인 생어는 간호사이자 여성 인권운동가였다. 생어가 투옥될 때마다 피임이라는 그녀의 대의를 지지하는 사람들은 점점 더 늘어났다. 하지만 그 지지자들 가운데는 '부적합자'가 늘어나고 있다고 치를 떨던 우생학자들도 있었다.

미국의 몇몇 주에서는 신체장애를 지니고 태어난 이들을 포함하여 유전적으로 부적합하다고 추정되는 정신질환자, 범죄자 등을 강제로 불임시키기 위한 자궁관묶기(여성의 나팔관을 잘라내거나 막는)를 허용하고 있었다. 푸에르토리코에서는 생어가 합법화한 피임 기구나 피임약보다 불임 시술이 더 간단하고 믿을 수 있다고 여겨졌다. 여성의 최근 임신이 마지막 임신이 되도록 대개 산후에 불임 시술이 이루어졌다. 하지만 의사는 시술을 할 때 대개 그것이 영구적이라는 말을 당사자에게 하지 않았다(강제 불임 시술에 반대하던 여성 단체들에 따르면, 마치 관을 다시 풀 수 있다는 듯한 뉘앙스로 완곡하게 말했다고 한다). 히틀러가 가져온 충격으로 미국의 우생학 운동이 위축된 뒤에도,* 푸에르토리코에서는 불임 시술 계획이 더 확대되었다. 통계자료에 따르면, 1960년대 중반까지 가임 연령대의 푸에르토리코 여성 가운데 3분의 1 이상이 불임 시술을 받았다고 한다. 본토의 10배에 이르는 비율이었다. 비교 사례를 들자면, 1977년 인도에서는 강제 대중 불임 시술 계획을 시도하다가 인디라 간디Indira Priyadarshini Nehru Gandhi 총리 정부가 몰락한 일이 벌어졌는데, 그때 불임 시술을 받은 여성의 비율은 5퍼센트였다.

오늘날 푸에르토리코에서 시술la operación이라는 용어는 불임 시술과 동의어가 되어 있다. 하지만 페미니스트들과 푸에르토리코 독립론자들이 그 시술을 식민 권력의 인종차별주의와 성차별주의의 증거라고 말하곤 해도, 푸에르토리코 여성 대다수는 그저 어깨를 으쓱하고 말 뿐이었다. 수십 년이 지난 지금 그들은 주로 도시에 살며, 직장을 원하고, 아이를 둘 이하로 낳고 싶어 한다. 푸에르토리코의 출산율은 현재 여성 1인당 1.62명으로 낮아졌다. 자궁관묶기는 남성에게 콘돔을 씌우게 하거나 피임약을 언제 먹었는지 계속 따져 보는, 또는 피임약을 사는 것보다 쉽다. 남용 실태 조사가 이루어지는 등 우여곡절 끝에 푸에르토리코와 본토 양쪽에서 불임 시술에 대한 지침이 정해지긴 했지만, 1980년대에 불임 시술을 받은 푸에르토리코 여성의 비율은 45퍼센트를 넘어서 있었다. 세계 최고 수준이었다. 인류학자 이리스 로페스Iris Lopez는 어디에 살든 간에 푸에르토리코 여성들 사이에서 "그 시술은 이제 하나의 전통"이 되었다고 말한다.

로널드 레이건Ronald Reagan이 대통령 자격으로 라틴아메리카를 처음 방문했을 때 놀라서 한 말이 있다. "아래쪽 나라들은 정말이지 다르

---

* 예외가 없지는 않았다. 미국에서 강제 불임 시술이 이루어지던 시기에 캘리포니아 주에서는 1960년대까지도 시술을 계속했다. 노스캐롤라이나 주의 우생학 위원회는 1977년까지 활동했다.

군." 라틴아메리카인들이 가족계획을 대하는 태도는 지역마다 다르며, 푸에르토리코와 달리 코스타리카는 미국 식민지는 아니었지만 미국의 광고판이었다. 광고판이라고는 해도 자궁관묶기 시술을 강요해 인구 조절을 하는 강압적인 방식을 독립국가인 코스타리카에는 결코 쓸 수가 없었을 것이다.

일다 피카도Hilda Picado는 네모난 갈색 뿔테 안경으로 책상을 톡톡 치면서 말한다. "사실 이곳에서는 불임 시술을 하기가 대단히 어려웠습니다. 시급히 수술을 해야 한다고 의사가 동의를 해야 했지요. 남편의 동의도 얻어야 했고요. 그리고 아이가 셋 이상인 여성에게만 허용되었어요." 어떤 이유로든 자유롭게 불임 시술을 선택할 권리가 코스타리카 여성에게 주어진 것은 1998년 법이 새로 제정되면서부터였다. 가톨릭이 여전히 공식 국교인 나라였기 때문에 번식할 권리를 얻는 데 오랜 시간이 걸려야 했다.

일다 피카도는 전국코스타리카인구협회Asociación Demográfica Costarricense의 수장이다. 집무실은 수도 산호세 북동부 중앙 고지대에 있는 옛 커피 농장 자리인 라우루카의 파스텔 빛 건물에 있다. 두 세대 전에 산호세는 중앙 시장의 곳곳에 쌓인 커피콩에서 풍기는 향기를 대부분의 지역에서 맡을 수 있을 만큼 작은 곳이었다. 당시 코스타리카 여성들은 지구의 다른 어느 곳에서보다 더 빨리빨리 자식을 낳았고, 그 자식들도 자라서 마찬가지로 많은 자식을 낳았다. 곧 산호세는 라우루카를 포함한 주변의 10개 마을을 집어삼켰고, 지금은 주로 디젤연료와 습한 콘크리트 냄새를 풍기고 있다.

일다 피카도의 아버지는 12남매 중 하나였다. 그녀의 삼촌 가운데 두 명도 자식을 12명 낳았다. "12명도 그리 많은 편은 아니었습니다. 16명, 18명, 20명인 집도 있었지요." 피카도는 1960년에 태어났고, 6남매 중 하나였다. 어머니는 자식을 더 낳을 수도 있었지만, 1960년대 말에 두 가지 일이 일어났다.

첫 번째 사건은 1966년 미국 국제개발처가 피게레스 대통령이 세운 병원들에 피임약을 공급한 것이었다. 현재 일다가 관리하는 기관을 설립한 자금도 그때 지원되었다.

그 일이 제2차 바티칸공의회가 끝난 직후에 일어난 것은 결코 우연이 아니다. 교황 요한 23세가 재임 5년째에 소집한 제2차 공의회는 가톨릭의 관습을 현대화하려는 의도로 열렸다. 공의회는 이전에는 라틴어로만 하던 미사에 고유어를 쓰는 것을 허용했고, 세계교회주의를 포용했으며, 여성들이 미사보를 쓰지 않는 것을 허용해 영적 쇄신이라고 널리 환영받았다. 가톨릭의 많은 지식인, 신학자, 심지어 성직자까지도 특히 최근에 피임약이 등장해 피임에 관한 교회의 교리를 대폭 수정하지 않을 수 없다고 믿었다. 교황은 그 문제를 연구할 위원회까지 설치했다. 비록 요한 23세는 그 연구가 끝나기 전에 위암으로 선종했지만, 변화의 추진력은 엄청나 보였다. 그의 뒤를 이은 더 보수적인 교황 바오로 6세조차 공의회의 취지를 받아들여 피임 연구를 더 확대했고, 산아제한을 금한 가톨릭의 교리가 뒤집힐 것이라는 시각이 널리 퍼졌다.

라틴아메리카는 특히 더 그랬으며, 바티칸공의회의 개혁 정신과 쿠바혁명이 교차하는 곳에는 해방신학이라는 운동이 있었다. 라틴아메리카 전역에서 수녀들은 수녀복을 벗어던지고 교인들과 똑같은 옷을 입었고, 사제들은 사회적·경제적 부당함에 맞서는 설교를 했다. 억압된 이들의 편에 서는 해방신학은 특히 여성들을 포용했다. 이 열기에 휩싸인 상황에서 코스타리카를 비롯한 라틴아메리카 국가들에 경구 피임약이 들어오자 가톨릭 사제들은 반대하는 시늉만 했다.

1966년 교황 산하의 인구및산아제한위원회Commission on Population and Birth Control의 성직자와 일반인 위원들은 투표를 거쳐 69대 10이라는 압도적인 표차로 교회의 피임 금지 조치를 폐지했다. 소수파 위원 가운데 다섯 명은 주로 훗날 교황이 될 폴란드의 대주교 카롤 보이티와Karol Wojtyła의 글을 근거로 들어서 폐지 반대 의견을 냈다. 그들은 산아제한 금지 규정을 뒤엎으면 교황의 오류 불가능성이 훼손된다고 주장했다. 교황이 미처 행동을 취하기도 전에 양쪽의 견해가 언론으로 흘러 나가자, 분노한 바오로 6세는 회칙인《인간 생명Humanae Vitae》에서 소수파의 편을 드는 쪽으로 대응했다.

《인간 생명》은 충격적이었지만, 이미 때는 늦었다. 1968년에 피임약은 어디에나 있었다. 가톨릭이 국교인 코스타리카에서는 보건부가 새로 설립한 인구국을 통해 피임약을 보급하고 있었다. 가족계획이 널리 보급된 사건 말고도, 아이를 더 낳지 않도록 일다 피카도의 어머니를 설득한 두 번째 사건이 있었다. 바로 라디오에서 들려온 내용이었다. 피카도의 어머니는 부엌에서 코스타리카의 공중파에서는 전혀 들어보지 못한 그 내용을 들었다.

"하느님도 창조할 때 쑥스러워하지 않으셨을 테니 우리도 쑥스러워하지 말고 논의합시다."

그것은 교회가 승인한 성교육 프로그램이었으며, 산아제한을 어떻게 하고 피임약을 어떻게 구하는지 등의 정보가 포함되어 있었다. 하지만 그 방송의 배후에 있던 성직자는 가톨릭이 아니었다.《인간 생명》이후로 대중에게 피임을 하라고 권하는 사제나 수녀는 파문을 각오해야 했기 때문이다.

일다 피카도는 빙긋 웃으면서 회상한다. "복음주의자들이었어요!" 그들은 호세 피게레스의 평화 쿠데타 이후에 오순절교회, 침례교, 웨슬리교, 감리교, 모라비아교, 메노파, 장로교 등이 협력하여 구성한 코스타리카 복음주의 연맹에 속한 성직자들이었다. 국교인 가톨릭의 신교 반대 압력에 맞서 공동전선을 구축한 이들은 새로운 코스타리카에서 대안 종교로 자리 잡을 공간을 마련할 수 있기를 바랐다. 피임약 문제 이전에도 그들은 이미 산발적으로 상대의 약점을 공략하기 시작한 상태였다.

1960년대 초에 복음주의자들의 '선의 카라반Good Will Caravans'은 전국을 돌아다니면서 피임법을 전수하고, 심지어 복음서를 나눠 주며 정관수술까지 해주었다. 피임약을 구할 수 있게 된 그들은 라디오 프로그램에서 다른 좋은 뉴스와 함께 그 소식도 전하면서 정부가 피임약을 보급하는 일을 도왔다. 그들은 청취자들에게 신은 부양할 수 있을 만큼만 아이를 갖고자 하는 이들을 사랑한다고 설득했다. 어느 누구도 지옥에 가지 않을 것이며, 그렇게 합리적인 일을 해놓고 용서를 구할 이유도 없다고 장담했다. 그들은 아이를 적게 낳는다는 것은 곧 가난을 벗어날 기회가 더 많아진다는 것을 의미한다고 했다. 애초에 임신을 예방하는 것이 낙태를 피하는 최선의 방법이라고 강조함으로써, 그들은 나름의 경기에서 가톨릭을 이기고 있었다.

여호와의 증인 신자인 일다 피카도는 말한다. "성서에 따르면, 당신은 스스로 무엇을 할지 판단할 자유가 있습니다." 코스타리카의 출산율이 믿기지 않을 만큼 역전된 현상(1960년 가구당 7.3명이었던 것이 1975년에는 3.7명, 2011년에는 1.93명으로 떨어졌다)과 라틴아메리카의 거의 모든 지역에서 출산율이 대체율에 근접하는 이유를 설명하기 위해, 그녀는 지난 50년 동안 사람들이 가톨릭에서 복음주의 종파로 개종해 온 속도를 지적한다. 일부 추정치에 따르면, 금세기가 저물기 전에 라틴아메리카에서 신교도가 다수가 될 것이라고 한다.

현재 피카도는 사후피임약을 합법화하기 위해 오푸스 데이Opus Dei 같은 보수 가톨릭 단체들과 싸우고 있다. "어떤 피임법을 쓰든 간에 실패할 때를 대비한 보완 수단이 필요합니다. 콘돔이 찢어져서 정자가 샐 수도 있지요. 여성은 피임약 복용을 잊을 수도 있고요. 가장 중요한 점은 성폭행을 당한 여성에게 그 약이 필요하다는 것이죠."

그녀는 그 약이 없다면 남아 있는 보완 수단은 낙태뿐임을 반대파에게 상기시킨다. 낙태는 코스타리카에서 불법이며, 비록 국제가족계획연맹International Planned Parenthood Federation, IPPF에 속해 있다고 해도 피카도와 그녀의 기관은 낙태를 지지하지 않는다. 그녀는 코스타리카에서 연간 2만 7000건의 불법 낙태 수술이 이루어진다고 추정한 2007년의 연구 결과를 인용한다. 논문에 따르면, 교통사고를 제외하면 그 어느 사고보다도 불법 낙태 수술로 응급실에 입원하는 환자의 수가 많다고 한다.

"가족계획이 더 많이 이루어질수록 낙태 횟수는 줄어듭니다. 물이 존재한다는 것만큼 단순한 진리죠." 그녀는 라틴아메리카에서 자국이 쿠바 다음으로 인구 대체율에 도달한 국가라는 것을 뿌듯해한다. 그녀가 다니는 교회가 자신의 활동을 지지한다고 뿌듯해하기도 한다. 그녀는 여호와의 증인 신도 중에는 환경 파괴와 점증하는 세계의 긴장을 종말의 날이 다가온다는 신호로 여기고서 아이를 아예 갖지 않는 이들도 있다고 말한다. 피임약이 지구에서 영원한 부활이 시작된 뒤에 식구들이 돌아오기를 기다리기 쉽게 해준다는 것이다.

"감정적으로 뒤흔드는 종교가 아니라 뜻이 통하는 종교지요."

리벳이 뽑힌 비행기

그레천 데일리Gretchen Daily는 산호세에서 남쪽으로 다섯 시간 거리 떨어진 파나마 국경 바로 위쪽의 커피 밭에서 감히 움직일 생각도 못하고 서 있다. 새끼를 밴 과일박쥐가 그녀의 검지에 매달려 잠들어 있기 때문이다. 그레천은 박쥐를 깨우고 싶지 않다. "얘들아, 얼마나 이렇게 서 있어야 할까?" 그녀는 근처의 플라스틱 야외 탁자에 앉아 있는 스탠퍼드 대학원생 둘에게 묻는다.

헤드라이트를 쓰고 캘리퍼스로 박쥐 표본들을 능숙하게 재던 체이스 멘던홀Chase Mendenhall과 대니 카프Danny Karp는 대답은 하지 않고 서로를 바라보며 빙긋 웃는다.

땅거미가 진 지 한 시간이 지났다. 코스타리카 연구자들과 스탠퍼드 대학교 생물학과 학생들이 하루에 두 차례 친 새그물 20개에 잡힌 동물들을 가져오고 있다. 오전 4시 30분에는 새를 잡기 위해, 땅거미가 질 때는 박쥐를 잡기 위해 그물을 친다. 사람 머리카락 굵기의 검은색 폴리에스테르 섬유로 짠 길이 12미터의 섬세한 그물은 해 뜨기 전이나 해가 진 뒤에는 보이지 않는다. 학생들은 농장의 가장자리를 따라 작은 숲들을 연결하는, 마치 그림자처럼 줄지어 서 있는 커피나무들 사이에 대나무 장대를 꽂고 배구 네트처럼 그물을 설치한다.

박쥐가 깨기를 기다리면서 그레천은 이 박쥐가 꽤 좋은 수확이라고 생각한다. 박쥐가 새그물에 걸려 스트레스를 받은 듯해 체이스는 가락지를 끼운 뒤 안정을 찾을 때까지 '박쥐 집중치료실'(따뜻한 물병을 넣은 종이 상자)에 넣어 두었다. 그런 뒤 박쥐를 그레천의 손가락에 걸었다. 박쥐는 날아가기는커녕 평온히 매달린 채 잠이 들었다. 한편 학생들은 부드러운 면 자루에서 천막박쥐들, 넓적코박쥐들, 오렌지꿀박쥐들, 담황색배창코박쥐 한 마리, 소웰짧은꼬리박쥐 한 마리, 다리에 털이 난 작은 식충 동물인 윗수염박쥐 한 마리, 밤색짧은꼬리박쥐 한 마리를 차례로 체이스에게 건넨다. 이번에도 스픽스원반날개박쥐Spix's disk-winged bat(둘둘 말린 헬리코니아 잎의 안쪽에 붙어 있는 귀가 길고 적갈색과 크림색을 띤 아름다운 박쥐)는 한 마리도 잡히지 않았지만, 그들은 그 박쥐가 주변에 있다는 것을 안다. 그들의 소리를 녹음해 왔기 때문이다. 이곳에는 박쥐 고유종이 61종(꿀을 먹는 종, 씨를 먹는 종, 곤충을 먹는 종, 과일을 먹는 종) 있지만, 몇몇 고립된 지역을 제외하면 그들의 숲은 커피 농장으로 바뀌었다.

이곳은 코스타리카 남부의 태평양 유역에 있는 면적 약 934제곱킬로미터의 코토브루스Coto Brus 주다. 1950년대 초까지 이곳 정글은 원주민인 과이미족 사냥꾼들을 빼고는 어느 누구의 손길도 닿지 않은 곳이었다. 그때 제2차 세계대전 중에 농장을 잃은 몇몇 이탈리아인 가족들에게 코스타리카에 충성을 맹세하는 대가로 이 텅 비어 보이는 곳에 정착할 주택 보조금을 지급했다. 코스타리카는 파나마의 팽창 야욕을 막아 줄 정착민들이 필요했다.

채 10년이 지나지 않아 인구가 폭발적으로 증가하면서 코스타리카 원주민들도 이 외진 변방까지 밀려들기 시작했다. 개간을 하면 소유권을 주장할 수 있었기에, 그들은 최대한 빠른 방법을 썼다. 엘 포스포라소el fosforazo, 즉 '불 지르기'가 만연하던 시기에 귀중한 경제적 · 생태적 가치를 지닌 이루 헤아릴 수 없이 많은 나무들이 연기로 사라졌다. 1970년대 말까지 우림의 4분의 3이 사라졌다. 대개 경작할 수 없을 만큼 가파른 비탈에 있는 것들만 남았을 뿐이다.

스탠퍼드 대학교 연구진은 이 조각난 숲에서 생물 다양성이 얼마나 유지되고 있으며, 그 생물 다양성이 농업에 과연 어떤 기여를 하고 있는지 파악하려 애쓰고 있다. 숲에 더 가까이 있는 커피나무들이 더 건강하다고ㅡ최근 코스타리카에 출현한, 커피콩에 구멍을 뚫는 아프리카 원산의 작고 검은 곤충 라브로카la broca 같은 해충이 없다는 의미에서ㅡ밝혀진다면, 숲에 사는 무언가가 그 곤충을 잡아먹는다는 의미가 될 것이다. 커피의 원산지인 아프리카에는 라브로카의 천적인 작은 말벌이 있다. 브라질은 천연 방제 수단으로서 그 말벌을 수입하려고 했지만, 말벌은 브라질 기후에서 번성하지 못했다. 그레천 데일리 연구진은 코스타리카의 커피나무가 최근까지 그 해충의 피해를 거의 받지 않았던 것이 이 푸른 경관의 가장 험한 곳에 남아 있는 작은 숲에 사는 몇몇 작은 식충 조류(붉은머리아메리카솔새, 회색가슴화덕딱새, 열대모기잡이) 때문이 아닐까 추정한다. 또는 이 박쥐들 때문일 수도 있다. 앞으로 몇 주 동안 대니 카프는 깨어 있는 시간의 대부분을 새그물 아래 떨어져 있는 박쥐와 새의 배설물을 주워서 비닐봉지에 담고, 그물에 걸려서 그 배설물을 쏟아 낸 종이 무엇인지를 꼼꼼히 기록하면서 보낼 것이다. 나중에 그 배설물을 스탠퍼드 대학으로 가져가서 라브로카의 DNA가 들어 있는지도 분석할 것이다.

할 일이 여간 많은 것이 아니다. 체이스는 밭에 아직 남아 있는 나무 한 그루가 얼마나 혜택을 주는지 정량화하는 연구를 하고 있다. 그레천은 이곳에서 1년 동안 현미경을 들여다보다가 눈이 거의 멀 뻔했다고 호들갑을 떤다. 약 600종에 이르는 이 지역 토종벌들은 머리에 자라는 털의 미미한 차이에 따라 구분되기 때문이다. 유럽 꿀벌이 이른바 아프리카 살인벌과 교배를 거쳐 치명적인 잡종을 형성하는 바람에 이 지역에서는 더 이상 아무도 꿀벌을 키우지 않는다. 그래서 그녀는 토착 꽃가루 매개자가 될 만한 동물이 무엇인지 찾고 있었다.

마침내 그녀는 몸에 커피 꽃가루를 묻히고 다니는 벌 20종을 찾아냈다. 모두 숲에 살며, 숲 바깥으로 멀리 날아가지 않으려 하는 종들이었다. 그레천 연구진이 농촌 지도소에 가서 코스타리카의 가장 중요한 상업 작물인 커피가 꽃가루를 옮길 수 있는 많은 벌들에 의존하고 있는지 여부를 조사하고 있다고 설명하자, 지도소는 고개를 저었다. 현대 재배 품종은 자가수분을 하기 때문에, 곤충의 도움이 필요 없다는 것이었다. 풍성한 금발에 조깅으로 다져진 탄탄한 몸매를 지닌 사십대 후반의 여성인 그레천은 꽃가루 매개자가 필요 없다는 이 주장이 자신이 연구를 하는 내내 모국을 비롯한 여러 나라에서 들어온 정부의 헛소리 가운데 가장 최근의 것이라고 치부했다. 그녀가 본 최근의 연구는 남아 있는 우림이 가장 적은 열대 국가에서 커피 수확량이 가장 적다는 것을 시사하고 있었다. 아메리카 어디에서든 커피가 재배되는 지역은 예전에 우림이었던 곳이었기에, 그녀는 수확량 차이가 사라진 꽃가루 매개자 때문에 나타나는 것이라고 직감했다.

그래서 그들은 숲과 떨어진 거리가 서로 다른 10여 군데를 정해서 열린 커피콩 수를 셌다. "우림에 더 가까이 있는 커피나무가 1킬로미터 떨어져 있는 커피나무보다 수확량이 20퍼센트나 높게 나왔습니다." 그녀의 검지에 매달려 있던 과일박쥐가 마침내 잠에서 깨 날개를 치면서 밤하늘로 사라진다. "우림이 농장 한 곳당 연간 6만 달러까지 소득 차이를 낳고 있었던 것이죠."

이어서 그들은 벌뿐 아니라 새도 농업에 도움을 주는지 알아보기 시작했고, 지금은 박쥐도 살펴보고 있다. 그들은 새를 그물로 사로잡아 가락지를 끼워 날려 보내는 한편으로, 가짜 속눈썹을 붙이는 접착제로 작은 단추만 한 크기의 무선 송신기를 250마리에게 붙여 지역 종들의 분포 범위를 조사하는 일을 다년간 해왔다. 몸무게가 채 10그램도 나가지 않는 흰목마나킨이나 파란머리마나킨 같은 작은 종도 포함되어 있다.

스탠퍼드 보전 생물학 센터의 그레천 데일리 연구진이 이 모든 수고를 마다하지 않는 이유는 생물 다양성의 미래가 열대 전역의 농경지 안팎에서 일어나는 일에 좌우되리라고 믿기 때문이다. 얼어붙지 않은 육지 면적의 40퍼센트가 경작지나 목초지이니, 이 생각에는 이치에 맞는 부분이 있다. 하지만 많은 보전론자들은 인간이 변형한 생태계가 생물 다양성을 지탱할 수 있다는 주장을 일종의 신성모독으로 받아들인다.

데일리는 이렇게 말한다. "우리가 논문을 낼 때마다, 위험하다거나 '너무 감정적'이라고 말하는 심사자들이 꼭 있어요. 보전론자라면 희귀한 종 가운데서도 가장 희귀한 종을 구하는 데 집중해야 한다는 것이죠."

그녀는 결코 남들이 그쪽으로 노력하는 데 반대하지는 않는다. 하지만 불행히도 '희귀한 종 가운데서도 가장 희귀한' 종이란 말은 대개 기능적으로는 멸종했다는 것을 의미한다. 남은 개체 수가 너무 적어서 생태계에서 더는 아무런 역할도 하지 못하는 캘리포니아콘도르 같은 종이 그렇다. 한편, 아직 생태계에서 제 나름의 역할을 하는 종은 모두 자신이 살아가는 환경에서 점점 더 위태로워지고 있다. 현재 그레천은 그들이 계속 제 역할을 할 수 있도록 할 방안을 마련하는 데 주의를 집중하고 있다. 특히 그녀 자신, 즉 우리가 속한 종도 그중 하나이기 때문이다.

게다가 그녀는 논쟁에 익숙해 있다. 학계의 진정한 왕족 출신이라고 할 수 있다.

그레천 데일리는 사람을 잘못 알아본 것이 계기가 되어 일생의 연구 분야로 뛰어들게 되었다. 1980년대 중반, 스탠퍼드 대학 3학년이었던 그녀는 아직 전공을 정하지 않았고, 등록금을 내려면 일을 해야 했다. 그때 광고가 눈에 띄었다. 폴 에를리히Paul Ehrlich라는 교수가 연구에 쓸 입력 자료에 오류가 있는지 검토할 사람을 구한다는 광고였다. 그레천은 그 이름을 알아보았다. 아니, 그렇다고 믿었다. 아버지가 미군 군의관이어서 독일에서 산 적도 있었는데, 백신과 의약품을 관리하는 독일 연방 기관이 바로 파울에를리히연구소Paul-Ehrlich-Institut였다. 본인이 세운 연구소에 자신의 이름을 붙인 인물이 화학요법을 개발한 공로로 노벨상을 받았으며, 1915년에 이미 세상을 떠났다는 사실을 그녀는 알지 못했다.

그녀는 일을 맡고 나서야, 자신이 다른 사람을 그 파울 에를리히로 착각했다는 사실을 깨달았다. 멀쑥하고 농담을 좋아하는 생물학자인 이 에를리히는 1959년부터 콜로라도에서 암어리표범나비를 채집한 내용을 적은 기록을 수천 항목이나 그녀에게 건넸다. 그 기록에 오류가 없는지 검증하라는 것이었다. 일은 어렵지 않았다. 에를리히 교수가 모든 자료를 정확히 입력했기 때문이다. 그레천은 교수의 꼼꼼한 조사에, 그리고 오랜 시간에 걸쳐 쌓인 자료가 이 아름다운 곤충들과 그들이 사는 산맥에 관한 흥미롭고 세세한 사항들을 어떤 식으로 드러내는지에 흥미를 느꼈다.

그녀는 생물학을 전공으로 택했고, 자신의 지도교수가 어떤 사람인지 서서히 알게 되었다. 곧 그녀는 에를리히가 나비 개체군 연구에 열정을 갖고 있긴 하지만, 인간 개체군의 생태학 쪽으로 외도를 한 일로 더 유명하다는 사실을 알게 되었다(관점에 따라서는 악명이라고도 할 수 있다). 에를리히가 아내 앤과 함께 최근 출간한 《멸종Extinction》을 읽고서 그레천은 두 개체군 연구의 연관성을 완벽하게 이해했다. 그 책의 서문에 실린 우화는 바깥 세계에서 《인구 폭탄》이 유명한 것만큼이나 생태학계에서 유명해졌다.

우화에서는 비행기에 탄 승객이 날개에서 리벳을 뽑고 있는 정비사를 본다. 정비사는 항공사의 입장에서 비싼 리벳을 아껴야 한다고 설명한다. 그는 아무 문제도 없다면서 경악한 승객을 안심시킨다. 이 비행기에는 리벳이 수천 개는 되므로, 몇 개쯤 없어도 아무 탈이 없으리라는 것이다. 사실 리벳을 뽑기 시작한 지 좀 되었지만, 날개는 아직 떨어져 나가지 않았다.

요점은 리벳이 몇 개나 뽑혀야 너무 많이 뽑힌 것인지를 알 방법이 없다는 것이다. 승객들의 입장에서는 하나를 뽑는다 해도 미친 짓이다. 하지만 에를리히 부부는 지구라는 우주선에 탄 인류가 점점 더 자주 리벳을 뽑고 있다고 말한다. "항공기 승객이 리벳 하나 뽑는 것이 가져올 피해를 헤아릴 수 없듯이, 생태학자는 한 종의 멸종이 어떤 결과를 낳을지 예측할 수 없다."

그레천 데일리는 폴 에를리히가 나비에 집착했던 한 가지 이유는 새와 마찬가지로 나비 역시 가치 있는 환경 지표였기 때문이라는 것을 이해했다. 나비는 식별하기 쉽고, 변화에 민감하다. 인류가 일으킨 변화에는 더욱 그렇다. 나비에 영향을 미치는 변화는 조만간 인간에게도 영향을 미치게 될 것이다.

에를리히는 그레천을 콜로라도 주 크레스티드뷰트 근처에 있는 로키산맥 생물학 연구소의 출장소로 초청했다. 아내와 해마다 여름을 보내는 곳이었다. 그들은 여름에만 잠시 눈이 녹는 산등성이 옆 해발 약 3000미터 골짜기에 지어진 오두막에서 지냈다. 그들은 새벽에 일어나 가문비나무와 사시나무 숲에서 해바라기, 수레국화, 빙하백합, 제비고깔이 가득한 풀밭을 날아다니는 새와 암어리표범나비를 쫓아다녔다. 저녁에 그레천은 폴 부부, 수염이 덥수룩한 폴의 절친이며 버클리 대학교의 공학자이자 물리학자로서 에너지에 관한 책을 쓰고 있던 존 홀드런John Holdren, 그의 아내인 생물학자 체리Cheri와 함께 식사를 했다. 폴과 체리가 나비를 잡으러 다니는 동안 홀드런과 앤이 잡은 연어가 요리되어 나왔다.

그레천은 그 지역에서 재배한 사과와 체리로 만든 파이를 내놓았다. 그녀는 식탁 앞에서 주고받는 그들의 대화에 푹 빠졌으며, 수줍어하며 열심히 귀를 기울였다. 그녀는 이 명석한 인물들을 넋을 놓고 바라보았다. 자신보다 한참 작은 아내를 몹시 배려하고 흠모하는 태도가 역력한 키가 크고 머리가 검은 폴, 지적인 눈빛으로 응시하는 존 홀드런, 내면의 명민함을 드러내는 듯 환하게 빛나는 피부를 지닌 앤과 체리의 모습에 그레천은 홀딱 반하고 말았다. 체리는 환경 독성 물질에 관한 책을 쓰고 있었다. 앤은 대학을 졸업하기 전에 딸을 낳아 키우는 바람에 학위를 받지 못했지만, 아주 많은 논문과 책을 쓴 업적으로 명예 박사학위를 2개 받았다. 그들이 모두 매우 건강하고 유쾌하고 편하고 상상력이 무척이나 풍부한 사람들이었기 때문에, 그레천은 그들처럼 되고 싶었다.

《인구 폭탄》이 출간된 다음 해인 1969년, 폴 에를리히와 존 홀드런은 그 책을 반박하는 흔한 주장 가운데 하나에 대한 반론을 학술지인 〈바이오사이언스BioScience〉에 실었다. 인구가 계속 증가한다고 할 때 폴과 앤이 예측했던 식량, 물, 에너지, 해산물의 부족을 현대 기술이 틀림없이 해결할 것이라는 반박에 대한 반론이었다.

홀드런은 계속 팽창하는 인류 문명을 무한정 먹이는 데 필요한 엄청난 합성 비료의 양과 그것이 불가피하게 낳을 화학적 결과를 예측하는 수학적 계산을 했다. 그는 당시 미래의 해결책으로 제시되고 있던 원자력발전소가 세계를 원자력으로 가동할 수 있기 훨씬 전에 우라늄이 고갈될 것이라고 계산했다.

또 그는 1960년대에 거의 아무도 주목하지 않았던 사실도 하나 언급했다. 20세기가 시작된 이래로 대기 중의 이산화탄소 농도가 10퍼센트 증가했다는 것이다. 그와 에를리히는 자동차는 물론 발전소의 에너지 수요와 폐열이 급증하고 있다는 뉴스를 토대로, 채 한 세기도 지나지 않아 설령 재앙 수준은 아니라 할지라도 지구에 급격한 기후변화가 일어날 것이라고 계산했다.

그 뒤로 2년에 걸쳐, 에를리히와 홀드런은 전국 규모의 잡지인 〈새터데이 리뷰Saturday Review〉에 인구과잉의 결과를 이해하기 쉽게 설명한 글을 열여덟 편 실었다. 그들은 인류가 환경에 미치는 영향을 하나의 방정식으로 압축했다. 인구에 소비수준, 그리고 무엇을 소비하든 간에 그것을 생산하는 데 필요한 기술을 곱한 값과 같다는 것이다. 어느 누구라도 이해할 수 있을 만큼 단순한 그 방정식은 현재 생태학 교과서에 실려 있다.

$$I = PAT$$

(영향$_{impact}$ = 인구$_{population}$ × 풍요$_{affluence}$ × 기술$_{technology}$)

1977년에 그들은 앤과 함께 《생태과학$_{Ecoscience}$》이라는 교과서를 펴냈다. 1051쪽에 달하는 이 책은 지구의 육지, 바다, 대기가 어떻게 상호작용하는지를 집대성한 것이다. 존 홀드런은 에를리히 부부의 생물학적 연구에 확고한 수치와 에너지 전문 지식을 덧붙여 인류가 자연의 나머지 영역들과 지속 가능한 관계를 맺는 데 무엇이 필요한지를 추정했다. 《생태과학》은 자원의 양이 얼마나 빨리 변하고 있는지를 보여 주었으며, 문명의 경로를 바꾸는 데 얼마나 오래 걸릴지를 추정했다. 또 인구가 계속 급증하는 상황에서 적절한 생활수준을 유지하려면 기술이 얼마나 빨리 진화해야 하는지도 추정했다.

대단히 포괄적인 내용을 담은 이 책은 교과서로서 큰 성공을 거뒀지만, 고삐 풀린 인구 증가가 어떻게 하면 느려질 수 있는지를 다룬 분석 덕분에 학계 너머로도 알려지게 되었다. 과학자로서 저자들은 당시까지 나온 모든 이론적 가능성을 살펴보았다. 30년 뒤 그 가능성 중 일부는 버락 오바마 대통령이 홀드런을 과학 고문으로 임명했을 때 선별적으로 부활한다.

홀드런을 공격한 이들은 식수나 주식에 불임제를 섞는 문제를 논한 바로 그 문장에서, 홀드런과 에를리히 부부가 그것은 대중과 자기 자신들을 소름 끼치게 하는 방안이라며 거부했다는 사실을 무시했다. 그들이 상상한 또 하나의 대안은 사춘기의 여성에게 "한정된 수의 자식을 낳을 수 있도록 공식적으로 허가하고" 30년 동안 작동하는 제거 가능 피임 캡슐을 삽입한다는 것이었다. 저자들은 이 계획이 대단히 섬뜩하다는 것을 인정하면서도, 왜 그처럼 혐오감을 일으키는 추측을 제기하고 있는지를 다시 언급했다. 현재의 출산율 추세가 역전되지 않는다면, 일부 국가들은 곧 강제 산아제한을 하지 않을 수 없게 된다는 것이었다.

《생태과학》이 출간된 다음 해에 중국은 한 자녀 갖기 정책을 선포했다.

에를리히 부부와 홀드런은 여성이 선택할 때마다 제거할 수 있고 출산한 뒤 다시 삽입할 수 있다면, 피임 캡슐 삽입을 허용할 수도 있다고 했다. 그것은 가족계획 입안자들이 흔히 가장 큰 문제라고 말하는 것을 해결할지도 몰랐다. 오늘날의 연구 결과에서 드러났듯이, 모든 임신의 절반쯤이 의도하지 않은 결과라는 문제 말이다.

그들은 이렇게 썼다. "원치 않는 출산과 낙태 문제를 둘 다 완전히 해결하게 될 것이다." 하지만 그들은 모든 여성들에게 스테로이드를 지속적으로 투여하는 것이 너무나 복잡하고 엄청난 일이기 때문에 이 피임법도 쓸 수 없다고 덧붙였다. 하지만 1983년 위팔의 피부 밑에 삽입하는, 호르몬 분비 캡슐 노르플랜트Norplant가 등장했다. 이 캡슐의 수명은 5년이다. 그와 더불어 몇몇 다른 약물이 지금까지 널리 쓰이고 있다.

홀드런과 에를리히 부부는 인구법의 법적 토대를 살펴보았다. 그들은 미국 헌법이 개인의 권리와 사회의 공익 사이에서 균형을 잡고 있으므로, 가족 규모를 법적으로 제한한다는 것은 미국 남성들에게 의무복무를 요구하는 것만큼 합당할 수 있다고 했다. 하지만 그들은 이 견해에 정부의 최소 개입과 확고한 국방력을 둘 다 주장하는 보수주의자들이 분노할 것이라고 올바로 추측했다.

그들은 그러한 항의를 예견하면서 이렇게 결론지었다. "가족 규모를 강제로 통제한다는 생각은 불쾌하지만, 대안들은 훨씬 더 끔찍할지 모른다."

그렇기에 그들은 언젠가는 사람들이 그런 통제를 실제로 요구할지도 모른다고 경고했다. 따라서 "우리가 보기에는" 식량 부족으로 인한 식량 폭동과 물 전쟁으로 시민 질서가 뒤집히기 전에, "가족 규모의 선호도에 영향을 미칠 더 온건한 방법을 늘리는 한편으로, 최단기간에 지구의 모든 사람들이 산아제한 방법들을 쓸 수 있도록 노력을 배가하는 것이 훨씬 나은 선택이다."

그 후 존 홀드런은 하버드 대학교의 케네디 행정대학원으로 옮겼고, 이어서 미국과학진흥협회 회장이 되었다. 그리고 국립과학학술원, 국립공학학술원, 미국문예학술원의 회원이 되었다. 그는 1995년 노벨 평화상을 공동 수상했고, 수락 강연을 맡아서 했다. 그리고 민주당이 상원의 다수석을 차지한 뒤 정부 기능을 마비시킨다는 전략을 미처 구체화하기 전에 일찌감치 과학 고문으로 임명되어 인준을 받았다. 청문회 때 공화당 상원의원의 질문에 그는 강제 불임 시술이든, 아니면 그 어떤 형태로든 간에 강압적인 인구 조절을 받아들이지 않는다고 말했다.

또 그는 《생태과학》의 말미에서 제기한 쟁점에도 답했다. 그와 공저자들은 언젠가는 유엔의 여러 환경 및 인구 계획을 통합하고 해양법 조약을 확대해 모든 천연자원을 관리할 '행성 체제Planetary Regime'라는 상부 기관이 설치될 것이라고 상상했다. 이 기관이 대기오염, 해양, 국경 간 물 이동을 관할함으로써 세계 시민의 수호자 역할을 한다는 것이었다. 그들은 그런 기관에 "세계의 적정 인구가 얼마인지를 결정하는 책임도 주어질 수 있다"고 덧붙였다.

인준 청문회에서 홀드런은 적정 인구를 결정하는 것이 정부의 역할이라고는 믿지 않는다고 증언했다.

그들이 그 상부 기관에 붙인 이름은 오바마 행정부가 세계 사회주의화 음모의 일부라는 증거를 찾고자 혈안이 된 오바마의 정적들에게 좋은 구실이 되었다. 누군가 《생태과학》에서 몇몇 대목을 뽑아 인터넷에 퍼뜨리자, 폴과 앤 에를리히 부부는 자신들과 옛 동료의 견해를 그렇게 맥락과 무관하게 취사선택하는 태도를 공격하고 나섰다.

"그 책에는 작은 활자로 빽빽하게 60쪽 남짓한 지면에 걸쳐 당시 어떤 나라에서든 시도되었거나 어떤 비평가든 분석한 적이 있는 다양한 인구 정책이 모두 열거되어 있지만, 당시에도, 그 이전에도, 지금도 우리의 입장은 한결같다. 우리는 그 책에 실린 혹독한 인구 제한 수단들의 '옹호자'가 결코 아니다."

다시 한 번 로키산맥 생물학 연구소의 출장소에서 여름을 보내던 어느 날, 그레천 데일리와 폴 에를리히는 온종일 짝짓기를 하는 나비의 수를 센 뒤 저녁 무렵에 돌아오다가 수컷 붉은목딱따구리 한 마리를 보았다. 북아메리카 서부에 사는 이 작은 딱따구리는 버드나무 줄기를 쪼아 직사각형의 구멍을 뚫고는 흘러나오는 달콤한 수액을 마시고 있었다. 주변의 나뭇가지에도 수액이 흘러나오는 구멍이 송송 뚫려 있는 것을 보면, 딱따구리들이 으레 이곳을 찾는 듯했다.

나중에 다시 그곳을 찾은 그레천은 딱따구리가 뚫었던 바로 그 구멍에 오렌지머리솔새 한 마리와 벌새 두 마리가 달라붙어서 수액을 먹는 것을 보았다. 더 관찰해 보니(그녀의 스승은 50시간 넘게 지켜볼 가치가 충분하다고 했다) 새, 곤충, 다람쥐, 얼룩다람쥐 등 40종의 동물이 딱따구리가 판 구멍에 모여든다는 사실이 드러났다.

여름 내내 그녀는 고산 생태계의 복잡한 동역학이 펼쳐지는 광경을 지켜보았다. 딱따구리는 버드나무로부터 자신과 새끼가 먹을 양분을 취했고, 주변의 사시나무 숲에 둥지를 틀었다. 또 딱따구리는 사시나무 줄기를 파고 들어가서 속을 썩게 하는 곰팡이에도 의지했다. 그 곰팡이가 있어야 물러진 사시나무 줄기 속을 파내어 둥지를 틀 수 있었다.

인구 쇼크

즉 딱따구리가 그곳에서 살아가려면 버드나무, 사시나무, 곰팡이가 함께 모여 있어야 했다. 이 생각이 옳은지 입증하기 위해, 데일리와 에를리히는 버드나무와의 거리가 제각각 다른 사시나무 1만 3000그루를 조사했다. 버드나무와 가까이 있는 사시나무일수록 딱따구리 구멍이 더 많았다. 또 그들은 버드나무도 모조리 살펴보았다. 사시나무로부터 멀리 떨어진 버드나무는 딱따구리의 피해를 입지 않았다.

딱따구리는 다른 다양한 동물들에게 귀중한 먹이를 공급하는 역할을 했다. 딱따구리는 해마다 둥지를 틀 구멍을 새로 뚫기 때문에, 예전의 둥지는 딱따구리가 있는 곳에만 나타나는 제비 두 종류를 비롯해 스스로 구멍을 뚫을 수 없는 새 일곱 종의 차지가 되곤 했다. 따라서 딱따구리, 사시나무, 버드나무, 곰팡이라는 깃대종들의 복합체에 전적으로 의지하는 동식물의 공동체가 여기에 있었다. 이 깃대종 가운데 하나가 사라지면, 다른 종들도 쇠퇴하거나 사라질 터였다.

마침 석사과정을 막 시작한 데일리는 식물, 새, 곤충, 포유동물 사이의 이 상호 의존 관계를 주제로 에를리히와 공동으로 첫 학술 논문을 발표했다. 그러면서 그녀는 한 종이 사라졌을 때 어떤 식으로 연쇄적인 파급효과가 나타날 수 있는지를 서서히 이해하기 시작했다. 그녀는 산성비가 바이에른 숲에 미치는 영향을 조사하기 위해 독일에서 1년을 보낸 뒤, 스탠퍼드로 돌아와서 박사과정을 시작했다. 이번에는 에를리히 부부가 다년간 조사하고 있던 곳인 코스타리카 코토브루스에 있는 라스크루세스 생물 조사지를 택했다.

폴은 숲이 사라질 때 야생동물들에게 어떤 일이 일어나는지를 조사하기에 이곳이 가장 좋은 곳이라고 말해 주었다. 그레천은 폴과 그의 스승이자 생존해 있는 사람 가운데 벌에 관한 한 세계 최고의 권위자인 캔자스 대학교의 찰스 D. 미처너 Charles D. Michener에게 지도를 받으며 여러 달 동안 현미경으로 들여다보면서 엄청나게 많은 벌을 조사했다.* 그녀는 숲의 벌이 작물의 꽃가루를 옮긴다는 사실을 입증했을 뿐 아니라 더욱 놀라운 현상도 밝혀냈다. 개간지에서 벌이 사실상 번성하고 있다는 사실이었다. 에를리히도 앞서 발견한 바 있듯이, 나비와 나방도 마찬가지였다.

그레천과 폴은 날아다니는 곤충들이 달라진 경관과 실제로 사는 곳 사이를 쉽게 오갈 수 있기 때문에 그런 것이 아닐까 추론했다. 그 뒤로 여러 해에 걸쳐 그들은 이동성이 더 떨어지는 파충류, 양서류, 날지 못하는 포유류를 조사했다. 그들은 개구리, 두꺼비, 뱀, 도마뱀, 개미핥기, 난쟁이다람쥐, 주머니쥐, 나무늘보, 파카, 긴꼬리족제비, 퓨마, 오셀롯, 수달, 원숭이 두 종을 포획하고 놓아준 다음 추적했다. 그러면서 그들은 개간한 농경지가 멸종 위기나 위험에 빠진 종을 유지하는 능력이 예상보다 크다는 사실을 깨달았다.

이윽고 그들은 모든 사례에서 나무가 핵심 연결 고리라는 것을 알아차렸다. 농민이 나무를 얼마간 남겨 둔 곳에는 생물 다양성 역시 남아 있었다.

그렇다고 해서 인위적인 경관이 천연림을 대체한다는 의미는 아니었다. 일곱 종, 즉 재규어, 맥, 흰입페커리, 짖는원숭이, 거미원숭이, 큰개미핥기, 물주머니쥐는 사라졌다. 하지만 인류가 현재 세계 육지의 대단히 많은 부분을 이용하고 있는 상황에서, 그레천과 에를리히는 자연 식생이 아직 주변에 남아 있는 시골 지역이 토착 동물상의 놀랍도록 많은 비율을 지탱할 수 있다는 것을 이해하기 시작했다. 자연 식생이 남아 있는 곳은 아직 인류가 필요로 하는 서비스를 제공할 수 있다. 즉 물을 머금고 걸러내며, 토양을 보충하고, 작물의 꽃가루를 옮기고

---

* 《세계의 벌The Bees of the World》이라는 대작을 쓴 미처너는 아흔네 살인 2013년에도 여전히 연구를 하고 있었다.

해충을 없애는 생물들을 품고 있을 수 있다.

그레천과 폴은 이 결론을 발표할 때, 귀중한 종을 위해 남아 있는 야생 서식지를 보전하려는 전 세계의 환경 보전 운동 노력에 해를 끼칠 수 있다고 많은 과학자들이 항의하고 나서리라는 것을 알았다. 하지만 지구 전체에서 보면 낮은 비율을 차지하는 자연 보전 구역만으로는 세계의 생물 다양성 가운데 극히 일부만을 구할 수 있을 터였다. 따라서 비보전 지역까지 포함하도록 보전 개념을 확장할 필요가 있었다. 문제는 그런 지역에 사는 사람들에게 아직 남아 있는 동물들과 공존하는 것이 그들에게도 이익이라는 점을 어떻게 설득하느냐는 것이었다.

1992년, 그레천 데일리는 버클리의 에너지 자원 그룹Energy and Resources Group을 맡고 있는 존 홀드런 밑에서 박사후 연구원 과정을 시작했다. 에너지에 관해 배울 필요가 있다고 생각했던 것이다. 현대 농업은 도시의 엔진을 가동하는 것과 똑같은 연료를 써서 땅을 변모시키고 있었다. 넓은 면적의 땅에 나무를 전혀 남기지 않고 개간하여 인공 비료를 뿌리고 환금작물만을 단작하는 녹색혁명은 석유를 식량으로 바꾸어 왔지만, 그 화학적 전환 과정에서 방출되는 탄소를 퇴비로 저장하지는 못했다.

버클리에서 홀드런은 그녀에게 뒤집어 생각해 보라고 했다. 농업이 연료를 생산할 수 있을까? 10년 동안 '지속 가능성'이라는 말이 새로운 표어가 되어 널리 쓰였다. 현재 문명이 의지하고 있는 탄화수소를 화석이 된 조상 식물들이 아니라 살아 있는 식물에서 얻는다면, 새 세대의 식물은 앞선 세대의 식물을 태울 때 방출된 이산화탄소를 흡수하는 셈이 된다. 이론상 대기로 방출되는 탄소량은 제로가 될 것이다. 하지만 정말 그럴까? 식물을 수확하여 생물학적 연료로 정제하려면 에너지가 얼마나 필요할까? 식량 생산을 위한 경작과 얼마나 경쟁하게 될까? 식량 작물을 심을 바로 그 땅에 연료 식물을 기른다는 것이 과연 타당할까? 바이오연료를 황폐해진 땅에서만 기르도록 한다면, 그곳에서 자라는 것만으로 충분한 에너지를 얻을 수 있을까?

바로 그해, 1992년 유엔환경개발회의United Nations Conference on Environment and Development에 참석하기 위해 전 세계의 과학자, 활동가, 언론인, 정치인, 기업가 등 수천 명과 100여 명의 각국 대표들이 리우데자네이루에 모였다. 나중에 지구정상회의Earth Summit라고 알려지게 될 이 회의는 사실 지구 생태계의 운명과 인류의 생존을 결정짓는 분수령이 될 수도 있었다.

그 회의가 열리기 전 2년 동안, 세계 각국과 수많은 관련 단체 및 기관은 지구정상회의에서 자신에게 유리한 결과를 얻기 위해 날선 공방을 이어 갔다. 회의에는 환경 단체뿐 아니라 여성 단체, 인권운동가, 샤먼에서부터 바티칸의 교황청 관리에 이르기까지 다양한 종교 지도자도 참석했다. 규모가 가장 큰 50개의 다국적기업은 생태적 충격을 줄인다면 경제성장을 지속할 수 있다는 희망을 표방하면서 공동으로 지속가능발전기업협의회Business Council for Sustainable Development를 만들었다.

지구의 모든 문제가 회의 석상에서 논의되었다. 단 하나만 빼고 말이다. 지구정상회의가 시작될 때 유엔 사무차장 모리스 스트롱Maurice Strong이 "세계 인구를 자발적으로 줄이지 않는다면, 자연이 우리를 위해, 하지만 야만적으로 그 일을 할 것이다"라고 선언했음에도 불구하고, 그 주제는 사실상 금기시되었다. 비록 국제인구행동연구소Population Action International, 인구연구소Population Institute, 폴 에를리히가 설립한 인구의제로성장Zero Population Growth 같은 단체가 리우에 오긴 했지만, 그들은 수적으로 밀렸다.

그들을 '인구 통제자'라고 부르면서 비난하는 이들 중에는 개발도상국도 있었다. 개발도상국들은 부유한 국가들의 무분별한 소비가 세계의 환경문제를 일으킨 것이 분명한데도 지금 자신들을 비난하고 있다고 항의했다. 그들은 가난한 국가의 최대 강점인 인구를 제한하는 것을 일종의 해결책으로 제시할 수 있다는 생각 자체를 인종차별주의적 신식민주의라고 거부했다. 페미니스트들은 가난한 나라의 여성이 이중으로 학대받는다고 덧붙였다. 전통적으로 착취를 당해 온 데다가, 강제로 불임 시술을 받거나 스스로 제거할 수 없는 노르플랜트를 삽입하기까지 해야 한다는 것이었다.

인구 증가 옹호자들의 딜레마는 그들이 상대편의 문제의식, 그리고 목표에 사실상 동의한다는 점이었다. 그들도 가난을 없애고, 여성의 생식권을 보장하고, 모든 이들을 교육하고, 모두를 위한 사회정의를 이루는 것이 중요한 목표라고 보았다. 다른 점은 전략이었다. 인구 증가 옹호자들은 낳을 아이의 수를 결정할 권한을 여성 자신에게 주는 것이 그들을 비참함에서 구할 가장 빠른 방법이라고 믿은 반면, 페미니스트들은 가족계획의 폭넓은 시행 같은 것들이 이루어질 때까지 참고 기다릴 수가 없었다. 그들은 당장이라도 여성의 평등한 권리와 기회를 이루고 싶어 했다. 소비 절제 단체들은 탐욕스러운 인구를 더 늘리지 않는 것이 아니라 탐욕을 제거하는 것이 최우선 과제라고 주장했다. 이 중 어느 하나라도 성공시키는 것이 다른 목표들도 동시에 추구하는 길이라는 주장은 언쟁 속에 묻히고 말았다.

그들의 분열은 바티칸에만 도움이 되었던 것으로 드러났다. 바티칸은 인간 생명의 신성함에 호소하면서, 세계의 가난한 이들이 생태 파괴의 원인이 아니라 희생자라는 주장을 옹호했다. 지구정상회의의 무대인 브라질이 세계에서 가톨릭 신자의 수가 가장 많은 나라였으므로 교황청은 사전 협상 때 상당한 영향력을 발휘했으며, 지구정상회의 협정문 초안에서 가족계획과 피임이라는 용어를 삭제하는 데 성공했다.

최종 협정문에서 인구에 관한 내용 중 남은 것은 "도덕적·문화적 측면을 고려하여, 자유와 존엄성에 따라 그리고 개인적 가치에 따라 책임을 갖고 가족 규모를 계획할……" 것을 요구하는 구절뿐이었다.

협정문이 선포되자 바티칸은 이렇게 발표했다. "교황청은 인구와 관련된 단어를 모두 없애려고 한 것이 아니라 단지 개선하려 했을 뿐이다."

그 회의의 주요 후원자인 다국적기업들에게 인구가 많아진다는 것은 그만큼 값싼 노동력이 늘어나고 시장이 커진다는 것을 의미했으며, 그것은 8년 전인 1984년 멕시코시티에서 열린 세계인구회의World Population Conference에서 천명된 바이기도 했다. 세계 최고의 인구 증가 국가라는 자리에서 물러나려고 무척이나 애쓰고 있던 주빈국 멕시코는 미국이 유엔의 가족계획 프로그램을 더 이상 지원하지 않겠다고 선언하자 충격에 빠졌다. 미국 대표자는 그 가족계획이 레이건 대통령 정부가 인정하지 않는 낙태를 부추겼을 뿐 아니라, 지구에 사람이 더 늘어날수록 자본주의 상품의 소비자도 더 늘어날 것이라고 설명했다.

미국이 유엔 최대의 후원국이고 원래 피임 계획의 후원국 가운데 하나였으므로, 그 정책 전환은 그 뒤로 여러 해 동안 세계 가족계획에 충격을 안겨 주었다. 그리고 지금 리우의 지구정상회의에서 예기치 않은 역전이 또 하나 일어나고 있었다. 다른 모든 나라들이 유전자 자원을 파악하고 그것을 보호할 보전 구역을 정하자는 데 동의한 생물 다양성 협약을 미국이 거부한 것이다. 이는 모든 이들을 놀라게 했다. 미국은 유전자 자원을 개발하여 얻는 "혜택의 공정하고 공평한 공유"라는 규정이 열대 식물로부터 산물을 생산하는 생명공학 기업과 제약 회사의 지적재산권을 제한한다고 물고 늘어졌다.

폴 에를리히 같은 미국 생태학자들이 보기에, 그것은 더할 나위 없이 지독한 반발이었다. 존 홀드런 같은 에너지 전문가들이 보기에는 상황이 더 안 좋았다. 지구정상회의가 진행되는 11일 동안, 미국의 조지 부시 대통령은 회의의 또 다른 주요 협정인 배출량 감소의 구체적인 목표를 정한 기후변화협약에 서명하기를 거부하면서 워싱턴에 남아 있었다. 이번에도 다른 모든 서명국들은 2000년까지 이산화탄소 배출량을 1990년 수준으로 제한하기로 동의한 바 있었다. 설령 미국이 빠지더라도 그대로 협약에 서명하자고 주장하는 나라도 있어서 격렬한 논쟁이 계속되었다. 결국 세계에서 가장 강한 국가이자 가장 큰 오염자가 없이는 어떤 협정도 무의미하다는 견해가 우세해졌다. 그래서 참가국들은 미국의 요구를 들어주기 위해 규정을 완화했고, 부시는 회의가 끝나기 전날 리우에 도착했다.

그는 회의장에서 연설할 때 이렇게 말했다. "미국인의 생활방식은 타협의 대상이 아닙니다."

————————

1992년 지구정상회의는 단 한 종, 즉 호모사피엔스만이 회의 석상에 앉았고, 그 한 종이 지구의 운명을 결정하는 투표를 했음을 입증했다. 장기적으로 볼 때 그 투표는 무의미할 것이다. 마지막으로 웃는 쪽은 곤충과 미생물이 될 가능성이 높다. 그들이 웃을 수 있다면 말이다.

하지만 문제는 장기적이라는 말이 정확히 언제를 가리키느냐는 것이다. 지금까지 어느 예측이 옳았는지를 예측하려고 시도한 사람은 아무도 없었다. 그렇기는 해도 예언자들이 실패했다는 것이, 혹은 노스트라다무스나 마야 달력의 왜곡된 해석이 잘못되었다는 것이 드러났다고 해서 누구도 안도해서는 안 된다. 비록 정치가와 로비스트의 힘에 밀렸을지라도, 지구정상회의의 과학자들은 지금 추세가 계속된다면 우리의 미래를 걱정해야 한다는 근거를 많이 갖고 있었다.

이듬해 영국 케임브리지에서 열린 제1차 세계적정인구회의First World

Optimum Population Conference에서 그레천 데일리와 에를리히 부부는 개략적으로 한 잠정적 계산이라며 적정 인구를 제시했다. 그들은 인류 문명의 종말 시점을 짚으려 한 것이 아니라, 오히려 정반대 방향으로 계산을 하고자 했다. 지구를 붕괴시키지 않으면서 안전하게 늘릴 수 있는 인구는 얼마나 될까?

《인구 폭탄》이 나온 지 25년 뒤에 한 그 발표의 내용은 그레천의 박사 학위논문에 실린 환경 용량 논의에서 이끌어 낸 것이었다. 그들은 적정 인구가 닭장에 닭을 빽빽하게 채워 넣어 키우는 양계 농장처럼 지구에 빽빽하게 채워 넣을 수 있는 최대 인구를 뜻하는 것이 아니라, 미래 세대가 잘 살 수 있는 기회를 빼앗지 않으면서 잘 살 수 있는 인구를 뜻한다고 했다. 최소한 모든 이들이 의식주, 교육, 보건 의료, 편견으로부터의 자유, 생계를 유지할 기회를 보장받아야 한다.

불평등을 끝낸다는 의미가 아니었다. "부자와 빈자의 간격을 좁히는 것은 거의 모든 사람들의 가장 큰 관심사이긴 하겠지만, 우리는 사회적·경제적 불평등을 낳는 요인들을 완벽하게 없앨 수 있을 것이라고 보지 않는다. 그래서 우리는 세계의 적정 인구를 인간의 이기심과 근시안이라는 특징을 염두에 두고서 결정해야 한다고 생각한다."

산업사회 이전의 목가적인 생활을 의미하는 것도 아니었다. "(적정 인구는) 인류의 문화적 다양성을 유지할 수 있는 수준은 되어야 하며, 지적·예술적·기술적 창의성이 임계량에" 도달할 수 있을 만큼 인구가 집중된 곳도 있어야 한다. 즉 인구가 "활기찬 대도시"를 이룰 만큼 많은 동시에 상당히 넓은 자연환경을 유지해야 한다.

그런 한편으로 인구는 생물 다양성을 보전할 만큼 적어야 한다. 그들이 내세운 근거는 현실적인—인간은 자연이 제공하는 식량, 공기, 물질, 물이 없다면 살 수 없다—동시에 도덕적이었다.

"지구의 우점종優占種으로서 우리 호모사피엔스는 우주에서 유일하게 우리 동료라고 알려진 생물들이 계속 존속할 수 있도록 돌보아야 한다고 느낀다."

그들은 세계의 적정 인구를 추정하기 위해 존 홀드런이 개발한 시나리오를 이용했다. 바로 그해인 1993년에 세계 인구 55억 명은 인간이 만들어 낸 13테라와트, 즉 13조 와트의 에너지를 소비하고 있었다. 그 에너지의 약 4분의 3은 15억 명에 이르는 선진국 국민이 썼다. 1인당 평균 7.5킬로와트에 해당했다. 그들은 모든 사람이 에너지를 그만큼 사용하고(개발도상국의 1인당 평균 에너지 소비량은 1킬로와트였다) 세계 인구가 현재 속도로 계속 증가한다면, 21세기의 어느 시점에는 인구가 140억 명이 될 것이고 에너지 수요는 여덟 배 늘어날 것이라고 추정했다.

그들은 그보다 한참 전에 석유나 생태계가, 또는 둘 다 사라질 것이라고 우려했다. 그래서 홀드런은 모든 사람이 평등하게 에너지를 쓴다면 실제로 어떻게 될지를 살펴본 적이 있었다. 1인당 에너지 수요가 평균 3킬로와트(가난한 사람이 쓰는 양의 세 배이자, 에너지 효율이 최대라고 할 때 전형적인 미국인이 쓰는 양의 4분의 3)이고 100억 명까지만* 증가할 만큼 인구 증가율이 낮아진다면, 필요한 에너지는 총 30테라와트**가 될 것이다.

데일리와 에를리히 부부는 이 수치를 토대로 역산을 했다. 1993년에 쓴 13테라와트가 이미 지표면을 발가벗기고 있고 대기 화학에 혼란을 일으키고 있었으므로, 그들은 총에너지를 더 줄여야 한다고 판단했다. 청정 기술(알려진 것은 물론 아직 개발되지 않은 것까지 포함해)이 널리 채택된다고 가정했을 때, 그들은 개략적인 계산을 토대로 인류가 환경을 파괴하지 않으면서 연간 9테라와트를 사용할 수 있을 것이라

---

* 현재 유엔은 2082년쯤 이 인구에 도달할 것으로 추정한다.
** 2012년 사용량의 약 두 배에 해당한다.

고 희망 섞인 추정을 내놓았다.

예외 없이 관련 기술을 수반하기 마련인 예기치 않은 결과들까지 고려해, 그들은 오차 범위를 50퍼센트로 잡았다. 그러면 6테라와트가 남는다. 이제 나눗셈만 하면 된다.

1인당 3킬로와트씩 쓴다고 할 때, 6테라와트로 살아갈 수 있는 인구의 총수는 20억 명이다.

20억 명은 1930년의 세계 인구였다. 하버-보슈법을 막 상업적으로 널리 이용할 수 있게 된 때였다. 세계의 거의 모든 사람이 아직 화석연료가 아니라 햇빛을 토대로 식물을 재배하고 있던 시기였다. 따라서 세계 인구가 20억 명이라면 인공 비료를 거의 또는 전혀 쓰지 않음으로써 토양과 강물, 대기에 가하는 압력을 줄이면서 먹고살 수 있을 것이다. 질소비료는 오염 물질이며, 이산화탄소와 메탄 다음으로 강력한 온실가스인 질소산화물의 주된 원천이기 때문이다.

1930년에 세계 인구 20억 명이 쓴 에너지는 연간 2테라와트를 겨우 넘는 수준이었다. 1인당 1킬로와트가 조금 넘었다. 텔레비전과 컴퓨터가 없었고, 한 가정당 자동차 수도 훨씬 적었고, 전자제품도 거의 없었으며, 제트기를 이용한 항공 여행도 없던 시절이었다. 지금의 생활수준에서 1인당 연간 에너지 사용량을 1킬로와트로 정한다면 우리는 모두 저개발국에 산다고 여길 것이며, 생존주의자나 몇몇 남아 있는 수렵채집인을 제외하면 어느 누구도 그런 삶을 원하지는 않을 것이다.

에를리히 부부와 데일리는 그보다 1인당 세 배 많은 에너지를 할당한다는 자신들의 계산을 사람들이 아주 마음에 들어 할 가능성이 낮다는 점을 인정했다. 그래서 그들은 다른 대안을 제시했다. 세계 인구가 15억 명이라면 1인당 4.75킬로와트를 쓸 수 있을 것이라고 말이다. 부유한 나라의 1인당 에너지 사용량의 거의 3분의 2에 해당하는 그 정도의 에너지는 중대한 기술적 돌파구가 전혀 이루어지지 않는다고 하더라도 단지 단열을 더 잘하고, 자동차 연비를 더 높이고, 저렴한 태양열 온수기를 더 많이 이용하면 얻을 수 있다는 것이었다.

그들은 어떻게 하면 인구를 20세기 초의 세계 인구와 비슷한 수준인 15억 명으로 줄일 수 있을지는 논의하지 않았다. 하지만 한 나라가 이미 그와 같은 계획에 착수했으며, 세계 전체가 그 뒤를 따른다면 한 세기 안에 인구는 정확히 1900년의 수준으로 돌아갈 수도 있다. 그 나라는 바로 중국이다. 하지만 중국의 한 자녀 갖기 정책은 받아들이기에는 너무나 야만적이라고 여겨지고 있었다.

1993년에는 에를리히 부부도, 그레천 데일리도, 아니 어느 누구도 세계의 다른 지역에 있는 마찬가지로 수수께끼 같은 대국(이슬람 국가)이 중국의 강압적인 방식과는 다른 방식으로 높은 출생률을 국민들이 자발적으로 낮추게 하여 중국보다 더 빠른 속도로 출산율이 낮아지고 있다는 사실을 알지 못했다. 그 놀라운 성공 사례가 세계에 알려진 것은 그로부터 여러 해가 지난 뒤였다.

20년이 지나 여든 살이 되었을 때에도 폴 에를리히는 여전히 스탠퍼드의 보전 생물학 센터를 맡고 있었다. 이유를 물으면, 그는 이렇게 답하곤 했다. "그레천 데일리가 마음껏 일할 수 있도록 하려고요." 공식적으로는 그녀가 센터의 소장이었다. 그레천은 인간과 자연 사이의 실현 가능한 균형을 찾아내려는 연구로 과학계에서는 세계 최고라 할 만한 상을 여러 개 받은 바 있다.

균형을 찾아내려면 미래에 어떤 종과 생태계가 계속 존재할지를 파악해야 한다. 그러다 보면 불가피하게 불편한 질문이 하나 제기된다. 과학자들이 대개는 건드리려 하지 않는 질문이다. 과학과 인간 사회 양쪽에서 볼 때, 종과 그 서식지를 가장 먼저 보호할 가치가 있을 만큼 중요한 종은 무엇일까?

위엄 있는 북극곰이나 귀여운 판다가 숲의 바닥에서 뛰어다니는 눈에 잘 띄지 않는 갈색 새보다 더 중요하고, 따라서 구할 가치가 더 있다고 판단하는 일은 생태학판 소피의 선택(동명의 영화에서 어머니 소피가 나치 수용소에서 두 아이 중 누구를 살려야 할지 선택해야 했던 상황을 말한다—옮긴이)이다. 그런 결정을 하고 싶어 할 사람은 아무도 없다. 그레천 데일리는 더욱 그렇다. 현재 우리는 식용 가축이 아닌 다른 종이 아주 중요하다고 말하면 회의적으로 볼 사람이 많은 세상에 살고 있다. 아무튼 유럽인은 자기 대륙의 생물 다양성을 대부분까지는 아니라고 해도 상당히 많이 없앴는데도 지구에서 가장 건강하게 사는 부류에 속한다. 그렇다면 식물, 동물, 균류의 모든 종을 온전히 보호해야 한다는 말이 어떻게 정당하단 말인가? 아니 그들을 보호하지 않는다면, 대체 우리에게 어떤 위험이 닥친다는 것일까?

그레천은 이 주장이 네덜란드 오류라는 폭거와 다름없다는 것을 알았다. 모든 유럽인은 필리핀의 어민이나 아마존의 수렵채집인과 마찬가지로 건강한 지구에 의지하고 있었기 때문이다. 유럽의 높은 생활수준을 지탱하는 자원은 유럽에서 멀리 떨어진 곳에서 오는, 유럽인들이 유로로 살 수 있는 온갖 수입품 덕분이었다. 부유한 국가는 아직 리벳이 충분히 많이 박혀 있는 먼 지역의 날개를 타고 높이 날고 있을 뿐이었다.

하지만 지금 그들은 리벳을 빠르게 뽑아대고 있다. 어느 리벳이 다른 리벳보다 더 중요하다는 결정을 내릴 때마다 그들은 지구 생물권과 러시안 룰렛을 하고 있는 셈이다. 그레천 데일리는 우리가 소피의 선택을 어느 정도는 하면서 살아갈 수밖에 없음을 깨달아야 한다고 보았다. 그녀는 학생들에게 말했다. "우리는 많은 생물을 함께 데리고 갈 수 있어요. 하지만 모두를 데려갈 수는 없습니다."

필수적인 최소한의 종이 어느 것인지, 얼마나 될지는 아무도 알지 못한다. 설령 그렇다고 해도, 꽃가루 매개자나 물을 머금는 식물처럼, 없으면 우리도 살아남지 못한다는 것이 명백한 종이 있음을 보여 주고, 그런 종들이 지탱해 줄 서식지가 없이는 살아갈 수 없다는 점을 우리가 깨닫도록 돕는 것이 생태학자가 할 일이었다.

여러 해가 흐르고 새로운 세기에 들어섰지만 데일리와 에를리히 부부가 존 홀드런의 에너지 수치를 토대로 추정한, 지구 서식지에서 안전하게 살아갈 수 있는 사람의 수는 변함이 없었다. 지구라는 운동장을 더 넓힐 기적 같은 신기술은 나오지 않았다.

바뀐 것은 뛰는 선수들의 수밖에 없다. 15억 명이 더 늘어나서 공간과 식량을 놓고 다른 생물들과 더 치열하게 경쟁하고 있을 뿐이다.

PART 2

섬 세계

외국인 혐오증

영국에서 가장 긴 세번 강은 웨일스의 토탄 늪에서 기원하여 미들랜드의 동쪽을 따라 남쪽으로 죽 흐르면서 불어나 브리스톨 해협을 거쳐 대서양으로 흘러든다. 이 강의 물줄기 중 상당 부분은 슈롭셔에 속해 있으며, 슈롭셔 내에서는 슈루즈베리를 돌아서 흐르는 경로가 약 3분의 1을 차지한다. 슈루즈베리는 중세부터 시장 도시였던 곳이다.

찰스 다윈은 어릴 때 슈루즈베리 학교 못지않게 세번 강의 강둑에서도 많은 것을 배웠다. 집의 정원에서 강까지 길이 나 있었는데, 그는 아침을 먹기 전에 강둑을 돌아다니면서 딱정벌레를 채집해 돌아오곤 했다. 그가 마주쳤던 메추라기뜸부기와 나이팅게일 같은 새는 이제 이곳에서 볼 수 없지만, 영국의 고니류 세 종인 흑고니, 고니, 큰고니처럼 아직 남아 있는 새도 있다.

슈롭셔의 세번 강 유역을 따라가다 보면, 지구 역사의 거의 모든 지질 시대가 고스란히 땅 위로 노출되어 있는 듯하다. 5억 년 전, 미들랜드가 오늘날의 적도 반대편에 있었던 때의 흔적인 산호초, 석회암, 해양 화석, 석영암의 잔해도 보인다. 이 지질은 스물두 살의 젊은 다윈이 적도 반대편으로의 항해에 나서도록 영감을 불어넣었을지도 모른다. 1836년 전설적인 5년간의 비글 호 항해를 마치고 슈루즈베리로 돌아온 뒤, 다윈은 첫날 밤을 16세기에 지어진 여관인 라이언에서 저녁 식사를 하면서 보냈다.

175년 뒤, 사이먼 다비Simon Darby는 라이언에서 셰퍼드 파이shepherd's pie(다진 고기를 감자로 감싸서 구운 영국 음식 – 옮긴이)를 앞에 놓고 인상을 찌푸리고 있다. 사십 대 중반인 그는 짙은 일자 눈썹에 연푸른 눈을 지녔고, 이마 양쪽이 벗겨지고 있는 양상이 한눈에 드러날 만큼 머리를 바짝 깎은 모습이다. 다비 역시 산업도시인 버밍엄 외곽의 미들랜드에서 자랐다. 1709년 그의 조상인 에이브러햄 다비Abraham Darby는 석탄을 때는 용광로를 발명했고, 그 덕분에 산업혁명이 가능해졌다. 다비 주철 공장은 영국은 물론 지구의 미래까지 바꾸었다. 세계 최초로 건설된 철교는 지금도 세번 강 위에 놓여 있다. 슈루즈베리 외곽의 리넨 방적 공장인 최초의 철골 건물은 현대 고층 건물의 조상이다. 다비 사는 세계 최초의 증기기관차도 만들었다.

사이먼 다비가 태어날 무렵에는 산업혁명도, 집안의 재산도 이미 역사가 된 지 오래였다. 다윈과 마찬가지로 그도 생물학과 화학을 공부했지만, 그 학위를 써먹은 적은 한 번도 없다. 그는 컴퓨터에 빠졌다가 이어서 탈산업화가 이루어진 미들랜드의 정계로 뛰어들었고, 이윽고 극우 정당인 영국민족당British National Party의 부대표가 되었다. 때로 그는 당대표를 대신해 나서기도 한다. 당대표인 닉 그리핀Nick Griffin은 케임브리지를 나왔는데, 유대인과 무슬림을 향한 증오심을 선동했다는 이유로 몇 차례 고발되곤 했다. 1998년, 그리핀은 홀로코스트를 조롱한 글을 써 유죄판결을 받았다. 하지만 2009년 그와 다비는 자신들의 과격파 정당을 예전의 스킨헤드와 가죽점퍼 이미지에서 단정하게 깎은 머리와 넥타이 차림의 점잖은 이미지로 변모시켰고, 그리핀은 유럽의회 선거에서 영국 북서부를 대표하는 의원으로 선출되었다. 영국민족당은 전국적으로 거의 100만 표를 얻었다.

다비 역시 당 대변인으로서 나름대로 악명을 얻어 왔다. 주로 흑인계와 아시아계 영국인을 '인종적 외국인'이라고 부르자는 영국민족당의 주장을 비판해 온 우간다 출신 요크 대주교와 맞서면서 얻은 악명이었다.

다비는 라이언의 식당에서 이렇게 설명한다. "그는 영국인이 되고 싶어 하는 사람은 모두 영국인이 될 수 있다고 했습니다. 그러면 진짜 영국인, 그리고 품위 있는 영국인은 어떻게 되겠어요? 그것이야말로 내가 물려받은 유산인데 말입니다. 그런 주장은 내 정체성을 깎아내리는 겁니다." 얼굴은 벌겋게 달아오르고 있지만, 그의 목소리는 여전히 부드러운 테너 음역을 유지하고 있다. "그래서 말했지요. 내가 우간다 마을에 가서 당신들은 다 유전적 혼혈이고 어느 누구라도 우간다인이 될 수 있다고 말한다면, 창에 찔려 죽을 것이라고요."

그는 어깨를 으쓱한다. "국장國章에 창이 그려져 있는 나라이니까, 그렇게 말해도 지극히 타당했지요." 그는 쥐고 있던 포크를 내려놓는다. "이봐요, 이 섬에 진정으로 속하지 않는 사람들이 점점 늘어나고 있습니다. 그들은 이 땅의 역사를 공유하지 않아요. 그들은 그 역사를 자신들의 전통 유산이라고 느끼지도 않고, 관심도 없어요. 그들이 왜 그러겠어요?"

그가 계속해서 말한다. "영국인이 혼혈이라는 가정이 틀렸음을 폭로하고 있는 옥스퍼드 통계학자가 있어요. 그는 이 땅에서 태어난 외할머니를 둔 사람은 90퍼센트 이상이 1만 년 전까지 가계를 추적할 수 있다고 합니다. 빙하기까지요. 나도 검사를 해봤어요. 내 모계와 부계 DNA의 유전 지도를 썼지요. 데이터베이스에 나는 유럽의 원주민이 확실하다고 나왔습니다. 그 정도면 나로서는 충분하고도 남지요."

여자 종업원이 나타난다. 뺨이 넓적하고 금발을 귀 뒤로 넘긴 여성이다. "실례합니다. 다 드셨어요?"

다비는 셰퍼드 파이의 마지막 조각을 포크로 찌른다. "예." 그는 파이를 씹으면서 그녀를 쳐다본다. 그녀가 파란 눈을 마주칠 때까지 계속 쳐다본다. 형식적인 미소를 띠고 있던 그녀의 얼굴에 당혹감이 어린다.

"뭐, 잘못된 거라도…… 있나요?"

"아니오." 그는 몸을 앞으로 기울이면서 눈을 가늘게 뜬다. "폴란드에서 왔지요, 맞죠?"

"예, 그런데요?"

"억양을 듣고 알았어요."

"예, 제 억양이 좀 그렇죠."

"BBC에 〈리드 벌룬 Lead Balloon〉이라는 프로그램이 있어요. 들어봤어요? 거기에 폴란드 여성으로 나오는 배역이 있어요. 이름이 마그다예요."

그 프로그램에서 마그다는 동유럽에서 온 가정부인데, 영국인의 생활방식에 자주 당혹스러워한다.

"억양이 당신과 똑같아요."

"정말 똑같아요?"

"정확히."

"프로그램 이름이 뭐라고요? 레드 벌룬?" 그녀가 접시를 치우며 묻는다.

"리드 벌룬. 엘이에이디."

"알았어요. 고마워요." 그녀가 사라진다.

그는 의자에 등을 기댄다. "멋진 숙녀군요. 맡은 일을 잘하고 있어요. 하지만 우리 영국인이 일자리를 필요로 하는데 그녀가 그들보다 훨씬 적은 임금으로 일을 하겠다면 그들은 어떤 느낌일까요? 나는 폴란드인을 무척 좋아합니다. 하지만 그들에게 묻곤 해요. 폴란드 정부가 '베트남인 수백만 명을 들여올 생각이다. 그들이 여러분의 임금을 깎고 일자리를 다 가져갈 텐데 어떻겠는가?'라고 물으면 기분이 어떻겠냐고요."

그는 물을 다 마신 유리잔을 빙빙 돌린다. 얼음이 부딪혀 소리가 난다. "그들은 참지 않을 겁니다. 폴란드에 폭동이 일어나겠죠."

하지만 유럽연합이 노동 이동의 자유를 인정하고 있기 때문에, 열심히 일하는 폴란드인 수천 명이 일자리를 찾아 영국으로 몰려올 수 있다. 사실 사이먼 다비의 영국민족당과 서유럽 국가의 극우 정당이 훨씬 더 심각한 위협이라고 여기고 있는 것에 비하면, 그 문제는 그저 성가신 정도에 불과하다.

"지금 서구 문명과의 전쟁이 벌어지고 있습니다. 백인 사회와의 문화 전쟁이지요. 이 나라의 무슬림은 평균적으로 자녀를 여섯 명 낳는 반면, 우리는 자기 인구조차 유지하지 못하고 있습니다. 무슬림은 아이를 더 많이 낳을수록, 힘이 더 커진다고 믿습니다. 이 나라의 인구는 7000만 명을 향해 가고 있어요. 지속 가능하지 않지요."

현재 영국 인구는 6300만 명에 육박한다. 그는 일어서면서 말한다. "그래요, 그리고 우리는 온갖 인구과잉 문제에 시달리고 있지요. 사람들이 서로 복작거리면서 살아갈 때 생기는 교통 혼잡, 스트레스, 폭력 같은 문제들이죠. 단일 문화 사회에서는 몹시 안 좋은 일입니다. 다문화 사회에서는 사회불안을 야기하고요."

라이언 호텔 바깥의 슈루즈베리 풍경은 그림엽서처럼 안정적으로 보인다. 자갈로 포장되어 있던 몇몇 거리는 아스팔트로 바뀌어 왔지만, 전체 배치는 중세 영어가 이곳에서 쓰이기 시작한 이래로 변하지 않았다. 한 가지 색으로 가득했던 다윈의 시대보다 거리를 걷는 이들의 옷 색깔은 다채로워졌지만, 무슬림이 압도적으로 많지는 않다. 비록 바로 옆 동쪽 교구인 유명한 아이언브리지 근처의 텔퍼드는 모스크가 13곳 있고, 영국에서 가장 빨리 인구가 늘어나는 소도시 중 한 곳이지만 말이다.

"그리고 요크셔의 브래드퍼드는 지금 이슬람 도시가 되어 있습니다. 이슬람인이 도시를 운영하지요. 버밍엄에는 이제 우리 민족이 보이지 않는 지역이 꽤 있어요. 지금 런던에는 나와 같은 민족의 아이들이 17퍼센트밖에 안 됩니다."

지금은 6월이다. 아침에 떠 있던 구름은 파란 지평선까지 밀려났고 해가 쨍쨍하다. 사이먼 다비는 와이셔츠 차림으로 잉글리시브리지로 향한다. 그곳에는 강으로 내려가는 계단이 있다. 청바지를 입고 히잡을 쓴 소녀 둘이 약재상을 나와서 시선도 돌리지 않고 휴대전화만 들여다보며 지나쳐 간다.

다비는 고개를 젓는다. "우리는 저들에게 내쫓길 거예요."

이 두려움은 서유럽의 많은 지역에서 스며 나오고 있으며, 덴마크와 네덜란드처럼 예전에는 개방적이고 외국인을 환대하던 곳에서도 준파시즘적인 정치적 움직임이 일어나고 있다. 이 공포는 유라비아Eurabia라는 생생한 신조어로 표현되곤 한다. 금세기 중반이면 유럽이 드넓은 이슬람 국가가 된다는 주제를 다룬 섬뜩한 동영상들이 유행병처럼 계속 돌연변이를 일으키며 인터넷에서 떠돌고 있다. 동영상에 실린 주장 가운데 몇 가지를 뽑아 보면 다음과 같다.

- 프랑스의 무슬림 가정은 자녀가 평균 8.1명이다. 프랑스 남부에는 이미 교회보다 모스크가 더 많다. 프랑스 어린이의 30퍼센트는 무슬림이다. 파리에서는 45퍼센트다. 2027년이면 프랑스인 다섯 명 중 한 명은 하루에 다섯 번 메카를 향해 절을 할 것이다.
- 네덜란드 신생아의 50퍼센트는 무슬림이며, 2023년이면 네덜란드인의 절반이 무슬림일 것이다.
- 벨기에인의 25퍼센트와 벨기에 신생아의 50퍼센트는 무슬림이다. 브뤼셀에 있는 유럽연합 본부는 2025년이면 유럽 아이들의 3분의 1이 이슬람교도일 것이라고 말한다.
- 출산 가능 여성 1인당 자녀 수가 1.3명에 불과하므로 독일의 인구 붕괴는 돌이킬 수 없으며, 2050년이면 독일은 무슬림 국가가 될 것이다.
- 러시아 군대의 40퍼센트는 곧 이슬람교도로 채워질 것이다.

이 모든 주장은 진실과 거리가 멀다. 신뢰도가 높은 추정값에 따르면, 2011년 유럽의 무슬림 인구가 2000만 명이며(유럽 인구의 약 5퍼센트를 차지했다), 2025년에는 8퍼센트로 늘어날 것으로 보인다. 하지만 이슬람 공포증Islamophobia은 진짜로 있다. 사이먼 다비는 잉글리시브리지의 석조 아치에서 강둑을 거니는 사람들과 낚싯대를 드리운 낚시꾼들을 가리키며 말을 잇는다. 그들은 모두 백인으로 보인다.

"저들은 주택담보대출을 받았습니다. 아이와 애완동물을 키우고 지방세를 내지요. 하지만 제3세계 이민자는 1주일에 25파운드를 내는 공동주택에 살 수 있어요. 더 내야 하는 추가 비용도 전혀 없으니까, 더 낮은 임금으로도 살 수 있지요. 그래서 우리 민족은 집을 잃고 있습니다. 우리 민족은 권리도 지니고 있지요. 일본인은 자기 나라에서 원하는 대로 한답니다. 우리는 우리가 이 나라에서 주류로 남아 있어야 한다고 봅니다. 우리의 나라니까요."

그는 계단에서 잠시 멈춘다. "내가 이란에 간다면, 교회에 갈 수 있을 거라고 기대하지는 않을 겁니다. 하지만 이 나라에서도 그렇게 하자고 주장한다면, 나는 인종차별주의적인 악한이 되겠지요."

하지만 오래된 키 큰 버드나무들이 물 위로 가지를 드리우고 있는 강둑으로 내려가자, 사이먼 다비는 악한이 아니라 다시 소년이 된다. 성마른 초국수주의자는 물러나고 자연주의자가 다시 앞으로 나선다. 그는 수면을 스치며 나는 제비와 흰털발제비를 보면서 즐거워한다. "저 칼새들도 봐요. 정말 아름다운 새지요. 아프리카에서 여기까지 날아온 거예요!" 그는 암컷 흑고니를 뒤따르는 새끼들을 지켜본다. "영국에서 가장 큰 새지요. 영국에 있는 고니 세 종이 모두 여기 있네요. 이흑고니는 텃새고요, 큰고니와 고니는 러시아 쪽에서 날아온답니다. 여기가 좋은지 정착한 듯한 녀석들도 있어요." 그는 뿌듯해하며 말한다.

"하지만 예전 같지는 않아요. 지금 사람들은 그들을 잡아서 먹어요. 동유럽 사람들이요. 정말 유감스러운 일이죠." 그는 노란 부리로 강둑을 훑는 큰 흑고니 한 마리를 가리킨다. "그들은 저들을 공짜 점심처럼 보지요. 우리 섬나라 사람들과 달리, 그들은 생태학적으로 생각하지 않거든요."

다비의 정당은 종종 환경 카드를 만지작거린다. 그들은 셰일 가스 탐사를 위해 암반을 깨고 뚫는 짓을 중단시키고 아예 금지하자고 요구하면서, 정치적으로 정반대편에 서 있는 녹색당에게 동의하라고 요구한다. 그들은 영국의 저명한 의사, 활동가, 과학자들이 모인 단체인 적정인구재단Optimum Population Trust, OPT*의 대의를 수용한다. 비록 그 단체 쪽에서는 외면하고 있긴 하지만, 양쪽의 관심사가 일치하는 부분도 있

---

* 적정인구재단은 '적정'이라는 단어가 야기하는 논란을 피하기 위해 2011년에 '인구현안 Population Matters'으로 명칭을 바꿨다.

다. 영국이 해안을 통해 뚜렷이 경계가 정해진 섬 생태계라는 점이 그렇다. 다비가 인용한 7000만 명이라는 인구는 2030년에 도달할 것으로 추정된다. 그것은 점점 더 복작거리고 있는 영국제도에 런던을 하나 더 추가하는 것과 같다. 유럽에서 가장 큰 도시를 말이다.

이 늘어나는 인구의 3분의 2 이상은 외국인 이민자들과 그들의 후손이 차지할 것이다. 유럽연합의 일원이기 때문에 영국은 다른 유럽연합 국가에서 오는 구직자들을 환영해야 하며, 게다가 관습적으로 옛 대영제국에 속해 있던 지역에서 오는 이들을 받아들여 왔다(취업 허가만 받으면 무조건 허용하는 방식에서 점수를 산정해 선택적으로 이민을 허용하는 방식으로 서서히 바뀌어 왔다). 예전에는 주로 캐나다인, 호주인, 뉴질랜드인이 들어왔으며, 관심을 갖는 사람도 거의 없었다. 나중에 예기치 않게 이른바 '신영연방New Commonwealth' 국가(나이지리아, 파키스탄, 자메이카, 방글라데시)의 사람들이 들어오면서, 사이먼 다비 같은 민족주의자들이 생겨났다.

그는 이민을 중단시키고 "모든 불법 이민자를 추방"하자는 자기 당의 목표가 환경 면에서 정당성을 지닌다고 말한다. 그 목표를 이루려면 시간이 걸릴 터이므로, 영국민족당은 "지나치게 큰 대가족을 계속 유지하는 공동체"에 경제적 불이익을 주자고 주장한다.

그들이 주장하는 영국의 이상적인 인구수는 4000만 명이다. 그런 감축이 가져올 환경적·경제적 파장은 논외로 치더라도, 인구통계자료를 보면 영국인 가운데 백인이 5000만 명이 넘는다. 영국에서 유색인을 모두 제거한다고 해도, 줄여야 할 백인이 1000만 명 이상 남아 있는 셈이다.

영국에서 백인이 아닌 사람 가운데 무슬림은 겨우 270만 명으로 추정된다. 하지만 사이먼 다비는 자신이 물려받았다고 여기는 영국 땅이 암갈색을 띤 낯선 바다에 잠겨 가고 있다고 본다. 그 바다에서 영국인 여섯 명 중 한 명은 더 이상 그가 마음속으로 그리는 영국인, 웨일스인, 스코틀랜드인의 모습을 하고 있지 않다.

"슬픈 일이지요. 현재 우리가 다채로운 문화적 다양성을 누리고 있다는 말은 헛소리일 뿐입니다. 내 고향 버밍엄에 한번 가보세요. 세상에 적응하지 못한 이슬람교도들과 마르크스 진보주의자들이 자신들을 부적응자로 만든 바로 그 체제 자체를 파괴함으로써 자신들이 부적응자라는 점을 숨기고 있습니다. 전부 다 함께 침몰시키고 있는 겁니다."

그는 슈루즈베리의 옛길로 들어선다. "이 도시는 찰스 다윈을 낳았습니다. 우리 선조는 여기에서 산업을 창조했지요. 우리 영국 민족은 명석하고 강인했습니다. 우리는 부유했어요. 자긍심도 있었고요. 예전에는 콩코드도 우리가 제작했지요. 지금은 에어버스의 날개를 제작하는 항공 산업만 남아 있을 뿐입니다. 재규어는 인도 기업이 소유하고 있지요. 영국의 랜드로버도 사라졌고, MG(영국의 자동차 회사—옮긴이)도 사라졌어요. 철강업도, 석탄 산업도, 해운업도 마찬가지죠. 어업만 간신히 이어 가고 있습니다."

그는 무력하게 손바닥을 위로 치켜든다. "모두 내가 살아오는 동안 일어난 일이랍니다."

다문화 사회

영국에서 두 번째로 큰 도시인 버밍엄은 사이먼 다비의 선조들이 철을 주조하고, 강철을 벼리고, 거대한 산업혁명을 일으킨 곳이다. 도시 중앙에서 조금 남쪽, 오늘날 하이게이트로 불리는 지역이 바로 옛날에 앵글로색슨족 마을이 있던 곳이다. 이곳은 특징이 없다는 점이 바로 특징이다. 제2차 세계대전 때의 버밍엄 대공습으로 폐허가 된 자리에 세워진 높고 낮은 밋밋한 건물이 죽 이어져 있다. 그런 하이게이트에서 유달리 눈에 띄는 건물은 버밍엄 센트럴 모스크인데, 서유럽에서 가장 큰 모스크 축에 든다.

1층과 2층은 붉은 벽돌로 둘러싼 직선 형태로, 예전 버밍엄의 공장을 떠올리게 한다. 그 위로 탈산업, 다문화 사회를 떠올리게 하는 거대한 하얀 돔이 있고, 돔의 두 배 높이로 탑도 하나 서 있다. 탑 위에는 하늘을 향해 양끝을 세우고 있는 초승달 장식이 놓여 있다.

금요일마다 3000~4000명의 신자가 녹색 양탄자가 깔린 예배당과 여성 전용 기도실을 채운다. 축제 때면 2만 명이 모이기도 한다. 버밍엄에는 더 작은 모스크도 290개가 있다. 도시 총인구의 4분의 1가량을 차지하는 약 25만 명의 무슬림이 찾는 곳이다. 이민자들이 방글라데시인, 파키스탄인, 인도인처럼 같은 민족끼리 모이는 경향이 있음을 반영하듯이 모스크도 각양각색이다. 수니파가 대부분이지만(대영제국이 통치했던 이슬람 지역이 그러했다), 센트럴 모스크는 종파를 가리지 않는다. 이곳을 세운 인도 출신의 모하마드 나심Mohammad Naseem 박사는 말한다. "율법을 지키자는 것이 아니라 생각을 자극하려는 것입니다."

홀쭉한 체형의 팔십 대인 나심은 가슴 위쪽까지 단추가 달린 검은 세로줄 무늬 정장을 입고 있다. 그는 이곳의 무슬림 인구가 네 배로 늘어나는 것을 지켜보아 왔다. 지금은 이민을 엄격히 규제하면서 증가 속도가 느려지고 있다. 그는 영어를 쓰는 무슬림 세대가 부모 세대의 민족적 테두리를 벗어나서 퍼져 나간다는 것도 알고 있다. 방글라데시나 파키스탄에서 온 어머니와 달리 그들은 자식을 여덟 명이나 낳지 않는다. 코란에는 피임을 금지하는 내용이 없다. 심지어 하디스 언행록의 7세기 판본에는 질외 사정을 다룬 내용까지 있다. 현재 지역 가족계획 전문 병원의 대기실에서는 머릿수건을 쓴 여성을 흔히 볼 수 있다.

의학박사이기도 한 나심은 말한다. "하지만 과거에 피해를 입은 것도 사실이지요. 그들의 부모는 수 세기 동안 아이가 죽어 가던, 늘 일손이 더 많이 필요하던 곳에서 살다가 왔어요. 새 여권을 받는다고 해서 깊이 뿌리박힌 생각이 금방 바뀌지는 않지요."

그는 시간만이 문제를 해결해 줄 것이라고 말한다. 지금 세대는 아이를 훨씬 적게 낳을지도 모르고, 무슬림 소녀들은 지금 옥스퍼드와 케임브리지에서 취직 준비를 하고 있을지도 모르지만, 앞 세대의 인구가 훨씬 많기 때문에 당분간 영국 사회라는 태피스트리에서 그들이 엮어 나가는 부분은 계속 늘어날 것이다. 그런 한편으로 무슬림 사회가 지금 새로 급격히 성장하는 것은 임신 때문도, 이민 때문도 아니다.

나심은 하얀색 예복을 입고 턱수염을 기른 백인 영국인 복사가 찻잔 쟁반을 들고 나타나자 말한다. "개종자들이 늘어나고 있지요. 서인도제도 사람들이 그렇고, 심지어 토착 백인 영국인도 개종을 합니다."

복사가 끼어든다. "대부분 여성이지요."

영국 여성들이 왜 이슬람으로 개종하는 것일까?

"이슬람이 보호를 해주기 때문입니다. 히잡을 쓰거나 차도르로 가리면 더 안심이 된답니다. 더 안전하다는 느낌이 든다는 것이죠."

———————

하지 파즐룬 칼리드Haji Fazlun Khalid는 말한다. "50개국, 지구 인구의 5분의 1이 무슬림입니다. 일부에서는 그 점을 두려워하지요. 하지만 나는 거기에서 기회를 봅니다. 코란에는 알라의 축복을 기억하고 지구를 더럽히지 말라고 적혀 있어요. 무슬림이 그 점에 유념한다면, 크게 달라질 수 있을 겁니다."

칼리드는 버밍엄에 본부를 둔 이슬람생태환경과학재단Islamic Foundation for Ecology and Environmental Science의 창립자다. 그는 버밍엄에서 북쪽으로 30분 거리에 있는 버턴어폰트렌트Burton-Upon-Trent의 공립 도서관 카페 테라스에 앉아서 레모네이드를 마시고 있다. 가지치기를 한 오래된 버드나무와 금잔화가 점점이 흩어져 있는 풀밭이 강을 따라 연이어 펼쳐져 있는 트렌트워시랜즈Trent Washlands가 한눈에 들어온다. 칼리드는 키가 크고 머리가 벗겨졌으며, 말끔히 다듬은 턱수염에 금속 테 안경을 쓴 모습이다. 그는 종종 이곳에 와서 사색에 잠기곤 한다.

실론(지금의 스리랑카) 출신 이민자인 그는 영국 공군에서 복무한 뒤 몇 년 동안 영국 인종평등위원회Commission for Racial Equality의 미들랜드 책임자로 일했는데, 사직하고서 이슬람 신학대학원에 들어갔다. 어릴 때 차 농장을 만들기 위해 정글을 파괴하던 광경을 목격하고 자신이 도보 여행을 했던 영국 미들랜드의 시골이 주택단지로 바뀌는 모습을 지켜보면서, 그는 이슬람에는 이 공격받는 환경에 관한 지침이 있는지 궁금해졌다.

코란의 앞부분, 이브라힘(아브라함)이 일신교를 받아들이는 과정을 묘사한 장에서 그는 예언자 무함마드가 무슬림을 칼리프, 즉 지구의 수호자로 임명하면서 지나치게 훼손하지 말라고 경고하는 내용을 찾아냈다. 칼리드는 순나Sunnah(무함마드의 언행록으로 코란과 더불어 이슬람 율법의 토대가 된다)에서 알라가 지구와 그 안에 있는 모든 것의 유일한 주인이라는 대목을 읽었다. 알라는 세상을 인간이 이용하라고 빌려 주었지 혹사하라고 한 것이 아니라는 뜻이었다.

그의 비영리 재단은 무슬림 가정을 위한 녹색 안내서를 출간했고, 도시의 무슬림들을 상대로 '깨끗한 메디나Clean Medina' 운동을 펼쳤으며, 유전자 변형 식품이 할랄halal(이슬람 율법하에 허용된 식품들—옮긴이)이 될 수 있는지와 코란에서 재활용의 근거로 삼을 만한 대목이 있는지를 논의하는 학회를 주최했다. 재단은 인도양의 산호초를 구하기 위해 케냐의 잔지바르 제도에 이슬람 율법을 토대로 한 보전 구역이 지정되는 데 기여했고, 그곳에서 다이너마이트를 이용한 어업을 막기 위한 워크숍도 열었다. 무슬림 인구가 세계에서 가장 많고 생태계가 가장 풍부한 나라 가운데 하나인 인도네시아에서 재단은 수마트라 섬의 종교지도자들을 설득해 숲을 불법으로 벌목하고 채굴하고 태워서 얻은 것이 하람haram, 즉 율법으로 금지된 식품이라고 경고하는 세계 최초의 환경 파트와fatwa(종교적 유권 해석에 따른 공식 견해나 지침—옮긴이)를 내리도록 했다.

2007년 라이브어스이니셔티브Live Earth Initiative는 파즐룬 칼리드를 달라이 라마, 켄터베리 대주교, 교황과 더불어 세계의 녹색 종교지도자 15명 가운데 한 명으로 꼽았다. 칼리드는 이렇게 말한다. "거의 15억 명에 이르는 세계 무슬림의 상당수는 부자 나라보다 화석연료를 훨씬 덜 쓰는 가난한 나라에 삽니다. 하지만 석유를 생산하는 아주 부유한 나라에도 많이 살고 있지요. 양쪽 다 똑같이 책임이 있습니다. 부유한 산유국은 엄청난 국부 때문에, 나머지 무슬림은 엄청난 인구 때문에 그렇지요."

칼리드는 부양할 수 있는 만큼만 자식을 낳으라고 무함마드가 사람들에게 조언했다는 내용이 코란에 있다고 말한다. 그는 석유가 넘쳐나는 나라는 자국의 산업이 가져올 결과에도 책임을 질 신성한 의무가 있다고 덧붙인다. "몰디브는 지금 바다 밑으로 가라앉을 운명에 처해 있습니다. 그 말은 기후변화 때문에 지구에서 사라질 첫 번째 국가가 이슬람 국가라는 것을 의미하지요."

그는 유엔 사무총장에게 조언을 해왔으며, 찰스 왕세자의 고문이기도 하다. 하지만 그들이 자신의 말을 귀 기울여 듣고 있는지는 확신하지 못한다.

"환경 위기의 근원에는 우리의 금융 체계가 있습니다. 은행은 이자를 받고, 무에서 돈을 만들어 내지요." 코란은 4개 장에서 리바riba, 즉 이자를 이슬람의 가장 극악한 범죄 중 하나로 보고 금하고 있다. 하지만 그는 대출을 통해 수익을 올리면서도 이자를 받는다는 비난을 교묘하게 회피하는 이슬람 은행업이 모순어법이라고 생각한다.

"돈을 무한정 찍어 내면서 그것을 알라가 창조한 유한한 자원에 적용한다면, 장기적으로 환경 파괴라는 결과가 나올 수밖에 없습니다. 돈은 일종의 바이러스예요. 그것을 치료한다면, 환경도 치료할 수 있을 겁니다. 인구 문제와 소비 문제도 저절로 해결될 겁니다."

하지만 세계 금융 체계는 현재 공기처럼 문명의 본질적인 부분이 되어 있다. 그것을 어떻게 바꿀 수 있을까? 오후 햇살에 금빛으로 물든 트렌트 강을 바라보면서 칼리드는 코란의 30장 41절을 인용한다. "'부패는 인류의 행동 때문에 땅과 바다로 멀리 넓게 퍼져 왔다. 알라는 자신에게 돌아올 길을 찾도록 하고자 인류가 자기 행동의 결과를 맛보도록 할 것이다.' 이 말은 신이 인류가 걸어온 길이 잘못되었음을 느끼도록 하고, 그런 뒤에 두 번째 기회를 주리라는 것을 의미합니다. 우리는 신이 주는 기회를 잡아야 합니다. 우리 종족이 무한정 늘어난다면, 이 세계에 극심한 압력을 가하게 됩니다. 그 대신에 우리 인구에 보편적이고 공정하게 압력을 가하면, 옳은 방향으로 나아가는 첫발을 떼는 것이겠지요."

적정 수준

지구가 안전하게 다룰 수 있는 인구가 20억 명일 수 있다고 에를리히 부부와 그레천 데일리가 계산 결과를 발표했던 1993년의 케임브리지 세계적정인구회의는 적정인구재단이 주최했다. 환경 싱크탱크인 적정 인구재단은 그보다 1년 전에 옥스퍼드의 고전학자 데이비드 윌리David Willey가 창설했다. 윌리는 유럽 전역에서 어학교를 운영해 왔다. 전 세계를 여행하기도 한 그는 지구가 얼마나 혼잡해졌는지를 알아차렸고, 어떤 대응책을 세워야 할지 고심했다.

적정인구재단의 설립 목적은 전 세계뿐 아니라 개별 지역의 지속 가능한 적정 인구가 얼마인지 파악하는 연구를 지원하는 것이었다. 비록 원대한 목표를 지니고 있었고 저명인사들—존경받는 자연사학자이자 BBC 방송인인 데이비드 애튼버러David Attenborough 경, 영장류학자 제인 구달Jane Goodall, 유엔안전보장이사회 영국 대표로 일했던 크리스핀 티켈Crispin Tickell 경—을 후원자로 끌어들이긴 했지만, 이 단체는 연구를 지원할 돈이 부족했다. 그래서 영국의 인구를 줄이자는 운동을 펼치는 데 주로 초점을 맞추게 되었다.

이 운동은 불가피하게도 영국민족당이 내세우는 것과 비슷한 인종차별주의적 정책을 부추긴다는 비난을 받게 되었다. 적정인구재단의 회원들과 후원자들은 유럽이 현재의 외국인 혐오증 물결에 휩쓸리기 오래전인 1973년에 이미 영국 정부의 한 인구위원회가 '인구가 무한정 늘어날 수는 없다'는 점을 영국이 받아들여야 한다는 결론을 내린 바 있다고 반박하곤 했다. 그 뒤로 위원회의 권고안을 입법화하려는 시도가 전혀 이루어지지 않았기 때문에, 인구정책을 의사 결정에 통합하라고 정부에 촉구하기 위해 적정인구재단이 설립되었다는 것이다.

그렇다고 할지라도 인종차별주의자의 친구라는 말은 불편하게도 산아제한과 우생학의 옛 관계를 떠올리게 한다. 섬나라인 영국의 적정 인구를 알아내야 한다는 그들의 주장은 증오심이나 배제 정책이 아니라 환경 용량을 토대로 한 것이었지만, 영국 인구 증가의 3분의 2를 이민이 차지했으므로 더 이상 이민을 받지 말자는 주장이 이민자 자체를 반대한다는 의미가 아니라고 설득하기란 여간 까다로운 일이 아니었다.*

---

* 미국에서 시에라 클럽과 제로인구성장—지금의 인구 커넥션Population Connection—도 이민 반대 여부를 놓고 고통스러운 논쟁에 휘말렸다. 에를리히 부부와 그레천 데일리는 이민 중단을 요구하는 의사 앨버트 바틀릿과 학술 지면에서 논쟁을 벌여 왔다.

적정인구재단에는 두 가지 목표가 더 있었다. 둘 다 그 단체에 더 호감을 갖게 할 만한 것은 아니었다. 하나는 "지속적인 인구 증가와 더불어 지속적으로 팽창하는 경제가 바람직하며 가능하다는, 많은 정치가와 경제학자, 기업인이 지닌 견해에 반대한다"는 것이었다.

또 하나는 암울한 분위기를 풍겼다. "인구 감축에 실패한다면, 화석연료, 맑은 물, 기타 자원이 희귀해질 때 인구 붕괴로 이어질 가능성이 높다는 점을 널리 이해시키는 것"이었다.

2010년 6월, 적정인구재단 의장 로저 마틴Roger Martin은 런던 중심부 블룸즈버리에 있는 러셀 호텔의 식당에서 차를 마신 뒤, 길을 나서 세인트팽크라스 성당으로 향한다. 그곳에서 토론회가 열릴 예정이다. 머리가 희끗희끗한 키 크고 홀쭉한 신사인 그는 짙붉은 타이와 가벼운 흰 줄무늬 정장 차림이다. 손에는 수십 년째 들고 다닌 듯한 가죽가방이 들려 있다. 아프리카에서 오랫동안 외교관 생활을 하다가 은퇴한 그는 은퇴할 때 세상이 몹시 잘못되어 가고 있다는 생각을 품고 있었고, 그 깨달음에 피곤해진 모습이다.

토론회와 함께 성당 지하 묘지를 개조한 크립트 갤러리에서 인구과잉을 주제로 한 설치미술전도 열리고 있다. 런던의 지하 묘지 중 상당수가 그렇듯이, 이곳도 19세기 초에 산업혁명으로 인구가 증가해 마을 묘지가 꽉 차는 바람에 매장지가 더 필요해져서 만들었다. 수십 년 뒤 공중보건에 대한 우려가 커져 묘지를 더 확충하면서 교회 지하 묘지들은 문을 닫았다. 아마 오래전에 죽은 시신에 천연두 균이 남아 있을지 모른다는 우려 때문이었을 것이다. 하지만 이곳의 벽돌로 둘러처진 터널들에는 여전히 557구의 시신이 남아 있다.

전시장에는 영국 화가이자 환경건축가인 그레거 하비Gregor Harvie의 그림 50점이 걸려 있다. 캔버스마다 색깔이 다르지만, 모두 현미경 아래 증식하는 세포 무리처럼 보인다. 캔버스가 비좁은 천장 아래 촘촘하게 걸려 있어서, 마치 세포 무리가 이 캔버스에서 저 캔버스로 돌연변이를 일으키면서 마구 돌아다니는 듯한 효과를 불러일으킨다. 또 벽에는 화가의 아내인 작가 앨릭스 하비Alex Harvie의 〈엘레지〉 50편을 붙여놓았다. 급속한 성장에 이어 붕괴를 맞이한 옛 사회를 추억하는 글이다. 최초의 호주인과 북아메리카인이 새 정착지에서 대형 동물들을 말살시킨 플라이스토세부터 시작된다. 이어서 티그리스 강과 유프라테스 강 사이의 에덴동산 토양을 짜디짠 불모지로 바꿔 버린 수메르인의 비극, 고대 그리스를 파멸시킨 나무 하나 없는 벌거벗은 언덕들, 사라진 페루의 나스카인과 멕시코의 올멕인, 무성했던 영국의 숲을 산성화해 황무지로 만든 청동기 시대의 주석 제련공들, 기후가 변했을 때 그린란드에서 멸망한 비운의 바이킹 농부들 이야기가 나온다.

엘레지는 최근의 기억으로 끝을 맺는다. 식량 생산 능력을 고려하지 않아 4000만 명이 굶어 죽은 중국의 대약진운동, 르완다에서 후투족이 후치족을 대량 학살한 사건, 사헬 지역이 줄어들면서 일어나는 재앙, 아이티의 공포, 바다로 피처럼 흘러나가는 마다가스카르의 붉은 토양이 나열된다. 지하 묘지에서 이곳에 매장된 이들을 기념하는 명판들 사이에 붙은 그 글을 읽고 있자니 심란하기 그지없다.

토론회는 지상에서, 성당의 성전에서 열린다. 이번에도 주제는 늘어나는 인구를 어떻게 할 것이냐. 토론자는 여섯 명. 적정인구재단 관련 인사가 셋인데, 로저 마틴도 그중 하나다. 반대편에는 길거리의 아프리카계 아이들을 위한 구호 기관의 대표인 여성, 케임브리지 대학교 신부, 〈뉴사이언티스트New Scientist〉에 환경 관련 글을 쓰는 저술가가 참석한다. 주최 측인 BBC 라디오 4번 채널의 인사가 사회를 맡았다. 토론자들은 반원형 천장 아래 열주들 중 대리석 무늬가 있는 기둥 6개가 늘어선 앞쪽에 놓인 긴 탁자 뒤에 앉는다. 맞은편에는 짙은 색 참나무장의자 약 150개에 청중이 앉아 있다.

첫 번째 발표자는 유니버시티 칼리지 런던의 가족계획 및 생식건강 명예교수 존 길버드John Guillebaud다. 검은 양복 차림에 옷깃에 주황색 국화 한 송이를 꽂아 멋을 냈다. 길버드는 해마다 세계에 독일이나 이집트가 하나씩 늘어나는 꼴이라고 말한다. 그는 이 지구에 그 인구가 더 들어갈 곳이 어디 있을지 한 번 상상해 보라고 말한다. 또 최근에 BP─예전의 브리티시페트롤리엄British Petroleum─가 멕시코 만에서 세계의 석유 매장량을 조금 더 늘리려다가 유출 사고를 일으켜 분노를 자아낸 탐욕 사례도 언급한다.

"자원 부족은 주로 인간의 늘어난 수명에서 비롯된 겁니다. 세계를 경제학자가 아니라 생물학자가 운영했다면, 인류를 포함하여 그 어떤 종도 무한정 불어날 수 없다는 것을 누구나 알았겠지요. 식량 같은 핵심 자원이 결국에는 고갈되고, 사람들이 죽어 나감으로써 인구가 붕괴되고 만다는 것을 말입니다. 끊임없는 성장이란 암세포의 교리입니다."

그는 그렇게 논리적인 사실이 그토록 금기시되어 온 이유를 추측하면서, 그것이 강압에 대한 우리의 두려움과 떼려야 뗄 수 없이 뒤엉키게 되었다고 결론짓는다. 인구 억제라는 말 자체가 혐오감을 불러일으키게 되었다는 것이다.

"중국을, 빅브라더의 통제를 떠올리는 것이죠. 제발 인구 억제라는 말은 꺼내지도 마세요. 당신만 손해랍니다." 그는 설령 세계적으로 출산율이 감소하고 있다고 할지라도 상황이 밝지 않다고 설명하면서 말을 맺는다. "예전에 출산율이 높았을 때 태어난 사람이 크게 늘었기 때문에 여전히 그 여파가 미치고 있습니다. 인구 관성population momentum이라고 하지요. 그것이 바로 앞으로 인구가 적어도 20억 명은 더 늘어난다고 확신할 수 있는 이유입니다. 앞으로 부모가 될 사람들이 지금 살고 있으니까요."

인구 쇼크

다음 발표자는 이 토론회 자체를 하나의 사건으로 만들 만한 사람이다. 토론자 중에서 유일하게 반대 견해를 지녔을 것으로 예상되는 인물이기 때문이다. 〈뉴사이언티스트〉의 저술가 프레드 피어스Fred Pearce는 최근 영국에서 《피플퀘이크Peoplequake》라는 책을 냈다. 그보다는 '다가오는 인구 붕괴The Coming Population Crash'라는 미국판 제목이 더 와 닿긴 한다. 그는 그 책의 전제를 다시 인용하면서 말한다. "사실 세계는 지금 인구 폭탄을 해체하고 있는 중입니다."

그는 세계 전체의 출산율이 여성 1인당 2.6명으로 떨어졌는데, 불과 한 세대 전만 해도 다섯 명이었다고 설명한다. 직장 여성들이 너무 많은 아이를 키우면서 집안에 얽매여 있고 싶어 하지 않는 부유한 나라만 그런 것이 아니다. "사람들이 인구 이야기를 할 때면 종종 악당으로 등장시키곤 하는, 세계에서 가장 가난하면서 교육도 가장 덜 받은 여성들 역시 마찬가지입니다."

그는 여성들이 십 대 때 혼인을 하는 방글라데시에서도 여성 1인당 출산율이 세 명까지 낮아졌다고 말한다. 세계 최대의 가톨릭 국가인 브라질도 마찬가지다. "지금 대부분의 여성은 아이가 둘입니다. 사제들이 어떤 말을 해도, 수백만 명의 여성들이 불임 시술을 받고 있어요. 대체 어떤 일이 일어나고 있는 걸까요? 아주 단순합니다. 드디어 여성들이 핵가족을 선택하고 있는 겁니다. 선택을 할 수 있는 상황이 처음으로 도래했기 때문이지요."

잿빛 턱수염을 덥수룩하게 기르고 옅은 회갈색 머리를 이마 한가운데에서 나누어 넘긴 모습의 피어스는 인구 전투에서 세계가 이기고 있다는 희소식에 초점을 맞추고 싶다고 말한다. 토론자들은 물론 청중도 말없이 앉아 있기 때문에 설득되었는지 여부는 알 수 없다. 그는 현대 의학의 발전 덕분에, 군이 여섯 명까지 아이를 낳지 않아도 충분히 대를 이을 수 있다고 설명한다.

"깨닫는 데까지 시간이 걸렸습니다. 사람들이 여전히 대여섯 명씩 아이를 낳고 그중 대부분이 살아서 어른이 되던 시기가 바로 인구 폭탄이 터지던 때였지요. 20세기에 세계 인구가 네 배로 늘어난 이유가 바로 그 때문이었어요. 하지만 그 시기는 끝나 가고 있습니다. 지금은 두세 명만 낳아도 충분하다는 것을 압니다. 부유하든 가난하든, 사회주의자든 자본주의자든, 무슬림이든 기독교도든, 무신론자든 독실한 신자든, 정부가 강하게 통제하든 그렇지 않든 간에 대부분의 나라에서는 핵가족이 새로운 표준이 되어 있습니다."

피어스도 역시 존 길버드가 말한 인구 관성 때문에 출산율이 낮아졌다고 할지라도, 인구가 실제로 줄어들기 시작하기 전인 21세기 중반까지 20억 명이 더 늘어날 가능성이 높다는 점이 문제라고 인정한다.

"하지만 나는 현재 인구 증가보다 소비 증가가 훨씬 더 큰 위협이라고 봅니다. 가장 부유한 7퍼센트가 이산화탄소 배출량의 50퍼센트를 차지하고 있어요. 가장 가난한 50퍼센트는 배출량의 7퍼센트를 차지하고요. 인구 증가를 막는다고 해도 결코 기후변화를 막을 수는 없을 겁니다. 인구 폭탄은 해체되고 있어요. 하지만 소비 문제를 해결하는 일은 아직 시작도 하지 못했지요."

그가 책에서 펼친 요지도 동일하다. 인구는 이미 훌륭하게 억제되고 있는데도 그 문제에 치중하느라 진짜 위협, 즉 소비 문제를 제대로 보지 못하고 있다는 것이다. 더 나아가 그는 녹색혁명 덕분에 "세계가 맬서스주의와 에를리히주의의 결합을 단번에 끊었다"고 말한다. 그리고 '유럽의 겨울'이라는 장에서 이렇게 경고했다. "출산 저하로 유럽대륙은 인구가 지속적으로 감소하는 상황에 빠지려 하고 있다. ……인구통계학적으로 유럽은 빌린 시간을 살고 있다."

적정인구재단 의장 로저 마틴은 자신이 발표할 차례가 다가오자 지금은 늑대들이 들끓고 있는 옛 동독 지역과 사르디니아의 텅 빈 마을을 떠올린다. 목소리는 차분하지만, 뺨이 붉게 달아올라 있다. "소비냐 인구냐가 아닙니다. 양쪽 다지요. 양쪽이 상승작용을 일으켜 전체적인 효과가 나타나는 겁니다."

그는 적정인구재단의 후원자인 데이비드 애튼버러 경의 말을 인용한다. "내가 본 문제들은 모두 인구가 더 적어지면 그만큼 해결하기가 쉬워졌고, 인구가 더 많아지면 해결하기가 거의 불가능해졌다."

"여성에게 자신의 출산을 통제할 권한을 부여하는 것이 해결책이라는 데는 누구나 동의합니다. 하지만 솔직히 '어쨌든 그렇게 되고 있으니까 걱정 마세요'라고 사람들에게 말해 봤자 별 도움이 되지는 않지요. 아무도 이루려고 노력하지 않아도 이루어지는 자동적인 과정이 아닙니다. 그 일을 이룰 계획에 필요한 예산을 최우선순위로 두어야 합니다."

마틴은 피어스를 쳐다보며 말한다. "우리는 가난한 이들을 비난하는 것이 아닙니다, 알겠죠?" 그리고 청중을 돌아보고 덧붙인다. "그가 우리에게 즐겨 쓰는 말이지요. 그럼으로써 가난한 이들이 이루고 싶어 하는 것을 이루도록 돕는 겁니다. 안정된 인구 말이죠."

마틴은 부자들이 탄소를 지금보다 훨씬 덜 배출해야 한다는 것을 인정한다. 하지만 그는 어느 정도 평등한 모습을 보이려면 가난한 이들이 탄소를 더 많이 배출해야 한다는 점도 지적한다. "그리고 우리가 노력할수록 그 수치는 훨씬 높아질 겁니다. 인구를 더 일찍 줄일수록, 한 사람이 배출할 수 있는 탄소량은 더 늘어날 것이고, 우리가 지탱할 수 있는 삶의 질도 더 나아지겠지요."

마틴의 솔직한 말은 청중 사이에 동요를 일으킨다. 탄소 배출 논의는 대개 더러운 화석연료를 즉각 청정 재생에너지원으로 대체하자는 요구로 이어지게 마련이다. 하지만 그는 그런 일이 설령 일어난다고 해도 금방 이루어질 수는 없다는 인식이 점점 확산되고 있다고 말한다.

세계의 모든 공장, 자동차, 난방장치와 냉방장치를 가동할 만한 재생에너지 기술은 아직 나와 있지 않기 때문에, 설령 내일 당장 대체하려는 정치적 의지가 있다고 해도 대체할 수 없다. 그리고 필요한 금속을 채굴하고 태양력 시설과 풍력 시설을 세우려면 엄청난 양의 화석연료가 필요하며, 진정으로 탄소를 배출하지 않는다고 할 수 있는 에너지원이 그 화석연료가 배출한 환경 부채를 갚으려면 수십 년이 걸릴 것이다. 그는 그사이에 지구를 살기 좋은 상태로 유지할 수 있는 가장 좋은 방법은 그 모든 수요를 일으키는 우리 자신의 수를 줄이는 것이라고 주장한다.

마틴은 이렇게 결론짓는다. "그렇지 않으면, 인구가 한 명 늘어날 때마다 모든 이들의 탄소 배출 할당량은 줄어들 겁니다."

그 말과 더불어 소동은 대부분 잦아들었다. 영국에서 교육을 받은 벨기에인인 '아프리카계 거리의 아이들The Street Children Africa'의 이사장 사비나 헤링크Savina Geerinck는 상황에 딱 맞는 질문을 제기한다. "거리의 아이들이 인구과잉의 가시적인 표현일까요?" 그리고 한 가지 명백한 사실을 언급하는 것으로 답한다. 부모가 가족계획 수단을 접할 수 있었다면, 그 아이들 대부분은 거리를 떠돌지 않았을 것이라고 말이다.

그녀는 이렇게 경고한다. "젊은이를 대상으로 성교육을 한다면, 거리의 아이들을 최우선순위에 놓아야 합니다. 그들 중 63퍼센트가 가출한 첫 주에 성행위를 하지요. 그중 90퍼센트는 피임을 하지 않아요." 그녀는 자신의 단체가 지금 3세대에 해당하는 거리의 아기들을 돌보고 있다고 덧붙인다.

그녀의 왼쪽에는 영국 훈장을 받은 위엄 있는 여든 살 노장 동물학자 오브리 매닝Aubrey Manning이 앉아 있다. 그는 인구문제와 관련된 생물학을 간결하게 요약한다. "인류는 빠르게 단일 경작자가 되고 있습니다. 게걸스러운 단일 경작자이지요. 지구의 나머지 생물들을 희생시키면서 자원을 빨아들인답니다." 그는 우리의 모든 미래 계획이 "철저히 인간 중심적"이라고 말한다. "삶을 개선하려면 어떻게 해야 할까요? 지구의 자원을 줄임으로써 우리가 자신의 존재 자체를 스스로 위협하고 있다는 점을 알아야 합니다. 다른 모든 동식물 종과 마찬가지로, 우리도 맑은 공기와 맑은 물, 비옥한 토양을 재생할 수 있는 행성에 의지해 살아가기 때문이지요."

자기 세대의 다른 생물학자들과 마찬가지로, 그는 자신의 종이 지난 40억 년 동안 겨우 다섯 번 일어났던 것과 비슷한 대멸종을 일으키고 있다는 사실에 당혹스러워한다. 게다가 그 이전의 대멸종 사건은 길 잃은 천체가 지구에 충돌한 우주론적 재앙이나 지질학적 대격변으로 일어난 것들이었다. "우리의 수많은 동료 생물들이 사라진다는 사실에 정말로 마음이 아픕니다. 풍부한 생물 다양성을 접할 수 없다면, 우리 후손들은 인간으로서 쇠퇴할 겁니다. 우리는 지구에 가하는 압력을 줄이고, 탄소 발자국을 줄이고, 세 번째 아이를 갖지 말아야 합니다. 인구는 중요한 문제입니다."

제러미 캐딕 Jeremy Caddick 신부는 인구 논쟁의 도덕성을 평가하는 쉬운 방법이 있다고 주장한다. 그의 케임브리지 성당은 성공회에서 최초로 게이들의 결혼을 축복한 곳이었다.

"전통적인 도덕 논쟁, 이를테면 낙태권을 둘러싼 논쟁에서는 대개 누군가 이렇게 말합니다. '그건 당신 생각이고요. 내 생각은 달라요.' 하지만 당신이 '아돌프 히틀러는 한 민족 전체를 몰살시켜도 된다고 믿었어요. 그것은 그저 그의 생각일 뿐이지요'라고 말한다면, 남들은 그다지 수긍하지 못할 겁니다. 인구 논쟁에서 현안이 우리 종과 문화의 생존 자체와 관련된 것이라면, 상이한 견해들이 그저 다른 사람의 생각일 뿐이라는 말은 솔직히 터무니없지요."

인류의 미래가 정말로 인구 증가에 정면으로 맞서는 데 달려 있다면, 그것이 실현 가능한지를 물어야 한다. 그리고 실현 가능하다면, 얼마나 빨리 할 수 있을까? 아니 어떻게 해야 가능할까?

발표가 끝나고 토론을 할 때 피어스는 이렇게 말한다. "아마 대체로 저절로 해결되겠지요." 하지만 오늘밤 그런 생각을 가진 사람은 그 혼자다. 이곳은 런던이다. 새천년으로 들어선 뒤 인구가 50만 명 넘게 늘었고, 2020년까지 100만 명이 더 늘어날 것으로 추정되는 곳이다. 자치구들은 런던이 얼마나 많은 인구를 수용할 수 있는지, 개발할 수 있는 주택단지의 수가 얼마나 될지를 놓고 서로 다투고 있다. 영국이 해마다 점점 더 비좁아진다는 느낌을 받고, 물 부족 사태가 심각해지고, 금세기 중반에 인구가 1500만 명이나 늘어날 것으로 추정되는 판에, 그 문제가 저절로 해결될 거라는 생각이 들 리가 없다. 국립통계국은 보건 의료 덕분에, 영국 신생아 중 3분의 1은 100세 생일 축하 인사를 받을 것이고, 2035년이면 100세를 넘는 사람의 수가 여덟 배로 늘어날 것이라고 예측한다. 2050년이면 영국은 서유럽에서 인구가 가장 많은 나라가 될 것이다.

오브리 매닝은 말한다. "나는 우리가 강요coercion라는 단어에 모호한 입장을 취한다고 봅니다. 수 세기 동안 정부와 교회가 아이를 더 낳으라고 사람들에게 강요해 왔다는 점을 기억합시다. 우리는 인구가 과잉 상태이며, 인구 감소가 앞으로 일어날 수 있는 가장 좋은 일이라는 사실을 정부가 과감하게 인정하도록 해야 합니다." 박수가 터져 나온다.

설령 지금 증가 속도가 느려지고 있다고 할지라도, 세계 인구는 2100년에 적어도 101억 명에 이를 것이다. 생태학자들에게는 끔찍한 숫자다. 그들은 우리가 이미 도달한 70억 명이라는 숫자가 세계를 한계 너머로 내몰고 있으며, 101억 명이라는 인구에는 결코 이르지 못할 것이라고 경고한다. 70억 명이 이미 대기 조건을 살 수 없는 상태로 변화시키고 있기 때문이라는 것이다. 하지만 영국 인구는 사실 지난 200년 사이의 어느 시기보다도 더 빠르게 증가하고 있다. 2033년이면 7200만 명에 이를 것으로 추정된다(그리고 또 다른 선진국인 미국의 인구도 여전히 증가하고 있는데, 같은 시점에 4억 명에 이를 것이다). 2033년이면 버밍엄이 10개 더 늘어나는 것만큼 인구가 늘어난다고 추정되기 때문에, 지속 가능한 영국을 만들기 위한 적정인구재단의 목표는 영국민족당의 4000만 명이라는 목표보다 급진적이다. 최근에 적정인구라는 명칭을 떼어 버리고 '인구현안'이라는 새 명칭을 채택했음에도, 웹사이트에 실린 간행물들은 여전히 영국의 인구가 1700~2700만 명이어야 한다고 주장한다.

BBC 사회자는 매닝이 강요라는 말을 꺼내서 당황한 듯하다. "어떤 시점에서 어떤 정책에 강요라는 용어를 붙일 수 있을까요?" 그는 알고 싶다.

알 수 없다. 박수를 치긴 했어도, 여기 모인 이들은 모두 중국의 한 자녀 정책과 인도 인디라 간디 총리의 강제 불임 시술 정책을 혐오한다. 하지만 재단의 목표를 달리 어떤 식으로 추진해야 할지 불분명하므로, 이 질문은 아이를 얼마나 낳을지를 결정할 권리가 정부가 아니라 여성에게 있어야 한다는 주장에 이의를 제기하는 셈이다. 갑자기 통일되어 보였던 군중이 인간의 부절제한 행위에 짓눌리지 않게 자연을 보호한다는 힘든 결정의 희생자가 될지 수혜자가 될지를 놓고 갈라선다.

한 남성이 일어나서 말한다. "아이가 너무 많아지면 환경이 파괴된다는 것을 전제로 가족계획을 주장한다면, 공포와 도덕적 협박을 사용하는 겁니다. 사람들에게 선택권을 주는 것이 아닙니다. 최후통첩을 하는 것이죠. 여성들에게 당신이 정의한 대로 올바른 선택을 하라고 노골적으로 도덕적 강요를 하고 있어요. 그렇게 하지 않으면 아이를 너무 많이 낳아서 지구를 계속 파괴하기만 할 것이라고요. 나는 제3세계에서의 가족계획이 여성의 권한을 강화하는 것이라는 개념에 의문을 제기합니다. 역사적으로 볼 때 모든 맬서스주의자들은 틀렸어요. 폴 에를리히도 마찬가지입니다."

그도 박수 세례를 받는다. 그 점은 번식하려는 자연적인 충동을 억제한다는 개념이 감정적으로 얼마나 큰 혼란을 일으키는지를 잘 보여준다.

오브리 매닝은 이렇게 응수한다. "전 세계의 부자들이 바로 그런 견해를 취하고 있지요. 지구는 무한하며, 그저 기술만 잘 개발하면 식량 공급량을 얼마든지 늘릴 수 있다는 것이죠. 하지만 지금 우리는 내려가는 승강기에 타고 있는 겁니다. 도대체 어떻게 인구 증가가 무한히 계속될 수 있다고 가정할 수 있는지 이해가 안 돼요. 그것은 우리가 지금 하고 있는 대로 계속할 권리를 지닌다는 개념입니다. 지구가 우리에게 무한정 제공할 것이라고 믿는다면 공상에 빠져 살고 있는 겁니다. 이를테면 오랑우탄은 누가 대변해 줄 겁니까?"

다시 박수가 터진다.

기이하게도 언급되지 않고 지나가는 것이 두 가지 있다. 하나는 유럽의 연령 분포 통계다. 피어스와 똑같이 인구 붕괴라는 주제를 설파하고 있는 책이 나와 있다. 미국인 필립 롱먼Phillip Longman이 쓴 《빈 요람The Empty Cradle: How Falling Birthrates Threaten World Prosperity and What to Do About It》이라는 책이다. 이 책은 서유럽인들에게 연금 축소와 경제 붕괴가 일어나지 않도록 아이를 더 낳으라고 촉구하고 있다.

또 하나 빠진 점은 참석자들의 안색을 보면 확연히 드러난다. 참석자들은 모두 백인이다. 런던에서 인구과잉을 주제로 두 시간 동안 토론을 벌이고 있는데도 정치적으로 다루기 힘든 내용인, 영국의 인구 증가가 주로 이민 때문이라는 사실은 언급조차 없다. 이민자를 닮은

이에게는 너무나 껄끄러운 문제다.

이 기이한 사실은 앞서 피어스가 말했지만 아무런 반응도 불러일으키지 못한 내용을 떠올리게 한다. 그는 마오쩌둥毛澤東이나 인디라 간디의 열성적인 아들 산자이 간디Sanjay Gandhi처럼 강압적인 수단을 전혀 쓰지 않고서도 높은 출생률을 대체율보다 낮은 수준으로 떨어뜨린 무슬림 국가가 있다고 말했다.

"지난 25년 사이에 이란 여성의 자녀 수는 여덟 명에서 두 명 이하로, 평균 1.7명으로 크게 줄었습니다. 믿거나 말거나, 지금 테헤란의 여성은 뉴욕의 여성보다 자녀가 적어요."

그런데 그 말을 들은 사람은 아무도 없는 모양이었다.

06
교황청

과학의 성소

성베드로 대성당 뒤로 난 좁은 길을 따라 북쪽으로 가다가 위병대 초
소를 지나면 완만한 비탈이 나온다. 꼭대기에 오르면, 아래쪽 바티칸
정원의 잔디밭에 그늘을 드리우고 있던 레바논산 소나무와 삼나무가
사라지고 대신 카나리아 제도에서 온 대추야자 숲이 나타나면서 마치
기후가 변하고 있다는 착각을 불러일으킨다.

대추야자 숲 옆으로는 대리석 바닥의 타원형 안마당과 스투코stucco
부조로 장식된 화려한 저택이 나온다. 이 저택은 1558년 교황 바오로
4세의 여름 거처로 짓기 시작했는데, 교황은 완공되기 전에 서거했다.
저택은 3년 뒤 다음 교황인 피오 4세 때 완공되었다. 교황은 저택 바깥
을 언뜻 볼 때 기독교와 거의 무관해 보이는 화려한 조각으로 장식하
라고 지시했다. 신화를 떠올리게 하는 조각상들이었다. 황도대로 묘사

인구 쇼크

한 하늘에 아폴론, 무사, 판, 메두사, 심지어 디오니소스까지 있다. 하지만 박식한 르네상스인들은 피오 4세 저택의 외벽 부조가 앞서 존재했던 이교도 신앙에 맞서 가톨릭이 승리한 것을 상징한다고 해석했다. 고대 그리스의 만신전에 든 신상들이 기독교 세계의 승리를 알리는 상징으로 쓰였다. 눈부신 흰 벽에 새겨진 헤라클레스와 키벨레는 예수와 성모를 상기시키며, 분수의 아도니스와 아프로디테, 제우스와 아말테이아도 그러했다.

안뜰을 향한 감실龕室 위쪽에 피오 4세의 문장과 '폰티펙스 옵티무스 막시무스Pontifex Optimus Maximus'라는 글이 새겨져 있다. 가장 위대한 교황이라는 뜻이다. 저택 내부는 당대의 전형적인 양식을 고스란히 따랐다. 〈창세기〉와 〈출애굽기〉의 장면부터 그리스도의 삶과 고통, 그와 여러 성인들의 만남을 묘사한 장면을 그린 프레스코화로 덮인 둥근 천장을 볼 수 있다.

1936년 이래로 피오 4세의 저택은 교황청 과학원이 쓰고 있다. 신앙과 과학이 양립할 수 있음을 보여 주려는 의도로, 피오 9세가 교황으로 선출된 직후인 1847년 과거에 갈릴레오가 이끌었던 로마 과학원을 부활시킨 기관이다. 현재 전 세계의 과학자 약 80명이 회원으로 있으며, 그중 4분의 1은 노벨상 수상자다. 회원 중에는 가톨릭 신자가 아닌 사람도 있고, 심지어 물리학자 스티븐 호킹Stephen Hawking처럼 무신론자로 추정되는 인물도 있다. 과학자들은 1년에 몇 차례 모임을 열어서 당대의 현안을 논의하고 회보를 발간한다.

과학원의 창설자인 피오 9세는 거의 32년 동안 교황으로 있었다. 그는 초창기에는 대중적인 자유주의적 개혁가였다. 또 교황령을 다스린 마지막 교황이기도 했다. 교황령은 현재 이탈리아 중부의 많은 지역을 비롯해 교회가 콘스탄티누스 대제와 샤를마뉴 황제 같은 부유한 신자들로부터 얻은 땅이었다. 하지만 이탈리아 민족주의자들은 현재

바티칸에 있는 피오 4세의 저택

의 바티칸시티 주변 약 45만 제곱미터만 빼고 그 교회국가의 영토를 빼앗았고, 그 결과 피오 9세는 대중적 교황에서 보수적 입장으로 돌아섰다. 그래서 오늘날 그는 교회 내에 과학 기관을 설치한 계몽적인 인물이 아니라, 밀려드는 세속적 조류에 맞서 가톨릭을 지키고자 1868년 제1차 바티칸공의회를 소집한 인물로 가장 많이 기억되고 있다.

제1차 바티칸공의회의 가장 기억에 남을 만한 성과는 교황의 오류 불가능성이라는 교리를 선포한 것이었다. 도덕과 신앙에 관한 문제에서 교황이 내놓은 가르침은 성령을 통해 내려진 신성한 말씀이므로 취소할 수 없다고 단호하게 규정한 교회 역사상 유례없는 선언이었다. 그 선언은 나중에 교회와 피오 9세의 교황청 과학원을 당혹스러운 곤경으로 몰아넣게 된다.

교황청 과학원 원장 마르첼로 산체스 소론도Marcelo Sánchez Sorondo 몬시뇰은 피오 4세의 저택에서 주카리Zuccari가 그린 프레스코화 〈성녀 카테리나의 신비한 혼인Mystic Marriage of St. Catherine〉 아래의 윤기 나는 육중한 긴 나무탁자 앞에 앉아 있다. 아르헨티나 출신으로 칠십 대 초반인 그는 곧은 코에 짙은 눈썹을 지닌 키가 큰 인물로, 잿빛 머리가 거의 정수리까지 빠져 있다. 사제용 검은 셔츠와 검은 재킷 위로 무테 독서 안경과 사슬 줄에 엮인 금 십자가가 매달려 있다. 철학 교수이기도 한 산체스 소론도 몬시뇰은 교황 요한 바오로 2세를 곤경과 분노에 처하게 한 1994년의 사건들이 일어난 지 5년 뒤에, 요한 바오로 2세로부터 직접 이 자리에 임명되었다.

1994년 9월, 10년마다 열리는 제3차 유엔인구발전회의United Nations Conference on Population and Development가 카이로에서 열릴 예정이었다. 그보다 2년 전에 교황청은 리우데자네이루에서 열린 지구정상회의에서 인구문제를 논의하고자 한 생태학자들의 노력을 좌절시킨 바 있다. 그런데 교황청 가정위원회Pontifical Council for the Family가 《인구문제에 대한 윤리적·사목적 고찰Ethical And Pastoral Dimensions Of Population Trends》이라는 보고서에서 기술했듯이, "세계 인구 추세를 우려하는 선동가들의 견해"가 참석하는 국가들 사이에 퍼지지 않도록 해야 하는 상황이 다시금 닥친 것이다.

가족계획 프로그램을 반대한다는 전략은 교황청에서 새로운 것이 아니었다. 수십 년 동안 교황청은 가족계획협회 같은 단체에 첩자를 침투시켜 왔다. 미국 가톨릭 국회의원들은 전국가톨릭주교회의National Conference of Catholic Bishops의 지원을 받아 다년간 압력을 가한 끝에, 국제개발처 인구국의 레이머트 레이븐홀트Reimert Ravenholt 박사를 국장직에서 내쫓는 데 성공했다. 레이븐홀트는 인구국이 창설된 이래로 그 기관의 국제 가족계획 프로그램을 맡아 온 인물이었다. 요한 바오로 2세는 머지않아 열릴 유엔인구발전회의에 대비해 교황청 과학원에 세계의 인구 현황을 담은 백서를 준비하라고 지시했다. 교황이 자신만만해하는 근거가 있었다. 1981년에 설립된 교황청 가정위원회는 세계 인구 증가율이 1965년에서 1970년 사이에 정점에 이르렀고 지금은 자연 감소 추세를 보이고 있다는 내용의 발표를 꾸준히 하고 있었다. 가정위원회는 21세기에 인구가 네 배 이상 늘어나는 일은 없을 것이라고 예측했다. 증가율이 기하급수적으로 미친 듯이 증가하던 시기의 3분의 1 수준으로 떨어진다는 것이었다.

교황청 가정위원회는 추기경, 주교, 혼인한 부부로 구성되어 있었지만, 그 안에 과학자는 단 한 명도 없었다. 이제 교황청은 교황청 과학원의 회원 세 명과 인구통계학자들, 그리고 경제학자 한 명을 뽑아서 가정위원회와 같은 입장을 취하는 보고서를 내놓고, 카이로 인구회의에서 바티칸의 입장을 옹호하라고 일을 맡겼다.

그들은 1994년 6월에 보고서를 내놓았다. 《인구와 자원Popolazione e Risorse》이라는 제목의 77쪽짜리 보고서에는 인구와 경제의 세계적·지역적 추세를 추적한 내용이 실려 있었다. 저자들은 녹색혁명을 비롯한 식량 생산, 천연자원, 기술 개발, 수자원의 추세도 살펴보았다. 또 교육, 가족, 여성, 노동, 문화, 종교, 도덕 문제들도 고찰했다. 이 모든 변수가 상호작용한 시간을 고려하여, 저자들은 이렇게 결론을 내렸다.

장기적으로 인구가 무한정 증가한다는 것은 불가능해 보인다. 인류는 질병과 죽음을 통제하는 능력을 획득해 왔으며, 그 능력은 앞으로도 증대될 것이므로, 이제 인구 대체율에 해당하는 부부당 2.3명이라는 자녀 수를 넘는 출생률을 무한정 유지한다는 것은 상상할 수조차 없는 일이 되었다. 그런 인구통계학적 추세는 유지될 수 없고 불합리한 결과를 초래할 것이다. …… 사망률 감소가 빚어낼 장기적 결과를 고려할 때 불가 피하게 세계 출산율을 억제할 필요가 있으며, 그 일은 세계의 모든 지역

인구 쇼크

및 세대 간의 존중, 평등, 사회정의를 이루는 데 인류의 모든 지적·도덕적 에너지를 쏟고 과학적·경제적 발전을 이루려는 노력과 함께 이루어져야 한다.

산체스 소론도는 서둘러 진화한다. "위원회의 견해였지요. 과학원의 입장은 아니었습니다."

이탈리아 주교회의를 통해 그 보고서가 발표된 지 며칠 지나지 않아, 교황청 대변인은 자신의 존엄한 과학 기관이 내놓은 권고와 바티칸의 정책을 구분하려 했다.

교황청 가정위원회 사무국장은 이렇게 선언했다. "그것은 지금까지 한 연구를 종합한 결론이 아니라, 자료와 드러난 문제를 단지 예시하면서 몇 가지 논평을 단 것일 뿐이다."

바티칸 라디오 방송국은 이렇게 말했다. "과학원의 과제는 교회의 가르침이나 성좌의 사목 전략을 대변하는 것이 아니라 과학 발전에 기여하는 것입니다."

격노했다고 알려진 교황은 왜 그 일을 최근 낙태와 피임을 반대하는 바티칸의 입장을 지원하기 위해 설립한 교황청 생명학술원Pontifical Academy for Life의 새로운 과학자문가들에게 맡기지 않았을까, 하고 회의감에 빠졌을지도 모른다. 그렇다고 노벨상 수상자들이 회원이고 국제적인 신뢰와 존중을 받는 교황청 과학원을 해산할 수는 없었다.

5년 뒤 산체스 소론도가 과학원 원장이 되었을 때, 생존과 지속 가능한 발전을 위한 과학을 주제로 연구 주간을 가진 뒤, 과학원은 또 한 차례 도발적인 선언을 했다.

지금 여러 과정이 복잡하게 상호작용하면서 우리 행성을 위협하고 있다. 천연자원의 고갈, 기후변화, 인구 증가(겨우 50년 사이에 25억 명에

서 60억 명으로 증가했다), 삶의 질 측면에서 급속히 커지고 있는 격차,
생태 경제의 불안정, 사회질서의 교란이 그것이다.

피오 4세 저택의 외벽에 묘사된 그리스 신들이 합창하여 경고하듯
이, 과학원의 과학자들은 더욱 목소리를 높여서 추기경과 교황에게 신
의 창조물이 한 가지 특이한 방향으로 특이한 발전을 이루어서 특이한
규모에 이른 상황에 관해 조언을 한다. 인구가 70억 명에 이르렀고
100억 명을 향해 줄달음치고 있는 지금, 교회는 어떻게 반응할까?

산체스 소론도는 말한다. "내가 신학생이었을 때, 사람들은 인구 증
가로 더 이상 먹을 것이 없는 시대가 다가오고 있다고 말했지요. 하지
만 그런 일은 일어나지 않았어요. 우리 세대의 사회학자들은 산아제한
을 권고했고, 교황은 거기에 반대했지요. 지금은 교황이 옳았다는 것
이 증명되었어요. 이제 인구과잉이라는 말은 더 이상 나오지 않아요.
지금의 사회학자들은 인구 감소를 걱정하고 있습니다. 유럽 인구는 줄
어들고 있어요."

정확히 말하자면, 아직은 그렇지 않다. 비록 유럽 대륙의 인구 증가
율이 낮아지고 있고, 언젠가는 감소할 수 있는 수준으로까지 내려갈
수도 있겠지만 말이다. 가톨릭 국가인 이탈리아 바깥의 몇몇 지역에서
는 더욱 그렇다. 가임 연령대의 여성 1인당 자녀가 1.4명 이하로 출산
율이 떨어진 곳도 있다.

산체스 소론도는 가죽의자를 흔들거리면서 말한다. "그 점은 큰 걱
정거리랍니다. 단지 가톨릭 국가라서 그런 것이 아닙니다. 가족은 이
탈리아의 전통이었습니다." 그는 양손을 맞대어 손가락 끝을 톡톡 두
드렸다. "우리 주교들은 몹시 우려하고 있어요."

하지만 이탈리아 공립학교의 책상과 의자가 텅 비어 있는 것은 아
니다. 아프리카와 아시아뿐 아니라 동유럽에서도 밀려드는 이민자들

의 아이들이 그 자리를 채우고 있다. 이탈리아에도 영국민족당에 상응하는, 이민자를 반대하는—특히 무슬림 이민자를 반대하는—북부동맹Lega Nord이 있다. 비주류인 영국민족당과 달리 북부동맹은 북부 이탈리아에서 가장 강력한 정당 중 하나다. 다른 이탈리아 지역으로부터의 자치—때로는 노골적인 분리 독립—를 정강으로 내세운 덕분이다.

이민 반대 정책은 교회에도 문제를 안겨 준다. 교회가 이탈리아에서 난민을 돕고 있기 때문이다. 하지만 그 난민 자체는 불편한 현실을 드러낸다. 다른 대륙들에 먹여 살릴 수 있는 수준보다 더 많은 인구가 있다는 현실 말이다. 그 굶주린 사람들은 유럽인들보다 아이를 훨씬 더 많이 낳는다. 유럽인은 유아 사망률이 거의 제로에 가깝고, 가족의 생계를 아동노동에 의지하지 않고, 설령 성베드로의 영향을 깊이 받고 있다고 할지라도 피임 수단에 쉽게 의존할 수 있다.

2009년 교황 베네딕토 16세는 회칙인《진리 안의 사랑Caritas in Veritate》에서 이 가난과 인구의 수렴 문제를 다뤘다. 교황은 세계 시장경제가 실제로 삶을 나아지게 하기보다는 더 비참한 처지로 만드는 공장 일자리를 통해 가난한 나라들을 임금과 혜택을 더 낮추려는 경쟁으로 내몰아서 자신의 이익을 최대화하기 위해 임금, 사회보장, 노동자의 권리를 짓누르고 있다고 비난했다. 그는 사람들을 유혹하는 소비품들이 사람들의 가치와 그들의 행성을 훼손하고 있다고 비판했다.

재위 기간 중 맞이한 새천년의 초기에 베네딕토 16세는 '녹색 교황'이라는 별명을 얻었다. 바티칸 강당의 지붕에 수천 개의 태양전지판을 설치했고, 2009년에는 코펜하겐에서 열린 기후 회담이 별 성과 없이 끝나자 공개적으로 불쾌감을 표현했기 때문이다.《진리 안의 사랑》에서 그는 이렇게 선언했다. "교회는 신의 창조물을 지킬 책임이 있으며, 공론의 장에서 이 책임을 주장해야 한다. 그럼으로써 모든 이에게 속한 신의 선물인 흙, 물, 공기를 지켜야 한다."

하지만 그는 윤리적인 환경 명령과 인구 증가 추세의 유지 사이에
는 아무런 갈등도 없다고 했다.

인류는 자연을 보호하고 자연의 열매를 따먹고 첨단 기술을 이용한 새
로운 방식으로 그 열매를 길러, 세계 인구를 수용하고 먹여 살릴 수 있
도록 함으로써 자연을 책임진 청지기 역할을 정당하게 수행한다. 이 지
구는 모든 이들을 수용한다. 이곳에서 모든 인류 가족은 자연 자체 ─ 신
이 그의 아이들에게 준 선물 ─ 의 도움을 받고 근면성과 창의성을 발휘
하여 존엄하게 살아갈 자원을 찾아야 한다. 그런 한편으로 우리는 미래
세대들도 존엄하게 살아갈 수 있고 자연의 열매를 계속 기를 수 있는 상
태로 지구를 그들에게 물려주어야 할 중대한 책무도 지니고 있음을 인
식해야 한다.

인류가 자연을 돕는다면, 자연은 인류를 도울 것이다. 간단해 보인
다. 자연의 풍요가 정반대 방향을 향하고 있음에도, 인구가 계속 증가
한다는 점을 빼면 말이다. 탄소를 흡수하는 남은 숲을 희생시키지 않
고서 '모든 사람'을 먹일 수 있는 방법이 있을까? 산체스 소론도는 교
황청 과학원이 바로 그 문제를 해결하는 일을 해왔다고 말한다. 그리
고 그는 그들이 해결책을 내놓을 것이라고 믿는다.

그는 가죽 장정의 책들이 죽 늘어선 뒤쪽 서가를 돌아본다. 수많은
소형 형광등이 끼워진 벽의 수정 촛대들 밑에서 금박으로 찍은 책 제목
들이 빛을 발한다. 원하는 책을 찾지 못한 그는 낭랑한 바리톤 음성으
로 문간을 향해 소리친다. 소리가 둥근 천장에 부딪혀 증폭되어 울려
퍼진다. 한 사제가 최근의 과학원 연구 주간 때 논의된 내용을 담은 회
의록을 가져온다.《식량 안보를 위한 형질전환 식물Transgenic Plants for Food
Security》이라는 제목이 붙어 있다.

인구 쇼크

그는 보고서의 차례 부분을 펼치면서 말한다. "식량은 고갈되지 않고 있어요. 새로운 작물 종들이 등장하고 있으니까요. 개발도상국들은 그런 작물로 살아가고 있습니다. 특히 멕시코, 브라질, 아르헨티나가 그렇지요. 게다가 그 나라들은 아시아로 수출까지 합니다. 가난했던 사람들이 점점 부유해지고 있지요. 소를 키우는 것보다 형질전환 콩을 재배해서 더 많은 수입을 올리고 있답니다."

회의록에는 수선화, 옥수수, 토양 세균에서 얻은 유전자를 벼에 집어넣어서 베타카로틴이 다량 생성되는 황금쌀을 다룬 글도 실려 있다. 베타카로틴은 몸에서 비타민A로 바뀐다. 황금쌀은 비타민A 결핍증으로 눈이 멀고 죽어 가는 세계의 수백만 명에게 도움을 줄 수 있다는 개념하에 개발된 것이었다. 스위스에서 처음 개발되어 국제미작연구소의 지부들을 통해 개량되어 왔다. 국제미작연구소는 필리핀에 있으며, 멕시코에 있는 밀과 옥수수 연구 센터인 국제옥수수밀연구소에 상응하는 열대지방의 기관이다. 황금쌀은 고구마 속처럼 황금색을 띤다. 똑같이 베타카로틴이 들어 있기 때문이다.

비록 흰쌀과 맛에서는 아무런 차이가 없고 개발된 지 10년이 넘었지만, 유전자 변형 작물을 반대하는 분위기에 눌려서 황금쌀은 아직 보급되지 않고 있다. 형질전환 작물이 야생 식물과 잡종을 형성하여 야생 식물의 품종을 영구히 바꾸어 놓음으로써 작물의 생물 다양성이 사라질 것이라는 우려 때문이다.* 바티칸의 연구는 오늘날의 작물이 수천 년에 걸쳐 인류가 선택하여 개량을 해온 것이므로, 조상인 야생 종들과 닮은 점이 전혀 남아 있지 않다는 논리를 근거로 그 개념을 반박하는 데 치중하고 있었다.

---

* 일부 비판자들은 형질전환된 황금쌀이 본래 비타민이 풍부한 잎, 채소, 우유, 달걀보다 비타민A가 훨씬 적게 들어 있다고 지적하기도 한다.

산체스 소론도 몬시뇰은 오랫동안 미주리 식물원의 원장으로 재직하고 있는 저명한 생태학자이자 과학원 회원인 피터 레이븐Peter Raven이 쓴 부분을 찾아낸다. "레이븐 박사는 형질전환 작물이 사실상 생물다양성을 보전하는 데 도움을 준다고 말합니다." 연구 주간에 레이븐은 전 세계에서 종이 죽어 사라지는 속도로 볼 때, 2100년이면 모든 종의 3분의 2가 사라질 수 있다는 논문을 발표했다. 6500만 년 전 공룡을 비롯한 세계 생물종들을 거의 같은 비율로 없앤 사건과 맞먹는 멸종 사건이 일어날 수 있다는 것이다. 당시에는 소도시만 한 소행성이 유카탄 반도에 충돌했다. 지금은 인류가 바로 그 소행성이다. 레이븐은 형질전환 작물을 심는 것이 도움이 될 수도 있다고 했다. 더 집약하여 재배할 수 있으므로, 기존 농업보다 다른 식물들이 자라는 땅을 덜 개간해도 된다는 것이었다. 그는 유전자 변형 품종이 야생 친척들과 아주 쉽게 잡종을 형성하여 후자가 사라질 것이라는 우려를, 가능성이 희박한 이야기라고 반박했다.

피터 레이븐의 과학적 명성이 곤충학자 폴 에를리히와 공동으로 나비와 식물의 공진화를 연구해 저술한, 지금은 고전이 된 1964년의 논문에서 비롯되었다는 사실을 산체스 소론도가 알았는지 모르겠지만, 알고 있었다면 그 점을 모른 척한 셈이다.

산체스 소론도는 말한다. "형질전환 작물이 건강하지 않다면, 자연은 그것을 거부할 겁니다. 소에게 고기를 먹이면 광우병에 걸리는 것과 마찬가지입니다. 교회는 경제적인 규제를 더 잘하기만 한다면, 모두에게 풍족하게 식량이 돌아갈 것이라고 믿습니다."

이 논리는 식량을 인간의 생계 수단이라기보다는 시장에 내다 팔 상품으로 취급하는 현실을 비판한 교황 베네딕토 16세의 말과 어느 정도 맥락을 같이한다. 한편으로 이 말은 미국의 외교적 설득에 답하는 것일 수도 있다. 조지 W. 부시George W. Bush 행정부는 낙태를 언급하는 가족계획 프로그램에는 해외 원조를 하지 않겠다는 말로 교황청의 환심을 사는 한편, 유전자 변형 작물이 세계의 굶는 이들을 먹일 방법이라고 주장하면서 생명공학 농산업을 지원해 달라고 로비를 했다. 부시가 이런 로비를 한 것은 가난한 나라에서 가톨릭 성직자들이 유전자 변형 작물을 반대하는 설교를 하지 못하게 막아 달라는 의도에서였다. 새로운 유전자 변형 품종은 잡종이어서 씨를 받아 두었다가 다음해에 다시 심을 수 없거나 심어도 활력이 떨어지기 때문에, 농민들은 해마다 새로 종자를 구입해야 하며 그 품종을 재배하는 데 필요한 비료와 농약도 함께 구매해야 한다. 보수적인 아프리카가톨릭주교회의African Synod of Catholic Bishops도 농업기술이 유전자 변형 작물을 생산하는 "기업에 농민들을 의존하게 만들고 전통적인 파종 방식을 없앰으로써 소지주들을 몰락시킬 위험"이 있다고 비판했다.

교황청은 그들의 말을 번복해 온 듯하다. 산체스 소론도는 다시 말한다. "성하께서 말씀하셨듯이, 미래에는 모두가 먹을 식량이 충분히 있을 겁니다. 교회는 새로운 형질전환 방식이 그런 미래를 만들어 내도록 도울 수 있다는 것을 보여 주고 있습니다."

하지만 국제미작연구소와 국제옥수수밀연구소의 과학자들은 세계를 먹일 형질전환 작물을 찾아내기는커녕, 살아남을 수 있는 작물을 만드는 데에도 수십 년이 걸릴 것이라고 경고한다. 그리고 녹색혁명의 창시자인 노먼 볼로그도 인구가 억제되지 않으면 전 세계를 먹여 살리기가 불가능할 것이라고 주장했다.

"교회는 그렇다고 보지 않아요. 교회는 섭리를 믿습니다. 지금까지 섭리는 그렇지 않다는 것을 보여 주었어요."

하지만 섭리가 얼마나 멀리까지 확장될까? 교황 베네딕토 16세가 모두를 위한 공간과 자원이 충분하다고 했을 때, 그는 인류만이 아니라 살아 있는 모든 종을 가리킨 것이 아니었던가?

산체스 소론도는 잠시 침묵하더니 답한다. "사람과 동물 모두 과학자들이 오랜 시간 해독하고 이해하는 데 애써 온 자연법칙의 대상이지요. 우리는 자연법칙을 존중해야 합니다."

다시 침묵이 이어진다. 그는 과학원이 실제로 인구 증가가 생물 다양성을 얼마나 침해할지 연구한 적이 없다는 점을 인정한다. "하지만 자연을 존중한다는 것이 자연에 경탄하면서 마냥 서 있자는 의미는 아닙니다. 전에 교황 바오로 6세께서 말씀하셨지요. 과학자의 목표는 인간과 자연 그 자체의 이익을 위해 자연의 잠재력을 계발하는 것이라고요. 우리는 자연이 어떻게 돌아가는지, 자연법칙이 무엇인지를 이해해야 합니다. 그런 뒤에 자연을 완성하는 것이죠."

하늘과 땅

자연법칙은 불변할까? 혹은 시간, 상황, 해석에 따라 바뀔까? 생물학 법칙은 진화한다고 말할 수 있을지도 모르지만, 물리학 법칙은 그렇지 않다. 우연한 돌연변이는 한 생물 계통을 전혀 새로운 경로로 나아가도록 비틀 수도 있지만, 중력 법칙에서 벗어날 가능성은 없어 보인다. 하지만 가톨릭교회 내에서는 1870년 교황 피오 9세와 그 자문가들이 교황령을 빼앗기고 영토가 0.5제곱킬로미터도 되지 않는 면적으로 줄고, 인구도 1000명 정도에 불과해지고(지금처럼 거의 모두가 남성뿐이다), 본질적으로 권력을 모두 잃었다는 사실을 깨달은 순간부터 법칙은 불변한 것이 되었다. 만일 그렇지 않았다면…….

그리하여 나온 것이 바로 교황의 오류 불가능성이라는 개념을 인정한 제1차 바티칸공의회였다. 그것은 수 세기 동안 오르내리곤 했던 개념으로, 심지어 교황들끼리도 찬반 의견이 갈리곤 했다. 또 그것이 가톨릭 교황이 그렇게 뻔뻔한 주장을 한다고 헐뜯기 위해 어느 신교도가

인구 쇼크

만든 소문이라는 이야기도 있었다. 하지만 이제는 성서 속의 예언자들과 사도들 이후에 처음으로, 한 사람 ─ 로마의 주교 ─ 이 신앙과 교리 문제에 관해 한 말이 단지 견해나 명령이 아니라 신의 계시가 될 수 있었다. 신의 권위가 교황과 하나가 되었다.

권력은 회복되었다. 하지만 교황의 오류 불가능성은 양날의 칼이었다. 교황청 역사가 고故 아우구스트 베른하르트 하슬러August Bernhard Hasler 교부는 교황의 가르침이 교황이기 때문에 오류 불가능하다고 한다면, 모든 교황의 가르침이 오류 불가능성을 띠어야 한다고 평했다. 새 교황은 현재 거역할 수가 없는 전임자들의 말에 갇히게, 혹은 제약을 받게 되었다. 전임자의 말을 뒤집는 것은 대안이 아니었다.

따라서 피임, 여성이나 유부남의 서품, 동성애 같은 현안에서 가톨릭교회가 경직된 태도로 반대 입장을 보이는 것을 보고 현대의 진보적인 가톨릭 신자들은 당혹스러워 하지만, 사실상 교회로서는 선택의 여지가 거의 없다. 스스로를 점점 더 좁은 구석으로 몰아넣어 왔기 때문이다. 훗날 교황 요한 바오로 2세가 될 카롤 보이티와는 인구와산아제한교황위원회Papal Commission on Population and Birth Control의 위원들이 압도적인 다수결(69대 10)로 인위적인 산아제한을 금지하는 규정을 완화하자고 바오로 11세에게 권고했을 때 다음과 같이 반론을 폈다.

피임이 그 자체로는 악하지 않다고 선언해야 한다면, 우리는 성령이 프로테스탄트 교회 편이었다고 솔직하게 인정해야 할 것이다. …… 마찬가지로 반세기 동안 성령이 피오 11세, 피오 12세를 비롯하여 가톨릭 교계의 대부분이 심각한 오류를 저지르도록 방치했다는 점도 인정해야 할 것이다. 이 말은 교회의 지도자들이 지극히 경솔하게 행동함으로써 이제는 승인하게 될 행위를 영원한 천벌이라는 고통에 빠뜨려서 금지시켜, 수많은 무고한 이들의 행위를 비난해 왔다는 의미일 것이다.

이 대목은 소수파의 핵심 견해를 요약한 것이었고, 이에 설득된 교황은 피임을 선호하는 다수의 의견을 거부하고 회칙《인간 생명》을 선포했다. 그렇게 하지 않았다면, 교회를 떠받치며 남아 있던 가장 굵은 기둥을 잘라 내는 꼴이 되었을 것이다. 바로 교황의 절대적인 권위를 말이다.

피터 코드워 아피아 턱슨Peter Kodwo Appiah Turkson 추기경은 말한다. "교회는 산아제한을 반대한 적이 결코 없습니다. 그저 방법상의 문제일 뿐이지요."

턱슨 추기경은 교황청 정의평화평의회Pontifical Council for Justice and Peace 의 의장이다. 비록 공식 위임된 사항 중에 자연이나 생태라는 말은 전혀 나와 있지 않지만, 로마 가톨릭의 수수께끼 같은 업무 과정을 거쳐 이 평의회는 환경문제를 주관하는 바티칸 기구가 되어 있다. 2009년 의장이 되기 전에, 턱슨은 모국인 가나의 케이프코스트 교구의 대주교로 있었다. 아프리카는 세계에서 출생률이 가장 높은 곳이면서, 가톨릭 신자 수가 가장 빠른 성장세를 보이는 곳이기도 하다. 턱슨의 교구는 사제들을 교육해, 가톨릭 성직자가 점점 줄어들고 있는 미국 등의 나라로 보내는 곳으로 유명하다.*

교황청 정의평화평의회는 17세기에 지어진 로마의 산칼리스토 궁전에 있다. 바티칸에서 약 5킬로미터 떨어진 곳에 있는 4층 건물로, 이탈리아와 맺은 조약에 따라 국외 재산으로 교황청이 소유하고 있다. 사무실은 널찍하며, 연한 색깔의 벽에 밋밋한 검은 목재로 테두리를

---

* 《인간 생명》이후로 미국에서 사제의 길을 걷는 가톨릭 신학생의 수는 절반 넘게 줄어들었다. 현재 미국의 수녀 중 40세 이하인 사람은 1퍼센트에 불과하다(조지타운 대학교, 천주교회응용통계센터의 자료).

두른 문과 창문이 달려 있다. 벽에 걸린 역대 교황들과 현 교황의 초상화 아래로 평의회가 도덕 발달, 군비 축소, 세계 금융의 공정성 같은 주제들을 다룬 여러 언어로 된 소책자와 책이 진열되어 있다. 풍족해 보이는 교황청 과학원과 비교하면, 수수한 분위기가 마치 인권 단체의 사무실 같다.

턱슨 추기경은 툭 튀어나온 눈썹 위로 잿빛 곱슬머리를 흐트러뜨린 채, 얼굴에 한 가득 부드러운 웃음을 머금고 있다. 그는 사실 교회가 몇 가지 유형의 피임을 지지한다고 설명한다. 그는 그 피임법들이 "여성이 자신의 배란 여부를 언제나 알 수 있다"는 사실에 토대를 두고 있다고 말한다.

그는 실제로 오스트레일리아에서 경부점액법Billings ovulation method이라는 기법을 가르치는 수업을 들었다고 말한다. "주교를 학생으로 받기는 처음이라고 하더군요." 경부점액법을 이용하면 여성은 자신이 생리 주기 중에 가임 단계에 들어섰는지를 알 수 있다. "거기에 손가락을 삽입하지 않고서도—그냥 갖다대는 것만으로—여성은 점액이 나오기 시작한다는 것을 알아차리고 남편에게 알려 줄 수 있어요. 우리가 권하는 것이 바로 그런 방법입니다."

그는 여성이 남편에게 경고하는 방법이 몇 가지 있다고 말한다. "침대에 녹색 잎을 놓는 여성도 있습니다. 그러면 남편은 아내가 배란 중이라는 걸 알아차리지요. 배란기가 끝나면 붉은 잎을 놓는답니다."

가톨릭 추기경으로부터—게다가 차기 교황 후보로 자주 언급되는 인물로부터—여성 질의 점액 이야기를 듣고 있자니, 초현실적인 느낌까지는 아니라고 해도 꽤 난감한 기분이 든다. 게다가 환경문제를 논의하기로 했던 차라 더욱더 그렇다. 하지만 모든 환경 논의는 체계가 무리 없이 감당할 수 있는 것보다 인구가 더 많다는 사실로 이어지기 마련이다. 턱슨 추기경 자신이 꼽은 목록인 공기 정화, 이산화탄소 감축, 로마의 지옥 같은 교통 정체 해결 같은 환경 현안도 그렇다. 그는 이탈리아인들이 주차장을 찾느라 몇 시간씩 헤매고 있는 실정에 한탄하면서, 대중교통과 자전거를 이용하여 연료를 절약하자고 요구한다. 그는 구매할 수 있는 자동차가 몇 대인지를 경제적 성공의 주요 척도로 삼는 유럽의 방식은 범죄나 다름없다고 본다.

"폴크스바겐이 등장했을 때, 그들의 표어는 '모두에게 차를'이었습니다. 이윽고 모든 사람이 차를 갖게 되자 주차할 공간이 거의 없어졌고, 그래서 자동차는 점점 작아졌어요. 그다음에 어떤 일이 벌어졌지요? 가구마다 차를 두 대씩 원했고, 문제도 두 배로 커졌지요."

과소비가 통탄할 문제임은 분명하지만, 과소비 자체는 더 명백한 사항을 반영하고 있다. 사람이 너무 많아서 차들이 너무 많아진다는 것이다. 그러니 언젠가는 세계 기독교인들—적어도 로마 가톨릭에 따르면—의 지도자가 될지도 모를 다정하면서 지적인 인물이, 정자가 배란에 앞서 여성의 몸속에서 최대 6일까지 살 수 있어서 점액, 체온, 달력을 토대로 한 피임법을 으레 헛수고로 만든다는 점을 모른 척한다는 사실이 어색한 장면을 빚어낸다.

극점의 빙하가 녹고 가뭄이 심해지는 현상을 진정으로 걱정하면서도 나흘마다 인구가 100만 명씩 늘어나는 것이 여전히 축복이라고 주장하는, 알 만한 사람들의 그런 왜곡된 태도의 배후에 무엇이 숨어 있는지는 쉽게 알아볼 수 있다. 설령 오류 불가능성을 지닌 교황이라고 해도 신자의 수가 너무 많이 줄어든다면 별 힘을 발휘하지 못한다. 야세르 아라파트의 자궁 무기와 이스라엘 하레디의 과잉 출산처럼, 교회도 근본적으로 신자의 수에 관심을 갖고 있다. 세계에 가톨릭 신자의 수가 더 많아질수록, 바티칸시티의 시민인 남성 1000명이 내리는 결정은 더욱 중요성을 띠게 된다.

턱슨 추기경은 인구가 100억 명으로 늘어나면 어떤 일이 벌어질지 알 수 있을 만큼, 인구가 70억인 세계에서 아프리카인들의 고통과 기아를 충분히 보아 왔다. 게다가 그는 현재 일곱 대륙과 대양을 뒤흔들고 있는 문제들에 관한 도덕적 지침을 내리는 일을 하는 바티칸 평의회를 이끌고 있다. 어느 종을 구하고 어느 종을 희생시킬지에 관한 윤리적 딜레마, 소수가 공간과 자원을 점점 더 독식함으로써 생기는 딜레마 같은 것들 말이다. 하지만 그의 교회는 모든 이를 수용할 공간이 있으며, 인구가 더 늘어나는 것을 효과적으로 막는 수단을 쓰는 것이 처벌 가능한 죄악이라고 주장한다.

턱슨 추기경도 알고는 있지만, 교리를 어길 수는 없다. 그는 베네딕토 교황이 2009년 세계 평화의 날에 내놓은 연례 메시지를 인용한다. 교황은 우리가 미래 및 지구의 모든 이들과 연대하여 살아갈 필요가 있다고 했다. "동물 같은 존재들과요."

하지만 생태학자들은 그 말이 단지 연대를 표현한 것이 아니라, 상호 생존을 의미한 것이라고 주장한다. 아마 신만이 그 수를 알 수 있을 수많은 조연들 없이 인간만 지구에 홀로 살 수 있을까?

그는 평범한 나무 의자에 앉아 이 질문을 곰곰이 생각하더니, 이윽고 대답한다. "신께서 세계를 창조하기 시작했을 때, 세계는 혼돈 자체였어요. 그때 신께서 이것은 여기에 있고 저것은 저기에 있으라고 말씀하셨지요. 혼돈은 우주로, 아름답고 질서 있는 체계로 바뀌었습니다. 신의 말씀을 통해 그 전환이 이루어졌습니다. 기독교도인 나로서는 그것이 신의 말씀이 없다면 우리가 다시 혼돈으로 돌아갈 가능성이 있다는 의미라고 봅니다. 내가 신자가 아니라면 걱정하겠지요. 성서에 적힌 대로 이 세계를 혼돈으로 창조하지 않은 신을 믿지 않는다면 걱정할 겁니다."

하지만 우리 행성이 폭발 직전의 시기에 접어들고 있는데, 성서에 억제하자는 생각을 정당화할 만한 구절도 있지 않을까?

추기경은 생각에 잠겨 심호흡을 한다.

"억제한다는 것도 꽤 일리가 있습니다. 성서의 사례들을 보면 억제를 한 시기도 있고 그렇지 않은 시기도 있어요. 불행히도 우리 사회는 받아들일 때가 있고 삼갈 때가 있다는 복음서의 말을 따르기가 어려울 만큼 발전해 왔어요. 지금은 무언가를 할 때만 있을 뿐, 삼갈 때는 아예 없습니다. 모두가 마디그라Mardi Gras, 즉 기름진 화요일Fat Tuesday(사순절이 시작되기 전날 화요일에 세계 여러 나라에서 열리는 다양한 축제로, 원래 사순절에는 금식과 금욕을 하므로 그 전날 마음껏 먹어 두자는 의미에서 붙여진 명칭─옮긴이)을 축하할 줄만 알지, 재의 수요일Ash Wednesday에 금욕을 해야 한다는 생각은 아무도 하지 않아요. 마디그라가 단지 마디그라이기만 하다면, 무슨 의미가 있겠습니까?"

"성의 억제라는 문제를 이야기하자면, 동물 세계에서 개나 고양이는 발정기가 오기 전까지는 짝을 받아들이지 않습니다. 인간만이 때를 가리지 않고 사랑을 나누지요. 하지만 사람들을 이끌 수 있는 실행 가능한 대안이 하나 있어요."

그는 잠시 말을 멈추고는 바닥을 내려다본다. 이윽고 고개를 들고서 말한다.

"방금 우리가 신실하게 독신 생활을 한다면, 그러한 행동이 가능하다고 전 세계에 설득력 있게 메시지를 전달할 수 있다는 말을 하려고 했어요." 그는 부드럽게 말한다. "하지만 그 메시지의 설득력은 심하게 훼손되어 왔군요."

아름다운 부인과 아기

교회 내에서 아동을 상대로 한 연쇄 성범죄가 만연해 있다는 추문이 폭로되면서 난처한 상황에 몰린 교회의 모습은 섹스가 쾌락이나 유희

인구 쇼크

의 수단이 아니라 '책임 있는 생식responsible procreation'만을 위한 것이라는 자신의 교리를 결국 무효화하는 양 비칠지도 모른다. 하지만 바티칸은 가장 오래된 정치적 반향실echo chamber이다. 선포하는 자의 귀에 선포 내용이 크게 울리도록 하는 성베드로의 공명실이다. 설령 바티칸의 벽을 넘어서기만 해도 듣는 이나 관심을 갖는 이가 거의 없을지라도 말이다. 연구 자료를 보면 미국의 가톨릭 여성 중 98퍼센트가 피임을 한다고 나와 있다. 가톨릭 국가인 이탈리아에서는 그 비율이 더 낮을지도 모른다. 하지만 그것은 이탈리아, 특히 보수적인 북부 이탈리아에서 질외 사정을 선호하는 문화적 관습이 아직 남아 있기 때문이다. 질외 사정도 교황청이 죄악시하여 금지하고 있는 것이다. 그럼에도 이탈리아가 세계에서 출산율이 가장 낮은 나라 중 하나라는 사실은 1978년 국회의원 엠마 보니노Emma Bonino가 자신이 남몰래 낙태를 해야 하는 상황을 겪은 뒤, 낙태를 합법화하자는 운동을 펼쳐서 성공을 거둔 일과 어느 정도 관련이 있을 것이다. 교회는 그녀를 막으려 애썼지만 외면당했다. 그녀는 2008년 이탈리아 상원의 부의장으로 선출되는 등 오랫동안 정계에서 일해 왔다.

1990년대에 이탈리아 여성의 출산율은 1.12명으로, 세계 최저 수준이었다. 같은 가톨릭 국가인 스페인의 2001년 출산율 다음으로 낮았다. 박사 학위를 지닌 여성의 비율이 세계에서 가장 높은 나라 중 하나인(남성보다 여성 박사가 더 많다) 이탈리아는 교육이 출산율을 낮춘다는 것을 증명하는 대표적인 사례다. 하지만 세부적으로 들어가면 복잡해진다.

사브리나 프로벤차니Sabrina Provenzani는 오랜 대학 친구인 리치아 카파렐라Licia Capparella와 함께 방바닥에 앉아 있다. 리치아의 만 세 살 된 쌍둥이 미켈란젤로와 아드리안은 사브리나의 짙고 풍성한 머리칼을 살펴보면서 엄마의 긴 갈색 곱슬머리와 비교하고 있다. 때는 2011년 1월 이다. 공영 방송인 라디오텔레비시오네이탈리아나Radio Televisione Italiana, RAI의 프로듀서인 사브리나는 방송국 최고경영자가 실비오 베를루스 코니Silvio Berlusconi 총리의 압력으로 그녀의 프로그램을 다시 중단시키 는 바람에 쉬고 있다. 총리(이제 임기가 얼마 남지 않아 보이는)는 갖은 추 문을 일으켜 왔지만 최근에 더 지독한 추문에 휩싸이는 바람에 궁지에 몰려 있다. 모로코 출신 이민자인 열일곱 살의 여성 댄서와 성관계를 맺었다는 내용이다. 사브리나의 프로그램이 그 사건을 다루었기 때문 에, 베를루스코니는 다시 프로그램을 중단하라고 위협을 가하고 있다.

사브리나가 가장 분개하고 있는 부분은 불법 도청을 당하고 있다는 사실이 아니었다. 몇몇 소녀의 부모와 자매들이 '괜찮아, 그와 같이 지 내, 후한 사람이야, 우리도 보살펴줄 거야'라고 말한다는 사실이다. 오 늘날 이탈리아에서는 한 달 내내 꼬박 일하고 700유로를 벌기보다는, 하룻밤 자면 7000유로를 주겠다는 제안에 금방 넘어갈 젊은 여성들이 많다. 여성은 이탈리아에서 교육 수준이 가장 높을지는 몰라도 보수는 가장 낮은 편에 속한다. 사브리나는 기억도 할 수 없을 만큼 여러 해 동안 160만 명이 시청하는 TV 쇼를 제작하느라 하루에 12시간씩 일 해 왔지만, 그녀의 월급은 피아트 자동차 공장 노동자와 같은 수준이 다. 방송국은 그녀를 각종 수당을 주어야 하는 정식 직원으로 채용하 지 않고 자문을 받는 형식으로 매주 자문료를 지불함으로써, 월 단위 계약을 너무 오래 계속 이어가지 못하게 금지한 법률을 교묘하게 피해 가고 있다.

그녀와 그녀의 남편인 소프트웨어 설계자 에밀리오는 지금 삼십 대 후반이다. 아이를 낳아 기를 만큼 경제적으로 안정된 상황에 이르기를 늘 바라 왔던 바로 그 연령대다. 하지만 리치아는 그녀에게 다시 한 번 되풀이해서 말한다. 일하는 여성이 아이를 가지려 한다면 모든 것을 잃을 수 있다고 말이다.

리치아는 이탈리아의 가장 오래된 자연보호 비정부기구에서 다년 간 일해 왔다. 그녀는 동물에 관한 글을 썼고, 단체의 웹사이트를 운영 했으며, 자신의 일을 무척 사랑했다. 오전 9시부터 오후 7시까지 일했고, 때로는 주말에도 일하곤 했으며, 상사들에게도 사랑을 받았다. 임신하기 전까지는 말이다.

"정말 멍청한 짓을 했어요. 당장 직장으로 달려가 흥분해서 대표에게 말했지요."

돌아온 반응은 싸늘했지만, 그녀는 계속 일을 했다. 지하철에서 실신한 날에도 그녀는 사무실에 나갔고, 아무도 일하고 싶어 하지 않는 무더운 여름에도 내내 일했다. "쌍둥이라서 몸이 너무 불어 임신 6개월 째에 출산 휴가를 냈는데, 침대에 누워서도 도울 일이 있지 않을까 해서 계속 사무실로 전화를 걸었지요. 불법이긴 했지만요. 그때 그들이 말하더군요. 계약을 갱신하지 않겠다고요."

사실 그들은 그녀에게 법적 계약서를 준 적이 결코 없다. 3년 동안 그녀는 6개월 단위로 임시 계약을 이어 왔다. 두 번째 갱신 계약을 하면 보건 수당을 전액 지급하고 출산 휴가를 5개월 주도록 법률로 규정되어 있는데도 말이다.

"예, 그렇죠." 사브리나는 말한다.

리치아도 고개를 끄덕인다. 비정부기구는 그녀에게 선택권을 주었다. 아기를 낳은 뒤에 복귀할 수 있지만, 그동안의 경력은 없던 일로 하고 처음부터 다시 시작하라는 것이었다. 그녀는 현재 계약서도 없이 일주일에 이틀씩 주차 안내원으로 일하고 있다. "불법이지만 아무도 조사하지 않아요. 그리고 나는 일이 몹시 필요한 처지라서 그냥 받아들였지요."

그녀는 비영리 환경 단체의 부당한 처우를 도저히 용납할 수 없었다.

그래서 애초에 제대로 계약을 했다면 받았을 나머지 임금 6만 5000유로를 달라고 소송을 냈다. 거듭 놀라운 것은 그들이 3만 5000유로를 합의금으로 제시했다는 점이다. 여성인 판사는 그만큼을 지불할 의사가 있다면 사실상 유죄임을 인정한 것이니, 원칙적으로 청구 금액 전액을 지급해야 한다고 날카롭게 말했다. 하지만 결국 더 이상 싸우기 싫어서 리치아는 상대방이 제시한 금액에 소송비용을 더한 금액을 받기로 합의했다.

아기 둘을 키우는 처지라 그 돈은 뜻밖의 선물이 되었지만, 복직은 이제 물 건너 간 셈이었다.

"그래도 우리는 운이 좋은 편이에요. 방 2개짜리 집이 있으니까요. 아는 집 중에는 소파에서 아이를 재워야 하는 사람들도 있어요. 그렇게 아껴야 그나마 고기를 먹일 수 있거든요. 능력이 충분한 이 모든 사람들이 월말이 다가오면 끼니 걱정을 하면서 살아가요. 내 친구 하나는 생물학 박사인데도 월급이 1000유로에 불과한 콜센터 일자리밖에 구할 수가 없어요. 우리는 중세의 농노나 다름없어요. 이탈리아의 새로운 빈민층이지요."

그녀는 프랑스에서는 아이를 기르기가 한결 수월하다고 말한다. 정부에서 어린이집과 유치원 비용을 보조해 주기 때문이다. 그녀는 사브리나에게 묻는다. "로마를 통틀어 봐도 어린이집은 서너 곳밖에 없을 거야. 그런데도 정말 아이를 갖고 싶어?"

"우리도 그 문제를 이야기하고 있는 중이야."

"행운을 빌게. 아무도 도움이 안 되거든." '베를루스코니 보조금'이 있긴 하다. 출산율을 높이기 위해 정부가 유인책으로 아기 1명당 1000유로를 지원하는 정책이다. "그 돈으로는 기저귀도 제대로 살 수 없을 거예요. 게다가 지금 정부는 유치원을 반일제로 바꾸고 있어요. 교육 예산을 줄여야 하니까요. 그런 반면에 정부 예산을 가톨릭 사립학교에 집중 지원하고 있어요. 그러면 베를루스코니는 교회의 지원을 받을 수 있거든요."

리치아의 아버지는 형제자매가 열셋이었다. 리치아는 셋이었다. 귀여운 쌍둥이를 낳는 축복을 얻지 못했다면, 그녀는 아이를 하나만 낳았을 것이다. "아이가 둘이라서 너무 행복해요. 하지만 키우기도 두 배로 힘이 들지요."

한 세대 전에는 남녀의 결혼 연령이 이십 대였다. 여성은 더 일찍 아이를 낳았고, 더 많이 낳았다. 그렇긴 해도 가족의 규모는 산업혁명으로 농촌이 산업 소도시로 바뀌고 여성이 노동력에 편입된 이래로 계속 줄어들어 왔다. 오늘날 교육 수준이 대단히 높은데도 그들은 여전히 독신이고 아이가 없어야만 취직이 되며, 이탈리아 남성들도 지금은 결혼하는 데 필요한 돈을 모으려 애쓰면서 삼십 대가 되어서도 부모의 집에 얹혀산다. 남성과 그보다 박봉인 여자친구가 결혼을 할 무렵까지도, 대개 결혼식을 치를 정도의 시간과 돈만 있을 뿐이다.

리치아는 말한다. "지금은 만 서른 살에도 여전히 아가씨예요. 지금 내 나이가 마흔인데, 이제야 겨우 엄마 역할을 시작했어요."

그녀의 친구들은 모두 떠나고 있다. 독일, 오스트레일리아, 심지어 스페인으로도 떠난다. 그런 곳에 가도 일자리가 없기는 마찬가지이지만, 여성을 지원하는 제도가 더 많다고들 하기 때문이다. 사브리나와 에밀리오도 다른 나라로 떠날까 하는 생각을 종종 해왔다. 기가 막힌 21세기가 아닐 수 없다. 이탈리아에서는 육아 부담이 너무 커서 아기 낳기를 포기하든지, 아니면 다른 나라로 가서 아기를 키워야 한다니 말이다. 그 와중에도 이탈리아의 학교에는 아이들이 넘쳐나고 있다. 줄어드는 모국 아이들의 자리를 이민자의 자녀들이 대신하고 있기 때문이다.

사브리나가 묻는다. "우리가 아이를 갖는다면, 그 아이의 미래는 어떨까?" 그녀와 에밀리오는 친구인 클라우디아 자파글리오네Claudia Giafaglione와 빈첸초 피피토네Vincenzo Pipitone의 집에서 함께 저녁 식사를 하고 있다.

시칠리아 출신인 클라우디아는 쿠스쿠스를 곁들인 농어, 훈제 연어와 리코타 치즈와 부추로 속을 채워 소금을 친 브리오슈를 내놓는다. 그녀는 검은 머리에 동그랗고 까만 눈동자를 지니고 있으며, 얼굴형이 심장 모양이어서 사브리나의 아름다운 애완 고양이를 떠올리게 한다. 그녀는 약학과 생물학, 심지어 영양학 학위도 지니고 있다. 그녀의 키 크고 날씬하고 멋진 남편 빈첸초는 군의관이다. 그들은 동년배—클라우디아는 막 서른다섯 살 생일을 치렀다—의 대다수 이탈리아인들보다 경제적으로 안락한 편이지만, 사브리나 부부처럼 아이를 가질 생각을 하니 걱정부터 앞선다.

최근에 올리브오일을 설명하는 앱을 설계한 바 있는 에밀리오는 자신의 두려움을 돈의 액수로 표현한다. "나는 한 달에 약 3000유로를 벌어요. 우리는 피임을 하지요. 아이를 키울 여력이 없지 않을까 싶어서요. 물론 10년 안에 좀 더 큰 집을 사고, 좀 더 좋은 학교를 보낼 여력이 생길 거라고 생각해요. 하지만 10년이 더 지나면 나는 500유로쯤 연금을 받고 있겠지요. 따라서 20년 안에 가난해질 겁니다. 우리가 10년을 기다렸다가 아기를 갖는다면, 과연 아기를 키울 수 있을까요?"

"내 생각도 에밀리오와 같아요." 클라우디아가 말한다.

빈첸초가 끼어든다. "어리석은 생각이에요. 아프가니스탄에 파병을 나가면, 동물처럼 비참하게 살아가는 사람들을 봅니다. 전기도 없고, 안전하지도 않지요. 하지만 그들에게는 가족이 있어요. 이탈리아가 엉망일지는 몰라도, 최소한 이곳에는 평화가 있어요. 그러니 그들보다 행복한 건 분명해요. 하지만 우리는 자신이 지니지 않은 것에 너무 집착하고 있어요. 이탈리아의 국민 스포츠는 불평불만이에요."

그들은 몇 분 동안 경이로운 고대 유적이 그토록 많고 그에 걸맞은 고대의 기반 시설을 갖춘, 아름답지만 절망스러운 나라를 욕하면서 그 스포츠에 몰두한다. 빈센초가 의대생이었을 때, 집에서 45킬로미터 떨어진 병원에 배치되었다. 그곳까지는 대중교통 수단이 없었기 때문에, 그는 세 시간씩 걸려서 출퇴근을 했다.

에밀리오도 말한다. "우리 형은 딸들과 인사를 나누지 못해요. 딸들이 자고 있을 때 출근하고, 또 자는 시간에 퇴근하니까요. 딸들을 외국 유학을 보내려고 열심히 일하고 있는데, 그 말은 곧 딸들을 보기가 더 힘들어진다는 뜻이죠. 하지만 형은 이 나라가 딸들에게 좋은 일자리를 주지 못할 것이 확실하다고 봅니다. 그러니 딸들이 이 경제를 벗어날 방법은 유학뿐이라고 생각해요."

"너무 편집증적인 생각이에요!" 사브리나가 개탄한다. 하지만 그들 자신이 걱정하는 것도 바로 그것이다. 여전히 낳기를 두려워하는 아이를 낳는다고 할 때, 그들 역시 그런 문제로 노심초사할 것이다.

"아이가 열네 살이 될 무렵이면, 이미 영국이나 중국이나 인도로 가 있겠네요." 에밀리오는 우울하게 내뱉는다.

사브리나가 이어받는다. "여자라면 여기에서 사는 것이 스트레스일 거예요. 변하는 것이 아무것도 없어요. 우리는 우리가 만들지 않은 과거에 갇혀 있어요. 내가 지금 본 광경은 10년 전에 보았던 장면과 똑같아요. 그때도 이렇게 네 명이 모여 앉아 똑같은 문제를 놓고 대화를 나눴죠."

하지만 클라우디아는 이탈리아는 생각조차 하지 않는다. 그녀에게는 훨씬 큰 걱정거리가 있다.

그녀는 묻는다. "그런데 어떻게 이런 세상에 아이를 내보내겠다는 생각을 할 수 있을까요?"

그녀는 이틀 전에 연례 로마과학축제에 갔다. 올해의 주제는 '세계의 끝: 사용자 안내서'였다. 개막식에서 상영된 것은 내셔널지오그래픽 채널의 〈인구과잉〉이라는 영화였다. 영화는 140억 명—유엔이 가족계획 프로그램들이 실패했을 때를 가정해 최대로 예측한 2084년의 인구—이 있다고 가정하고서 그들을 지구에 끼워 넣으려 시도한다. 말 그대로 멕시코시티가 자체의 무게에 짓눌리는 광경을 보여 준 뒤, 세계 인구가 20억 명이라는 쾌적한 수준에 있던 1930년의 지구를 묘사한다. 그 뒤로 해마다 뉴욕 시 10개에 해당하는 인구가 추가되어 왔다. 이어서 영화는 급격히 두 배씩 성장하는 아시아의 모습을 보여 준다. 사이사이에 도시 전체가 갑자기 붕괴하는 애니메이션도 삽입되어 있다. 아파트들이 200층 높이로 치솟았다가 무너진다. 숲도 더 많은 농경지를 위해 개간되어 편평해진다. 다리는 엄청난 양의 식량을 싣고 바쁘게 오가는 육중한 트럭들에 짓눌려 무너진다. 매주 4개씩 새로 지어지는 중국의 화력발전소에서 뿜어지는 잿빛 구름이 런던에서부터 로스앤젤레스에 이르는 드넓은 지역의 공기를 오염시킨다. 맨해튼의 하수구가 넘치면서 오물이 꾸역꾸역 밀려 나오고, 뇌수막염을 퍼뜨릴 쥐들이 그 뒤를 따른다. 각국은 국민을 먹여 살리기 위해 땅에 온갖 화학물질을 필사적으로 뿌려댄다.

140억이 넘는 인구에 짓눌려 지낸 지 35년 뒤, 결국 기근으로 인류의 80퍼센트가 전멸한다. 인구는 40억 명 수준에서 안정된다. 영화의 말미에 생태계는 회복되기 시작한다. 물고기가 대양을 다시 채운다. 새싹이 움트기 시작한다. 인류는 식량을 충분히 생산하고, 새들은 다시 노래를 한다.

조명이 다시 켜졌을 때, 클라우디아는 몇몇 중학교에서 과학축제로 단체 관람을 왔음을 알아차렸다. 그녀는 만 열네 살인 이 학생들이 아직 스스로 첫발을 내딛지도 못한 자신의 세계가 자신의 생전에 재앙을 향해 곤두박질칠 것이라고 말하는 다큐멘터리를 표방한 영화를 보고서 무슨 생각을 할까 상상하니 오싹해졌다.

학생들이 쏟아져 나오는 와중에 남색 스웨터와 청바지를 입은 한 소녀가 말했다. "저렇게 심각해지기 전에 사람들이 해결책을 찾을 거야. 누군가 뭔가를 발명하겠지."

같은 옷차림에 무릎까지 올라오는 가죽 부츠를 신은 뒤쪽의 소녀가 말했다. "그런 일이 벌어지기 전에 우리에게 경고를 할 거고."

자주색 스카프를 두른 또 한 소녀는 이렇게 말했다. "나는 아이를 안 가질래."

그러자 파란 털모자를 쓴 소년이 말했다. "우리 모두가 농사를 지어야 한다면, 아이들이 필요할걸?"

소녀들은 농사를 지어야 할지 모른다는 생각에 걱정스러운 표정으로 서로를 쳐다보았다.

"인구가 너무 많은 거야!" 클라우디아는 한가운데가 녹은 따뜻한 초콜릿 케이크를 내오면서 말한다. "우리는 자기가 버린 쓰레기를 먹고 살아가는 세균 집단처럼 될 거야! 우리 모두가 죽을 운명에 처해 있는 이 심란한 세상에서 어떻게 아기를 낳을 수 있는 거지?" 빈센초는 포도주 병으로 손을 뻗다가, 마음을 바꿔 찬장에서 그라파(포도를 짠 뒤 남은 찌꺼기를 발효시켜 증류한 술—옮긴이) 병을 꺼낸다.

대화를 하다 지구의 생태계가 악화되고 있다는 사실에 섬뜩함을 느낀 클라우디아가 세계에서 가장 오염된 도시를 무대로 한 스파이 로맨스를 쓰고 있다는 사실이 알려진다. 그녀가 과학축제에 간 것은 무대에 관한 착상을 얻기 위해서였다. 그녀는 지금은 사라진 아랄 해가 남긴 짜디짠 황무지, 태평양에 둥둥 떠다니는 플라스틱 더미로 이루어진 섬, 땅 속의 메탄이 솟구치곤 하며 녹아내리는 북극지방을 염두에 두고 있다.

"그 암울한 소설을 다 쓰고 나면, 아기 가질 생각을 할 차례겠지?" 빈센초는 그녀의 심란한 표정을 보고 그만 입을 다문다.

그는 그라파 잔을 들어 올리면서 말한다. "살아서 세계의 종말을 볼 수 있을 우리의 아이들을 위해!" 그는 고개를 젓고는 잔을 내려놓는다. 사브리나와 에밀리오는 식탁을 사이에 두고 서로를 쳐다본다.

꽤 오래 식탁은 침묵에 휩싸인다. 이윽고 클라우디아가 말한다. "커피?" 분위기가 바뀌면서 모두 웃음을 터뜨린다.

"클라우디아와 나는 생각이 너무 많은가봐." 빈센초는 그녀의 뒤에 서서 양팔로 그녀의 허리를 감싼 채 손님들을 배웅한다. 그녀는 둥근 고양이 눈으로 그를 올려다본다.

테베레 강변에 줄지어 늘어선 노란 가로등 불빛 아래, 에밀리오와 사브리나는 손을 잡고 차가 있는 곳으로 걸어간다. 그해에 그들은 이 두려운 세기에 아기를 낳을 것이냐는 문제의 답을 명확히 알게 된다. 사브리나가 임신을 했기 때문이다. 답은 명백했다. 물론 낳을 것이다. 아이는 단순히 아이가 아니라 미래의 화신이다. 희망을 품을 무언가가 정말로 있을 때, 절망은 사라진다. 자신의 아이를 위한 세상을 만들어 야 하기 때문이다. 그런 세상을 만들기 위해 당신은 무슨 일이든 할 것이다. 엄청난 문제일지도 모르지만, 당신의 아이는 그 해결책의 일부이며, 당신 자신도 마찬가지일 것이다. 자식을 지키고 싶어 하는 부모야말로 지구를 구해야 할 이유가 있다. 그리고 그 자식 가운데 누군가는 흐름을 바꿀 기적을 일으킬지도 모른다.

출산 예정일을 두 달 앞두고 사브리나는 직장을 그만두고 짐을 싸서 브리티시 항공사의 런던행 비행기에 오른다. 에밀리오는 거의 1년 전부터 런던에서 지내고 있다. 그가 휴가를 맞이해 그녀를 찾아왔을 때 아기가 생겼다. 그는 어느 잘나가는 의류 회사를 위해 모바일 앱을 개발하는 중이며, 이미 승진도 했다.

사브리나는 영국의 새 이민자다. 딸 아니타가 태어난 뒤, 4년을 더
체류하면 딸은 영국 국민이 될 것이다.

07
우리 안의 고릴라

DNA

수의대를 갓 나온 글래디스 칼레마지쿠소카Gladys Kalema-Zikusoka 박사는 방금 장전한 마취총을 살펴본 뒤, 다시 마운틴고릴라 무리를 쳐다보았다. 그녀는 수를 세어보았다. 암컷 세 마리, 새끼 두 마리, 아기 세 마리, 등이 까만 어른 수컷 두 마리가 있고, 당연히 가장인 실버백silverback(등에 은백색 털이 나 있는 나이 든 고릴라―옮긴이)도 한 마리 있었다. 글래디스는 실버백의 몸무게가 200킬로그램이 넘고, 일행의 몸무게를 다 더한 것에 맞먹는다는 것을 알아차렸다. 그는 머리 앞쪽 위가 원뿔 모양으로 솟아 있고, 턱이 서양 호박만 했으며, 근육이 잘 발달한 등 한가운데 안장 모양으로 난 은회색 반점을 제외하면 전신이 길고 검은 털로 빽빽하게 뒤덮여 있었다. 그는 양팔로 나무 꼭대기 전체를 휘감아 구부려서 커다란 송곳니가 번뜩이는 쩍 벌린 입을 향해 가져갔다. 서로 가까이 붙어 있는 한 쌍의 둥글고 까만 눈은 초조해하는 공원 경비원들을 외면하고 글래디스만을 바라보고 있었다. 마치 그녀가 무엇을 하려는지 알고 있는 듯했다.

두 시간 전에 글래디스와 경비원들은 초청한 케냐의 수의사 한 명과 함께, 동이 틀 때부터 그곳에 있었던 추적자 세 명의 뒤를 따라 없는 길을 내면서 우간다의 브윈디 국립공원 남서부로 들어갔다. 허덕거리며 오르막길을 오른 뒤 마침내 그들은 우산나무 숲에서 이 무리를 발견했다. 새끼들은 나무 위를 이리저리 돌아다니면서 새잎을 따 먹고 있었고, 어른들은 바닥에 앉아서 자신이 먹거나 아기가 뜯어 먹을 수 있도록 나뭇가지를 잡아당기고 있었다.

면적이 약 330제곱킬로미터인 브윈디 숲은 아프리카의 다른 어떤 곳보다도 고유종의 수가 많아 경이로운 생물상을 자랑한다. 브윈디의 마운틴고릴라는 약 400마리로 추정되며, 이는 세계에 남아 있는 마운틴고릴라의 절반쯤에 해당한다. 나머지는 남쪽으로 약 50킬로미터 떨어진 르완다, 콩고민주공화국, 우간다의 국경이 접하는 비룽가 화산지대에 흩어져 산다.

브윈디는 높이가 해발 2600미터에 이르기 때문에 아프리카의 스위스라고도 불리며, 고도 변화가 크고 지구에서 가장 오래된 숲 중 하나이기 때문에 생물 다양성이 높다. 이 숲은 마지막 빙하기보다 이전인, 적어도 2만 5000년 전부터 있었다. 생물학자들이 이 지역 주변 정착민의 밭을 습격하는 유인원이 희귀한 마운틴고릴라라는 것을 알게 된 것은 20세기 후반부에 들어서였다.

고릴라들은 정반대의 주장을 펼쳤을 법하다. 습격을 받은 쪽은 자신들이라고 말이다. 예전에 이 시원한 브윈디 숲과 비룽가 산자락의 숲은 우간다, 르완다, 콩고의 국경선을 이루는 동아프리카 지구대의 서쪽 지류인 앨버틴 지구대를 따라 하나의 드넓은 우림을 이루며 뻗어

있었다. 이곳에 인간이라고는 숲에 사는 바트와Batwa 피그미족뿐이었
다. 그들은 강멧돼지와 다이커영양을 사냥하고 꿀을 채취해 먹었고,
영장류 사촌과는 평화롭게 공존했다.

　하지만 지난 몇 세기에 걸쳐, 반투Bantu족 농민들이 나무를 베고 불
을 놓아 밭을 만들면서 숲을 계속 잠식해 왔다. 지구대를 뒤덮었던 정
글은 세 동강이 났고, 고릴라 개체군도 서로 격리되었다. 나중에 영국
식민 당국은 이곳에 차나무를 들여와서 상품 작물로 재배하기 시작했
고, 짙은 녹색의 차나무들이 줄지어 심어지면서 숲은 더욱 줄어들었
다. 글래디스 칼레마지쿠소카는 1990년대 초에 브윈디 원시림을 처음
보았다. 당시 우간다 정부는 마운틴고릴라가 있다는 것을 확인하고서
이곳을 국립공원으로 지정했다. 당시 브윈디는 차나무, 카사바, 바나
나, 기장, 옥수수, 콩, 자주색 감자꽃이 만발한 밭들에 치여서 벗겨지기
직전의 성긴 녹색 가발 같은 모습이었다.

　그리고 글래디스는 수도 캄팔라에 있는 우간다 야생동물보호국 본
부에서 막 상근 수의사 일을 시작한 자신이 이 먼 곳까지 파견되게 한
문제의 근원도 바로 거기에 있을 거라고 추측했다. 브윈디 공원 경비
원들은 안타까운 마음에 도움을 요청했다. 고릴라들의 털이 빠지면서
딱지가 진 하얀 맨살이 숭숭 드러나고 있었던 것이다. 관광객들도 쉽
게 알아볼 수 있을 정도였다. 국립공원을 지정한 이유는 바로 이 고릴
라를 먼발치에서라도 보겠다고 500달러씩 내면서 찾아오는 유럽인과
미국인이 있었기 때문이다. 공원 구역을 확정하고 바트와 피그미족을
쫓아낸 뒤, 당국은 생물학자들을 끌어들였다. 생물학자들은 울창한 덩
굴식물과 빽빽한 나무를 헤치고 돌아다니면서 고릴라들이 밤에 짓는
둥지에 남은 배설물을 살펴보고서 고릴라의 수를 헤아렸다. 그런 뒤
그들은 38개의 고릴라 무리 중 두 무리를 선택하여, 인간에게 익숙해
지게 하려고 애썼다. 그 무리를 만날 때마다 그들은 몇 미터씩 더 가까

202

이 다가갔다. 실버백이 화내는 기색을 보여도, 본인이 채식주의자라는 점을 그가 잊지 않기를 바라면서 물러서지 않았다.

2년이 지나자 그들이 7미터 안쪽으로 다가가도 실버백은 위협하는 태도를 보이지 않았고, 다른 고릴라들도 달아나지 않았다. 그러자 당국은 관광객을 유치하기 시작했다. 고릴라는 인간과 DNA의 약 98퍼센트가 같다. 게다가 7미터를 사이에 두고 이 돈벌이가 되는 영장류는 인간과 계속 접촉을 해왔다. 따라서 몇 년 전 르완다의 마운틴고릴라에게 발생한 심각한 전염병인 홍역은 아마 인간에게서 옮았을 가능성이 높다. 1970년대에 수십만 명의 시민을 학살한 섬뜩한 독재자 이디 아민Idi Amin을 축출한 지 10여 년이 흐르고 마침내 관광객들이 안심하고 우간다로 돌아오려는 참인데, 다른 일로 일이 그르치게 놔둘 수가 없었다.

브윈디까지 비포장도로를 10시간 동안 달리기 전에, 글래디스는 캄팔라에서 의사에게 전화를 했다. "이곳 사람들에게 가장 흔한 피부병이 뭔가요?"

"옴입니다."

글래디스는 런던에서 수의학 학위를 받았다. 그녀의 어머니는 우간다 국회의원이었다. 이디 아민은 1971년 쿠데타로 정권을 잡은 뒤 정적들을 숙청했는데, 정부 관료였던 그녀의 아버지도 그때 살해되었고, 어머니는 그 뒤에 정계로 뛰어들었다. 영국인들은 옴에 걸리는 사례가 거의 없었다. 하지만 우간다 시골은 위생 환경이 낙후되어 있었고, 공원 경비원들이 묘사한 내용으로 판단할 때, 고릴라들이 인간의 옴에 걸렸을 가능성이 높았다.

그녀는 그 점을 알아내려고 온 것이었다. 경비원들은 고릴라를 지켜보는 일에는 능숙했지만, 피부 딱지와 혈액 표본을 채취하는 것은 다른 문제였다. 등의 털이 반쯤 빠진 여섯 살짜리 고릴라의 상태가 가장 심각했다. 하지만 글래디스가 다가가면, 실버백이 달려들 것이 확실했다. 경비원들은 전혀 도움이 되지 않을 터였고, 케냐 수의사는 겁에 질린 모습이었다. 케냐에 사자는 있을지 몰라도 200킬로그램이 넘는 고릴라는 없었다. 글래디스는 한숨을 내쉬고는, 163센티미터인 몸을 쭉 펴고 실버백을 향해 서서 손뼉을 치고 소리를 지르기 시작했다. 르완다에 홍역이 창궐할 때, 그녀는 수의사들이 이들보다 더 오래 인간에게 익숙해져 있던 고릴라들을 향해 그런 행동을 하는 것을 본 적이 있었다. 그녀는 이 방법이 먹히기를 기대했다. 육중한 실버백은 화가 난 것이 분명했지만 몇 미터 더 물러났고, 그녀가 새끼에게 다가가서 허벅지에 마취총을 쏠 때도 거리를 유지했다.

10분 뒤 그녀는 그 불쌍한 동물에게서 표본을 채취했다. 얼마나 괴로운지 마취 상태에서도 계속 몸을 긁어댔다. 새끼가 깨어나기 시작할 때, 이 젊은 수의사는 몸무게가 약 20킬로그램인 그 새끼를 두 팔로 들고서 실버백에게 데려다주어 경비원들을 경악시켰다. 며칠 뒤 옴이 맞다는 확진이 나왔다. 다행이었다. 백선이라면 치료하기가 훨씬 더 힘들었을 것이다. 다음 날 아침, 글래디스는 주사 한 방이면 고릴라 무리를 치료할 수 있을 만큼의 이버멕틴ivermectin과 마취제를 들고 다시 숲으로 갔다.

그녀는 그들이 어떻게 해서 감염되었는지 나름대로 짐작하는 바가 있었다. 지역 주민들의 흙집이 있던 땅과 밭, 관광객들이 묵는 숙소도 본래 예전에 그들의 활동 공간에 속해 있었다. 인간과 친숙해진 고릴라들은 인간을 전혀 두려워하지 않게 되어 전보다 자주 공원의 경계를 무시하고 넘나들었다. 농민들이 바나나를 재배하고 있었기 때문에 더욱 그러했다. 고릴라는 즙이 많은 바나나의 줄기와 잎을 무척 좋아했다. 글래디스는 이 지역 주민들이 대가족을 이루고 있는 한 가지 이유가 작물을 넘보는 고릴라를 쫓아낼 아이들이 필요하기 때문이라는 걸 알아차렸다.

하지만 아이들이 밤낮으로 돌을 던지고 양동이를 두드려댈 수는 없었으므로, 농민들은 헌옷으로 꾸민 허수아비를 세웠다. 글래디스가 그 허수아비를 조사했더니, 고릴라들이 감염된 바로 그 옴진드기 종이 모든 헌옷 위로 기어 다니고 있었다. 고릴라들은 겁을 먹기는커녕 오히려 호기심이 동해서 허수아비를 살펴보다가 옴진드기에 감염되곤 했다.

글래디스는 주민들이 자신들뿐 아니라 지역 사회에 소득을 가져다주는 야생동물을 위해서라도 기본적인 위생 관리법을 배워야 한다고 보고서에 썼다. 쉬운 일은 아니었다. 위생 화장실도, 수돗물도 전혀 없었을 뿐 아니라 주민 대다수는 비누조차 살 수 없을 만큼 가난했다. 우간다 야생동물보호국과 국제고릴라보전프로그램International Gorilla Conservation Programme은 그녀에게 브윈디 주민을 위한 교육 프로그램을 짜달라고 요청했다. 그녀는 공원 경비원과 함께, 8개 마을의 1000명이 넘는 주민을 상대로 설명회를 열었다. 그녀는 뒤로 넘기는 차트를 가지고 다니면서 설명을 했다. "고릴라는 우리에게서 기생충, 홍역, 이질, 폐렴, 결핵을 옮을 수 있습니다." 우간다는 세계에서 결핵 환자의 비율이 가장 높은 축에 든다. 국립공원 주변의 마을들에서 만성적으로 기침을 하는 사람들을 조사했더니 4분의 1이 결핵 양성반응을 보였고, 브윈디 국립공원 직원들 중에서도 5퍼센트가 양성반응을 보였다.

그녀가 차트를 넘겨, 비누가 없을 때에는 숯을 써서 손을 씻으라는 등 해결책이 적힌 장을 보여 주려 할 때 경비원이 그녀의 팔을 잡았다. "해결책은 스스로 내놓도록 놔둡시다."

해외에서 공부한 도시 여성이었던 그녀는 교육을 받지 못한 사람들이 무지하다고 여기고 있었다. 하지만 실제로 자신의 상황을 가장 잘 아는 것은 주민들이었고, 그들은 문제점을 즉시 이해했다. 글래디스는 그들의 말에 귀를 기울였다. 그들은 현지 실정에 더 잘 맞는 보건 서비스를 원했다. 안전한 물을 원했고, 더 위생적인 화장실이 더 많이 필요하다고 했으며, 위생 쓰레기 매립장도 원했다.

그들은 스스로 할 수 있는 것이 무엇이고 정부의 지원을 받아야 할 부분이 무엇인지를 토의했다. 그들은 아이들이 위험한 상황에 노출되지 않도록, 밭에서 고릴라를 내쫓을 방안을 마련해 주기를 원했다. 그리하여 휴고HUGO, 즉 인간-고릴라 갈등 해소 순찰대human-gorilla conflict resolution patrol team가 탄생했다. 고릴라 보전 비정부기구 한 곳에서 순찰대에 고무장화와 비옷을 기증했고, 국립공원 당국은 식량인 옥수숫가루를 지원했으며, 지역사회는 순찰대를 존중했다. 글래디스의 이 성과는 대단한 찬사를 받았다.

우간다 야생동물보호국에서 수의사로 2년 동안 근무한 뒤 미국에서 2년을 더 공부해 공중보건 석사 학위를 따고, 우간다의 통신 기술자와 결혼하는 등 바쁘게 살다가 글래디스는 마침내 결정을 내렸다. 마운틴고릴라를 진짜로 보호하려면, 자신이 직접 비정부기구를 설립할 필요가 있다고 말이다. 야생동물 보전 활동을 하다 보면 직면하게 될 가능성이 높은 또 한 가지 인류 보건 문제가 있었는데, 우간다 정부의 어느 누구도 관심을 보이지 않았다.

알파벳 수프

2010년 7월, 산부인과 의사 에이미 뵈디시Amy Voedisch는 태반겸자와 검경檢鏡을 내려놓고는 수술 장갑을 벗고 간호사들에게 수고했다고 인사한 뒤, 브윈디 지역 병원의 산부인과 병동에서 오후의 햇살이 비치는 바깥으로 걸어 나온다. 안마당 회벽의 그늘에 꽃무늬 무명옷을 입은 여성들이 오순도순 앉아 있다. 대부분 아이를 낳을 때까지 병원의 산모 숙소에서 대기하려고 몇 시간씩 걸리는 거리를 걸어온 이들이다.

에이미는 오늘 그중 네 명을 진찰했다. 미화 1.5달러에 해당하는 우간다 화폐 1실링으로 여성은 산전 의료를 받을 뿐 아니라 병원 숙소에 묵고 출산을 하고 산후 의료까지 받을 이용권을 구입할 수 있다. 이 이용권은 미국의 국제가족계획연맹과 비슷한 영국 기관 마리스톱스인터내셔널Marie Stopes International이 지원하고 있는데,* 유감스럽게도 예산이 고갈되고 있지만 아직 새 후원자를 찾지 못하고 있다.

브윈디 병원은 말 그대로 나무 밑에서 진료를 시작했다. 국립공원이 생겼을 때 그 안에 살던 바트와 피그미족 약 100가구는, 삶의 터전에서 쫓겨나 가뜩이나 힘겹게 살아가던 삶을 더욱더 허덕이며 알아서 살아가야 했다. 땅도 없이 반투족에게 인간 이하의 존재로 취급받던 그들은 본래 살던 숲에서 더 이상 사냥도, 채집도 할 수 없게 되었다. 사냥 기술도, 꿀 냄새를 맡을 수 있는 초인적인 능력도 이제는 쓸모가 없어졌고, 그들은 아프리카의 가난한 종족 중에서도 가장 가난한 존재가 되었다. 그들의 아이들은 대부분 죽었고, 기대 수명은 28년에 불과했다. 2003년, 미국인 선교사이자 의사인 스콧 켈러만Scott Kellermann은 바트와족을 위해 즉흥적으로 야외 병원을 열었다. 하지만 그는 곧 약국이 몇 곳 있을 뿐 국립공원 주변 마을들에 사는 10만여 명의 반투족 역시 의료 혜택을 제대로 받지 못하고 있다는 점에서는 쫓겨난 피그미족이나 매한가지라는 점을 알아차렸다. 그는 결국 병원을 지을 돈을 모금하기 위해 재단 설립에 나섰다.

캘리포니아 출신 산부인과 의사 에이미가 삼십 대 초반에 이곳에 올 무렵, 브윈디 지역 병원은 강화콘크리트 건물 네 동을 갖춘 상태였다.

---

* 마리 스톱스Marie Stopes는 마거릿 생어가 1916년 외설죄로 체포당하는 것을 피해 영국으로 갔을 때 그녀를 스승으로 모셨다. 하지만 그 뒤로 수십 년이 흐르는 동안 여성의 번식권을 위해 싸우던 두 투사는 서로를 경멸하고 경쟁하게 되었다.

거기에는 일본 대사관의 기증을 받아 침대가 40개로 늘어난 산부인과 병동도 있었다. 하지만 켈러만 재단은 새 병동의 개소식을 열면서도 이미 2층 침대를 이보다 두 배나 더 늘리려 애쓰고 있었다. 우간다의 출산율은 세계 최고 수준이며, 많은 남성들이 아내를 여럿 두고 있다. 현재 3300만 명인 우간다 인구는 2050년에 세 배 이상 늘어날 것으로 예상된다. 게다가 브완디의 출산율은 국가 평균보다 높은 편이며, 자녀가 여덟 명 이상인 가구도 흔하다.

에이미는 산들바람에 바스락거리는 불꽃나무가 줄지어 선 인도를 따라 걷는다. '더 작은 가정이 더 부유하다'라는 표어가 적힌 광고판을 지나 태양새들이 복숭아 색 히비스커스 꽃들 사이로 들락거리는 덤불을 가로지른다. 플라스틱 물통을 들고 머리 위에 과일 바구니를 인 채 균형을 잡으면서 맨발로 걷는 여성들이 가득한 도로가 나온다. 브완디 국립공원 입구에 있는 마을로, 콩고 국경에서 2킬로미터 떨어진 부호마 중앙의 먼지 자욱한 시장에 있다가 집으로 돌아가는 이들이다. 도로 바로 맞은편에 에이미의 목적지가 있다. 무성한 나뭇잎 사이로 튀어나온 작고 하얀 나무 표지판이 두드러진다. 'CTPH-공중보건을 통한 보전: 마운틴고릴라와 다른 종들을 위한 현지 병원CTPH-Conservation Through Public Health: Field Clinic for Mountain Gorillas and Other Species'이라고 적혀 있다. 글래디스 칼레마지쿠소카 박사와 그녀의 남편인 로렌스가 설립한 비정부기구다.

누가 소리친다. 에이미는 반투족 방언인 '루키가Rukiga'를 못 알아듣지만, 몸을 돌린다. 육십 대처럼 보이는 깡마른 여성이 바나나를 든 두 동료 사이에서 절뚝거리면서 지팡이를 짚으며 걸어온다. 이가 하나도 없는 입으로 환하게 웃으면서 두 팔을 활짝 벌려 에이미를 껴안는다. 바로 전날, 에이미는 이 여성의 열 번째 아이인 딸의 분만을 도왔다. 그 뒤에 에이미는 간호사 겸 통역사를 통해 아이를 더 낳고 싶은지 물었다.

실제 나이는 서른 살인 여성은 왈칵 울음을 터뜨렸다. "맙소사, 절대 안 돼요!" 그녀가 속삭였다. 그녀는 HIV 양성이었고, 이미 한 차례 뇌졸중을 일으킨 적이 있다. "너무 몸이 약해져서 더는 못 낳을 거예요." 하지만 남편은 생각이 달랐다. 그래서 에이미는 앞으로 12년 동안 임신을 막을 수 있는 기구를 자궁에 삽입할 수 있다고 설명해 주었다. "원한다면 당장이라도 할 수 있어요."

그녀는 하겠다고 했다.

짙은 금발을 뒤로 묶어서 말총머리를 한 채, 에이미는 CTPH 안뜰의 이엉지붕 아래 놓인 고리버들 의자에 앉은 여성 14명과 남성 12명 앞에 선다. 주변 마을에서 모집한 이 가족계획 상담자들은 비누와 염소를 대가로 받는다. 이들은 콘돔, 매일 먹는 피임약, 석 달 동안 효과가 지속되는 데포프로베라Depo-Provera 주사, 5년 동안 지속되는 위팔에 이식하는 호르몬 피임제의 이용 가능성과 상대적인 장점을 이웃들에게 교육하는 일을 한다.

글래디스 칼레마지쿠소카와 직원 다섯 명도 참석해 있다. 글래디스는 석사 과정에 다닐 때 진퇴양난에 처한 서부 우간다의 상황을 해결하지 않는다면 고릴라를 구할 방법도 없다고 결론지었다. 생물 다양성이 높은 지역들이 흔히 그렇듯, 이곳에서는 동물들이 풍부하다는 바로 그 이유 때문에 인간도 풍부하다. 수백 제곱킬로미터 면적에 걸쳐 도시는 전혀 없지만, 우간다인의 거의 3분의 1이 우간다의 남서쪽 사분면에 해당하는 브윈디 주변에 산다. 그래서 이곳은 아프리카에서 인구밀도가 가장 높은 시골 지역이다. 15세 미만이 인구의 절반 이상을 차지하며, 농장은 이미 수없이 쪼개진 끝에 면적이 대부분 1만 제곱미터도 되지 않는다. 글래디스는 결국에는 굶주린 사람들이 뇌물이나 위협을 통해 공무원들을 움직여서 공원의 규모를 계속 축소해 나갈 것이라고 직감했다.

동물의 건강을 유지하려면, 사람들의 건강을 지켜야 했다. 하지만 사람들이 더 건강해지면 더 많이 살아남을 것이고, 수명도 더 늘어날 터였다. 이미 인구가 너무 늘어나서 가뜩이나 위험에 처해 있는 고릴라의 서식지인 브윈디 숲을 압박하고 있는 상황에서, 보건 의료 수준이 더 높아지면 인구가 더 늘어날 것이 뻔했다. 따라서 인구를 억제할 유인책과 수단을 통해 건강한 사람의 수를 제한해야 한다는 것이 논리적 결론이었다. 옴과 결핵을 없애자는 운동을 통해 대중의 신뢰를 얻은 CTPH는 이제 가족계획 활동에도 나섰다. 인구를 관리해야만 고릴라가 생존할 수 있었다.

글래디스에게 한 가지 도움이 될 만한 요소는 고릴라 관광이 지역 경제에 중요하다는 사실이었다. 공원 입장료의 20퍼센트가 지역사회에 돌아가기 때문이다. 그 수입이 줄어들기를 바랄 사람은 아무도 없었다. 주민들은 1999년 투치족이 르완다를 장악한 이후 콩고 정글로 피신했다가 우간다로 넘어온 후투족 암살단이 브윈디 국립공원을 습격하여 관광객 14명과 공원 관리인 한 명을 포로로 잡은 사건을 생생하게 기억하고 있었다. 그들은 투치족의 정부 장악을 지원한 국가인 영국과 미국에서 온 관광객들을 표적으로 삼았다. 후투족 암살단은 프랑스 부대사를 비롯해 프랑스인과 독일인 관광객은 풀어 주었다. 미국인 두 명, 영국인 네 명, 뉴질랜드인 두 명은 영어를 쓰는 다른 관광객들과 함께 정글 칼로 난도질당해 죽었다. 만행을 막으려고 애쓰던 공원 관리인은 묶여서 산 채로 불태워졌다. 관광산업이 회복되기까지는 3년이나 걸렸으며, 그동안 지역 전체가 침체에 빠졌다.

글래디스는 이렇게 설명했다. "아기를 너무 많이 낳고 그들이 계속 자랄수록, 사람들은 작물 재배 면적을 늘리기 위해서 숲을 더 베겠죠. 그러면 고릴라가 사라질 것이고, 관광객도 다시는 오지 않을 겁니다."

여성들은 군이 설득할 필요조차 없었다. 자손을 많이 볼수록 존경을 받는 지역 전통은 오직 남성들에게만 해당되었다. 키울 자식이 늘어날수록 여성들은 그저 서로에게 연민만 더 느낄 뿐이었다.

루키가 말에는 가족계획이라는 개념이 없으므로, 여성들은 곧 영어 단어로 그 개념을 표현하기 시작했다. 하지만 가족계획 수단을 접할 수 없다면, 하려는 의지가 있어도 소용이 없을 터였다. 우간다 대통령 요웨리 카구타 무세베니Yoweri Kaguta Museveni도 가족계획에 지장을 주고 있었다. 그는 피비린내 나는 혼란으로 가득했던 이디 아민의 통치기 이후에 국가를 다시 안정시킨 인기 있는 지도자였다. 현재 25년 넘게 연임을 하고 있는 무세베니 대통령은 중국과 인도의 급격한 경제성장이 엄청난 인구에 따른 산물이라고 믿었다. 그래서 그는 우간다의 인구가 늘어날수록 우간다의 경제도 더 나아질 것이라고 추론했다.

그는 우간다 인구가 겨우 17년 만에 두 배로 늘어난 것을 도약의 기회라고 여겼다. 인구가 증가하면 더 많은 사람들이 더 많은 돈을 벌어서 국내 상품을 더 많이 살 것이고, 그에 따라 세금도 더 걷힐 것이고 그 예산을 교육에 투자해 더 많은 사람을 더 많이 교육시키는 선순환이 이루어질 것이라고 믿었다. 그의 정부가 피임을 금지한 것은 아니었다. 보건부는 심지어 피임을 권하기도 했다. 하지만 그 분야의 빈약한 예산은 외국의 원조에 의존하고 있었고, 기껏해야 가임기 여성 중 절반만 혜택을 볼 수 있는 수준이었다. 실제로 지출된 예산은 2008년에 겨우 6.4퍼센트에 불과했다. 그나마도 대부분은 배란일을 계산하는 데 좋다고 대통령 영부인이 옹호한 문비드Moon Bead를 구입하는 데 쓰였다. 문비드는 염주와 비슷하게 생긴 일종의 구슬 팔찌인데, 구슬을 세어 월경 주기를 계산하며, 임신을 피하는 데 효과가 있다고 했다.

"예바레 무농가Yebare munonga." 에이미는 자신을 공동체 보전 건강 노동자community-conservation health worker라고 부르는 청중에게 루키가 말로 감사를 표한다. 그녀가 아는 루키가 말은 그 정도다. 그녀는 자신이 산부인과 의사이며, 중요한 가족계획 도구를 소개하러 왔다고 영어로 설명한다. 기존 도구보다 효과가 훨씬 더 오래가는 도구다. 그녀는 글래디스의 동료가 통역을 할 때까지 기다린다. 에이미와 마찬가지로 그도 CTPH의 로고가 박힌 회색 티셔츠를 입고 있다. 로고는 어미 고릴라와 아기 고릴라, 인간 부부가 함께 있는 모습이다.

에이미는 패러가드ParaGard T-380A를 치켜든다. 미국에서 만든 자궁 내 피임 기구IUD로, 이번 주 초 그녀가 도착한 뒤로 시술을 계속 해오던 것이다. 그녀는 T 자 모양의 피임 기구를 청중에게 넘겨 준다. 길이 약 2.5센티미터에 유백색 폴리에틸렌으로 만들어졌으며, 끝에 두 가닥의 나일론 실이 달려 있다. T 자의 줄기와 양팔에 굵기가 0.8밀리미터에 불과한 가느다란 구리 선이 감겨 있다. 미국 비정부기구인 국제인구서비스Population Services International의 지원 덕분에 1달러 이하로 판매된다.

여성들은 그 기구의 무게를 헤아려 본다. 사실상 거의 무게가 느껴지지 않는다.

"어떻게 작동하는 건가요?" 누군가 묻는다.

에이미는 설명한다. "구리에서 나온 이온이 정자가 난자에 가지 못하게 막는 거예요." 통역이 그 말을 길게 설명한다.

"얼마나 오래가나요?"

"12년이나 지속됩니다. 쓰던 것을 빼고 새것을 집어넣을 수도 있고요."

"부작용은요?"

언제나 가장 우려하는 부분이 부작용이었다. 우간다에서는 데포프라베라 주사를 맞으면 생리혈을 너무 많이 흘려 자궁이 썩는다는 식의 피임약 괴담이 널리 퍼져 있다. 그런 괴담을 남성들이 퍼뜨리기도 한다.

에이미가 대답한다. "IUD는 호르몬요법과 달리 두통이나 체중 감소, 감정 기복 같은 부작용이 전혀 없어요. 사람에 따라서는 생리혈이 더 많이 나올 수도 있긴 해요."

통역이 끝나자 곳곳에서 신음이 터져 나온다. "하지만 대개 서너 달이 지나면 정상으로 돌아옵니다. 내가 경험한 바로는 그 때문에 불편했다는 사람은 거의 없었어요. 피가 계속 많이 나면, 질 밖으로 튀어나온 이 실을 잡아당겨서 기구를 빼내면 됩니다."

"남자가 알아차릴 수도 있나요?"

"이 실은 적당히 잘라내서 남자가 접촉할 수 없는 안쪽으로 말아 넣을 거예요. 그러니까 눈에 띄지 않습니다."

그녀는 가방에서 자궁을 확대한 가죽 모형을 꺼낸다. 백인의 살색을 띤 것이다. 모두가 킥킥거린다. 에이미는 끝에 고리가 달린 작은 집게처럼 생긴 도구를 써서, IUD를 아주 쉽게 넣었다가 뺄 수 있다는 것을 보여 준다.

"몸속에서 돌아다니지는 않을까요?"

에이미는 고개를 젓는다. 그녀는 장기적인 방법이면서도 완벽하게 복구할 수 있다는 것이 이 기구의 장점이라고 설명한다. 석 달마다 호르몬 주사를 맞을 필요도 없고, 새 이식물을 삽입하기 위해 병원을 오갈 필요도 없다는 것이다. 젊은 여성은 아기를 가질 준비가 될 때까지 삽입하고 있어도 된다. 아기를 낳은 뒤, 다시 새것으로 삽입할 수 있고, 둘째를 낳고 싶을 때 빼면 된다. 이미 자녀를 충분히 낳은 나이 든 여성은 삽입한 뒤 12년 동안 그냥 지내다가 더 이상 피임을 할 필요가 없을 때 빼면 된다.

에이미는 이렇게 덧붙인다. "그리고 IUD를 삽입하기에 가장 좋은 시기는 출산한 지 48시간 뒤입니다. 병원에 와 있을 때지요."

그녀는 청중이 이 말을 이해할 때까지 기다린다. 오렌지색 천을 두른 여성이 묻는다. "굳이 남편이 알 필요는 없겠죠?"

에이미가 답한다. "없지요. 아내가 말하지 않는다면요."

모두가 웃는다.

여기 온 상담가 중에는 마을 사람들에게 데포프로베라 주사를 놓는 교육을 받은 이들도 몇 명 있다. 자궁 내 기구를 삽입할 자격을 갖춘 사람은 없지만, 여성들에게 병원에 가도록 권할 수는 있다. 병원은 산후에 IUD 시술을 무료로 해줄 것이다. 의자를 옮겨 세 명씩 짝을 지어 앉게 한 뒤 상담가들은 여성을 병원에 보내는 방법을 체득하는 역할극을 한다. 에이미는 각 집단에 시나리오를 제시한다. 결핵에 걸린 스물일곱 살의 여성이 장기 피임을 원한다는 시나리오도 있다. 그녀에게 IUD를 권하는 것이 적절한 대응이다. 호르몬요법은 결핵에 합병증을 일으키거나 다른 약물들과 충돌을 일으키는 부작용이 있지만, IUD는 그런 부작용이 전혀 없기 때문이다. 임신 8개월째인 스무 살 여성은 첫째 아이와 둘째 아이 사이에 터울을 두길 원한다. 어떤 가족계획 방법을 써야 할까? 이 사례에서는 콘돔에서부터 화학물질과 자궁 내 피임 기구에 이르기까지 모든 방법을 다 설명한 뒤에, 어느 것이 자기 상황에 가장 잘 맞는지 스스로 판단하게끔 해야 한다. 하지만 제거하기 위해 굳이 병원에 올 필요도 없을 뿐 아니라, 출산한 뒤에 IUD를 삽입하는 것이 가장 거추장스럽지 않은 방법임을 언급하는 것이 좋다. 출산한 뒤에 그냥 퇴원하면, 다음번 배란을 할 때 다시 임신을 할 수도 있다.

다른 상황도 제시된다. 석 달마다 호르몬 주사를 맞기가 지겨워진 서른두 살 여성은 어떨까? IUD로 걱정을 덜고 싶지만, 삽입된 기구가 몸속을 돌아다니다가 심장으로 갈 수도 있다거나 임신을 막지 못해서 아기가 생기고 아기의 머리에 기구가 박힐 수도 있다는 말을 들어서 경계하는 스무 살 여성은? 모두들 고객과 상담가 역할을 바꾸면서 역할극에 열중한다. 그런 뒤에 서로 평가를 한다. IUD가 얼마든지 삽입했다가 제거할 수 있다는 말을 했는가? 아이가 여덟인 엄마에게 아기를 또 가지면 더 행복해질지, 아니면 더 시달리게 될지 마음 상하지 않게 질문을 했는가? 산후 IUD는 성욕이 충만한 남편이 알아차릴 수 없는 비화학적 형태의 효과적인 피임법일 뿐 아니라, 바로 그렇기 때문에 병원에서 아기를 낳는 것이 좋다는 말을 했는가?

일주일 동안 에이미와 일한 간호사는 병원에서 아기를 낳는 것이 대단히 중요하다는 점을 다시 한 번 강조한다. 병원에서 아기를 낳는 여성의 사망률은 국가 평균보다 80퍼센트 더 낮다. 간호사는 덧붙인다. "아기 사망률도 마찬가지예요. 여러분이 아기를 낳다가 죽으면, 그 아기가 살아남을 가능성도 훨씬 낮아지죠."

글래디스는 양쪽 팔에 갓난아기를 한 명씩 안고 뒤에서 지켜보고 있다. 길게 말린 머리카락 사이로 흐뭇한 웃음을 띤 얼굴이 보인다. 그녀가 인간과 털투성이 친척 사이를 넘나들 수 있는 기생충과 결핵, 에볼라, 소아마비 같은 질병에 관한 인식을 제고함으로써 신뢰를 구축한 뒤, CTPH의 임무에 가족계획을 추가한 지도 어느덧 4년이 흘렀다. 지금까지 가족계획 프로그램은 서부 우간다까지는 거의 전파되지 못했다. 이제 CTPH는 현장 상담가들을 갖췄고, 그 프로그램을 함께할 협력 병원도 있다.

그녀는 여기까지 오기 위해 많은 노력을 해왔는데, 상당 부분은 여성도 고릴라도 직접 대하지 않는 일이었다. 자선단체의 운영자라면 누구나 그렇듯이, 그녀도 기존 지원금이 고갈되어 갈 때마다 끊임없이 새로운 기금을 찾아야 한다. 글래디스는 노스캐롤라이나 주립대학의 석사 과정에 있을 때, 보조금 신청서를 쓰는 법을 배우고 CTPH를 미국의 비영리 기구로 등록했다. 그녀가 처음 기금을 지원받은 곳은 워싱턴에 본부를 둔 아프리카야생동물보호재단African Wildlife Foundation이었다. 그곳을 시작으로 그녀는 존 D. 캐서린 T. 맥아더 재단John D. and Catherine T. MacArthur Foundation, 아일랜드 정부, 미국 어류및야생동물국Fish and Wildlife Service, 아스피린 제약사인 바이엘과 접촉했다. 그러다가 우연히 활기넘치는 구릿빛 머리카락을 지닌 미국인과 만나면서, 기구의 목적을 생식건강 쪽으로 확대하려는 그녀의 노력은 더욱 추진력을 얻었다. 바로 지금 그녀의 옆에 앉아서 에이미의 연수회가 진행되는 과정을 지켜보며 필기를 하고 고개를 끄덕이곤 하는 여성이다. 그녀는 공중보건유행병학자인 린 개피킨Lynne Gaffikin으로, 에이미 뵈디시를 부호마로 데려온 사람이다. 글래디스를 가족계획에 힘쓰는 전 세계의 많은 단체들을 지원하고 있는 미국 국제개발처와 연결해 주기도 했다.

린 개피킨은 대학 3학년 때, 나이로비 대학교의 고생물학자 리처드 리키Richard Leakey 밑에서 화석을 분류하며 한 해를 보냈다. 그녀는 동료 교환학생 두 명과 함께 야생 침팬지와 마운틴고릴라를 보겠다고 히치하이크로 케냐를 지나서 이디 아민이 통치하던 우간다로 들어가기도 했다. 4년 뒤인 1978년에 그녀는 풀브라이트 장학금을 받고서 아프리카 문화를 연구하러 돌아왔다. 하지만 인류학자로서의 삶은 몇 년 전에 들렀던 케냐의 마을들마다 눈에 파리가 잔뜩 들러붙어 있는 피골이 상접한 아이들이 득실거리는 광경을 보는 순간 어긋나고 말았다. 그녀는 고등학생 때《인구 폭탄》을 읽었고, 심지어 제로인구성장 지부에도 가입한 바 있었다. 이제 그녀는 에를리히가 한 말이 무엇을 의미하는지 알아차렸다. 이듬해에 그녀는 UCLA로 돌아와서 공중보건 석사과정에 들어갔다.

마이클리스 병원과 가족계획협회에서 일하다 휴가차 그곳을 방문한 시카고 출신 산부인과 의사 폴 블루먼설Paul Blumenthal을 만난 린은 그에게 아프리카, 스님처럼 평화롭게 살아가는 마운틴고릴라, 그들의 점잖은 모습을 보고는 고요하고 경건한 태도를 보이는 관광객들에 관해 이야기했다. 남아 있는 마운틴고릴라의 수가 얼마 되지 않고, 그들이 살아가는 땅이 영장류 친척인 인간에게 잠식당하고 있다는 말도 했다. 또 변화가 일어나지 않는다면, 인간과 고릴라 모두 사라질 것이라고도 했다.

그들은 결혼을 했다. 린 개피킨은 사회 건강 및 유행병학으로 박사 학위를 받았고, 폴 블루먼설은 존스홉킨스 병원의 생식건강 학과장이 되었다. 1980년대와 90년대에 두 사람은 아프리카 등지의 저개발국을 자주 방문했다. 린은 케냐 보건부와 다이앤 포시Dian Fossey(리처드 리키의 아버지이자 침팬지 연구를 하라고 제인 구달을 보낸 루이스 리키의 또 다른 제자)의 유산인 마운틴고릴라수의학계획Mountain Gorilla Veterinary Project의 고문이 되었다.

그들은 마다가스카르에서도 2년을 보냈다. 이곳은 20년마다 두 배로 늘어나는 인구를 반영하듯이, 전통 혼례식에서 '아들딸을 일곱 명씩 쑥쑥 낳기를'이라고 축사를 보내는 세계 생물 다양성의 중심지다. 하지만 신임 대통령은 경제와 섬 자체의 건강이 지속 가능한 인구에 달려 있다고 선언하면서, 마다가스카르 보건부의 이름을 보건가족계획부로 바꿨다. 폴은 그곳의 고문이 되었고, 린은 미국 국제개발처의 인구건강환경Population, Health, and Environment, PHE이라는 새 프로그램과 협력해 아프리카의 지속 가능한 발전 계획들을 통합·조정했다.

2007년, 폴은 가족계획 프로그램을 맡아 달라는 초청을 받고 스탠퍼드 대학교로 갔다. 그곳에서 그는 프로그램 첫해에 14개국의 여성 28만 명에게 IUD 시술을 받도록 하는 성과를 올렸다. 한편 캘리포니아에서 린은 예전에 나이로비에서 함께 히치하이크를 했던 두 동료를 다시 만났다. 두 사람은 부부가 되어 있었다. 아내인 동화 작가 패멀라 터너Pamela Turner는 마운틴고릴라를 치료하는 수의사들에 관한 글을 쓰기 위해 린과 함께 아프리카로 돌아갔다. 그곳에서 그들은 브윈디 국립공원에 퍼지던 고릴라 옴 전염병을 막은 젊은 여성 수의사가 있다는 소식을 들었다.

몇 년 뒤, 르완다에서 마운틴고릴라를 바라보며 신혼여행을 즐기던 에이미 뵈디시는 패멀라 터너가 쓴 책《고릴라 의사들Gorilla Doctors》을 보았다. 얼마 뒤 그녀는 책에 나온 그 전염병학자와 함께 글래디스 칼레마지쿠소카의 수의과 겸 산부인과 비정부기구에서 산후 IUD를 가르치러 출발했다.

워크숍이 끝난 뒤, 지역사회-보전 보건 노동자들은 에이미와 함께 단체 사진을 찍었다. 린 개피킨의 소개로 CTPH가 가족계획 프로그램을 실시하기 위해 미국 국제개발처로부터 받은 지원금은 이미 다 떨어지고 없었다. 브롱크스동물원을 운영하는 야생동물보전협회Wildlife Conservation Society가 우간다에 사무소를 두고 펼치는 프로그램에서 약간의 지원금이 나오긴 하지만 말이다. 글래디스는 환경, 공중보건, 가족계획을 모두 다루기 때문에 그 세 영역을 다 돌아다니면서 기부를 요청할 수 있다. 그렇다고 해도 해마다 뚫고 들어가기 힘든 자선이라는 정글에 길을 만들면서 헤치고 살아 나와야 한다. 모든 개발도상국의 모든 비정부기구가 자선기금이라는 공동 우물을 차지하기 위해 경쟁하고 있으며, 그 우물은 경제가 침체되고 인구가 증가하면서 북극해의 얼음 면적처럼 줄어들고 있다.

글래디스와 린은 지원 기관들에 제출할 CTPH 평가 자료를 작성하느라 일주일 내내 일했다. 또 린은 가족계획 기금이 계속 흘러나올 수 있도록, 그 자료를 자신이 터득한 약어로 가득한 공공기관 전문 용어로 번역했다. 린이 기부자의 혼을 빼놓는 다음과 같은 문장들을 수월하게 지어낼 때, 글래디스는 고마운 마음이 들면서도 알파벳 수프 속을 헤엄치고 있는 듯한 느낌을 받는다. "국제개발처는 일찍이 BMCA에서 RH/FP 서비스의 이용이 어렵다는 점을 인식했고, 거의 10년 동안 해당 지역에서 CARE의 CREHP 운영을 지원해 왔다."

그들은 에이미와 포옹하면서 작별 인사를 한다. 린은 허약한 보급로를 붙들고 씨름하고 있는 도시 비정부기구들의 자문에 응하러 수도 캄팔라로 향한다. 변덕스러운 후원자에서부터 부패한 관료, 의약품이 열기에 찌들도록 방치하는 무능한 창고 관리자에 이르기까지, 수상쩍은 중개상과 게으른 운전사에서부터 낡은 배달 트럭, 꽉 막힌 도로, 라벨이 잘못 붙은 화물, 미어터지는 진료소, 과로에 시달리는 간호사에 이르기까지 그 사슬은 어디에서든 끊길 수 있고, 실제로 종종 끊어지기도 한다. 얼마 전에도 전국의 콘돔이 동난 적이 있다. 이런저런 대안이 있다는 것을 알리고 여성들의 인식을 제고하기 위해 온갖 노력을 다했어도, 피임약이나 주사약의 공급이 일주일 동안 지체된다면 그사이에 수백 건의 원치 않는 임신이 이루어질 수 있다.

글래디스는 북쪽으로 50킬로미터 떨어진 퀸엘리자베스 국립공원에서 발생한 응급 상황을 처리하기 위해 출발한다. 그 공원은 자연 수로를 통해 탁 트인 사바나로 이어지는 2개의 호수가 있는 곳으로, 어업으로 생계를 유지하는 주민 수천 가구와 염소, 소, 코끼리, 물소, 물영양, 악어, 표범, 하마 등이 모여든다. 그런데 지금 탄저균이 발생해 하마 67마리가 감염되었다고 한다. 식량 부족은 점점 심해지는 반면 인구는 계속 늘어나고 있기 때문에 사람들은 점점 더 많은 하마를 밀렵해 잡아먹어 왔다. 글래디스는 그들 중 어느 누구도 감염되지 않았기를 기도하고 있다. 그녀는 하이에나나 독수리가 하마 사체를 먹고서 탄저균 포자를 지구대 전역으로 퍼뜨리기 전에 3톤이나 나가는 하마의 사체를 무슨 수를 쓰든 태우거나 묻어야 한다.

에이미는 탄저균이라는 말에 오싹해진다. 대학생 때 미네소타 주 세인트폴의 가족계획협회 병원에서 일한 적이 있는데, 어느 날 누군가 병원으로 하얀 탄저균 가루가 든 편지를 보낸 적이 있기 때문이다. 그 끔찍한 사건을 겪으면서 그녀는 여성이 생식 문제에 대해 스스로 결정을 내리도록 돕는 것이 중요하다는 사실을 깨달았고, 평생 무엇을 하며 살아갈지 결정을 내리게 되었다.

"좋은 추억을 만들어 봅시다." 린이 그녀에게 말한다. 그런 뒤에 글래디스를 보며 말한다. "캄팔라에서 봅시다." 그들은 두 사람 모두의 영웅인 제인 구달이 우간다의 침팬지를 위해 개최하는 모금 행사에서 만나기로 했다.

"하마를 위해 기도합시다."

우간다 인구사무국의 수석 국가기획관 조이 나이가 Joy Naiga 박사는 침울한 모습이다. 호리호리해 보이는 검은 정장을 입은 그녀는 캄팔라의 셰러턴 호텔 식당에 앉아 있다. 회의 막간에 커피를 마시는 중이다. 탁자 아래로 하이힐 위에 얹혀 있는 맨발이 보인다.

"피임약 개발 50주년 기념식이지요. 우리 어머니가 먹던 것과 똑같은 약을 나도 먹고 있어요. 여성들은 똑같은 IUD를 쓰고요. 이건 신기술이 아니에요. 그리고 이 나라는 아직 피임 수단을 충분히 보급할 만한 여력이 없어요. 휴대전화처럼 시장에서 팔 수 있으면 좋겠네요."

대통령을 좋아하는 그녀는 대통령 내외를 꾸준히 만나 왔다. 그리고 계산 결과를 설명하려 애써 왔다. 설령 우간다에서 갑자기 원유가 발견되고 연간 GDP가 10퍼센트씩 증가한다고 해도, 여성 1인당 자녀가 일곱 명에 이르는 출산율로는 중위권 국가로 도약할 수 없다고 말이다. "출산율을 2.1명으로 줄일 때에만 가능한 일이죠."

하지만 대통령은 여전히 자국이 아프리카판 '아시아의 호랑이'가 되기를 원하며, 현재 초강대국으로 발돋움하려는 중국과 인도의 힘이 엄청난 노동력에서 나온다고 주장한다. 나이가는 그 말에 더욱더 좌절한다. 무세베니 대통령은 걷잡을 수 없이 번지고 있는 에이즈에 맞서기 위해 대단히 창의적인 전국적 홍보 운동을 펼쳤다. 그는 '무방목zero grazing'을 표어로 내세웠다. 늘 집 근처에서만 먹이를 찾는 염소처럼, 남자들도 집 밖으로 나돌아 다니지 말라는 것이다. 그것은 명석한 전략이었다. 도덕적인 설교를 하지 않고 그저 남자들에게 아내가 몇 명이든 상관없으니 집안에서 성욕을 채우라고 말할 뿐이었다. 그리고 그 전략은 잘 먹혔다. 채 10년도 지나지 않아 우간다의 HIV 감염률은 15퍼센트에서 5퍼센트로 뚝 떨어졌다.

나이가는 말한다. "그 일을 할 수 있다면, 다른 어떤 일도 해낼 수 있습니다." 하지만 국가 보건 통계자료에 따르면, 여성 중 41퍼센트는 피임 수단을 이용할 수 없다. "그리고 그것은 기혼 여성만을 표본 조사한 자료예요."

그녀도 인정했듯이, 우간다 정부는 그저 피임 수단을 충분히 확보하지 않았을 뿐이다. 대부분은 유엔인구기금United Nations Population Fund, UNFPA을 통해 기증받고 있는데, 그 기관도 수요를 충족하는 데 나름의 어려움을 겪고 있다. 우간다의 피임 수단이 부족하다는 것은 곧 의도하지 않은 임신이 적어도 연간 100만 건은 된다는 뜻이다. 그중 30만 건이 위험한 불법 낙태 수술로 이어진다고 결론 내린 연구도 있다. 대개는 원치 않는 아기를 더 낳고 싶지 않은 이들이 받는다.

"가족계획은 우리가 가난에서 벗어나는 데 비용 대비 가장 효과적인 방법입니다. 그것은 우리가 병든 환경을 치유할 시간을 벌어 줄 거예요. 또 여성들의 생명도 구하겠지요. 우리가 미적거리지 않는다면 신이 우리를 도울 겁니다."

건물 밖으로 보이는 캄팔라는 시시때때로 교통이 정체되고 시들어 가는 자카란다 꽃 사이로 오염물질 가득한 공기가 맴도는, 세계의 있을 법하지 않은 거대도시 중 하나로 변모해 왔다. 캄팔라의 언덕으로부터 빅토리아 호 연안에 있는 엔테베까지 30킬로미터에 이르는 거리에서 사람이 보이지 않는 구간은 없다. 길마다 푸른 바나나 더미를 지고서 구부정하게 걷는 남자들, 아기를 안고 있는 엄마들, 만화경 같은 갖가지 색의 교복을 입고 몰려다니는 아이들로 우글거린다. 빅토리아 호에서는 거의 뱃전까지 수면에 잠긴 길고 좁은 통나무배들이 몇 시간 거리의 섬에서 베어 낸 티크 같은 단단한 목재가 쌓인 부두로 털털거리며 들어온다. 이 목재는 숯을 만들어서 틸라피아와 나일퍼치 같은 물고기를 훈연하는 데 쓴다. 이 물고기들은 수가 점점 줄어들고 있다. 세계에서 두 번째로 큰 민물 호수이자 '아프리카의 급수탑'인 빅토리아 호는 캄팔라의 수원인 동시에 하수 처리의 마지막 단계에 해당하는 곳이다. 기름 막으로 뒤덮인 부두에 철썩이는 탁한 녹색의 물을 보면, 어느 쪽이 이기고 있는지가 뻔히 드러난다.

우간다에서 가장 오래된 가족계획 비정부기구는 패스파인더인터내셔널Pathfinder International이다. 1950년대부터 있었으며, 이디 아민의 공포 통치도 헤쳐 나왔다. 현 사무국장 앤 피들러Anne Fiedler는 27남매 중 하나다. 일부다처론자이자 학교 교장이었던 그녀의 아버지는 아내가 다섯이었다. 대학에 진학했을 때, 그녀는 학교 진료소를 찾아가서 자궁관묶기 수술을 해달라고 말했다. 자신은 아이를 원치 않으며, 자신이 낳을 아이까지 부모님이 다 낳으셨다고 하면서 말이다. 하지만 그녀는 남편이나 애인이나 아버지의 동의서를 받아 와야 한다는 말만 듣고 돌아와야 했다. 피임조차 동의서가 필요했다.

에이즈가 극성을 부릴 때, 앤 피들러는 십 대를 위한 라디오 프로그램인 〈스트레이트 토크Straight Talk〉를 진행하기 시작했다. 이제 그녀는

인구 쇼크

머지않아 엄마가 될 열여섯 살 청소년 청취자들에게 아이 둘을 사랑하고 먹이고 학교에 보내는 것과 일곱 명을 그렇게 하려고 고군분투하는 것의 차이점을 알려 주려고 애쓴다.

"아민으로부터, 그리고 HIV로부터 살아남은 뒤에, 모든 이들은 전멸 상태에 이르렀다고 느꼈고 인구를 회복시키고 싶어 했어요." 그녀는 붉은 테 안경을 치켜 올리면서 말한다. 그녀 자신도 그러했다. 그녀는 에이즈로 자매를 잃었다. 대학 동창에게서 옮았는데, 나중에 그에게 여자친구가 셋이나 있었고 그중 둘은 이미 죽었다는 사실이 드러났다. "동생은 피임약을 먹고 있었어요. 하지만 콘돔도 써야 한다는 것은 몰랐죠." 앤은 지금 결혼해 아이가 하나 있다. 대학에 가지 않은 자매 중에는 아이를 여섯이나 낳은 이도 있다.

"인구 증가가 우리의 미래를 앗아 가고 있습니다. 지도자들에게 더는 기대할 것이 없지만, 우리는 가족에게 행동을 바꿀 이유를 제시해야 합니다. 그렇지 않으면……." 그녀는 책상에 펼쳐진 장부를 가리키며 말한다. "우리는 그저 상품을 팔러 다니고 있죠. 피임약, 콘돔, 주사제를요. 하지만 마을의 누군가에게 나라 전체가 위기에 처해 있으니 아기를 덜 낳자고 말하기란 쉽지가 않습니다."

2010년 7월의 마지막 금요일, 린 개피킨은 일을 마치고 서둘러 캄팔라에서 가장 좋은 호텔인 세레나로 향한다. 땅거미가 지고 있다. 지난 주 내내 AK-47을 들고 정부 청사와 대사관, 세레나를 비롯한 5성급 호텔 지붕을 24시간 지키고 있던 군 저격병들이 마침내 떠났다. 호텔 손님들이 거쳐야 했던 3중 보안 검색도 해제되고 없다. 3중 검색은 금속탐지기를 세 번 거친다는 것이 아니라, 금속탐지기 한 대와 엑스선 검색 장치 한 대를 거친 뒤 손으로 짐과 지갑을 조사하는 것을 말한다.

이 편집증적인 보안 검색은 제15차 아프리카연합African Union 정상회담 때문이었다. 회담이 열리기 일주일 전에 폭탄 2개가 동시에 폭발하는 사건이 벌어졌다. 하나는 럭비 클럽에서, 또 하나는 식당에서 터졌다. 축구 팬들이 스페인과 네덜란드의 월드컵 경기를 시청하려고 모여 있던 장소였다. 76명이 사망했는데, 외국인 관광객도 몇 명 포함되어 있었다. 리비아 독재자 무아마르 카다피Muammar Gaddafi가 오면서 상황은 더욱 나빠졌다. 카다피야말로 그 폭탄 테러의 배후 인물로 지목되고 있었다. 40년째 권력을 장악하고 있는 카다피는 무세베니 대통령을 몹시 싫어했다. 우간다를 다스린 지 겨우 25년밖에 안 된 후배뻘인 무세베니가 아프리카합중국을 만들자는 자신의 말에 반대했기 때문이다. 아프리카 전체를 단일국가로 만들겠다는 구상이었다. 카다피는 합중국을 세우면 강력한 경제 전선을 구축할 수 있을 것이라고 주장했지만, 우간다 같은 기독교 국가들은 그 구상으로 이슬람교를 확대하려는 낌새를 눈치챘다. 정상회담 개막식 때 카다피의 경호원 300명이 무세베니 대통령 경호원들과 주먹다짐을 벌이면서 의구심은 더 커졌다.

하지만 그 뒤로 별다른 일은 벌어지지 않았고(늘 그래 왔듯이, 정상회담도 별 성과가 없었다), 지금 세레나 호텔의 야자수와 인공 폭포가 있는 수영장 테라스에서는 아프리카 침팬지의 생존을 목표로 하는 제인 구달 연구소의 창립자인 제인 구달을 위한 모금 행사가 열리고 있다.

실크 블라우스와 맞춤 바지 차림의 전문직 여성들과 재킷과 넥타이 정장으로 격식을 차린 남성들 사이로 포도주 잔과 과자가 담긴 쟁반을 든 여종업원들이 돌아다닌다. 미국 대사와 직원도 몇 명 참석해 있고 세계야생동물기금World Wildlife Fund, 야생동물보전협회, 우간다 야생동물협회Uganda Wildlife Association 사람들도 보인다.

검은 스웨터에 헐렁한 연두색 바지를 입은 린은 글래디스를 찾는다. 글래디스는 샌들에 CTPH의 폴로셔츠 차림이다. 그녀의 남편인 통신 전문가 로렌스는 재킷을 입고 있다. 로렌스의 증조부는 일부다처론자로, 연령대가 몇 세대에 걸쳐 있는 100명의 자녀를 낳았다. 손자보다 더 어린 자식도 있었다. 우간다 최초의 공학자였던 로렌스의 할아버지는 자녀를 여섯만 두었고, 다산에 몰두하는 형제를 보면서 당혹스러워했다. 그는 항의하곤 했다. "정말 자식이 더 필요한 거야?" 집안 전체가 그 자손들을 돕기 위해 나서야 했다.

"우리는 친척들을 돌보기 위해서 사적인 단체가 필요했지요." 로렌스가 말한다. 그 자신은 우간다에서도 보기 드문 사례에 속한다. 외동아들이었으니 말이다. 그의 어머니는 로렌스 하나로 만족했다. 나중에 자녀가 여섯 명 딸린 남자와 재혼을 할 때까지는 그랬다. 재혼한 남편과 아이를 몇 명 낳을 것이냐고 친척들이 묻자, 그녀는 그들에게 학교 등록금을 대줄 것인지 반문했다.

제인 구달이 안마당에 등장하자 사람들이 웅성거린다. 잿빛 머리를 길게 기른 호리호리한 체형의 구달은 검은 터틀넥 위로 짙은 오렌지색 숄을 걸치고 있다. 곧 그녀는 사람들에게 에워싸인다.

로렌스가 속삭인다. "제대로 알려지기만 한다면, 사람들이 침팬지 하면 제인 구달을 떠올리듯이 고릴라 하면 글래디스를 떠올릴 겁니다." 유감스럽게도 고릴라의 자리는 비어 있다. 루이스 리키의 또 한명의 유명한 제자인 다이앤 포시가 살해되었기 때문이다. 그녀가 맞서 싸우던 밀렵꾼이나 관광산업계에 있던 정적이 그녀가 지니고 다니던 정글 칼로 살해했을 가능성이 높다. 그녀는 마운틴고릴라가 인간의 질병에 쓸데없이 노출된다고 여겨서 관광산업을 싫어했다.

리키가 지금의 탄자니아로 침팬지를 연구하라고 제인 구달을 보낸지 어느덧 50년이 흘렀다. 구달은 자신이 평생 이어 갈 연구를 시작할 무렵 아프리카 21개국에 걸쳐 150만 마리의 침팬지가 살고 있었지만 지금은 30만 마리도 채 남지 않았다는 말을, 아프리카연합 정상회담에서 하기 위해 우간다로 왔다. 우간다에는 앨버틴 지구대에 소규모 침팬지 개체군이 있다. 브윈디 국립공원에도 일부가 살지만, 대부분은 퀸엘리자베스 국립공원의 북부에 살고 있다.

그리고 바로 그곳에서 최근 우간다의 운명을 바꿀 일이 일어났다. 정말로 석유가 발견된 것이다.

무세베니 대통령이 꿈꾸던 우간다의 미래가 갑자기 더 이상 꿈이 아닌 듯이 느껴진다. 채굴권을 임대한 성과가 있었다. 사실 이날 저녁 행사는 침팬지가 가장 많이 모여 사는 앨버틴 지구대 지역 채굴권을 임대계약한 영국의 석유탐사 회사가 후원했다. 그 회사의 임원도 한 명 참석해 있다. 넥타이는 매지 않고 파란 셔츠를 입었다.

그가 사람들을 향해 말한다. "침팬지와 인연을 맺게 되어 무척 기쁩니다." 그는 자신들이 시추 지역에서 시작한 나무 심기 운동을 소개한다. "우리는 그곳의 환경을 보고 깊은 감명을 받았습니다. 책임지고, 그곳을 시추하기 전보다 나은 곳으로 만들도록 노력하겠습니다."

그는 회사가 그곳에 정유 시설도 짓고 있다는 말은 쏙 빼고, 매장량을 고려할 때 그곳에 머무는 기간이 기껏해야 20년에 불과할 것이라는 말도 하지 않는다. 우간다의 매장량은 3억 배럴로 추정된다. 미국이 엿새 정도면 소비할 양이다.

연설을 끝낸 뒤, 그는 제인 구달을 소개하고 포옹을 한다. 구달은 미소를 머금는다. 그녀는 앨버틴 지구대에 처음 갔던 때를 묘사한다. 북쪽의 부룬디 국경에서 남쪽의 잠비아 깊숙한 곳까지 침팬지 서식지가 죽 이어져 있었다고 한다.

"단층절벽 위에 오르면 동쪽이 한눈에 들어왔어요. 눈에 보이는 끝까지 굽이치면서 녹색으로 펼쳐져 있는 숲 전부가 침팬지 서식지였지요. 그 숲들은 서서히 사라져 갔습니다." 그녀의 연구소가 있는 탄자니아의 곰베 국립공원은 면적이 약 50제곱킬로미터로 줄어들었고, 남은 침팬지도 채 100마리가 되지 않는다. 농민들이 경작을 포기하고 여성들이 땔감을 찾기를 포기한 가장 가파른 비탈에만 나무가 남아 있을 뿐이다.

구달은 석유 회사 임원을 돌아본다. "그리고 지금 우리는 앨버틴 지구대를 석유 회사로부터 구하고자 필사적으로 노력하고 있습니다." 그녀는 다시 한 번 미소를 머금는다. 모두가 웃음을 터뜨린다. 그녀는 지구온난화와 원자력발전소 사고를 제외하면 역사상 가장 큰 환경 재앙 두 건이, 석유 회사들이 나이지리아와 에콰도르의 정글에서 일으킨 것이라는 말까지는 하지 않는다.

구달은 젊은이들이 미래에 대한 희망을 잃지 않도록 자신이 120개국에 젊은이들을 위해 설립한 국제 환경 교육 단체인 뿌리와새싹Roots & Shoots에 기부를 해달라는 호소로 연설을 마친다.

그리고 덧붙여 말한다. "많은 젊은이들이 올바른 가치관을 지니고 자랄 수 있도록 도웁시다. 그리고 우리가 인구 증가를 억제할 수 있는지, 적정 수준으로 낮출 수 있는지를 알아봅시다. 알맞은 장소에 알맞은 인구가 살아갈 수 있는 수준으로 말입니다."

이어서 제인 구달과 침팬지가 함께 그려진 초상화와 그녀가 서명한 회고록을 놓고 경매가 벌어진다. 석유 회사 임원과 아름다운 금발이 돋보이는 그의 아내가 초상화에 가장 높은 가격을 부른다. 제인 구달은 그들과 기념 촬영을 하면서 다시금 똑같은 미소를 머금는다.

책 한 권을 경매로 구입한 린 개피킨이 글래디스에게 말한다. "당신에게 선물할게요." 글래디스는 구달이 서명을 하고 있는 연단으로 향한다. 50년 동안 세계의 침팬지를 구하는 일에 헌신해 왔지만, 그 침팬지의 80퍼센트가 사라지는 것을 지켜보아야 했던 그 우아한 노부인은 세계에 마지막으로 남아 있는 수백 마리의 고릴라를 구하는 일에 매진하고 있는 이 젊은 수의사에게 평생의 이야기가 담긴 책을 건넨다.

그들은 서로를 진심으로 인정하는 미소를 주고받는다.

08
거대한 인구 장벽

엄청난 숫자

린샤*는 저녁을 먹으며 어머니가 말하기 전까지는 까맣게 모르고 있었다.

"아직 네게 젖을 물리고 있을 때였지. IUD를 다시 넣지 않고 있었어. 임신할 가능성이 낮았으니까."

그때 샤의 어머니는 이미 직장으로 복귀해 있었다. 트럭 정비 공장에서 장부를 기록하는 일이었다. 그녀는 빙긋 웃으면서 말했다. "직장도 다니고 아기도 키우느라 너무 바빠서 아기를 더 낳을 수가 없었지." 은퇴한 교사인 샤의 아버지는 사과 조각에 손을 뻗다가 고개를 끄덕였다.

---

* 본인의 요청에 따라 가명으로 바꿨다.

바쁘다는 이유 때문만은 아니었다. 중국의 한 자녀 정책이 시작된 지 3년째 되는 해였다. 비록 베이징에서 남쪽으로 1000킬로미터나 떨어진 안후이 성에 살고 있었지만, 농촌 가정이라고 해도 예외는 없었으며 그들도 그 규정을 알고 있었다. 여성이 아이를 한 명 낳은 뒤에 둘째를 가지려고 했다가는 불임수술을 받게 될 수도 있었다. 그래서 샤의 어머니는 아기를 가졌다고 솔직하게 공장에 털어놓았다. 남들은 출산 휴가를 받을 때 그녀는 낙태 휴가를 받았고, 낙태 수술과 요양과 스테인리스 강철 IUD 고리 교체에 필요한 비용도 지원받았다. "지금도 마찬가지로 지원하지."

린샤는 태어나지 못한 동생이 있다는 사실을 그날 처음으로 알았다. "무서웠어요? 아니면 슬펐어요?" 그녀는 언니라고 해도 믿을 만큼 동안인 어머니의 둥근 얼굴을 다정하게 바라보면서 물었다. 자매가 있다면 얼마나 좋을까.

그들이 있는 곳은 샤의 베이징 아파트였다. 그녀의 집은 11층이고, 28층까지 높이 솟은 똑같은 직육면체 건물 10동으로 이루어진 단지 안에 있었다. 어머니는 샤의 귤색 고양이를 들어서 무릎 위에 올려놓았다. "말하자면 종양이 생긴 것과 같다고 해야 할까. 제거해야 했지. 무섭지는 않았단다. 신경이 조금 날카로워졌을 뿐이지. 네가 멀리 떨어진 학교에 들어간 뒤에는 아이를 더 낳지 않은 것을 후회하기도 했단다. 하지만 법을 어길 만큼 절실하지는 않았어."

법을 어기면 1년 치 월급보다 더 많은 벌금을 낼 수도 있었다. 지금도 마찬가지다. 성에 따라, 그리고 해당 지역의 인구 계획 공무원이 할당액을 얼마나 채웠느냐에 따라 벌금 액수가 달라지긴 하지만 말이다. 속도위반 딱지처럼, 아기를 더 낳은 주민에게 부과하는 벌금은 상당한 세원이 되어 왔다. 상하이나 부유한 장쑤 성에서는 둘째 아이를 낳았을 때 이 '사회부담세'가 미화 3만 달러에 이르기도 하며, 셋째는 더하다. 하지만 농민은 몇 백 달러 정도의 벌금만 낼 수도 있다.

샤의 어머니는 말했다. "당시에는 주로 임신을 포기하라고 압력을 가했단다. 여자가 낙태하지 않으려고 달아나면, 돌아올 때까지 가족을 감옥에 가뒀지."

그녀의 아버지가 일종의 표어가 된 말을 인용했다. "'밧줄을 사줄까, 독약을 사줄까?' 여자가 낙태를 하느니 차라리 죽어 버리겠다고 말하면, 으레 이런 답변이 돌아왔지. 지금 농민들은 당국의 말을 무시하고 아들을 얻을 때까지 셋이고 넷이고 낳기도 하는데, 1980년이었다면 아예 집을 불도저로 밀어 버렸을 거야." 그는 자기 잔에 차를 따르고 덧붙여 말했다. "지역 관리들이 그렇게 나쁜 짓들을 저지르고 다녔지. 중앙정부의 의도는 좋았어. 중국은 산아제한을 해야 했으니까."

그들의 부모도 1958년부터 1962년까지 계속되었던 역사상 최악의 기근에 고생을 했다. 마오쩌둥 주석이 대약진운동을 실시하던 때였다. 개인 농장을 집단화하고, 수많은 농민들이 공장 노동자로 내몰리던 시기였다. 먼 베이징에 있는 무능한 지도자들 때문에 수확량이 급감하고 있었는데도, 늘어나고 있는 도시는 더 많은 곡물을 요구했다. 하지만 아무도 감히 거부할 생각을 하지 못했다. 숙청이 두려워 재앙 수준으로 떨어진 수확량을 정확히 보고하려는 사람도 없었다. 숙청은 때로 처형을 의미하기도 했다. 심각한 식량 부족으로 결국 4000만 명이 넘는 사람들이 굶어 죽었다. 정확히 얼마나 죽었는지는 아무도 모른다. 그리고 수백만 명이 영양실조에 시달렸다.

인구를 지탱할 식량이 부족했던 기억은 중국의 집단의식에 깊이 새겨졌다. 그녀의 아버지가 말했다. "집을 부수고 가재도구를 압류하거나, 낙태를 할 때까지 여자의 부모를 가두는 것은 심한 짓이었지. 하지만 우리는 정부의 정책이 필요했단다. 인구가 너무 많았으니까."

2013년 새로 선출된 시진핑習近平 주석이 재임 기간에 서서히 완화할 수도 있음을 시사한 중국의 논란 많은 한 자녀 정책은 사실 이미 어느 정도는 명칭에 걸맞지 않은 상태가 되어 있다. 22가지의 예외 규정 덕분에 중국인 가구의 35퍼센트는 적어도 자녀를 두 명까지 가질 수 있었다. 그래서 '1.5자녀 정책'이라고 바꿔 부르는 중국인들이 많다. 린샤의 부모는 농촌에 살고 있어 6년—터울을 두도록 한 기간은 성마다 다르다—이 흐른 뒤에 아들을 가지려는 시도를 할 수도 있었다. 농촌 지역에 허용된 예외 조항뿐만이 아니다. 2002년 이래로 중국은 56개 소수민족(인구의 92퍼센트를 차지하는 한족 이외의 민족)의 수가 줄어들어 문화적 멸종 상태에 이르지 않도록 세 자녀까지 허용해 왔다. 또 광부(사망률이 높기 때문에), 장애인, 외국에서 태어난 자녀에게도 예외 규정이 적용되었다.

최근 몇 년 전부터는 독자끼리 결혼을 하면 두 자녀까지 낳을 수 있도록 하고 있다. 하지만 대부분 한 명만 낳고 만다. 독자 두 명이 은퇴한 부모 네 명과 조부모 여덟 명까지 생계 보조를 해야 할 상황이라면, 두 아이를 키우는 비용이 만만치 않을 것이기 때문이다. 역사상 유례없는 수준의 거대도시가 점점 더 많이 건설되고, 콘크리트가 마르자마자 새로운 주민들이 그 자리를 채우고 있는 중국의 도시에서는 이제 농장을 운영할 아들이 필요 없다. 대신에 그들은 자신에게 할당된 한 명을 키울 공장 임금이 필요하다. 뭔가 기업가 정신이 발동하여 상향 나선을 그리면서 사회적·경제적 지위가 상승하는 가장 운 좋은 이들만이 아이를 더 낳을 생각을 한다.

비록 자매를 잃긴 했지만, 린샤도 한 자녀 정책의 혜택을 보았다. 아들 선호 사상이 심했던 과거에는 대학생 가운데 여성이 4분의 1에 불과했다. 지금은 거의 절반으로 늘었다. 그녀는 기계공학과 통신공학을 전공한 뒤, 과학저술가가 되었다. 그녀가 일하는 잡지 사무실은 베이징의 황량한 산업 지구였던 차오양이 2008년 올림픽에 앞서 건설 열기가 불면서 눈부신 중심 업무 지구로 변모할 때 세워진 수십 채의 마천루 중 한 곳에 있다. 이 놀라운 도시와 거대하기 그지없는 나라에 산다는 것은 흥분되는 일이다.

하지만 실제로 중국은 얼마나 커질 수 있을까?

현재 중국은 곡류, 육류, 석탄, 철강의 세계 최대 소비국이며, 세계 최대 자동차 시장이자 제조국이다. 또 검댕과 이산화탄소를 뿜어내는 세계 최대의 탄소 배출국이기도 하다. 비록 굴뚝에서 배출되는 오염물질의 40퍼센트는 미국을 위한 상품을 제조하면서 나오는 것이라고 중국이 항변하고 있긴 하지만, 그렇게 해서 버는 돈을 반대하는 이는 아무도 없으며, 배출량은 계속 늘어나고 있다.

현재 중국에는 인구 100만 이상의 도시가 적어도 150개는 된다. 그리고 2025년에는 220개로 늘어날 것이다. 금세기의 25년 동안, 세계에서 새로 지어질 건물 중 절반은 중국에 있을 것이다. 현재 도시에 사는 중국인은 절반에 이르며(1980년에는 5분의 1이었다), 2030년에는 4분의 3에 이를 것이고 도시는 계속 늘어날 것이다. 비록 중국의 출산율이 한 자녀 정책이 시행된 지 7년 만에 대체율 수준으로 떨어지긴 했지만, 지금까지의 관성이 너무나 강해 앞으로도 한 세대 동안 인구는 계속 증가할 것으로 보인다. 2012년에 중국 인구는 약 7주마다 100만 명씩 늘어나고 있었다.

샤는 말한다. "중국인이 4억 명 더 늘어난다니 아예 상상이 되지 않아요." 많은 이들이 한 자녀 정책으로 달라질 것이라고 생각해 왔다. 그녀는 베이징 주변의 말라붙은 호수, 간쑤 성의 나무 하나 없이 먼지만 이는 벌판, 악취 풍기는 황허에 관해 글을 쓰고 있다고 부모에게 설명했다. 그리고 댐도 있다. 세계에서 가장 큰 댐 4만 5000개 가운데 절반이 중국에 있다. 주민 130만 명을 이주시키면서 지어진 양쯔 강의 싼

샤댐은 인류 역사상 가장 크고 비용이 많이 든 건축물이다. 하지만 곧 더 많은 예산이 들어가는 남수북조공정南水北调工程, South-North Water Transfer Project 건설공사가 그 지위를 넘겨받을 것이다. 완공하는 데 반세기가 걸릴 이 공사는 양쯔 강 삼각주에서 북쪽으로 1200킬로미터 떨어진 베이징 주변의 물 부족 지역으로 물을 끌어들이는 수로를 건설하는 것이다. 또 하나의 황허를 만드는 것이나 다름없다.

황허 밑으로 터널을 파는 남수북조는 더 높은 지대로 물을 퍼 올려야 하는 구간이 총 거리의 절반 이상이다. 상하이는 경악하겠지만, 아시아 대륙을 기울여서 양쯔 강 삼각주의 물이 거꾸로 북쪽으로 흘러가도록 하는 것과 비슷하다. 상하이는 이미 물을 너무 많이 퍼 올리는 바람에 지하수위가 1.8미터나 낮아진 상태다. 남수북조공정은 지구 기온이 상승할수록 양쯔 강 상류 유역의 강수량이 더 늘어날 것이라고 가정하고 계획한 것이다. 하지만 지금까지 기후변화로 오히려 가뭄이 극심해져서 강물 수위가 너무 낮아지는 바람에 석탄 바지선이 오갈 수도 없는 상황이 벌어지고 있다. 그 결과 발전소 가동이 중단되고, 쌀과 밀을 수입해야 할 상황으로 내몰리고 있다.

린샤는 또 하나의 표어를 떠올린다. 중국 국가인구계획생육위원회國家人口計劃生育委員會의 "조국의 대지는 너무 지쳐서 더 많은 아이를 부양할 수 없다"라는 표어다. 그녀는 예전에 저명한 중국 인구통계학자가 중국의 적정 인구가 7억 명이라고 한 말을 떠올린다. 현재의 13억 인구의 절반을 조금 넘는 수준이다. 몽골만 한 면적의 황사와 4개의 성을 뿌옇게 뒤덮는 스모그를 생각할 때면, 그녀는 그 말에 동의하지 않을 수 없다.

"우리가 그 모든 석탄을 태울 필요도, 댐을 더 건설할 필요도 없다면 어떻게 될지 상상해 보세요."

중국 인구는 1964년에 7억 명이었다. 겨우 반세기 전이었다.

로켓과학

2030년경 중국 인구는 15억 명에 조금 못 미치는 수준에서 정점에 이를 것이다. 중국의 출산 법령이 완화된다고 하더라도 핵가족을 선호하는 현재의 추세가 바뀔 것 같지는 않기 때문이다. 그 뒤로는 고출산과 저출산 사이의 전이 세대가 사라져 인구가 급감할 것이다. 출산율이 대체율보다 낮은 수준으로 여러 해 동안 지속되고 나면, 대체할 만큼 아이가 많이 태어나지 않게 될 것이다. 2100년이면, 인구는 다시 10억 명 이하로 줄어들 것이다. 하지만 문제는 지금과 그 미래 사이에 어떤 일이 일어날 것이냐다.

자금성에서 몇 블록 떨어진, 베이징에서 몇 군데 남지 않은 옛 골목의 조용한 통로에 자리한 적벽식당의 정원에 앉아서 장정화蔣正華는 바로 이 나이를 먹어 가는 전이 세대를 생각하고 있다. 그는 사흘 뒤인 2010년 9월 25일자로 30주년을 맞이하는 중국의 한 자녀 정책을 개발하는 과정에서 자신이 했던 역할에 관심을 보이는 미국인 과학자와 식사를 하기 위해 기다리는 중이다. 그도 그녀와의 만남을 기대해 왔다. 그녀는 인류를 낳은 자연적인 토대를 무너뜨리는 것이 가장 큰 이익을 얻는 방법이 아니라, 환경을 보전하는 것이 비용 대비 더욱 효과적인 방법이라는 것을 보여 준 선구적인 연구로 유럽, 아시아, 미국에서 여러 상을 받은 인물이었다. 그가 알기로는 그녀도 미국의 개체군 생물학자인 폴 에를리히의 제자다. 중국은 인구의 고삐를 조이기로 결정할 때 에를리히의 연구를 참조했다.

중국에서 그녀는 그의 제자인 인구통계학자 리쑤저우李樹茁와 공동 연구를 하고 있다. 리는 한 자녀 정책의 한 가지 예기치 않은 여파를 연구하고 있다. 바로 인구통계에서 여아 수백만 명이 사라지고 있다는 것이었다. 2000년에 리쑤저우는 사랑의 집關愛之家을 공동 설립했다. 아들을 원하지만 딸을 얻은 가정에 상담과 대출을 해주고, 딸의 양육 상황을 지켜보는 기관이다. 현재 중국농공민주당 중앙위원회 부의장으로 있는 장정화도 관련 과제 해결을 도와달라는 정부의 요청을 받고 있다. 젊은 사람의 수가 훨씬 적은 상황에서 노년층을 어떻게 보살필 것이냐는 문제다. 미국인 과학자에게 그 문제를 어떻게 생각하는지 들어보는 것도 좋을 것이다.

"장 교수님, 만나서 반갑습니다." 그레천 데일리가 인사한다. 그는 짧게 다듬은 머리에 다정해 보이는 연한 눈동자를 지닌 단정한 차림의 운동선수 같은 여성을 향해 활짝 웃는다. 그녀도 세로줄 무늬 정장에 페이즐리 무늬 넥타이 차림의 전문가에게 웃음으로 화답한다. 장정화는 아직 머리가 검고 정정하다. 너무 큰 무테안경만 아니라면 칠십 대 중반으로 보이지 않는다. 그는 식당을 관리하는 여성에게 그녀를 소개한다. 여성은 그를 무척 좋아하는 눈치다. 그가 요리를 주문한다. 북경 오리, 유기농 쌀에 해삼을 곁들인 볶음밥, 오스트레일리아의 시라즈 와인이다. 그는 양손을 포개고 의자 등받이에 몸을 기댄다.

장정화는 중국에서 가장 아름다운 도시 가운데 하나인 항저우에서 태어났다. 사실 딴 곳이 고향이 될 수도 있었다. 당시 중일전쟁이 한창이었고, 항저우는 침략당한 지 얼마 되지 않았다. 부모가 피신하던 와중에 항저우 시 관문에서 그를 낳는 바람에 그곳에 머물게 되었다. 아버지는 초등학교에서 역사와 지리를 가르쳤고, 어머니는 수학을 가르쳤다. 전쟁이 끝나고 중국이 마오쩌둥의 공산주의를 채택했을 때, 역사학자인 아버지는 그에게 기나긴 세월 중국인들이 정부가 더 나은 삶을 위해 사람들을 통합시킬 운명을 지닌 권력 기구라고 믿게 된 과정을 설명한 책들을 주었다.

자오퉁 대학교에서 전자공학을 전공한 장정화는 이미 1950년대 말에 조국 발전의 토대를 닦기 위해 중국 인구를 7억에서 8억 명 사이로 안정화할 계획이 논의되고 있다는 소문을 들었다.

그레천이 묻는다. "관심사가 뭐였나요? 식량과 보건 의료였나요? 숲? 지력 약화? 당시에 무엇을 염두에 두고 있었지요?"

"경제 발전이었지요. 1950년대의 중국인들은 환경문제는 생각도 하지 않았습니다. 중국은 자원이 풍부하고 거대한 나라이니까, 환경 따위는 걱정할 필요가 없다고 생각했어요. 물론 1958년까지만 그랬지요. 대약진운동 때까지요. 우리는 어리석은 짓을 많이 저질렀어요. 산이 벌거벗을 때까지 나무를 베어 냈지요. 엉성하기 그지없는 용광로에서 쇠를 녹이려고도 했고요."

마오의 대약진운동이 벌어지는 동안, 6000년간 농업 국가였던 중국은 급격히 산업 시대로 들어섰다. 고철 부스러기를 녹일 용광로를 지으라는 지시를 받은 농민들이 뒤뜰에 벽돌로 만든 수십만 개의 용광로에서 나오는 찐득한 매연이 온통 하늘을 뒤덮었다. 농가에서는 할당량을 채우기 위해 자전거와 냄비와 팬까지 녹여야 했다. 주로 갓 베어 낸 나무 수백만 그루를 때어 용광로에 불을 지폈기 때문에 온도가 낮았고, 거기에서 얻은 선철은 대부분 아무짝에도 쓸모가 없었다.

장정화는 거듭 말한다. "어리석은 짓이었지요. 하지만 당시에는 말도 안 되는 짓이라고 생각한 사람이 아무도 없었습니다. 1950년대에 정부는 떠받들어야 할 대상이었지요. 전쟁이 끝난 직후였고요. 사람들은 공산당이 무슨 일이든 해낼 수 있다고 믿었습니다."

하지만 인구 제한은 공산주의 사상과는 완전히 동떨어진 개념이었다. 마르크스Karl Heinrich Marx와 엥겔스Friedrich Engels는 토머스 로버트 맬서스가 과잉인구가 자원에 가하는 압력 때문에 생산이 제한된다는 주장을 했다고 비난했다. 그들은 실제로는 정반대라고 주장했다. 즉 인구는 노동력이라는 자원을 제공함으로써 생산을 늘린다는 것이다. 그들은 맬서스가 세계의 문제들을 착취당하는 하층계급 탓으로 돌림으로써 지배계급인 자본가들을 옹호하는 부르주아 대변자라고 생각했다. 마오쩌둥 주석의 생각도 처음에는 그러했다. 인구는 장애물이 아니라 강점이라고 말이다. 하지만 대약진운동이 재앙을 일으키자, 마오와 총리인 저우언라이周恩來는 추락하는 국가를 안정시키는 일을 도와줄 과학자들을 선발했다.

인구 통제라는 개념은 사실 그보다 전에 등장했다. 1953년, 중국 정부가 인구조사를 했더니 거의 6억 명에 달한다는 놀라운 결과가 나왔다. 곧 콘돔과 페서리가 보급되기 시작했고, 여성들에게 초산을 늦추고 첫째와 둘째의 터울을 더 두라고 장려하는 정책이 나왔다. 마오 주석은 맬서스주의를 반대하는 마르크스주의와 인구가 통제 불가능한 수준에 이르고 있다는 현실을 앞에 놓고 머리를 싸매고 있다가, 종종 양쪽을 오락가락하곤 했다. 그는 대약진운동 초기에는 국가 산아제한 정책을 제시했다가, 그것을 포기하고 인구통계학자들을 숙청했다.

1966년에 시작된 마오의 문화대혁명은 궁극적으로 한 자녀 정책이 시행될 무대를 마련했지만, 그 방식은 비현실적이었다. 장정화는 빙긋 웃으면서 말한다. "나는 사실 미사일 제어 분야에서 일하고 있었습니다. 그리고 원자로 제어 쪽도 맡고 있었지요."

"정말이에요?" 그레천이 묻는다.

장정화가 졸업하기 직전인 1958년, 자오퉁 대학교는 공학부를 비롯한 많은 학과를 해안 지역인 상하이에서 1300킬로미터 떨어진 내륙인 산시 성에 있는 중국의 고대 수도 시안西安으로 옮겼다. 공식적으로는 전국에 고등교육을 전파하기 위해서라고 발표했지만, 그는 대만에서 출격한 적기가 상하이 상공을 빈번하게 날아다녔다고 회상한다. 따라서 이전을 한 데는 그의 학과를 지키려는 전략적인 의도도 깔려 있었는데, 학과에서는 그에게 컴퓨터과학이라는 새 분야에서 일해 달라고 요청했다. 그는 유도미사일과 원자로의 자동제어 시스템을 설계하는 임무를 맡았다.

대약진운동이 펼쳐질 때, 갓 갖춰진 중국의 컴퓨터는 뒷마당의 용광로에서 어떻게 하면 철이 끊이지 않고 생산될 수 있을지를 계산하는 용도로 헛되이 쓰였다. 하지만 재앙이 찾아온 뒤, 5년 동안 컴퓨터 분야는 놀라운 발전을 이루었다.

"우리는 로켓을 만들었습니다. 심지어 우리 힘만으로 반도체 칩도 만들었지요."

그레천이 말한다. "제 남편은 레이저 물리학을 연구하는데, 쓰는 칩이 다 중국산이래요."

장정화는 다시 빙긋 웃음을 짓는다. 하지만 그 뒤에 일어난 일을 회상하면서 한숨을 내쉴 때 그의 자긍심은 녹아내린다. "문화혁명이 일어났지요. 그것만 없었다면, 중국은 훨씬 더 일찌감치 발전했겠지요."

1966년 마오는 부르주아 분자라는 의심이 드는 이들을 숙청하기 시작했다. 문화혁명은 1970년대 중반 마오가 죽기 직전까지 계속되었다. 집단농장에서부터 공산당 고위직에 이르기까지 사회의 어느 분야도 예외가 아니었고, 가장 심하게 처벌을 받은 부문은 대학교였다. 홍위병이라는 학생 조직은 마오의 충동질에 휘말려서 대학의 관리자들과 교수들을 '주자파', 즉 자본주의를 추종하는 무리이자 반혁명 지식인, 배신자라고 비판하고 나섰다. 교수들은 거리로 내몰려 뭇매를 맞으면서 걸어야 했다. 외국 대학들과의 교류 협력이나 해외 학술지에 논문을 발표하는 일도 중단되었고, 도서관은 쑥대밭이 되었다. 1967년 무렵 대부분의 대학이 폐쇄되었고, 교수들은 먼 오지로 유배되어 프롤레타리아 농민들에게서 사회주의 재교육을 받아야 했다. 농민들은 교수들의 손에 괭이를 쥐어 주었다. 10년이 넘도록 대학으로 돌아가지 못한 이들이 부지기수였다.

하지만 전략적으로 혁명을 면제받은 이들이 있었다. 미사일 시스템을 연구하는 장정화도 그중 한 명이었다. 국방에 필수적이라고 여겨지던 컴퓨터 기술 분야만이 그 혼란을 고스란히 피해 갔다. 그것이 바로 정상적으로는 사회과학자와 인구통계학자가 맡았어야 할, 세계에서 가장 유명하면서 강력한 산아제한 정책을 두 명의 미사일 공학자가 입안하는 기이한 상황이 벌어진 이유다.

오늘날 중국 바깥의 사람들은 자본주의자들에게 경외심과 시기심을 불러일으킬 만큼 엄청난 속도로 세계에서 가장 빠르게 성장하는 경제가 어찌하여 스스로를 공산주의라고 부르기를 고집하고 있는지, 도저히 이해하기 어렵다. 이 현상은 따지고 보면 문화혁명에서 비롯된 것이다. 당시는 중국이 세계와 다시 접촉하면서도 동시에 외부의 영향을 제거하고 있던 시기였다. 1971년 유엔은 중화인민공화국을 중국의 합법적인 정부로 인정했다. 그 뒤로 유엔 안전보장이사회의 자리는 인구가 붉은 대륙의 60분의 1에 불과한 대만이 아니라 중화인민공화국이 차지하게 되었다.

중국은 그 무렵 자본주의 국가인 북아메리카, 서유럽, 일본, 오스트레일리아, 뉴질랜드로 이루어진 이른바 제1세계와 공산주의 국가들로 이루어진 이른바 제2세계로 나뉜 세계의 현안을 논의하는 자리에 요란하게 끼어들어서 입지를 굳히기 시작했다. 두 진영은 저개발된 제3세계 국가들을 맹방으로 끌어들이기 위해 — 혹은 압박하기 위해 — 애쓰고 있었다. 중국의 참여는 1974년 부쿠레슈티에서 열린 제1차 유엔 세계인구회의 때 특히 눈에 띄었다. 당시 중국 대표 황수체黃樹則는 인구 폭발로 곧 세계의 식량과 자원이 부족해질 것이라고 두려워하는 서구의 태도를 조롱했다.

못 가진 나라들이 가난한 이유가 인구과잉 때문이라는 주장은 강대국의 케케묵은 논리다. 그들은 인구가 너무나 많은 반면 식량 공급량이 너무 적고 천연자원이 너무 부족하다는 계산값들을 산더미처럼 내놓고 있다! 하지만 지금까지 자신들이 약탈한 천연자원과 빼앗은 사회적 부, 아시아·아프리카·라틴아메리카에서 부당하게 취득한 엄청난 이득의 양이 얼마나 되는지는 한 번도 계산한 적이 없다. 그들이 착취한 것들을 계산에 넣어야 한다. 그러면 인구문제에 관한 진실이 한눈에 드러날 것이다.

하버드 인류학자 수전 그린헐Susan Greenhalgh은 중국의 출산 정책을 20년 동안 연구한 결과를 집약한《단 한 명의 아이Just One Child》에서, 그 신랄한 비난이 특히 1972년에 MIT의 시스템 모델 연구자 도넬라 메도스Donella Meadows, 데니스 메도스Dennis Meadows, 외르겐 라네르스Jørgen Randers가 수행한 연구를 가리킨 것이었다고 했다. 책 한 권 두께의 그 연구보고서는 국제적 싱크탱크인 로마클럽이 의뢰한 것이었다. 로마클럽에 제출된《성장의 한계The Limits to Growth》라는 제목의 보고서는 중국 대표자가 말한 '악명 높은 맬서스'와 4년 전 폴 에를리히가 했던 경고를 떠올리게 했다. 보고서는 불어나는 세계 인구와 자원의 대량 수확이 충돌하여 대재앙의 길로 나아가고 있다고 예측했다. 에를리히의 《인구 폭탄》처럼《성장의 한계》도 전 세계에서 수백만 부가 팔렸다.
1974년에 중국에는 그 책이 아예 없었다. 황수체는 부쿠레슈티에서 이렇게 말했다.

현재 세계 인구는 맬서스의 시대 이후로 네 배 이상 늘었지만, 수많은 장애물을 극복하기 위해 애쓴 인민 대중의 노력 덕분에 사회의 물질적 부는 훨씬 더 증가해 왔다. 중화인민공화국은 수립된 지 20여 년 만에 생산량을 엄청나게 늘렸다. 인민의 창의력은 무한하며, 천연자원을 이용하고 활용하는 인간의 능력도 마찬가지다. 강대국들의 비관적인 견해는 전혀 근거가 없으며, 거기에는 숨겨진 의도가 있다.

황은 당시 중국에서 컴퓨터를 다루는 소수의 애국자들, 미사일과 국방 전문가들이 독자적으로 시스템 모델링을 하고 있다는 사실을 알지 못했다. 국가가 미국·유럽·소련의 과학자들을 따라잡는 것을 우선순위에 놓은 덕분에, 그들은 서구를 여행하는 등의 특권을 누렸다. 그들은 서양의 공학 학술지를 통해 시스템공학이 전기회로에서부터 교통 제어와 사회조직에 이르기까지 온갖 분야에 어떤 식으로 적용될 수 있는지를 연구했다. 그들은 《성장의 한계》를 읽었고, 동료인 황수체와는 상당히 다른 결론에 이르게 되었다.

장정화는 그레천 데일리에게 설명한다. "아주 흥미로운 개념들이었습니다." 중국 지도자들은 그에게 미래의 경제 시나리오를 짜달라고 했다. "중국의 경제학자들은 이론에는 뛰어났지만 수학에는 젬병이었어요. 경제성장을 가속하고 싶다면, 어떤 요소를 투입해야 할까? 자원이 한정되어 있다면, 우리가 얻을 수 있는 최대 산출량은 얼마나 될까? 그들은 발전을 제한하는 요인들이 무엇이고 자원을 어떻게 배분해야 할지 알고 싶어 했지요. 투입-산출 모형을 구축하려면, 경제 요소들 사이의 균형을 고려하는 한편 환경 시스템의 요인들도 고려해야 했지요. 나도 로마클럽 보고서를 읽었으니 알고 있었습니다."

그레천이 말한다. "흥미롭네요."

시안의 자오퉁 대학교에 있는 장정화의 시스템학과 외에도 베이징의 제7기계공업부에는 우주산업을 담당하는 또 다른 컴퓨터 복합체가 있었다. 그곳의 선임 미사일 과학자는 첸쉐썬錢學森이라는 좀 가냘프고 온화한 인물이었다. 1934년 기계공학 전공으로 자오퉁 대학교를 졸업한 첸은 MIT에서 석사 학위를, 캘리포니아 공과대학에서 박사 학위를 받았다. 캘리포니아 공과대학은 그를 교수로 초빙했다. 그는 패서디나에서 캘리포니아 공과대학 제트추진연구소Jet Propulsion Laboratory를 창설했고, 제2차 세계대전 때에는 미국을 위해 미사일을 설계하고 공군 대령으로 복무하기도 했다. 그럼에도 그는 매카시 열풍이 불 때 공산주의자로 의심받아 축출되었다. 미국 과학자들과 군 장교들이 항의했지만 소용 없었고, 그는 1950년대 중반까지 가택연금 상태로 있다가 중국으로 돌아갔다.

미국의 열성 반공주의자들은 자신들이 두려워하는 바로 그 공산주의자들의 군대에, 미국의 미사일 기술 개발에 기여하며 상세한 지식을 쌓은 인물을 넘겨 준 꼴이 되었다. 첸은 마오쩌둥과 저우언라이의 과학 고문이자 중국 미사일 계획의 입안자가 되었다. 제7기계공업부에서 그의 제자 가운데 가장 명석한 인물은 쑹젠宋健이라는 인공두뇌 과학자였다. 쑹젠은 기계학에서부터 군사전략과 사회구조에 이르기까지 다양한 응용 분야에서 효율을 최적화하는 뛰어난 미분 이론을 설계한 바 있었다. 제7기계공업부에서 그는 미사일 유도 시스템을 연구했다.

문화혁명 때 그는 스승인 첸쉐썬의 보호를 받으면서, 자신의 이론과 미사일 부문의 컴퓨터 성능을 활용해 중국에 꼭 필요한 사회계획 모형을 개발하는 일에 나섰다. 장정화와 마찬가지로 쑹젠도 서구를 여행하고 과학 문헌을 접할 수 있었다. 그는 인구통계뿐 아니라 민물, 토양, 오염을 정량화하고 그것들이 어떻게 상호작용하는지를 이해하는 것이 경제와 사회 발전을 이끄는 데 대단히 중요하다는 점을 인식했다. 쑹젠과 장정화는 미국과 유럽의 생태학자들이 자국의 인구가 환경 용량을 넘어서고 있음을 우려한다는 것을 알았다. 그렇다면 그들은 중국처럼 출산율이 높은 저개발국에는 어떤 사전 경고를 하고 있는 것일까?

유엔 회의에서 중국이 세계의 억압된 이들과 연대해야 한다고 열변을 토하고 있든 말든 간에, 이 과학자들이 국가 지도자들에게서 들은 메시지는 제3세계에 속해 있다는 자부심이 아니었다. 과학적·경제적으로 제1세계의 강대국들과 대등한 수준에 오르는 것이 목표였다. 그들은 인공두뇌 장비를 이용해 그 목표를 어떻게 달성할 수 있을지 파악하는 일을 맡았다.

시안과 베이징에서 각자 독자적으로 연구를 하던 장정화와 쑹젠은 생태계에서 가장 쉽게 정량화할 수 있는 매개변수에 초점을 맞췄다. 바로 인구였다. 수전 그린헐이 《단 한 명의 아이》에서 말했듯이, 인구학은 자연과학과 사회과학의 교차점이다. 자신들의 기술과 모형, 기계, 학제 간 지식을 적용해 자국의 적정 인구가 얼마일지 파악하려 애쓰던 장과 쑹은 인류 역사 내내 종교 당국과 철학자, 과학자들을 사로잡은―그리고 분노케 한―연대기의 마지막, 아마도 가장 결정적인 장에 등장하는 전위부대였다. 그 연대기는 하나의 질문으로 귀결된다. 우리는 과연 어떤 존재인가?

호모사피엔스는 자연을 지배하는 법칙들을 초월하는 고도로 진화한 존재, 혹은 신의 창조물일까? 아니면 우리 역시 지구에 사는 다른 모든 존재들과 똑같은 테두리 안에서 순응하며 살아가야 하는, 엄청나게 많은 생물 중 하나일(압도적인 존재임에는 분명하지만) 뿐일까?

비록 지도층으로부터 위임받은 과제는 경제적인 것이었지만(조국이 제공할 수 있는 것보다 투입량을 더 많이 요구하지 않으면서 산출량을 최대화할 수 있는 인구는?), 그들이 고려해야 할 변수는 《성장의 한계》의 저자들이 고려했던 것과 동일했다.

"우리는 인구, 경제성장, 환경이 어떤 관계에 있는지 잘 알지 못했습니다." 장정화가 포도주를 더 따르면서 말한다.

"우리는 지금도 그런 것 같은데요." 그레천이 한 모금 마시면서 말한다.

그럼에도 그들은 일을 진행했다. 각 부서에서 자료를 모아 컴퓨터에 입력하고, 맬서스에게까지 거슬러 올라가는 경제학자들과 인구통계학자들의 문헌을 연구하고, 생물학자들과 농업학자들도 만났다. 누가 판단하느냐에 따라 다르게, 인류는 단지 하나의 생물학적 변수로 환원되어 모형에 입력되기도 했고, 현재 차지하는 역할에 걸맞게 입력되기도 했다.

1979년 12월, 쑹과 장은 쓰촨 성의 성도 청두成都에서 열린 중국 인구론 심포지엄에서 각자 연구 결과를 발표했다. 국가인구계획생육위원회와 중국 학술원이 후원했다. 두 기관 모두 문화혁명 때 선임 과학자들이 농장과 공장으로 유배되면서 쑥대밭이 된 바 있었다. 하지만 지금 중국은 역사상 가장 경이로운 도약 중 하나를 이루려는 시점에 와 있었다. 마오쩌둥이 사망한 것이다. 마오의 말년에는 그의 네 번째 아내인 전직 영화배우 장칭江青과 저우언라이의 후계자인 덩샤오핑鄧小平 사이에 권력투쟁이 벌어졌다. 덩샤오핑은 문화혁명 때 숙청되었다가 복권된 바 있었다. 시장 기반의 경제 개혁을 옹호한 그는 장칭에게 다시 숙청당했지만, 1979년 그녀를 비롯한 이른바 '사인방四人幫'이 몰락한 뒤 복귀하여 정권을 잡았다.

인구 심포지엄은 사회과학자들의 대회였다. 인구통계학자, 사회학자, 인문학자, 민속학자 등 대학과 연구소가 다시 문을 열면서 마침내 복귀한 이들이었다. 거의 150편에 이르는 논문이 발표되었지만, 그들의 연구는 10년 동안 심하게 제약되어 있었다. 수전 그린헐에게 정보를 제공하던 한 인사는 국가인구계획생육위원회가 예측을 할 때 주판을 써서 계산을 한다고 귀띔했다.

미사일 과학자인 쑹과 장은 엄청난 수를 계산하고 분석하는 인공두뇌의 연산 능력과 전 세계의 지식을 접할 수 있는 권한으로 무장하고서 그들 앞에 나섰다. "우리는 서로 다른 논문을 발표했습니다. 서로 어떤 일을 하고 있는지 알지 못했죠. 그의 수학은 내가 쓴 수학과 달랐어요. 하지만 과정이나 결론에서는 별 차이가 없었습니다."

그들의 논문에는 다른 이들의 논문보다 수학적 내용이 엄청나게 많이 들어 있었다. 도표와 수치, 그래프 시뮬레이션을 통해 다양한 시나리오를 보여 준 그들의 논문은 엄청난 충격으로 와 닿았고, 해당 분야의 학자들만이 아니라 다른 이들까지 관심을 갖기 시작했다. 중국의 환경 용량을 계산하려면 무수히 많은 변수를 고려해야 하지만, 그들은 경작 가능한 땅, 지역에서 이용할 수 있는 원료 자원, 다른 곳에서 자원을 수입할 때의 비용, 늘어나는 인구 1인당 경제적 잠재력(그리고 비용)에 초점을 맞췄다. 로마클럽 보고서를 토대로 유사한 변수들을 살펴본 장정화는 세계의 다른 많은 지역에 비해 중국에는 1인당 물, 숲, 금속 자원이 훨씬 더 적다는 것을 알아차렸다. 쑹젠 연구진은 식량 생산 능력과 생태적 균형에 초점을 맞춰 계산을 했는데, 장정화와 마찬가지로 중국의 적정 인구가 6억 5000만 명에서 7억 명 사이라는 결론에 이르렀다.

하지만 중국의 인구는 이미 9억 명을 넘어섰을 뿐 아니라 빠르게 증가하고 있었다. 쑹젠의 논문에는 여성 1인당 자녀 세 명이라는 현재의 출산율이 계속 유지된다면 2075년에 중국의 인구가 40억 명을 넘어설 것임을 보여 주는 그래프도 들어 있었다.

장정화가 양팔을 벌리면서 말한다. "우리는 모든 가구가 즉시 한 자녀만 갖기로 결심한다고 해도, 2000년이면 인구가 10억 명을 넘어설 수밖에 없다는 결론을 내렸습니다."

인구통계학자들과 사회학자들은 덩샤오핑이 인구가 자산이 아니라 경제적 장애물이 되기 전에 인구를 억제해야 한다고 믿는다는 것을 알고 있었다. 덩샤오핑이 그처럼 마르크스주의를 욕되게 하는 불경스러운 말을 했다가 유배당한 일은 널리 알려져 있었다. 물론 인구통계학자들과 사회학자들이 인구를 억제하기 위해 자발적으로 자녀의 수를 한정하고, 터울을 늘리고, 출산 연령을 늦추도록 하는 유인책을 비롯해 점진적인 수단을 취하자는 계획을 내놓은 바 있었다. 하지만 그들은 쑹과 장이 한 세대가 죽어 사라질 때까지 앞으로 수십 년 동안 한 자녀 정책을 펼쳐야 한다는 수학적 권고를 제시할 줄은 미처 예상하지 못했다. 그들의 그래프는 그렇게 해야 중국 인구가 10억 명을 조금 넘는 수준에서 정점에 이르렀다가 인구 증가 관성이 역전되어 인구가 적정 수준을 향해 줄어들면서, 서서히 대체율 수준으로 출산율이 회복될 것이라고 말하고 있었다.

또 그들은 심포지엄이 끝난 뒤에 고도로 파격적이지만 효과적인 전략이 나올 것이라는 예상도 전혀 하지 못했다. 그 점에서는 장정화도 마찬가지였다. "쑹젠의 연구 결과가 〈인민일보人民日報〉에 실린 거예요." 장정화는 감탄하면서도 조금은 시기심이 엿보이는 표정으로 고개를 절레절레 저으면서 회상한다.

쑹젠은 인맥을 활용해 중국에서 가장 영향력 있는 언론 매체인 공산당 중앙위원회 기관지와 접촉했다. 눈에 잘 띄지 않았던 학술대회의 주제였던 인구 억제는 갑자기 전국적인 뉴스거리로 도약했다. 〈인민일보〉에 실렸다는 것은 정부의 공식 승인을 받았다는 말이나 마찬가지였다. 그래서 쑹젠의 논문과 함께 한 자녀 정책으로 인구 증가를 억제하자는 취지의 사설이 제1면에 함께 실렸다.

다른 수학을 써서 동일한 결론에 이른 장정화의 연구는 쑹젠의 가설을 뒷받침하는 중요한 보강 증거가 되었다. 이 국방 과학자들의 통계학적 기습 공격에 당한 사회과학자들은 반론을 제기했지만, 덩샤오핑 정부가 1980년에 한 자녀 정책을 공식적으로 채택하고 나서면서 묻히고 말았다.

그 반론 중에는 선견지명이 있었던 것들도 있었다. 수학 모형에 빠져 있는 사회적 문제들이 앞으로 현실화할 것이라는 우려가 그러했다. 농가에서는 도시에 비해 아이의 존재 가치가 더 높은데, 그 문제는 어떻게 해결할 것인가? 전통적인 남아 선호 사상은 어떻게 해결할 것인가? 남아 선호 사상은 계층과 상황에 따라 어떻게 달라질 것인가? 3.0이라는 현재의 출산율이 대체율보다 높긴 하지만, 한 세대 사이에 5.0에서 그만큼이나 떨어진 것이니 그런 과격한 수단을 쓰지 않아도 인구 억제라는 목표를 이룰 수 있지 않을까?

그런 질문의 배후에는 입을 잘못 놀렸다가는 숙청당할 수도 있는 나라에서는 차마 꺼내기 어려운 또 다른 질문이 숨어 있었다. 수학적 도구에 의지해 인간의 행동을 좌우하려는 것은 인간성을 말살하려는 짓이 아닐까? 원하는 자녀를 갖지 못하게 금지하는 정책은 인간 본성에 반하는 것이 아닐까?

장정화는 말한다. "나는 사람들에게 가혹한 법령을 적용하고 싶지 않았습니다. 하지만 우리는 도출된 수치를 보고 충격을 받았지요. 자원의 양, 인구수 같은 것들 말입니다. 우리는 앞으로 어떤 시련이 닥칠지를 알았지요." 그는 안경을 벗고 눈을 문질렀다. 그는 이십 대 초반에 대기근을 겪은 사람이다. "모두가 잘살 수 있는 중국을 만들자는 것이 내 포부였습니다. 출산율을 낮추는 것이 최선의 방법으로 보였지요. 인구가 더 적었다면 우리 삶은 지금 더 나아졌을 겁니다. 하지만 인구가 적정 수준에 이르려면 아직도 갈 길이 멀지요. 그러니 당분간은 이처럼 강압적인 방법이 필요합니다."

직장, 물, 생선, 곡물, 가전제품, 자동차, 주택을 필요로 하는 중국인이 거의 5억 명이나 더 늘어날 것이라고 생각하면 그는 오싹해진다. 서유럽이 그러했듯이 중국도 급속도로 근대화되면서 출산율이 떨어질 가능성이 높지만, 강제적인 이행이 그 속도를 훨씬 더 높일 것이라는 데는 의심의 여지가 없다. 하지만 그레천은 궁금해진다. 중국 정부가 그 정책이 야기할 고통을 과연 고려했을까? 지방 공무원들이 할당량을 맞추기 위해 임신 말기에 있는 태아를 강제로 낙태시키지는 않을까?

집을 불도저로 밀고 벌금을 부과하고, 불시에 들이닥쳐서 아이를 찾아내려 하는 가족계획 담당 공무원으로부터 아이를 숨기고, 뇌물로 그들을 매수하는 일이 관행이 되지는 않을까? 더 나아가 농민 부모가 농장 일을 도울 아들을 얻기 위해 갓 낳은 딸을 익사시키거나 숲에 내버리는 여아 학살이 벌어지지는 않을까?

"그런 문제들을 예측한 모형이 있었나요?"

장정화는 이 질문에 대답하지 않는다. "사실 중국에는 한 자녀 정책이 시작되기 오래전부터 성차별이 있었지요." 비록 전족 풍습은 중화인민공화국이 탄생하면서 대체로 사라졌지만 말이다. 공화국 정부는 말 그대로 자기 자리를 떠나지 못하게 함으로써 남성의 일을 맡을 수 없게 할 목적으로 여성을 불구로 만드는 그 풍습을 금지했다. 현대 중국의 일터에서 여성의 처지는 크게 개선되어 왔다. "다른 어느 선진국보다 이곳 중국에서는 일하는 여성의 수가 많고, 여성 국회의원과 공무원의 비율이 높습니다. 하지만 남아 선호 사상에서 비롯한 성별 불균형이 여전히 남아 있어요."

그가 말한 불균형은 연간 출생하는 여아 100명당 남아의 수가 평균 118명이라는 것이다. 호모사피엔스의 자연적인 출생비는 여아 100명당 남아 약 105명이다. 중국의 성비가 부자연스럽게 편향된 이유는 잘 알려져 있다. 하지만 각각의 이유가 상대적으로 얼마나 중요한지를 놓고 논란이 있어 왔고, 아마 왜곡되기도 했을 것이다.

중국에서 벌어지는 여아 살해에 전 세계가 분노를 표하고는 있지만, 지금은 그런 일이 드물다고 여겨지며, 아마 한 자녀 정책이 실시된 대부분의 기간에 걸쳐 그러했을 수도 있다. 특히 시골 부부의 첫아이가 딸이라면 아들을 낳기 위해 둘째를 가지는 것을 허용하는 쪽으로 정책이 완화된 이후에는(이어서 성별에 관계없이 두 자녀를 낳을 수 있도록 더 완화되었다) 더욱 그러했을지 모른다. 중국이 산아제한을 강제하기 오래전부터 세계 유아 살해 중 상당수는 식구를 관리할 수 있는 규모로 유지하기 위해 이루어져 왔다. 아마도 선사시대 조상 때부터 그래 왔을 것이다. 중국의 한 자녀 정책 아래 여아 살해가 널리 이루어지고 있다는 보도는 편향된 성비를 보고서 성급하게 내린 가정에 토대를 둔 것일지도 모른다. 그리고 그 성급한 가정은 어느 정도는 서양인들이 과거에 '이교도 중국인'이라고 경멸했던 상대를 향한 오래된 편견에서 비롯되었을지도 모른다.

몇몇 인류학자들은 다른 두 가지 원인이 사라진 여아들의 대부분까지는 아니라고 해도 상당수를 설명해 줄 수 있다고 말한다. 첫 번째는 혐오스럽기는 마찬가지이지만, 태아 성별 검사를 한 뒤에 선택적으로 낙태를 한다는 것이다. 공교롭게도 논란을 일으킨 그 출산 정책이 채택되기 1년 전에, 중국은 초음파 진단 기기를 제작하기 시작했다. 곧 전국의 많은 지역에서 임신부들이 태아의 성별을 쉽게 알아낼 수 있게 되었다. 시골 부모는 1984년 이후로 두 자녀까지 허용되었기 때문에 대개 첫딸은 낙태하지 않는다. 하지만 시골 지역에서 둘째의 성비는 여아 100명당 남아 160명까지 나타나기도 한다.

물론 낙태가 아기를 양쯔 강에 내던지는 것 못지않은 살인 행위라고 여기는 사람들도 많다. 몇몇 연구자들이 중국의 남아 출산 비율이 훨씬 높은 현상을 설명한다고 믿는 두 번째 원인은 좀 덜 폭력적이다. 바로 여아를 출산한 사실 자체를 숨기기 때문이라는 것이다. 유엔의 인구통계학자들과 중국의 인구조사 담당자들은 중국의 왜곡된 성비가 초등학교 입학생 통계에서는 줄어드는 듯 보이는 현상을 발견했다. 가족계획 담당 지방 공무원을 매수해 자녀 수를 축소하여 등록하는 방법 외에도, 산업화가 급속히 진행되고 있는 현상 역시 더 낳은 딸을 숨기는 데 도움이 되어 왔다. 중국 서부 농촌의 부모들 가운데는 한 해의 상당 기간을 동부에 있는 공장에 와서 일하는 이들이 부지기수인데, 그럴 때면 누군가 고향에서 아이들을 돌봐야 한다. 도시화라는 새로운 사회적 물결에 휩쓸려서 수천 년 동안 서로 다닥다닥 붙어살던 집안사람들은 이제 전국으로 흩어지게 되었고, 자녀를 다른 성에 사는 친척집으로 보내는 일도 늘어났다. 이 어린 국내 이주자들이 학교에 들어갈 때, 지방 공무원은 아이를 기르는 사람이 원래 자녀가 둘이었는지 아니면 친척의 아이를 맡아 기르는 중인지 알기가 어렵다.

한편 사라진 여아들의 상당수를 지극히 합법적인 요인으로 설명할 수 있다고 주장하는 연구자들도 있다. 바로 입양이다. 중국이 부유해지면서 불임 부모나 합법적으로 자녀를 둘 이상 갖기를 원하는 이들이 국내 입양을 하는 사례가 늘고 있다. 그리고 북아메리카, 유럽, 오스트레일리아의 신세대 가운데 아름다운 중국 소녀들을 보면서 국제 입양이라는 현상을 떠올리지 않을 사람은 없을 것이다. 아이를 가질 수 없는 부부, 또는 다시 임신을 하거나 세계 인구를 늘리지 않으면서 친딸에게 자매를 구해 주고 싶어 하는 부부가 입양하여 키우는 소녀들이다.

실제로는 입양 시장을 위한 아기 농장이나 다름없는 고아원에 팔려 나가는 여아들을 공무원이 막았다는 뉴스가 종종 나온다. 하지만 중국에서의 여아 차별이 아이가 없는 수많은 가정에는 행복을 안겨 준다는 사실은 언젠가는 인구를 관리해야 한다는 결론을 내릴 세계에서 유용할 수도 있다. 한 나라의 가족계획 정책이 무엇이든, 그것이 있든 없든 간에, 고아나 버려진 아이가 드물었던 적은 결코 없었다. 우리가 출산 억제를 요구하는 시대로 진입하고 있는 인구과잉의 세계에 산다는 데 인류가 마침내 동의한다면, 감당할 수 있는 만큼 많은 자녀를 기르기로 선택한 가구에게는 입양이 대안이 된다.

인구통계학자들은 종종 유머 감각 없는 회계사라고 불리곤 한다.

그들이 집계하는 수가 단순히 금액이 아니라 우리 인간이기 때문이다. 중국에서는 출산 정책을 창의적으로 교묘하게 회피하는 사례가 많아서 인구 억제 정책을 이행하기가 더욱 어려워지고 있다. 현재 중국에는 여성보다 남성이 2400만~5000만 명 더 많다고 하며, 그 남성 가운데 절반 이상은 '노총각'이다. 즉 결혼 적령기에 있지만 짝을 찾지 못하는 신세다. 노총각 인구가 정확히 얼마나 되는지는 아무도 모른다. 인구 조사 담당자들이 아무리 열심히 애를 썼다고 해도, 나온 자료를 믿는 사람은 거의 없다. (가장 최근인 2011년의 인구조사에 따르면, 중국 인구는 13억 4000만 명이라고 한다. 하지만 유엔은 적어도 14억 명은 될 것으로 예상했다. 6000만 명이라는 수의 인구를 숨긴다는 것이 불가능해 보이지만, 대다수의 중국인들이 자국에서 가장 큰 도시 가운데 상당수의 이름조차 모른다는 사실을 생각하면 이해가 될 수도 있다. 도시가 너무나 빨리 형성되고 팽창하기 때문이다.)

실제로 남는 남성의 수가 얼마나 되든 간에, 그 성비 불균형은 궁극적으로 자연이 감당할 수 없는 긴장을 야기한다. 아직까지는 결혼 적령기의 적은 여성들을 차지하기 위해 연정을 품은 남성들이 서로 싸우는 범죄가 만연해 있지는 않다. 하지만 현재 중국의 독신 남성들은 신부를 구하러 베트남으로 가곤 한다. 많게는 5000달러까지 주고서, 그들은 부모가 중매인에게 넘긴 가난한 마을의 소녀들을 죽 살펴보며 신부를 고를 수 있다. 유럽에서 이민 노동자들을 구하는 것과 마찬가지로, 결혼상담소를 통한 편지 왕래로 신부를 구하던 방식의 최신판이라 할 항공기와 인터넷을 통한 신부 구하기는 불평등한 세계에서 부를 재분배하는 또 하나의 방식이기도 하다.

산전 초음파 검사를 이용한 선별적인 낙태는 1995년에 금지되었고, 은퇴한 부모들 가운데 많은 이들이 자신들을—그리고 생존한 조부모 네 명까지도—돌봐 줄 것이라고 믿을 수 있는 자식은 역시 딸이라는 것을 깨닫고 있다. 유아 살해가 드물지는 몰라도, 선정적인 언론에서는 여전히 유아 살해가 일어나고 있다고 보도한다. 2012년 한국에서 이른바 건강식품이라고 밀수된 캡슐 수천 정이 압류된 사건이 가장 섬뜩한 사례다(그 뒤로도 해마다 계속 밀반입되고 있다—옮긴이). AP통신사는 한국 관세청의 발표를 인용해 이렇게 보도했다. "캡슐은 중국 북동부에서 제조된 것으로, 아기를 잘게 토막 내어 오븐에서 건조시킨 뒤 빻아 만든 가루가 들어 있었다." 뉴스에서는 그 캡슐이 중국에서 왔다는 것을 어떻게 알아냈는지, 그리고 내용물이 신생아의 것인지 태아의 것인지는 밝히지 않았다. 하지만 기사 내용을 부인하는 발표는 전혀 없었고, 중국 당국이 조사를 지시했다는 소식이 전해졌다.

실험의 가치를 성공 여부만이 아니라 그 실험이 밝혀내는 것을 통해서도 평가한다면, 중국의 한 자녀 실험은 중국 바깥에서는 으레 끔찍하다는 비난을 받고 있긴 해도 대단히 가치 있는 역할을 해왔다. 그것이 없었다면 물, 어업 자원, 농경지가 이미 부족해지고 있는 중국의 현재 인구가 수억 명은 더 늘었을 것이다. 한편으로 그 실험은 인구 통제로 일어날 수 있는 문제, 이를테면 잔인하면서도 예기치 못한 성비 불균형 같은 문제를 드러내기도 했다. 성비 균형을 회복하려면 앞으로 적어도 한 세대는 더 걸릴 것이다.

앞으로 10년 사이에 이십 대 중국인 수는 거의 절반으로 줄어들 것이며, 반면에 은퇴할 나이가 지난 고령자의 수는 더욱 빠르게 증가할 것이다. 장정화는 말한다. "기대 수명이 꾸준히 늘고 있습니다. 금세기가 저물 무렵이면 개발 지역에서는 90세까지로 늘어날 수도 있습니다." 전망이 이렇다 보니 장정화 본인도 은퇴가 늦어졌다. 고령화 국가를 위한 정부 계획을 수립하는 일을 도와달라는 압박을 받았기 때문이다. 유럽과 마찬가지로, 중국도 연금을 지원할 젊은 임금 소득자가 너무 적어져서 노년층의 사회보장이 취약해지지지 않을까 우려하고 있다.

"우리는 퇴직자들의 공동체를 생각하고 있습니다. 더 젊은 노인이 스스로를 돌볼 수 없는 더 나이 많은 노인을 돌보는 형태이지요." 젊은 이들이 점점 줄어들면 일부 학교와 교정을 노인 시설로 활용할 수도 있을 것이다. 일부 농촌 지역에서는 이미 '고령자 인력 은행'이라는 시범 사업을 펼치고 있다. 더 젊은 노인이 시간이나 돈을 기부해 더 나이 든 노인을 도우면 자신이 나이를 더 먹었을 때 그 대가로 도움을 받을 수 있는 인력 은행이다. 장정화는 중국이 고령화 사회로 진입할수록 예측하지 못한 문제가 더 많이 나타나리라는 것을 안다. 그래도 그는 자신들이 내렸던 결정을 결코 후회하지 않는다.

"우리는 16억 명이 중국이 지탱할 수 있는 최대 인구라고 결론 내렸습니다. 하지만 그것이 적정 인구는 아닙니다. 자원에 가해지는 압력, 기술의 한계, 우리가 합리적인 수준으로 견딜 수 있는 부담을 고려할 때 10억 명도 아니고, 어쩌면 7억 명이 적정 인구일 겁니다."

두 사람이 일어설 준비를 한다. 그때 그레천이 묻는다. "지금 새롭게 밝혀진 기후 상황을 고려하면 어떤가요? 여전히 그 인구가 적정 수준이라고 생각하나요?"

그는 다시 등받이에 몸을 기대고는 생각에 잠긴다. "인류 전체를 위태롭게 할 위험을 무릅써서는 안 되겠지요." 그는 빈 잔을 들어 촛불에 비추면서 살펴본다. "고대 중국에서는 인간이 어떤 본성을 갖고 태어나느냐를 놓고 철학적 논쟁이 있었습니다. 한쪽 학파는 사람이 본래 악하다고 했지요. 악한 것이 천성이라고요. 상대 학파는 우리가 본래 선하게 태어났다고 주장했고요. 내가 보기에는 양쪽 다 틀렸어요. 나는 언제나 더 나은 삶을 원하는 것이 사람의 본성이라고 생각합니다. 그렇게 볼 때 인류가 자연의 나머지 부분, 즉 환경에 혜택을 주는 방향으로 행동할 것이라고는 기대할 수 없을 겁니다. 사람들이 자신에게 이익이 될 때에만 환경을 도울 것이라고 봐야 합니다."

그는 더 할 말이 있다는 듯이, 한 손을 치켜든다.

"나는 정책 결정권자들이 결정을 내려야 하는 이유가 바로 그것이라고 봅니다. 사람들은 위험이 눈앞에 들이닥치기 전까지는 그것을 보지 못합니다. 1958년에 중국 중앙정부의 최고위층은 이미 인구 조절의 필요성을 논의하고 있었어요. 하지만 그 논의는 헛수고가 되었지요. 마오쩌둥이 우리에게는 그런 수단이 필요 없다고 말했고, 당의 다른 지도자들도 인구 감소가 아니라 인구 증가를 원했습니다. 그래서 아무런 조치도 취하지 않았어요. 인구가 8억 명에 이르러서야 비로소 그들은 문제를 알아차렸지요. 그리고 그 엄청난 인구에 충격을 받았습니다."

비탈면

차를 타고 꼬불꼬불한 길을 두 시간 동안 간 뒤에야, 그레천 데일리는 안도하면서 회색 뷰익 미니밴에서 내린다. 바오싱寶興 현을 30킬로미터 남겨두고 잠시 쉬면서 쓰촨 성의 풍경을 감상하기 위해서다. 눈앞으로 비탈면을 따라 푸른 콩과 노란 콩, 고구마, 양배추, 대나무가 줄줄이 심어진 밭이 위아래로 굽이치면서 모자이크처럼 펼쳐져 있다. 그 사이사이로 원뿔 모양으로 세워 놓고 말리는 짚단이 군데군데 보인다.

"중국에서 진짜 흙을 밟고 서기는 이번이 처음이네요." 그녀는 중국과학원 산하 생태환경과학연구센터 소장인 어우양즈윈歐陽志云과 청두 산지재해환경연구소의 왕위퀴안王玉寬에게 말한다. 그녀의 주위로 따뜻한 산들바람에 흰색, 파란색, 검은색, 귤색의 온갖 나비들이 날아다닌다. 그녀는 나비류 가운데 규모가 큰 5대 과 중에서 흰나빗과, 부전나빗과, 네발나빗과, 호랑나빗과, 4개 과의 나비가 있다는 것을 알아본다.

커다란 벌들이 고구마 꽃 사이로 윙윙거리며 날아다 닌다.

지난주의 대부분을 그녀 는 어우양즈윈과 왕위퀴안 을 비롯한 몇몇 동료들과 함께, 베이징과 시안의 건 물 안에서 최신 연구 결과 를 논의하면서 보냈다. 베 이징의 프레이그런트힐 호 텔 앞마당이 그나마 자연과 가장 가까운 곳이었는데, 그곳에서 그녀는 건강한 참

중국 쓰촨 성 바오싱 현의 밭

새 떼를 보고서 기뻐했다. 대약진운동이 실시되던 시기에, 마오 주석 은 중국에서 아주 흔히 볼 수 있는 참새와 전쟁을 선포했다. 참새가 곡 식을 먹었기 때문이다. 4년 동안 사람들은 새총으로 참새를 사냥하고, 참새 둥지를 없애고, 참새가 내려앉을 때마다 냄비와 팬을 두드려서 하늘로 내쫓았다. 마침내 기력을 잃은 참새들이 죽어서 떨어질 때까지 말이다. 수백만 마리가 죽고 종이 멸종 직전으로 내몰릴 때까지, 전국 의 벼를 게걸스럽게 먹어치우는 메뚜기 떼를 사라진 참새와 연관 지어 생각한 사람은 아무도 없었다. 참새는 메뚜기의 주요 천적이었다. 중 국 생태계에서 참새가 없던 시기가 대기근으로 3000만~4000만 명이 굶어 죽은 시기와 일치했다는 것도 그리 놀랄 일은 아니다. 그레천은 자신이 본 참새들—인류가 동료 종에게 가한 대량 학살에서 살아남은 참새들의 후손—이 자신이 중국에 온 것이 옳았다고 말해 주는 좋은 징조이기를 바란다.

그녀와 그녀를 맞이한 중국인 주최자들은 자연자본계획Natural Capital Project에 함께 소속되어 있다. 자연자본계획은 생태계와 거기에 의지해 살아가는 사람들—모든 사람을 뜻한다—이 서로 건강하게 균형을 이룰 수 있도록 노력하는 국제 협력 기관이다. 즉 이 기관은 참새 같은 필수적인 존재를 잃지 않으면서도 지구가 계속 인간 생활을 지탱하도록 할 수 있는지를 파악하려면 말 그대로 태양 아래 모든 것을 뒤덮고 있는 세 영역—육지와 해양 이용, 기후 안정성, 인구통계와 경제—에 초점을 맞춰야 한다고 본다(혹은 거꾸로 육지와 바다가 너무 쇠약해져서 더 이상 인류를 지탱할 수 없게 되려면 인간 활동이 얼마나 이루어져야 하는지를 물을 수도 있다).

2006년 초부터 자연자본계획 연구진은 4개 대륙과 전 세계 대양에 흩어진 몇 군데의 군도에서 조사를 해오고 있다. 그들은 물 보유량, 오염, 토양 보전 등 자연이 제공하는 서비스에서 얻을 수 있는 잠재적 이익을 계산함으로써 사람들이 무엇을 보전하거나 복원할지 판단하는 데 도움을 주는 강력한 소프트웨어를 개발했는데, 누구나 무료로 이용할 수 있도록 공개되어 있다.* 하지만 그 프로그램의 강점은 토지 이용 시나리오에 끼워 넣을 수 있는 자료의 깊이에 있다. 이 여행을 하면서 그레천은 중국인 동료들의 엄청난 지식에 경외심을 느낀다. 어우양즈윈은 숲, 습지, 토양, 양분 순환, 침식 지수, 탄소 저장 능력, 무엇보다도 수자원에 관한 엄청난 지식의 보고였다. 물에 관해 이처럼 완벽한 자료를 갖추고 있는 사람은 어디에서도 찾아볼 수 없었다.

중국은 인류 역사상 인간과 자연 사이의 상호작용이 가장 큰 규모

---

* www.naturalcapitalproject.org/InVEST.html에서 이용할 수 있다. 자연자본계획은 스탠퍼드 대학교, 국제자연보호협회, 세계야생동물기금, 미네소타 대학교와 협력 관계를 맺고 있다.

로 펼쳐지는 곳이다. 그리고 중국은 무엇 때문에 2000킬로미터 떨어진 하류에 홍수가 일어나는지, 그리고 사람이 꼬박 하루를 걸어가야 닿는 지역에 왜 곡물이 부족한지를 알아내기 위해 100만 개의 자료값을 모을 가용 인력을 갖추고 있다. 폴 에를리히와 존 홀드런에게서 하찮게 여겨지는 모든 존재들이 어떤 일을 하는지 살펴보도록 훈련을 받은 그레천은 대학원생들에게 커피 농장에서 박쥐 배설물을 살피고 나무 한 그루 한 그루의 역할을 파악해 볼 것을 권한다. 하지만 생태계는 엄청나게 크고 대학원생들이 읽어 내는 내용은 불완전하므로, 들쭉날쭉한 측정값을 어떻게 해석해야 할지 애매할 때가 종종 있다. 하지만 여기 있는 어우양즈윈은 놀랍도록 엄청난 양의 정보를 머릿속에 담고 있다. 그레천은 값을 입력하고 답을 얻고 다음에 무엇을 진행할지를 한눈에 알 수 있는 거대한 계기판 앞에 앉아 있는 듯한 기분이 든다. 잡아당길 레버는 몇 개뿐일지도 모르지만, 중국인들은 좋은 일이 일어날 기미가 보이면 기꺼이 그것들을 잡아당겨 왔다. 필요해 보이면, 한 세대 전체에게 희생을 요구하기도 한다.

이곳에서 어떤 식으로든 실행 가능한 균형을 이루어 낼 수 있다면, 세계의 다른 지역에서도 해낼 수 있을 것이다. 그들이 서 있는 경관이 전형적인 예다. 어우양즈윈은 성긴 머리를 뒤로 넘기면서, 잘 경작된 완만한 산비탈 너머 흐릿한 산맥을 가리킨다. "저기 있는 숲은 모두 10년 전 경작지였던 곳을 복원한 겁니다. 퇴경환림退耕還林, grain to green의 사례이지요. 조림한 곳도 있고, 자연적으로 복원된 곳도 있습니다."

퇴경환림공정은 전 세계를 통틀어 정부가 시도하는 가장 야심찬—그리고 비용이 가장 많이 드는—환경 계획이라 할 수 있다. 이미 전국에서 가장 가파른 산지(어디든 경사가 25도를 넘는다)에서 경작을 하던 사람들 3000만 명이 10년 동안 연평균 8000위안에 상당하는 현금이나 쌀을 보조금으로 받기로 하고 새 마을로 이주했다. 그들의 경작지에는 토종 나무나 풀을 심었다. 중국이 여전히 천연림으로 덮여 있던 1950년대로 시계를 되돌리려는 것이다.

복원을 하면서 식량과 목재가 줄어들어 생기는 손해가 수십억 달러에 이르며, 그 계획 자체에 드는 예산만 해도 최대 4000억 달러에 이를 것이다. 하지만 퇴경환림공정은 훨씬 더 많은 비용을 절약해 줄 것이다. 중국은 이 땅들에는 사람이 결코 정착해서는 안 된다는 교훈을 힘들게 배웠다. 그 교훈을 뼈저리게 느낀 것은 1997년이었다. 나무가 남아 있어서 뿌리가 토양의 물을 머금을 수 있었다면 가뭄이 그렇게 극심한 재앙이 되지는 않았으리라는 깨달음이었다. 하지만 숲이 사라졌기에 황허의 물이 무려 267일 동안 마르다가 바닥을 드러내면서, 중국 북부 전역의 물 공급에 비상이 걸렸다. 다음해에는 정반대의 상황이 벌어졌다. 세계 인구의 10분의 1이 사는 중국 중부에서 양쯔 강이 범람하면서 1만 제곱킬로미터가 넘는 면적이 물에 잠기고 20억 톤이 넘는 겉흙이 쓸려 내려갔다. 사망자가 수천 명에 이르렀고, 주택 수백만 채가 파괴되었고, 피해 규모가 수십억 달러에 달했다. 이 가뭄과 홍수는 모두 산비탈에서 숲이 사라진 것이 주된 원인이었다.

자연자본계획의 일원인 과학자들은 쓰촨 성의 성도인 청두에서부터 남쪽으로 양쯔 강의 지류인 칭이 강靑衣江을 따라왔다. 이윽고 그 유역에서 가장 가파른, 따라서 가장 온전한 상태로 남아 있는 숲이 나온다. 계곡 위로 까마득히 솟아 있는 이 숲을 보면, 중국 남서부 산악 지역이 세계 25대 생물 다양성 집중 지역 가운데 한 곳인 이유를 알 수 있다. 국제보전협회Conservation International는 이곳이 세계의 어느 지역보다도 고유의 온대 식물상이 풍부한 곳이라고 말한다. 전나무, 가문비나무, 측백나무, 소나무, 낙엽송, 대나무, 녹나무도 보이고, 단풍나무가 가을 산을 울긋불긋하게 물들이고 있다. 그중에는 중국 서부의 고유종이 많다. 지구 대륙 중에서도 이 정도 높이에 있는 지역은 가장 오랜 세월을 내해에 잠기지 않고 유지되어 온 곳에 속하므로, 지구에서 가장 오래된 숲 가운데 하나이기도 하다. 이곳에는 지구에서 역사가 가장 오래된 전나무 종인 은삼나무cathaya가 자란다. 유럽의 갈탄 중 상당량은 은삼나무 화석에서 생긴 것이다. 6500만 년 동안 변하지 않은 메타세쿼이아, 쥐라기 초에 세계의 많은 지역을 뒤덮었지만 지금은 중국의 이 좁은 곳에만 남은 살아 있는 화석인 야생 은행나무도 이곳의 특산종이다.

중국 인구가 10억 명에 이르렀다가 이윽고 더 늘어나면서, 사람들은 접근하기가 가장 어려운 지형까지도 들어가서 개간을 하기 시작했다. 1949년 중화인민공화국이 수립된 이래로, 쓰촨 성에 원래 있던 숲의 3분의 2가 사라진 것으로 추정된다. 그중에는 눈표범과 구름무늬표범의 서식지도 있었고, 가장 잘 알려진 대왕판다의 최대 서식지도 있었다.

야생에 남아 있는 판다 1800여 마리 가운데 1000마리 가량이 이곳에 산다. 그레천이 이곳을 여행하면서는 오직 청두의 번식 센터에 있는 판다들밖에 보지 못했지만 말이다. 그곳의 야생동물 연구자들은 포획 상태의 판다 97마리를 번식시키려 애쓰고 있다. 번식 센터에서 태어난 판다를 야생으로 돌려보내는 것은 쉽지 않은 일이었다. 처음 야생으로 돌려보낸 판다들이 야생에 본래 살던 사촌들에게 살해당한 뒤로, 연구자들은 판다 옷을 입고 판다의 냄새를 뿌려 사람의 손에 자란 판다가 사람에게 길들지 않게 하려고 애쓰고 있다.

야생 생활에 익숙해지게 하는 한편으로, 판다가 살아갈 서식지도 제공할 필요가 있다. 중국은 드넓은 숲을 조림하는 퇴경환림공정이 그 서식지를 제공해 줄 수 있을 것이라고 기대한다. 하지만 농가의 3000만 명을 도시로 이주시킨다는 것은 곧 그들이 재배하던 만큼의 식량을 다른 곳에서 더 재배하거나 사 와야 한다는 것을 의미한다. 어우양즈원은 주변을 가리키며 말한다. "산비탈인 이곳은 비록 넓지는 않지만 지금 열심히 경작되고 있습니다. 하지만 인구밀도가 너무 높아요."

작은 박쥐만 한 흑백 네발나비를 바라보고 있던 왕위퀴안이 돌아보면서 말한다. "이 엄청난 인구를 다 먹일 수는 없습니다. 식량을 수입할 수밖에 없어요."

중국은 한국과 일본이 산업화를 이루며 썼던 전략을 따르고 있다. 농촌 노동력을 공장으로 보내는 한편 다른 나라에서 식량을 더 많이 사오는 것이다. 하지만 중국은 먹여야 할 입이 너무나 많기 때문에 단순히 세계시장에서 곡물을 구매하는 수준이 아니다. 그보다는 세계의 드넓은 땅을 한 덩어리씩 사오는 것이나 다름없다. 아프리카 · 브라질 · 필리핀 같은 곳의 경작지에 투자를 해 수확물을 통째로 들여오는데, 본래 자국민을 먹이는 데 쓰여야 할 경작지가 전용되는 것이다.

퇴경환림의 두 번째 목표는 농민을 빈곤층에서 벗어나게 하는 것이었다. 논밭을 숲에 돌려준 일부 농민들은 더 낮은 지대에서 과일이나 향신료를 재배할 수 있는 자격을 얻었다. 하지만 당국은 그 농민들이 대부분 도시로 나가 건설 노동자가 되어 새 마을에 정착한 가족에게 돈을 부치기를 기대했다. 그들은 엄청난 규모의 파견대에 합류하게 되는 셈이다. 중국 건설 노동자의 99퍼센트는 국내 이주자다. 공장 노동자, 가내 노동자, 잡역부를 다 더하면 거의 미국 인구와 맞먹는다. 그것은 세계 3위의 농업국을 식량 생산에서 떼어 내어 그 인구가 건설해야 하는 도시로 옮겨 놓는 것이나 다름없다. 중국이 세계가 제공할 수 있는 모든 건축 재료를 원하는 것은 아닌지 좀 궁금해진다.

인구통계에 그러한 지각변동이 일어나는 와중에도, 중국 학술원과 환경보호부는 생태계기능보전지역Ecosystem Function Conservation Area, EFCA을 설정해 위축되는 생태계를 지키려는 노력을 해왔다. 생태계기능보전지역은 중국 영토의 거의 4분의 1에 걸쳐 있다. 어우양즈윈은 미니밴으로 돌아가면서 설명한다. "생태계기능보전지역은 생물 다양성, 토양, 물, 탄소 저장 능력을 지키고 황사를 예방하기 위해 설치됐습니다." 점점 더 꼬불꼬불해지고 좁아지는 계곡을 따라 나아가는 길 양편으로 보이는 경관도 모두 생태계기능보전지역으로 지정되어 있다. 어우양즈원은 궁극적으로 중국 땅의 60퍼센트를 보전하고, 나머지 40퍼센트로 가난을 극복할 수 있기를 기대한다고 말한다.

자연 보전과 인류 발전이라는 이 조합이 바로 그레천 데일리가 이 중국 과학자들과 협력하게 된 이유다. 그녀는 스탠퍼드 대학의 교수를 통해, 미사일 공학자에서 인구통계학자로 변신한 장정화의 제자이자 시안 자오퉁 대학교의 인구학과 학과장인 리쑤저우와 연락을 해서 만났다. 그레천이 처음 중국 여행을 왔을 때, 리는 그녀에게 네 시간짜리 안마를 받게 해주었다. 안마치료사로 재교육을 받은 이주 노동자 셋 가운데 한 명은 그녀의 발을, 또 한 명은 등과 어깨를 맡아서 안마를 했다. 나머지 한 명은 대나무 귀이개로 그녀의 귀를 꼼꼼하게 청소했다. 그런 환대를 받고 나니 협력 관계가 돈독해지지 않을 수 없었다.

스승이 한 자녀 정책을 공동으로 입안하긴 했어도, 리쑤저우는 그것을 완화해야 한다고, 아니 더 나아가 폐지해야 한다고 주장하는 사회과학자였다. 그는 경제보다 인구가 더 빨리 성장하는 가난한 나라에서는 그 정책이 타당해 보였다고 설명했다. 인구를 줄이면 1인당 부는 증가하기 때문이다. 하지만 성비 불균형이 우려할 수준이라는 것은 중국 사회에 구조적인 문제가 있다는 것을 의미했다. "성비 불균형과 고령화가 큰 문제입니다. 2040년이면 중국의 80세 이상 노인은 1억 명이 넘을 겁니다."

그는 게다가 한 자녀 정책이 있든 없든, 인구가 계속 줄어들었을 것이라고 말했다.

"한 자녀 정책이 실시되지 않은 통제 지역이 네 곳 있습니다. 4개 성에 약 800만 명이 있지요. 1980년대 중반부터 그들에게는 두 자녀가 허용되었어요. 그런데도 그 지역은 인구 증가율이 억제되어 있고, 고령화도 심하지 않고, 성비도 정상을 유지하고 있습니다."

그레천은 800만 명을 표본으로 삼아 실험을 할 만큼 규모와 배짱이 큰 나라가 있구나, 하면서 깜짝 놀란다. "그냥 4개 성을 골라요. 그리고 시도를 해보는 겁니다. 미국은 결코 할 수 없는 일이죠."

리쑤저우가 조사했더니, 두 자녀까지 허용되어도 대다수의 부부는 한 자녀만 원한다고 대답했다. "그래서 나는 두 자녀 정책을 널리 채택하는 편이 더 나을 것이라고 봅니다."

이탈리아, 스페인, 홍콩, 마카오, 싱가포르, 일본, 대만 모두 출산율이 중국보다 낮지만, 그 어느 곳도 한 자녀 정책을 채택하지는 않았다. 중국이 인구통계학적 산맥을 넘겠다고 계획한 기간이 비록 30년에 지나지 않지만, 국가 지도자들은 그 정책을 계속 유지할 것이라고 선언해 왔다. 다른 나라들과는 달리 중국에는 아직 가난한 농촌 주민들이 많이 있으며, 한 자녀 정책을 갑자기 폐지하면 자연 출산율이 갑자기 높아지지 않을까 우려하기 때문이다. 직원이 50만 명인 국가인구계획생육위원회가 관료 체제에서 막강한 권력을 지니고 있기 때문에 해체하기 어렵다는 점도 한 가지 이유다. 하지만 정부가 최근 이 위원회를 보건부와 통합했을 때, 많은 이들은 그것을 단지 업무 능률을 높이기 위한 수단이 아니라 그 정책이 마침내 바뀔 수도 있다는 단서로 해석했다. 정책이 바뀔지 말지는 누구의 목소리가 가장 큰가에 달려 있을지도 모른다. 정책이 바뀌지 않으면 노동력이 부족해질 것이라고 예측하는 정부 경제학자들의 목소리가 클지, 아니면 정책이 바뀌면 대기오염으로 더 많은 이들이 죽고 식량과 물이 부족해질 것이라고 경고하는 정부 과학자들의 목소리가 더 클지에 따라서 결정될 것이다.

자연자본계획을 위해 리쑤저우는 조각난 생태계들을 다시 이을 때 사람들의 삶이 얼마나 나아질지를 평가하는 일을 해왔다. 이 여행길에는 그의 연구진 가운데 여성 경제학자 두 명이 동행하고 있다. 지금까지 그들이 가가호호 방문하면서 조사한 내용은 엇갈리고 있다. 한 자녀 정책 때문에 국가가 고령화하고 노동력은 줄어들고 있다. 하지만 조부모 네 명이 한 아이를 돌볼 수 있으므로, 부모는 새 정착촌을 벗어나 도시로 일하러 갈 수 있다. 그 결과 노동력 부족 현상이 완화될 수 있다.

한 가지는 확실하다. 생계를 유지하려면 이주를 해야 하기 때문에, 사람들은 아이를 가질 생각을 더욱더 하지 않게 된다는 것이다.

경관이 마치 정신분열증 환자처럼 마구 변한다. 경작지가 펼쳐지다가 갑자기 굽이치는 고속도로 옆으로 고층 아파트가 줄줄이 나타난다. 이어서 대나무 숲이 울창한 아찔한 협곡으로 내리막길이 이어진다. 대왕판다는 잡식성이지만 그중에서도 대나무를 가장 좋아한다. 왕위퀴안은 이 숲에 40종의 대나무가 자라는데, 판다가 그것들을 모두 먹어치운다고 말한다. 바오싱 현에는 눈에 거의 띄지 않는 레서판다(너구리판다)도 산다. 레서판다는 사실 곰 종류가 아니라 너구리의 친척이다. 또 멧돼지, 흑곰, 야생 야크, 멸종 위기에 있는 금빛원숭이, 현재 수가 줄어들고 있는 화려한 무지갯빛의 중국비단꿩도 산다.

계곡의 폭이 점점 좁아지고, 건물들이 다시 나타나기 시작한다. 이윽고 그들은 링관靈關이라는 소도시에 도착한다. 창문, 자동차, 강가에 늘어선 나무마다 하얀 가루를 뒤집어쓰고 있다는 점만 빼면 스위스에 와 있다고 해도 믿을 것 같다. 수직으로 솟은 자진夾金 산맥이 사방을 온통 가리고 있다. 하얀 가루는 눈이 아니라 100곳이 넘는 대리석 가공 공장에서 나오는 먼지다. 링관 바로 뒤에 중국의 가장 독특한 천연자원 중 하나가 있다. 전체가 하얀 대리석으로 이루어진 산이다.

과학자들은 한 시간 동안 공장의 첨단 설비를 둘러본다. 10톤짜리 대리석 덩어리를 기계가 마치 두부 자르듯이 잘라 낸다. 이 공장은 나오는 먼지를 물로 씻은 뒤, 그 걸쭉한 슬러리를 말려서 회반죽, 석고 붕대, 화장품의 원료로 만든다. 왕위쿼안은 당국이 대리석 먼지 구름을 피워 내는 더 작은 공장들을 설득하여 합병하고 싶어 한다고 말한다. 비슷한 설비를 들여놓을 규모가 될 수 있도록 말이다. "이곳은 생태학적으로 중요할 뿐 아니라 경치도 아름답습니다. 깨끗하게 유지할 수만 있다면 완벽한 관광지가 될 겁니다."

그 일을 위한 첫 시도로 도시 끝에 작은 삼림 공원을 조성했는데, '신선이 와서 노니는 곳'이라는 글이 새겨진 나무 아치 길을 따라 가면 나온다. 일행은 먼지가 뒤덮인 길을 따라 올라가서 긴 바늘잎이 달린 고유종인 향긋한 덴사타소나무 숲으로 들어선다. 다른 방문객은 보이지 않는다. 바오싱 현에서 관광객을 끌어들일 만한 천연자원으로 가장 유명한 것은 대왕판다인데, 카메라 앞에 모습을 잘 드러내지 않는 동물이기 때문에 그것만으로는 관광 활성화를 기대하기 어렵다. 일행은 미니밴으로 돌아가서 차를 타고 산맥을 오르기 시작한다. 운전자는 모퉁이를 돌 때마다 연신 경적을 울려댄다. 반대편에서 10톤짜리 흰 대리석 덩어리를 실은 화물 트럭이 빠른 속도로 내려오곤 하기 때문이다. 30분 뒤에 고원에 이르자 마침내 길이 평탄해진다. 그레천도 안전손잡이를 꽉 움켜쥐고 있던 손에서 힘을 뺀다.

높이 솟은 절벽 위에 붉은 기와지붕 건물이 모여 있다. 티베트 절이다. 일행은 복숭아, 배, 사과 과수원을 지나 차오치에 도착한다. 꼭대기가 눈으로 뒤덮인 석회암 융기 지형인 자진 산 아래 자리한 마을이다. 쓰촨 성 깊숙이 들어갈수록 중국의 다수 민족인 한족의 수는 줄어들고 소수민족인 티베트인이 많아진다. 이곳 주민은 5000명가량이며, 하얀색 집마다 멋지게 장식된 창문과 정교한 나무 발코니가 달려 있다. 발코니 위에는 염원을 담은 색색의 깃발들이 끈으로 연결되어 걸려 있다.

정교하게 자수를 놓은 화려한 색깔의 천으로 몸을 감싸고 리본이 가득 달린 모자를 쓴 티베트인 주민들이 야크 차와 벌꿀 술을 올린 쟁반을 들고 나와서 손님들을 환영한다.

파란색 덧옷을 입은 안리싱이라는 노인이 설명한다. 2008년부터 정부는 주민들의 벌목과 방목을 금지했다. 대신 그에게 생태관광 교육을 받도록 했다. 주민들은 자연경관과 그 지역의 유산─티베트 문화와 대장정에 나선 마오쩌둥의 홍군이 1935년 이곳을 지나갔다는 역사적 일화─을 설명하고 금빛원숭이, 사슴, 야생 소를 보여 주는 안내인이 되는 교육을 받았다. 계절을 잘 맞춰 가면 대왕판다도 볼 수 있다. 이 곳 마을에서 볼 가능성이 더 높긴 한데, 판다가 말리고 있는 옥수수와 소시지를 훔쳐 먹으러 오기 때문이다.

그는 그레천이 하려던 질문을 앞질러 답한다. "우리는 달라이라마를 믿지 않아요. 그는 우리를 돕지 않습니다. 중국 정부가 도와주죠. 우리는 공산당을 믿어요." 안리싱은 자신들이 중국인으로서 행복하게 지내며, 티베트어가 아니라 중국 표준어의 쓰촨 성 방언을 쓴다고 말한다. "우리 티베트인은 소수민족이라서 불교를 믿을 수 있고, 자식을 세 명까지 낳을 수 있답니다." 그런 이유로 티베트인은 중국에서 인구 증가 속도가 가장 빠르다.

그보다 이틀 전에 일행은 펑쳰을 방문한 적이 있었다. 산시 성의 시안 외곽에 있는 비탈진 땅에 새로 조성된 마을로, 근처에서 대규모 남수북조공정이 진행되고 있다. 그들은 아시아에서 가장 긴 터널을 지나는 신설 다차선 고속도로를 통해 그곳으로 갔다. 기술자들은 친링秦嶺 산맥을 관통하는 길이 18킬로미터의 터널을 겨우 2년 만에 뚫었는데, 이는 양쯔 강 밑으로 터널을 파서 양쯔 강의 물을 베이징 주변 신도시에 공급할 능력을 중국이 지니고 있음을 보여 주는 증거다.

펑쳰은 이주 농민 3000만 명이 새로 정착한 마을의 모습을 더욱 분명하게 보여 주는 사례였다. 새 고속도로 바로 옆에 지어진 다가구 주택들에 300여 가구가 살고 있었다. 하지만 숲 속의 다 쓰러져 가던 흙집을 전기, TV, 화장실이 갖춰진 벽돌집으로 바꿔 주고 보조금까지 지급했기 때문에 불평하는 사람은 아무도 없었다. 주민 가운데 200명이 넘는 남녀가 중국 동부의 공장이나 건설 현장으로 일하러 나가 있다. 그들은 연간 1만 위안을 벌며, 한 해에 한 차례 집으로 돌아온다. 하지만 여전히 농사를 포기하지 않으려는 이들도 많다. 이곳에는 독거 남성의 비율이 대단히 높고, 주민들은 대부분 지금 누에의 먹이가 되는 뽕나무를 키우고 있다.

중국 전역에서 한 자녀 정책의 여파로 골치 아픈 일들이 벌어지고 있다. 산업도시에서는 독신 남성들이 힘들게 번 돈을 매춘부에게 쓰고 있다. 베트남 여성들은 막 결혼한 남편이 10년 동안 모은 돈으로 신부를 산 것이고 지금은 집도 구할 여력이 없다는 사실을 알아차리고 달아난다. 지금 중국인 남성들은 사실상 집이 있어야만 아내를 구할 수 있는 상황이다. 독신 여성들은 시골을 떠나 돈 많은 남성들이 아내를 구하기 위해 경쟁하는 도시로 향한다. 한 성 — 또는 북한이나 미얀마 — 에서 여성을 납치해 여성이 부족한 다른 성의 남성들에게 파는 일당들도 있다. 형제 없이 응석받이로 자라다 보니 타협을 하기 전에 미리 포기하기 때문에, 결혼한 지 몇 주 만에 이혼하는 이들도 늘고 있다.

여행에 동행한 경제학자는 이런저런 이야기를 하다가, 자신이 일본에서 박사 과정을 밟고 있어서 벌금 없이 두 자녀를 더 낳을 수 있었다고 말한다. 사람들이 부자연스럽고 가혹한 법규를 어기는 것은 불가피한 일일까? 중국은 정말로 한 자녀 정책 없이도 더 나아질까?

"그 정책이 없다면 인구가 20억을 넘어갈 겁니다." 청두로 돌아가는 차 안에서 어우양즈윈이 말한다. "식량도 물도 바닥나고, 생태계도 끝장나겠지요." 그는 형제자매가 넷이다. "처가 쪽은 식구가 더 많아요. 장인어른은 10남매 중 하나였어요. 아내는 사촌이 53명이에요. 우리 아들은 손자손녀 57명 중 하나였고요."

그는 아들이 한 자녀 정책 이후에 태어나지 않고 기존의 인구 증가 양상이 유지되는 와중에 태어났다면, 사촌이 적어도 270명은 되었을 것이라고 말한다. 어우양즈원은 중국인 대부분이 그 정책이 필요하다는 것을 알고 있다고 말한다. 중국 생태학자 중에서도 반대하는 사람을 찾기가 어려울 것이다. 어우양즈원은 말한다. "1979년에 후난성의 우리 고향에는 호랑이가 한 마리 살았습니다. 그런데 농민이 쏘아 잡았죠. 나도 그 고기를 조금 맛보았어요. 처음이자 마지막으로요. 그 뒤로 호랑이는 사라졌답니다."

왕위퀴안은 인상을 찌푸린다. "언젠가 판다가 멸종한다고 해서, 혹은 호랑이가 모두 사라진다고 해서 우리 삶이 뭐가 달라지겠냐고 사람들은 늘 묻곤 합니다. 알고 있나요?"

어우양즈원과 그레천은 동시에 고개를 끄덕인다.

"나는 판다가 사라지고 호랑이가 사라지면, 그다음에는 어류가 사라질 것이라고 말하죠. 이어서 작물이 사라지고, 다른 생물들도 사라지고, 결국 우리도 사라질 것이라고요."

———

마지막 날, 중국 과학자들은 그레천을 중국에서 가장 작은 최남단 성으로 데려간다. 하이난海南 성은 남중국해를 사이에 두고 본토와 약 30킬로미터 떨어져 있는 섬으로, 면적이 대만과 비슷하다. 중국에서 유일하게 열대에 속한 하이난 성은 지난 20년 동안 고급 호텔 체인과 개발업자의 손에 개발되면서, 남쪽 해안의 부동산 가격이 맨해튼과 맞먹는 중국의 하와이로 바뀌고 있다.

일행의 목적지는 섬 중앙의 고지대다. 자동차를 구매하는 중국인이 폭발적으로 늘어나면서 타이어 수요도 그만큼 늘어나고 있다. 그에 맞춰 이곳의 고무 농장이 두 배로 늘어나면서 아시아에서 생물 다양성이 가장 풍부했던 섬의 우림이 파괴되고 있다. 저지대의 상당 부분이 벼, 카사바, 사탕수수, 후추를 재배하는 경작지이므로, 이곳에 남은 숲은 하이난 성에 마지막으로 남은 생물 다양성의 보고이자 홍수와 토양 유실을 막아 주는 장벽이기도 하다.

그들이 탄 차는 섬 중앙에 있는 우즈五指 산으로 향한다. 밀짚모자를 쓴 사람들이 수천 그루의 후추나무 덩굴을 돌보고 있다. 각 덩굴이 달라붙은 장대는 화강암을 하나하나 손으로 깎아서 만든 것이다. 비에 썩지 않아서 좋긴 하지만, 깎는 데 이루 말할 수 없는 인력이 소모된다. 몇 차례 폭우가 쏟아지는 바람에 시간이 지체된다. 그들은 대만오리가 가득한 작은 연못을 끼고 있는 식당에 들른다. 오리 요리가 식당의 주 메뉴다. 일행은 늘 그랬듯 식탁에 오른 종의 수를 세면서, 고유종인 양념류와 채소가 있는지 살펴본다. 어디에서나 나오는 쌀과 콩을 빼면 데친 고사리를 비롯해 19종이 요리되어 있다. 이틀 전 청두의 절에서 접한 야채만 가득한 만찬 다음으로 종 수가 많다. 그 절에서는 적어도 30종이 식탁에 올랐다.

일행은 우즈 산의 5대 봉우리 가운데 세 번째 봉우리의 비탈에 이르렀다. 점점 굵어지는 보슬비를 맞으면서 그들은 천하이중의 안내로 가파른 산비탈에 있는 고무 농장을 둘러본다. 얼굴이 넓적한 농부 천하이중은 고무 슬리퍼에 황갈색 반바지 차림이다. 이곳의 농민들이 대부분 그렇듯이, 그도 보조금을 받고서 비탈면에 있던 자신의 밭에 고무나무를 심었다. 아마존 원산의 고무나무는 물과 토양을 간직하는 능력이 뛰어나기 때문에, 이렇게 작물 전환이 허용된다. 천하이중은 고무나무 사이사이에 위장병에 좋다는 약초와 빈랑나무도 심었다. 복합

경작은 양쪽 작물에 다 유익하지만, 고무나무는 인공 비료와 살충제를 써야 한다. 어우양즈윈의 연구진 가운데 하이난 성 문제를 연구하는 이들은, 고무나무에 비탈면 보조금을 주지 말고 더 지속 가능한 토종 나무로 전환하도록 장려해야 한다고 본다.

어우양즈윈은 그레천에게 말한다. "퇴경환림 정책에 편승해서 이곳에서는 고무나무 밭을 마치 천연림 취급하는데, 이익이 클지 손해가 클지를 인베스트InVEST 소프트웨어를 써서 평가하기에 딱 좋은 기회입니다. 우리는 사람들의 행동을 바꾸는 대안 경제 시나리오를 쓸 수 있습니다." 그는 간단한 그래픽 인터페이스를 이용해, C 대신에 A나 B를 하면 어떤 일이 일어나는지를 정책 결정권자에게 보여 주고 더 현명한 선택을 하도록 도울 수 있을 것이라고 말한다.

거기에는 정책 결정권자들이 늘 그런 식으로 일을 해왔다는 가정이 담겨 있다. "정말로 정부가 당신의 말에 귀를 기울이게 할 수 있나요?" 그녀는 어우양즈윈에게 묻는다.

"애쓰고 있습니다. 천연림과 식물이 미래를 위한 전략 예비 자원이라고 말하고 있어요. 중국에서 고수확 벼 품종을 개발할 때, 이곳 하이난 섬의 토종 벼에서 얻은 유전물질을 썼답니다. 그래서 정부의 주의를 환기시켰고요. 그런 점들이 정책 결정권자들의 믿음을 얻는 데 도움이 되지요."

보슬비는 어느덧 스콜로 바뀌었고, 자동차는 코너를 돌 때마다 경적을 빵빵 울리면서 삼륜차와 자동차, 택시로 뒤엉킨 혼잡한 신설 콘크리트 고속도로를 나아간다. 일행은 우즈 산의 첫 번째 봉우리 북사면에 있는 삼림 보호 구역에 멈춘다. 50년 전까지도 높이 70미터에 이르는 나왕이 무성했던 이곳 숲에는 하이난검은볏긴팔원숭이라는 토착 영장류가 우글거렸다. 그들은 지금은 세계에서 가장 희귀한 영장류가 되어 있다. 겨우 20마리만 남아 있을 뿐이다.

"보신용으로 그들을 죽였습니다." 어우양즈윈이 말한다. "그들의 뼛가루가 정력제라고 여겨졌거든요." 그는 머리를 기울여 창밖을 내다보며 계속 말했다. "긴팔원숭이는 대개 나무 꼭대기에서 내려오지 않습니다. 하지만 사냥꾼들은 한 마리가 죽으면, 다른 긴팔원숭이들이 모여 울면서 슬퍼한다는 것을 알았죠. 그래서 그들은 한 마리를 쏘아 잡은 뒤, 나머지 원숭이들이 내려올 때까지 기다렸어요."

"멸종 위기 종의 뼈를 탐내지 못하게 할 경제 시나리오가 있을까요?" 그레천이 묻는다.

"몇 가지 있지요. 이제 사람들은 호랑이 뼈가 없이도 건강하게 살 수 있다는 것을 압니다. 최음제는 좀 더 어려운 문제죠. 남녀를 불문하고 더 정력이 넘치고 아름다워 보이기 위해서라면 무슨 짓이든 할 테니까요."

폭포와 강이 계단을 이루어 깊고 투명한 물웅덩이로 물을 쏟아 내고 있다. 비가 세차게 내리고 있지만, 그레천은 이 오래된 숲을 보기 위해 거침없이 걸어간다. 그래서 일행도 그녀를 따라 산길을 올라간다. 한 시간 뒤 그들은 흠뻑 젖었지만 흥분이 가득 찬 표정으로 돌아온다. 서로의 머리카락 사이에서 작은 거머리를 잡아내면서도 그들은 마치 어제 막 창조된 듯한 세계의 신선한 냄새를 맡고 수정처럼 맑은 물을 보면서 느낀 기쁨에 충만해 있다.

하지만 보호구역을 벗어나 내려가기 시작하자, 때 묻지 않은 깨끗한 풍경은 어느덧 사라진다. 강마다 침식된 토양으로 붉게 물들어 있다. 고무와 후추 농장에서 쓸려 나온 진흙이 고속도로를 뒤덮고 있다. 마침내 섬 북쪽 해안의 공항에 도착한 일행은 하이난의 강마다 둑이 터지고 남중국해가 붉은 진흙으로 물들고 있음을 알아차린다. 비행기도 뜰 수 없다. 이미 헐벗은 베트남의 겉흙 수백만 톤을 씻어 내리고 접근한 강력한 태풍이 이튿날 하이난을 강타한다. 13만 5000명이 피신해야 하는 사태가 벌어진다.

하이난 섬에서든 다른 어느 곳에서든 간에, 인베스트 프로그램이 중점으로 다루는 세 축—육지와 해양의 이용, 기후, 인구통계—은 결국 세 번째 축에 좌우되는 것인지도 모른다. 우리는 토지를 어떻게 관리할지 결정을 내릴 수 있다. 기후변화는 이미 일어나고 있으며, 우리는 그저 순응할 수밖에 없다. 하지만 인구가 너무 많아서 생존 자체가 위협받는 지역에 살던 사람들을 이주시킨다는 것은 곧 그들이 다른 어딘가로 가야 한다는 것을 의미한다. 중국에서 그 다른 어딘가는 바로 도시이며, 그 결과 도시는 점점 더 늘어나고 있다.

하지만 어느 시점에 이르면, 도시를 더 세울 만한 공간—혹은 콘크리트나 파이프, 아스팔트—이 없어질 것이다. 전쟁을 벌여 남의 땅을 차지한다는 대안을 논외로 한다면, 중국이 지난 30년 동안 실시해 온 정책의 좀 더 인간적인 형태만이 유일한 대안으로 남을 것이다.

PART 3

09
바다

낙태

세계에서 인구밀도가 가장 높은 거대도시 마닐라를 이루는 16개 소도시 가운데 하나인 말라본에 사는 롤런드*는 자연을 그다지 생각해 본적이 없다. 아니, 심지어 본 적도 거의 없다. 비를 제외한다면 말이다. 자주 물이 넘쳐 거리가 운하로 바뀌곤 하기 때문에 말라본에는 '베니스'라는 별명이 붙어 있다. 롤런드는 그때마다 으레 체념하고 물을 헤치고 일하러 가는 데 점점 익숙해져 왔다. 점점 더 비가 잦아지고, 폭풍은 점점 강해지고 있으며, 조금씩 가라앉고 있다는 말라본은 언젠가 마닐라 만 밑으로 사라질 것이고, 마닐라 전체도 그 뒤를 따를 것이다.

---

* 가명이다.

인구 쇼크

네덜란드 대사는 이미 필리핀 당국에 동남아시아에서 가장 멋진 항구인 그 만에 제방을 쌓으라고 조언한 바 있다. 하지만 제방을 쌓을 돈을 어디에서 구할 것인가?

중국의 하이난 섬을 물바다로 만든 태풍은 남중국해를 지나 동쪽으로 나아갔다. 위력이 약해지긴 했지만 여전히 많은 물을 머금은 태풍은 필리핀의 가장 큰 섬인 루손 섬에 비를 쏟아 냈다. 2층에 있는 롤런드의 방 창문 아래 거리에는 하수도에서 역류되어 나온 회색 물이 소용돌이치고 있다. 그 너머로 인구가 2550만 명*에 이르는 이 거대도시의 교통 상황이 보인다. 마치 열대의 빙하처럼 움직임을 거의 알아볼 수 없을 만큼 느릿느릿 흐른다. 이따금 큰 덩어리가 쪼개져 앞으로 왈칵 밀려 나갔다가 다른 덩어리들에 부딪혀 물보라를 일으키면서 멈추곤 한다.

조금은 마르고 내성적인 편인 서른아홉 살의 롤런드는 바깥에서 기후가 일으키는 혼란을 생각하고 있지 않다. 더 직접적인 의문을 곱씹고 있기 때문이다.

여성의 수용력 carrying capacity 은 얼마나 될까?

날마다 롤런드는 이 질문에 스스로 대답해 온 여성들을 만난다. 이 나라의 수많은 권력자들은 그 답이 그다지 마음에 들지 않을 것이다. 여성들은 둘 이하의 자녀를 원한다. 아니, 이미 키우고 있는 자녀로 충분하다고 본다. 그래서 그들은 그를 찾아온다. 다른 나라에서야 롤런드 같은 사람이 없이도 문제를 쉽게 해결할 수 있을지 모른다. 하지만 필리핀에서는 그렇지 않다.

---

* 공식적으로는 '메트로 마닐라Metro Manila'라고 불리는 16개 소도시를 포함하는 도시지역인 '그레이터 마닐라Greater Manila'의 2007년 인구조사 자료.

필리핀의 역사는 흔히 스페인의 수도회에서 300년 동안 지내다가 할리우드에서 50년 동안 지내는 것과 같다고 묘사되곤 한다. 오늘날 필리핀을 보면서 자국이 오랫동안 정복했던 제국의 일부였다는 사실을 떠올리는 스페인 사람은 거의 없다. 또 1898년의 스페인-미국 전쟁 때 미국이 해방자인 척하다가 푸에르토리코를 삼켜 버렸듯이, 필리핀도 자국 영토로 삼기로 결정했다는 사실을 아는 미국인은 거의 없다. 그 말은 미국이 필리핀 제도의 대소사를 관리하고, 화폐를 주조하고, 필리핀의 165개 언어를 사용하는 민족들에게 영어를 강요하고, 식민지가 되기를 거부하는 필리핀인을 적어도 25만 명 이상 살해하는 짓을 저질렀다는 것을 의미한다. 미국은 제2차 세계대전이 끝난 뒤에야 필리핀에서 손을 뗐다.

그 할리우드 시대가 시작되었을 때 필리핀 인구가 700만 명을 조금 넘었으니, 3년간의 필리핀-미국 전쟁 때 사망한 필리핀인 25만 명은 적은 수가 아니었다. 아마도 미국인들에게는 그렇지 않았을 터인데, 필리핀 후손들을 제외하고는 게릴라전 소식을 들은 미국인은 거의 없었기 때문이다(훗날 일어난 베트남전쟁과 너무나 상황이 흡사했으니, 그 전쟁의 역사가 좀 더 잘 알려졌더라면 나중의 재앙은 피할 수 있었을지도 모른다).

1946년 독립했을 때 필리핀 인구는 1800만 명이었다. 현재 필리핀 인구는 거의 1억 명에 가깝다. 나머지 세계의 인구가 100년에 걸쳐 네 배로 늘어난 반면, 필리핀의 인구는 50년에 걸쳐 다섯 배로 늘어난 셈이다. 현재의 필리핀―공산주의 국가 중국, 이슬람 국가 인도네시아, 동남아시아의 불교 국가들 사이에 있는 7100개의 섬으로 이루어진 제도―이 아시아 최대의 가톨릭 국가이자, 일부에서는 바티칸 신정 제국의 마지막 요새라고 말하는 곳이기 때문이다.

같은 가톨릭 국가인 스페인 정부가 콘돔을 공짜로 나눠 주고 이탈리아에서는 낙태가 합법적이라 해도, 필리핀에서 교회는 결코 굴복하지 않았다. 2009년 집무실에서 사망한 코라손 아키노Corazon Aquino 대통령의 아들이자 2010년 새로 대통령으로 선출된 베니그노 '노이노이' 아키노Benigno "Pnoy" Aquino 3세는 취임도 하기 전에 뜻하지 않게 로마의 분노를 샀다. 선출된 뒤 미국을 방문하고 있던 그에게 샌프란시스코에 사는 한 필리핀인이 생식건강 법안을 지지하는지 물었다. 빈곤층에게 무료로 산후 조리를 해주고 피임 기구를 무료로 보급하는 등 가족계획을 국가사업으로 삼자는 이 법안은 40년 동안 필리핀 의회에 정기적으로 상정되었다가 으레 폐기되곤 했다.

독재자 페르디난드 마르코스Ferdinand Marcos를 선거로 이겨 신의 기적이라는 찬사를 받은 독실한 신자 코라손 아키노 대통령이 다스릴 때에는 그런 불경한 법률이 통과될 가능성이 전혀 없었다. 상원의원인 남편이 암살당한 뒤 용기 있게 정계로 진출한 코라손 아키노는 무엇보다도 교회로부터 전폭적인 지원을 받았다. 그녀는 교회의 관심사를 말 그대로 신성시했다. 마닐라 대성당에서 장례식을 치른 뒤, 그녀의 시복식을 거행하자는 운동이 벌어졌다. 하지만 노이노이가 샌프란시스코에서 한 답변은 똑같이 인기가 많은 그녀의 아들이 어머니처럼 신앙이 독실할 것이라는 사람들의 생각을 한순간에 무너뜨렸다. 노이노이는 자신이 가톨릭 신자인 80퍼센트만의 대통령이 아니라 모든 필리핀인의 대통령이라고 답했다. 그는 자식을 몇 명 원하는지 가장 잘 아는 이들은 부부이며, 정부는 부부에게 적절한 서비스를 제공해야 한다고 보았다.

그의 말은 필리핀 언론의 전면을 장식했다. 가톨릭 주교회의는 미국이 필리핀 국내 문제에 개입하고 있다고 비난하면서, 아키노 대통령이 미국에 있는 동안 세뇌를 당한 모양이라고 암시했다. 마닐라 대주교는 실제로 하지는 않았지만, 시민 불복종운동과 대중 시위를 벌이겠다고 하면서 대통령을 파문하겠다고 위협했다. 귀국한 아키노는 말라카냥 궁전으로 주교들을 초청해 점심을 함께하면서, 그들의 호전성을

웃음거리로 만들었다. 그는 한쪽 정파가 강경하게 제출한 6개 생식건
강 법안을 지지하는 입장을 철회하지 않으면서도 상대 정파의 공격을
은근슬쩍 받아넘겼다. 양쪽 사이에 이루어진 합의라고는 오로지 낙태
합법화 문제를 회의 석상에 아예 올리지 않는다는 것뿐이었다. 한 번
에 한 가지 문제만 다루자는 것이었다.

그것은 롤런드가 현재 하고 있는 일을 당분간 계속하게 될 것이라
는 것을 의미했다. 그가 처음부터 이 일을 하겠다고 마음먹은 것은 아
니었다. 그는 간호사가 되기 위해 대학에 갔다. 필리핀에서 간호사 자
격증은 단순히 직업이나 생업이 아니다. 그것은 일종의 티켓이기도 하
다. 현재 인구가 너무 많아서 일자리가 부족하고 국민을 먹여 살리기
도 벅찬 나라인 필리핀에서는 인력 자체가 주요 수출품이 되어 있다.
정부도 그 점을 인정하고서 아예 해외 필리핀 노동자를 지원하는 필리
핀 해외고용청을 설립했다.

현재 필리핀 인구 가운데 10퍼센트 이상이 타국에서 일하고 있다.
남성은 주로 3D 업종, 즉 건설 현장이나 온종일 몸을 구부린 채 일하
는 농장, 고기잡이 등 더럽고 힘들고 위험한 직종에서 일한다. 여성은
주로 가정부로 일한다. 중동에만 200만 명이 넘는 필리핀인 가정부가
있다. 사우디아라비아에서 필리핀인 가정부는 사실상 필수 가전제품
과 같다. 롤런드는 사우디의 제다Jeddah로 일하러 갔다. 간호사의 하루
일당이 필리핀의 한 달 임금보다 많은 곳이다. 필리핀에는 의사 부족
현상이 심각하다. 간호사처럼 의사도 돈을 더 많이 벌기 위해 다른 나
라로 나가기 때문이다.

하지만 롤런드는 병약한 어머니를 돌봐야 했다. 아버지는 한 해의
대부분을 사우디아라비아의 수도인 리야드Riyadh에서 일하고 있었다.
그래서 그는 극빈층 여성들에게 무료로 산부인과 진료를 해주는 지역
자선병원에서 봉사를 할 간호사를 구한다는 광고를 보고 지원했다. 그

필리핀 마닐라

는 그 일이 마음에 들었다. 그가 매일 지나다니는 마닐라 만 인근의 판자촌에서 온 환자들이 많았다. 한때 쓰레기 처리장이었던 그곳에서는 수천 명의 통조림 공장 노동자들이 플라스틱이 둥둥 떠다니는 하수구 위에 놓인 녹슨 I형강 위를 까치발로 지나다닌다. 렙토스피라에 감염되지 않기 위해서다. 렙토스피라는 쥐의 오줌을 통해 전파되어 수막염을 일으키는 세균이다. 뎅기열은 아예 피할 수도 없는 질병이었다.

롤런드는 자신이 가난한 이들을 돕는 것은 예수님의 뜻이라고 믿었다. 그는 평신도 단체인 레지오마리애Legion of Mary에 속해 있었고, 동료 단원들과 함께 날마다 미사에 참석했다. 매주 그는 성모상을 지니고 집집마다 다니면서 묵주로 기도하는 법을 알려 주었다. 하지만 직업과 단체 봉사 활동이 충돌하기 시작하면서 그는 갈등에 빠졌다.

그 앞에서는 누구나 솔직하게 이야기를 했다. 채용 면접을 볼 때, 그는 피임을 어떻게 생각하는지 질문을 받았다. 성직자를 빼고는 지인들도 모두 그렇게 생각할 터인데, 그도 그 문제는 부부가 판단해야 할 사항이라고 여겼다.* 간호사였기에 그는 터울을 좀 두고서 아이를 낳는 것이 현명하다는 점을 알고 있었다.

그는 환자 기록부에 적힌 'MR'이라는 글자가 '생리 조절menstrual regulation'이라는 뜻이란 걸 배웠다. 피임약으로 생리 주기를 조절한다는 말의 완곡어법이었다. 필리핀에 국가 차원의 가족계획은 없었어도, 광역 및 지방 자치단체는 자체 조례를 제정할 수 있었다. 말라본에서는 비록 구하기 어려울 때가 많긴 하지만, 피임 기구 자체는 합법적이었다. 반면에 대주교의 교구인 마닐라 시에서는 불법이었으므로, 그런 처방을 받는다는 사실을 숨기는 편이 현명했다.

그렇다면 기록부에 적힌 'VA'는 무슨 뜻일까? 수습 기간이 끝난 뒤, 어느 날 야간 근무 중에 간단한 수술에 참여했다가 그는 그 글자가 무슨 의미인지 알아차렸다. 도와달라는 요청을 받았을 때만 해도 그는 어떤 광경을 보게 될지 정확히 알지 못했다.

"임신중절을 반대하는 단체나 교회가 주장하는 모습과는 전혀 딴판이었습니다. 그들은 작은 태아를 보게 될 것이라고 말하죠. 하지만 그렇게 섬뜩한 광경은 전혀 없어요. 그저 피와 약간의 조직만 보일 뿐이죠. 그저 시술일 뿐입니다. 그리고 여성의 생리를 조절하지요."

그제야 비로소 그는 'MR'이 미페프리스톤mifepristone, 즉 RU-486을 이용해 자궁내막에서 태반을 떼어 내고 자궁목을 부드럽게 해 수축이 시작되게 한 뒤, 미소프로스톨misoprostol로 자궁을 최종 수축시켜 태반을 자궁 밖으로 빼내는 2단계 절차를 가리키기도 한다는 사실을 깨달았다. 롤런드가 그날 밤 본 수술은 'VA', 즉 수동 진공 흡입술manual

---

* 필리핀인의 약 90퍼센트가 피임 기구를 정부가 지원해 주기를 원한다는 여론조사 결과가 있다.

vacuum aspiration이었다. 날카로운 수술칼 따위는 전혀 필요 없고, 단지 반사경, 집게, 가느다란 플라스틱 관, 굵은 주사기만 있으면 되는 낙태 방법이었다. 나중에 그는 수술을 하지 않기 때문에 2단계 화학적 해결책을 선호하는 사람이 많다는 사실을 알게 되었다. 하지만 미페프리스톤과 미소프로스톨은 밀수입을 해야 했다. 진공 흡입술이 더 확실한 방법이었다.

또 'VA'는 교통사고vehicular accident를 뜻할 수도 있었다. 당국이 불시에 들이닥쳐서 환자 기록부를 요구할 때를 대비한 장치였다. 그가 근무하는 병원 같은 곳은 종종 경찰의 단속을 받아 왔는데, 경찰들은 추적 가능한 지폐와 몰래카메라를 지닌 가짜 환자들을 들여보내곤 한다. 그래서 그런 병원들은 친구나 예전에 수술받은 환자가 소개한 사람들만 받으며, 수술실 문에 이중 잠금장치를 설치했다.

법에 걸리지 않을까 하는 두려움은 영혼이 타락한 것은 아닐까 하는 두려움에 비하면 아무것도 아니었다. 롤런드는 수술에 참여한 뒤 며칠 동안 그러한 두려움에 시달렸다. 그는 무릎을 꿇고 신께 용서를 빌었지만, 어쩐지 고해성사까지 하고 싶지는 않았다. 대신에 그는 "내 자신이 창조주와 맺는 사적인 관계, 간호사라는 직업, 여성들, 특히 극빈자인 여성들을 돕는 자신의 일"을 심사숙고하게 되었다.

그는 피임약을 살지, 아니면 아이들에게 먹일 음식을 살지를 놓고 고심하는 다섯 아이의 엄마들을 보았다. 해외에서 일하는 남편을 둔 여성들이었다. 러시아 원유 시추선, 싱가포르 식당, 텍사스 항공사 정비원 등으로 일하는 남편들은 1년에 한 차례 고국으로 돌아와서 7분의 1의 확률로 아내를 임신시킬 만큼 오래 머물다가 떠나곤 했다. 혹은 간호사 교육 담당자였던 친구가 시카고로 떠난다고 흥분하다가 그러했던 것처럼, 자신도 마침내 해외 체류 노동자로 떠나게 되었다고 흥분하다가 실수로 임신을 하는 여성도 있었다.

성폭행을 당해서 임신한 이들도 있었는데, 그런 여성들은 마닐라의 퀴아포 성당 앞 노점상을 찾았다. 그곳에는 묵주와 해적판 DVD 외에도 중국에서 들여온 팜파레글라pamparegla 병과 위궤양 알약을 200페소에 파는 약재상이 있었다. 롤런드는 때때로 그런 약을 먹은 여성들에게 나타난 끔찍한 부작용을 처리하는 일도 해야 했다.

직접 낙태 수술을 하는 훈련을 받은 지 15년이 지난 지금 그는 위생적인 병원 환경에서 한 달에 5~10건의 낙태 수술을 한다. 반면 필리핀에서는 연간 75만 건으로 추정되는 불법 낙태 수술이 대부분 비위생적인 환경에서 이루어진다. 그런 낙태 방법은 대부분 자궁 안으로 관을 넣어 태아를 꺼내거나 팜파레글라, 즉 마카부하이makabuhay 덩굴 추출액(살충제로도 쓰인다) 같은 약초를 쓰거나 위궤양 약을 다량 써서 자궁 수축을 유도한다. 힐롯hilot을 찾는 여성들도 있다. 힐롯은 안마와 지압을 결합한 형태의 전통 요법을 쓰는 사람으로, 손으로 배를 눌러서 태반을 망가뜨리는 방식을 쓴다. 출혈이 일어날 때까지 반복하여 배를 눌러대기 때문에, 여성은 터져 나오는 비명을 참기 위해 담요를 입에 꽉 물고 있어야 한다.

양심을 괴롭히는 갈등을 피하기 위해 롤런드는 레지오마리애를 그만두었다. 지금도 가끔은 미사에 참석하곤 하지만, 고해성사를 하러 간 적은 없다.

"무엇을 고해하러 가나요? 도움을 원하는 여성들을 돕고 있다고요? 지금 이건 나와 신 사이의 문제입니다. 성직자를 통할 문제가 아니지요."

해협과 산호초

루손 섬은 필리핀 제도에서 최북단에 있는 가장 오래되고 큰 섬이다. 그 섬의 마닐라에서 약 100킬로미터 아래쪽의 남쪽 해안에는 칼룸팡 강물이 흘러들어 중금속으로 오염된 갯벌 위로 널빤지를 묶은 발을 질질 끌면서 조개를 캐는 사람들이 있다. 해안선은 동쪽으로 가면서 솟아올라 절벽을 이루고 있다. 그 위에 원유 정제 시설의 원통형 저장 탱크와 불꽃을 피워 올리는 굴뚝이 서 있다. 유조선이 정박할 만큼 큰 콘크리트 부두도 바다로 불쑥 튀어나와 있다. 부두는 루손 섬을 더 남쪽에 있는 수천 개의 섬과 나누는 베르데 해협 Verde Island Passage 을 향해 있다.

베르데 해협은 폭이 약 24킬로미터에 불과하다. 수평선 너머로 반대편에 있는 섬 몇 개가 보일 정도다. 이곳은 열대 해양 생물종들이 남중국해와 태평양 사이를 오가는 병목 지점이기도 하다. 이 병목 지점에는 그들을 사로잡을 산호망이 쳐져 있다. 유엔식량농업기구 UN Food and Agriculture Organization 가 산호 삼각지대 Coral Triangle — 필리핀, 말레이시아, 인도네시아, 파푸아뉴기니, 동티모르, 솔로몬 제도 사이에 있는, 지구 해양 생물 다양성의 중심지로 알려진 해역 — 를 조사한 자료에 따르면, '중심지 중의 중심지'는 필리핀 해역이라고 한다. 이 해역에는 연체동물 5000종, 산호동물 488종, 세계 바다거북 일곱 종 가운데 다섯 종, 어류 2824종, 기타 해양 생물 수천 종이 산다. 그중에서도 베르데 해협은 그 조사로 밝혀낸 종 가운데 절반 이상이 살 만큼 종 다양성이 가장 풍부한 곳이며, 지구에서 생물학적으로 가장 다양한 해역이다.

베르데 섬 자체는 면적이 30여 제곱킬로미터이고 숲으로 뒤덮여 있다. 마치 브론토사우루스가 물에 엎드려 있는 듯한 모습이다. 동쪽 끝에는 길이 300미터에 이르는 혹이 나 있고, 서쪽으로는 긴 목이 뻗어나가다가 작은 혹 모양으로 끝난다. 루손 섬과 높이 약 1600미터의 산맥이 특징인 민도로 섬 사이를 오가는 카페리가 이곳을 들른다. 어부가 홀로 모는, 현외 장치가 달린 작은 배들이 이 섬의 주변에 떠 있다. 대나무 장대를 동여매는 데 나일론 밧줄을 쓴다는 점을 빼면, 그 배를 만드는 기술은 이 제도를 떠나서 폴리네시아와 하와이를 발견했던 옛 인류가 썼던 기술과 크게 다르지 않다.

베르데 섬에 올망졸망하게 들어선 6개 어촌 가운데 하나인 산아가피토San Agapito는 동남쪽 해안의 후미에 청록색의 아름다운 바다를 끼고 있다. 해안에는 연갈색 모래밭이 펼쳐져 있고, 그 뒤로 높이 솟은 코코야자들 사이로 직각으로 엮은 이엉을 올린 산뜻한 대나무 집들이 늘어서 있다. 여러 색깔로 칠한 경계석들 사이로 삼륜 화물 자전거가 겨우 다닐 수 있는 폭 좁은 길이 나 있는데, 이 마을의 유일한 도로다. 집의 뜰마다 노란 난초, 아욱, 홍학꽃, 재스민 같은 식물들이 가득하다. 마을은 깨끗하고(길을 매일 청소한다) 조용하다. 해가 진 뒤 가동하는 디젤 발전기가 네 시간 동안만 전기를 공급한다. 마을에는 벽을 새하얗게 칠한 가톨릭 성당이 파란 주석 지붕을 이고 있고, 침대가 하나뿐인 산부인과 병실과 예방접종 업무를 보는 보건소도 있다.

빨간 얼룩무늬가 있는 반바지 수영복을 입고 밀짚모자를 쓴 로메오 곤살레스Romeo Gonzalez는 벽이 없이 탁 트인 이엉지붕의 오두막 안에 놓인 긴 의자에 앉아서, 나일론 후릿그물의 엉킨 부분을 붙들고 씨름하고 있다. 그는 인류가 필리핀에 들어왔을 때부터 집안 대대로 줄곧 베르데 섬에서 살아왔다고 한다. 사십 대 홀아비인 그는(아내는 젊은 시절 심장마비로 사망했다) 늘 대왕바리, 문어, 퉁돔, 배불뚝치, 놀래기, 전어, 마찰넙치, 가다랑어 등을 잡으며 살아왔다. 썰물 때에는 굴, 바닷가재, 백상아리 새끼를 잡으러 나간다. 그는 주로 그물을 치지만, 오징어와 참오징어는 밤에 등불을 들고 나가서 낚시로 잡는다. 4킬로그램이나 되는 월척을 건지기도 했다.

문제는 지난 10년 사이에 어류가 급격히 줄어들었다는 것이다.

"청산가리를 쓰는 사람이 너무 많아요." 산호초에 사는 멋진 어류들뿐 아니라 때로는 산호 자체에도 치명적인 손상을 주는 어업 방식이다. "게다가 사람 자체가 너무 많아요."

그렇긴 해도 적어도 이곳에서는 단시간에 많은 물고기를 건져 올리겠다고 다이너마이트를 쓰는 사람은 없다. 이것 역시 불법이다. 그는 깊이 잠수하여 청산가리를 살포하려면 압축기가 필요한데, 자신은 갖고 있지 않다고 말한다. 또 그는 자녀가 많지 않다. "셋뿐입니다. 우리 부부가 아마도 처음으로 가족계획을 실천했을 겁니다." 하지만 그들은 두 명만 낳을 생각이었다. 쓰던 피임법을 잠시 중단했다가 셋째를 임신하는 바람에 그들은 깜짝 놀랐다.

"지금은 피임약, 콘돔, 석 달 동안 효과가 지속되는 호르몬제가 있지요. 좋은 일입니다. 그렇지 않았다면 식구가 여덟 명으로 늘어났을 겁니다. 열하나가 되었을 수도 있고요. 이 마을 주민은 1300명인데, 그중 400명이 어부입니다." 그는 담배를 든 손으로 섬의 나머지 지역을 가리키면서, 다른 마을에는 적어도 1500척의 고깃배가 있다고 덧붙인다. "게다가 민도로 섬에서 침입하는 배들도 있어요."

"안녕, 로메오."

그는 눈을 가늘게 뜨고 손님을 바라본다. 헤말린 라요스Jemalyn Rayos다. 분홍색 아이스박스를 어깨에 끈으로 매달고 있다. 그는 아이스박스 안에서 멜론 맛 과일 아이스크림을 고른다. 그녀와 자녀 일곱 명, 형제자매 여덟 명은 과일 아이스크림을 만들어서 섬 전체에 판다. 삼십 대 후반인 헤말린은 산아가피토의 조산사이기도 한데, 최근에 가족계획을 교육하는 일도 하게 되었다. 그 점은 꽤 재미있는 농담거리가 되었다. "아, 나도 알아요. 그전에는 나도 가족계획을 하지 않았죠." 그녀는 자신이 낳은 일곱 아이들에게는 물론이고 만나는 사람들마다 둘만 낳으라고 조언한다.

그녀는 빈곤인구환경Poverty-Population-Environment에 소속되어 있다. 2008년에 종료된, 국제적 지원을 받은 프로그램인 인구해안자원통합관리Integrated Population and Coastal Resource Management, IPOPCORM의 후신이다. 세

계에서 가장 긴 해안선을 지닌 축에 드는 나라이므로 인구와 해안 자원을 통합·관리한다는 개념은 타당성이 있다. 인구해안자원통합관리의 설립자들도 알고 있었듯이, 사람의 출산율이 가장 높은 곳은 생물 다양성이 가장 높은 곳이기도 하다. 그것은 풍부한 생식력의 논리적 결과이지만, 지금은 고전적 전환점에 도달하고 있다. 필리핀인은 단백질의 80퍼센트를 해산물에서 얻는데, 그들을 먹여 살리는 해양이 감당할 수 없을 만큼 인구가 증가했다. 그들은 필리핀에서 가장 풍요로운 바다의 동물들을 게걸스럽게 먹어치워 왔으며, 게걸스럽게 먹어치우는 그들 자체도 결국은 위기에 처한 종 가운데 하나가 되었다. 산호 삼각지대의 중심에 있는 필리핀은 고릴라가 사는 우간다의 해양판이었다. 다만 필리핀에서는 사람들이 서식지를 집어삼키는 것이 아니라 야생 생물 자체를 먹어치운다는 점이 다를 뿐이다.

늘어나는 인구와 줄어드는 어획량의 관련성을 연구하는 필리핀의 비정부기구는 에이즈 위기 때문에 탄생했다. 그곳의 사무국장인 의사 호안 카스트로Joan Castro는 루손 북부의 원주민인 이고로트족 집안에서 자랐다. 산맥 깊숙한 오지에서 자란 그녀는 의학을 공부하기 위해 일곱 시간 떨어진 마닐라에 갔을 때에야 비로소 새우와 게를 맛보았다. 그녀의 어머니는 형제자매가 여섯 명이었고, 아버지는 형제자매가 열 명이었다. 그들이 결혼할 무렵 멧돼지, 사슴, 뱀장어는 이미 희귀해지고 있었다. 그래서 그들은 자녀를 넷만 낳았고, 아이들에게 그 이유를 가르쳤다.

카스트로는 산과학을 공부할 생각이었지만, 1990년대에는 HIV에 감염되어 돌아오는 해외 필리핀 노동자의 수가 늘고 있었다. 사실상 모든 해양 국가의 선박에서 일하는 필리핀 선원들이 특히 더 그러했다. 졸업한 뒤 그녀는 에이즈 직통 상담 서비스를 운영했다. 동성애를 혐오하는 가톨릭 국가에는 의사에게 가서 성병 상담을 하기를 겁내는 사람들이 많은데, 그들에게 가장 안전한 상담 방법은 바로 전화 통화였다. 그 프로그램은 미국 국제개발처의 지원을 받았는데, 젊은 호안 카스트로는 미국인 공중보건 전문가 리오나 다그네스Leona D'Agnes의 눈에 띄었다. 타이와 인도네시아에서 여러 해를 보낸 뒤, 다그네스는 국제 가족계획 재단인 패스Program for Appropiate Technology in Health, PATH의 지부를 설립하기 위해 필리핀에 와 있었다. 그토록 경이로운 해양 동물상을 지닌 이 가난한 나라를 여행하다가 그녀는 한 가지 착상을 떠올렸는데, 호안 카스트로가 그것을 실행에 옮기는 일을 도와주기에 딱 맞는 의사인 듯했다.

인구해안자원통합관리라고 이름 붙인 프로그램의 재원을 조달하기 위해, 그들은 세계 최고의 필리핀 해양 환경을 보전하는 최선의 방법은 그 환경에 의지하는 사회의 출산을 관리하는 것이라고 주장하면서 환경 기관들과 접촉했다. 국제개발처와 데이비드 루실 패커드 재단David and Lucile Packard Foundation 같은 가족계획 지원 기관들은 거꾸로 주장했다. 해양 보전 구역을 설정하여 어민들의 생계가 유지될 수 있도록 돕는다면, 자식을 더 적게 낳도록 설득할 수 있다는 것이다. 국제보전협회에서 내놓은 종 지도와 국가 인구조사, 그리고 수천 곳의 도시 기록에서 발굴한 자료를 토대로, 다그네스와 카스트로는 인구밀도를 참조해 해양 생물 다양성이 가장 높은 해역 35곳을 찾아낸 뒤, 이 중심지 중에서 가장 심각한 위험에 처한 12곳에 초점을 맞췄다.

인구해안자원통합관리는 8년에 걸쳐 필리핀 8개 주의 해안 지역사회 1091곳으로 확산되었고, 그 후속 프로그램은 현재 이 마을처럼 동식물의 수가 가장 빈약해진 곳에 초점을 맞추고 있다. 로메오는 손에 든 과일 아이스크림으로 어업 보호구역을 가리킨다. 아무도 잠수할 수 없는 금지 구역이다. 섬 주위로 비슷한 보호구역이 16곳 더 있다. 마을마다 해양자원 관리자가 있다. 그들은 순찰을 하고 집집마다 들러서 보전이 중요하다고 설득한다. 보전 활동이 제대로 이루어지게끔 하는 역할은 공동체가 맡는다. 로메오는 주민들이 대체로 규칙을 잘 지킨다고 말한다. 비록 보호구역의 변두리에서는 잠수를 많이 한다는 것을 인정하긴 했지만. 헤말린은 집집마다 다니면서 여성과 여학생에게 가족계획을 가르치고 매달 28달러의 명예 수당을 받는 보건 자원봉사자 네 명 가운데 하나다.

2009년 이곳에 패스 재단이 들어온 뒤로 그녀는 나눠 주기에 충분한 피임약을 공급받고 있다. "여자들은 대부분 달라고 해요. 임신하면 멀리서 일자리를 구해도 갈 수가 없거든요. 부작용을 겁내는 사람도 있긴 있어요. 그럴 때는 말하죠. 원치 않는 임신을 해서 낙태하겠다고 끓인 마카부하이 덩굴 즙을 마시는 것보다는 훨씬 안전하다고요. 이곳에서는 아직도 인구가 늘어나고 있어요. 하지만 증가 속도가 느려지고 있답니다."

"어류 수도 늘어났으면 좋겠어요. 더 빨리요." 로메오가 말한다.

———

지구에서 두 번째로 작은 영장류*인 안경원숭이의 커다란 눈과 박쥐처럼 생긴 귀를 보면 ET, 즉 외계인이 떠오른다. ET가 사람의 손바닥에 올라갈 만큼 작다면 말이다. 이 조그마한 안경원숭이는 가장 오래된 영장류이기도 하다. 안경원숭잇과는 우리가 속한 사람과보다 적어도 4000만 년 앞서 출현했다.

마닐라에서 남동쪽으로 500킬로미터 떨어진 필리핀 제도의 몸통에 해당하는 보홀Bohol 섬에서, 겨우 남아 있는 티크와 마호가니 숲에 어

———

* 가장 작은 영장류는 마다가스카르의 베르트쥐여우원숭이인데, 몸무게가 약 30그램에 불과하다.

인구 쇼크

둠이 깔리자 안경원숭이들이 카멜레온의 발가락 같은 뭉툭한 발가락으로 나무줄기를 기어 다니면서 귀뚜라미를 사냥하기 시작한다. 야행성 식충 동물인 이들은 커다란 귀와 눈, 게다가 180도로 돌릴 수 있는 목을 이용해 아직 자신들이 의지할 수 있는 활엽수림이 남아 있는 동남아시아의 몇 안 되는 숲에서 주식인 곤충을 잡아먹으며 살아간다.

생물 다양성이 높고 마찬가지로 인구밀도도 높은 보홀 섬은 인구해안자원통합관리 계획의 시범 지역이 되었다. 찌그러진 달걀 모양인 보홀 섬은 면적이 미국의 로드아일랜드와 비슷하며, 인구도 130만 명으로 거의 같다. 하지만 로드아일랜드의 주민 중에는 자신이 먹을 식량을 직접 기르거나 잡는 사람이 거의 없는 반면, 보홀 섬의 주민들은 거의 다 육지나 주변 해역에서 직접 식량을 구한다.

서른다섯 살의 작달막한 여성인 헤리 미아스코Geri Miasco는 2010년 10월 말, 은빛으로 물드는 하늘 아래에서 날씨를 살펴보기 위해 보홀 섬 북부 해안 길을 따라 차를 몬다. 유치원 교사였던 그녀는 2004년 패스 재단에 들어갔다. 그녀의 형제자매는 여덟 명이며, 어부인 삼촌들과 사촌들 중에는 고기를 잡을 때 쓰던 다이너마이트가 너무 빨리 폭발하는 바람에 배, 팔다리, 눈, 목숨까지도 잃은 사람이 여럿 있다.

실천하는 가톨릭교도인 그녀는 신앙과 가족계획이 충돌한다는 개념 자체를 거부한다. "인구는 늘고 자원은 고갈되고 있습니다. 인구가 너무 많아지면 자원은 사라지겠지요. 그러면 우리도 사라질 거고요. 하느님은 우리가 자살하기를 원하지 않아요." 그래서 남편이 바다로 나가서 물고기를 잡는 동안, 그녀는 잡을 것이 계속 남아 있도록 하기 위해 육지에서 일한다.

헤리는 해안 소도시인 우바이Ubay의 시장과 점심 식사를 하러 가는 길에 '팝 가게Pop Shop'에 들른다. 패스가 이 섬의 몇 군데에 연 가족계획 편의점이다. 입구 옆에 동네 여성들이 낳고 싶은 아기의 수, 임신 횟수

필리핀 보홀 섬의 안경원숭이

와 현재 자녀 수, 출산 예정일을 적어 놓은 화이트보드가 있다. 네 번째 임신을 한 여성도 있지만, 대부분은 자녀가 0~2명이다.

가게 안에는 피임약, 주사제, 어떻게 씌우는지를 보여 주기 위해 나무로 깎은 포경수술을 한 형태의 발기한 음경에 씌운 콘돔(무향, 바나나향, 딸기향)이 쾌적하게 전시되어 있다. 콘돔 3개가 든 상자 하나의 가격은 45센트다. 한 달 동안 먹을 수 있는 피임약은 옐로레이디스 제품이 50센트, 앨시아 제품이 83센트, 트러스트 제품이 90센트이며, 뾰루지를 억제하며 부작용이 더 적다고 하는 좀 더 비싼 피임약도 있다. 인구해안자원통합관리 계획이 종료된 뒤, 지역사회가 그 계획을 넘겨받았다. 그리고 패스 재단이 모니터링을 계속 하고 있고, 팝 가게가 예산을 지원하고 있다. 누구든 필요로 하는 지원을 받고 있다. 산아제한을 할 여력이 없는 여성은 시 예산에서 보조금을 받는다. 처음에 여성들은 피임약과 데포프라베라 호르몬 주사가 임신이 이루어진 직후에 유산을 일으킨다는 말을 성당에서 들었다고 했다. 하지만 헤리가 그런 약물이 임신 자체를 막는 작용을 한다는 점을 몇 차례 반복하여 설명하고 나자, 그 말이 퍼지면서 매일 여성들이 꾸준히 찾아오고 있다.

마른 몸매의 젊은 여성이 들어온다. 필리핀의 최남단 섬인 민다나오 섬에서 온 여성이다. 민다나오 섬은 스페인인들이 들어오기 이전에 이미 소수 종파인 이슬람교도들이 많이 살던 곳이며, 그들은 그 뒤로 다수파인 가톨릭에 맞서 거의 끊임없이 반란을 일으켜 왔다. 그녀는 남편이 군인인데 지금은 보홀 섬에 근무하고 있다고, 안도하는 어조로 말한다. 그녀는 두 달 전에 첫아들을 낳았다고 한다. 가게를 운영하는 조산사는 회복이 아주 빠르다고 그녀에게 찬사를 보낸다. 그녀는 웃으면서, 언제가 될지 모르겠지만 다시 아이를 가질 준비가 될 때까지 피임을 하고 싶다고 말한다. 조산사는 그녀의 몸무게와 혈압을 잰 뒤 설문지를 건넨다. 새로 엄마가 된 여성은 지역 금융기관에서 일하고 있어 좀 비싼 트러스트 제품을 쓸 여력이 있다.

손님들이 계속 들어오자 헤리는 가게를 나와서 우바이로 향한다. 우바이는 이 해역에서 돛새치와 흑새치가 사라진 뒤 처음으로 인구해안자원통합관리 계획에 참여하기로 서명해 사람들의 이목을 모은 도시다. 그녀는 우바이 시장 에우티키오 베르날레스Eutiquio Bernales, 해양자원 관리자 알피오스 델리마Alpios Delima와 함께 구운 도미, 오징어 먹물을 써서 요리한 오징어, 잔뜩 쌓여 있는 꽃게로 점심을 먹는다. 델리마는 홍콩과 일본에 수출하는 생선, 오징어, 게의 양과 자신들이 먹는 양, 어업 자원을 유지할 만큼 물에 남아 있는 양 사이에 균형을 유지하는 것이 중요하다고 말한다.

베르날레스는 말한다. "팔고 먹는 사람의 수를 조절해야만 그럴 수 있습니다. 명백한 문제죠. 망고를 좋아하는 사람은 망고나무를 베지 않아요. 열매를 따먹죠."

그는 우바이의 현직 사제와도 접촉해 왔다. "그는 회중을 굶어죽도록 놔두는 것이 최선이 아니라는 점을 깨달았습니다. 나는 그에게 협상을 하자고 했지요. 당신은 영혼을 돌봐라, 나는 육신을 돌보겠다고요."

현재 일흔다섯 살인 베르날레스는 다이너마이트로 고기를 잡으면서 자랐다. 그들은 다이너마이트 두세 개를 묶어서 던지곤 했다. 폭발의 충격파로 대왕바리류나 도미류는 기절하고, 더 작은 물고기는 내장이 터져서 죽곤 했다. 그러면 그는 약 20미터까지 잠수를 해서 부레가 터진 물고기들이 가라앉기 전에 건져 내곤 했다.

"빠르고 저렴하면서도 위험한 방법이었죠." 장소만 잘 고르면 10톤까지도 잡을 수 있었다. 당시에는 물고기가 워낙 많아서 그렇게 번 돈으로 자식을 대학까지 보낼 수도 있었다. "나도 그중 한 명이었어요. 의대를 갈 수 있었지요."

델리마가 투덜거린다. "지금은 첨단 장비를 써서 해요. 공기 압축기를 이용해 40미터까지 내려가지요. 그 깊이에서 원격 기폭 장치로 폭뢰를 터뜨리기 때문에, 폭발 소리도 안 들리고 물이 솟구치지도 않아요. 밀수한 광산 채굴용 방수 플라스틱 퓨즈와 봉돌을 쓴답니다. 수사를 하려면 생선을 가져다가 법의학 검사를 해야 해요. 배를 갈라서 내장이 터졌는지 알아보는 거죠."

하지만 지금 다이너마이트로 고기를 잡는 사람들은 대부분 다른 지역에서 온 이들이다. 인구해안자원통합관리는 가족계획을 보급하는 한편으로 다이너마이트가 섬을 부양하는 산호초를 파괴한다는 광고로 섬 전체를 도배했다. 델리마의 직원들은 24시간 순찰을 하지만, 청산가리를 써서 불법 어업을 하는 이들을 잡기가 쉽지는 않다. 청산가리는 휘발성이라서 실험실로 가져올 때쯤이면 다 날아가 버려 대개 분석이 불가능하다. 최근에는 존록스Zonrox를 뿌려서 물고기를 잡는 이들도 생겨났다. 존록스는 염소계 욕실 세정제로, 독성은 비슷하지만 훨씬 저렴하다. 젖병으로 그 세정제를 산호초에 뿌린 뒤, 떠오르는 물고기를 건져 낸다.

"새그물을 설치하는 이들도 있어요. 아직 번식할 기회도 접하지 못한 치어까지 깡그리 잡는 그물이지요. 가라앉을 만큼 모래를 넣은 병에 질산암모늄 비료와 휘발유를 섞어 채우고 살짝 막은 뒤 물에 넣는 사람들도 있고요."

베르날레스가 웃으면서 말한다. "필리핀인들은 정말 창의력이 뛰어납니다. 하지만 우리가 그들을 이기고 있습니다. 젊은 어민 부부들은 지금은 다 알지요."

그들은 아이들의 수가 줄어드는 것을 보고 있다. 또 어업이 아닌 다른 일을 찾으려는 사람들도 보고 있다. 고구마 재배, 해초 재배, 메기와 틸라피아 양식, 굴 양식이 대표적이며, 심지어 돈벌이가 되는 젖빛고기milkfish를 양식하려는 이들도 있다. 필리핀인의 창의력도 유용하긴 하지만, 이곳에서 사회와 경제와 환경을 한 그물로 엮는 실은 가족계획이다. 국가 차원의 계획이 전혀 없으므로, 이곳에서 콘돔과 피임 기구는 늘 재단이나 미국 국제개발처의 지원에 의존해 왔다. 그들은 조지 W. 부시 정부가 지원금을 줄이기 시작했을 때 어떤 일이 벌어졌는지, 패스 재단이 기금을 마련하기 위해 얼마나 발이 닳도록 뛰어다녀야 했는지를 지켜보았기에, 같은 일이 또다시 벌어질 때 해야 할 일을 생각하면 겁부터 난다. 게다가 자신들의 운명이 지구 반대편에서 벌어지는 정치에 달려 있다는 사실도 실감했다.

베르날레스와 델리마는 헤리를 순찰선에 태우고 출입이 금지된 우바이의 어류 보호구역 두 곳 중 하나를 둘러보러 출발한다. 순찰선은 전함처럼 회색으로 칠한 길이 15미터의 배로, 현외 장치가 달려 있다. 동력은 덤프트럭에서 떼어 낸 주철 디젤엔진을 쓰고, 냉각수는 바닷물을 이용한다. 네 종류의 해조가 양탄자처럼 깔려 있는 투명한 만은 녹색으로 반짝거린다. 밤에는 생물발광으로 빛나곤 한다. 예전에 이곳에는 전복처럼 생긴 맛좋은 고둥이 살았다. 어민들은 그 고둥이 다시 돌아오기를 바란다. 또 산호초가 유지되기를 바란다. 끔찍한 기후변화로 백화현상이 일어나서 필리핀의 풍부한 산호초는 앙상한 뼈대만 남은 채 죽어가고 있다. 하지만 성장의 징후를 보이는 곳도 몇 군데 있다. 또 그들은 잘못 계획된 얼룩새우 양식장 때문에 수십 년에 걸쳐 사라져 이제는 해안선에 잔해처럼 빈약하게 남아 있는 맹그로브가 다시 퍼져 나가기를 바란다. 하지만 맹그로브는 석탄처럼 꾸준히 뜨겁게 타오르는 좋은 땔나무라서, 불법 벌목꾼들을 물리치기가 쉽지 않다.

보홀 섬 최북단에 있는 도시인 탈리본Talibon에서, 헤리는 시 보건 공무원으로 있는 의사 프랑크 로보Frank Lobo를 만난다. 그는 미국 국제개발처의 지원을 받아서 필리핀의 가장 가난한 도시들에 여성 건강 및 출산 센터를 세운 유엔인구기금에서 후속 업무를 담당하고 있는 유엔 직원을 막 만나고 온 길이다. 로보는 말한다. "출산 도중 사망하는 산모의 수가 하루에 11명인 나라에서는 임신 자체가 여성이 겪는 가장 위험한 일 중 하나지요. 우리 목표는 병원 출산을 유도해 산모와 아기의 사망률을 낮추고, 인구의 35퍼센트를 줄이는 겁니다. 일은 원활히 진행되고 있어요. 산모가 살고, 따라서 아기도 살아남는 사례가 늘고 있지요. 연간 출산 횟수는 1800건에서 300건으로 줄어들었고요. 정관 수술은 0건에서 200건으로 늘었지요."

그는 이곳에서는 인구압을 줄이는 것이 시급한 일이라고 말한다. 지구에 단 여섯 곳밖에 없는 이중 보초double barrier reef 중 하나가 바로 이곳 앞바다에 있기 때문이다. 해면동물, 연산호, 뇌산호, 표면을 뒤덮거나 가지를 치거나 탁자 모양을 이루는 온갖 산호들이 아름다운 경관을 이루는 곳이다.

"그것은 가치를 따질 수 없을 뿐 아니라 우리의 삶 자체이기도 합니다. 물고기는 한 마리뿐인데, 잡겠다는 어민은 1만 명이라고 해봐요. 물고기의 수는 사람의 수와 직접적인 관계가 있겠지요. 지금 인구 폭발 이야기를 하는 것이 아닙니다. 일자리를 말하는 것이죠. 일자리는 하나인데 지원자는 1만 명이라는 말입니다. 바로 그런 식으로 우리는 사람들에게 환경을 이해시키고 있습니다."

그는 유엔인구기금의 계획이 곧 종료될 예정인 데다 미국 국제개발처의 지원은 미국 내 정치 상황에 따라 늘 오락가락하기 때문에 결국에는 필리핀이 생식건강 법안을 통과시켜야 할 것이라고 덧붙인다. 적어도 이들은 지역 성당을 설득하는 데는 성공했다. "가족계획을 담당하는 우리 모두는 가장 독실한 헌금 납부자들이지요. 성당은 우리를 멀리하고 싶어 하지 않아요."

배는 10분 만에 이중 보초와 작은 삼각형 모양의 긴닥판 섬Guindacpan

Island에 도착한다. 이 섬은 한쪽 해안의 길이가 400미터에 불과하다. 예전에는 맹그로브가 섬을 뒤덮고 있었지만 사라진 지 오래다. 섬 중앙에는 자그마한 코코야자 숲이 남아 있고, 어민 432가구가 살고 있다.

북쪽을 향해 다가오는 또 다른 태풍이 일으키는 바람에 야자수들이 휘어지고 있다. 비가 흩뿌리는 가운데 도착한 헤리를 에스트렐라 파레데스Estrella Paredes가 맞이한다. 이곳에 25년째 근무하고 있는 공중보건 간호사다. 그녀는 진녹색 바지를 종아리 위로 말아 올렸는데, 이유는 금세 알 수 있었다. 야자수 주변의 높은 지대를 빼고는 섬의 대부분이 물에 잠겨 있다. 그들은 모래로 덮인 좁은 길을 절벅거리며 나아간다. 젖은 청바지를 무릎까지 걷어올린 마을의 영양사 페를라 파냐레스Perla Pañares가 합류한다. 주민들이 빗자루를 이용해 대나무 집의 문 밖으로 물을 열심히 쓸어 내고 있다. 에스트렐라는 해수를 쓰는 수세식 화장실이 더 이상 작동하지 않는다고 말한다. "그래서 사람들은 해변에서 볼일을 봅니다."

그들은 섬에 하나뿐인 우물을 지나쳐 간다. 지금은 물이 너무 짜서 마실 수가 없다. 페를라는 집마다 빗물 저류조가 있다고 말한다. "하지만 이 많은 사람들이 쓰기에는 늘 부족해요. 여유가 있는 사람들은 생수를 사먹지요."

"상황이 좋지 않군요. 식량은 어때요?" 헤리가 묻는다.

"우리가 생선을 좋아하니 그나마 다행이지요." 페를라가 대답한다. 산호초와 해초는 늘 게, 새우, 굴, 오징어, 멸치, 해삼을 제공해 왔다. 사람들은 부두에서 낚싯줄을 드리워서 독가시치, 동갈치, 동갈돔을 잡는다. 또 꽃게와 톱날꽃게도 잡고, 대합도 채취한다. "하지만 얼마나 오래 계속할 수 있을까요?" 페를라는 의문스럽다. 물고기는 수가 점점 줄어들고 크기도 작아지고 있다. "채소도 큰 문제예요. 우리는 보홀에서 채소를 사와야 합니다. 지금은 밀물 때면 온통 짠물에 잠기기 때문에, 뜰에서 해초를 빼고는 아무것도 기를 수가 없어요."

사람들은 보홀 섬에서 가져온 흙을 플라스틱 화분에 담아 창턱에 놓고 양파, 토마토, 후추, 양념류 채소를 기른다. 일행은 시멘트로 뒤덮인 농구장에 다다른다. 웃통을 벗은 아이들이 맨발로 물을 튀기면서 수면 위로 파란 농구공을 드리블하려 애쓴다. 그중 세 명이 기침을 하는 소리를 듣고 페를라가 인상을 찌푸린다. 무엇보다 드문 것이 과일이다. 아이들은 대부분 크리스마스에만 과일을 맛본다.

"비타민C를 충분히 섭취하는 아이는 한 명도 없습니다." 페를라는 자녀가 넷이고, 에스트렐라는 셋이다. "적은 편이죠. 다른 집은 대부분 다섯 명에서 아홉 명쯤 됩니다." 최근 페를라는 여섯 살이 안 된 아이들(긴닥판 섬 인구의 25퍼센트에 해당한다)의 몸무게를 모두 쟀는데, 영양실조가 가장 심각한 아이 10명이 모두 예닐곱 명의 형제자매가 있다는 사실이 드러났다.

"여기서 피임 기구를 무료로 나눠 줬습니다. 그러다가 유엔인구기금이 그 일을 조산소에 맡겼지요."

에스트렐라는 그녀에게 실제로는 무료가 아니었다고 이야기한다. 아무리 소액이라도 늘 기부금을 요구했다. 실질적인 문제는 이곳 같은 오지에서 가족계획 보급품이 줄어들고 있다는 것이다. 패스 재단조차 극도로 위험에 처한 이 해양 생태계의 중심지에 사는 인구의 절반에만 피임 기구를 제공할 수 있었을 뿐이다. 에스트렐라는 자신이 얻을 수 있는 것은 무엇이든 간에 나눠 준다. "하지만 늘 부족하답니다."

내륙

해수면이 계속 상승해 세계의 가장 저지대에 있는 섬들을 뒤덮는다면, 긴닥판 섬의 가족계획은 무의미해질지도 모른다. 하지만 높은 지대라고 해도 인류를 수용하는 환경 용량에 영향을 끼칠 변화와 무관하지는 않다.

다음 날 태풍이 지나간 뒤의 루손 섬 하늘은 희미한 새털구름이 군데군데 떠 있을 뿐 새파랗다. 베르데 해협과 마닐라의 중간에 있는 국제미작연구소는 햇빛을 환영한다. 그곳에서는 세계에서 가장 오래 지속된 벼 실험의 특정 변수 때문에 점점 우려가 커지고 있다. 1963년 록펠러 재단과 포드 재단이 국제미작연구소를 설립했을 때, 과학자들은 같은 땅에서 벼를 연속하여 얼마나 오래 재배할 수 있는지 알아보기 위해 1만 제곱미터의 시험 재배지를 마련했다. 140번 수확을 한 뒤에도—그들이 심은 벼 잡종은 삼모작을 했다—결과는 고무적이다. 질소비료를 전혀 주지 않은 곳에서도 수확은 계속 이루어지고 있다. 현재의 목표는 수확량을 늘리는 한편으로 인공 비료를 최적 수준으로 낮추는 것이다.

그들은 비료의 양과 작물 품종을 조절할 수 있다. 이미 살충제를 15년 전에 썼던 양의 단 2퍼센트만 쓰고 있다. 그들의 시험 논에서는 지금 해오라기와 물떼새가 돌아다니면서 달팽이와 개구리를 찾는다. 그 위에서는 딱새가 윙윙거리며 날아다니는 곤충을 사냥하는데, 이 곤충들은 살충제에 찌든 조용한 논에서는 찾아볼 수 없는 것들이다. 하지만 그들이 통제할 수 없는 것이 있다. 바로 열이다. 그들은 다년간 기후 자료와 수확량의 관계를 기록해 왔다. 2000년 이래로 흐린 날은 점점 늘고, 태양광은 점점 줄고, 밤 기온은 올라가고 있다. 밤 기온이 높아질수록, 식물은 당분으로 저장할 에너지를 더 많이 태운다. 즉 생장에 써야 할 에너지를 소비한다. 공교롭게도 1960년대에 아시아의 기근을 몰아내는 데 도움을 준 '기적의 쌀' 품종인 IR8의 수확량이 같은 기간에 평균 15퍼센트 감소했다.

온난화 추세가 계속된다면, 이 시점에 벼 육종가가 할 수 있는 일은 그리 많지 않다. 현재의 잡종들은 비료 흡수량을 최대화하고, 해충과 질병에 대한 저항력을 높이고, 생장 속도를 높이기 위해(그리고 수선화 유전자를 넣은 황금쌀처럼 비타민 함량을 높이기 위해) 개발되었다. 하지만 온도 내성을 지닌 품종은 개발되지 않았다. 지금까지는 말이다.

국제미작연구소는 멕시코에 있는 밀과 옥수수 품종 개량 센터인 국제옥수수밀연구소의 열대판 기관이다. 하지만 벼를 교잡하는 일은 더 까다로웠다. 암수한그루인 벼는 제꽃가루받이를 한다. 고수확 벼 품종을 개발하려는 시도는 계속 실패를 거듭하다가, 1970년 후난 성 농업학자 위안룽핑袁隆平이 하이난 섬에서 수꽃이 불임인 야생 돌연변이 벼를 발견하면서 상황이 반전되었다. 수꽃이 불임이라는 말은 곧 암꽃을 다른 품종의 꽃가루와 교배시켜 양쪽의 우수한 형질을 지닌 잡종을 만들어 낼 수 있다는 것을 의미했다. 그의 발견은 세계를 한순간에 바꿔 놓았다. 앞서 개량되어 나온 키 작은 고수확 녹색혁명 잡종의 수확량은 더 이상 늘지 않고 있는 반면, 지구 인구의 절반이 세계 벼의 90퍼센트를 재배하고 있던 아시아의 인구는 일종의 양자 도약을 하고 있던 시기였다. 오늘날 중국에서 재배되는 모든 잡종 벼는 그 야생 벼의 유전자를 토대로 하고 있다.

하지만 벼 품종이 성공을 거둘수록 그 품종은 더욱 취약해진다. 원하는 형질을 지닌 잡종을 만들고 나면, 그 뒤로 재배되는 제꽃가루받이 작물들은 일종의 클론이기 때문에 모두 동일한 질병에 걸릴 수 있다. 한 개체를 감염시키는 질병은 논 전체로 들불처럼 번질 것이다. 인류가 가장 널리 소비하는 식량이 허약한 토대 위에 놓여 있는 것이다. 국제미작연구소의 과학자들은 화학적으로 수꽃을 불임 상태로 만드는 법을 찾아냄으로써 새로운 질병에 맞서 새로운 품종을 계속 개발할 수 있게 되었다. 하지만 오늘의 기후, 질병, 해충에 가장 적합한 품종이 내일도 그러할 것이라고 장담할 수는 없다. 모든 조건이 끊임없이 변하기 때문이다.

자연적인 작물 다양성을 유지하는 대신에 가장 수익이 남는 품종을 대규모로 단일 경작하는 세계에서는 오래된 품종들을 보전할 필요가 있다. 농업학자들이 그것들을 이용하여 새 품종을 만들어 낼 수 있도록 말이다. 국제미작연구소의 유전자은행 냉장 보관소 바깥에는 수백 개의 녹색 서류 서랍장이 죽 늘어선, 공기가 조절되는 방이 있다. 그곳의 긴 탁자 앞에 여성들이 모여 앉아 잡종과 야생종의 씨를 분류하고, 보존할 가장 건강한 낟알을 고르고 있다. 국제미작연구소의 유전자원센터를 이끄는 케임브리지 출신 진화생태학자 루아라이드 색빌 해밀턴Ruaraidh Sackville Hamilton은 방금 온 한 무더기의 새로운 방글라데시 벼를 살펴보기 위해 잠시 멈추었다가, 유전자은행으로 들어간다.

유전자은행은 면적 약 340제곱미터짜리 2층 냉장창고다. 윤기 나는 스테인리스 강철 선반에 이동 가능한 서랍이 가득하다. 이용 가능한 종자는 알루미늄박 봉투에 봉인되어 섭씨 2도로 보관한다. 이곳에는 알려진 11만 7000가지 품종의 종자들이 보관되어 있으며, 재배자의 요청이 있으면 한 번에 10그램씩 제공한다. 아래쪽 선반에는 동일한 '기준' 종자가 영하 20도에 보관되어 있다. 진공 상태의 알루미늄 캔 속에 넣어져 적어도 100년 동안 보존할 수 있도록 저온 상태를 유지한다. 전기 공급이 끊기거나 예비 발전기의 디젤연료가 떨어지지 않는다고 가정할 때 말이다.

색빌 해밀턴은 말한다. "이 종자들은 우리의 증손주들을 위한 겁니다." 국제옥수수밀연구소의 옥수수와 밀이 그렇듯이, 국제미작연구소도 미국 농무부 산하에 있는 콜로라도 포트콜린스의 국립유전자원보전센터에 동일한 종자들을 따로 보관하고 있다. 그리고 '최후의 보루'인 북극권의 노르웨이에 있는 스발바르 세계종자보관소에도 보관하고 있다.

이 시설은 침수, 태풍, 리히터 규모 4.7까지의 지진에도 견딜 수 있다. 하지만 루손 섬 인근의 활화산 하나가 분출하여 용암이 뒤덮는다면? "살아남지 못하겠지요." 해밀턴도 인정한다.

인간 중심의 식물 종자 보관소인 이곳의 책임자 색빌 해밀턴은 인류가 개량한 품종이 비자연적인 것이 아니라, 오히려 비버가 강에 둑을 만들듯이 자연을 재배치하여 우리 자신의 생존 기회를 늘리는, 호모사피엔스가 참여하는 진화의 일부라고 본다. 그는 우리가 치중하는 단일경작 방식이 자연이 우리에게 하지 말라고 반복하여 보여 주고 있는 것이라는 점을 인정한다. 다양성을 띤 생태계는 튼튼하고 스트레스에 잘 견디지만 단일경작지는 전혀 그렇지 못하다. 그런데 왜 우리는 단일경작을 할까?

"비용 때문이지요. 종자 회사로서는 넓은 면적에 한 품종을 기르게 하는 편이 더 수익이 남아요. 자기 종자를 뿌리는 면적이 넓어질수록 종자 회사는 더 성공을 거둘 것이고, 따라서 다양성 촉진과는 정반대 방향으로 나아가지요. 게다가 우리는 다양성을 갖춘 생산성 있는 체계를 구축할 방법도 모릅니다. 뒤섞어서 심은 작물들을 콤바인으로 어떻게 수확할 수 있겠어요? 다양성이 필요하다는 것은 알지만, 다양성을 지닌 대규모 경작지를 개발한다는 것은 요원한 일입니다. 그래서 바로 이 유전자은행이 필요한 겁니다. 다양성이 저 바깥의 논에 있지 않으니까요. 물론 다양성이 필요한 곳은 바로 거기이지만요."

그래서 그들은 새로운 기술을 이용해 자연의 질서를 재배치하려고 계속해서 노력한다. 현재 국제미작연구소의 가장 큰 과제는 벼의 광합성 효율을 50퍼센트 늘리고, 낱알이 더 열릴 수 있도록 태양에너지를 충분히 공급하고, 스스로 질소 고정을 할 수 있도록 하는 것이다. 그렇게 개량한 'C4' 벼는 수확량이 크게 늘어날 것이고, 비료도 자체 생산할 수 있을 것이다. 바티칸이 인구가 계속 늘어나는 세계를 먹여 살리는 방법이라고 인용한 바로 그 잠재력이 실현되는 것이다.

하지만 그러려면 볏잎의 세포 구조 자체를 재편해야 할 것이다. 모든 품종을 교배하면서 올바른 유전자의 조합을 찾아내는 데는 적어도 20~25년이 걸릴 것이다. 설령 빌 멀린다 게이츠 재단에서 지원을 받는다고 해도 그 일정을 앞당길 수는 없다. 그리고 그때쯤이면 늘어난 수확량으로도 감당할 수 없을 만큼 세계 인구가 증가해 있을 수도 있고, 오히려 기후변화로 경작지가 줄어들고, 민물도 구하기 어려워지고, 지력도 더 나빠질지 모른다.

C4 벼는 농업 역사의 중대한 전환점이 될 것이다. 하지만 색빌 해밀턴은 그 벼든 개량된 다른 어떤 벼든 간에 한계가 있다고 말한다. "이 유전자은행을 토대로 우리는 앞으로 닥칠 그 어떤 도전 과제에도 대처할 수 있습니다. 단 하나만 빼고요. 바로 인구 증가이지요. 식량 수확량을 무한정 증가시킬 수는 없습니다."

그는 선반에서 10그램의 종자가 든 알루미늄박 봉지를 하나 꺼내 라벨을 살펴본 뒤 다시 놓는다. "우리는 새로운 질병에도 대처할 수 있습니다. 나는 더 나아가 기후변화에도 대처할 수 있다고 봐요. 기술을 개량할 수도 있어요. 작년에 벼를 수경 재배하려는 일본 농장을 가보았습니다. 수경 재배에 이상적인 품종은 논에서 자라는 품종과 뿌리 구조가 달라야 할 겁니다. 그것은 새로운 육종 과제입니다. 하지만 이곳의 종자를 이용하면 그 도전 과제를 해결할 수 있어요."

그는 추운지 양팔로 몸을 감싼다. "우리는 어떤 일이든 대처할 수 있습니다. 한없이 늘어나는 인구만 빼고."

마닐라의 국제미작연구소 주변을 둘러보면 필리핀의 출산율이 역전될 가능성은 그다지 없어 보인다. 새로 선출된 아키노 대통령이 국

가 차원의 생식건강 계획에 관심이 있다고 공언하긴 했어도, 그 계획은 2010년에서 2011년으로, 이어서 2012년으로 미뤄져 왔으며, 가톨릭교회는 감히 그런 혐오스러운 단어를 입에 올리는 국회의원들에게 계속 전면적인 공격을 가해 왔다. 수십 년 동안 교회는 가족계획 정보를 널리 알리고, 극빈층에게 피임 기구를 무상으로 제공하고, 중학생에게 의무 성교육을 하자는 법안들을 모조리 짓밟아 왔다. 필리핀의 가톨릭 주교회의는 어떤 대통령도 그 기록을 뒤집지 못하게 할 참이었다.

한 대주교가 선언했다.

"피임은 타락이다."

다른 대주교가 단호하게 말했다.

"섹스를 신과 떼어 내고 결혼과 분리해서 가르쳐서는 결코 안 된다."

세 번째 대주교가 경고했다.

"교회를 모욕하지 말라. 그러면 교회가 당신을 매장할 것이다."

의회에서 최신 법안을 놓고 논쟁이 격렬해졌다 잦아들었다를 반복하고 있을 때, 필리핀 주교단은 버스를 대절하여 가톨릭 학교 학생 수천 명을 마닐라로 모았다. 그들은 도로를 막고 기도회를 열면서, 웃는 얼굴이 그려진 '생명의 복음'이라는 스티커를 지나가는 차량에 붙였다. 설교를 할 때마다 그들은 군중에게 피임이 필리핀 헌법이 불법으로 규정한 낙태의 한 가지 형태일 뿐이라고 훈계했다.

마닐라 교외 지역인 알라방Alabang에서 그들은 시의회에 압력을 가해, 의사의 처방전 없이 콘돔을 구입하면 6개월 징역형에 처하게 하는 조례를 통과시켰다. 전문가들은 "교황보다 더 가톨릭적인" 수단이라고 평했다. 베네딕토 16세도 콘돔이 에이즈를 예방하는 데 도움이 된다는 점은 인정했기 때문이다. 국회에서 교회의 입장에 찬성하는 쪽은, 피임에 반대하는 한 의원이 하루 만에 제출한 35건의 생식건강 법안 수정안을 높이 쌓아 놓고서 회기가 끝날 때까지 원래 법안의 처리를 지

연시켰다. 2012년 11월의 어느 날 밤, 필리핀인의 70퍼센트가 지지하는 그 법안이 마침내 투표에 부쳐질 것처럼 보였을 때, 반대하는 의원들이 의사당에 들어가지 않는 바람에 하원은 정족수를 채우지 못했다. 교회의 강경한 입장을 대변하고 나선 인물은 필리핀에서 가장 유명한 전설적 권투선수이자 국회의원인 매니 파키아오Manny Pacquiao였다. 6남매 중 넷째인 파키아오는 부모가 산아제한을 했다면 여덟 체급에 걸쳐 세계 챔피언 벨트를 딴 자신은 결코 태어날 수 없었을 것이라고 모든 이에게 상기시켰다.

이번에도 생식건강 법안은 폐기될 것처럼 보였다. 그러던 가운데 2012년 12월 8일, 라스베이거스에서 열린 웰터급 권투 경기 중 6라운드에 무적처럼 보이던 파키아오는 상대인 멕시코의 후안 마누엘 마르케스Juan Manuel Marquez가 불쑥 내민 오른팔에 머리를 얻어맞고서 쓰러졌다. 몇 분 동안 일어나지 않자, 관중은 그가 죽었다고 생각했다. 그는 사흘 뒤에야 깨어났다. 하지만 그는 이렇게 살아나니 생명이 신성하다는 믿음이 더욱 깊어졌다고 주장하면서 의회에서 생식건강 법안에 더욱 강경하게 맞섰다. 초라한 패배가 더 놀라운 성과로 이어질 수 있음을 입증한 셈이었다.

열흘 뒤, 아키노 대통령은 의회 절차 규정을 토대로 창의적인 묘책을 내놓았다. 그는 대통령의 우선권을 선언하면서 의원들이 의사당 밖으로 나가기 전에 강제로 법안을 표결에 부쳤다. 그의 조국은 국제미작연구소가 있음에도 환경 용량을 훨씬 초과하는 수준으로 인구가 늘어나는 바람에 현재 세계 최대의 쌀 수입국이 되어 있었다. 설상가상으로 현재 추세에 따르면 세계 기온은 2도 이상 높아질 가능성이 높았다. 기온이 2도 오르면 필리핀인의 주요 단백질 공급원인 산호초는 살아남지 못할 것이다. 세상을 뜬 어머니보다 더 인기가 많긴 해도, 인구가 다시 두 배로 늘어나서 기아에 허덕이도록 보고만 있지 않겠다고 결심한 아키노 대통령은 필리핀의 상원과 하원에서 모두 승리를 거뒀다.

그는 조금은 유화적인 태도로 크리스마스까지 기다렸다가 화려한 축하 행사 따위는 전혀 하지 않고 조용히 생식건강법에 서명했다. 하지만 필리핀 주교들은 다음 선거 때 모든 배교자인 국회의원들을 낙선시키고, 그 법을 옹호했다고 여겨지는 가톨릭 대학교의 교수들을 모조리 해고하고, 그 법이 위헌이라고 대법원에 상고하겠다고 맹세했다.

그 주교들이 실패한다면, 지구에서 생식건강에 관한 정치적 결정이 여전히 로마 가톨릭교회의 통제를 받는 나라는 한 곳만 남을 것이다. 해마다 인구가 200만 명씩 늘고 있는 필리핀과 달리, 그 작은 나라는 인구 위기를 전혀 겪고 있지 않다. 국민 가운데 여성은 거의 전무하고, 대부분이 —적어도 이론적으로는— 독신 남성이기 때문이다.

그들은 바티칸 벽 안에서는 하고 싶은 대로 할 수 있다. 하지만 그들이 더 이상 다른 어떤 나라도 뒤흔들 수 없다는 사실은 성서를 포함한 모든 의미에서 인류가 현재 지구를 가득 채워 왔음을 적시에 입증하는 것일 수도 있다.

10
지하수

사헬

리비아는 사람들이 드문드문 분포한 희귀한 나라다. 이유는 단순하다. 가치 있는 천연자원이 있긴 하지만, 그 자원은 먹을 수가 없기 때문이다. 영토 면적으로는 세계에서 17번째이지만 인구로는 103번째인 이 나라의 인구는 고작 600만 명에 불과하며, 그들의 90퍼센트는 북부 해안에 오밀조밀하게 모여서 살아가고 있다. 과거에는 지중해를 면한 그곳의 항구들이 리비아의 가장 큰 자산이었다. 지금은 석유가 최대 자산이다. 하지만 리비아의 인구를 현재 수준으로, 혹은 그보다 적게 제한하는 결정적인 요인은 따로 있다. 바로 물이다.

리비아 북부의 우물은 말라 버렸거나 바닷물에 오염되어 있기 때문에, 현재 식수의 90퍼센트는 무아마르 카다피의 역작인 '대수로Great Man-Made River'에서 얻는다. 남쪽에 있는 사암을 깊이 500미터의 대수층

인구 쇼크

까지 뚫어서 판 1000여 개의 관정으로부터 물을 퍼올려 공급하는 세계 최대의 상수도 망이다. 이 지하수는 사하라에 동식물이 풍부했던 시기에 채워졌던 것이다. 약 6000년 전 지축이 조금 흔들렸을 때 이 풍요롭고 습한 시기는 종말을 고했다. 마침 늘어나고 있는 인구와 그들이 키우는 가축과 작물이 점점 더 많은 물을 쓰고 있던 시기이기도 했다. 운 나쁘게도 이 사건들이 겹치면서 북아프리카는 심각한 변화를 겪었다. 리비아의 대수층이 고갈될 때까지 얼마나 걸릴지는 60년에서 1000년까지 추정값이 큰 차이를 보이지만, 큰 값은 수문학보다는 카다피의 의중을 반영한 값일 가능성이 높다. 언제 고갈되든 한 가지는 거의 확실하다. 당분간 그 물이 다시 채워질 가능성은 없다는 것이다. 사람도, 지질학적 시간도 채우지 못한다.

사하라는 북극지방처럼 단조로운 경관이 드넓게 펼쳐진 곳이다. 북극지방은 줄어들고 있는 반면 사하라는 더 넓어지고 있다는 점이 다를 뿐이다. 사하라사막과 그 남쪽 중앙아프리카의 열대 사바나를 나누는 사헬Sahel이라는 반건조 전이 지대를 점점 잠식하고 있는 것이다. 아프리카 대륙의 위쪽에 띠처럼 뻗어 있는 사헬은 가장 넓은 곳의 폭이 약 1000킬로미터. 적어도 지금은 그렇다.

리비아 바로 남쪽에 있는 서아프리카 국가인 니제르에 사는 알하지 라보 마마네Al-Haji Rabo Mamane는 사헬에 관해서는 많이 알고 있지만, 자기 자식이 몇 명인지는 확실히 알지 못한다. 그래서 묵주를 집어 들고 알을 짚으면서 세기 시작한다.

"17명이네요." 이윽고 그가 말한다. 마마네는 나이지리아 국경에서 북쪽으로 20킬로미터 떨어진 곳에 있는 주민 2000명의 사헬 마을 바르가자Bargaja의 촌장이다. 그는 진흙을 이겨 바른 자신의 집 앞에 친 이엉으로 위를 덮은 천막 아래, 파란색과 녹색의 실로 짠 면 깔개 위에 마을 남자들에게 둘러싸인 채 앉아 있다. 염소수염이 하얗게 난 일흔 살 노인인 그는 맨 발목까지 드리운 전통 의상인 겔라비야jellabiya를 정돈하고, 자수가 놓인 둥글고 파란 기도모자를 바로 쓴 뒤 덧붙인다. "아직 살아 있는 자녀가 그렇다는 겁니다. 죽은 아이들도 적어도 그만큼은 되지요."

지나간 몇 해는 힘겨운 시기였다. 2010년에 니제르의 작물들은 대부분 낟알이 맺힐 때까지 살지 못했다. 더위가 일찍 찾아오는 바람에 주식인 조는 채 여물지도 못하고 줄기에서 말라비틀어졌다. 땅콩도 마찬가지였다. 대개 가뭄에 강한 수수는 자라긴 했지만 씨를 전혀 맺지 못했다. 소들이 먹을 풀도 없었다.

"그래서 아이들이 죽어 가기 시작했습니다." 세계식량계획World Food Program은 죽어 가는 500만 명에게 긴급 구호 식량을 공수하려고 했지만, 마마네는 그래도 아이 셋을 잃었다. 촌장이었던 덕분에 아내를 그 지역의 주도 마라디Maradi에서 프랑스 의사들이 운영하는 보건 센터에 보낼 수 있었는데도 그랬다. 그곳에서 아내는 아이들이 영양실조로 한 명씩 죽어 가는 광경을 지켜보아야 했다.

그녀는 그의 아내 중 가장 젊다. "아내가 열두 살 때 혼인했어요. 그때는 풋풋했지요. 아내가 낳은 아이들은 모두 죽었습니다. 하나는 세 살 때였고, 또 하나는 두 살 때였지요. 태어난 지 일주일 만에 죽은 아이도 있고요."

2011년에 그는 두 아이를 더 잃었다. 다른 아내 둘이 젖을 먹이고 있던 아이들이었다. 아내들은 영양실조로 빈혈증에 걸렸고 젖이 말라 버렸다. 아기들은 빈혈증과 말라리아로 죽었다. "가장 어린 아내는 지금도 상심해 있어요. 그래서 아내가 다른 남자를 만날 수 있도록 이혼할 생각이었지요. 그런데 다행히 다시 임신을 했습니다."

주변에 앉아 있는 남자들이 괜찮다는 듯 웅성거린다.

그는 아내가 몇 명인지도 헷갈린다. 비록 코란에 책임지고 돌볼 수 있는 한 네 명까지 아내를 얻어도 된다고 허용하고 있지만, 세월이 흐르면서 남아 있는 아내도 있는 반면 떠난 아내도 있다. "물론 죽은 아내도 몇 명 있어요." 그는 아내 한 명에게는 아직 자녀 셋이 살아 있다는 것을 안다. 아홉 번 출산해서 세 명만 살아남았다.

치렁치렁한 진청색 겔라비야와 자주색 기도모자 차림을 하고 아버지의 깔개 옆에서 웅크리고 있던 그의 장남 이노사는 손가락으로 흙바닥에 몇 가지 숫자를 적는다. "작년에 이 마을은 아이 180명을 잃었습니다." 마흔두 살인 이노사는 세 아내에게서 자식을 11명 낳았다. 그중 여섯이 아직 살아 있다. 사람들은 그를 부자라고 여긴다. 1만 제곱미터에 이르는 농장 전체가 그의 소유이기 때문이다. 50년 전에는 모든 사람이 2만 제곱미터를 지니고 있었지만, 여러 아들들 사이에서 쪼개지다 보니 예전에는 20명으로 이루어진 한 가족을 먹여 살렸던 2만 제곱미터의 땅으로 지금은 60~70명이 먹고살아야 한다.

"이 문제를 어떻게 해결해야 할지 막막하기만 합니다." 그의 아버지가 말한다.

"인구가 너무 많은 거예요." 이노사가 대답한다. 사람들이 눈살을 찌푸리면서 그를 쳐다본다. "그럼요. 우리는 자식들에게 치이고 있기 때문에 고통을 겪는 거예요."

살아오는 내내 그는 모든 출산은 축복이라는 말을 들어 왔다. 신이 주는 선물이기 때문이다. 물론 신은 생명을 앗아 가기도 하지만 말이다. 2년 전, 그는 아내들과 함께 사흘 동안 일을 중단하고 최근에 죽은 아이의 영혼을 위해 기도했다. 그 뒤에 그들은 한 가지 결정을 내렸다. 그들은 마라디의 진료소를 찾았다. 그의 동의하에 세 아내는 모두 피임약을 먹기 시작했다. 이노사는 마을에 그 사실을 숨기려 하지 않았고, 다른 남자들은 그가 저지른 일에 노골적으로 불만을 터뜨렸다. 그는 굳이 그들을 설득하려 애쓰지 않았다. "그들도 눈으로 결과를 볼 수 있습니다. 내 아내들은 전에는 깡말랐지만 지금은 체중이 불어났어요. 지난 2년 동안 아무도 임신하지 않았지요. 아주 좋아요. 11명을 낳고 나니 아내들의 체력이 어느 정도인지 알게 되었으니까요."

그가 설명을 하는 동안, 다른 남자들은 당혹스러운 기색이 역력하다. 니제르에서는 여성이 평균 7~8회 출산을 한다. 지구에서 가장 높은 출산율이다. 그의 아내들도 적어도 21명을 출산해야 했겠지만, 거의 절반 수준에서 그쳤다.

남자들이 대화를 하는 곳에서 몇 걸음 떨어진 방의 문간에서 촌장의 아내 둘이 맨바닥에 앉아 귀를 기울이고 있다. 둘 다 몸무게가 40킬로그램이 채 못 된다. 니제르 시골에서는 달걀 같은 가장 좋은 음식은 남자들의 차지다. 아이들이 그다음이다. 식량이 부족한 시기에 여자들은 거의 아무것도 먹지 못한다. 나이가 더 많고 키가 좀 더 큰 하사나는 넉 달 된 아들 체피오에게 젖을 먹이고 있다. 그녀에게는 아들 하나와 딸 하나가 더 있다. 하지만 어머니는 잃은 아이 수도 기억하고 있기 마련인데, 그녀는 아이 넷을 잃었다.

"첫째는 아들이었는데, 네 살 때 죽었어요. 둘째는 딸이었고, 1년 7개월 만에 세상을 떴지요." 셋째와 넷째는 살아남았다. "다섯째는 세 살에 죽었고, 여섯째는 한 살 때 죽었어요. 둘 다 딸이었지요." 그녀는 체피오를 무릎에 내려놓고서 꽃무늬가 있는 히잡의 끝자락으로 눈물을 훔친다. 아기는 눈을 동그랗게 뜨고서 엄마를 올려다본다.

그녀는 아기를 다시 젖가슴에 갖다 댄다. "아기를 낳았다가 잃으면 정말 가슴이 미어져요. 신은 생명을 준 뒤에 다시 앗아 갑니다. 하지만 신을 거역할 수는 없어요. 신이 원하면 언제든 내 목숨도 거둬 갈 수 있다는 것을 아니까요." 그녀는 가족계획이라는 말을 들은 적이 있다. 하지만 별 관심이 없다. "식량 위기가 닥치고 소중한 아기들이 죽어 가는 시기에는 할 수 있는 한 아기를 계속 낳아야 해요. 아기를 더 안 낳았는데, 내 아이들이 죽어 버린다면 어떻게 되겠어요? 나는 아이가 없는 거잖아요."

하지만 아이가 셋뿐이라면 생존할 기회가 더 많지 않을까? 먹을 것이 더 많을 테니까 말이다.

"식량이 충분하다고 보장할 수 있다면야 늘 뱃속에 한 명을 배고, 한 명은 등에 업고 있을 필요가 없겠지요. 하지만 보장할 수가 없답니다." 그녀는 맞은편 구석에 웅크리고 있는 다른 아내 자이밀라를 쳐다본다. 바틱 치마 위로 파란 키마르를 걸치고 있어서 임신했음을 알아보기가 어렵다. "게다가 아이가 더 적고 식량이 더 많다면, 남편들은 아내를 더 얻으려고 기를 쓸 테고, 아내들은 서로 자식을 더 낳으려고 경쟁할 거예요. 그러면 다시 식량이 부족해지겠죠."

그녀는 열여섯 살에 뒤늦게 혼인했다. 자이밀라는 그렇지 않다. 자이밀라는 열두 살 때 촌장과 결혼했고, 아이를 셋 낳았지만 모두 죽었다. 그녀는 일흔 살 노인의 아이를 갖기보다는 더 젊은 남편을 구할 기회를 포기한 것을 후회할까?

"하지만 그가 촌장이잖아요." 그녀는 그 질문에 당혹스러워하면서 답한다.

니제르에는 "돈 많은 노인이 젊은이다"라는 속담이 있다. 다른 남자들의 아내는 아기를 더 많이, 더 빨리 잃는다. 땅과 가축의 대부분이 촌장 소유이기 때문이다. 비록 요즘은 어느 누구도 많이 지니고 있지 않지만 말이다. "세 아이가 아직 살아 있다면, 아니면 신이 이 아이 뒤로도 세 명을 더 준다면, 아마 더 낳지 않을 수도 있겠지요. 하지만 피임약을 받으러 마라디까지 가야 하겠죠. 그리고 남편은 곧 늙어서 더 이상 자식을 원치 않을 거예요. 그래서 포기했어요."

니제르 바르가자 촌장의 아내들

　육지로 둘러싸인 니제르는 프랑스, 독일, 폴란드를 합친 것보다 영토가 좀 더 넓다. 하지만 리비아와 알제리 바로 밑에 있는 이 나라는 위쪽 5분의 4가 대체로 사람이 살 수 없는 사막이다. 니제르인의 대다수는 그보다 훨씬 남쪽의 사헬 지대에 산다. 나이 든 이들 중에는 사헬이 아카시아 숲, 초원, 바오바브나무로 뒤덮여 있던 시절을 아직도 기억하고 있는 사람이 많다. 1990년대보다 식생 면적이 줄어들고 평균 기온이 섭씨 1.5~2도 오른 지금, 주민들은 사헬이 점점 더 사하라처럼 변할 것이라고 걱정하고 있다.

　니제르의 남서쪽 끝에는 나일 강과 콩고 강에 이어서 아프리카에서 세 번째로 큰 나이저 강이 흘러든다. 이 강은 니제르 영토를 4200킬로미터에 걸쳐 흐른 뒤에 빠져 나간다. 수도 니아메Niamey를 지나 약 260킬로미터를 흐른 뒤 나이지리아로 들어간다. 나이지리아는 여성 1인당 자녀 수가 평균 다섯 명 이하로, 출산율이 이웃 나라처럼 심히 우려할 만한 수준은 아니다. 하지만 니제르의 인구가 1660만 명인 반면 나이지리아는 1억 6600만 명으로 10배 더 많다. 아프리카에서 인구가 가장 많은 나라다. 두 번째로 인구가 많은 에티오피아보다 2배 이상 많다. 2040년이면 나이지리아의 인구는 두 배로 증가해 3억 3300만 명이 될 것으로 예상된다. 자국, 아니 아프리카 대륙 전체의 농업 생산 능력을 훨씬 초월하는 수준이다. 그때 어떤 일이 벌어질지는 아무도 예상할 수 없다.

마라디의 궁전에서 술탄 알하지 알리 자키Al-Haji Ali Zaki가 걱정하는 것은 나이지리아도, 2040년의 인구도 아니다. 현재 이곳의 문제를 처리하는 것조차 힘겹기 때문이다. 그가 지배하는 지역은 유아 사망률이 비극적인 수준으로 높을 뿐 아니라, 인구 증가율이 세계 최고인 니제르 내에서도 최고 수준이다.

이유는 나이저 강의 지류로, 니제르에서 가장 중요한 계절성 와디wadi(우기에만 물이 흐르고 평소에는 바닥까지 말라붙는 강—옮긴이)인 골비드 마라디Goulbi de Maradi 때문이다. 와디는 이 지역에 사는 하우사Hausa 족 말로 '강의 손'이라는 뜻이다. 니제르에서 가장 녹지가 많은 지역인 마라디는 곡창지대로 여겨지지만, 바르가자와 마찬가지로 이곳 마을도 죽어 가는 아이들로 가득하다. 오늘은 금요일이다. 그 위기를 논의하기 위해 앞서 종교지도자들이 이곳에 모였고, 지금은 마을 지도자들이 모여 있다.

술탄은 조각이 새겨진 옥좌를 외면하고 편안하고 푹신한 의자에 앉아 있다. 금실로 자수를 놓은 하얀 로브와 카프탄 차림에 흰 비단 터번을 쓰고 목에 술 달린 하얀 스카프를 두르고 있다. 나이를 먹었지만 여전히 어깨가 떡 벌어져 있으며, 삼각형의 넓은 코에 테가 붉은 커다란 안경을 걸치고 있다. 방에서 신발을 신고 있는 사람은 그뿐이다. 흰 가죽에 금 버클이 붙은 신발이다. 다른 사람들은 붉은 양탄자에 앉아 있고, 단검과 곤봉을 갖춘 녹색, 흰색, 황색의 로브에 오렌지색 터번 차림인 호위병 네 명만이 술탄 주변에 서 있다. 술탄은 오른 손목에 묵주를 끼고 있다. 왼 손목에는 스테인리스제 롤렉스 시계를 차고 있다.

그가 말한다. "작년에 우리는 많은 시련을 겪었습니다. 가뭄으로 소들이 죽어 나갔지요. 수천 마리가 그냥 쓰러져 죽었습니다. 사람들도 굶주렸고요. 다행히 우리는 정부와 국제기구와 비정부기구의 도움을 받을 수 있었습니다. 그들은 최선을 다했지요. 하지만 그들의 통계학자들은 우리의 수요를 예측할 수 없어요. 우리 인구가 얼마나 늘어나고 있는지 알지 못하니까요. 이제는 어느 누구도 알 수 없어요. 하지만 우리는 그들의 노력에 감사를 표합니다."

호위병 중 한 명이 정부를 찬미한다고 외친다.

"그리고 우리는 지금 또다시 가뭄에 직면해 있지요. 정부와 비정부기구들은 이번에도 우리에게 필요할 물품의 양을 잘못 계산할 겁니다."

최근 그는 마라디 북부를 둘러보고 왔다. 사헬이 빠르게 사막으로 바뀌고 있는 곳이다. 올해 비가 좀 더 많이 내린 지역도 몇 군데 있긴 하지만, 대다수의 마을은 그가 들렀던 침묵의 소도시 마일라피아Mailafia 마을과 별다를 바 없었다. 이 마을에서는 바짝 말라붙어서 황백색으로 변한 땅, 뼈와 가죽만 앙상하게 남은 여자들, 기력이 없이 흐느적거리는 아이들, 자라지 못해 왜소한 양만이 보인다. 큰 나무는 모두 사라졌고, 소들도 죽고 없다. 2005년 기근을 겪은 뒤 프랑스의 비정부기구가 콘크리트로 테두리를 둘러 우물을 하나 팠지만, 가축과 사람이 다 쓸수 있는 수량은 아니었다.

이사 오스마네Issa Ousmane라는 마흔다섯 살 남성이 모래에 무릎을 꿇고 기도를 한 뒤 말했다. "내가 젊었을 때는 이 집들과 창고들이 보이지 않았을 겁니다. 나무들이 아주 빽빽하게 자라 있었으니까요. 누군가 손을 잡고 이끌어 주지 않으면 숲에서 빠져나오지도 못했을 거예요. 풀도 사람 키만큼 웃자랐지요. 토끼, 사슴, 뿔닭, 영양도 살았어요.

지금은 오로지 초라한 건물들만 보일 뿐이죠. 헐벗은 모래하고요."

야자나무, 타마린드, 바오바브나무는 인구가 늘어나 숲이 제공할 수 있는 것보다 더 많은 목재가 필요해지면서 사라져 갔다. 몇 안 되는 아카시아가 남아 있었지만 비가 뜸하고 태양이 더 뜨겁게 내리쬐어 거의 자라지 못하고 있다. 아카시아는 10년마다 찾아오는 가뭄에 적응해 있었다. 그런데 지금은 5년마다 가뭄이 든다.

"이제는 3년마다 찾아와요. 그리고 작년에 시작된 가뭄은 아직도 이어지고 있습니다. 아직 아무것도 키우지 못해요. 있던 소를 팔아서 겨우 버티고 있지요."

아홉 아들 중 넷은 가축을 팔러 남쪽으로 떠났다. 씨가축까지 딸려 보냈다. "곧 소들도 사라지겠지요. 이건 치료약이 없는 질병이나 다름없어요. 우리 목숨도 앗아 가겠지요."

자녀를 여덟 둔 어머니가 나무통에 조를 쏟아부으면서 덧붙인다. "이제는 죽을 끓일 우유조차 부족해요. 그저 아이들에게 줄 음식만이라도 있으면 좋겠어요."

술탄은 앞에 모인 사람들에게 말한다. 이맘들에게 그날 이미 가족계획에 협조해 달라는 요청을 했다고 말이다.

흰 겔라비야를 입은 남자가 반대 의견을 낸다. "우리는 아이를 얻기 위해 혼인하는 겁니다. 후손을 남기는 것보다 더 중요한 삶의 목적이 있나요?"

술탄이 답한다. "내 아버지와 할아버지는 많은 아내에게서 많은 자식들을 낳으셨습니다. 나는 자식이 일곱밖에 안 됩니다. 내 아들들은 각각 자식이 두 명, 세 명, 네 명이고요. 우리는 서로 다른 세대를 살고 있는 겁니다. 그리고 교육을 더 받을수록, 자식을 먹여 살리는 것이 큰 부담이라는 사실을 깨닫게 되지요. 연이어서 임신을 되풀이하면 몸이 상한다는 사실을 가르치는 일을 모스크가 도와주면 좋겠어요. 엄마와 아기의 건강을 위해 터울을 더 두라는 것이죠."

모인 남자들은 바닥만 바라보고 있다. 찬양을 외치는 사람은 아무도 없다.

술탄은 무릎에 팔을 대고 몸을 앞으로 기울인다. "알라는 먹일 수도, 돌볼 수도 없는 아이들을 낳기를 원치 않습니다."

자신의 서재에서 이맘 라이둔 이사카Raidoune Issaka는 말한다. "알라는 식구를 줄이라는 어떤 압력에도 굴하지 않고 더 큰 대가족을 이루기를 원합니다."

서른다섯 살인 이맘 이사카는 뺨에는 수염이 전혀 없고, 턱 아래에만 조금 수염이 나 있다. 그는 은색 줄무늬가 있는 잿빛 겔라비야에, 검은 실로 자수가 놓인 흰색 기도모자 차림이다. 그는 형제자매가 열둘이다. 그가 말하고 있는 상대는 높이 솟은 붉은 모자에 금실로 바느질을 한 카프탄 차림의 젊은 남자로, 술탄의 측근이다.

이맘은 가죽 장정의 코란 해설서와 자신의 설교록이 진열된, 가운데가 축 처진 책장 옆 녹색 천을 씌운 의자에 앉아 있다. 그는 책장을 향해 손바닥을 들어올린다. "이슬람의 가르침에 따르면, 어머니의 건강이 위험하다는 것이 명백할 때에만 임신을 늦출 수 있습니다. 먹여 살리기가 힘들다는 핑계로 자식을 덜 낳거나 안 낳는 행위는 무슬림과 신 사이에 맺은 계약을 어기는 겁니다. 알라는 모든 아이들에게 양식을 주겠다고 약속했습니다."

그는 발 옆의 가죽 걸상에 놓인 컵에 담긴 차를 한 모금 마신다. "알라는 계율을 지키기만 한다면 사람들에게 필요한 것을 모두 주실 겁니다. 하지만 알라가 예비해 둔 길에서 벗어난다면, 그들은 알라의 처벌을 받을 것입니다. 그것은 행복한 결말이 아니겠지요."

하지만 어린아이들이 대체 무슨 죄를 지었다는 것일까? 왜 그들이 고통을 받고 죽어야 할까?

"신의 가르침은 음탕한 행동을 하여 죄를 저지른 부모를 향한 것이지요. 밝은 미래를 원한다면, 올바른 길로 돌아오라고 상기시키는 것입니다."

휴대용 라디오가 놓인 작고 검은 탁자 옆에 앉아 있는 술탄의 측근은 대꾸하지 않는다. 이맘은 말을 계속한다. "물론 우리 모두에게 고통스러운 일이지요. 그것이 바로 모스크에 있는 우리가 사회에 가난한 이들을 도우라고 말하는 이유입니다."

그는 앞서 자신의 아버지가 마라디의 이맘이었을 때보다 인구가 다섯 배 늘었다는 것을 인정한다. 그들이 앉아 있는 방은 원래 지금 주변을 둘러싸고 있는 도시의 외곽에 있던 마구간이었다. "어떤 의미에서 이것은 발전과 진보의 상징입니다. 하지만 다른 의미에서 보면, 환호할 일이 전혀 없지요. 사람들은 자연을 지키려는 행동을 하지 않고 있어요. 우리의 농경지와 목초지는 파괴되고 있습니다."

그 파괴와 급증하는 인구가 전혀 무관하다는 것일까? 이런 상황이 계속된다면 어떤 일이 닥칠까?

"우리의 종말이 찾아오겠지요." 그는 무덤덤하게 말한다. 이맘이 고개를 끄덕이면서 의자에 등을 기대자, 술탄의 측근도 자세를 바로 한다.

"우리는 미래가 불안하다는 것을 압니다. 하지만 우리는 최후의 심판일이 닥치는 것을 막을 수 없어요. 무함마드는 알라가 그날을 예정해 두었다고 말합니다."

먼지 자욱한 길을 몇 블록 가니, 또 한 명의 이맘이 있다. 차피우 이사카Chafiou Issaka는 집에 딸린 지붕 없는 작은 방의 한가운데에 놓인 등이 곧은 금속 의자에 앉아 있다. 술탄의 측근이 앉은 낮은 나무 벤치를 빼면 아무것도 없고, 벽도 회반죽 없이 진흙 벽돌이 그대로 드러나 있다.

이맘은 새하얀 겔라비야에 반사되는 햇빛을 가리기 위해 색안경을 쓰고 있다.

그가 말한다. "신성한 코란에는 신이 가족이 필요로 하는 것들을 준다고 나와 있어요. 하지만 엄마와 아이의 건강을 위해, 자녀 사이에 2년 이상의 터울을 두어야 한다고도 적혀 있지요. 아이가 젖을 채 떼지도 않았는데 동생을 출산했을 때 가정에 어떤 문제가 생기는지 보세요. 거기에는 논란의 여지가 없습니다."

그렇다면 어머니가 쇠약해지고 아이들이 굶어 죽어 가는 가정이 왜 그토록 많은 것일까?

"사람들이 코란을 존중하지 않기 때문입니다. 알라는 우리에게 부양 능력을 넘어서는 일을 억지로 하라고 하지 않습니다. 하지만 사람들은 아내를 네 명까지 둘 수 있다는 내용에만 귀를 기울이지요. 그러다가 감당할 수 없는 지경에 이르러서 문제에 봉착하게 됩니다."

자녀 사이에 적당히 터울을 두고자 한다면, 여성에게 인위적인 피임을 허용해야 하지 않을까?

"우리는 설교와 라디오 방송을 통해 피임법이 필요하다는 운동을 펼쳐 왔습니다."

현재 마라디에는 모스크가 많다. 짧은 첨탑 2개가 딸린 그의 모스크는 이 집에서 비포장도로를 건너면 바로 나온다. 그와 동생 라이둔 이사카 이맘은 이 집에서 자랐다. 이슬람에는 가톨릭교회처럼 교리를 정하는 중앙 기구가 없다. 그렇다고 해도 이 두 이맘 형제의 견해가 어떻게 그토록 근본적으로 다를 수 있을까?

형 이맘은 말한다. "종교에는 많은 종파가 있지요. 지금은 인구가 많고 사람마다 가치를 두는 것도 달라요. 게다가 과학 지식이 계속 늘어나고 있지요. 그 결과 서로 관점이 충돌하는 부분이 많아진 겁니다."

니제르인 가운데 글을 읽을 줄 아는 사람은 4분의 1에 불과하며, 여성은 그나마 15퍼센트밖에 안 된다. 그는 한 비정부기구의 연구 자료를 살펴본 적이 있다. 초등학교를 졸업하는 여성이 채 1퍼센트도 안 되고 중학교까지 다닌 여성은 극소수에 불과하지만, 중학교를 다닌 여성들은 대개 자녀를 두세 명만 낳는다는 것이다. 그리고 그 아이들은 건강하다.

"교육을 하면 니제르는 작물과 소에만 의지할 필요가 없어집니다. 니제르에는 우라늄과 석유가 있어요. 철도 있고요. 마라디에서는 금도 나와요."

그렇긴 하다. 하지만 술탄의 측근은 문맹 국가인 자국에서 그 자원들에 어떤 일이 일어나고 있는지도 안다. 우라늄은 프랑스인들이 모두 가져간다. 중국인들은 석유를 찾아 몰려오고 있다. 아직 철을 캐겠다고 달려드는 외국인은 없다. 금은 몇몇 캐나다인들이 극소수 부유한 촌장들의 협조를 받아 채굴하고 있다. 그들은 금을 헬리콥터에 실어서 니제르 수도에 있는 공항으로 직송한다. 니제르가 받는 수익금이 얼마나 되는지는 아무도 모른다.

이맘은 그런 문제들과 고통받는 주민들에게 무엇이 필요한지를 논의하기 위해 동생을 비롯한 다른 이맘들과 만나곤 한다. "회의를 할 때는 모두 서로를 이해하는 것처럼 보이지요. 하지만 회의를 끝내고 나면 우리 모두가 했던 말에 동의하지 않는다는 이들이 나타나지요."

술탄의 측근은 당혹한 기색이다.

이맘은 한 손을 들어올린다. "무함마드는 많은 이슬람 종파가 나타나리라는 것을 예견했지만, 단 하나의 올바른 종파만이 천국으로 갈 것이라고 했습니다. 물론 모든 종파는 자신이 올바른 길로 가고 있다고 생각하지만요."

마라디를 동서로 관통하는 도로는 니제르의 주된—그리고 거의 유일한—포장 고속도로다. 이 도로는 니제르에서 가장 녹지가 많은 곳, 니제르 인구의 85퍼센트가 사는 곳을 통과한다. 하지만 도로 곳곳에는 말라비틀어진 잔가지들에 바람에 날아온 비닐봉지 조각들이 매달려 있어서 지저분해 보인다. 자기 높이의 두 배로 옥수수와 쌀 포대를 가득 실은 트럭이 줄지어 있는 낙타와 당나귀 수레 사이로 지나간다. 하지만 그 식량의 최종 목적지는 대개 이곳이 아니다. 남쪽의 혼란스러운 나이지리아는 치안이 몹시 불안하기 때문에, 베트남에서 곡물을 들여오는 선적 회사들은 산적들과 약탈자들을 피하기 위해 현재 나이지리아 해안의 대도시인 라고스 대신에 이웃 나라 베냉Benin의 코토누Cotonou 항구를 이용한다. 베냉에서 니제르까지 트럭으로 운송하면 나이지리아의 구매자들이 와서 구입한다.

니제르 남쪽 국경 가까이 있는 마라디에는 나이지리아 번호판을 단 차들이 많이 보인다. 니제르 국민이 거의 전부 무슬림이긴 하지만 신정 국가는 아니기 때문이다. 니제르는 1960년까지 식민지 종주국이었던 프랑스의 헌법을 본뜬 세속적 헌법에 따랐다. 그래서 무슬림이 지배하는 나이지리아 북부와 달리 이곳에서는 샤리아 율법을 강요하지 않는다. 그 결과 나이지리아 남성들이 술과 매춘부를 찾아 이쪽으로 밀려든다. 1990년대에는 상황이 정반대였다. 당시 국제 비정부기구들이 HIV를 막기 위해 니제르에서 콘돔을 배포하고 있었다. 니제르 여성들은 그 콘돔을 나이지리아로 향하는 트럭 운전사 남편들에게 주곤 했다. 가서 감염되지 말라고 말이다.

고속도로를 따라 누더기에 가까운 차림으로 단봉낙타 떼를 몰고 가는 남성들의 상당수는 노예다. 노예는 유목민인 추장들이 위성전화가 갖춰진 사치스러운 텐트에서 지내는 니제르 북부에 더 만연해 있긴 하지만, 전국 어디서나 볼 수 있다. 니제르의 저명한 학자 갈리 카디르 압델카데르Galy Kadir Abdelkader 박사에 따르면, 2003년에 노예제를 불법화했는데도 주민의 최대 10퍼센트가 여전히 노예로 살고 있다고 한다.

압델카데르 박사는 말한다. "이슬람은 어느 누구도 남을 노예로 삼아서는 안 된다고 말합니다. 또 무함마드는 사람들에게 노예를 풀어주라고 했지요. 그러니 이슬람교도들은 자신의 종교에 무지한 겁니다. 노예에게 뭐라고 하는지 아세요? 운명을 받아들여야 한다. 신이 천국의 지고한 소유주이듯이, 주인은 노예의 소유주다. 훗날 천국에서 살고 싶은 사람이라면 신의 의지를 받들어야 하며, 신의 의지는 신에게 봉사하려는 의도를 지닌 주인을 통해 전해진다고 해요."

그리고 주인의 의도 중에는 노예를 더 많이 낳는다는 것도 있다. 그것은 니제르의 엄청난 출산율을 유지하는 데 기여하는 경제적 요인 중 하나다. 노예의 자식도 노예이므로, 주인은 노예를 번식시킨다. 노예가 자신의 형제자매일 때도 있고, 심지어 딸일 때도 많다. 비록 2003년에 금지시킨 뒤로 노예시장이 사라지긴 했지만, 아주 아름다운 노예 소녀는 가치가 높다. 그런 소녀를 신부로 데려가고 싶은 부유한 남성들은 높은 신부 값을 내야 한다. 노예 여성을 사서 해방시켜 줄 만한 재력이 없는 남성은 좀 더 적은 값을 치르고 혼인하여 여성의 몸을 취할 수는 있지만, 그 여성은 여전히 노예 상태로 있다. 그럴 때 그녀가 낳은 자식 중 미리 약조한 수만큼을 원래의 주인에게 노예로 보내야 한다.

모든 마을에서 여성들은 죽음과의 경주에서 지지 않기 위해 계속 아기를 낳는다. 출산율이 세계 최고인 니제르의 인구를 억제하는 유일한 요인은 50년이라는 짧은 기대 수명이다. 마라디와 니제르의 수도 니아메 사이에 있는 타우아Tahoua 지역의 마다우아Madaoua 시에서 터번을 느슨하게 감고 땀에 찌든 기도모자를 쓴, 회색 수염이 난 노인들이 이엉지붕의 주랑현관에 모여 있다. 새 시장과 첫 모임을 갖는 날이다. 시장은 다이아몬드 무늬로 자수를 놓은 높이 튀어나온 흰 기도모자를 쓰고 있다. 흰색과 금색으로 눈부신 차림을 한 타후아의 술탄도 와 있다. 남성들의 뒤쪽에 다양한 색깔의 머리 스카프를 두른 여성들이 예의에 맞게 거리를 두고 떨어져 서 있다.

그들은 결코 끝나지 않을 듯한 가뭄 문제를 논의하고 있다.

술탄이 말한다. "40년 전에는 1년에 다섯 달은 비가 내렸습니다. 하지만 2000년 이래로 서양 국가들이 일으킨 기후변화 때문에 하늘이 바짝 말랐어요. 아이, 소, 염소까지도 죽어 나가고 있습니다. 사람들은 나이지리아로 피난을 가고 있어요. 쓰러뜨릴 적이 아예 없는 사헬과 맞선 전투의 피난민들이지요. 달리 할 수 있는 일이 뭐가 있겠어요?"

서양에도 고삐 풀린 기후를 달랠 기술은 없다. 그렇다면 가족계획은, 토지가 지탱할 수 있는 수준으로 인구를 줄인다는 생각은 해보았을까?

남자들이 웃음을 터뜨린다. 술탄이 말한다. "여기 모인 이들은 모두 아내가 둘 이상입니다." 술탄은 아내가 넷이다.

"농장 일꾼 문제를 해결하지 않고서는 남자들에게 아이를 낳지 말라고 할 수 없습니다." 흰 터번을 두른 노인이 반박한다.

"아이를 낳으면, 신이 아이를 먹여살려 주실 겁니다." 새 시장이 말한다. "나는 자녀가 33명이나 됩니다."

그의 정력은 잘 알려져 있으며, 모두들 감탄한다. 하지만 곧 사람들은 침묵에 잠긴다. 마치 이 땅이 더 이상 자신들이 자랄 때의 땅이 아니라는 사실을 깨달은 듯하다. 예전에는 모든 아이들을 풍족하게 먹일 만큼 풀도 여력도 있었다. 하지만 겨우 20년이라는 짧은 기간에 나무는 모두 사라지고 사람만이 남았다.

술탄은 말한다. "시대가 전혀 달라졌습니다. 아마 우리 생각도 달라져야겠지요."

식민지의 잔재

니아메의 도로는 한가하다. 운송트럭, 택시, 노란 플라스틱 통을 실은 소달구지가 지나다닐 뿐이다. 이따금 위성전화 안테나를 세운 하얀 SUV 차량들이 보이는데 유니세프, 적십자, 유럽연합, 유엔식량농업기구의 로고가 그려져 있다. 수도 상공을 뿌옇게 뒤덮은 먼지는 나이저 강에서 피어오르는 연무와 뒤섞여 마치 중국의 산업도시를 칙칙하게 뒤덮고 있는 공기층처럼 짙게 태양을 가리고 있다. 하지만 이곳에는 공장이 하나도 없다.

마르탱 카마초Martine Camacho는 유엔이 해외의 금이나 우라늄을 채굴하는 회사들과 함께 쓰고 있는 니아메 건물 1층에 있는 자신의 사무실 벽에 자신이 유엔인구기금에 소속되어 아프리카 국가들에서 수행한 모든 사업 계획의 포스터를 걸어두고 있다. "균형 잡힌 가정"이라는 표어도 있고, "내가 알았더라면, 학업을 마칠 때까지 기다렸을 텐데"라고 적힌 포스터도 있다. 마르탱은 프랑스인이다. 그녀는 2007년부터 지금 하고 있는 일을 맡아 왔다. 인구 증가율이 세계 최고라고 알려진 뒤, 유엔은 2007년에 현실적인 인구정책을 수립하라고 니제르에 압력을 가해 왔다. 니제르 정부는 유엔인구기금과 협약을 맺고 있는 세계은행에 도움을 요청했다. 니제르의 옛 인구 계획은 공무원들이 성관계 동영상을 보여 주고 인체 해부 구조를 그린 차트를 넘겨 가면서 설명하는 식으로 진행되었다. 성관계 동영상을 한 번도 본 적 없는 니제르 시골 사람들에게 공개된 장소에서 보여 준 것이다. 이윽고 간호사가 나무 음경에 콘돔을 씌우는 법을 보여 주기 시작하면, 사람들은 모두 달아나곤 했다.

그녀는 2007년까지 피임 기구를 쓰는 니제르 여성은 5퍼센트에 불과했다고 말한다. 지금도 여전히 엄청난 저항에 직면해 있다. 여성들─또는 그들의 남편들─이 산아제한과 유아 백신 접종을 자신들을 불임으로 만들고, 나라를 지킬 수 없을 만큼 인구가 줄어들면 땅을 빼앗으려고 하는 외국의 비밀 음모라고 믿곤 했기 때문이다. 자녀들의 터울을 좀 두려는 여성들도 있긴 하지만, 그들은 그저 약초가 든 가죽 부적을 손목에 감거나 코란의 구절이 새겨진 나무 그릇에 나무뿌리를 빻은 가루를 타서 만든 약을 마실 뿐이었다.

수도인 이곳에서 마르탱은 교육을 받은 남성들로부터 인구 증가율이 가장 높은 것이 왜 문제가 되느냐는 질문을 종종 받는다. 국토 면적이 126만 7000제곱킬로미터로 세계에서 스물두 번째로 큰 나라인데도 인구가 고작 1500만 명밖에 안 되니, 인구가 더 늘어나도 충분히 수용할 수 있지 않을까? 니제르인의 대다수가 아기를 더 많이 낳기를 원한다는 연구 결과가 있다. 여성은 8~9명, 남편은 12~13명을 원한다는 것이었다.

지금은 피임을 받아들이는 여성이 16퍼센트로까지 늘었다. 피임약을 먹는 여성이 가장 많고, 데포프로베라 주사가 그다음이다. "그렇게 해서 겨우 10퍼센트를 더 늘렸어요. 정말 오래 걸렸지요. 모든 사람이 산아제한을 원하게 하려면 앞으로 400년은 더 걸릴 거예요."

불행히도 프로뎀PRODEM이라는 이 사업의 기금은 2013년에 고갈된다. 한편으로 그녀는 이곳에서 무슬림 극단주의가 세를 넓히고 있으며, 더 많은 지원을 받고 있다는 점을 우려한다. 그렇지만 그녀는 세계에서 가족계획에 가장 완벽하게 성공한 나라 중 두 곳이 무슬림 국가인 튀니지와 이란이라는 말도 했다. 두 나라는 출산율이 대체율 이하로 떨어졌다.

"튀니지와 이란은 열두 살 소녀에게 혼인을 강요하지 않습니다." 딸이 강간을 당하거나 성숙하여 욕망을 느끼는 나이가 될 때까지 기다리지 않고, 니제르 부모는 월경을 시작하기 전에 딸을 약혼시키곤 한다. "튀니지와 이란에서는 딸을 학교에 보냅니다. 그래서 모두가 글을 읽을 수 있지요. 반면에 이곳에는 문맹자가 대부분이에요."

하지만 HIV 감염자 수는 줄어들어 왔다. 그리고 여성 할례가 여전히 성행하는 나라에서는 할례 시술자에게 돈을 주고 칼을 내려놓게 함으로써 여성 생식기 절단 행위를 근절하려는 사업이 벌어지고 있다. 여성의 클리토리스, 그리고 시술자의 솜씨에 따라서는 음순까지 잘라내고서 미화 10달러쯤에 해당하는 돈이나 염소 또는 닭을 받는 대신에, 100달러를 받고 땅콩이나 가축을 거래하는 사업체를 설립하라는 것이다. 재교육을 받고서 조산사로 직업을 바꾸는 이들도 있다. 하지만 카마초는 가족계획 쪽으로는 그다지 낙관하지 않고 있다.

"지금까지 일한 나라(니제르, 코트디부아르, 르완다, 부룬디, 코모로) 가운데 스스로 가족계획을 요청한 나라는 한 곳도 없었습니다. 유엔이나 선진국의 지원 기관이 늘 주도하지요. 그들은 위기를 의식하지 못합니다. 서양만이 의식하고 있지요. 니제르 정부는 가족계획 정책을 수립하긴 했지만, 내심으로는 자신들에게 시급한 문제가 아니라고 느끼고 있어요. 자신들의 문제라고 여기지는 않고 그저 채택만 했을 뿐이죠."

그녀가 이곳으로 왔을 때, 니제르의 인구 담당 국장은 아내 셋에 자녀가 20명이었다. "그 문제로 그와 대화를 나눴습니다. 그가 국민들에게 전하는 메시지가 어떤 것이었을까요? 그는 '말은 하지만, 행동은 하지 않아요'라고 대답했습니다. 그 말에 화가 치밀곤 하지만, 그럴 때면 우리 서양인들이 아프리카에서 한 짓들을 생각하곤 해요. 오염시키고 약탈하고 소비하는 법을 가르쳤지요. 우리를 따르고 싶은 모델이라고 보기는 힘들죠."

———

니아메 남동쪽으로 50킬로미터 떨어진 곳에, 이곳 특유의 아종인 서아프리카기린이 살고 있다. 마지막으로 남은 소규모 무리인 그들은 누런색을 띤 딱딱한 사막에서 힘겹게 살아간다. 그들을 지키는 순찰대원들이 나이저 강둑에서 떠 온 토양에 기린이 먹을 아카시아 묘목을 계속 심는 한, 기린들은 살아남을지 모른다. 인간 이외의 다른 포식자는 모두 사라졌으니 말이다. 19세기 중반에도 니제르에는 여전히 사자, 아프리카물소, 원숭이, 코뿔소, 영양이 우글거렸고, 서아프리카 전역이 기린의 서식지였다. 프랑스의 식민 지배가 시작되고 화기가 도입되면서 수렵도 시작되었다. 사람들은 고기와 가죽을 얻기 위해 기린을 죽였고, 기린의 혀와 생식기는 부적으로 쓰였다. 기린의 뼈는 삶아 졸여서 피로를 푸는 연고로 만들었다. 스물다섯 살까지 독신인 여성들은 목욕물에 기린의 꼬리를 담그면 애인을 얻는다고 했다.

1993년 니제르에 남은 기린의 수는 120마리에 불과했다. 그해에 한 비정부기구가 주변 사바나에서 죽은 나무를 가져다가 파는 지속 가능한 시장을 열었는데, 주민들이 살아 있는 나무 수천 그루를 베어서 죽인 뒤 시장에 내다파는 역효과가 나타나고 말았다. 이렇게 먹이가 줄어들자, 니제르의 기린 수는 50마리로 줄어들었다. 그러자 기린 떼를 연구하던 프랑스 동물행동학자가 그들을 구하자는 운동을 시작했다. 벌목이 금지되었고, 말리와 나이지리아에서 탈출한 기린들이 들어와서 수가 늘어났다. 현재 덤불과 아카시아가 서서히 회복되면서 니제르의 서아프리카기린은 약 250마리로 늘어나 있다. 하지만 그들은 주변에서 무리 지어 돌아다니는 염소 떼와 공존해야 한다. 예전에 기린이 이곳으로 모여든 것은 이 사바나에 아무도 살지 않았기 때문이다. 지금은 지상 6미터 높이에서 어디를 둘러보든 이엉지붕의 오두막이 눈에 띈다.

기린 보호구역에서 남쪽으로 30킬로미터 떨어진 곳에는 국제반건조열대작물연구소International Crops Research Institute for the Semi-Arid Tropics, ICRISAT가 1989년에 세운 5제곱킬로미터 규모의 실험 농장이 있다. 수백만 제곱킬로미터에 펼쳐진 황량한 공간을 지난 뒤에 잎이 무성한 국제반건조열대작물연구소의 과수원과 밭이 눈에 들어오는 순간 받는 충격은 상당하다.

국제반건조열대작물연구소-니제르는 조와 땅콩의 생산량을 늘리는 프로그램을 진행하는 한편 사헬사과라고 불리는 작은 열매가 달리는, 가뭄에 강한 인도산 대추나무와 수단에서 들여온 타마린드, 에티오피아산 모링가moringa도 기른다. 모링가의 잎을 땅콩과 함께 끓이면 웬만한 채소보다 비타민A가 더 많고 우유보다 칼슘이 10배 더 많아진다. 그늘막 아래에서 오크라, 히비스커스, 참깨, 뜨거운 사헬의 모래를 뚫고 자라는 열에 강한 토마토와 함께 이스라엘에서 들여온 열에 강한 상추도 자란다. 근처에서는 파파야와 이스라엘산 망고도 자란다(국제반건조열대작물연구소-니제르의 이스라엘인 소장은 이스라엘 네게브 사막에서 식량을 재배할 수 있다면, 니제르에서도 키울 수 있다고 믿는다). 그 증거로 그들은 프랑스인이 개발했지만 식민 지배가 끝난 뒤 사라졌던 낙엽성 토착 양파를 소생시켰다. 이곳에는 동부, 오렌지, 포멜로, 탄젤로, 기름이 많은 씨를 압착하여 바이오디젤을 짜내는 중앙아메리카 관목인 자트로파도 자란다. 길섶으로는 천연 방부제와 곤충 기피제를 지닌 멀구슬나무가 자란다.

사막에 적응한 포도나무와 무화과도 개발하고 있다. 국제반건조열대작물연구소는 살충제를 최소한으로 쓰고 질소, 인, 칼륨 같은 비료를 보통 밭에 뿌리는 양의 5분의 1만 각 식물의 뿌리에 직접 주입하는 방식으로 이 풍족한 오아시스를 조성했다. 이곳에서는 과학자 15명, 현장 기술자와 지원 인력 100명, 인부 300명이 일한다. 그리고 니제르의 척박한 경작지에서는 거의 찾아보기 어려운 것이 여기에 있다. 바로 깊은 우물이다.

네게브 사막에서도 그러했듯이, 사막에서 작물을 재배하려면 기술적 노하우와 힘겨운 노동 외에도 물이 필요하다. 지금은 비가 거의 내리지 않을뿐더러, 내린다고 해도 엉뚱한 시기에 내린다. 2010년에 시작된 가뭄이 3년이 지난 지금도 계속되고 있기 때문에, 사람들은 결코 끝나지 않을 것이라고 자조적으로 말하곤 한다.

국제반건조열대작물연구소의 수문학자 나비드 데즈와크Navid Dejwakh는 말한다. "그래요, 하지만 사헬 서부의 지하에는 드넓은 바다가 있답니다."

그는 지표면 아래에 엄청난 물이 있으며, 3미터 정도만 파도 물이 나오는 곳도 있다고 말한다. 태양전지판의 에너지만으로도 물을 끌어올릴 수 있을 만큼 지하수위가 얕은 곳도 아주 많다고 한다. "아니면 삽으로 파도 돼요. 말도 안 되는 소리처럼 들리죠. 물에 의존하는 식생을 볼 수가 없으니까요. 그건 나무들을 다 베어 버렸기 때문이에요."

그의 동료들은 니제르 영토의 약 3분의 2가 식량을 생산할 수 있는 곳이라고 추정한다. 사실 니제르 남부의 곳곳에서 비정부기구들은 1990년대 초부터 이 지하수를 이용해 약 2억 그루의 나무를 심어 왔다. 비록 점점 뜨거워지는 열기에 그중 20퍼센트는 죽었고 조림 면적도 국토 전체로 볼 때 미미한 수준이지만, 그것은 물이 있다는 확실한 증거다.

데즈와크는 이 지하 바다가 고대에 내린 빗물과 나이저 강의 바닥에서 흘러든 것이라고 말한다. "모래층 안에 들어 있어요. 경사진 곳도 거의 없고 평탄합니다. 빗물이 흘러들기에 완벽한 조건이죠. 사람들이 퍼내기를 기다리는 물이 이렇게 많다고 생각하면 좀 의아하지요. 굶주릴 필요가 없다니까요."

데즈와크를 비롯해 국제옥수수밀연구소와 국제미작연구소도 소속된 국제 농업 연구 컨소시엄의 일원인 국제반건조열대작물연구소의 직원들은 예산만 지원된다면 니제르 지하의 물을 퍼올려서 모든 국민을 먹여 살릴 만큼 충분한 식량을 기를 수 있다고 확신한다. "절대적으로 확신합니다."

모든 사람? 1660만 명이나 되는 현재의 니제르 인구 전체를 뜻하는 것일까?

"그럼요."

현재의 인구 증가율이 지속된다면, 30년 안에 5000만 명이나 될 텐데?

데즈와크의 미소가 걷힌다. "5000만 명?"

그렇다.

그의 대답이 느려진다. "5000만 명이라······ 강수량은 더 줄어들 텐데요." 그는 입을 오므린다. "이 지하 바다가 있다고 해도, 5000만 명이라면 심각한 문제가 되겠군요."

11
해체되는 세계

죄악

파키스탄 카라치의 해군 식민지naval colony로 가는 길에 하얗게 바짝 말
라붙어서 생명체라고는 전혀 찾아볼 수 없는 약 20만 제곱미터의 벌판
을 지나친다. 이곳은 신원 미상자들의 묘지인 모아크 고스Moach Goth다.
이곳에 묻힌 수만 명은 길거리, 쓰레기 더미, 항구의 맹그로브 습지에
서 발견된 이들이다. 중독자, 누가 터뜨렸는지 모르는 폭탄의 희생자,
테러 희생자, 노숙자 등이다. 무덤 앞에는 흐릿하게 매장된 사람의 수
가 적힌 삼각형 합판이 세워져 있다. 날짜까지 적혀 있는 것도 있다.
도로 반대편에도 그만큼 넓은 벌판이 두 군데 있는데, 이미 무덤으로
꽉 찬 상태다. 잡초와 메스키트mesquite 덤불이 그 위를 뒤덮고 있다.

맨 끝에 있는 무덤 열에서 흰 터번을 느슨하게 감은, 병터 때문에
코가 얽은 한 남자가 하얀 먼지 속으로 삽을 쑤셔 넣고 있다. 그의 이

름은 카이르 모하마드Khair Mohammad다. 그는 아침 내내 약 1미터 길이의 직사각형 모양으로 땅을 파고 있다. 각 구덩이 앞에는 작고 까만 돌덩어리가 놓일 것이다. 일찍 죽어서 아직 이름이 지어지지 않은 아기나 사산아가 묻힐 곳이기 때문이다. 이 무덤을 찾는 이들은 아무도 없을 것이다. 모하마드는 이런 아기들을 수천 명 묻었다.

일주일에 한 번, 세계 최대의 사회복지 비정부기구 가운데 하나인 파키스탄의 에디 재단Edhi Foundation에서 구급차로 하얀 천에 감싼 아기 시신들을 이곳으로 보낸다. 모하마드는 23년 동안 그들을 받아 왔다. 전임자였던 아버지 때에는 사람들이 나무 수레에 시신을 싣고 왔다고 한다. 쓰레기통에서 발견되는 아기도 있고 모스크 문 앞에 버려지는 아기도 있다. 아기가 아직 살아 있다면, 에디 재단은 아기에게 새 가정을 찾아 준다. 죽은 아기는 이곳으로 보낸다.

"아기가 누구였는지는 신만이 아시겠지요. 아빠가 누구인지도요. 죄인은 엄마지요. 죄악을 저질러 놓고 아기를 내버리는 거예요."

버려지는 아기는 대부분 여아다. 태어나기 직전의 태아도 있고, 손바닥에 올려놓을 수 있을 만큼 작은 태아도 있다. 그와 일손을 돕고 있는 아들 나딤이 남아인지 여아인지 구분하기 힘들 만큼 작은 태아도 있다. 이곳까지 오지 못하고 알아볼 수 없는 조직 덩어리 상태에서, 혹은 아예 쓰레기통에서 발견되지도 못하고 죽은 아기의 수가 얼마나 될지도 신만이 알 것이다. 해마다 파키스탄에서 약 89만 건의 낙태가 이루어지는 것으로 추정된다. 물론 실제로 얼마나 되는지는 아무도 모른다. 부유한 여성은 낙태를 임시방편의 산아제한 수단으로 삼는다. 아이를 더 기를 여력이 없는 엄마는 갓 태어난 아기를 버리곤 한다.

카라치의 산부인과 의사 니카트 사이드 칸Nikhat Saeed Khan은 설명한다. "미혼모는 찾아갈 곳이 없습니다. 우리 문화에서는 혼전 성교라는 것이 아예 존재하지 않으니까요. 그래서 그들은 목숨의 위험을 무릅쓰

파키스탄 카라치의 모아크 고스 묘지 관리인

고 서툰 조산사나 낙태 시술자를 찾거나 낙태 약으로 쓰이는 미소프로
스톨Misoprostol을 삼키죠." 그녀는 불륜을 저지른 여성들이나 강간당했
다고 주장하지만 목격자를 댈 수 없는 여성들도 같은 방법을 쓴다고
말한다. 그들은 사형에 처해질 '범죄'를 저지른 셈이니 말이다.

　나딤이 물병을 들고 온다. 그는 모하마드의 네 아들과 여섯 딸 가운
데 다섯째다. 흰 튜닉 차림에, 해가 쨍쨍한데도 머리를 가리지 않고 있
다. 나딤이 맡은 일은 아기 시신을 씻긴 뒤 아버지가 아기를 묻을 때
기도를 해주는 것이다.

　그는 말한다. "아기들은 죄가 없어요. 그러니 신께 갈 겁니다. 그리
고 신은 부모에게 물을 겁니다. 왜 낙태를 했는지, 왜 버렸는지를요."

　그의 아버지가 말한다. "우리는 이 슬픈 일을 하지요. 나는 신께서
우리를 보상해 줄 것이라고 믿습니다."

　머리 위의 흰 하늘에 솔개 수백 마리가 맴돌고 있다. 카라치의 쓰레

기 더미 위를 맴돌거나 어선에서 쓰레기를 내버릴 때 부두로 몰려드는 새다. 이름 없는 작은 무덤들 위로 새들이 길게 그림자를 드리우면서 날아간다.

이 모든 불행을 피할 수는 없을까? 엄마가 아기를 언제 잉태할지, 아니면 언제 잉태하지 않을지를 선택할 수 있게 된다면?

"신께 물어보세요." 나딤이 말한다.

동요

"순식간에 벌어진 일이에요." 탄비르 아리프Tanveer Arif가 말한다.

1995년 무렵의 일을 이야기하면서도 그의 말에는 여전히 놀란 기색이 역력하다. 가다프타운Gadap Town의 우물들이 말라버린 사건을 이야기하는 중이다. 20년 전만 해도 이 땅은 세계에서 밀과 옥수수의 생산량이 가장 많은 곳 가운데 하나였다. 구아바와 코코넛을 기르는 과수원도 있었고, 5000곳의 농장이 인근의 카라치가 소비하는 모든 채소를 공급했다.

지금 이 농장들은 대부분 밀려드는 메스키트 덤불에 뒤덮여 있고, 주말에 나들이 장소로 쓰일 뿐이다. 1947년 파키스탄이 인도에서 분리될 때 이곳에 있던 민영 동물원들에는 인도영양, 야생 당나귀, 닐가이영양이 가득했지만 지금은 빌린 말 몇 마리가 있을 뿐이다. 당시 파키스탄은 3분의 1이 숲이었다. 오늘날 파키스탄의 숲 면적은 채 4퍼센트도 안 된다. 그것도 실제로는 거의, 또는 전부 헐벗은 곳이지만 숲이라는 이름이 붙은 땅까지 포함한 면적이다.

아리프는 이제 더는 이곳에 오지 않는 친구가 소유한 벽돌로 지은 농가의 허물어져 가는 현관에 앉아 있다. 남아 있는 일꾼은 한 명뿐이다. 곱슬곱슬한 수염이 나 있는 관리인 수마르Soomar는 다섯 살 때부터

40년 동안 여기서 일해 왔다. 수마르는 말한다. "그때는 7미터만 파도 물이 나왔어요. 15년 전에는 60미터까지 뚫어야 했지요. 그러다가 80미터로까지 낮아졌고, 이윽고 완전히 말라 버렸어요." 그들은 우물을 또 팠다. 지름 30센티미터의 구멍이다. 그는 2개의 진흙 벽돌로 위를 덮어 놓았다. 100미터 넘게 뚫었지만, 물은 흔적도 없다.

"그래서 그만뒀어요." 그는 씹던 빈랑나무 잎 덩어리를 내뱉으면서 말한다.

약 600미터 떨어진 곳에 같은 깊이로 판 또 다른 구멍에서는 아직 물이 나오지만, 수압이 점점 약해지고 있다. 수마르는 관을 통해 그 물을 얕은 도랑으로 흘려보낸다. 도랑은 흙이 막 말라 부서지기 시작한 밭과 조그만 농장으로 이어져 있다. 아리프는 혼자 먹고살 만큼은 나오지 않을까 생각한다. 그는 올해 밀을 40킬로그램 수확했다. 예전에는 150킬로그램을 수확했다.

아리프는 셔츠 소매로 머리의 땀을 닦아 내면서 말한다. "이건 인간이 만든 환경 재앙이에요." 가다프타운은 녹색혁명의 성과를 맛본 곳이었다. 수확량을 경이로운 수준으로 늘리는 키 작은 잡종 품종을 심어서 말이다. 그저 물만 더 주면 되었다. 그래서 너 나 할 것 없이 우물을 팠고, 흘러나오는 물이 줄어들자 사람들은 점점 더 많이, 더 깊이 팠다. 지금은 모두 말라 버렸고 더 이상 팔 곳도 없다. 우기에 흐르는 물을 가두기 위해 메마른 강바닥에 세운 집수댐도 소용이 없다.

아리프는 말한다. "대신에 사람들은 카라치 같은 도시를 더 건설하겠다고 모래를 헤치고 기반암까지 파 들어가지요. 그러니 토양이 보충될 리가 있겠어요?" 예전에 나무들이 늘어서 있던 카라치의 강변에는 산더미처럼 쌓인 모래와 자갈만이 수 킬로미터에 걸쳐 이어져 있다. 카라치 자체도 마찬가지다.

아리프는 카라치에서 환경보전보호협회Society for Conservation and Protection

of Environment를 이끌고 있는 생물학자이다. 파키스탄에서 환경단체를 운영하다 보면 패배라는 단어의 의미를 계속 곱씹게 되지만, 아리프는 버텨 나간다. 그는 방울깃작은느시Houbara bustard를 구하기 위해 애쓰고 있다. 두바이의 석유 재벌들이 즐겨 사냥하는 새다. 그들은 주말에 제트기를 타고 새를 사냥하러 온다. 그들에게는 일인당 100마리까지 잡을 수 있도록 허용되어 있다. 그들은 사냥을 방해하면 다리를 부러뜨리겠다고 아리프에게 전화로 경고를 하곤 한다. 이 지역의 좋은 나무들, 특히 몰약을 만드는 데 쓰이는 구갈guggal은 정치 세력이나 무장 세력과 연계된 사람들, 혹은 정치가들이 다 베어 냈다. 대신에 정치가들은 토양 침식을 막겠다고 텍사스산 메스키트를 들여왔다. 유감스럽게도 메스키트는 벌거벗은 땅이 아니라 밭으로 밀려들었다. 메스키트를 불태우려고도 해봤지만, 그때마다 덤불은 더 빨리 불어날 뿐이었다. 그다음에 정치가들은 오스트레일리아산 유칼립투스를 들여왔다. 하지만 유칼립투스는 물을 찾아 뿌리를 뻗으면서 도시 전역의 배관을 파괴했다. 아리프는 구갈을 멸종 위기 종으로 정하자는 운동을 펼쳤다. 하지만 아리프가 남아 있는 숲을 보호하기 위해 조직한 녹색 지킴이Green Guard 청소년 대원들은 폭력배들에게 들볶였다. 카라치 동쪽 인더스 강을 따라 있는 숲에서는 그의 보호 활동을 언제라도 와해시킬 수 있는 국회의원이 종종 벌목을 주도한다. 북부에서는 탈레반이 같은 짓을 한다.

최근까지 파키스탄은 매우 비옥한 곳이었다. 이곳을 흐르는 거대한 인더스 강은 인류 문명 가운데 하나를 출현시킨 요람이었다. 세계의 지붕인 티베트 고원에서 흘러나온 양분이 인더스 강의 드넓은 범람원에 쌓여, 이곳은 아시아에서도 토양이 가장 기름진 곳이었다. 탄비르 아리프는 현재 파키스탄이 겪고 있는 수해와 수확량 감소는 인간이 만든 재앙이라고 말한다. 원인은 여러 가지이지만, 근원을 따지면 모두 텍사스만 한 나라에 1억 8500만 명이라는 인구가 우글거린다는 데에서 비롯된 것이다. 그에 반해 텍사스의 인구는 2600만 명이다.

세계에서 인구가 가장 빨리 증가하는 나라 가운데 하나인 파키스탄은 앞으로 20년 안에 현재 인구가 가장 많은 무슬림 국가인 인도네시아를 넘어설 것이다. 인도네시아는 인구가 2억 4800만 명이지만, 개발도상국 중에서는 가족계획 사업이 잘 진행되고 있는 편이다. 물론 그렇긴 해도 2030년이면 인구가 4000만 명 더 늘어날 것이다. 하지만 현재 인도네시아 인구의 4분의 3인 파키스탄의 인구는 그때쯤이면 8000만 명이 더 늘어날 것이다. 인구 증가 추세가 유지된다면, 금세기 중반에 파키스탄의 인구는 지금의 미국보다 많은 3억 9500만 명이 될 것이다. 텍사스만 한 땅에 말이다.

인도와 더불어 파키스탄은 녹색혁명의 첫 대상 지역이었다. 그럼으로써 파키스탄은 기아에서 벗어났고, 그렇게 살아남은 수백만 명은 수백만 명을 더 낳았다. 그렇게 늘어난 파키스탄 인구 가운데 60퍼센트는 아직 서른 살도 되지 않았다. 녹색혁명에 물을 대어 그들의 목숨을 구한 우물과 강은 이제 바닥을 드러내고 있으며, 그 결과 파키스탄 아동의 3분의 1은 만성 영양실조에 걸려 있다. 두 자릿수에 이르는 실업률은 인구가 증가하면서 함께 높아지고 있으며, 불완전 고용자의 비율은 더욱 높다.

취직을 하지 못한 젊은이들은 좌절하고 분노하고 있다. 분노한 젊은 남성들이 가득한 나라는 안전한 곳이 못 된다. 그들이 국제 테러까지 포함해 폭력을 행사하면 돈을 주겠다는 유혹에 빠져들 때에는 더욱 그렇다.

인구가 너무 많은 반면 물이 부족해 혼란으로 치닫고 있는 불안정한 나라는 전 세계의 우려를 일으킨다. 특히 핵무기까지 지니고 있는

인구 쇼크

나라라면 두말할 것도 없다.

———

다시금 리아리타운Lyari Town의 폭발이 잦아든다. 카라치에서 가장 오래된 지역인 이곳의 거리는 또다시 수많은 자동차와 오토바이, 짐마차, 삼륜차, 수박과 베텔 잎을 파는 행상 수레, 경이로운 그림으로 장식된 운송트럭으로 뒤엉켜 있다. 트럭에 그려진 그림들은 파키스탄의 가장 경이롭고 독창적인 예술 형식이 되었고, 트럭 운전사는 때로 자신의 집보다 더 많은 비용을 들여서 놀라운 그림을 그리곤 했다. 모든 차량이 멈춰 있다. 흰 쿠르타kurta(남아시아 지역에서 주로 입는 헐렁한 셔츠−옮긴이)를 입고 기도모자를 쓴 남자들, 열대의 새처럼 화사한 색깔의 히잡을 쓰고 살와르 카미즈salwar kameez(인도의 전통 의상−옮긴이)라는 튜닉과 다양한 색조의 헐렁한 바지로 몸을 감싼 여성들, 검은 차도르를 쓴 여성들, 차도르를 쓴 성도착자들도 식료품과 차를 사서 들고 멈춰선 교통수단들 사이를 헤치고 나아간다.

오전 10시 정각 이후로 교통은 단순한 정체 상태에서 아수라장으로 변해 간다. 리아리의 모든 신호등이 세 시간 동안 꺼지기 때문이다. 특권층이 사는 지역을 빼고 카라치의 모든 지역은 날마다 부하 차단, 즉 정전을 겪는다. 도시의 전력 수요를 감당할 수 없기 때문이다. 1947년에 이곳 인구는 채 50만 명이 되지 않았다. 지금은 42배로 늘어난 2100만 명이다.

과연 누가 이런 상황에 대비할 수 있었을까?

사흘 전 수류탄 공격이 시작되었을 때, 폭발이 멈추고 한참이 지나도록 숨어 있던 곳에서 나오는 사람은 아무도 없었다. 다행히도 이번에는 사망자가 두 명에 그쳤다. 정문 쪽에 경찰서가 붙어 있는 파키스탄 최대의 병원인 시민병원Civil Hospital의 응급실로 부상자 11명이 실려 왔다. 2주 전의 공격보다는 훨씬 나았다. 당시에는 로켓으로 공격하는 바람에 40명이 다치고 18명이 사망했다. 수술실에 침대가 14개밖에 없었기 때문에, 누가 먼저 수술을 받을지를 놓고 벌어질지 모를 싸움을 막기 위해 무장 경비원들이 수술실에 배치되었다. 말 그대로 폭발하는 인구를 수용하기 위해, 카라치에는 14층짜리 외상 환자 병동이 새로 지어지고 있다.

이번의 기습 공격은 빌린 돈을 갚지 않아서 벌어진 일이었다. 누가 누구에게 빚을 졌는지 모두가 알고 있지만, 으레 그렇듯이 체포된 사람은 없다. 신문에는 그저 "계속되는 갱단들의 전쟁"으로 또 한 차례 싸움이 벌어졌을 뿐이라고 실렸고, 사람들은 일상으로 되돌아갔다. 리아리의 발코니마다 다시 빨래가 널리지만, 빨래는 채 마르기도 전에 다시 더러워질 것이다. 모스크를 제외한 건물 외벽에는 웃고 있는 폭력배들의 포스터가 덕지덕지 붙어 있다. 리아리 일자리의 대부분을 제공하는 도시판 로빈후드인 셈이다.

이 도시 군벌들의 상당수는 오래전 리아리가 농촌 마을이었을 때 그곳에 살던 농민 집안 출신이다. 당시 영국은 인도에 속해 있던 콜라치라는 작은 어촌 근처에 아라비아 해를 오갈 부동항을 건설하기로 결정했다. 두 마을이 커지면서 합쳐짐에 따라 농민들은 가게를 열고 사업을 합치고 해결사와 부동산 업자로도 일하면서, 식민 통치 체제에서 법을 우습게 여기는 도시의 강력한 세력이 되었고, 지금은 주로 암암리에 활동한다.

영국의 인도 지배는 1947년 마하트마 간디Mahatma Gandhi의 점잖은 시민 불복종운동이 승리를 거두면서 끝났다. 하지만 다수파인 힌두교도 치하에서 사는 것을 두려워한 무슬림은 독립을 요구했고, 인도의 동부와 서부에서 무슬림이 다수를 차지하는 두 지역이 분리되어 파키스탄이 탄생했다. 하지만 두 지역의 거리가 약 1700킬로미터나 떨어져 있었기 때문에 파키스탄의 통치력은 출발부터 약했고, 결국 분열되고 말았다. 1971년 마침내 동파키스탄이 들고일어났다. 내전이 벌어졌는데, 약 300만 명이 사망한 것으로 추정된다. 그리고 동파키스탄은 방글라데시가 되었다.

국토의 거의 대부분이 갠지스 강 삼각주에 자리하고 있기 때문에 태평양의 작은 환초 국가들과 더불어 해수면 상승에 가장 취약한 국가에 속하는 등 나름의 문제를 안고 있긴 해도, 방글라데시는 비교적 안정적이다. 1980년대 이래로 가족계획이 국가 우선 과제로 채택되었다는 점이 안정에 기여하고 있다. 하지만 파키스탄에서는 주기적으로 군사독재 체제에 들어가곤 했음에도, 약한 정부가 실제로 전복된 사례는 한 번도 없다. 도시에서도 부족 간 동맹이 여전히 다른 모든 세력을 압도하고 있다.

잡석이 깔린 리아리의 거리를 향해 문이 열려 있는 방에서, 여성 10명이 콘크리트 바닥에 앉아 있다. 바깥의 벽 아래 그늘에 줄지어 늘어선 염소 열두 마리가 보인다. 여성들은 수류탄 폭발이 끝나기를 기다리면서, 신부가 혼인할 때 가져갈 살와르 카미즈에 자수를 놓고 있다. 약혼녀는 라시다라는 분홍빛 옷차림의 날씬한 여성이다.* 그녀는 현재 이 방에 거주하는 여덟 명 가운데 한 명이다. 염소는 그녀의 것이다. 그녀는 염소를 먹이기 위해 날마다 한 시간쯤 걸어서 말라붙은 리아리 강으로 데려간다. 그녀에게는 자매가 셋, 오빠와 동생이 다섯 있는데, 모두 일을 하지 않는다. 아버지는 은행에서 서류를 정리하고 차를 나르는 일을 한다. 라시다는 운이 좋은 편이다. 약혼자가 트럭을 몰기 때문

---

* 이 집안 식구들의 이름은 가명이다.

이다. 그녀가 말한다. "대부분의 남자들은 그냥 거리를 배회하지요. 할 일이 없어서 미쳐 가고 있어요."

"그 성질을 우리한테 부리죠." 오렌지색 옷을 입은 세흐자디가 말한다. 그녀는 정치가의 아내다.

진흙으로 벽을 바른 방은 갑갑하고 어둡다. 아직도 전기가 들어오지 않고 있다. 라시다는 진홍색 실로 구슬 장식을 달고 있는 청록색 카미즈를 들고서 문간으로 가서 들어 보인다. 여기저기서 잘했다는 소리가 들린다. 방 안의 여성들은 모두 그녀가 입을 다양한 색깔의 살와르 카미즈에 구슬을 달고 있다. 남편이 될 트럭 운전사가 얼마간 비용을 대고 있다. 혼례식 때까지 25~30벌은 마련할 것이다. 살와즈 한 벌을 짓는 데는 약 4000루피*가 든다. 옷을 낙낙하고 꼼꼼하게 지었기 때문에 아마 평생 입을 수 있을 것이다. "예전에는 80~90벌을 짓곤 했대요. 하지만 지금은 물가가 너무 올랐어요!"

특히 양육 비용이 올랐다. "요즘 아이를 많이 낳고 싶어 할 사람이 누가 있겠어요? 나는 딸 둘, 아들 둘만 낳고 싶어요. 더는 원치 않아요." 다른 여성들은 미소를 지으면서 바느질을 계속한다. 그들은 안다. 자신들도 한때 똑같은 말을 했으니까. 그런데 지금은 어떻게 되었는지 보라.

아름답게 장식된 면직물로 몸을 감싸고 있고, 긴 두파타dupatta(남아시아의 여자들이 쓰는 스카프-옮긴이) 아래로 달랑거리는 여러 개의 귀걸이를 하고 있는 이 여성들은 모두 발루치 집안 사람들이다. 그들의 아버지들은 서부의 사막 지역인 발루치스탄 주에서 이곳 신드 주의 카라치로 식구들을 데리고 이주했다. 그곳은 여기보다 일자리가 더 없다.

---

* 미화 약 43달러.

라시다는 이곳에서 태어났다. 그녀는 학생 때에는 의사를 꿈꾸었지만, 8학년만 다니고 학교를 그만두었다. 물도 전기도 끊기기 때문에 학교는 종종 문을 닫는다. 거리를 방황하는 아이들을 보호하기 위해, 정부는 꽤 높은 과속 방지턱을 설치해 차량 속도를 늦추고 있다. 라시다의 열여섯 살짜리 여동생 나스린은 자수를 놓는 동안 늘 보던 드라마를 정전이 되는 바람에 보지 못해 부루퉁해 있다. 나스린은 아예 학교를 다니지 않았다.

나스린은 그다지 확신 없는 투로 말한다. "내 아이들은 집안일과 자수 말고도 다른 할 일이 있지 않을까요?" 그녀는 노란 튜닉에 소매치기를 막기 위해 여성들이 으레 다는 긴 주머니를 세 겹으로 바느질해서 붙이고 있다. "별 도움이 안 될 때도 있어요. 소매치기가 그냥 밑단을 따버리거든요." 그들은 잘 안다. 형제들도 그렇게 소매치기를 하기 때문이다.

이마에 깊게 주름이 파인 제이네프는 하늘색 카미즈에 작고 붉은 다이아몬드 무늬를 장식하는 일을 다 끝내고, 힘겹게 일어난다. 그녀는 잠시 몸을 편 뒤, 문가에 놔둔 들통 2개를 가지러 간다. "수도꼭지에서 물이 나오기를 기다리면서 밤새 지키고 있다 보니 일찍 늙었나 봐." 자기 집에 다시 물이 나올 거라는 기대를 버린 그녀는 지금은 다섯 블록 떨어진 곳까지 가서 여섯 아이가 쓸 물을 길어 온다. 공공 수도에서 물통에 물을 가득 채워야 한다. 지난 세 번의 임신이 모두 유산으로 끝나자, 그녀는 과감하게 불임수술을 받기로 했다. 놀랍게도 남편이 반대하지 않아서 그녀는 안도했다. 이란에 사는 집안 친척들이 정부 연금을 쪼개어 수술비를 보태 주었다. 그녀는 아쉬운 듯 말한다. "시설이 아주 좋은 병원이었어요."

그녀가 떠날 때 젊은 남자 두 명이 들어온다. 라시다의 형제인 나와브와 그의 사촌인 샤히드다. 둘 다 흰 옷을 입고 있고, 머리와 턱수염을 짧게 깎은 모습이다. "안녕하세요, 이모님." 제이네프가 지나갈 때 그들이 인사를 한다. 이 거리에서는 친척이 아닌 사람이 없다.

두 남자가 바닥에 앉는다. 샤히드는 천 조각으로 권총을 닦기 시작한다. "우리는 범죄자가 아닙니다." 그는 지난주에 일자리를 구하러 다녔지만, 운이 없었다. "발루치 집안 사람들을 고용하려 하지 않아요. 다른 집안 사람들은 좀 더 쉽게 구하는데 말입니다." 그러던 중 지역 유지가 하루에 1000루피를 주고 동네를 지키라고 그들을 고용했다. "총은 외부인들로부터 동네를 지키는 데 씁니다. 경찰을 믿을 수가 없으니까요."

그의 사촌은 최근에 한 정당이 표를 주면 건설 일자리 200개를 창출하겠다고 공약을 내걸었지만 말뿐이었다고 말한다. "시신 담는 부대만 공짜로 얻고 있지요."

이들은 교육도 못 받았고 직장도 없으며, 그저 거리의 무장 폭력배로 일할 뿐이다. 그들의 도시는 환란의 도가니로 빠져들고 있지만, 이 방에서는 모두가 평온해 보인다. 여자들은 혼숫감을 놓고 시시덕거리고, 남자들은 권총을 닦고, 시간은 그렇게 흘러간다.

"우리는 미래 따위는 생각하지 않습니다." 나와브가 말한다. "신이 판단하시겠지요."

하지만 이렇게 살인과 분노가 판치는데, 신은 어디에 있을까?

그가 말한다. "우리가 늘 거리에서 서로에게 총질을 하는 건 아닙니다. 분노는 집에서 풀지요."

여자들은 시선을 피한다.

약 1.5킬로미터 떨어진 주립 가족계획 진료소에서는 의자마다 사람들이 빼곡히 앉아 있다. 9만 명에 이르는 파키스탄의 여성 보건 요원 가운데 한 명인 아스마 타바숨Asma Tabassum이 말한다. "늘 이래요. 폭탄이 터질 때만 좀 한가하죠."

지난번 수류탄 전투가 야기한 긴장 상태가 해소된 지금, 갖가지 색깔의 천으로 몸을 감싼 여성들이 한꺼번에 그녀의 사무실로 몰려들었다. 그녀는 보통 하루에 15~20명을 진료하지만, 오늘은 오전 10시 30분인 지금 벌써 그만큼의 사람들을 진료했다. 분홍 히잡 아래로 청진기를 달랑거리면서, 그녀는 혈압을 재고 프로게스틴 피임약을 처방하고, 한 달 간격으로 놓는 노르게스트렐Norgestrel을 주사하거나 먹는 로페메날Lo-femenal과 푸마르산제일철ferrous fumarate 약을 준다. 여성들은 IUD나 효과가 더 오래 지속되는 데포프로베라, 남편을 위한 콘돔을 받을 수도 있고 자궁관묶기 시술을 받을 수도 있지만, 이곳에서는 더 단기적인 피임법이 선호된다. 대다수 파키스탄 여성들의 목표는 터울 두기다. 그편이 그나마 남편이 받아들일 가능성이 높다. 게다가 여성들은 처방 기간이 한 달을 넘어서는 것은 의도하지 않은 불임을 가져올 수 있다고 겁낸다.

창문 하나 없는 그녀의 사무실에 모인 여성들은 각자 흩어져서 바이엘의 프로게스테론을 광고하는 소책자를 읽고 있다. 파키스탄의 각 민족에 속한 여성들이 다 와 있는 듯하다. 일을 구하러 카라치에서 온 여성도 있고, 아프간 국경을 따라 있는 연방소수민족보호구역Federally Administered Tribal Areas에서 피신을 온 여성도 있다. 그중 한 명은 위장막 같은 차도르를 쓰고 있다. 아스마가 맥박을 잴 때, 그녀는 지난 사흘 동안 자가 처방을 했다고 털어놓는다. 생리가 불규칙하다고 한다. 지금은 머리도 아프다고 한다. 그녀는 시험 삼아 하루에 약을 두 알 먹은 것이 실수였다고 생각한다. 아스마는 그녀에게 사흘치였을 뿐이니 걱정하지 말라고 하면서, 실수로 과량 복용하는 일이 재발하지 않도록 아예 정기적으로 주사를 맞는 것이 어떻겠냐고 권한다. 하지만 그녀는 싫다고 하고는 떠난다.

다음 차례는 가느다란 금실로 테두리를 두른 검은 차도르를 쓴 여성이다. 아스마는 맥박을 잰다. 여성은 삼십 대이며, 당뇨병이 있어서 호르몬제는 피해야 한다. 두 사람은 IUD가 어떨지 이야기를 해보지만, 그녀의 질병 때문에 사소한 감염이라도 위험해질 수 있다. "남편에게 콘돔을 쓰라고 하세요." 아스마가 말한다. 이곳의 콘돔 가격은 1루피(약 10원-옮긴이)에 2개다. 미국 달러로 약 1센트다. IUD를 비롯한 다른 모든 피임 기구는 3루피다. 아스마의 머리 위쪽 벽에 붙은 포스터를 보면, 피임 기구를 국제개발처와 존 D. 록펠러John D. Rockefeller 3세가 설립한 비정부기구인 인구위원회Population Council가 지원하고 있음을 짐작할 수 있다.

여성은 남편에게 부탁을 해보긴 하겠지만, 남편을 자주 보지 못한다고 말한다. 그녀는 폭발로 남편을 잃은 뒤 시동생의 둘째 부인이 되었다. 파키스탄 북부에서는 남자가 형제의 미망인과 결혼하여 돌보는 사례가 종종 있다. 그는 첫 부인에게서는 자녀를 여섯 명, 그녀에게서는 세 명을 얻었다. 그녀는 남편의 기분을 상하게 하고 싶지 않다. 그래야 자신을 계속 배려할 테니까. 아스마는 그녀의 손을 잡고 말한다. "하지만 당신의 몸 상태로는 또 임신하면 위험해질 수 있어요."

머리 위쪽의 팬이 멈추면서 순식간에 실내가 갑갑해진다. 여성들은 걱정하는 표정으로 서로를 쳐다본다. 오늘의 정전 시간은 이미 지나갔고, 예기치 않은 정전은 종종 또 다른 사건이 터졌음을 알리는 신호이기 때문이다. 아스마는 책상 서랍에서 회중전등을 꺼내어 다음 사람에게 신호를 한다. 벤치에 앉아 있던 여성들이 모두 일어나서 다가온다. 다섯 명 모두 레이스가 달린 하얀 부르카 차림이다. 얼굴 두건에 붙은 격자 천 사이로 검은 눈동자가 보인다. 그들은 파슈토어語를 쓰며, 파키스탄의 스위스라고 할 카이베르파크툰크와Khyber Pakhtunkhwa 주의 스왓 계곡Swat Valley에서 왔다. 파키스탄의 최북단인 카슈미르와 아프가니스탄 사이에 쐐기처럼 박혀 있는 매우 아름다운 지역이다. 한 여성이 의자에 앉아서 조심스럽게 베일을 들어 올린다. 삼각형 코걸이를 한 불안한 표정의 동그란 얼굴이 드러난다. 일행이 보호하듯이 그녀를 둘러싼다. 다른 여성들은 이 똑같은 흰색 복장을 한 여성들을 양배추와 셔틀콕이라고 부르면서 킥킥거린다. 식민지 시대에 영국인들이 온몸을 감싼 그들의 부르카에 붙인 별명이다.

이들이 이곳에 오는 일은 아주 드물다. 그리고 이 여성은 피임을 위해 온 것이 아니다. 그녀는 결혼한 지 15년 동안 임신을 못하고 있다. 마을에서 온갖 요법을 다 받아 보았고 이제는 지쳐서 더 시도하기도 힘들지만, 그녀는 아이를 몹시 갖고 싶어 한다. 이번이 세 번째 방문이다. 아스마는 시험 결과를 알려 준다. "아무 이상이 없어요." 아스마가 회중전등으로 서류를 비치자 그녀의 다이아몬드 코걸이가 반짝거린다. 정자 검사 결과에서 원인이 드러난다. "당신이 아니라 남편에게 문제가 있는 거예요."

여성은 안도감과 난처함이 뒤섞인 혼란스러운 반응을 보인다. 그녀는 다시 베일로 얼굴을 가린다. 파슈토어를 쓰는 여성들이 줄지어 나갈 때 아스마가 말한다. "남자는 임신할 수 없어도 그냥 살아가지요. 여자가 임신할 수 없다면 버림받아요. 아니면 남편이 두 번째 아내를 얻지요."

뜨거운 오후 시간이 천천히 흘러가고, 갖가지 색깔의 옷을 입은 여성들이 늘어선 줄이 천천히 앞으로 나아간다. 아스마는 묻지 않고서도 누가 가정주부인지 안다. 가정주부는 좀 터울을 두고 아이를 낳고 싶어서 오기 때문이다. 일하는 여성, 대개 교사이거나 그녀처럼 여성 보건 요원으로 일하는 여성은 거의 모두 아이를 둘만 낳고 싶어 한다. 한 가정주부가 둘째 아이가 젖을 뗄 때까지 기다렸다가 셋째를 낳고 싶다고 하자, 아스마는 몇 명을 낳고 싶은지 묻는다.

"남편은 적어도 여섯 명은 낳고 싶어 해요."

"당신은요?"

그녀는 수줍게 손가락 2개를 들어올린다. 지켜보고 있던 여성들도 고개를 끄덕인다.

"현명한 생각이에요. 인구가 계속 늘어난다면 우리는 결코 건강도 유지할 수 없고 학교도 부족해질 거예요." 아스마가 다독인다. 더 많은 여성들이 고개를 끄덕인다.

검은 차도르와 네모난 금속 테 안경을 쓴 나자콰트라는 중년 여성이 들어온다. 오늘 근무하는 백신 접종 담당자다. 그녀는 임신부가 파상풍과 소아마비 백신을 맞았는지 살펴본다. 하지만 그녀는 아스마가 방금 처방한 피임 주사를 놓지 않겠다고 한다.

"나는 우리가 가족계획을 할 필요가 없다고 생각해요. 우리 나라 인구는 더 늘어나야 합니다." 아스마는 천장을 응시한다. 나자콰트가 이어 말한다. "내게는 이유 따위는 필요 없습니다. 신의 뜻이니까요. 우리 운명은 신이 정하는 거예요."

그녀는 자신이 결혼을 했다면, 가능한 한 많이 자식을 낳았을 거라고 말한다. 물론 그녀도 학교가 부족해서 아이들이 거리를 배회하는 것이 문제라는 사실을 잘 안다. 그리고 여덟 명이나 되는 자녀를 먹여 살리기 위해 힘겨워하는 여성들을 지켜볼 때마다 가슴이 미어진다. 그리고 여성에게 소아마비 백신을 맞지 말라고 말하는 남성들 때문에 자신의 일이 더 힘들어진다는 것도 안다. 남성들은 백신이 사실은 피임약이 아닐까 의심한다.

"하지만 어느 나라나 문제는 있게 마련이고, 우리 나라의 문제는 인구과잉일 뿐이죠."

남녀공학

헌법상 교육을 받을 권리가 보장되어 있다고 해도, 학교가 너무나 부족하고 인구가 너무나 빨리 늘고 있기 때문에, 파키스탄인 아이는 사하라 이남의 아프리카 아이보다 교육을 받을 기회가 더 적다. 1995년 어느 여름밤, 카라치의 사업가 여섯 명이 모여서 저녁 식사를 했다. 조국의 암울한 미래가 또다시 화제에 올랐다. 그들이 특히 더 분개한 부분은 정부로부터 봉급을 받는 교사들이 한 달에 고작 한두 번 출근한다는 사실이었다. 그날 밤 그들은 그 문제를 스스로 해결하자고 결심했다. 그들이 파키스탄의 가장 가난한 지역들에 사립학교 1000곳을 세우겠다는 계획을 발표했을 때, 친구들은 미친 것 아니냐고 물었다.

그들은 대답하곤 했다. "미쳐 돌아가는 나라에는 미친 해결책이 필요하다."

18년 뒤, 시민재단The Citizens Foundation, TCF이 세운 학교는 830곳으로 늘었다. 카라치 항 인근의 판자촌인 마차르Machar는 그들이 처음으로 학교를 세운 곳이었다. 마차르는 '모기'를 뜻하며, 카라치의 말라리아와 뎅기열, 나병의 발병 중심지다. 시민재단의 보흐라 학교Vohra School는 주변 지역과 달리, 벽이 말끔하게 흰색으로 칠해져 있고 안뜰에는 벽돌로 조성한 원예식물로 가득한 정원이 있다. 유치원부터 초등학교 5학년까지 수업을 받으며, 마차르에서는 드물게도 전기와 상하수도 설비도 갖춰져 있다. 인근의 시민재단 중학교에는 싱크대가 딸린 해부용 탁자와 현미경이 구비된 과학 실험실과 컴퓨터실도 있다.

보흐라 학교의 위쪽 창문으로 벽돌이 그대로 드러난 벽과 군데군데 돌로 눌러놓은 주름판 지붕들, 200리터짜리 드럼통을 잘라 만든 화로에서 솟아오르는 매연 기둥이 뒤섞인 경관이 한눈에 들어온다. 인구가 80만 명인 마차르는 아시아 최대의 불법 거주자 구역이라고 한다. 비록 그 명성을 차지하기 위해 경쟁하는 지역들이 많긴 하지만 말이다.

이곳에는 자동차가 지나다닐 만큼 폭이 넓은 길이 거의 없다. 자동차는 계속 경적을 울려대면서 소와 염소 사이를 비집고 나아간다. 길옆으로는 대개 도랑이 나 있고, 도랑마다 플라스틱 쓰레기와 새우 껍질이 가득 떠 있다. 여자들과 아이들이 문간에 앉아서 새벽 3시 정각에 항구로 들어온 새우의 껍질을 벗기고 있다. 새우 껍질을 벗기는 일이 이곳에서는 대단히 중요하기 때문에, 모스크에서는 무에진 소리를 낼 때처럼 그 시각에 소리를 쳐서 사람들을 깨운다. 새우 껍질 벗기기는 이 지역의 유일한 일자리다. 하지만 여자와 아이만 할 수 있다. 손가락이 작아서 빨리 벗길 수 있기 때문이다.

아이들은 새벽 5시부터 8시 정각까지 새우 껍질을 벗긴다. 그런 뒤 남자아이는 황갈색 셔츠와 헐렁한 바지로, 여자아이는 살와르 카미즈와 흰 히잡으로 갈아입고서 학교에 간다. 그들은 먼저 화장실로 향한다. 그곳에서 정수된 물과 비누로 손을 씻은 뒤, 새우에 찔리고 베인 손가락에 바셀린을 바른다. 집에서 쓰는 물이 더러워 아이들은 대부분 위장병과 눈병을 달고 산다. 한 4학년 아이는 부모가 학교를 처음 방문했을 때의 일을 이야기한다. "여기로 데려왔어요. 화장실에서 너무나 좋은 냄새가 났거든요." 이유를 물은 아이의 엄마는 돌아갈 때 살균제를 한 병 얻어 갔다.

설립자들은 책임감을 기르기 위해, 모두가 학비를 내게 하기로 결정했다. 월사금은 10~200루피다. 학교는 300루피인 교복 값의 절반을 지원하고, 할부로 구입할 수 있도록 했다. 여학생이 절반을 차지하며, 남학생이 여학생을 존중하는 법을 배울 수 있게 남녀가 함께 수업을 듣는다. 시민재단 교사는 총 5400명인데, 모두 여성이다. 대부분의 부모들은 남자 교사에게 딸을 보내지 않을뿐더러, 아예 남자 교직원이 있는 학교에 딸을 보내지 않으려 하기 때문이다. 비록 월급이 공립학교 교원보다 적긴 하지만(약 200달러) 지원자가 많다. 안전하다고 여겨지기 때문이다. 교사들은 날마다 복잡한 미로 같은 마차르 길을 충분히 지나다닐 수 있는 작은 미니밴을 타고 출퇴근한다. 또 교장 아프샨 타바슘Afshan Tabassum은 모스크가 학교를 전폭적으로 지원하고 있다고 말한다. "아예 신학교 안에 있는 시민재단 학교도 있어요. 그들은 하반기 오전에 우리 학교에서 아이들에게 종교를 가르치고 싶어 합니다."

비록 학교당 예산이 공립학교의 절반에 불과하지만, 시민재단 학생들은 95퍼센트가 국가시험을 통과한다. 전국적으로 평균 합격률이 55퍼센트에 불과한 시험인데도 말이다. 중도 탈락률도 아주 낮아서 채 1퍼센트가 되지 않는다. 타바슘을 비롯한 학교 교장들이 학생들의 집을 방문해, 혼인을 시키겠다고 딸을 자퇴시키려는 부모들에게 그러지 말라고 꾸준히 설득하고 있기 때문이기도 하다.

"바로 그 점이 핵심입니다. 소녀 한 명이 교육을 받으면, 그녀는 가족 전체를 교육시키니까요." 보흐라 학교가 처음 생겼을 때 학생은 60명이었다. 지금은 410명(전국의 시민재단 학생 수는 11만 5000명이다)인데, 우르두에서는 한 반에 30명씩 2부제 수업을 하고 있다. 대기자 수만 250명이다. 여학생들에게는 자매가 있으므로, 가족의 규모는 엄청난 부담이 된다. 9년 전 타바슘이 이곳에 온 이후로 마차르의 인구는 거의 두 배로 늘었다.

"어느 가정이든 자녀가 예닐곱 명은 됩니다. 앞으로 더 늘어날 공산이 크죠." 아이들이 워낙 많아서 집이 좁아 지붕 위에서 잠을 잘 정도다. 그녀가 어머니를 대상으로 개설한 위생 수업과 문학 수업은 성공적으로 운영되고 있지만, 부모들에게 가족계획을 설명하면 외면받기 일쑤다. "아이가 더 많을수록, 카라치 항만청Karachi Port Trust이 벗기라고 갖다 주는 새우도 더 많아지니까요."

하지만 이곳에 다니는 여학생들은 가족계획이 무엇인지를 스스로 깨닫는다. 8학년이 되면 수학, 과학, 사회과학, 지리, 영어 과목뿐 아니라 자신이 공부하고 싶은 분야의 전문가로부터 지도를 받는 과정도 있다. 그들이 졸업하여 직장을 구한다면, 대부분은 자신의 역할 모델인 전문가들과 마찬가지로 아이를 둘만 낳는다.

"저는 의사가 될래요. 사람들을 치료하고 돌보고 싶어요." 루비나는 히잡 아래로 땋은 머리를 출렁거리면서 말한다.

"저는 항공사 승무원이 되어 전 세계를 여행하고 싶어요." 님브라가 말한다.

"저는 교사가 될래요. 선생님처럼요." 님라지는 타바숨 교장에게 말한다. "선생님은 늘 제 마음속에 있어요."

남학생들은 과학자나 공학자, 파키스탄 공군의 조종사가 되고 싶어 한다. 하지만 보흐라 학교를 보고 있으면, 앞으로 파키스탄에 여성 의사들과 교육자들이 늘어나는 축복을 받을 것이 분명해 보인다.

"그것이 바로 우리가 파키스탄을 바꾸는 방식이지요." 시민재단의 부회장 아흐손 라바니Ahson Rabbani가 말한다. 그는 재단의 사업이 성공을 거두어 왔고, 좋은 시설을 갖춘 이 근사한 학교들을 세울 기금을 1억 달러 이상 모았으며, 그 돈의 대부분이 파키스탄 내에서 나왔다는 점을 자랑스러워한다. 하지만 그도 가장 중요한 평가 척도가 그들이 가르치는 여학생의 수라는 것을 인정한다.

"파키스탄 북부에서는 학교 250곳이 폭파되었습니다. 여학생을 가르친다는 이유 때문이었지요. 스왓 계곡 전역에서는 더 이상 소녀들을 학교에 보내지 않아요. 우리는 탈레반이 위협할 때마다 이렇게 말합니다. 너희가 학교를 하나 폭파하면, 우리는 5개를 더 세우겠다고요."

지저분하고 복잡한 마차르를 벗어나자마자 녹색 맹그로브가 드넓게 펼쳐진 갯벌이 나오고, 멀리 남쪽으로 카라치 항이 있다. 인구가 늘

어나면서 이 천연 지역이 바닥을 다지는 잡석 더미에 점점 더 잠식당하고 있다. 맹그로브를 베는 행위가 금지되어 있다고 해도 별 효과가 없다. 목재 마피아들은 불법 거주자들에게 돈을 주고서 나무를 베게 하고, 경찰은 학교 지붕에서도 뻔히 보이는 약탈 행위를 못 본 체한다.

항구를 지나면 다시 맹그로브 숲이 나온다. 4제곱킬로미터의 모래톱 위에 들어선 울창한 숲이 태풍으로부터 도시를 보호하는 역할을 한다. 어민들이 고등어, 붉은가라지, 바리를 잡기 위해 작은 배를 띄우곤 하는 아라비아 해의 이 해변에서 멸종 위기 중인 바다거북이 알을 낳는다. 어민들은 자신들이 게, 참새우, 새우, 오징어를 잡는 맹그로브 습지를 도시 하수가 오염시킨다는 것을 깨닫자, 유엔개발계획United Nations Development Programme, UNDP 및 세계야생동물기금과 접촉했다. 이윽고 습지 보전 센터가 설립되었고, 두 기관은 맹그로브와 식물을 보호하기 위해 인접한 두 어민 집단에 보조금을 지원했다.

한 어민 집단은 그 돈으로 생태 관광 계획을 출범시켰다. 배를 타고 습지를 돌아보는 여행이었다. 곧 주말마다 250명의 여행객이 몰려들었다. 방문객들은 홍학과 개구리가 가득한 이 평온한 오아시스를 보면서 놀라워했다. 복잡하기 그지없는 자신들의 도시 경계에 이런 곳이 있다는 사실을 대부분 모르고 있었다.

하지만 또 한 집단은 맹그로브를 베어서 목재를 팔기 시작했다. 그들은 보호되고 있던 땅을 큰 덩어리로 쪼개어 사우디와 두바이의 족장들에게 해변과 항구가 잘 보이는 별장지로 팔았다. 첫 번째 집단은 항의하고 나섰다. 2011년 1월의 어느 날 밤, 그들은 공격을 받았다. 컴퓨터가 박살났고, 구명조끼가 난도질당했고, 사무실이 총탄 세례를 받았다. 그들은 경찰에 신고를 했지만, 경찰은 아무런 조치도 취하지 않았다. 변호사는 그들에게 그냥 없던 일로 치라고 충고했다.

그들은 사무실을 옮겼다. 5월 5일, 사무실 지붕에서 수류탄이 터져서 강철 I형강이 접시안테나처럼 휘어졌다. 관광 보트 두 척과 유엔개발계획이 세운 부두도 불탔다. 생태 관광 계획의 창시자인 압둘 가니Abdul Ghani의 집 앞에서는 남자들이 차를 세우고 공중으로 총을 쏘아 댔다. 어민들은 맹그로브 숲으로 피신했다. 그들은 새벽 3시에야 돌아왔다. 하지만 가니와 동료인 하지 아부 바카르Haji Abu Bakar는 보이지 않았다. 다음 날 습지에 떠 있는 그들의 시신이 발견되었다. 바카르는 양손이 뒤로 묶인 채 목이 부러져 있었다. 가니는 온몸이 상처투성이였고, 목이 졸려 살해당했다.

이틀 뒤, 가니의 세 형제와 조카들, 열두 살짜리 쌍둥이 아들은 밋밋한 녹색 양탄자 위에 맨발로 앉아서 죽은 지도자의 사진과 일기에 적힌 내용을 보고 있다. 1월에 공격을 받은 뒤 파란 잉크로 적은 대목이다. "내가 숲의 파괴에 반대하는 연설을 한 뒤에, [X는] 내 적이 되었다. 그와 그의 부하들이 내 목숨을 위협했다. 내게 무슨 일이 벌어진다면, 그들이 한 짓이다."

그날 밤 그들이 숨기 위해 창문을 가렸던 매트리스는 지금도 창문을 가리고 있다. 가니의 아내와 딸, 누이들은 옆방에서 흐느끼고 있다. 남자들은 노키아 휴대전화로 습지에서 그의 시신을 건져 올리는 장면을 찍은 동영상을 보고 또 보고 있다. 그가 언급한 남자는 지역의 유명한 유력자로, 카라치에 숨어 있다고 한다. 유엔과 야생동물기금의 직원이 문상을 왔다. 그들은 쌍둥이와 누이 네 명, 8개월 된 남동생의 이름을 적고, 도움을 주겠다고 약속했다. 정부에서는 아무도 오지 않는다. 경찰차와 지붕 위에 파란 경광등을 단 회색 승용차가 그들을 보호하는 척 바깥에 와 있지만, 그들에게 누가 돈을 대고 있는지 모두가 안다. 목격자가 25명이나 있었지만, 체포된 사람은 아무도 없다.

"우리는 그저 나무와 습지를 구하려고 했을 뿐이에요." 가니의 형제 모하마드 하룬Mohammad Harun이 말한다. 검게 탄 깡마른 어부인 그는 뜨

개질한 구겨진 기도모자를 쓰고 있다. "지금, 세상이 미쳐 돌아가고 있습니다."

인더스 강

카라치 동쪽, 인더스 강 삼각주로 향하는 도로 주변으로 수재민들의 텐트가 죽 늘어서 있다. 3년 동안 여름마다 삼각주의 마을들 전체가 물에 잠겼다. 예전에 밭이었던 곳은 지금 물이 고여 호수가 되어 있다.

해안에서 북쪽으로 50킬로미터 떨어진 마을인 하지 카심 Haji Qasim에서는 사람들이 정반대의 이유로 떠나고 있다. 물이 그들을 떠나고 있기 때문이다. 인류 문명의 여명기부터 세계에서 가장 큰 강 가운데 하나였던 인더스 강은 구불구불 흐르면서 티베트 고원의 눈 녹은 물을 인도와 파키스탄의 비옥한 펀자브 지방을 거쳐 이곳 신드 주까지 운반한다. 이곳에서 강은 약 160킬로미터에 걸쳐 민물과 퇴적물을 아라비아 해로 쏟아낸다. 그 퇴적물 덕분에 신드 주는 파키스탄에서도 가장 기름진 경작지였다. 아시아 전역에 쌀과 차를 공급하는 유명 산지가되었다. 지금은 물의 흐름이 역전되고 있다. 먼저 인도가, 이어서 파키스탄이 인더스 강을 가로막는 댐을 건설해 펀자브 지방에 물을 가뒀다. 그 결과 양분이 풍부한 유사 때문에 앞이 안 보일 만큼 탁한 이 강에서 진화한 눈먼 인더스강돌고래는 궁지에 몰려 있다. 펀자브의 힘있는 농민들이 인더스 강이 바다에 이를 만큼 충분한 물을 더 이상 흘려보내지 않기 때문에, 바다가 슬금슬금 삼각주로 밀려 올라오고 있다.

진흙과 짚으로 지어진 하지 카심의 한 마을에는 현재 식물이라고는 전혀 없다. 주민들은 여전히 관개수로를 이용해 생계를 유지하긴 하지만, 이제 그들은 농사가 아니라 낚시를 통해 먹고산다. 정오가 되면 주민들은 넓은 수로의 가장자리에 있는 마을회관에서 물소의 젖을 섞은 차를 마시려고 태양 아래로 나온다. 한쪽 벽에 당나귀 수레로 실어 나른 식수가 든 노란 플라스틱 물병이 죽 늘어서 있다. 현재 민물은 홍수가 나야만 이곳까지 흘러온다. 그리고 기묘한 일이지만, 홍수는 어느 정도는 가뭄 때문에 일어난다. 바람에 날린 모래가 쌓이면서 메마른 강바닥이 평탄해지는 바람에, 몬순 때 물 흐름을 조절할 수 없기 때문이다. 홍수가 잦아들고 바닷물이 밀려 들어올 때면, 강어귀의 맹그로브들은 죽는다.

"맹그로브가 사라지자 바람의 방향도 바뀌었어요." 샤피트 모하마드Shafit Mohammad가 말한다. 목화 농사를 지었던 그는 지금은 숭어를 잡는다. "이런 일이 일어나기 오래전에, 노인들은 바람을 읽고서 바다가 밀려오고 있다고 예언을 했습니다. 하류 쪽 사람들은 나무를 베어야 했지요. 짠물에 죽어 나가니까요."

수염에 묻은 물소 젖을 훔친 그가 다시 말을 이었다. "예전에 이곳은 아름다웠지요. 나무가 무성했고, 아이들은 혼자서는 숲으로 들어가지 못했어요. 멧돼지와 늑대가 돌아다녔으니까요. 하지만 바다가 밀려들면서 먼저 작물들이 사라졌습니다. 이어서 대추야자와 숲도 사라졌지요."

현재 바닷물은 수로로 밀려들고 있다. "15일마다 밤이면 밀려 올라옵니다. 배를 앗아 갔고, 우리 집을 침수시켰지요." 이 마을회관의 바닥은 나무 바닥을 덧대어 올린 것이다. 샤피트는 누렇게 변해 딱딱해진 문간의 땅을 가리킨다. 한때 벼와 밀이 자랐던 곳이다. 지금은 죽은 대추야자 그루터기와 짠 곳에서도 자라는 덤불만이 보일 뿐이다. "지금 짠물은 암세포처럼 육지를 잠식해 들어오고 있습니다."

이들은 밀려드는 바닷물을 막기 위해 진흙 둑을 쌓아 왔지만, 이곳에 살았던 1000명의 주민은 대부분 이미 떠나고 없다. "사람이 죽으면 우리는 시신을 씻길 민물을 찾아 타타Thatta까지 가야 합니다. 이곳에서는 물이 너무 귀하니까요. 3년이 더 지나면, 마을 자체가 없어지겠죠." 그들은 아직 민물이 남아 있는 곳으로 이주해야 할 것이다. 또다시.

바람을 읽은 노인들은 아라비아 해가 언젠가는 타타까지 밀고 들어올 거라고 예측했다. 북쪽으로 50킬로미터 들어가 있는 도시까지 말이다. 당시에는 어느 누구도 믿지 않았다. 하지만 이곳에서 상류로 10킬로미터 올라간 아메드 자트Ahmed Jat의 주민들은 믿기 시작했다. 하지 카심을 떠난 이들에게, 아메드 자트 방문은 겨우 10년 전 자기가 살던 마을로 시간 여행을 하는 것과 비슷하다. 찌르레기들이 몰려드는 대추야자 밭. 님나무, 무화과, 망고, 아몬드. 얼기설기 뻗은 관개수로를 통해 맑은 물이 목화, 사탕수수, 벼, 밀, 토마토, 호박, 오크라로 흘러드는 광경. 수동 펌프와 태양전지판, 염소와 물소.

샤피 모하마드 자트Shafi Mohammad Jat는 말한다. "여기 있는 모든 이들은 60년 전 이 마을을 세운 한 부부에게서 피를 물려받았습니다."* 그는 긴 오렌지색 카미즈 차림이며, 숱이 많은 검은 머리에 강단 있게 생겼다. 빈랑 잎을 입안 가득히 씹고 있다. 현재 아메드 자트에는 270가구가 산다. 대부분 자녀가 일고여덟 명이다. 자트는 자신들이 신의 축복을 받아 행복하게 살아 왔다고 말한다. 비록 지난 가뭄에 양 60마리가 죽었고, 너무 오지라서 녹색혁명이 이곳까지 도달하지는 못했지만 말이다.

"우리는 그 좋다는 비료를 구경도 못해 봤답니다." 게다가 가장 가까운 진료소도 30킬로미터나 떨어져 있다. 폭우를 뚫고 그곳에 가려고 시도했다가 출산 도중 사망한 산모도 여덟 명이나 된다.

"하지만 우리는 잘 해내고 있습니다." 그는 물소 거름으로 키우는

---

* 신드 주에서는 사촌 간 혼인이 흔하다.

농작물과, 빈랑나무 덩굴 줄기가 무성하게 감고 올라간 대나무로 높다 랗게 지은 그늘집을 보여 주면서 말한다. "다만……"

다만, 우물 중 또 하나가 막 염도가 높아져 마실 수 없게 되었다는 것이다. "하지만 아직 대부분의 작물에는 그 물을 줄 수 있습니다." 그 리고 그들은 더 많은 우물을 파고 있다. 이번에는 마을에서 300미터 떨어진 곳이다. "하지만 우리는 어떤 일이 벌어지고 있는지 압니다." 바닷물이 해마다 1킬로미터씩 북쪽으로 밀고 올라오고 있다. "아마 10년 쯤 남았겠지요. 어쩌면 그날이 더 빨리 올 수도 있고요."

그러면?

그는 북쪽을 가리킨다. "타타로 이사해야죠."

타타 외곽에 있는 한 방에서 부채 모양의 콧수염을 기른 족장 탄비르 아메드Tanveer Ahmed는 코란 2장 233절을 인용한다. 알바카라Al-Baqara 장이다.

"어머니는 꼬박 2년 동안 아이에게 젖을 먹여야 한다."

그의 말을 경청하는 턱수염이 난 젊은 이맘 네 명은 함께 그의 말을 따라한다. 알바카라 장은 아메드의 진언이 되어 왔다. 그것은 꼭 닫힌 문을 여는 열쇠다. 그는 가족계획에 반대하는 많은 종교 지도자들과 논쟁을 벌여 왔지만, 늘 이긴다. 무함마드가 아기에게 끝까지 젖을 먹이라고 했고, 그 말은 곧 터울을 두고 출산을 하라는 의미임이 논쟁의 여지없이 분명하기 때문이다.

아메드는 정부에게 약속된 공공서비스의 이행을 부드럽게 압박하는 파키스탄의 비정부기구인 보건영양발달협회Health and Nutrition Development Society, HANDS를 이끌고 있다. 그는 조국이 직면한 상황을 직시한다. 2010년 강력한 몬순으로 제방이 터지면서 홍수가 났을 때, 하룻밤 사이에 17만 5000명, 타타 주민의 70퍼센트가 피신했다. 2011년 홍수 때에는 전국의 5분의 1이 물에 잠겼고, 2012년에도 같은 일이 일어났다. 지금은 바다가 올라오면서 수백만 명이 살아가는 공간이 점점 더 좁아지고 있다.

그는 인구압을 줄이는 것이 대단히 중요하다고 말한다. "하지만 여기서는 '가족계획'이라는 말을 쓸 수가 없습니다. '터울 두기'라고 말해야 하지요. 건강에 관한 말이라면 사람들은 받아들여요. 하지만 숫자를 이야기하면 거부하고 봅니다."

모든 지역에서 그들은 이 하얀 옷차림의 율법학자들과 같은 가장 중요한 지도자 네 명을 파악한다. "우리는 그들을 이슬라마바드로 보내 인구위원회에서 교육받은 고위 종교 지도자들과 만나게 합니다. 그들은 어머니가 건강하게 수유를 할 수 있어야만 파키스탄 여아의 절반이 영양실조에 시달리는 문제를 해결할 수 있다는 것을 배웁니다. 그것은 남자가 먼저 배불리 식사를 한 뒤에 여성이 남은 음식을 먹는 관습도 바꿔야 한다는 것을 의미합니다. 많은 학교에서 남학생이 여학생보다 10배나 더 많다면, 이렇듯 차별적인 풍습을 바꿀 수 없다는 것도 배우지요."

타타에 있는 샤게한Shah Gehan 모스크의 이맘 카리 압둘 바시드Qari Abdul Basid가 말한다. "1960년대에 정부는 이맘들에게 자문을 구하지 않았습니다. 올바른 길이 있는데 외면한 것이죠. 그 결과 국민들이 가족계획을 거부하는 상황이 벌어진 겁니다." 현재 금요 기도회에서 그들은 이슬람이 건강과 영양을 중요하게 여긴다는 점을 가르치며, 아이가 이태 동안 엄마의 젖을 먹을 권리가 있다는 알바카라 장의 구절을 반복하여 들려준다.

그들은 수유를 통해 임신을 억제하는 방법을 선호하지만, 피임약과 콘돔도 받아들인다. 피임 기구의 상당수는 국제개발처가 지원한다. 그 점은 파키스탄 율법학자들에게 미묘한 문제다. 그들은 극단적인 종교

지도자들과 회의를 할 때 내놓는 소책자에는 국제개발처의 로고와 으레 따라 붙는 '미국인들로부터'라는 문구를 삭제했다.

이맘 바시드는 말한다. "받아들이는 사람들이 점점 늘고 있습니다. 터울을 더 두고, 일곱 명이나 여덟 명이 아니라 네다섯 명을 낳는 사람들이 늘고 있지요. 중요한 문제입니다. 아이를 연달아 낳으면 우리 자원은 고갈될 겁니다."

기도문이 울린다. 그의 휴대전화 벨소리다. 그가 양해를 구하고 일어선다. 이맘 네 명이 줄지어 나간다. 아메드는 국제개발처가 새로 보낸 출산 도구가 담긴 소포가 쌓여 있는 탁자 옆에 홀로 남는다.

북쪽으로 50킬로미터를 더 가면 나오는 아메드 칸 주르Ahmed Khan Zour의 마을에서는 보건영양발달협회 공연단이 640번째 공연을 하고 있다. 밝은 살와르 카미즈 차림에 반짝이는 코걸이를 한 100여 명의 여성들이 팔에 헤나로 그림을 그린 딸들과 함께 공연을 보기 위해 주랑 현관 아래 모여 있다. 아버지도 몇 명 보인다. 공연자들은 건강하면 행복하고, 2년 터울을 두고 자식을 낳으면 건강하다는 내용의 노래를 부르면서 공연을 시작한다. 남자 배우가 나서서 연극이 실제 상황을 보여 주는 것이라고 설명하면서, 앞으로 보게 될 장면에서 잘못된 내용을 찾아보라고 관객들에게 말한다.

연극은 혼례식 장면으로 시작한다. 신부는 매우 젊다. 이어서 침실 장면이 나온다. 아내는 베개를 괸 채 누워서 우는 아기를 달래려 애쓴다.

"무슨 일이야?" 남편이 묻는다.

"아기가 아파요." 아내가 말한다.

"그럼 낫게 해야지!"

"나보고 어떻게 하라고요! 나도 아파요. 또 아기를 가졌잖아요." 아내는 울먹인다.

다음 날 이웃 여성이 들러 보니, 병세가 더 심해지고 쇠약해져 있다. 그녀가 묻는다. "왜 또 곧바로 임신을 한 거야? 우리 부부는 터울을 좀 두고 낳는다고."

식구들이 다 모인다. "넌 아픈 게 아니야. 게으른 거짓말쟁이일 뿐이지." 시어머니가 선언한다. "그저 내 아들에게 아기를 낳아 주고 싶지 않은 거야. 네 몸만 걱정하는 거지!"

이때쯤 관객석에서는 웅성거리는 소리가 들리고, 연극은 멈춘다. "여기서 뭐가 잘못되었을까요? 그리고 왜 이런 일이 벌어진 걸까요?" 남편 역할을 연기하던 배우가 묻는다.

여기저기서 손을 든다. 관객들이 저마다 자기 생각을 말한다. 신부 나이가 열여섯 살도 안 되었다, 아이를 가질 준비가 안 되었다, 터울을 두고 자식을 낳으라고 부모가 미리 가르쳤어야 했다 등등. 하지만 시어머니를 비난하는 말이 가장 많다. "시어머니들은 자신들이 낳은 만큼 우리도 자식을 많이 낳기를 원한다니까요." 검은 히잡을 쓴 여성이 말하자, 관객들은 박수를 친다.

시어머니 역할을 맡았던 여성은 알고 보니 의사다. 피임약, 주사제, T 자 모양의 구리 IUD, 포장지에 든 콘돔이 무대에 등장한다. 그녀는 각각을 설명하면서, 어느 것을 쓸 때 진료소에 들러야 하는지도 말한다.

"여기서는 타타까지 가야 해요." 한 여성이 말한다.

"오늘은 그렇지 않아요." 의사가 말한다. 그녀는 무대 왼쪽으로 걸어가서 덮여 있던 천을 걷는다. 이동 진료소가 모습을 드러낸다. 그녀는 안으로 들어가면서 말한다. "오늘은 온종일 여기에서 근무합니다." 여성들이 줄을 선다.

파키스탄이 핵폭탄을 개발하자, 국제개발처는 6년 동안 가족계획 지원을 중단했다. 순회 공연단의 예산은 2013년에 고갈된다. 보건영양발달협회 사무총장 탄비르 아메드는 말한다. "우리는 국제개발처에 말하죠. 지원이 계속되지 않으면, 미국이 두려워하는 부류의 사람들이 더욱 늘어날 거라고요."

그는 파키스탄 여성 9000만 명 가운데 피임 기구를 접하는 여성은 1300만 명에 불과하다는 사실을 국제개발처에 상기시킨다. "그들도 이해하고 있습니다. 하지만 때로 워싱턴의 정치 상황 때문에 주저하곤 하죠."

그는 안다. 설령 그들이 지원을 계속한다고 해도, 가구당 2년 터울로 자녀를 네다섯 명씩 낳는다면 인구 안정에 별 도움이 되지 않으리라는 것을 말이다.

"불가능하죠. 늘어나는 인구에 대처할 수 없을까봐 정말 걱정이 됩니다. 우리 나라는 인구가 우글거리는 저개발 국가입니다. 국가라기보다는 오합지졸에 가깝죠. 인구가 늘수록 문맹자도, 생산적인 일자리를 얻지 못한 젊은이도, 혼란도 더 늘어날 겁니다."

그는 공책에 몇 가지 숫자를 적는다. "피임 기구를 계속 제공하거나 이용을 권장하는 일을 할 수 없다면, 2050년이면 인구가 지금의 세 배로 늘어날 겁니다."

그는 공책을 툭 내려놓는다. "우리는 그저 두 배쯤에서 그치기를 기도하고 있지요."

12
아야톨라의 뜻대로

말을 탄 의사들

1974년 후리에 샴시리 밀라니Hourieh Shamshiri Milani가 국립 이란 대학교 의대에 들어갔을 때, 동기생 70명 가운데 여성은 고작 13명이었다. "그 13명 가운데 둘만 스카프를 썼어요."

이란의 마지막 국왕인 무함마드 리자 샤 팔레비가 통치할 때, 교육 수준이 높은 여성 가운데 머리를 가리는 이는 거의 없었다. 1936년, 조국을 근대화할 방안을 모색했던 그의 아버지 리자 샤 팔레비는 모든 이란 여성들에게 베일을 쓰지 말라고 칙령을 내렸다. 1941년 이란을 장악한 영국은 그가 독일과 친밀하다는 이유로 양위를 강요했다.* 그

---

* 리자 샤의 시대에는 이란Iran과 아리안Aryan이 본질적으로 동일한 단어라는 주장이 인기를 끌었다. 그가 독일과 친밀한 관계를 맺은 것은 어느 정도는 전략적인 행동이었다. 이란의

뒤로 그 규정은 완화되었고, 히잡은 개인의 선택 사항이 되었다. 샴시리 집안은 쓰는 쪽을 택했다. 그녀는 지금도 선택하라면 쓰는 쪽을 택할 것이다. 비록 지금은 선택권 자체가 없긴 하지만 말이다.

테헤란 중심부에 있는 에스피나스 호텔의 술을 팔지 않는 피아노 바에서 만난 샴시리는 꽃무늬 비단 스카프로 머리를 감싼 모습이다. 그녀는 아름다운 눈썹이 인상적인 멋진 여성이다. 그녀는 이란 북서부의 타브리즈에서 태어났다. 당시에는 소련 국경이 가까이에 있었다. 이란의 아제르바이잔이라고 알려진 이 지역에 사는 여성들은 머리를 드러낸 채 밖으로 나가면 벌거벗은 듯한 기분을 느꼈다. 그녀의 집안은 독실했지만, 아버지는 공부를 하고 싶다는 그녀의 소망을 기꺼이 들어준 고등학교 교사이기도 했다. "비록 딸이 대학에 다닌다는 사실을 사람들에게 숨기고 싶어 했지만요."

그녀가 대학 4학년 때, 뜻밖의 일이 일어났다. 당시 이란 국왕은 선왕이 그러했듯이, 시간이 흐르면서 점점 국민에게 외면받고 있었다. 그는 이란의 석유산업을 국유화하는 혁신적인 조치를 취해 인기를 얻은 총리를 1953년 쿠데타를 통해 몰아내 국민의 신뢰를 잃기 시작했다. 당시 석유 판매 수익의 80퍼센트를 오늘날 BP라고 불리는 채굴 회사가 가져갔기 때문이다. 쿠데타 세력은 팔레비 국왕의 협조를 받았을 뿐 아니라, 영국의 M16과 미국의 CIA로부터 지원을 받았다(미국은 총리가 공산주의자라고 잘못 생각했다).

1970년대 중반, 명목상 헌법으로 정한 군주였던 샤는 자신의 정당만 빼고 다른 모든 정당을 해산했다. 그러자 항의 집회가 벌어졌다. 샤가 공작 왕좌Peacock Throne(옛 이란 국왕의 왕좌─옮긴이)에 앉아서 사치스

석유를 수중에 넣으려는 영국과 소련의 계획에 맞서기 위해서였다. 비록 히틀러와 친하긴 했지만 그는 개인적으로 이란 유대인들의 권리를 옹호했고, 종종 유대교회당을 방문하기도 했다.

러운 생활을 하고 서양에 알랑거린다고 비난했다가 추방된 시아파의 고위 성직자 아야톨라 루홀라 호메이니Ayatollah Ruhollah Khomeini는 해외에 머물며 저항의 상징으로 떠올랐다. 시위는 점점 격화되면서 조직적인 양상을 띠었다. 이윽고 수백만 명이 거리에 모일 정도가 되었다. 그러던 중 1979년 1월, 갑자기 샤가 이집트로 달아났다. 모두가 깜짝 놀랐다. 그는 1년 뒤 림프종으로 사망했다.

그를 무너뜨린 무혈혁명은 정통파 율법학자부터 지식인에 이르기까지 모든 정치 세력의 합작품이었다. 프랑스에서 망명 생활을 하던 아야톨라 호메이니가 의기양양하게 귀국할 때, 샤의 친위대원들까지 환영하고 나섰다. 군주제를 폐지하고 대신 이슬람 정부를 수립할지 여부를 놓고 국민투표를 실시했는데, 국민의 98퍼센트가 찬성했다.

승리한 시민들은 해방된 이란에서 아야톨라 호메이니를 국가의 정신적 지도자로 삼고서 세속적으로든 종교적으로든 자신이 원하는 대로 살아갈 수 있을 것이라고 믿었다. 하지만 곧 이란인들은 호메이니가 단순히 국민을 인도한다는 차원의 정신적 지도자로 있기보다는 신정국가를 건설하려 한다는 것을 깨달았다. 비록 혁명 헌법이 민주주의를 상정하고 있었지만, 호메이니는 스스로를 최고지도자로 임명하고 성직자들로 헌법수호위원회를 구성하여 의회, 대통령, 총리에게 거부권을 행사할 수 있는 막강한 권한을 부여했다. 초기에 그가 내린 칙령 중에는 히잡을 의무적으로 착용하라는 것도 있었다. 여성은 머리를 가려야 했고, 차도르나 헐겁고 긴 의상으로 몸도 가려야 했다.

세속적인 이란인들은 배신감을 느꼈다. 하지만 후리에 샴시리가 산부인과 전문의 과정에 진학할 무렵, 분열되어 있던 조국은 갑자기 아야톨라를 중심으로 단결했다. 이란이 공격을 받았기 때문이다. 아야톨라 호메이니가 최고지도자가 된 직후에, 이란을 수중에 넣을 생각이었던 사담 후세인이 서쪽 국경을 침략했다. 호메이니는 13년 동안 이라크에서 망명 생활을 하면서 이라크 시아파 무슬림들의 혁명 열기를 부추기고 있었는데, 이름뿐인 수니파이자 이라크의 군 유력자인 후세인에게 결국 내쫓기고 말았다. 1년 뒤 이란이 수 세기에 걸친 왕정 체제에서 벗어나 한창 체제를 재편하고 있을 때, 후세인은 국내 정세에 치중하느라 쇠약해진 이웃 나라를 침략할 기회를 놓치지 않았다. 그는 석유가 풍부한 후제스탄 주를 노렸다.

10년 뒤 사담은 쿠웨이트에 똑같은 짓을 시도했고, 미국은 국제 석유 이권을 지키기 위해 그 침략에 맞서게 된다. 하지만 이란은 그런 도움을 기대할 수 없었다. 이란에 이슬람 공화국이 태동하던 혼란기에, 건강이 악화된 샤가 텍사스에서 치료를 받고 있다는 소식에 분개한 한 무리의 학생들이 미국 대사관을 습격했다. 그들은 444일 동안, 52명의 대사관 직원들을 인질로 삼았다. 그 사건으로 미국이 사담의 이라크를 지원하게 되면서, 이란과 이라크의 전쟁은 20세기에 가장 오래 끈 재래전이 되었다.

이라크는 지상군, 미사일, 신경가스로 공격했다. 이라크는 소련과 나토 양쪽으로부터 신경가스의 원료를 비롯한 무기를 지원받았다. 인구가 이라크보다 세 배 넘게 많았던 이란은 끊임없이 군인들을 내보내는 방식으로 대응했다. 2년 사이에 이란은 엄청난 인명 피해를 입었지만, 그래도 사담이 처음 침략했을 때 잃은 땅을 되찾는 데 성공했다. 그 후 양국은 참호를 파고서 6년간 참호전을 이어 갔고, 그동안 이란인 수십만 명이 목숨을 잃었다.

이란은 이슬람 혁명 이전에 이미 가족계획을 실시했다. 1966년 인구조사를 했더니 10년 전보다 인구가 경악스러울 만큼 늘어났기 때문이다. 1956년의 이란 인구는 1890만 명이었지만, 이란 여성은 평균 7.7명의 자녀를 낳고 있었다. 10년 사이에 인구는 600만 명이 늘었다.

보건부는 피임 기구를 보급하기 시작했지만 별다른 성과가 없었다. 1976년의 인구조사 때에도 출산율은 여성 1인당 6.3명으로 여전히 높았다. 의료진을 대상으로 하향식 교육 프로그램이 이루어지고 있었지만, 부모들이 가족 규모를 제한하고 싶어 할 만한 이유를 제대로 제시하지는 못했다.

1979년 혁명이 일어날 무렵, 인구는 3700만 명이었다. 비록 많은 율법학자들이 조혼과 대가족이 지닌 전통적 가치를 옹호하고 나섰지만, 보건부는 가족계획 사업을 계속 시행할 수 있었다. 최고지도자 자신도 인위적인 산아제한을 허용한다는 파트와를 내려 종교적 논란을 해소했다. 하지만 이라크와의 전쟁으로 모든 것이 바뀌었다. 인구가족계획국은 문을 닫았다. 대신 출산 능력이 있는 모든 이란 여성은 이란의 '2000만 군대'를 조직하는 데 기여하자는 운동이 펼쳐졌다.

여성의 혼인 가능 법정 연령은 18세에서 13세로 낮아졌다. 가능한 한 아이를 많이 낳도록 장려하기 위해, 신생아까지 한 사람으로 보는 배급 카드가 발행되었다. 이란의 인구통계학자이자 역사가인 모하마드 잘랄 아바시샤바지Mohammad Jalal Abbasi-Shavazi는 식량뿐 아니라 "텔레비전, 냉장고, 양탄자, 심지어 자동차 같은 소비재"도 배급 대상이었다고 말한다. 젖먹이는 그런 배급품을 쓸 일이 거의 없으므로, 남는 식량과 제품을 암시장에 내다파는 것이 가계의 주요 소득원이 되었다.

이라크와의 전쟁이 길어지면서 출산율은 호메이니가 꿈꾸었던 인구통계학적 수준을 넘어섰다. 어린 소년들까지 포함된 이란 군인 100만 명이 독가스를 마시거나 지뢰를 밟거나 빗발치는 총탄에 인의 장벽으로 맞서다가 순직했지만, 1986년에는 인구가 거의 5000만 명으로 늘어나 있었다. 20년 만에 두 배로 늘어난 것이다. 일부에서는 증가율이 4.2퍼센트에 이르렀다고 추정한다. 가임 여성의 생물학적 출산 상한값에 근접한 수준이며, 세계가 목격한 가장 높은 인구 증가율이다.

내륙 도시인 테헤란은 북쪽으로 눈 덮인 배경처럼 펼쳐져 있는 엘부르즈 산맥의 풍족한 샘 덕분에 인구가 늘고 번영을 누렸다. 스모그가 걷힐 때면 아시아에서 가장 높은 화산인 높이 5500미터의 다마반드 산을 비롯한 장관이 펼쳐진다. 테헤란은 북쪽 산기슭의 고급 주택 단지에서 고도 600미터에 걸친 넓은 중산층 단지를 거쳐 노동자계급이 몰려 있는 건조한 평원으로 이어지며, 남쪽 끝에는 판잣집들이 가득하다. 이곳의 여성들은 예외 없이 검은 천으로 몸을 감싸고 있지만, 테헤란의 많은 지역에서 여성들은 날마다 몸을 거의 다 가림으로써 오히려 더 매혹적으로 보이게끔 하는 패션의 기적을 통해 풍속법의 의도에 반항한다. 의무적으로 착용하는 긴 차도르는 맞춤 청바지와 뾰족한 하이힐 차림 쇼핑객들의 엉덩이와 몸통에 착 달라붙어 있다. 얇은 히잡으로 머리를 최소한으로만 가린 여성들은 우르르 몰려다니면서 샤리아 복장 규정을 집행하려고 애쓰는 풍속경찰을 밀어붙인다. 게다가 붙임머리, 화장, 가발, 머리핀, 란제리를 파는 상점들이 수백 곳이나 성업하고 있다. 란제리는 아야톨라 호메이니의 묘지에 있는 기념품점에서도 판매된다. 아야톨라의 혁명군이 운영하는 것으로 여겨지는 밀수망을 통해서 유럽과 뉴욕의 고급 여성복이 상점으로 계속 공급된다. 테헤란 북부에서 보이는 BMW와 람보르니기가 그렇듯 두바이 같은 관문을 통해 흘러든다.

서방의 경제제재 조치가 계속되고 있는데도 테헤란은 아바나처럼 활기가 넘친다. 하지만 테헤란은 비를 통해 재충전되는 산의 샘으로부터 빌린 시간을 살고 있는 것이다. 1900년에는 테헤란의 주민이 15만 명이었고, 샘의 물이 충분했다. 지금은 이곳으로 매일 300만 명의 직장인들이 출퇴근하며, 1500만 명이 그 물을 쓰고 있다. 100년 사이에

100배나 늘어난 것이다. 단지 군대 때문만이 아니었다. 왕정 체제를 전혀 접하지 못한 이슬람 세대를 배출하라는 호메이니의 신성한 명령은 세계가 이제껏 목격한 적이 없는 경악스러운 인구통계학적 도약으로 이어졌다. 그리고 그 도약은 더욱 경악스러운 일을 빚어냈다.

1987년 후리에 샴시리 밀라니는 테헤란에서 산부인과 전문의 과정을 끝냈다. 전쟁 중에 그녀의 전공 분야는 정치색을 띠게 되었다. 인구가 이란 병기고의 가장 강력한 무기가 되었기 때문이다. 1986년의 경이로운 인구통계 자료를 접한 이란 총리는 새롭게 늘어난 엄청난 인구가 '신이 주신 것'이라고 선언했다. 하지만 다른 이들, 특히 이란 기획예산국의 국장은 망연자실했다. 교착상태에 있던 전쟁이 유엔의 중재로 정전 협상으로 이어질 무렵, 그의 부서는 파탄 상태에 이른 경제가 감당할 수 있을 인구가 얼마인지 계산했다. 2000만 군대를 이루기 위해 태어난 남자들은 모두 일자리를 필요로 할 것이며, 아기가 새로 태어날 때마다 그들이 일자리를 얻을 기회는 줄어든다.

한때는 축복이었지만 지금은 위기가 된 인구문제를 논의하기 위해 최고지도자가 함께하는 비밀회의가 열렸다. 오랜 세월이 흐른 뒤에 인구통계학자이자 역사가인 아바시샤바지는 1987년의 기획예산국장과 인터뷰를 하면서, 국장이 각료들을 만나 인구과잉이 국가의 미래에 어떤 결과를 가져올지를 설명했다는 것을 알게 된다. 이란 경제가 거의 파산 지경에 이르렀기 때문에, 그 모든 사람을 먹이고 교육하고 그들에게 집과 직장을 제공하기란 도저히 불가능할 터였다. 아이들이 너무나 많아서 초등학교 수를 두 배, 아니 세 배로 늘려야 할 터였다. 기획예산국장과 보건부 장관은 인구 증가율을 억제하고 국가 차원의 가족계획 운동을 펼치자는 안을 제시했다. 그 사업안은 단 한 차례의 표결로 승인되었다.

1988년 8월, 마침내 정전 협상이 타결되면서 전쟁이 끝났다. 한 달 뒤 이란의 종교 지도자, 인구통계학자, 예산 전문가, 보건부 장관이 동부의 마슈하드Mashhad 시에 모여서 회의를 열었다. 마슈하드는 세계 시아파 무슬림의 성지 중 한 곳으로, '순교지'라는 뜻이다. 회의 장소가 지닌 상징적인 의미는 명확했다.

샴시리는 그때를 떠올리며 이렇게 말한다. "인구통계학자들과 예산 담당자들의 보고서가 호메이니에게 전해졌습니다." 아야톨라가 경제학자들을 비난했다는 것을 생각해 보면, 인구과잉의 경제적 전망은 매우 암울했던 것이 분명하다. 호메이니는 그들을 바보라고 부르곤 했다. "다 듣고 난 뒤 그가 말했다고 합니다. '필요한 조치를 취하시오.'"

그것은 5000만 이란인들에게 지난 8년 동안 들려주었던 것, 아이를 많이 낳는 것이 애국이라고 했던 것과는 완전히 상반된 말로 설득해야 한다는 것을 의미했다. 새로운 표어가 적힌 현수막이 내걸렸고, 광고판이나 벽마다 같은 표어가 붙었다. 텔레비전에서도 광고를 했고, 한때는 아기를 더 낳아서 대규모 이슬람 세대를 만드는 데 동참하자고 독려했던 율법학자들은 이제 금요일 예배에서 가족계획을 설교했다.

한 명이 좋다. 두 명이면 충분하다.

다음해인 1989년, 이맘 호메이니가 세상을 떠났다. 예전에 여성 1인당 출산율이 아홉 명에 이른 것이 신이 내려 준 선물이라고 찬양했던 총리는 이제 국가 가족계획 사업을 출범시켰다. 중국과 달리, 몇 명을 낳을지는 부모가 선택했다. 10명을 낳기로 했다고 해서 법으로 금지하는 일은 전혀 없었다. 하지만 그런 선택을 하는 부모는 아무도 없었다. 그 뒤에 일어난 일은 인류 역사상 가장 놀라운 인구 증가 역전 사례가 되었다. 12년 뒤 이란 보건부 장관은 세계에서 유례가 없는 가장 계몽적이면서도 성공적인 가족계획 사업을 수행한 공로로 유엔 인구상을 받았다.

모든 일이 자발적으로 이루어진 것이라면, 이란은 어떻게 해냈을까? 피아노에서 들려오는 페르시아 음악에 맞춰 고개를 끄덕이던 샴시리 박사는 옛일을 떠올리면서 웃음을 짓는다. "우리는 말을 이용했어요. 여러 대학교의 의사들이 조를 짜서 말에 장비를 싣고 작은 마을들을 하나하나 찾아다녔지요."

샴시리와 동료 산부인과 의사들은 말을 타고 전국 구석구석을 돌아다니면서 온갖 종류의 피임법—콘돔과 피임약부터 수술까지—을 모든 이란인에게 무료로 제공했다. 원래 아야톨라 호메이니가 내놓았던 피임 파트와가 엄마도, 아이도 해를 입어서는 안 된다는 것이었기 때문에 낙태와 수술은 제외해야 한다고 여겨졌다. 하지만 그의 후계자인 아야톨라 알리 하메네이 Ayatollah Ali Khamenei는 좀 다른 파트와를 내렸다. "지혜로이 판단할 때 아이를 더 낳을 필요가 없다고 여겨지면, 정관수술을 허용할 수 있다." 그 말은 여성의 자궁관묶기도 포함된다는 것으로 해석되었다.

사업의 초기 목표는 무난했다. 모하마드 아바시샤바지에 따르면, 이란 여성의 평균 출산율을 2011년까지 네 명으로 낮추고, 최종적으로 전쟁 때의 천문학적 수준이었던 인구 증가율을 대체율보다 조금 높은 수준으로 낮추는 것이 목표였다고 한다. 그러나 이란 가정은 국가만큼이나 지치고 파산 상태였기 때문에, 아이를 덜 낳을 수 있는 기회가 생기자 주저하지 않았다. 채 2년도 지나지 않아, 이란의 인구통계학자들은 도저히 믿기 어려운 자료를 보았다.

말을 탄 의사들은 원래 여성들—남편의 동의 없이도 산아제한이 가능했다—에게 서너 해 터울을 두고 임신을 하라고 권유할 계획이었다. 또 18~35세에만 임신을 하라고 조언하고, 세 명까지만 낳으라고 권할 생각이었다. "하지만 이미 자녀가 있는 여성들은 하나같이 수술을 원했어요." 샴시리는 말한다. "그 세대의 10만 명이 넘는 여성이 불임수술을 받았답니다. 더 젊은 여성들은 누구나 아들딸 한 명씩 둘만 낳고 싶다고 말하더군요. 이유를 물었더니, 육아 비용 때문이라는 대답이 가장 먼저 나왔어요. 그래서 훗날 경제 문제가 해결되면, 자녀를 몇 명이나 낳고 싶으냐고 물어봤지요. 이번에도 대답은 같았어요. '두 명이에요. 교육 때문에요. 딸을 대학까지 보내야 하니까요.'"

그들은 텔레비전에서 현대 여성들을 보고 있었다. 거기에는 샴시리도 포함되는데, 그녀를 비롯한 산부인과 의사들이 이란 TV에 자주 출연했기 때문이다. "그들은 내 전화번호를 알아내서는 전화를 걸곤 했어요. '학위를 어떻게 땄나요? 어떻게 가르쳐야 우리 딸이 선생님처럼될 수 있지요?'라고 물었지요."

시간이 흐르면서 답변하기가 점점 더 쉬워졌다. 이란 가족계획 사업의 관계자들이 포상을 받을 때마다 예외 없이 언급하는 내용이 하나 있었기 때문이다. 바로 여성 교육이었다. 초등교육과 중등교육뿐 아니라 대학교육까지 필요하다는 것이었다. 1975년에 글을 읽을 줄 아는 이란 여성은 3분의 1에도 못 미쳤다. 2012년에는 이란 대학생 가운데 여성의 비율이 60퍼센트를 넘어섰다. 26세 이하 여성은 96퍼센트가 글을 읽을 줄 알았다. 여성의 출산율이 낮아지고 교육 수준이 높아지면서, 그들의 사회 진출을 막기가 점점 더 어려워졌다. 2012년에는 이란 공무원 가운데 3분의 1이 여성이었다. 샴시리가 말을 타고 돌아다니던 시절을 회상하고 있을 때, 에스피나스 호텔 앞에 택시 두 대가 멈춘다. 운전자는 둘 다 여성이다. 바로 그 너머에서는 여성 경찰관들이 케샤바르즈 거리를 순찰하고 있다.

2000만 군대 양성을 독려하던 시기에, 여성의 혼인 가능 연령은 '공식적인 사춘기 연령'인 아홉 살로 더 낮아지기도 했다. 가족계획 사업이 시작되면서 그 규정은 철폐되었고, 여성이 학업을 마칠 때까지 혼인과 육아를 늦추게 되면서 신부의 평균 연령은 스물두 살로 높아졌다. 1994년에 카이로에서 세계인구회의가 열렸을 때, 이란이 제출한 인구 자료가 너무나 놀라웠기 때문에 유엔인구기금은 인구통계학자들을 보내어 아바시샤비지와 동료들이 모은 자료가 맞는지 확인하기까지 했다. 결과는 똑같았다. 당시 회의에는 이란 보건부 차관이었던 후리에 샴시리가 대표로 참석했는데, 그녀에게 온갖 질문이 쏟아졌다. 모두가 무슬림 국가에서 어떻게 그런 일이 일어날 수 있는지 궁금해했다. 게다가 자발적으로 이루어졌다고 하니 말이다.

그녀는 암묵적인 강요 같은 것은 전혀 없었다고 설명한다. 딱 하나 요구한 게 있다면, 모든 예비부부에게 모스크나 혼전 혈액 검사를 받는 보건소에서 결혼 전에 강의를 들으라고 한 것이었다. 강의에서는 피임법과 성교육을 가르쳤고, 자녀가 적으면 먹이고 입히고 가르치기가 낫다는 점을 강조했다. 정부가 출산 의욕을 꺾기 위해 내린 조치는 하나뿐이었다. 식품, 전기, 전화, 가전제품을 제공하는 장려금을 넷째부터는 없앴다.

2000년에 이란의 출산율은 대체율 수준인 여성 1인당 2.1명으로 낮아졌다. 중국의 강제적인 한 자녀 정책보다 1년 빨리 이루어진 성과였다. 2012년에는 1.7명으로 떨어졌다.

———————

모하마드 잘랄 아바시샤바지는 말한다. "이란의 가족계획 사업이 성공한 것은 이슬람 혁명 덕분입니다. 샤 왕정 시대의 빈부 격차와 도농 격차를 줄이기 위해 국가 차원에서 헌신적으로 노력했으니까요."

샤가 통치할 때, 농업장관들은 테헤란을 벗어나는 일이 거의 없었다. 지금은 물, 위생, 농업, 에너지, 금융 담당 공무원들이 오지 마을까지 가서 작물을 심고 화장실을 짓고 교육 사업을 시작할 때 기술적인 도움을 준다. "가장 중요한 점은 가장 외진 곳까지도 보건 망을 구축해 왔다는 것이지요."

현재 이란의 모든 촌락에는 '보건소health house'가 있으며, 마을에서 뽑은 베흐바르즈behvarz라고 불리는 직원 두 명이 근무한다. 대개 남녀로 이루어지는데, 이들은 산전 및 산후 조리, 피임, 백신 접종을 비롯한 가정 의학을 2년 동안 배운다. 또 보건소 다섯 곳당 농촌 진료소가 하나씩 있다. 농촌 진료소에서는 의사가 질병을 진료하며, 의사는 일주일에 두 번씩 각 보건소에 들른다.

베흐바르즈는 개인별 출생, 사망, 백신 접종 기록을 관리한다. 도시에서는 여성 자원봉사자들이 집집마다 다니면서 같은 일을 한다. 이렇게 결핵 같은 질병이 전파되는 것을 막았고, 이란의 유아 사망률은 서유럽 수준으로 떨어졌다. 그 결과 부모는 더 안심하고 가족 수를 줄일 수 있었다.

후리에 샴시리와 동료 산부인과 의사들, 말을 탄 이동 수술 팀은 바로 이런 보건소에 들렀다. 전후에 경제 상황이 좋아지면서 말은 사륜차로 바뀌었고, 헬기도 등장했다. 이란은 '수술칼을 쓰지 않는' 정관수술을 개발했다. 배에 작은 구멍을 뚫어서 10분 만에 끝내는 수술법이었다. 혁명 초창기에는 피임 기구를 구하기가 어려울 때가 종종 있었다. 이제 이란은 세계 최대의 콘돔 생산국 중 하나가 되었다. 부족 사태가 생기지 않도록, 몇 개월분의 피임 기구를 비축해 놓고 있었다. 그리고 콘돔, 피임약, IUD, 호르몬제 주사, 정관수술, 자궁관묶기가 모두 여전히 무료로 제공되었다.

그렇기는 해도 인구통계학자들은 여전히 이란 도시에서는 피임법으로 질외 사정을 선호한다고 밝히고 있다. 정액을 땅에 뿌림으로써 부친의 말을 어기는 바람에 신에게 죽임을 당했다는, 〈창세기〉에 경고조로 실린 오난의 이야기가 이슬람 경전에는 없다는 것도 한 가지 이유일 수 있다. 하디스에 따르면, 예언자 무함마드는 알아즐al-azl이라고 알려진 그 질외 사정을 금하지 않았다고 한다.

샴시리는 사실은 더 현실적인 이유 때문이라고 말한다. "다른 피임법들은 부작용이 걱정돼서 쓰지 않는 것이고, 콘돔은 싫어하거든요. 원하는 아이를 가진 부모들 사이에서 불임 수술과 정관수술이 널리 이루어지는 것도 그 때문이지요."

마찬가지로 질외 사정에 의존하는 비율이 높은 나라가 하나 더 있다. 바로 이탈리아인데, 이 나라도 출산율이 낮으며, 우연의 일치인지 몰라도 신정국가의 고향이다. 비록 그 신정국가는 여성 주민이 한 명도 없고, 45만 제곱미터의 면적으로 줄어들었지만 말이다. 바티칸 너머에서는 임신 3개월까지 합법적으로 낙태를 할 수 있다. 하지만 이란은 코란에 임신 4개월이 되어야 태아에 영혼이 들어간다고 적혀 있는데도 낙태를 금지한다.

"낙태는 여전히 불법이에요." 샴시리는 말한다. 그녀는 현재 테헤란에 있는 샤히드 베헤슈티 의대의 교수로 재직하고 있다. "몇 년 전에 의회는 치료를 위한 낙태도 포함시키는 방향으로 임신부의 생명 구조에 관한 법률을 개정했습니다. 그 개정안을 통과시키느라 정말 힘들었지요."

그녀는 국회의사당에서 종교 지도자들과 맞섰다. "낙태는 살인입니다. 왜 살인을 지지하는 논설을 쓰는 겁니까?" 율법학자들이 물었다.

그녀는 이렇게 답했다. "그 질문은 태아가 사람인가 아닌가라는 질문과 같습니다. 태아가 사람이라면 살해할 수 없으니까요."

그들은 고개를 끄덕였다.

"그건 좀 더 논의해 봐야 할 문제입니다. 하지만 그보다 먼저 나는 여성이 사람이라는 데 여러분이 동의할 것이라고 봅니다."

그녀에게 종교 논쟁은 쉽지 않은 일이다. "여성의 권리라는 문제에서는 나는 낙태를 지지합니다. 하지만 개인적으로는 낙태에 동의하지 않습니다. 나 자신도 낙태를 하지 않을 겁니다. 하지만 치료를 위해 낙태가 필요한 유방암 환자가 있다면, 나는 그녀에게 낙태를 권할 겁니다. 물론 임신을 원치 않는다면 가족계획을 해야겠지요. 그렇게 한다면, 낙태가 필요한 상황은 거의 사라질 겁니다."

드물긴 하겠지만, 결코 제로가 되지는 않는다. 콘돔은 찢어질 수 있다. 항생제는 피임약의 효과를 떨어뜨릴 수 있다. 그리고 질외 사정은 특히 실패율이 높다. 어디에서나 그렇듯이, 이란에서도 여성은 낙태를 할 방법을 찾는다. 여성들이 주치의를 찾아가는 부유한 테헤란 북부에서는 안전한 낙태 수술을 할 의사를 찾기가 어렵지 않다. 샴시리가 걱정하는 쪽은 피임에 실패한 가난한 여성들이다. "테헤란에는 낙태 약을 비롯한 불법 약물이 판매되는 거리가 있습니다. 사람들은 그곳으로 가서 좌약을 사지요. 그 방법은 안전하지 않아요. 바로 그래서 여성들에게 이 서비스를 제공해야 하는 겁니다."

2005년, 노동자들에게 인기 있던 보수적인 전 테헤란 시장 마무드 아마디네자드Mahmoud Ahmadinejad가 이란 대통령으로 선출되었다. 2006년에 그는 이란의 가족계획 사업이 비이슬람적이라고 선언했다. 그는 열여섯 살 이상의 여성들에게 대학을 떠나 혼인을 하고 아기를 가지라고 요구했다. 그는 7000만 명인 이란 인구에서 5000만 명을 더 늘려야 한다고 말했다. 그의 발언은 여성을 평등하게 대하기를 부정하는 모든 법률을 폐지할 것을 청원하는 이란 여성들의 100만 명 서명운동에 더욱 불을 지폈다. 이 운동은 많은 국제 여성 인권 상을 받았다.

2009년 6월, 아마디네자드는 온건한 개혁을 내세운 상대 후보를 물리치고 재선되었다. 대다수가 부정선거라고 믿었다. 수십만 명이 도시의 거리로 몰려나와 항의 시위를 벌였다. 대부분이 여성이었다. 네다 아가솔탄이라는 철학과 학생이 아야톨라의 준군사 조직인 의용군의 총에 맞아 죽는 장면이 동영상으로 찍혔고, 전 세계 수백만 명이 그 장면을 보았다.

온건한 반대파 지도자가 표방한 색깔을 따서 이름 붙인 이란의 이른바 녹색혁명Green Revolution은 아랍의 봄 운동의 기폭제가 되었다. 하지만 정부는 야만적으로 대응했다. 적어도 70명을 살해하고, 수백 명을 투옥해 진압했다. 대규모의 거리 시위는 자취를 감췄다. 하지만 익명의 시위 참가자는 이렇게 말한다. "이것은 이슬람 혁명이 얼마나 타락했는지를 보여 준 사례입니다. 모스크와 국가를 뒤섞는 율법학자들을 비난하는 과정에서 이슬람에 대한 애정 자체도 사라져 왔어요. 그 과정에서 이슬람과 국가 양쪽 다 파괴되고 있는 겁니다."

재선된 아마디네자드 대통령은 인구를 거의 두 배로 늘리라는 요구를 되풀이했고, 의회, 보건부, 심지어 일부 성직자까지 그 발언을 비판하고 나섰다. 그는 모든 신생아에게 1000만 리알(약 1000달러)을 주겠다고 했다가 역공을 맞았다. 그는 늘어날 인구에 그 비용을 단순히 곱해 보니, 자신의 목표대로 연간 135만 명씩 신생아가 태어나면 연간 10억 달러가 넘는 예산이 들어가리라는 것을 깨달았다. 그는 그 돈을 신탁 기금에 넣어 두었다가 아이가 열여덟 살이 되면 준다는 수정안을 내놓았다가 더욱 조롱거리가 되었고, 여성들은 아예 무시했다.

인구통계학자 아바시샤바지는 2011년에 이렇게 말했다. "자녀를 한 명 또는 두 명 낳는, 혹은 아예 낳지 않는 쪽을 선호하는 태도는 이제 이란 문화의 일부가 되어 있다. 앞으로 어떻게 될지는 여성들이 무엇을 원하느냐에 달려 있다. 그리고 여성들은 세 명까지 원하지 않는다."

샴시리는 말한다. "예전에 여성을 구하면 그 여성이 세상을 구할 것이라는 글을 읽은 적이 있어요. 내가 믿는 이슬람은 순수한 형태예요. 여성을 남성과 똑같은 인간으로 보고, 똑같은 권리를 지닌다고 보는 종교지요. 코란에는 '너희를 같은 영혼으로 창조했다'라는 말이 나옵니다. 모습은 다르지만, 영혼은 같다는 것이죠."

양탄자

수 세기 동안 페르시아 양탄자 장인들은 이란의 독특한 문화적 특징을 짜왔다. 터키 양탄자는 씨실 한 가닥에 날실 두 가닥을 엮어 매듭을 짓는 반면, 페르시아 양탄자는 날실과 씨실을 한 가닥씩 엮기 때문에 두 배로 더 촘촘하다. 지금도 이스파한 같은 이란의 도시들에서 짜는 가장 촘촘한 양탄자는 1제곱센티미터에 매듭이 144개가 들어간다. 어린 양의 배에 난 털로 짜는 이런 양탄자는 두 사람이 완성하는 데 8년이 걸리기도 한다. 테헤란의 양탄자 박물관에는 왕실을 위해 짠 오래된 걸작품이 걸려 있는데, 1제곱센티미터당 매듭이 160개가 들어 있다. 예리한 눈과 작은 손가락을 지닌 소녀들이 짠 것이다. 경이로울 만큼 복잡한 꽃무늬가 나 있는, 넓이 30제곱미터에 이르는 작품은 세 명이 하루에 10시간씩 꼬박 18년을 일해서 완성한 것이다. 주축이 된 여성은 열일곱 살 때부터 짜기 시작했고, 완성하니 서른다섯 살이 되어 있었다.

에스마일 카흐롬Esmail Kahrom은 1960년대에 생물학과 학생일 때, 그 박물관에서 양탄자를 바라보곤 했다. 그는 이슬람 이전 시대 조로아스터교의 상징인 생명의 나무Tree of Life를 묘사한 1416년 완성작이 특히 마음에 들었다. 나뭇가지들 사이에서 칠면조, 느시, 독수리, 찌르레기, 부엉이, 비둘기, 개똥지빠귀, 후투티, 홍학, 제비, 메추라기, 앵무새, 타조, 자고를 알아볼 수 있었다. 나무줄기 주위에는 곰, 거북, 악어, 딱정벌레, 지네, 사자, 표범이 돌아다니고 있었다.

묘사가 너무나 세밀해서 동물학자들은 종까지 알아낼 수 있었다. 카흐롬은 자신이 이 땅에서 지금은 사라진 동물들을 보고 있다는 것을 알아차렸다. 오늘날 이란의 생물학자들은 양탄자를 짜던 옛사람들의 눈을 통해 과거에 이 땅에 어떤 동물들이 살았는지 파악한다.

에스마일 카흐롬은 공군 조종사의 아들로, 형제자매가 11명이었다. 그의 어머니도 형제자매가 그만큼 있었다. 어릴 때 아버지는 야생동물 보호구역인 코시옐라그Khosh Yelagh에서 그를 말에 태워 주곤 했다. 코시옐라그는 좋은 여름 목초지라는 뜻이다. 엘부르즈 산맥 동쪽, 카스피 해 바로 남쪽에 있다. 풀이 크게 웃자라서 공원 안내인의 모습이 종종 사라지곤 했고, 어느 쪽으로 가고 있는지를 알려면 말 등을 딛고 서서 어느 쪽의 풀줄기가 움직이고 있는지 살펴보아야 했다. 당시 코시옐라그는 이란에서 치타가 가장 많이 모여 사는 곳이었다. 그는 가슴을 콩닥거리면서 그 날랜 동물들을 지켜보았고, 이윽고 자연사학자가 되기로 마음먹었다.

시라즈 대학교를 졸업한 뒤, 그는 환경부의 현장 조류학자가 되어 이란의 모든 생태계를 돌아다녔다. 이윽고 그는 야생동물국장으로 임명되었고, 매주 텔레비전에 출연해 시청자들에게 자국의 경이로운 자연 세계를 소개하는 일도 시작했다. 정부는 대학원 공부를 하라고 그를 영국으로 보냈다. 웨일스 대학교에서 박사 학위를 받은 그는 이란으로 돌아와 대학에서, 그리고 방송 매체를 통해 생태학을 가르쳤다.

TV 다큐멘터리를 통해 에스마일 카흐롬은 이란에서 가장 유명한 자연사학자가 되었다. 그는 800킬로미터에 이르는 이란의 카스피 해 연안 가운데 모래밭이 48킬로미터에 걸쳐 펼쳐진 마지막 남은 자연 해안인 미안칼레Miankaleh 반도 같은 곳으로 시청자들을 안내했다. 이란의 조류 504종 가운데 절반이 이곳에 산다. 17세기 초에 페르시아 사파비 왕조의 샤 아바스는 이곳에서 표범 90마리와 호랑이 30마리를 잡았다. 1830년 카자르 왕조의 나세르 알딘 샤Naser al-Din Shah는 이곳에서 늑대 85마리를 잡았으며, 어느 봄 이른 아침에 철새 수백만 마리가 지나가면서 하늘이 네 시간 동안 컴컴했다고 적었다. 50년 뒤, 그의 많은 아들 중 한 명은 미안칼레로 친구들을 데리고 왔다. 그들은 새로 발명된 강력한 소총으로 꿩 6000마리, 사슴 150마리, 물소 63마리, 표범 18마리, 호랑이 35마리를 잡았다.

그 왕자는 훗날 남쪽의 시라즈 시 외곽에서 수백 명이 밤낮으로 사냥을 하고 있었다고 묘사했다. 그는 회고록에 이렇게 썼다. "그 산은 야생동물로 넘친다. 사냥꾼의 수가 10배로 늘어난다고 해도 모두 원하는 만큼 잡을 수 있을 것이다. 우리는 이곳에서 두 달 동안 머물렀는데, 우리가 떠날 때도 동물들의 수는 여전히 그대로였다."

카흐롬은 청중들에게 말했다. "이런 기록들은 카자르 사냥꾼들이 야생동물 종 전체를 멸종시키려 한 것이 결코 아니라는 것을 보여 줍니다. 사실 그들은 영원히 사냥을 계속할 수 있기를 바랐지요. 그들은 야생동물과 숲 같은 천연자원이 인간이 없앨 수 없는 재생 가능한 자원이라고 생각했습니다. 하지만 그들이 잡았던 그 모든 종은 지금 희귀하거나 멸종 위기에 있거나, 혹은 멸종했습니다. 위풍당당한 사자, 카스피호랑이, 이란 야생 당나귀, 가젤, 큰뿔산양, 표범, 치타가 그런 사례들이지요."

그는 무화과가 담긴 접시를 건네면서 말한다. "맞습니다, 치타가 그렇지요." 그의 집은 자신이 가르치는 테헤란 이슬람아자드 대학교 근처에 있다. 장식 몰딩으로 마감된 벽에는 청동 촛대와 샹들리에가 붙어 있다. 나무 바닥에는 작은 페르시아 양탄자들이 깔려 있다. 벽돌로 된 벽난로 옆으로는 이주하는 두루미와 미안칼레에서 겨울을 나는 멸종 위기 종인 붉은가슴기러기의 그림이 걸려 있다. 벽난로 선반 위에는 신이 만물의 가장 위대한 수호자라는 글귀가 우아한 페르시아어 필체로 적혀 있는 19세기 타브리즈Tabriz산 태피스트리가 걸려 있다.

카흐롬은 황갈색 콧수염이 나 있고, 애스콧타이를 즐겨 매는 말쑥한 신사다. 그는 지구에서 치타가, 혹은 호랑이가 사라지는 것이 정말로 문제가 되냐고 묻는 이들을 볼 때마다, 특별한 치타에 관한 이야기를 들려준다.

어느 날 그는 전혀 예상도 못한 곳에서 치타와 마주쳤다. 때는 2003년 1월이었는데, 그는 처음으로 미국을 방문하고 있었다. 그에게는 교사와 결혼해 샌디에이고에서 사는 사촌이 있었다. 사촌의 아내인 교사가 6학년 수업을 참관해 보라고 그를 초대했다. 교사가 이란 국기와 동전을 가져와서 학생들에게 보여 주자 그는 흥미가 동했다. 이어서 교사가 멋진 진홍색 양탄자를 펼쳤을 때, 그는 눈이 휘둥그레졌다. 그는 그것이 신성한 도시인 쿰Qom에서 순수한 비단실로 짠 페이즐리 무늬 양탄자라는 것을 바로 알아보았다. 수천 달러는 나갈 터였다.

교사가 학생들에게 말했다. "오늘 손님은 생태학자입니다." 그녀는 생태학이 지구의 모든 것—사람, 식물, 동물, 곰팡이, 미생물, 바위, 흙, 물, 공기—이 어떻게 연결되어 있는지를 공부하는 과학이라고 설명했다. "전 세계에는 그 연결이 끊기지 않도록 동식물을 보호하는 일을 하는 사람들이 있습니다. 카흐롬 박사님도 그런 분이지요."

그때 교실 문을 두드리는 소리가 들렸다. 돌아보니 또 다른 6학년 교사가 샌디에이고 동물원의 사육사와 함께 들어왔다. 그리고 뒤따라 들어온 동물을 보고 코흐롬과 학생들은 입을 쩍 벌렸다. 사육사가 손에 쥔 끈에 재갈을 물린 치타가 매여 있었다.

교사가 설명했다. "치타는 두 집단이 있습니다. 하나는 아프리카에 있고, 또 하나는 아시아에 있지요. 현재 아시아 치타는 이란에만 남아 있어요." 카흐롬은 자신이 자국민들에게 이해시키고 싶어 하는 바로 그 점을 이 미국 여성이 알고 있다는 사실에 놀라지 않을 수 없었다.

그녀는 학생들에게 물었다. "아시아 치타가 지구에서 사라진다면 어떤 일이 일어날 거라고 생각해요? 재앙이 일어날까요? 우리가 곤경에 처할까요? 그래도 학교에 다닐 수 있을까요? 아빠 차의 석유도 계속 살 수 있을까요? 전기와 물도 계속 쓸 수 있을까요? 우리가 걱정해야 할까요?"

학생들은 눈앞에 웅크린 채 조용히 있는 이 멋진 동물이 생존할 가치가 있다는 데 동의했다. 하지만 치타가 살아남지 못한다면, 결국 자신들의 세계도 함께 무너질 것이라고 생각한 학생은 아무도 없었다.

교사는 이젤에 걸쳐 놓은 눈부신 쿰 비단 양탄자를 돌아보았다. "이 아름다운 페르시아 양탄자는 샌디에이고에 사는 이란인 거예요. 150만 개가 넘는 매듭으로 짠 것이죠. 여성들이 여러 해에 걸쳐 짰어요. 지금 어떤 남자아이가 가위로 끄트머리에 있는 매듭 몇 개를 자른다고 생각해 보세요. 어떤 일이 일어날까요? 아무 일도 없겠지요. 여러분은 알아차리지도 못할 거예요."

"그 아이가 다시 돌아와서 매듭 200개를 더 잘라내요. 그래도 여러분은 알아차리지 못할 거예요. 150만 개나 있었으니까요. 하지만 아이가 계속 잘라낸다면 어떻게 될까요? 곧 작은 구멍이 생기겠지요. 그리고 구멍은 점점 커질 거예요. 결국 이 양탄자는 남아나지 않겠지요."

그녀는 두 팔을 뻗어서 자신뿐 아니라 학생들과 카흐롬을 빤히 쳐다보고 있는 치타와 바깥의 라호이아 지역 풍경을 가리켰다. "이 세상은 생명의 양탄자와 같습니다. 여러분은 그 위에 앉아 있는 것이죠. 매듭 하나하나는 식물이나 동물이고요. 그들과 우리가 숨 쉬는 공기, 우리가 마시는 물, 우리가 기르는 채소는 우리가 만들어 낸 것이 아니에요. 모두 자연의 산물이지요. 이 양탄자는 자연을 나타냅니다. 아시아와 아프리카에서 어떤 일이 벌어져서 치타가 사라진다면, 양탄자에서 매듭 하나가 사라지는 것이죠. 이 점을 이해한다면, 우리 모두가 아주 한정된 수의 종과 자원에 의지해 살고 있다는 사실도 알아차릴 거예요. 그들이 없으면 우리도 살 수 없어요."

미안칼레 야생동물 보호구역에서 원장인 알리 아부탈리비Ali Abutalibi는 평생에 걸쳐 매듭이 한 올 한 올 풀려 가는 광경을 지켜보아 왔다. 인근 산비탈에서 양을 치던 그의 아버지는 표범과 늑대의 습격을 막느라 애썼다. 하지만 지금 남아 있는 늑대는 기껏해야 10마리도 안 될 것이다. 이곳의 마지막 표범은 2001년에 사냥꾼에게 살해되었다. 4년 뒤 마지막으로 남아 있던 호랑이가 뒤를 따랐고, 이듬해에는 말코손바닥사슴이 사라졌다. 상위 포식자가 사라지자 자칼과 멧돼지가 폭발적으로 늘어났다. 게다가 야생화한 말과 소가 보호구역을 돌아다니면서 풀과 열매를 마구 먹어치우고 있다.

아부탈리비가 어렸을 때에는 습지 상공으로 이주하는 새들을 수천 마리나 볼 수 있었다. "고니, 기러기, 펠리컨, 홍학, 저어새, 오리도 있었고, 꿩, 느시, 자고도 있었습니다. 우리는 말을 타고 사냥했지요. 10분 만에 200마리를 잡을 수도 있었어요." 그는 좀 난처한 표정으로 손가락으로 흰 묵주를 돌린다. "내가 환경보호론자가 되기 전의 일이었습니다."

버드나무, 오리나무, 야생 석류가 자라는 이 보호구역은 한때는 해안선 전체에 펼쳐져 있던 숲의 일부였다. 지금은 보호구역 바로 너머로 펼쳐져 있는 콩, 목화, 벼, 수박 경작지에서 화학물질을 마구 뿌려대고 있다. 서쪽에 인접한 습지는 항구가 확대되면서 사라졌고, 밤새도록 켜져 있는 항구의 불빛에 해안에서 둥지를 틀던 3만 마리의 새도 쫓겨났다. 또 흑해와 볼가 강을 잇는 선박용 운하를 통해 해파리 떼가 침입했고, 그 해파리들은 지금 카스피 해까지 흘러들어 동물성 플랑크 톤의 75퍼센트를 먹어치웠다. 이따금 발생하는 적조와 연안의 굴착선에서 내보내는 오염 물질, 밀어密漁 때문에 전 세계에 검은 캐비어를 공급하던 카스피 해의 철갑상어는 2억 년 만에 거의 전멸하다시피 했다.

"너무나 많은 물고기들이 사라졌습니다." 아부탈리비는 연두색 바다를 쳐다보면서 말한다. 그리고 물고기를 먹는 동물들도 사라졌다. 카스피물범은 몇 달에 한 번 겨우 눈에 띌 정도다. 그는 지역 양치기들에게 청어와 송어를 두 마리씩만 잡도록 허용하고 있지만, 밀어꾼들은 그런 규정 따위는 무시한다.

"예전에는 이곳에 사냥꾼이 40명 있었습니다. 지금은 300명이나 돼요." 그는 성긴 콧수염을 손가락으로 훑으면서 말한다. "신은 예언자 누(노아)에게 말했지요. 인간의 목숨이 동물들에게 달려 있으니 모든 동물을 구하라고요. 동물들이 없다면 우리가 어떻게 되겠어요? 소와 닭을 뺀 모든 동물을 죽인다면, 새소리조차 들리지 않는 세상에서 과연 살 수 있을까요?"

미안칼레 보호구역의 서쪽에는 람사르Ramsar가 있다. 1971년 그 도시에서 18개국의 대표가 가장 중요한 세계 환경 협약 가운데 하나에 서명했다. 국제적으로 중요한 습지에 관한 람사르 협약Ramsar Convention on Wetlands of International Importance이다. 이 협약에 서명한 나라는 현재 164개국으로 늘었다. 하지만 람사르 시의 습지는 도로, 차 밭, 호텔, 부유한 테헤란인들의 별장에 밀려서 거의 다 사라졌다.

미안칼레 동쪽에는 골레스탄 국립공원이 있다. 이란에서 가장 넓고 오래된 국립공원이다. 골레스탄은 장미 정원이라는 뜻이다. 향기로운 토종 장미가 자라기 때문이다. 골레스탄의 산맥에는 지금도 편백나무, 개잎갈나무, 노간주나무가 빽빽하게 자란다. 이곳은 빙하기 때 얼어붙지 않고 살아남았던 이란의 드넓은 히르카니 숲Hirkani Forest 중에서 가장 넓게 남아 있는 곳이다. 침엽수 아래쪽으로는 참나무, 단풍나무, 벚나무, 매자나무 숲이 펼쳐져 있고, 계곡에는 야생 사프란이 가득하다. 그 너머에는 스텝 지대가 있다. 에스마일 카흐롬은 기후가 더 습했던 시절에 그곳에서 말을 타고도 앞이 보이지 않을 만큼 높이 자란 풀밭을 헤치고 말을 달리곤 했다. 지금 이곳에서는 대부분 자동차를 타고 달린다. 이란의 모든 생태학자들이 청원을 했는데도, 지난 10년에 걸쳐 완공된 고속도로가 공원을 동서로 양분하고 있다.

"이 길이 우리를 가장 슬프게 합니다." 골레스탄의 환경운동가 자바드 셀바리Jabad Selvari가 말한다. 고속도로를 몇 킬로미터 더 남쪽으로 내는 것은 일도 아니었다고 말할 때, 말끔하게 면도를 한 그의 뺨이 흥분해서 붉어진다. 당국은 도로 밑으로 동물의 이동 통로조차 만들지 않았다. 현재 이라크에서 오는 유조차와 터키에서 오는 버스가 이 도로를 지나가면서 골레스탄의 골짜기와 폭포를 굉음으로 채운다. 고속도로는 가젤, 멸종 위기에 있는 아이벡스, 엘크, 노루, 뿔이 굽은 우리알 양, 야생 고양이 세 종, 표범 집단을 절반으로 나누고 있다. 그리고 도로 때문에 밀렵을 막는 일은 거의 불가능해졌다. 특히 새매와 붉은 솔개를 사로잡아 시냥매로 팔려는 이들이 모여든다.

"이 새들은 부유한 아랍인과 터키인에게 6만 달러에도 팔립니다." 공원 책임자 모하마드 레자 물라 아바시Mohammad Rezah Mullah Abbasi가 말한다. 그는 밀수꾼들이 속을 비운 트럭 문 속에 발톱과 날개를 묶은 매를 세 마리까지 숨길 수 있다고 말한다. "수색해서 피나 깃털을 찾아내면, 우리는 탈레반처럼 광적인 행동을 보이죠. 자연을 보호하기 위해서요."

농담처럼 들리지만, 그들에게는 결코 농담이 아니다. 그들의 카키색 제복 어깨에 붙은 견장에는 표범 그림과 함께 환경 지킴이라는 글귀가 페르시아어와 영어로 적혀 있다. 표범은 이 공원의 상징이다. 해마다 그들은 털가죽이 벗겨진 표범 시체를 발견한다. "1970년대에 이란 인구가 지금의 절반이었을 때는 여기에 호랑이와 사자도 있었습니다." 셀바리가 저 멀리 흐드러지게 피어 있는 사프란의 상공에서 급강하하는 검독수리를 지켜보면서 말한다.

사라지는 강

이란의 고속도로가 대부분 그렇듯이, 골레스탄 국립공원을 관통하는 고속도로도 아야톨라 혁명군 소유의 회사에서 건설했다. 이라크 전쟁이 끝난 뒤, 이란 군대의 이 엘리트 부대는 자신들의 일자리를 창출하고자 기업을 설립하기 시작했다. 30년이 흐르는 동안, 그들은 이란 최대의 복합기업이 되었다. 그들은 합법적인 사업도 하지만 암시장에서 술과 마약 등을 밀수해 이익을 남기기도 한다. 심지어 이란 소녀를 두바이로 보내는 매춘업까지 한다는 소문도 있다. 또한 통치자인 아야톨라를 지키는 기관으로서, 공공사업의 계약 우선권도 지니고 있다.

가장 수지가 맞는 사업은 댐이다. 이란은 세계에서 세 번째로 댐이 많은 나라다. 완공된 댐만 600개가 있고, 수백 개를 더 짓고 있다. 미국에서 공부한 이란의 과학자는 이렇게 말한다. "혁명군은 미국 공병대와 마피아의 결합이라고 생각하면 됩니다." 그는 실제로 물을 얼마나 많이 가둘 수 있는지, 혹은 어떤 피해를 일으킬지 여부와는 상관없이 대규모 건설공사 계약 때문에 댐을 짓는다고 보는 이란인들이 많다고 말한다. 세계에서 세 번째로 큰 함수호鹹水湖이자 유네스코의 생물권 보전 구역이며 람사르 습지로 등록된 이란 북서부의 우르미아 호는 지금 크기가 예전의 절반으로 줄어든 상태이며, 머지않아 완전히 사라질 수도 있다. 호수로 물을 보내는 강에 댐을 35개나 지었기 때문이다. 에너지부가 에스마일 카흐롬에게 우르미아의 현황이 어떤지 자문을 구했을 때, 그는 물새 210종의 서식지가 사라지는 것은 말할 것도 없고 말라붙은 호수의 염분이 바람에 실려 퍼지면서 1400만 명이 터전을 잃을 위기에 있다고 경고했다.

카흐롬은 그들에게 이미 짓고 있는 댐 10개의 건설을 중단하고, 비가 내려 호수와 저수지에 다시 물이 채워질 때까지 우르미아 호를 소생시키기 위해 지어진 댐들에 가둔 물의 20퍼센트를 방류하라고 조언했다.

그가 들은 말은 이러했다. "우리는 댐에 물을 가둘 필요가 전혀 없습니다."

"물을 가둘 필요가 없다면, 왜 댐을 35개나 지은 겁니까? 그리고 왜 총 77개나 짓는 것이죠?"

그런 상황인데도 이란 의회는 2011년에 중동에서 가장 큰 호수인 우르미아 호로 물을 흘려보내 사라지고 있는 호수를 구하자는 제안을 거부했다. 과학자들은 호수가 완전히 말라붙으면, 80억 톤의 염분이 바람에 날려서 이란, 이라크, 터키, 아제르바이잔의 도시들을 강타할 수 있다고 걱정한다.

이란 중앙에 있는 도시 이스파한의 아바스아바드 거리의 한 집에 환경과학자 세 명이 더욱더 긴박한, 어쩌면 우르미아보다 훨씬 더 규모가 클 비극을 논의하기 위해 모여 있다. 줄줄이 늘어선 버즘나무 가로수가 장엄한 아치를 이루고 있는 아바스아바드는 세계에서 가장 아름다운 도시 중에서도 가장 아름다운 거리라고 불리곤 한다. 16세기 사파비 왕조 때 페르시아 정부가 있던 곳인 이스파한은 경이로운 이슬람 건축물로 가득하다. 베이징의 톈안먼 광장에 버금가는 나크시에자한 광장Naghsh-e Jahan Square에 있는 장엄한 샤 모스크는 파란 모자이크가 인상적인 곳이다. 하지만 이스파한의 아름다움은 돔과 첨탑에만 있는

이란 이스파한의 카주 다리

것이 아니다. 도시를 관통하는 자얀데루드 강에 놓인 5개의 돌다리도 아름답기 그지없다.

자얀데루드 강변을 따라, 검은 스카프를 머리에 쓴 소녀들이 버즘나무, 수양버들, 갖가지 모양으로 다듬은 관목들 사이에 난 길로 롤러블레이드를 타고 다닌다. 길은 2층으로 된 카주 다리처럼 시원한 아케이드가 있는 다리들로 이어진다. 아케이드에서는 소풍 나온 사람들이 넓은 석조 벤치에 앉아 차를 마시고 다리의 아치 사이로 비치는 저녁놀을 바라보고 있다. 1560년에 지어진 이 아치들은 음향학적으로 정교하게 지어졌다. 그래서 여름날 저녁에 수피교의 시가를 낭독하거나 음악을 연주하면 다리 전체로 그 소리가 울려 퍼진다.

1.6킬로미터가량 떨어진 하류에 있는 시오세포 다리는 남녀가 밤에 거닐면 사랑에 빠지게 된다고 했다. 33개의 아치가 강물에 비쳐서 멋진 분위기를 자아내기 때문이다. 하지만 2008년 이래로 이 다리 밑으로는 물이 전혀 흐르지 않는다. 지금 강바닥에는 마른 모래뿐이다. 그곳에서 사람들이 자전거를 타고 소년들이 축구를 하고 있다.

"그들은 겨울에 몇 주 동안만 댐의 수문을 열어서 다리의 밑부분을 물에 적십니다. 그렇지 않았다간 무너질 테니까요."

이스파한 공대에서 은퇴한 환경과학과 교수 메디 바시리Mehdi Basiri는 지속 가능한 발전을 가르치는 아마드 카투나바디Ahmad Khatoonabadi와 식물유전학자 아가파크르 미를로히Aghafakhr Mirlohi를 만나고 있다. 세 사람은 정책 결정권자에게 의견을 전달하는 것을 활동 목표로 하는 환경단체 '녹색 메시지Green Message'를 설립했다. 하지만 아직까지 별 성과를 얻지는 못했다.

바시리는 말한다. "어떤 생태계에서든 물이 제한 요인입니다. 하지만 정부는 그 생각을 아예 하지 않지요. 1966년의 이스파한 인구는 20만 명이었습니다. 지금은 350만 명이지요. 그들은 대수층과 강에 엄청난 압력을 가하고 있어요. 하지만 그들은 무엇을 하고 있나요? 제철소, 항 공기 공장, 채석장, 벽돌 공장을 짓고 있습니다. 모두 물이 필요한 시설 이죠."

카투나바디가 덧붙인다. "본래 여기에 없던 벼도 심습니다. 벼는 더 많은 물을 증발시켜요."

설상가상으로 그들은 북쪽과 동쪽에 수로를 건설했다. 자얀데루드 강물을 사막 도시인 쿰과 야즈드로 끌어가는 수로이다. 바시리는 말한 다. "우르미아 호와 똑같습니다. 댐을 40개 지어서 강물을 말린 뒤, 200킬로미터 떨어진 곳에서 물을 끌어와 채울 수로를 짓겠다고 정부 에 돈을 요구하지요." 쿰과 야즈드의 외곽에서 인맥 좋은 지주들은 새 로 조성한 피스타치오 밭에 물을 주고 있다. "지금 그들은 제철소와 타 일 공장도 짓고 있어요."

"그들은 방목지를 과수원으로 바꾸고 있습니다. 토착 식물들에게 돌아갈 물은 한 방울도 없지요." 미를로히가 말한다. "지하수위는 낮아 지고, 땅에는 주택단지가 들어서지요. 시오세포 다리는 훼손되었어요. 역사적인 건물들은 무너질 위험에 처해 있고요."

하지만 그는 건물과 다리만이 아니라고 말한다. "나는 우리가 살아 있을 시간이 몇 년밖에 남지 않았다고 생각합니다."

그들이 차를 마시면서 바시리의 거실은 조용해진다. 그들은 용감하 게 도시의 운명을 결정하는 강에 물을 돌려달라고 요구하고 나선 주민 수천 명의 서명을 받아서 청원을 하고 있다. "하지만 국가 예산의 3분 의 1은 지금 댐을 짓는 데 쓰입니다. 너무나 많은 돈이 오가고 있어 중 단시킬 수가 없지요."

1.6킬로미터 떨어진 곳, 켜져 있는 형광등에서 웅웅 소리가 울려 퍼 지는 공동주택 지하실에서는 그래도 네 명의 여성이 계속 노력을 하고 있다. 이 단체의 지도자는 자칭 자연 애호가라는 중년의 여성이다. 한

명은 치과 의사이고, 또 한 명은 수문학자다. 나머지 한 명은 최근에 생태학과를 졸업했다. 그들은 이란에서 가장 과격한 비정부기구 가운데 하나인 '환경오염에 맞서는 여성 협회Women's Society Against Environmental Pollution'의 이스파한 지부에 속해 있다. 그 협회는 테헤란 대학교의 사서 말라가 말라Mahlagha Mallah가 설립했다. 그녀는 1973년에 새로 들어온 낯선 주제의 책을 보고서 당황했다. 환경오염에 관한 책이었다. 그 책을 어느 분야로 분류해야 할지 판단이 서지 않아서, 그녀는 아예 책을 다 읽어 보았다. 이란 최초의 페미니스트 작가인 비비 카눔 아스타라바디Bibi Khanoom Astarabadi의 손녀인 말라는 이란 환경운동의 선구자가 되었다. 그녀의 활동은 혁명과 이라크 전쟁으로 중단되기도 했지만, 1990년대에 일흔네 살의 나이에도 그녀는 이란 곳곳을 여행하면서 협회의 새 지부를 설립하는 일에 나섰다.

그녀는 새 회원들에게 말했다. "여성들은 타고난 교사입니다. 우리는 세계의 주된 소비자이기도 해요. 대부분의 광고는 우리를 유혹하려 하지요. 가정 쓰레기도 대부분 우리가 생산합니다. 하지만 인구 억제가 우리 손에 달려 있듯이, 우리는 우리의 쇼핑 중독과 오염을 치료할 수 있고, 환경을 보호하도록 우리 아이들을 교육할 수 있습니다."

아흔네 살이 된 지금도 여전히 활기 넘치는 그녀는 매달 만나서 조국을 어떻게 구할지를 토의하는 이 여성들에게 귀감이 되는 영웅적 존재다. 그들은 샌들에 가벼운 망토, 염색한 히잡 차림으로, 둥글게 놓인 하얀 플라스틱 의자에 앉아 있다. 폴로셔츠를 입은 남자도 두 명 와 있다. 한 명은 건축가이고, 다른 한 명은 학생으로 치과 의사의 아들이다. 대개 모임에는 40명쯤 참석한다. 오늘밤에는 특별 회의가 있다. 으레 논의하는 성가신 주제들 외에도 새로 논의할 일이 생겼기 때문이다.

아마디네자드가 통치하기 전에, 이란은 마침내 억압적인 정책을 버리는 듯이 보였다. 개혁가였던 모하마드 하타미Mohammad Khatami 대통령은 서방과 화해하려는 태도까지 보였다. 새로운 주장들이 쏟아져 나왔고, 수십 개의 환경 단체가 설립되었다. 2001년에는 수백 명이 참석한 생태 대회가 열렸다. 이스파한의 여성들은 자신들의 강이 재앙을 향해 치닫고 있다는 지질학자들의 설명을 들었다. 그들은 자얀데루드 강이 위기에 처해 있음을 경고하기 위해 집회를 열고 각급 학교에서 지구의 날 행사를 주최하기 시작했다.

2008년, 강물이 정말로 말라버렸다. 경악한 그들은 밤에 멋진 다리 위에서 아래를 내려다보았다. 다리의 모습이 비치기는커녕 어둠만이 가득했다. 그들은 그제야 사람들이 움직일 것이라고 예상했다. 하지만 오히려 과학자 단체인 녹색 메시지와 마찬가지로 그들도 서양 스파이라는 비난을 받는 상황으로 몰렸다. 언론은 그들을 목마른 쿰과 야즈드의 주민들에게서 물을 훔치려 하는 폭력배라고 지칭하는 사설을 실었다.

"우리는 자얀데루드 강을 구하자는 청원서에 사람들이 온라인으로 서명을 할 수 있는 인터넷 주소를 갖고 있습니다. 그런데 지금은 전자 우편에 청원이라는 단어가 들어 있으면 모조리 차단당해요." 자연 애호가가 말한다.

"지금 교장 선생님들은 학생들에게 환경 교육을 하겠다고 하면 테헤란 교육청의 승인을 받아오라고 해요." 치과 의사가 말한다.

"〈지구의 외침Cry of the Earth〉이라는 우리 잡지를 나눠 줄 때면, 우리 신분을 확인하겠다고 나서는 남자들과 실랑이를 벌이곤 해요." 수문학자가 말한다. 그녀는 일어서서 방 안을 걷는다. "경찰서로 끌려가서 환경 소책자에 어떤 내용이 들어 있냐고 신문을 받기도 합니다. 우리는 말하죠. '물어 주셔서 감사합니다. 재활용, 나무 심기, 물 보전, 태양에너지에 관한 내용입니다. 아주 위험하기 그지없는 것들이지요.' 우리는 또 말합니다. 이란뿐 아니라 세계에서도 가장 아름다운 여러분의 도시가 지금은 오염이 가장 심한 도시가 되어 있다고요. 그리고 그 강이 지금 죽어 가고 기후가 바뀌고 있는데, 당신들은 아무 생각도 없냐고요." 그녀는 털썩 주저앉는다. 흥분해서 얼굴이 발갛게 달아올라 있다.

"파키스탄의 비정부기구조차 자유롭게 시민들과 접촉할 수 있습니다." 치과 의사가 말한다.

그들은 자국이 혼란에 빠져들고 있다고 걱정한다. "이스파한의 아름다운 역사적 건축물들 밑으로 지하철을 뚫고 있습니다. 우리는 진동 때문에 유적에 금이 가거나 무너질 수도 있다고 계속 말하고 있어요. 하지만 그들은 아예 외면합니다." 건축가가 말한다.

이곳에 모인 이들은 이란 당국이 보건과 가족계획 체계를 구축한 것은 잘한 일이라는 데 동의했다. 물론 인구는 억제되어야 한다. 땅이 메마터지고 있으니까. 가장 연장자이자 지도자인 여성만 아이가 셋이고, 다른 이들은 자녀가 둘 이하다. "하지만 우리는 당국의 승인 없이는 아무 일도 할 수 없는 상황입니다."

그리고 지금은 여성들이 자신들의 몸과 번식 문제를 스스로 결정할 수 있는 권한까지 박탈당하지 않을까 하는 의구심이 갑자기 번지고 있다.

최근에 돌기 시작한 소문에 따르면, 이란 인구가 1억 2000만 명, 아니 1억 5000만 명이 될 때까지는 인구 위기를 걱정할 필요가 없다고 아야톨라 하메네이가 말했다고 한다. 게다가 그는 나중에 그 여파를 생각할 만한 시간이 있을 것이라고도 했다고 한다.

치과 의사가 고성을 지른다. "무슨 헛소리예요? 그가 바로 자궁관묶기와 정관수술을 허용하는 파트와를 내린 사람이잖아요! 내가 시골로 봉사를 다닐 때, 하루에 15명까지도 자궁관묶기 수술을 받곤 했어요. 지금 나오고 있는 말은 아마디네자드가 생각하는 것과 똑같아요. 자신들이 어떤 압력을 받고 있는지 대체 아무도 알아차리지 못하는 건가요?"

"이란의 환경이 초읽기에 들어간 겁니다." 지도자가 연두색 히잡의 끝을 손가락으로 비비 꼬면서 말한다. "이번에도 희생당하는 쪽은 여성들이겠지요."

2011년 이스파한의 여성들이 만난 그날 밤은 라마단이 막 끝났을 무렵이었다. 이란은 일상으로 돌아갔고, 삶은 조금 더 팍팍해졌을 뿐이다. 이스라엘의 압력과 임박한 미국의 선거 때문에 서방은 이슬람 공화국인 이란이 핵무기 개발을 포기하도록 더욱 강하게 경제제재를 가했다. 외부에서는 이란이 원자폭탄을 만들고 있다고 믿었다. 비록 국제원자력위원회가 2003년 이래로 이란이 핵무기 개발을 시도하고 있다는 증거를 전혀 발견하지 못했지만, 이란은 검증을 위해 시찰단이 모든 군사 시설에 접근할 수 있게 해달라는 요구를 거절했다. 하지만 강수량은 줄어드는데 죽어 가는 강을 댐으로 막아서 전력을 쥐어짜고 있는 나라에서 원자력 계획을 진행할 이유도 충분해 보였다. 에너지를 얻기 위해서 말이다.

비록 이란이 세계에서 가장 계몽적이고 효과적인 가족계획 사업을 실시해 오긴 했지만, 이라크 전쟁 때 태어난 엄청난 베이비붐 세대가 세상을 떠나고 인구가 지속 가능한 수준으로 돌아가려면 아직 수십 년을 더 기다려야 한다. 한편 7500만 명의 인구와 산업 시설은 전기를 필요로 하며, 자극하는 이스라엘에게 분개한 이란의 매파 세력은 발전소뿐 아니라 핵무장까지 할 것을 요구해 왔다. 세계는 거침없이 진행되는 온난화보다도 이 두 적대국이 더 심한 폭발을 일으키지나 않을까 조마조마한 심경으로 지켜보아 왔다.

또다시 라마단이 시작되었을 때, 최고지도자는 소문을 공식화했다. 아야톨라 하메네이는 가족계획 정책이 "20년 전에는 타당했다"고 운을 띄웠다. "하지만 그 뒤로도 계속 이어 온 것은 잘못된 일이었다."

그 후 보건부 장관은 언론에 이렇게 말했다. "인구 억제 사업은 과거의 일이 되었다." 곧이어 가족계획 사업은 국가 예산 항목에서 제외되었고, 가족 수를 늘리는 사업에 예산이 배정되었다. 아야톨라는 이란의 인구를 1억 5000만 명에서 2억 명 수준으로 늘리자는 새 목표를 제시했다. 의회에는 여성의 법적 혼인 연령을 다시 아홉 살로 낮추자는 법안이 제출되었다.

왜 그가 마음을 바꾸었는지를 놓고 이런저런 추측이 나왔다. 대규모 군대를 필요로 하는 전쟁이 다시 벌어질지 모른다는 우려 때문이라는 주장도 있었다. 이번에는 이스라엘이나 더 나아가 미국이 상대가 될 것이라고 말이다. 이란이 경제제재에 개의치 않으며 오히려 더 풍요로운 미래를 건설할 준비가 되어 있다고 서방에게 알리는 신호라는 추측도 있었다. 하지만 아야톨라 본인은 더 평범하면서도 간소한 설명을 내놓았다. 그는 출산율이 현재 수준으로 지속된다면, 2032년에 이란이 노령화 사회에 들어선다는 인구통계학자들의 계산 결과를 언급했다. 그것은 고령자를 위한 의료와 사회보장 비용이 더 늘어나고, 그 비용을 댈 젊은 생산 인구가 더 적어진다는 것을 의미했다. 산아제한을 20여 년 동안 했으니, 향후 20년을 위한 새로운 정책이 필요한 시점이라는 것이다.

앞서 아마디네자드 대통령이 여성들에게 자녀를 더 낳으라고 했지만 별 효과가 없었기 때문에, 많은 이들은 새 정책도 단기간에 효과를 볼 가능성이 낮다고 추측했다. 서방의 제재 때문에 실업률이 치솟고 인플레이션이 심해진 데다 소득은 줄어들었고, 아이를 갖기는커녕 결혼까지 연기해야 하는 상황이었다. 게다가 설령 산아제한을 법으로 금지한다고 해도, 혁명군이 피임 기구를 밀수해 공급할 것이 뻔했다. 혁명군과 아야톨라는 서로를 내치기가 어려운 끈끈한 공생 관계를 맺고 있었다. 성직자들의 통치 체제는 점점 인기를 잃어 가고 있었기 때문에 혁명군의 보호에 기대야 했고, 성직자들은 끝없이 부를 쌓아 가는 혁명군을 못 본 척해 그들의 충성심을 샀다.

하지만 혼전 교육도 중단되고, 의사들이 시골 오지를 찾아다니면서 피임 기구를 구입할 여력이 없는 수백만 명에게 무료로 피임 수술을 하는 사업도 중단될 것이다. 무료로 제공되던 IUD, 피임약, 호르몬 주사도 사라질 것이다.

자녀를 몇 명 낳을지를 스스로 결정할 수 있게 된 뒤로 오랜 세월이 흐르는 동안, 대다수의 이란인은 두 명 이하로 낳는 쪽을 선택해 왔다. 하지만 그 흐름은 더 이상 이란의 군사-산업 신정 체제에 맞지 않았다.

그리고 이란 여성들이 자녀를 더 낳지 않는 쪽을 택한다면, 정권은 지닌 수단을 다 동원하여 다른 결정을 강요하려 들 것이다.

저자 주_ 환경오염에 맞서는 여성 협회의 회원들은 이스파한에서 만났을 때 내게 이렇게 말했다. "실명으로 써주세요!" 하지만 나중에 이란의 상황이, 특히 그들이 자랑하던 국가 가족 계획 사업이 악화되었기에 부득이 나는 그들의 신원을 숨기기로 했다. 이것은 오로지 나의 판단이며, 결코 그들의 용기를 깎아내리려는 것이 아니다.

인구 쇼크

PART 4

13
위축과 번영

수축

"최선을 다할게요." 작고 하얀 곰이 약속한다. "공주님처럼 모시겠습니다. 자, 옮길게요." 곰은 정중한 일본어로 말을 계속한다.

곰의 성별은 불분명하다. 목소리는 테너와 알토의 중간쯤이다. 곰은 여성 간호사라는 걸 암시하듯 우아한 곡선을 지닌 허리를 앞으로 굽힌다. 앞에는 공주와는 거리가 먼 남자가 창문 없는 넓은 방의 병원용 침대에 누워 있다. 초록빛 바닥은 너무나 잘 닦여서 곰의 둥근 귀와 커다랗고 까만 눈, 주름이 지도록 환하게 웃는 얼굴, 매끄럽고 하얀 피부가 고스란히 비친다.

곰은 가느다란 두 앞발을 뻗는다. 한쪽 팔은 환자의 무릎 아래로 밀어 넣고, 다른 쪽 팔은 등 아래로 넣는다. 뒤편에서 사토 스스무佐藤侑가 곰의 왼쪽 삼두박근에 있는 지점을 건드리자, 곰은 침대에 더 가까이다가간다. 사토는 아주 짧게 깎은 머리에 검은 뿔테 안경을 쓴 젊은 공학자다. 지켜보던 세 사람이 긴장해서 숨을 들이키는 소리가 들린다. 곰은 부드럽게 환자를 들고는 바로 선다. 환자는 그의 두 팔에 안긴 채 공중에 들려 있다.

"괜찮습니까?" 사토가 묻는다. 그의 왼쪽 소매에 붙은 펜걸이에서 은색 볼펜이 삐죽 튀어나와 있다.

"아주 편해요." 남자가 답한다. 두툼하게 만든 곰의 가슴에 아늑하게 안겨 있는 모습이 기묘해 보일 만큼 편안해 보인다.

곰의 이름은 리바 II Riba II다. 간호 지원 로봇Robot for Interactive Body Assistance 의 두 번째 버전이라는 뜻이다. 개발진은 리바 II가 사람을 양팔로 들어 올릴 수 있는 세계 최초의 로봇이라고 말한다. 로봇은 바퀴 달린 아래쪽—뒷발은 없다—에 숨겨진 롤러로 몸을 돌려서 윤기 나는 녹색 바닥을 소리 없이 미끄러져 휠체어가 있는 곳으로 향한다. 로봇의 양 어깨에는 작은 녹색 불빛이 깜박거린다. "그냥 장식용이에요." 수석 공학자 궈시지에郭士傑가 말한다. 그는 걱정스러운 표정으로 뒤를 따른다. 헝클어진 머리가 이마를 덮고 있다. 이제 힘든 부분이 나온다. 하지만 지켜보는 이들과 달리 리바 II는 초조한 기색이 전혀 없다. 그리고 로봇은 실제로 동물처럼 보인다. 만물에 영혼이 깃들어 있다는 일본 신앙에서 말하는 의미에서만 그런 것이 아니다. 곰은 운반해 온 사람을 아주 부드럽게 휠체어에 내려놓는다. 오른팔을 조심스럽게 낮춰서 다리도 제 위치에 놓은 뒤, 팔을 부드럽게 빼낸다. 사토가 로봇의 왼팔에 있는 고무 감지기를 누르자 곰이 몸을 바로 편다.

"끝났습니다." 곰이 선언한다.

실내에 있던 모든 사람들이 숨을 내쉬면서 박수를 친다. 그들이 있는 곳은 나고야 과학공원이다. 리바 II는 일본에서 가장 오래된 과학연구개발 회사인 리켄RIKEN과 도카이 고무공업의 합작품이다. 도카이

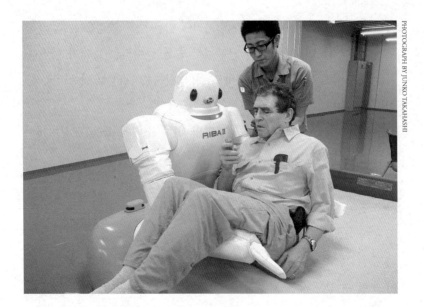

리바 Ⅱ와 필자. 일본 아이치 현 나고야 과학공원에서.

고무공업은 1929년부터 주로 호스와 와이퍼 같은 자동차 부품을 생산해 왔다. 하지만 일본은 선진국이라면 어느 나라나 불가피하게 처할 수밖에 없는 운명에 가장 먼저 직면한 나라이며, 그에 따라 산업 경관도 변하고 있다. 세계의 산업용 조립로봇은 이미 60퍼센트 이상이 일본제인데, 그것은 결코 우연이 아니다.

이란의 아야톨라 하메네이가 두려워하는 일이 일본에서는 이미 일어나고 있다. 출산율이 급감하기 시작한 뒤로도 두 세대 동안 계속 인구를 늘려 왔던 추진력이 마침내 다하면서, 인구 증가율이 대체율보다 낮아졌다. 하지만 일본에는 고삐 풀린 인구 증가를 의도적으로 억제하는 프로그램 같은 것이 없었다. 이란처럼 일본도 끔찍한 전쟁을 겪었다. 비록 일본 스스로 일으킨 전쟁이었지만 말이다.

1931년, 농사를 지을 땅이 국토의 15퍼센트에 불과한 산악 국가 일본은 전례 없는 상황에 처했다. 인구가 먹여 살릴 수 있는 수준을 훨씬 넘어선 6500만 명으로 증가한 것이다. 이미 일본은 한국과 국경을 마주한 중국의 만주에서 콩을 수입하고 있었고, 자원이 빈약한 자국에 필요한 철과 석탄도 들여오고 있었다. 중국이 내부 갈등으로 약해져 있는 상황이었기 때문에 일본은 침략의 유혹을 떨쳐 내지 못했다.

독일이 이웃 나라인 폴란드를 향해 비슷한 판단을 내릴 무렵, 일본은 인구밀도가 낮은 만주를 과잉인구를 이주시킬 곳으로 삼았다. 일본은 잇달아 침략 전쟁을 벌이면서 팽창을 거듭했고, 1937년 무렵에는 중국 본토로 더 깊숙이 밀고 들어갔다. 1941년, 일본은 아시아의 태평양 지역 전체를 지배하려는 야심에 차서 미국의 진주만을 공격했다.

4년 뒤, 일본 제국의 야욕은 종말을 고했다. 패배한 군인들은 아내에게로 돌아갔고, 예상대로 베이비붐이 뒤따랐다. 군수산업에 힘입어 대공황에서 빠져나온 승전국 미국과는 달리, 일본의 경제는 파탄 상태였다. 그럼에도 전시에 7200만 명이었던 인구는 5년 뒤 8300만 명으로 급증했다.

20년 전에도 자국 인구를 먹여 살릴 수 없었던 나라가 이제 수백만 명이 굶어 죽을 수도 있는 상황에 처해 있었다. 1940년대 말에, 이미 있는 아이들을 먹여 살리기도 힘든 임신부 수십만 명은 불법 낙태 수단에 기대야 했고, 으레 그렇듯이 상당수가 불행한 결말을 맞기도 했다. 당시에는 합법적으로 낙태를 하려면 복잡한 절차를 거쳐 응급 상황임을 입증해야 했다. 이제 국가 위기 상황에 직면하자, 일본은 1948년에 건강을 이유로 한 피임, 낙태, 불임 수술을 합법화한 우생보호법優生保護法을 통과시켰다.

1년 뒤에도 여전히 위기 상황이 지속되자, 경제적인 이유 때문에 낙태와 피임을 하는 것도 허용하는 쪽으로 법의 적용 범위를 확대했다. 그리하여 일본은 전후의 베이비붐을 억제할 수 있었다. 곧 출산율은 대체율을 조금 웃도는 수준으로 떨어졌다. 경제도 조금씩 회복되었다. 1950년대에 '일본제Made in Japan'라는 말은 태평양 전역의 승전국들에게 싸구려와 동의어로 치부되어 조롱을 받았지만, 어쨌거나 그들은 계속 구매를 했다. 서서히 일본의 보잘것없는 산업은 수십억 엔을 벌어들이는 전자 산업과 자동차 산업으로 발전했고, 적절한 존중도 받게 되었다. 부유해지면서 여성 교육을 비롯한 교육에도 지원이 이루어졌고, 출산율은 더욱 떨어져 여성 1인당 1.4명 이하가 되었다.

그것이 바로 리켄과 도카이 고무공업이 로봇을, 특히 속을 두툼하게 채운 팔로 노인을 조심스럽게 안고, 정중하고 안전하게 안아 마음을 편안하게 하고, 침대에서 휠체어로 옮기고, (궁극적으로 가장 중요한 도전 과제인) 욕실까지 옮길 수 있는 멋진 곰 로봇을 개발하고 있는 이유다.

수석 공학자인 궈가 말한다. "우리는 이 일을 해야만 합니다. 해결해야 할 이중의 문제가 있기 때문이지요. 곧 일본은 스스로 몸을 가누기 힘든 노인들이 훨씬 더 많아지는 반면, 그들을 도울 수 있는 젊은 사람들의 수는 훨씬 줄어들 겁니다. 이미 노인을 간호할 인력이 부족한 상태예요. 24시간 2교대로 근무하면서 하루에 40번이나 사람들을 옮기기란 쉬운 일이 아니죠. 노인 간병인의 절반은 요통을 호소합니다. 우리는 사람들이 하지 않으려는 일을 대신할 로봇이 필요해요. 인력이 더 부족해질 테니까요."

아직까지 리바 II는 침대에서 사람을 들어 휠체어에 내려놓기까지 1분 30초가 걸린다. "사람은 대개 10초 안에 하죠. 로봇이 상용화되려면 1분 이내로 시간을 줄여야 해요." 간병인들은 들어 옮기는 것 다음으로 힘든 일이 노인의 기저귀를 가는 일이라고 말한다. 궈는 노인 환자를 씻기는 법에 관한 교육도 받았다. "힘든 일이지요." 그는 인정한다. 또 의사소통도 문제다. 로봇이 사람에게 어떤 말을 해야 할지에 관해 연구개발이 끊임없이 이루어져 왔다. "이야기를 하고, 환자가 안전하다는 느낌을 받도록 해야 해요. 이 로봇은 목소리를 식별할 수 있지만, 몇 가지 단순한 단어만을 인식할 수 있습니다. 하지만 우리는 사람들에게 인사를 하고, 안마 치료를 하고, 외로운 사람들에게 노래까지 불러 주는 로봇을 만들 계획입니다."

기술이 인간의 그런 심리적 욕구를 충족시킬 수 있는지는 아직 두고 봐야겠지만, 더 큰 인구통계학적 딜레마를 해결할 무언가가 있어야 한다. 리바 II를 만든 것은 바로 그 딜레마를 해결하는 데 도움을 주기 위해서다. 서유럽은 이곳에서 어떤 일이 일어나고 있는지 유심히 지켜보고 있다. 일본이 인구통계학적 전이─높은 사망률과 출산율에서 낮은 사망률과 출산율로─의 끝에 맨 처음 도달한 나라이기 때문이다. 일본에서 인구가 줄어든 첫 세대─일본이 출산율을 급격히 줄일 때인 1940년대 후반에서 50년대 초반 사이에 태어난 사람들─에 속한 이들은 현재 은퇴 연령대에 접어들었고, 그 이전 세대는 인생의 말년을 살고 있다.

기대 수명이 거의 세계 최고 수준이기 때문에(2011년 3월 후쿠시마와 주변 현을 강타한 지진과 쓰나미로 하루에 2만 명이 사망하기 전까지 세계 최고 수준이었다), 일본의 노령 인구는 계속 늘어날 것이다(일본인의 기대 수명은 남성이 79.4년, 여성이 85.9년으로 홍콩보다 아주 조금 짧다). 미국 인구조사국은 2040년이면 일본에서 100세 이상 고령자가 한 명 늘어날 때마다 신생아가 한 명 늘어날 것이라고 예측한다. 하지만 그보다 훨씬 앞서, 인구가 줄어드는 세대 이전의 인구가 많았던 세대가 사라지면서 일본 인구는 급감할 것이다.

이 인구통계학적 운명은 뒤집을 수 없으며, 이미 시작되었다. 제2차 세계대전 이후 처음으로, 2006년에는 출생자보다 사망자가 더 많았다. 인구는 1억 2800만 명을 조금 넘는 수준에서 정점을 찍었다. 그 뒤로 해마다 인구는 점점 줄어들어 왔다. 2012년에는 1억 2650만 명이었고, 그 뒤로도 계속 줄어들고 있다. 기대 수명이 계속 늘어난다고 할지라도, 2060년이 오기 전에 일본 인구는 1950년의 인구인 약 8600만 명으로 돌아갈 것이다.

일본이 직면한 것과 같은 노동력 문제를 임시로 해결할 땜질 처방이 하나 있다. 마찬가지로 인구가 이미 줄어들고 있는 나라인 쿠바가 생각하고 있는 처방이다. 1100만 명인 쿠바 인구는 이민과 여성 대졸자의 비율이 높아서 나타나는 낮은 출산율, 수십 년 동안 지속된 경제적 어려움, 보편적 의료 제도, 가족계획을 뒷받침하는 합법적 낙태에 힘입어 줄어들고 있다. 줄어드는 노동력을 보충하기 위해, 쿠바는 아이티처럼 경제 상황이 더 열악한 국가들로부터 이민자를 받을 생각을 하고 있다.

마찬가지로, 앞으로 수십 년 동안 유럽은 줄어드는 노동력을 이민자로 채워야 한다. 출산율이 대체율보다 낮은데도, 2012년 독일 인구는 실질적으로 90만 명이 늘었다. 동유럽이 유럽연합의 일원이 되면서 이민이 가능해지자 그곳에서 사람들이 밀려든 것이 주된 원인이다. 하지만 독일이 첫 번째로 겪은 이민자 노동력의 물결—베를린 장벽이 세워지면서 동독 주민들이 들어오지 못하게 되자 대신 들여온 수천 명의 터키인—은 독일에 동화되는 데 어려움을 겪어 왔다. 오늘날 독일에는 400만 명의 터키인이 살며, 그들은 해소되지 않는 문화적 갈등과 이민 정책 강화의 근원이 되고 있다. 2010년에 독일의 앙겔라 메르켈Angela Merkel 총리는 기독민주연합당의 청년당원 모임에서 이렇게 말했다. "1960년대가 시작될 때 우리는 노동자들을 독일로 초청했습니다. 우리는 그들이 계속 머물지는 않을 것이고, 언젠가는 고향으로 돌아갈 것이라고 잠시 동안 스스로를 속였습니다. 하지만 그런 일은 일어나지 않았어요. 그리고 물론 이런 말이 회자되었지요. 다문화 사회를 이루어서 함께 살고 함께 누리자고요. 하지만 그 개념은 실패했습니다. 철저히요."*

독일을 갈라놓은 냉전은 전후 베이비붐이 쏟아지는 기간을 줄였고, 게다가 피임약이 등장한 뒤로 철의 장막 양편에서 출산율이 거의 절반으로 낮아졌다. 1990년 동서독이 재통합되었을 때 출산율은 더욱 떨어지는 듯이 보였다. 둘째를 낳으면 연간 2000유로를 주겠다는 장려책을 펼쳤지만 별 소용이 없었다. 독일의 일하는 어머니들은 낮에 아이를 맡길 시설이 부족하다고 토로한다. 학교가 오후 1시에 끝나기 때문에 아이를 낳을 생각을 하기가 더 힘들어진다고도 말한다. 그 결과 출산율은 바닥을 기고 있으며, 인구는 일본처럼 빠르게 노령화하고 있다.

외국인 혐오증을 드러내는 정당들이 계속 세를 늘려 간다면, 유럽의 이민율은 줄어들 수도 있다. 하지만 일본에서는 이민이 아예 대안으로 제시된 적이 없었다. 일본인은 자신들이 대체로 동질적인 집단이라는 사실에 큰 가치를 부여하고 있기 때문이다. 일본 주민 중에 외국 태생인 사람의 비율은 채 2퍼센트도 안 된다. 로봇 간병인이 필요하다는 근거 가운데 하나는 일본인 노인들이 동남아시아 출신 간병인을 접해 문화적 차이나 좋지 않은 전쟁 역사를 떠올리는 부담을 느끼고 싶어 하지 않는다는 것이다. 비록 자국이 인종차별주의 국가라고 비판하는 일본인들도 있긴 하지만, 대다수의 일본인은 일본 사회가 그토록 잘 돌아가고, 도시에 질서가 잘 잡혀 있고, 범죄율이 그토록 낮은 이유가 바로 공통의 문화적 가치를 지니고 있기 때문이라고 본다.

그리고 이제 일본은 그에 걸맞게 인구도 줄어들 것이다. 바로 그렇게 일본은 우리가 자신의 안전과 생존에 인간이 끼치는 영향을 줄이기

---

* Connolly, Kate. "Angela Merkel Declares Death of German Multiculturalism." *The Guardian*(UK), October 17, 2000.

위해 이 행성의 인구를 줄여야 한다고—혹은 자연이 우리를 대신해 판단한다고—할 때, 우리 모두가 직면할 문제를 보여 주는 실험실이 되고 있다. 만약 우리가 다른 종이었다면, 인구가 우리의 유전자 풀을 위협할 만큼 줄어들지 않는 한 인구를 나머지 자연과 더 균형을 이루도록 줄여도 충분할 것이다. 하지만 우리는 그보다 복잡한 종이다. 우리는 모여서 서로 교역하며 번성하는 사회를 이룬다. 가족처럼 작은 사회도 있고, 국가나 다국적기업처럼 큰 사회도 있다. 하지만 한데 모여 둥지를 트는 새나 몰려다니는 돌고래 무리와 달리, 우리는 단순히 번성하는 데 만족하지 않는다. 우리는 언제나 그 이상을 원한다.

지금까지 인류가 고안한 경제는 거의 모두가 성장 여부를 평가 척도로 삼아 왔다. 예외 사례—미국 북서부의 포틀래치potlatch 사회, 협동조합—에서 우리가 많은 것을 배울 수 있을지도 모르지만, 그런 사례는 아주 드물기 때문에 규칙이 될 수 있음을 입증하기가 어렵다. 경제 뉴스는 이달에 건축되는 주택이 늘어나기 시작했는지 줄어들기 시작했는지의 여부로 경제가 얼마나 건강한지를 판단한다. 새 주택이 무분별하게 도시를 확장하고, 경관을 잠식하고, 상하수도와 전기와 도로를 연결하기 위해 자원을 더 소비한다는 점은 도외시한다. 새 주택은 개발 업자와 부동산 중개업자에게는 이익을, 목수, 석공, 배관공, 전기 기사, 페인트공, 양탄자 설치 업자, 정원사, 도로 공사 일꾼, 가구 설치 업자에게는 일자리를 의미한다. 주택이 사용되는 동안 이루어지는 유지·관리는 더 많은 일자리를 창출할 것이다. 그리고 경제는 계속 성장할 것이다.

그렇다면 인구가 줄어들어서 주택도, 상품도 수요가 줄어든다면 어떤 일이 벌어질까? 해마다 소비자가 줄어들고, 점점 늘어나는 비생산적이고 가난한 노인 인구를 지원할 복지 예산을 부담하는 노동자가 줄어드는, 더 작은 사회로 옮겨 갈 때 어떤 일이 일어날까?

그리고 재충전이 가능한 속도로 자원을 수확하고 재순환할 수 있는, 따라서 우리를 지탱하는 지구와 균형을 이룰 수 있는 적정 수준의 인구에 실제로 도달한다면 어떤 일이 일어날까? 그렇듯 이상적인 수준을 유지한다는 것은 결코 그 이상 성장하지 않는다는 의미가 될 것이다.

우리가 그렇게 할 수 있을까? 성장 없이 번영을 누릴 수 있을까?

일본은 어쩔 수 없이 그러한 시도를 하는 최초의 현대사회가 되어 있다.

마쓰타니 아키히코松谷明彦는 말한다. "역설적으로, 축소되고 있는 현 상황이 나중에 우리에게 유익한 결과를 가져올 수도 있습니다. 우리는 사업 모델을 바꿔야 합니다. 대개 그런 일에는 오랜 시간이 걸리기 마련이지만, 우리는 기다릴 여유가 없어요. 지금이 바로 우리가 변해야 할 시기입니다."

마쓰타니는 일본의 유명한 교육기관인 정책연구대학원의 명예교수로, 오래전부터 그런 주장을 펼쳐 왔다. 하지만 최근까지도 그의 말에 귀를 기울이는 이는 거의 없었다. 인구통계학적으로 볼 때 일본 경제의 규모가 줄어들 것이라는 말을 아무도 듣고 싶어 하지 않았기 때문이다. 하지만 그가 있는 도쿄 연구소에서 북쪽으로 300킬로미터 떨어진 곳에서 일어난 사건을 계기로 갑자기 일본 전체는 분수에 맞지 않는 삶을 산다는 것이 어떤 의미인지 되짚어 보게 되었다.

마쓰타니가 말하는 사건은 2012년 3월 11일, 일본 북동부 도호쿠 반도에 일어난 진도 9.0의 지진이다. 지진으로 일어난 해일이 후쿠시마 다이치 원자력발전소를 덮쳤다. 원자로 3기가 폭발하여 노심 융해가 일어났고, 피해 시설을 중심으로 사방 80킬로미터 이내에 사는 주민들은 모두 피신해야 했다.

그 사방 80킬로미터 이내에는 일본에서 가장 기름진 경작지도 포함되어 있었다. 재앙이 일어나기 전까지, 후쿠시마는 '과일의 왕국'으로 알려져 있었다. 후쿠시마산 포도 한 송이는 2500엔에 팔리곤 했다. 그러나 지금은 아무도 사려고 하지 않아서 시장에서 사라져 버렸다. 달콤한 아카쓰키 복숭아와 사과, 오이, 순무도 마찬가지였다.

한편 일본인들은 그 비극을 계기로 단층대와 해안에 원자력발전소를 짓는 것이 과연 현명한 일인지 자문하게 되었다. 일본 전력의 거의 3분의 1을 생산하는 원자력발전소 54기 가운데 대부분이 그런 지역에 세워져 있다. 마쓰타니의 사무실이 있는 건물은 몇 달째 승강기가 멈춰 선 상태다. 후쿠시마의 송전 제한 조치 때문이다. 에어컨도, 일본인이 무척 좋아하는 온열 비데도 작동되지 않는다.

마쓰타니 아키히코는 자국이 입은 끔찍한 피해에 충격을 받았지만 놀라지는 않았다. "사람들은 늘 일본이 프랑스처럼 되어야 한다는 말을 했습니다. 전력의 대부분을 원자력 에너지에서 얻어야 한다고요. 프랑스가 지진대 위에 있지 않다는 사실은 무시한 것이죠. 하지만 이 사건으로 우리는 이제 바람직한 방향으로 나아갈 기회를 얻은 겁니다." 그가 말하는 방향은 한계 내에서 살아가는 법을 배우는 것이다. 후쿠시마와 줄어드는 일본 인구가 모두 그렇게 하지 않을 수 없는 상황에 직면해 있다. 그는 주장한다. "사실, 일본에 좋은 일이 될 겁니다."

마쓰타니는 경제성장론자들을 오싹하게 하는 제목의 책을 냈다. 바로 《인구감소경제학: 일본의 교훈Shrinking-Population Economics: Lessons from Japan》이다. 말끔하게 정돈된 책상 위에 그 책이 놓여 있다. 그는 빈 종이에 인구통계학의 상징이라 할 그림을 그린다. 바로 인구피라미드다. 그는 피라미드를 삼등분한다. "대부분의 나라에서는 피라미드의 꼭대

기가 노령층에 해당합니다. 중간층은(그는 펜으로 그 부분을 칠한다) 경제
활동을 하는 인구, 즉 노동력이지요. 아래쪽, 가장 큰 부분은 아기, 어
린이, 학생이고요."

그는 그림을 뒤집는다. "일본은 이런 상황이에요. 아이가 더 적고, 노
인이 더 많습니다." 그는 색칠한 중간 부분을 가리키며 말한다. "이 층의
인구가 위로 이동할수록, 그들을 대체할 노동인구는 더 적어지겠지요."

최근에 도호쿠 대학교 연구진은 1000년 안에 일본에서 출산이 아
예 멈출 것이라고 경고했다. 적어도 통계학적으로는 그렇다는 말이다.
그들은 100초마다 일본 아이의 수가 한 명씩 줄어들고 있음을 보여 주
는 '아동 인구 웹 시계Child Population Web Clock'를 내놓았다. 아이들이 죽어
간다는 것이 아니다. 아이들은 성장하고 그들을 대체할 아동의 수는
점점 줄어든다는 의미다. 그들은 그 속도를 계산하여 결론을 내린다.
"3011년 5월에 일본에는 단 한 명의 아이만 있을 것이고, 그다음 해에
는 아예 없을 것이다."

마쓰타니는 대체율보다 낮은 일본의 출산율을 소재로 한 이런 공포
소설들은 다 헛소리라고 말한다. 일본이 노령 인구의 비율이 높은 것
은 분명하며, 앞으로는 더욱더 그럴 것이다. 하지만 출산율이 높았던
고령자들이 세상을 떠나면서 연령 거품이 꺼지고 나면 그 뒤의 세대들
은 균등해질 것이고, 아이의 수가 죽는 인구와 비슷해져 인구피라미드
는 사각형이 될 것이다. 사람들이 아기를 아예 안 낳지는 않을 것이고,
출산율이 부부당 두 명으로 다시 조정된다면(인구가 더 적은 세계에서는
그렇게 될 가능성이 높다), 인구는 안정될 것이다.

하지만 그는 수명이 매우 긴 나라에서 인구통계학 도형이 삼각형에
서 사각형으로 바뀌려면 적어도 100년은 걸린다고 경고한다. 안정적
이든 줄어들든 간에 인구는 증가하지 않을 것이며, 그로부터 한 가지
큰 문제가 제기된다.

경제는 과연 어떻게 될까?

전통적으로 경제학은 영속적인 성장이 자명한 진리라고 가르쳤다. 신과 우주를 제외한 그 어느 것도 영속적일 수 없는데도 말이다. 덧붙이자면 우주 자체의 영속성에도 의문이 제기되곤 한다. 하지만 계속 팽창하는 경제를 상정하는 것은 가능하며, 그것을 구축하는 방법은 두 가지뿐이다. 새로운 제품(혹은 기존 제품의 새로운 형태)을 계속 창안하고, 새로운 소비자를 찾아내는 것이다.

한없이 창조적이기는 어렵다. 모든 소비자를 끌어들이기 위해 끝없이 경쟁을 한다는 것은 끌어들일 소비자가 여전히 더 남아 있는 한에서만 가능하다. 물론 인구가 증가하면서 새로운 소비자를 계속 더 많이 낳지 않는다면 불가능하다. 이것이 바로 전통적으로 대다수의 경제학자들이 인구 증가를 선호한 두 가지 이유 가운데 하나다. 또 하나의 이유는 인구가 증가하면 노동력 풀이 더 커진다는 것이다. 일자리를 차지하기 위해 경쟁하는 노동자가 늘어날수록, 기업이 지불해야 하는 비용은 줄어들 것이다.

그 경제학자들에게—그리고 경제체제가 그들의 방식대로 작동하는 한 우리 모두에게—불행하게도, 유한한 행성에서 끊임없는 성장에 의존하는 경제는 언제나 더 많은 사람을 필요로 하는 행운의 편지나 다단계 판매와 마찬가지로 결코 영속적일 수가 없다. 결국에는 더 이상 편지를 받거나 상품을 살 사람이 없어지고, 체계 전체가 붕괴한다. 혹은 판매할 상품을 제조할 원료가 희소해지고, 대체물도 그다지 좋지 않거나 그것마저 고갈될 것이다.

마쓰타니 아키히코는 인구가 줄어들고 있는 자국이 생존 가능한 경제를 구축할 수 있고, 결국은 그렇게 될 것이라고 확신한다. 일본으로서는 선택의 여지가 없기 때문이다. 하지만 그것은 인구가 적어지므로 원하는 것도 더 적어진다는 식의 단순한 문제가 아니다. 마쓰타니는 인구가 줄어들면 자원과 토지에 가해지는 압력이 줄어든다는 데는 동의하지만, 인구가 더 적어지면서 환경에 다른 유형의 압력이 가해질 것이라고 경고한다.

"100만 명을 기준으로 건설된 하수처리 시설이 있다고 칩시다." 그는 잘 아는 사례를 든다. 그는 경제학 학위뿐 아니라 도시공학 박사 학위도 지니고 있다. "그런데 인구가 90만 명으로 줄어들어요. 그렇다고 해서 배관의 10퍼센트를 그냥 떼어 내지는 못합니다. 설령 인구가 절반으로 준다고 해도, 그 기반 시설은 여전히 100퍼센트 유지·관리를 할 수밖에 없어요. 인력이 더 줄어들 테니, 그 일도 쉽지 않겠지요."

대규모 처리 시설을 포기하고, 대신 집집마다 개별 정화조를 설치하는 것이 경제적 대안이 될 수는 있다. "아마 환경에는 중앙 집중식 하수처리가 더 낫겠지만, 유지·관리가 불가능해질 겁니다. 그러면 우리는 환경 기준을 고쳐서 더 더러운 환경을 받아들여야 할지도 모릅니다."

하지만 그는 인구가 더 적은 일본에서 개인의 삶이 반드시 더 나빠질 이유는 없다고 말한다. 군살을 뺀 경제가 나름의 이점을 지니고 있을 것이라고 보는 것이다.

"처음에 기업은 임금을 낮추거나 노동자를 줄여 비용을 절감하려 하겠지만, 노동자가 더 귀해질 거라는 점을 깨닫고 나면 있는 직원이 떠나지 않기를 바라게 될 겁니다. 그러니 임금을 줄이는 방식도 먹히지 않을 겁니다. 대신에 임금을 올리고 근무 시간을 단축할 겁니다. 지금은 더 낮은 임금을 받고서 오랜 시간을 일하지요. 노동자는 더 많은 여가 시간을 누리게 될 겁니다. 제2차 세계대전 이후로 우리는 국내총생산을 늘리는 데 강박적으로 집착해 왔어요. 하지만 GDP는 인구가 줄어드는 경제에서 생활수준과는 직접적으로 아무 관계도 없습니다."

그가 낙관하는 것은 구매력이 아니라 삶의 질을 통해 번영을 정의

할 가능성이 있다고 보기 때문이다. 세계에서 인구가 가장 많은 대도시권(도쿄 대도시권은 인구가 3500만 명이다)이 가장 빨리 줄어드는 인구와 공존하는 이 역설적인 나라에서, 그는 지방 분산을 이룰 완벽한 기회가 왔다고 본다.

"우리는 모든 일을 대규모 기반 시설을 통해 처리하는 거대 정부가 아니라 더 소규모 체계라는 관점에서 생각해야 합니다. 더 작은 도시가 더 좋을 거예요. 인구가 늘어날 때, 번영은 디즈니랜드에 한 달에 한 번 가고, 물건을 마구 구입했다가 마구 내버리는 것을 의미합니다. 인구가 줄어들 때는 소풍을 가거나 아이들을 데리고 캠핑을 가는 것이 번영입니다. 물건을 내버리지도 않지요. 끊임없이 새로운 물건을 사는 쪽에서 오래가는 물건을 사는 쪽으로 가치관이 바뀌는 겁니다."

줄어드는 세계에서 투자자에게 영감을 줄 만한 것이 뭐가 있을까? 학계로 옮겨 오기 전에 마쓰타니는 일본 재무성에서 27년을 근무했다. "하수처리 시설과 마찬가지로, 재무도 우리가 더 작은 규모에 맞추는 법을 터득할 때까지 계속 악화될 겁니다. 아마 영구채로 가겠지요. 어떤 의미에서는 이미 그렇게 하고 있습니다. 일본의 부채는 조 단위예요. 갚기가 불가능하죠. 그래서 그저 이자만 지불하고 있습니다. 영구채도 그런 식으로 작동할 겁니다. 우리는 인구가 증가할 때만큼 부유하지는 못하겠지만, 그렇다고 이익을 낼 수 없다는 의미는 아닙니다. 일하는 사람이 더 적으니까 총생산량도 줄어들겠지만, 1인당 생산성은 변하지 않을 겁니다. 노동자의 수는 10퍼센트가 줄어들 것이고, 판매량도 수익도 그렇겠지요. 하지만 1인당으로 따지면 변하는 것이 거의 없을 겁니다."

사실 전통적인 경제학자들─특히 인구 감소 현상을 보면서 안절부절못하는 유럽의 경제학자들─이 무시해 온 것이 하나 있다. 일본과

인구 쇼크

독일의 경제가 새천년 초기의 10년에 걸친 경기 부진과 침체로부터 회복하기 시작했다는 사실이다. 인구가 줄어들기 시작한 바로 그 시점부터였다. 2010년에 독일은 기록적인 경제성장률을 보였다. 유럽연합의 다른 국가들보다 두 배 이상 높았다.

러시아는 일본보다 먼저 인구가 급감해 크렘린의 경제 고문들을 경악에 빠뜨린 바 있다. 러시아의 출산율은 1991년 공산주의가 무너지고 직장, 교육, 주거를 요람에서 무덤까지 보장하던 구소련의 정책이 없어지면서 낮아지기 시작했다. 가뜩이나 이혼율이 높은 상태에서 소련이 해체된 뒤로 러시아의 인구는 500만 명이 줄어들었다. 하지만 낮은 출산율보다 더 중요한 것은 러시아의 열악한 보건 수준이다. 러시아의 매독 감염률은 서유럽의 수백 배에 이른다. HIV 감염률도 세계에서 가장 빠르게 증가하고 있다. 2020년이면 감염자 수가 인구의 10퍼센트까지로 늘어날지도 모른다. 심혈관 질환에 따른 사망자 수도 전염병에 맞먹는 수준이며, 폭력과 사고에 의한 사망자 수도 영국의 수십 배에 이른다. 심장병과 치명적인 상해는 러시아의 보드카 중독과 관련이 있다. 러시아는 알코올의존증 환자의 비율이 세계 최고 수준이며, 공산주의가 몰락한 이후로는 더 심해져 왔다. 러시아의 기대 수명은 파키스탄과 비슷한 수준이며, 대다수의 아프리카 국가보다 짧다.

그 반면에 러시아의 경제는 석유와 가스의 엄청난 매장량에 힘입어 새천년에 폭발적으로 성장해 왔다. 그 결과 신기하리만치 이례적으로, 러시아의 수도 모스크바는 최근까지도 세계에서 인구가 가장 빨리 증가하는 곳이자 억만장자의 수가 세계에서 가장 많은 도시가 되었다.*

---

* 2009년에 러시아 인구는 15년 만에 처음으로 증가했으며, 그 뒤로 해마다 수천 명씩 증가해 왔다. 출산율이 높아져서가 아니라 옛 소련에 속했던 나라에서 오는 이민자들이 늘어났기 때문이다.

그런 통계값들은 인구 감소가 경제 안정을 해칠 것이라는 기존의 상식을 혼란에 빠뜨린다. 그런데도 인구가 감소하는 일본이 어떻게 번영을 유지할 수 있는가라는 문제를 다룬 마쓰타니 아키히코의 책은 자국의 금융계와 다른 경제학자들로부터 거의 관심을 받지 못했다.

"그들은 오히려 어떻게 하면 성장을 이끌어낼 수 있는지를 다룬 미국과 유럽의 책을 번역해 왔습니다. 그리고 그들은 태풍으로 파괴된 어항을 재건하자고 말합니다. 그 일에 20년이 걸릴 것이고, 20년이 지나면 어민들 가운데 25퍼센트만 생존해 있을 테니 항구 시설의 4분의 3은 필요 없을 것이라는 사실은 도외시한 채 말입니다. 그처럼 단순한 논의조차 이루어지지 않아요. 사람들은 자신이 알고 있는 것들이 달라졌다는 사실을 받아들이지 않으려 하죠. 좋아, 그렇다면 이주 노동자를 더 받아들이면 되겠군, 하고 말하는 사람도 있을 겁니다. 하지만 2030년까지 노동력을 현재 수준으로 유지하려면 이민자 2400만 명을 받아들여야 할 겁니다. 불가능하겠지요."

그는 이미 일어나고 있는 일이 앞으로도 일어날 것이라고 말한다. 일본만이 아니라 전 세계에서 말이다. "세계 인구는 여전히 증가하고 있지만, 농업 생산량은 그렇지 못해. 어획량도 감소하고 있지요. 종합해 보면, 우리는 기근을 향해 나아가고 있는 셈입니다."

그는 유리문이 달린 책장을 쳐다본다. 그가 쓴 책으로 가득 채워져 있다. "동물 세계에서는 개체 수가 한계를 넘어서면 줄어들기 시작하지요. 아마 우리 인류에게도 그런 일이 일어날 겁니다. 그렇게 보면, 일본에 있는 우리는 운이 좋은 겁니다. 재앙으로 인구가 줄어들 때까지 기다리지 않고 있으니까요."

도시국가인 싱가포르는 세계에서 가장 발달한 나라이면서도 출산

율은 세계 최저 수준인 가임 여성 1인당 1.1명이다. 8월 9일은 싱가포르의 독립기념일이다. 2012년, 다국적 박하사탕 제조업체의 지사인 멘토스싱가포르는 8월 9일 밤을 '국가의 밤'으로 삼자는 광고를 내보냈다. 그 텔레비전 광고는 남자들에게는 "깃발을 세우라"고, 결혼한 부부에게는 "싱가포르를 위해 성관계를 하라"고 촉구했다. 싱가포르는 이미 세계 최고 수준의 출산 장려금을 지급해 애국적인 잠자리 의무를 다하라고 유혹해 왔다. 둘째 아이까지는 4000달러, 셋째와 넷째는 6000달러를 보조한다. 또 정부는 부모가 자녀 명의로 저축을 하면, 첫째와 둘째는 6000달러, 셋째와 넷째는 1만 2000달러, 그다음 자녀부터는 1만 8000달러까지 부모가 저축한 액수만큼 장려금을 지급한다.

1970년대에 도시국가가 인구 과밀 상태가 될 것이라고 우려한 싱가포르 정부는 "두 명만 낳도록" 국민들을 설득하려 애썼다. 출산 억제 정책이 너무 잘 먹혀들었던 까닭에 1980년대 중반부터 정부는 다시 출산율을 높이려는 노력을 해왔다. 하지만 아무 소용이 없었다. 후한 장려금을 지급해 아기를 더 낳으라고 유혹해도 별 효과가 없었다.

랩으로 노래하는 멘토스의 광고―"국가의 밤이야, 모닥불을 피워, 싱가포르의 출산율을 바로잡아"―는 일본에서는 효과가 더 없었을 것이다. 일본에서는 해마다 신생아의 수는 물론 결혼 건수도 줄어들고 있어, 혼외 출산이 거의 없는 이 사회의 출산율은 더욱 떨어지고 있다. 혼인율이 감소하는 것은 한때 일본 기업의 핵심 요소였던 평생 고용 보장이 사라졌기 때문이라는 주장도 종종 나온다. 그런 보장이 없는 상황에서 가정을 꾸리는 모험을 하려는 사람은 더욱 적어질 것이다. 정부는 현재 젊은 여성 가운데 36퍼센트는 결코 아이를 갖지 않을 것이라고 예측한다.

화려한 도쿄 중심부에 인접한 다카나와의 고층 아파트 8층에서, 두 살 된 딸의 엄마인 서른다섯 살의 게이코 시마다는 손님들을 맞이한다. 함께 놀 딸을 데리고 온 친구가 두 명이고, 미혼인 친구도 있다. 미혼인 친구는 법원에서 스페인어 통역사로 일한다(주로 기소된 라틴아메리카 마약 운반책의 말을 통역한다). 까만 단발머리에 얼굴이 동그란 게이코는 회색 티셔츠와 칠부바지 차림에 백금 결혼반지를 끼고 있다. 딸 나나코는 엄마의 축소판이다.

지금은 월요일 오후다. 게이코의 남편 류이치는 금융회사의 투자상담가다. 그는 오전 7시에 출근해 오후 10시가 되어서야 퇴근한다. 게이코도 같은 직장을 다녔다. 그들은 결혼한 지 10년째에 나나코를 낳았다. "우리는 아이가 필요하다는 생각을 한 적이 없었어요. 재미있게 살고 있었지요. 아이를 키우려면 할 일이 아주 많아요. 그래서 내 친구들 중에는 그 책임을 지려는 사람이 아무도 없었어요. 하지만 우리는 나이 드신 부모님께 손자를 안겨드리자고 결심했지요."

그들은 결코 후회하지 않는다. 그녀는 더 낳을 생각은 없다고 말하면서, 진회색 소파 옆으로 올라온 나나코를 안는다. 그들이 소유한 아파트는 단풍나무 바닥에 하얀 모조 양탄자가 깔려 있다. 방 2개에 작은 부엌이 딸려 있다. "우리 셋이 살기에는 비좁아요. 집 크기가 자녀 수를 심하게 제한하는 셈이죠." 그녀의 친구들도 대부분 아이가 한 명뿐이다. "두 명인 친구는 몇 명 안 돼요. 아이가 없는 친구가 더 많죠."

그녀는 대리석 커피 탁자에 놓인 그릇에서 주먹밥을 하나 꺼내어 나나코에게 쥐어 준 뒤, 함께 놀고 있는 친구들에게로 돌려보낸다. 그녀는 자신과 남편이 절대로 둘째를 임신하지 않을 극단적인 피임법을 쓰고 있다고 고백한다.

"아예 성관계를 갖지 않아요."

그녀는 보기보다 극단적인 수단은 아니라고 말한다. "솔직히 일본 사람은 이제 섹스를 별로 안 해요."

그렇다면 인구 감소는 뻔할 것이다. 하지만 일본에 피임을 예방하는 다른 수단도 분명 있지 않을까? "물론 있지요." 법원 통역사 준코 다카하시가 말한다. "하지만 대개 섹스를 하지 않는 방법을 씁니다. 여기 여성들은 서양의학을 좋아하지 않아요. 나는 절대로 피임약을 먹지 않을 거예요. 부작용이 있으니까요. 그리고 수술을 받으면 호르몬에 변화가 생긴다고 믿는 여성들도 많아요. 콘돔을 쓰는 사람도 있긴 하지만, 젊은 사람들은 콘돔을 싫어하지요. 그래서 임신중절을 하거나, 섹스를 아예 안 한답니다."

케이코가 말한다. "게다가 섹스는 부부간의 애정을 확인하는 방법이 아니에요. 류이치와 내가 연애를 할 때는 사랑을 확인하기 위해 섹스가 필요했지요. 하지만 혼인해서 가족이 되면, 그저 한 집에서 살고 같은 음식을 먹으면서 사랑을 확인한답니다."

젊고 건강하고 매우 사랑스러운 이 여성들은 모두 고개를 끄덕여 동의한다. "서양인들은 믿지 못할 거예요. 내 독일인 여자 친구는 어떻게 섹스를 하지 않겠다는 생각을 할 수 있냐고 계속 물어요. 하지만 나는 섹스 생각이 그다지 없어요. 늙었다고 느끼지도 않지만, 남편이나 매력적인 외간 남자를 볼 때 그런 욕망을 느끼지도 않아요. 지금 생활에 아주 만족하고 있답니다. 그냥 함께 잠자리에 드는 것만으로도 충분해요."

이번에도 아무도 반박하지 않는다. 준코가 말한다. "내 남자 친구들은 섹스가 그저 오락거리라고 말해요. 야구 경기나 영화를 보러 가는 것이나 매춘부를 찾는 것이나 별다를 바가 없다는 거죠. 남자는 일단 가정을 꾸리면, 자기 아내를 더 이상 여자로 보지 않아요. 아내는 어머니나 누이 같은 가족이죠. 남자들은 가족과는 섹스를 하지 않아요."

2011년 일본 정부의 조사 자료에 따르면, 16~19세의 일본 남성 가운데 36퍼센트가 섹스에 관심이 없거나 사실상 섹스를 '경멸한다'고 한다. 일본에서는 살아 있는 여성보다 애니메이션 비디오 게임을 더 좋아하는 젊은 남성을 '초식동물'이라고 하고, 그와 대조적으로 활동적인 직장 여성을 '육식동물'이라고 부른다.

준코는 말한다. "일본 남성들은 약해지고 있어요." 그녀는 창밖을 내다본다. 일본의 가장 노골적인 남근 상징물인 에펠탑 모양의 도쿄 타워가 라디오와 TV의 신호를 강하게 뿜어내고 있다. "그리고 여성은 남성보다 욕구가 덜하지요." 그들은 다시 고개를 끄덕인다.

그녀가 웃음을 터뜨린다. "우리 독일인 여자 친구는 아마 동의하지 않겠지요."

성장 없는 번영

환경을 생각하는 서양 경제학자들은 수십 년 동안 성장 없는 번영의 경제학을 생각해 왔다. 특히 《성장의 한계》와 에를리히 부부의 책이 나온 이래로 더욱 그러했다. 안정 상태 경제학자들의 원로인 메릴랜드 대학교의 허먼 데일리Herman Daly가 보기에, 이 문제는 그저 수확 체감의 법칙일 뿐이다. 생산하는 상품이 너무 많아지면, 더 이상 좋아 보이지 않는다.

세계은행의 수석 경제학자였던 데일리는 이렇게 말했다. "우리는 좋은 상품보다 나쁜 것들을 더 빨리 생산하고, 자신을 더 부유하게 만드는 것이 아니라 더 가난하게 만들면서 비경제적인 성장을 한다. 일단 적정 규모를 넘어서면, 성장은 단기적으로는 어리석고 장기적으로는 유지하기가 불가능한 것이 된다."

그보다 오래전에 토머스 로버트 맬서스, 존 스튜어트 밀John Stuart Mill, 애덤 스미스Adam Smith는 지구의 다른 모든 것들과 마찬가지로 경제성장도 자원의 한계에 제약을 받는다고 경고했다. 하지만 무엇이 작동하지 않는지를 파악하는 것과, 무엇이 작동하며 그쪽으로 어떻게 넘어갈 수 있을지를 파악하는 것은 전혀 다른 문제다.

데일리와 동료 생태경제학자들이 오랫동안 내세운 안정 상태 경제의 탁월한 모형이 이미 있다. 바로 지구 자체다. "지표면도, 지구의 질량도 증가하지 않는다." 데일리는 계속해서 사람들에게 상기시킨다. 지구에서 입력과 출력은 늘 다른 것으로 변형되면서 무한히 순환되고 재순환된다. 한 종―우리 인류―이 전보다 더 많은 것을 계속 요구하고, 그것을 제조하기 위해 자연이 지금까지 우리에게 한 번에 제공했던 것보다 더 집약된 에너지를 요구하기 시작한다면, 상황은 더욱 나빠지기만 할 것이다.

이 행성의 역사에서 그런 일이 처음 일어나는 것은 아니다. 공룡을 비롯한 모든 생물의 3분의 2 가까이를 전멸시킨 소행성 충돌처럼, 엄청난 입력이 때때로 있어 왔다. 지구가 그 먼지를 흡수하고 번식하고 증식할 새로운 생물들을 낳는 데는 수백만 년이 걸렸다. 우리 자신에게 그에 맞먹는 재앙이 닥치는 것을 막기 위해, 생태경제학자들은 문명을 부양하는 우리의 방식을 재고하자고 주장한다. 지금부터 말이다.

그것은 엄청난 일이다. 현재의 세계화한 경제는 말 그대로 지구만한 경제를 의미한다. 하지만 데일리가 지적했듯이, 그것은 팽창할 여지가 더 이상 없다는 의미이기도 하다. 우리가 예전에 생각했던 것보다 연료 매장량이 더 늘어난 것―기반암을 부숴서 추출하는 가스, 모래와 셰일에서 쥐어짜는 석유, 얼음이 녹으면서 드러난 북극권의 매장량―이 단기적으로 볼 때는 선거 때 써먹기 좋게 인상적으로 보일 수도 있다. 하지만 수학적으로 보면 새로 늘어난 매장량은 그저 우리에게 시간을 조금 더 벌어 주는 것에 불과하며, 우리에게 안겨 주는 혜택보다 훨씬 더 큰 비용을 청구할 수도 있다. 그런 자원을 추출하는 기술은 걱정스러울 만큼 조잡하며, 그 연료를 태워 공기는 더욱 걷잡을 수 없이 변해 가고 바다는 점점 산성화하고 있다.

데일리는 2008년 영국 지속가능발전위원회Sustainable Development Com-mission에서 이렇게 말했다. "경제가 지구 규모에 접근할수록, 지구의 물리적 행동에 더 순응해야 할 것이다." 안정 상태 경제에서는 성장의 엔진을 가동하기 위해 더 더러운 방법들을 찾는 일을 하지 않게 될 것이다. 우리 행성이 정한 한계 내에서 분수에 맞게 살아갈 것이기 때문이다. 하지만 경제가 영구히 팽창을 멈춘다면, 실패했다는 의미가 아니던가?

데일리는 그것은 곧 지구가 정적靜的이라는 말이나 다름없다고 말했다. "안정 상태에서도 아주 많은 양적 변화가 일어날 수 있으며, 지구에서는 그런 변화가 분명히 일어나고 있다." 안정 상태 경제에서 인구는 살기 좋은 적정 수준으로 다소 일정하게 유지될 것이며 소비자 수도, 노동력 풀도 마찬가지일 것이다. 그들은 소비자가 소비할 만큼만 생산할 것이다. 나오는 폐기물과 수명이 다한 제품은 계속해서 재활용될 것이다. 테라리엄terrarium(밀폐된 유리그릇이나 유리병 안에서 작은 식물이나 동물을 기르는 방법, 또는 그 용기—옮긴이)처럼, 모든 것은 균형을 이룰 것이고…….

…… 말은 쉽지만 실천하기는 쉽지 않다. 안정 상태 경제로 옮겨 가는 것만 해도 매우 힘겨울 것이다. 인류 역사 내내 우리는 정반대로 해왔으며, 현재 살고 있는 거의 모든 이들은 다른 방법을 아예 모르기 때문이다. 우리 조상들에게 잘 먹혔던 방식—사냥감이 떨어지면 짐을 꾸려서 새 사냥터로 옮겨 가는 것—은 더 이상 새로운 사냥터가 없는 시대에는 먹히지 않는다. 하지만 우리 대다수는 그 점을 알아차리기가 어렵다. 앨버타의 역청탄을 쥐어짜듯이, 땅과 물을 계속 더 쥐어짜서 자원을 얻고 있기 때문이다. 자연이 내놓는 자원이 꾸준히 줄어들고 있다는 사실은 주로 인류라는 태피스트리에서 바닥에 붙은 술이 점점 불어나고 있다는 점에서 뚜렷이 드러난다. 지금은 산업화로 인구를 억

제하던 마개가 펑 날아가기 이전의 세계 인구보다 더 많은 사람들이 굶주리고 있다.

그렇다면 모든 이들이 같은 처지에 놓이는 상황을 막기 위해, 먹이 사슬의 꼭대기에 있는 인류를 납득시키려면 어떻게 해야 할까?

전 세계에서 계속해서 가난에 허덕이고 있는 이들은 2008년의 금융 위기로 새로운 동료들을 맞이했다. 전통적인 경제가 실패하면서 불완전 고용인과 실업자가 늘어난 것이다. 2003년 허먼 데일리와 《생태경제학Ecological Economics》을 공동 저술했던 버몬트 대학교의 경제학자 조슈아 팔리Joshua Farley는 그 사태 이후로 거의 어느 누구도 이해하지 못하고 있는 것을 연구하면서 많은 시간을 보냈다. 바로 통화정책이다.

"바로 그것이 문제입니다. 대다수 사람들은 돈이 어디에서 오는지, 어떻게 만들어지는지 전혀 몰라요."

그는 그것이 바로 오늘날 우리 경제가 테라리움—테라Terra, 즉 지구 자체와 같은—대신에 수신자가 무한히 많다는 허구에 토대를 둔 행운의 편지와 비슷해진 이유라고 본다. 팔리는 헝클어진 흰머리가 아니라면 젊은이라고 해도 믿을 만큼 정정하다. 그는 이미 알고 있었어야 하지만 모르고 있는 정책 결정권자들과 대학생들에게 오랫동안 그 점을 설명해 오다 보니, 이제는 술술 외울 정도가 되었다.

"미국을 예로 들어 봅시다. 실물화폐는 약 8000억 달러에 이르지만, 우리가 실제로 쓰는 돈은 그중에서도 미미한 비율에 불과해요." 나머지 돈은 우리가 자기앞수표에 서명을 할 때마다 은행이 마법처럼 만들어 낸다. 은행은 모든 고객이 동시에 모든 예금을 빼내지는 않을 것이라는, 통상적으로 신뢰할 수 있는 가정하에 실제 예금액의 일부—대개 약 5분의 1—만을 보유하고 있어도 된다.

이 부분은 이해하기 어렵지 않다. 은행이 예금액의 20퍼센트만을 보유해도 된다면, 실제로 가진 돈의 다섯 배까지 빌려줄 수 있다. 그리고 그렇게 한다. 팔리는 이렇게 대출이 이루어질 때마다 경제가 성장해 왔다고 설명한다. "은행은 가상으로 대출을 통해 돈을 만들어 내는 겁니다. 이자도요." 그리고 은행이 버는 이자를 토대로 다시 다섯 배까지 대출이 이루어진다.

이제 어려운 부분이 나온다. "이제 내가 은행에 가서 10만 달러의 주택담보대출을 받아요. 은행은 본질적으로 내게 수표를 써줄 때 바로 그 돈을 만들어 내는 겁니다. 내가 갚지 않는 한, 그 돈은 우리 경제를 순환하면서 경제 과정 전체에 윤활유가 되지요. 하지만 사실 그 돈은 어떤 가치 있는 것에 토대를 둔 것이 아닙니다. 갚겠다고 한 내 약속을 제외하면요. 그것은 은행이 만들어 낸 빚이지요. 지금 우리 나라에 있는 돈은 다 그런 빚이에요. 미국만 해도 이자 부담 부채가 총 50조 달러에 달합니다."

돈이 실제로 은이나 금의 액면가에 토대를 두던 시절에는 세계를 돌아다닐 수 있는 부의 양이 한정되어 있었다. 지금은 은행이 가상의 돈을 대출함으로써 컴퓨터 화면에 만들어 낸다. "그리고 경제가 계속 팽창하지 않는다면, 그 대출금에다 이자를 더해 갚을 새로운 돈의 흐름이 만들어지지 않습니다." 그렇기 때문에 행운의 편지나 다름없다.

"은행이 회수하는 대출금보다 빌려주는 돈이 더 적어지기 시작한다면, 경제에 도는 돈의 액수가 줄어들 것이고 빚을 갚기가 불가능해집니다. 그러면 월세, 주택담보대출금, 대출금을 체납하게 되지요. 사업도 망하고요. 경기가 곤두박질치고 실업이 만연합니다. 지금의 통화 체제에서는 무한한 성장 외에는 대안이 없는 겁니다. 그러니 통화 체제의 본질 자체야말로 우리가 기필코 바꿔야 할 것이죠."

그렇다면 어떻게 해야 할까?

"아주 간단해요. 수 세기 동안 경제학자들이 주장한 대로 바꾸면 됩니다. 은행에게 돈을 만들어 낼 권리를 주지 않는 겁니다."

인구 쇼크

팔리는 그 대신에 돈을 만들어 낼 권리를 원래 있던 곳으로 돌려주자고 말한다. "그 권리를 정부에 돌려주는 것이죠. 정부는 기반 시설, 교육체계, 하수도 망을 재정비하고 하천이나 숲을 복원하는 등의 공익 활동을 위해 돈을 찍어 낼 수 있습니다. 아니면 주 정부나 지방정부, 재생에너지 시스템 같은 핵심 산업을 위해 돈을 만들어 무이자로 대출해 줄 수도 있고요. 무이자이니 그 돈은 갚아도 사라지지 않아요. 따라서 통화 공급량이 계속 늘어나는 일도 일어나지 않지요."

그는 그 해결책을 반박하는 견해가 있다는 것을 인정한다. "지구에서 가장 부유한 사람들로부터 부를 창출할 권리를 빼앗으려 한다는 것이죠."

그것은 넘어야 할 장애물이다. 그리고 그것은 얼마 안 되는 예금액만 보유하고도 마법의 지팡이를 휘저어서 뿅 하고 돈을 만들어 내는 합법적인 권리를 골드만삭스나 HSBC에게서 빼앗는다고 해결되는 단순한 문제가 아니다. 그들로부터 엄청난 이자 수입을 빼앗는 것이기도 하다. 그러면 정부는 더 이상 돈을 빌릴 필요가 없어질 것이다. 말 그대로 돈을 만들어 공익을 위해 쓰면 되기 때문이다. 또 그것은 빌린 돈에 이자까지 갚기 위해 세금을 올릴 필요도 없어진다는 의미가 된다.

가장 부유한 10퍼센트는 세금 감소는 받아들이겠지만 이자 감소는 그다지 좋아하지 않을 것이다. "경제의 상위 10퍼센트는 이자를 받는 이들이고, 나머지 90퍼센트는 그 이자를 내는 사람들이기 때문에, 현재 이자 지불액은 본질적으로 하위 90퍼센트에서 상위 10퍼센트로 부를 이전하는 수단입니다."

팔리는 안정 상태 경제에서는 정반대 현상이 일어날 것이라고 말한다. 정부는 일자리를 만들고 유지하며, 돈이 사회 전체로 더 평등하게 재분배되도록 함으로써, 모든 시민들에게 고루 혜택이 돌아가는 방향으로 돈을 쓸 것이다. 세계적으로 볼 때, 부의 공평한 재분배와 인구 감소—우리가 인구를 생태학적 균형이 이루어지는 수준까지 적절하게 줄이거나, 자연이 어떤 불쾌한 방식으로 우리를 갑자기 그쪽으로 내몰거나 함으로써—는 인류가 미래를 살아가기 위해 지불해야 하는 새로운 동전의 분리할 수 없는 양면이다.

이 내용은 모두 타당하긴 하지만, 실현 가능성은 거의 없어 보인다. 경제적 결정이 가장 영리한 금융 귀재나 가장 탄탄한 기업, 가장 강력한 국가의 이익을 위해서가 아니라 대다수 시민과 우리 모두를 지탱하는 지구에 가장 좋은 방향으로 이루어지는 세계를 상상해 보라. 멋지지 않은가?

이제 이해관계가 얽혀 있는 그 모든 집단들이 그런 일이 일어나도록 놔둘지 상상해 보라. 그다지 좋은 광경이 펼쳐지지는 않을 것이다.

허먼 데일리는 2005년 〈사이언티픽 아메리칸Scientific American〉에 지속 가능한 경제로의 전환이 "정신적으로나 감정적으로 경제학자, 정치가, 유권자의 엄청난 태도 변화를 수반할 것이다"라고 썼다. "그런 계획이 불가능할 것이라고 선언하고 싶은 유혹을 느낄지도 모르겠다. 하지만 지속 가능한 경제의 대안인 계속 성장하는 경제는 생물물리학적으로 불가능하다. 정치적 불가능성과 생물물리학적 불가능성 중에서 선택을 하라면, 나는 후자가 더 불가능하다고 판단하고서 전자를 붙들고 씨름하는 쪽을 택할 것이다."

우리 대다수가 받아들일 만한 삶—미국이나 중국보다 소비를 덜하고 에너지를 덜 쓰면서 아프리카보다 더 안전한 유럽의 생활방식 같은 것—을 대다수가 누리는 세계를 만들려면 자연이 번성할 여지를 충분히 주면서 세계의 상품을 나누는 인구를 더 줄여야 할 것이다. 팔리가 있는 버몬트 대학교의 동료 생태경제학자 존 에릭슨Jon Erickson은 말한다. "사람들은 대개 경제학자들이 모든 이의 물질적 생활수준을 높이자는—유럽, 일본, 미국 수준으로—이야기를 할 때, 70억 명에서 90억 명에 이르는 인구 전체를 염두에 둔다고 가정하지요. 하지만 그 것은 수학적으로 불가능한 이야기입니다. 더 풍요로운 사회를 원한다면 인구를 줄여야 합니다. 둘은 불가분의 관계예요."

현재 세계의 만성적인 경제 위기는 가정에서부터 국가에 이르기까지 모든 이들이 갚을 수 있는 것보다 더 많은 부채를 지고 있다는 데에서 비롯된다. 전 세계가 갚을 수 없는 빚을 갚기 위해 더 많은 빚을 지고 있는 이 상황은 극단적인 형태의 폰지 금융Ponzi financing에 의존하고 있는 것이다. 바로 그 점에서 국가 경제, 더 나아가 유럽연합 같은 국제경제는 붕괴 직전으로 나아가고 있다. 하지만 에릭슨은 그것이 지금까지 우리가 시도한 유일한 형태의 금융이라고 말한다.

"우리는 그저 앞으로 더 성장할 테니 나중에 갚을 수 있을 것이라고 가정하고서 계속 빚을 지고 또 집니다. 성장이 없는 상태에서 부채를 줄일 수 있는 방법은 오로지 소비를 줄이는 것뿐입니다."

소비를 줄이는 방법은 두 가지밖에 없다. "평균적으로 모두가 소비를 덜하든지, 소비할 인구를 줄이는 것이죠."

혹은 둘 다 할 수도 있다. 팔리와 에릭슨은 소비 욕구를 줄인다는 것이 어려워 보이겠지만, 아마 불가능하지는 않을 것이라고 본다. 그들이 강의하고 있는 건드 생태경제학연구소The Gund Institute for Ecological Economics는 원래 허먼 데일리가 있는 메릴랜드 대학교에서 출범했지만 버몬트로 옮겨 왔다. 에릭슨은 그 이유를 이렇게 말한다. "메릴랜드에서는 내버려진 연구소나 다름없었습니다. 이곳에서는 이 대학교와 벌링턴 시, 버몬트 주가 하려는 일의 핵심에 더 가까이 있어요. 바로 분별력 있는 경제로 옮겨 간다는 계획입니다."

버몬트 주 벌링턴 시에서는 스스로를 민주당원이나 공화당원이라기보다는 사회주의자나 진보주의자라고 말하는 세 사람이 연이어 시장이 되었다. 벌링턴은 주택 '구입 능력의 사다리ladder of affordability'를 감안하여 원룸에서부터 공동 임대, 자가, 공동주택에 이르기까지 모든 주거 형태를 지원하는 공동체 토지 신탁community land trust 제도를 갖춘 도시다. 체임벌린 호의 수변은 대부분 공공 공간으로 바뀌었다. 슈퍼마켓 규모의 시영 협동조합 채소 가게도 있다. 도시 전체의 음식물 쓰레기를 퇴비로 만드는 시설도 있다. 폐목재로 50메가와트의 전력을 생산하는 발전소도 있다.

애향심 가득한 주민들은 이보다 더 살기 좋은 환경을 만들기란 쉽지 않다고 자랑한다. 에릭슨은 벌링턴 시도, 안정 상태 경제학도 결코 급진적이지 않다고 말한다. "버몬트의 유서 깊고 훌륭한 보수주의의 산물이지요." 그리고 마쓰타니 아키히코가 일본을 위해 내놓은 처방과 매우 흡사한 말을 덧붙인다. 재정적 보수주의자들에게는 매우 호소력을 띠는 제안이다. 적자 지출이 성장하는 사회에 필수적이라면 축소되는 사회에는 정반대의 것이 필요하다는 것이다. 인구가 줄어들기 시작할 때—존 에릭슨은 학생들에게 "계획적으로 하든, 저절로 이루어지든 틀림없이 일어난다"고 말한다—우리는 균형예산으로 살아가는 법을 배워야 할 것이다.

좋든 싫든 간에, 일본은 그 길로 가고 있다.

———

헐렁한 카키색 바지를 검은 고무장화 안으로 쑤셔 넣은 가시타니 요시미는 계단식 고추냉이 밭을 따라 폭포처럼 흘러내리는 차가운 물속을 철벅거리며 걷는다. 그는 허리를 굽혀서 1년 된 식물들을 살펴본다. 그리고 바로 위 단의 밭에서 유심히 지켜보고 있는 새로운 조수 다케야 요시오에게 말한다. "아주 잘 자라고 있어."

가시타니는 여든세 살이지만 여전히 정정하고, 강단 있게 생겼다.

그는 평생 이곳에서 고추냉이 농사를 지어 왔다. 아버지도 마찬가지였다. 그의 고추냉이 밭은 혼슈 섬 남부의 산악 지대인 나라 현에 있는 노세가와 마을 위쪽의 가파른 골짜기 높은 곳에 있다. 그보다 쉰 살 어린 다케야는 교토와 고베를 아우르는 인구 1800만 명의 게이한신 대도시권에 속한 오사카 출신이다.

노세가와의 인구는 500명이며, 그나마도 계속 줄어들고 있다. 1975년에는 2300명의 주민이 임업, 고추냉이와 표고버섯 재배, 나무젓가락 제조, 송어 양식을 하면서 살았다. 하지만 공장이 기계화되고 다시 쓸 수 있는 플라스틱 젓가락이 나오면서 손으로 깎아 만드는 젓가락 산업은 몰락했다. 삼나무를 깎고 다듬어서 평범한 젓가락을 만들고, 편백나무로 고급 젓가락을 만들던 주민 수십 명도 일자리를 잃었다. 하지만 인구 감소는 일반적으로 나이 든 세대가 세상을 떠나고 그들을 대신할 젊은이의 수가 적어지면서 서서히 진행되어 왔다. 현재 노세가와는 예순다섯 살을 넘긴 이들이 거의 절반을 차지한다.

일본 전역의 시골에서 같은 일이 일어나고 있다. 밭과 농가는 비어가고, 초등학교와 중학교의 학생 수도 크게 줄고, 늙은 농민들은 대신할 사람이 아무도 없어서 여전히 농사를 짓고 있다. "예전에는 고추냉이를 키우는 사람이 14명이었지." 가시타니 요시미는 말한다. 그의 모자챙에서 빗물이 뚝뚝 떨어진다. "지금은 다섯 명만 남았어." 그에게는 딸이 셋 있다. 제2차 세계대전 직후에 일어났다가 갑작스럽게 지나간 베이비붐 때 낳았다. 딸들은 지금 요코하마와 오사카에 사는데, 고추냉이를 재배하러 돌아올 생각은 없다. 고추냉이를 재배하는 다섯 사람 가운데 한 사람만 아들이 있는데, 그 아들도 지금은 도시로 나가 있다. "그러니 이 젊은이가 우리의 유일한 희망이라오."

쉰 살만 되어도 젊은이 취급을 받는 마을에서, 고무장화가 흰색이라는 것만 빼고는 가시타니와 똑같은 옷차림을 한 다케야는 정말이지

일본 나라 현 노세가와 마을의 고추냉이 농부들

꼬맹이다. 이제 겨우 스물세 살이니 말이다. 그는 오사카 대학교 농학
과를 졸업했는데, 막상 졸업하고 나니 죽어 가는 시골에서 구할 수 있
는 일자리가 거의 없었다. 그는 고추냉이에 관심이 있었다. 수많은 이
들이 우동과 생선회를 먹고 있지만, 일본은 현재 고추냉이를 주로 중
국에서 수입한다. 그는 살충제를 뿌려 가면서 대량으로 재배하는 중국
의 고추냉이는 가시타니의 밭에서처럼 화학물질을 쓰지 않고 강물을
끌어와 재배하는 일본의 토종 고추냉이와 전혀 다르다고 말한다. 다케
야는 인터넷에서 이곳을 찾아냈다. 나라 현의 웹사이트에 노세가와 농
민들이 대대로 전해지는 토종 고추냉이 종자를 손으로 직접 받아서 심
어 기르고 있다는 설명이 나와 있었다. 아직도 그렇게 하는 곳은 여기
뿐이었다.

주위로 협곡 벽에서 솟아난 샘물이 흘러 내려온다. 가시타니는 산
에서 흘러내리는 물 가장자리를 따라 돌을 쌓아서 열여섯 단의 밭을

426

조성했다. 물가에는 단풍나무, 너도밤나무, 참나무가 늘어서 있다. 이 나무들은 노세가와를 에워싼 산에서 자라는 토종 낙엽수들의 상당수를 대체한 편백나무와 삼나무보다 물을 훨씬 많이 머금는다. 편백나무와 삼나무도 토착 식물이지만, 전후에 정부가 낙엽수를 베고서 건축과 가구 산업을 위해 더 빨리 자라는 삼나무와 편백나무를 심으면서 일본의 낙엽수림과 침엽수림의 균형은 역전되기 시작했다.

그 결과 전국이 생태학적 혼란에 빠져들었다. 두 종의 나무들은 자라면서 점점 더 많은 꽃가루를 내뿜었다. 2000년 무렵 일본인의 25퍼센트 이상은 코가 간질거리고 재채기가 터져 나오는 화분증에 시달리고 있었다. 모두 정부가 조림한 편백나무와 삼나무 때문이었다. 해가 지나며 이 나무들이 나이를 먹을수록, 사람들의 눈은 더 빨개지고 코에서도 불이 난다. 꽃가루의 양이 정점에 이르는 4월이면, 전 국민의 절반이 마스크를 쓰고, 불평불만을 쏟아 낸다.

하지만 너무 가팔라서 벌목을 피한 이 서늘한 골짜기의 공기는 상쾌하면서 향긋하다. 낙엽의 잔해와 이곳에서 물을 마시는 곰, 멧돼지, 사슴, 여우, 원숭이의 배설물은 물에 잠긴 계단밭에서 윤기 나는 심장 모양의 잎을 삐죽 내밀고 있는 고추냉이에 양분을 제공한다. 빗줄기가 가늘어지고, 아침이 되면서 산꼭대기의 안개가 걷힌다. 휘파람새가 지저귀는 소리가 바위에 부딪혀 메아리치고, 머리 위에서는 뿔매가 줄무늬가 있는 날개를 펼치고 맴돈다. 예전에 거대한 둥지를 지탱했던 낙엽수가 사라지면서 그들도 수가 줄었다.

그렇긴 해도 이곳에서는 인구가 줄어들면서 동물들의 수는 오히려 늘어났다. 주민들은 곰을 막기 위해 토마토 밭과 오이 밭에 울타리를 쳐야 하고, 표고버섯 포자를 접종한 참나무 통나무 더미 위에는 왜가리와 짧은꼬리원숭이를 막는 그물을 쳐야 한다. 다케야 요시오의 둥그스름하게 깎은 머리는 비에 젖어 이마에 착 달라붙어 있다. 그는 이 모든 것들을 보며 자신의 미래가 더 아름답게 느껴진다. 그와 농업학교 출신인 여자친구는 곧 노세가와가 방치한 고추냉이 밭 가운데 하나를 떠맡을 것이다.

그가 다음 단으로 철벅거리면서 걸음을 옮길 때, 흰나비들이 구름처럼 그의 머리 주위를 맴돈다. 흰나비 애벌레들이 고추냉이 잎을 먹지만, 그는 개의치 않는다. 곤충이 있다는 것은 한 해에 1000톤씩 생산되는 이 산의 고추냉이가 오염되지 않았으며 유기농이라는 증거다. 그의 여자친구는 이 동떨어진 마을에 슈퍼마켓이 없다고 좀 걱정하지만, 이곳에서는 스스로 무언가를 할 수 있으며, 결혼해서 아이를 낳을 수도 있다.

가시타니는 피후견인의 계획에 찬성한다. 그와 동료들은 지금 팔십 대이지만 당분간은 일을 계속할 수 있을 만큼 건강하다. "공기와 물이 아주 맑아 이곳 사람들은 더 오래 살지." 하지만 최근 아내가 세상을 떠났다. 그의 세대에서는 처음이었다. 그때 자신들이 모두 세상을 떠나고 나면 선조들의 무덤을 과연 누가 돌볼까, 하는 이야기가 주민들의 화제로 떠올랐다. 당분간은 자식들이 여름의 오봉(양력 8월 15일을 중심으로 지내는 일본 최대의 명절—옮긴이) 명절 때 돌아와서 제사를 지내겠지만, "젊은이가 더 오지 않으면, 이 마을 자체가 사라질 거야." 그는 젊은 다케야에게 고개를 끄덕인다. "아마 이제는 오겠지."

다케야가 말한다. "올 수밖에 없어요. 우리 과 동기들은 대부분 취직을 못했습니다. 농업 관련 회사에 들어가 도시 근처에 살고 싶어 했으니까요. 그들은 더 멀리 퍼져야 해요. 이게 현실입니다." 그는 푸른 계단밭으로 쏟아지는 물을 가리킨다.

이것이 바로 인구 감소 속에서 번영을 보는 경제학자 마쓰타니 아키히코가 더 젊은 세대가 깨닫겠지, 하고 기대하고 있는 것이다. 현재 도쿄 대도시권과 오사카-교토-고베 같은 대도시 지역은 자석처럼 젊은이들을 끌어당기고 있다. 하지만 현재의 노동인구가 늙고 생산성이 떨어지면 거대도시도 늙어 갈 것이다. 노동인구가 줄어들면 원료를 수입할 항구를 필요로 하는 중공업계에서 일할 인력도 줄어들 것이다. 마쓰타니는 2030년에 도쿄가 현재 수준의 노동력을 유지하려면 일본 각지에서 600만 명 이상의 인구가 유입되어야 할 것이라고 계산한다. 하지만 불가능한 일이다. 다른 이유를 떠나서, 부동산 값이 너무 비싸기 때문이다.

노동자들은 중공업을 찾기보다는 더 가벼운 소비재를 만드는 경공업을 찾아갈 것이며, 그러면서 기회를 찾아 전국으로 더 균일하게 퍼질 것이다. 더 작고 국지적인 시장이 새롭게 떠오를 것이며, 번영이 가차 없는 축재가 아니라 더 짧은 노동시간과 더 높은 삶의 질을 중심으로 재정의될 때, 시골 오지는 더 매력적인 장소로 여겨질 것이다.

인류 역사상 한 번도 경험해 보지 못한, 고령자의 비율이 더 높은 상태가 적어도 얼마간은 유지되면서 더 적은 인구로 옮겨 가는 과정이 고통 없이 이루어지지는 않을 것이다.

마쓰타니는 말한다. "우리가 우아하면서도 이지적으로 인구를 줄일 만큼 현명하기를 바랍니다. 무슨 일이 일어나고 있는지 직시하지 못하는 시간이 길어질수록, 조정도 더 힘들어지겠지요." 대다수의 경제학자들이 겁을 내고 있는 부분은 연금이다. 연금은 경제성장의 열매를 세대가 서로 공유하는 방식으로 줄곧 쓰여 왔다. 마쓰타니는 이렇게 썼다. "앞 세대가 다음 세대의 풍요를 위한 경제적 토대를 마련했을 때에만 공정한 일이다." 하지만 더 이상 풍요로워지지 않고 장수하는 고령자들을 위한 연금 계획에 돈을 대는 노동자의 수가 더 적어지는, 노령화되고 수축되는 경제에서는 자신의 은퇴를 대비해 더 많은 돈을 저축해야 할 것이다. 그것도 더 줄어든 소득을 갖고 말이다.

현재 자국의 늙어 가는 인구에 대처할 방안을 마련하는 일을 맡은 중국의 장정화와 마찬가지로, 마쓰타니 아키히코도 지출 감소가 고령자들에게 필요할 공영주택, 공원, 문화 시설의 재원을 마련하는 데 도움이 될 수 있을 것이라고 본다. 그는 유럽에서 인구가 감소하면 줄어드는 연금 부족분을 채우기 위해 근로소득세를 대폭 올릴 것이 분명하며, 백발의 수많은 비생산 은퇴자들에 눌려 경제가 붕괴하지 않도록 모든 사람들이 아이를 더 많이 낳아야 한다는 식의 섬뜩한 이야기가 나오고 있다는 것을 안다. 그에 대한 답으로, 마쓰타니는 사람들에게 아이도 사회에 부담을 줄 수 있다는 점을 상기시킨다. 아이는 일을 하지 않으며 나름의 기반 시설을 필요로 하기 때문이다. 인구가 줄어들면 학교도, 공립대학과 사립대학의 보조금도 덜 필요해질 것이다. 정부의 규모도 국민의 수와 함께 줄어들 것이다. 그렇게 줄어드는 예산 지출을 필요한 곳으로 돌릴 수 있다.

"노령자가 인구에서 높은 비중을 차지할 때 사회는 더 평화로워질 겁니다." 인구통계학자이기도 한 일본 상원의원 이노구치 구니코猪口邦子는 간파한다. "노인들이 국방비 때문에 의료 서비스를 포기하지는 않겠지요. 대부분의 민주국가에서 노령화가 진행되고 있으니, 21세기에는 고령화 평화geriatric peace가 이루어지지 않을까요?"

그리고 정신없이 돌아가는 생산 공장을 가동하기 위해 외국에서 수입하던 원료에도 덜 의존하게 될 것이니, 미국이 엄청난 예산과 인원을 희생하며 해왔던 것처럼 해외의 자원 이용권을 지키기 위해 수십억 달러를 쓰는 일도 줄어들지 모른다. 자원전쟁이 없다면 노인을 위한 일에 훨씬 더 많은 예산을 쓸 수 있을 것이고, 윗세대가 사라져 인구가 더 줄어들어 연령 분포가 다시 균형을 회복한다면 삶을 누릴 여유가 더 많아질 것이다.

사토야마

오이와 게이보는 일본 중부의 마쓰모토 시에 살던 어린 시절에 엄마를 따라 시 중앙에 있는 우물인 겐치노이도源智の井戸에 자주 가곤 했다. 수천 년 동안 쓰여 온 깊은 자분정自噴井 우물이다. 현재 그는 요코하마의 메이지가쿠인明治学院 대학교에서 인류학을 가르치고 있는데, 마쓰모토의 참선 수행 프로그램에 참여하면서 오래된 나무로 지은 이 우물집에 오곤 한다. 목을 축이고 손을 씻은 뒤 입불상立佛像에 절을 한다. 부처는 아기를 안고 서 있고, 두 아이가 발치에서 부처의 옷자락을 잡아당기고 있다. "자비로운 어머니 같은 부처지요." 오이와가 말한다.

일본에는 이제 자녀를 셋 이상 낳는 어머니가 거의 없지만, 오이와는 그중 한 사람을 보러 왔다. 그가 가르쳤던 학생인 도쿠히사 마리다. 청바지 차림에 마른 편인 오이와는 나무늘보클럽The Sloth Club의 창시자다. 대중서《느린 것이 아름답다Slow Is Beautiful》에서 구상했던 지속 가능한 삶을 도모하는 단체다. 이제는 동료가 된 마리와 그녀의 남편 긴은 최근 인근의 시골 마을인 시가에 낡은 집을 한 채 구했다. 일본의 시골이 대부분 그렇듯이, 주민들의 평균 나이가 칠십 대이고 빈집을 값싸게 세놓고 있다. 이곳의 월세는 1만 엔이다.

차를 타고 편백나무 숲 사이로 난 길을 30분쯤 올라가면 아직 참나무, 너도밤나무, 동백나무가 군데군데 남아 있다. 도로는 다시 아래로 뻗으면서 좁은 골짜기를 흘러내리는 물을 따라 조성된 계단식 논을 가로지른다. 반대편에 죽 늘어선 소나무 사이로 난 산길을 따라 시가의 목재 주택이 늘어서 있다.

아주 조용하다. 지금은 남아 있는 주민이 거의 없기 때문이다. 페전트블라우스와 긴 치마를 입은 마리는 세 아들인 기우센, 제노스케, 요세이와 함께 새 집 앞에서 기다리고 있다. 예전에 촌장이 살던 집이다. 지금은 소도시의 규모 자체가 너무나 작아져서 이제 법적으로는 촌장이라는 존재가 없다.

"정말 아름다운 곳이네." 오이와는 반갑게 마리를 껴안으며 말한다.

"안녕." 아이들도 똑같이 머리를 깎아서 마치 요정 가족처럼 보인다. 100년쯤 된 집의 처마는 일본 특유의 곡선미를 보여 준다. 실내에는 돗자리가 깔려 있고, 천장과 창문 차양은 갈대를 엮어서 만들었다. 널찍한 실내를 방으로 나누는 창호지 문이 다 열려 있어서 오후 햇살이 집안 가득히 비친다. 벽돌 굴뚝 아래 마리의 남편이 만든 철제 장작난로가 있다. 그는 공연 회사에서 의뢰한 무대를 짓기 위해 외출했다. 그들은 학생 때 만났다. 장남이 태어난 뒤 일본 노동시장의 불안정성에 환멸을 느낀 그들은 영속 농업을 하기 위해 일본 제도의 남쪽 끝에 있는 오키나와 인근의 작은 섬 아마미오로 왔다. 혼잡한 큰 섬들에서 멀리 떨어진 이곳의 삶은 가족 중심으로 돌아가며, 가족의 규모는 일본의 다른 지역보다 더 커지는 경향을 보인다. 그들은 곧 두 명을 더 낳았다. "아직 더 낳고 싶어요. 내 친구는 얼마 전에 다섯째를 낳았어요."

엄마가 되기 전에 그녀는 오이와 게이보가 일본 전역에서 후원해 온 슬로푸드 식당 중 한 곳에서 일했다. 그 지역에서 나온 재료만 쓰는 식당이다. 혼슈로 돌아오기로 마음먹었을 때, 이들은 가능한 한 자족적인 삶을 살기로 했다. 일본에서 3·11로 더 잘 알려진, 2012년 3월 11일의 후쿠시마 지진-지진해일-원자력발전소 재앙을 계기로 그 결심은 더욱 굳었다.

"이곳 생활은 단순해요. 먹을 식량을 기르고 쓸 가구도 직접 만들지요. 바깥의 자연이 곧 우리 아이들의 유치원이랍니다. 하지만 원자력에서 해방되지 않는 한, 완전히 자족적이라고 할 수는 없지요. 그래서 3·11 이후로 우리는 장작으로 목욕물을 데워서 써요."

그녀는 시간이 더 오래 걸리기는 한다고 말한다. "하지만 더 재미있지요. 요코하마에서 현대식 생활을 할 때, 우리는 시간을 낭비하곤 했어요. 지금은 그 시간에 뭔가를 만드느라 애쓰지요. 시간을 벌고 있는 셈이에요."

오이와가 말한다. "바로 그겁니다. 그게 바로 느린 삶입니다. 사람들은 환경 친화적인 삶이 금욕적인 삶을 뜻한다고 생각해요. 하지만 어떤 문화든 간에 재미있는 일들이 엄청나게 많이 있어요. 재미를 느끼게 해주는 기술도 분명히 있고요. 하지만 지금 우리 사회에는 병들고 불행하고 공허한 사람들이 너무나 많지요. 3·11 이전에, 사람들은 원자력 덕분에 삶이 좋아졌다고 고마워했지요. 3·11을 겪은 지금은 우리 모두가 죽는다는 것을 체득했어요. 우리는 살아남았지만 불멸의 존재는 아니지요. 부처님의 손바닥 안에 있는 겁니다. 자신이 죽는다는 사실을 깨달은 것이 인류의 첫 번째 지혜이자 철학의 출발점이지요. 매일 아침 깨어날 때마다 내가 살아 있음을 깨닫는 것이 바로 행복입니다."

그들은 마리의 남편이 편백나무 널빤지를 켜서 만든 탁자 앞에 모여 차를 마신다. 오이와가 말한다. "우리 인간에게 알맞은 속도가 있어요. 사회가 한계 너머로 우리를 내몰 때, 사회적 문제가 생기는 것이죠. 심리적 문제도 생기고요. 여기저기에서 문제가 터져 나오지요. 현재 이 섬의 많은 지역이 오염되어 있는데도, 사람들은 여전히 경제성장이 필요하다고 말합니다. 마치 우리가 영원히 살 것처럼 행동하지요. 하지만 모두가 죽는다는 지혜를 직시할 수 있다면, 자신이 원자력 덕분이 아니라 태양과 공기 덕분에 산다는 사실을 깨닫게 될 겁니다. 일단 그 점을 깨달으면, 아마 이 상황을 뒤집을 수도 있겠지요."

그들은 옆집으로 가서 일흔 살의 다키자와 미치코를 만난다. 일찍 남편을 여읜 그녀는 채소와 벼를 재배하고 소, 앙고라토끼, 누에를 치면서 두 아이를 키웠다. 오이와는 기뻐하면서 그녀의 200년 된 집을 살펴본다. 2층으로 된 두꺼운 흙벽을 지탱할 만큼 튼튼한 전통적인 기둥과 보 구조로 지은 집이다. 대들보는 굵기가 무려 50센티미터나 되는데, 일본 적송 줄기 하나를 통째로 썼다.

그들은 키 작은 둥근 탁자 앞에 무릎을 꿇고 앉는다. 미치코가 썰어 놓은 가지, 애호박, 녹두, 설탕과 식초로 절인 자두가 그릇에 담겨 있다. "먹어 보렴." 그녀는 자두를 하나 집어 마리의 큰아들에게 건넨다. 초등학교 2학년인 아이의 반은 학생이 다섯 명뿐이다. "그것도 두 학교를 합친 거예요. 우리가 죽고 나면(마리의 가족을 제외하고, 미치코의 이웃 중에서 가장 젊은 사람이 쉰다섯 살이다) 이 집들은 모두 텅 빌 거예요." 미혼인 그녀의 아들은 건축 일을 하는데, 아직 근처에 산다. "하지만 여자들은 이곳 남자와 결혼하려고 하지 않아요. 지금 여자들은 결혼을 하기보다는 직장을 구하려고 하지요." 필리핀 신부를 얻은 사람도 한 명 있었다. "하지만 그녀는 떠났어요. 문화가 전혀 달랐거든요. 고추냉이가 싫다더군요."

"이곳으로 이사 오는 도시 사람들이 더 있지 않나요?" 오이와가 묻는다.

"아직은 오는 사람보다 떠나는 사람이 더 많아요." 미치코는 슬픈 표정으로 마리를 쳐다본다. 마리는 그냥 웃기만 한다. 이윽고 미치코도 마주 보면서 웃고 만다.

"더 보게 될 거예요." 마리가 말한다. 마리 부부는 미치코의 논 가운데 일부를 빌렸다. 유기농 재배를 할 생각이다. 이어서 그들은 겨울에도 논에 물을 가둘 방법을 놓고 이야기를 나눈다. 눈이 오긴 하지만, 잡초가 자라지 못하게 하려는 것이다.

이야기가 끝난 뒤, 그들은 풍성하게 자란 미치코의 채소밭으로 향한다. 그녀는 손과 무릎으로 기어 다니면서 손님들을 위해 파프리카, 가지, 오크라, 콩을 딴다. 오이와는 무성한 채소밭을 넋을 잃고 바라본다. 밭 가장자리에는 원추리가 자라고, 파란 나비들이 날아다닌다. 그 너머에 수로를 통해 강에서 물을 대는 논이 있다. 연둣빛 줄기에 무겁게 매달려 있는 낟알이 황금색으로 변하는 중이다. 논 너머로 혼합림으로 덮여 있는 산이 완벽한 삼각형 모양으로 솟아 있고, 그 너머로 산들이 흐릿하게 안개에 감싸여 있다.

오이와가 알기로는, 이곳에는 사토야마里山, satoyama의 전통이 아직 남아 있다. 사토야마는 수천 년 동안 일본 시골의 특징이었던, 인간과 자연경관의 조화로운 결합을 뜻한다. 이렇듯 경작지, 야생화가 가득한 풀밭, 연못, 하천, 과수원, 숲이 모자이크처럼 들어선 평온한 곳에서 일본 문화가 탄생했다. 고대부터 인간이 가장 험난한 지형을 제외한 거의 모든 땅을 변형하고 가꾸어 온 이 섬들에서, 사토야마는 일본 생물다양성의 구원자가 되어 왔다. 수천 년 동안 사람들은 어류, 개구리, 잠자리, 나비, 반딧불이, 메뚜기, 명금, 오리, 황새, 매가 모여들고 자라는 아름다운 사토야마의 경관 속에서 장작과 숯을 얻고, 풀을 먹이면서 동물을 기르고, 작물을 재배했다.

하지만 1960년대에 농가의 굴뚝은 석유 버너에 밀려났다. 인공 비료가 밭을 뒤덮었고, 주민들은 예전에 온기와 꼴, 논의 퇴비를 제공했던 숲을 이제 더는 날마다 찾지 않게 되었다. 살충제는 메뚜기와 모충을 없앴고, 그들을 먹는 왜가리, 해오라기, 위풍당당한 황새도 더 이상 돌아오지 않았다. 밭의 물을 빼는 도랑을 콘크리트로 뒤덮으면서 올챙이, 달팽이, 실지렁이도 사라졌다. 방목하던 소들에게 수입한 옥수수와 콩을 먹이기 시작하면서, 예전에 일본 도시들을 에워싸고 있던 풀밭은 주택단지와 골프장이 되어 사라졌다.

채 반세기도 지나지 않아, 비단 폭에 그린 세월의 흐름을 잊은 수묵화 같던 일본의 모습은 사라졌다. 하지만 인구가 줄어들고, 줄어든 젊은 세대가 일본 경제의 특징인 기업의 첨병이 되는 대신 대안을 찾고자 하면서, 더 느린 삶으로 돌아갈 기회와 그 삶을 지탱하는 경관을 되살릴 기회가 오고 있다.

일본에서 야생 황새가 마지막으로 목격된 것은 1971년이다. 1989년 효고 현의 교토에서 한 시간 거리에 있는 도요오카의 황새 부화장에서는 러시아에서 들여온 황새들을 번식시키는 데 성공했다. 하지만 해마다 뿌려대는 유기 수은 살충제로 뒤범벅된 그 지역의 논은 너무 독성이 강해서 날개가 돋은 황새들을 풀어놓을 수 없었다. 2004년, 오카다 유카라는 열 살짜리 여학생은 도요오카의 부화장에 우글거리며 갇혀있는 황새들이 예전에는 하늘을 뒤덮었고 굴뚝마다 둥지를 틀었다는 사실을 알게 되었다. 지금은 왜 그렇게 하지 못하는지 알게 된 유카는 시장을 찾아가서 도요오카의 학교 급식에 유기농 쌀을 공급해 달라고 요구했다.

그렇게 하려면 논에서 수은을 제거해야 했다. 그것은 곧 메뚜기가 돌아오고 논이 황새가 안전하게 돌아다닐 수 있는 곳이 된다는 것을 의미했다. 열 살짜리 소녀에게서 평범한 진리를 듣고 난 시장은 동의할 수밖에 없었다. 곧 도요오카 시는 "황새에게 좋은 환경은 사람에게도 좋다"를 표어로 삼게 되었다. 그 뒤로 주민들은 논에 더는 살충제를 뿌리지 않았다. 1년 뒤 시는 황새를 처음으로 풀어놓았고, 지금은 황새가 둥지를 트는 곳마다 쌀의 가격이 두 배로 뛴다. 황새가 있다는 것은 논에 살충제를 뿌리지 않았다는 것을 의미했기 때문이다. 덕분에 바닥을 기던 경제는 다시 소생했고, 게다가 수백 마리의 황새를 보려고 관광객들이 도요오카로 몰려들고 있다.

관광객들과 질 좋은 유기농 쌀에서 얻는 가치는 쉽게 정량화할 수 있다. 그보다 더 중요한 것은 자연의 가치, 즉 보전생태학자들이 자연자본natural capital이라고 하는 것인데, 이것은 계산하기가 더 어렵다. 자연이 언제나 공짜로 메뚜기를 제공한다면, 그 메뚜기는 얼마나 가치 있다고 할 수 있을까? 강과 대기는 돈 한 푼 안 들이고 쓰레기를 마구 내버릴 수 있는 곳이었다. 공짜였지만, 궁극적으로는 값비싼 대가를 치르게 된다. 사라지거나 더는 쓰레기를 감당할 수 없는 곳이 될 때 말이다.

자연자본은 결코 기업의 대차대조표에 계상된 적이 없지만, 화학물질을 쓰기 이전의 농민들은 그 자본을 잘 알고 있었다. 금세기에 불가피하게 그렇게 될 테지만, 국민이 훨씬 적어진 일본에서는 자연자본을 다시 채우고, 더 건강하고 행복한 삶을 누릴 기회가 있다.

인간이 메뚜기와 낟알을 나눠야 한다면 논의 수확량은 줄어들지 모르지만, 인구가 더 적을 테니 별 문제가 되지 않을 것이다.

14

내일

늙은 암소

수바시 로하니Shubash Lohani는 세계 인구가 줄어드는 전환기에 고령자를 돌보는 일이 쉽지 않을 것이라는 말에 동의한다. 그런데 그가 말하는 주제는 인류가 아니다.

로하니는 세계야생동물기금의 동히말라야 생태지역 프로그램Eastern Himalaya Ecoregion Program의 부회장이다. 그는 네팔 남서부, 인도 국경 바로 위에 있는 소도시 랄마티야Lalmatiya의 양로원을 방문했다. 이곳은 소를 위한 양로원이다.

랄마티야는 네팔의 테라이Terai에 있다. 테라이는 세계에서 가장 높은 산맥의 자락에 있는 좁은 띠 모양의 저지대를 말한다. 로하니가 태어난 곳이기도 하다. 1950년대까지 테라이는 온통 숲이었다. 또 말라리아가 득실대는 지역이었다. 이곳에는 원주민인 타루족Tharu tribe만 살고 있었는데, 그들은 이유는 모르겠지만 말라리아에 내성을 지니고 있었다. 일부에서는 그들이 고타마 싯다르타의 직계 후손이기 때문이라고 믿었다. 싯다르타도 테라이에서 태어났다. 1950년대에 정부는 미국의 지원을 받아서 테라이 전역에 DDT를 살포했다. 말라리아가 박멸되는 지역이 점점 늘면서 정착할 땅이 새로 생겼다. 원하는 사람은 누구든 무상으로 땅을 개간하여 소유할 수 있었다. 수백만 명이 밀려들었고, 테라이의 나무는 대부분 베어졌다. 벤 나무는 주로 인도의 철도 침목으로 쓰였다.

아이들을 제외하고(최근까지 네팔 가정의 자녀 수는 평균 일곱 명이었다), 테라이 정착민은 1인당 거의 한 마리 꼴로 암소를 키웠다. 그 결과 골치 아픈 문제가 생겼다. 이 지역만의 문제가 아니었다. 소와 양처럼 위가 여러 개인 되새김동물은 소화 과정에서 기체가 많이 생겨 트림을 많이 한다. 인구만이 아니라 세계 가축의 수도 수십억 마리로 늘어나면서, 그들이 내뿜는 트림과 방귀는 인간이 만드는 메탄 배출량의 4분의 1 이상을 차지한다. 메탄은 이산화탄소보다 열을 21배나 더 많이 가두는 온실가스다.

네팔과 이웃 나라 인도의 상황은 더욱 안 좋다. 이 나라들은 암소를 신성시하기 때문에, 암소를 잡는 것을 금기시한다(인도와 마찬가지로 네팔도 힌두교도가 다수를 차지한다. 고타마 싯다르타가 불교를 창시한 이후로 네팔에는 불교도 많아졌다). 테라이에서는 암소가 너무 늙어 더 이상 우유가 나오지 않으면 주인은 소를 숲에 풀어 준다(우유를 넉넉하게 제공하기 때문에 암소를 공경한다). 소들은 그곳에서 어린 나무를 뜯어 먹고, 발굽으로 토양을 짓밟기에 새로운 나무가 거의 자랄 수 없다. 세계야생동물기금은 이 문제를 심각하게 본다. 테라이에는 이곳이 원생지인 호랑이, 코뿔소, 코끼리뿐 아니라 표범, 공작, 짧은꼬리원숭이, 랑구르원숭이도 사는데, 남아 있는 숲이 바로 그들의 서식지이기 때문이다.

이곳에는 멸종 위기에 있는 독수리도 일곱 종이 산다. 붉은머리독수리, 흰등독수리, 독수리, 수염수리, 이집트독수리, 흰목대머리수리, 고산대머리수리가 그들이다. 그들을 보면서 세계야생동물기금은 소 문제의 해결책을 떠올렸다. 로하니는 설명한다. "우리는 그들이 늙은 소의 사체를 먹고 중독되어 있다는 사실을 깨달았어요." 농민들은 늙은 소에게 진통제 연고인 디클로페낙을 계속 바르는데, 이 진통제가 사체를 먹는 새들의 신장에 치명적인 독성을 지닌다는 것이 드러났다. "그래서 우리는 이 문제를 해결하기 위해 1만 달러를 지원했습니다."

간판에는 '가축 양로원 및 독수리 보전 센터'라고 적혀 있다. 그 뒤로 죽어 가는 앙상한 소 몇 마리가 마른 강바닥이 내다보이는 옛 유칼립투스 농장을 평화롭게 돌아다니고 있다. 이곳에는 관절염 때문에 주인이 디클로페낙을 듬뿍 발라대는 상황이 벌어지기 전에 은퇴시킨 암소들이 온다. 그들이 편안히 먹고 지내다가 마침내 숨이 다하면 꽃다발과 향, 찬송을 곁들여서 정중하게 장례식을 치른다. 그리고 사체는 독수리들의 먹이가 된다. 힌두교 만신전에는 독수리도 자연의 청소부로서 모셔져 있기 때문에, 이곳 주민들은 독수리 일곱 종 가운데 여섯 종이 먹이를 찾아 모습을 드러내기 시작하면 갑절로 축복을 받았다고 느낀다.

삼십 대 중반의 땅딸막한 인물인 로하니는 앞쪽에 챙이 달린 녹색 모자와 세계야생동물기금의 판다 로고가 찍힌 셔츠 차림으로 연상의 센터 소장 모티 아드히키리Moti Adhikiri의 뒤를 따른다. 아드히키리는 강바닥을 따라 자라고 있는 목면bombax tree을 향해 걸음을 옮긴다. 3년 전에는 2개뿐이었던 독수리 둥지가 지금은 61개로 늘었다. 로하니는 나무에 앉아 있는 대머리수리 네 마리뿐 아니라, 코뿔새, 바람까마귀, 꿩, 붉은항문직박구리도 찾아낸다. 아드히키리는 얼룩사슴, 멧돼지, 닐가이영양, 흑곰도 본 적이 있다. "40년 만에 처음으로 코끼리와 표범도 출현했습니다!"

로하니는 그에게 축하를 건넨 뒤 서쪽으로 향한다. 흙집이 늘어선 길을 따라 수 킬로미터를 자동차로 달려가자 네팔의 1번 고속도로가 나온다. 우글거리는 인파, 염소, 물소, 사리 차림의 부인을 사이드카에 태우고 스쿠터를 모는 사람, 자전거 행렬, 수많은 암소 사이로 요리조리 차를 몬다. 그는 네팔과 인도에 걸쳐 있는 좁다란 보호구역을 둘러보는 중인데, 이곳은 뿔이 하나뿐인 인도코뿔소와 인도코끼리가 사는 곳이자 세계에서 벵골호랑이의 서식 밀도가 가장 높은 곳이다. 두 시간 뒤, 그는 자단rosewood 숲에 들어선다. 그는 이곳을 이 동물들의 목숨을 지탱하는 11개의 생명줄 중 하나라고 부른다. 이곳 카타 통로Khata corridor는 네팔의 바르디아 국립공원과 인도의 카타르니아가트 야생동물 보호구역을 연결한다. 생명줄은 대충 갖다 붙인 비유가 아니다. 카타 통로는 폭이 500미터에 불과한 곳이 많으며, 가장 넓은 곳도 2킬로미터를 넘지 않는다. 그럼에도 카메라에는 두 나라를 오가는 코끼리, 호랑이, 코뿔소가 찍히곤 한다.

이 통로를 온전히 보전하기란 쉽지 않다. "몇 년 전만 해도 불법 거주자 2300가구가 여기에 살았습니다." 로하니는 네팔과 인도의 우타르프라데시 주 사이에 세워진 콘크리트 경계석에 몸을 기대면서 말한다. 테라이에서 자연을 보호하려면 500만 마리의 소, 몇 마리나 되는지도 알 수 없는 염소와 물소, 700만 명의 주민들과 싸워야 한다.

그들은 숯, 침목, 지붕보로 쓴 나무를 대신할 수 있도록 정착촌 주변마다 공유림을 조성해 왔다. 장작 수요를 줄이기 위해 세계야생동물기금은 태양전지판, LED 조명, 전기난로, 쇠똥과 사람의 배설물을 발효시켜 나오는 가스로 요리를 하는 생체발전기를 보급했다. 문득 그들은 이렇게 탄소 배출량을 줄여서 얻은 탄소 배출권을 국제 투자시장에 팔아서 보전에 필요한 자금을 더 확보할 수 있다는 것을 깨달았다. 그들은 주민들에게 캐모마일, 시트로넬라, 박하, 레몬그라스를 재배하여 시장에 내다팔 기름을 짜는 법을 가르쳤다. 또 관광 수입을 야생동물 보호구역 주변에 사는 주민들, 이를테면 바르디아 국립공원 주변에 사는 수십만 명의 주민들에게도 나눠 달라고 협상을 벌였다.

또 가족계획도 도입했다. 혼례식 때 "자녀와 후손이 온 산을 가득 채우기를"이라고 축복의 말을 하는 나라였으니, 결코 쉬운 일은 아니었다. 세계야생동물재단World Wildlife Foundation은 가족계획 기관이 아니지만, 인간이 그 땅으로 밀고 들어오면 야생동물을 구하려는 노력도 헛수고가 되리라는 것을 안다. 그래서 그들은 정부 및 보건 관련 비정부 기구들과 협력하여 국제개발처와 존슨앤존슨 같은 기업으로부터 인간뿐 아니라 다른 모든 동물들을 도울 사업 예산을 따내기 위해 애썼다. 그들은 한때 테라이에 DDT를 쏟아부었던 국제개발처를 설득하는 데 성공했다. 채 10년도 지나지 않아 이 지역의 가구당 자녀 수는 평균 8.5명에서 2.5명으로 줄었다.

하지만 매주 더 많은 이들이 유입되고 있다. 특히 빙하가 녹으면서 마을이 떠내려간 산악 마을의 피난민들이 몰려들고 있다. 로하니는 말한다. "내일 당장 온실가스를 제거할 수 없듯이, 이곳의 인구과잉 문제도 해결이 요원합니다. 양쪽 다 오랜 세월에 걸쳐 증가해 온 것이고, 이러한 추세가 멈추려면 앞으로도 더 오랜 시간이 걸릴 겁니다."

그들이 네팔에서 상당한 성과를 이루었다고는 해도, 실질적으로 이 지역의 운명을 결코 통제할 수가 없기 때문에 더욱 그렇다. 문제는 이 통로의 반대편에 놓여 있다. 앞으로 10년 안에 인도는 중국을 넘어 인구가 세계 최대인 국가가 될 것이다. 로하니는 인도를 건너다본다. 최근에 그 북쪽 국경선 지역으로 방글라데시인들이 밀려들고 있다. 수위가 상승해 모국 땅이 사라지면서 밀려난 이들이다. 난민들은 그에게 숲을 개간해 생활 터전을 마련하기 위해 이 변방으로 왔다고 말한다.

그는 말한다. "내 꿈은 붓다가 살던 시대의 경관을 다시 보는 겁니다. 인간과 야생동물이 조화롭게 살던 시대였지요."

네팔만의 일이라면 해볼 만할 것이다. 하지만 생태계에는 국경이 없으며, 이 국경의 남쪽에서 일어나는 일이 네팔의 미래를 좌우하리라는 것을, 더 나아가 세계의 운명까지 좌우할 공산이 크다는 것을 로하니는 안다.

셀포스

G. S. 칼카트Kalkat 박사가 인도 펀자브 주의 구루나낙데브 대학교Guru Nanak Dev University에서 강연을 하고 있을 때, 한 학생이 질문을 했다. "인도가 직면한 가장 큰 세 가지 문제가 뭐라고 생각하십니까?"

"인구, 인구, 또 인구지요." 그가 대답했다.

하지만 세계은행에서, 또 대학 행정가로서 탁월한 경력을 쌓은 뒤 은퇴한 그를 5년 전에 다시 불러서 펀자브 주 영농위원회Punjab State Farm Commission의 위원장을 맡긴, 걱정 많은 이들은 다른 답을 내놓았을 것이다. 공교롭게도 그는 1949년에 바로 그 위원회에서 경력을 쌓기 시작했다. 그들에게는 수문학자들이 말하고 있는 것이 첫 번째 문제였다. 펀자브의 주요 작물인 밀과 바스마티 쌀basmati rice을 재배하는 지역에서 지하수위가 연간 3미터씩 낮아지고 있다는 것이다. 1970년에는 30미터만 파도 물이 나왔지만, 그 뒤에는 90미터, 이어서 150미터까지 파야 했다. 지금은 300미터를 넘게 파야 물이 나오는 곳도 있다.

예전에는 몬순이 30일 이상 지속되었지만, 지금은 10~15일로 줄었다. 토양은 염류화가 진행되고 있다. 미국의 버몬트 주와 뉴햄프셔 주를 더한 면적과 비슷한 펀자브는 인도 총면적의 1.5퍼센트에 불과하지만, 인도 밀의 60퍼센트와 쌀의 50퍼센트가 생산되는 곡창지대다. "절망적이지요." 칼카트의 사무실에 있는 농민 세 사람이 이구동성으로 말한다. 두 사람은 자주색 터번을, 한 사람은 노란 터번을 두르고 있다. 대체 그들에게 어떤 일이 벌어지고 있는 것일까?

그는 그들에게 선대 때 했던 식으로 하라고 말한다. 작물을 다양화 하라는 것이다. 1970년 이전에는 여름에 옥수수와 땅콩을 심고, 목화 와 벼도 약간 재배했다. 겨울에는 밀, 콩, 병아리콩을 심었다. 하지만 당시 인도의 인구는 지금의 절반도 채 되지 않는 5억 명이었다. 지금 은 11억 명이다. 하물며 당시에도 많은 인도인들이 기아에 시달리고 있었다. 즉 인구가 인도 땅의 환경 용량을 초과한 상태였다. 당시 칼카 트는 록펠러 재단에서 받은 장학금으로 오하이오 주립대학교에서 박 사 학위를 받고 1964년에 귀국해 펀자브 주 농업부 차관으로 재직하 고 있었다. 그로부터 얼마 지나지 않아 록펠러 재단의 과학자들이 멕 시코의 밀 개량 센터에서 개발한 고수확 신품종을 갖고서 이곳에 왔다.

그들은 새 계획을 '녹색혁명'이라 불렀고, 칼카트는 공동 책임자가 되었다.

"새 밀을 처음 수확한 것이 1968년이었습니다. 1만 6000제곱킬로 미터에 심었지요. 1969년에는 국제미작연구소가 기적의 쌀이라고 부 른 품종이 도입되었습니다. 그전까지 1만 제곱킬로미터당 수확량이 벼는 1톤, 밀은 1.2톤이었어요. 그런데 갑자기 벼는 4톤, 밀은 4.5톤으 로 수확량이 급증했지요. 유일하게 필요한 것은 관개였어요. 우리는 우물을 팠지요. 댐을 쌓고 수로를 파려면 10~15년이 걸릴 텐데, 우물 은 훨씬 더 빨리 팔 수 있었으니까요. 우물을 파는 건 일주일이면 되었 지요. 1968년부터 1970년까지 우리가 한 일이 바로 그거였어요. 지금 도 마찬가지지요."

펀자브에서 120만 개의 우물을 파서 얻은 결과를 회상할 때 그의 목소리가 좀 부드러워진다. "벼를 심는 면적이 2만 6000제곱킬로미터예요. 지하수위가 너무 빨리 낮아지고 있어서, 그중 1만 제곱킬로미터는 물을 덜 쓰는 작물로 바꿔야 할 겁니다. 옥수수, 콩, 특히 종자로 기름을 짜는 대두 같은 작물로요. 콩은 고수확 작물은 아니지만, 더 비싸게 팔리지요. 운이 좋으면 비용을 상쇄할 수 있어요. 인도는 식용유가 부족하니까요."

그는 뭔가를 생각하는 듯 하늘색 터번을 올려다본다.

"연간 강수를 통해 재충전되는 양과 퍼서 쓰는 양이 같아지도록 물수지water balance가 안정화하기까지는 10~15년이 걸릴 겁니다. 하지만 우리 스스로가 천연자원과 균형을 이루도록 인구도 억제하지 않는다면, 심각한 문제에 맞닥뜨릴 겁니다. 농민들은 위기에 처할 거예요. 사회 격변이 일어날 거고요. 현재 우리가 당면한 문제는 물이지요. 하지만 다음 10년 안에 인구에 관해 어떤 조치를 취하지 않는다면, 우리는 수문학적 집단 자살을 택하는 꼴이 될 겁니다."

가면처럼 굳은 얼굴을 파란색 스카프로 감싼 실라 카우르Sheela Kaur는 수문학적 자살이 무엇인지 잘 안다. 그녀의 남편인 프라카시 싱Prakash Singh은 겨우 스물일곱 살 때 밀밭 한가운데로 들어가서 셀포스Celphos 깡통의 뚜껑을 열었다. 점심을 먹을 때가 되어도 그가 돌아오지 않자, 형이 찾아 나섰다가 그의 시신을 발견했다.

셀포스는 곤충과 설치류에게 치명적인 곡물 훈연제인 인화알루미늄의 제품명이다. 가루나 알약 형태로 포장되어 있다. 수분이나 습기에 노출되면, 마늘 냄새를 풍기는 무색의 가스를 뿜어낸다. 그 가스가 사람의 뱃속에서 뿜어진다면, 몇 분 안에 내장의 대부분이 손상된다. 실라의 남편이 셀포스를 얼마나 삼켰는지는 아무도 보지 못했지만, 펀자브 지역에서는 대개 네 알을 삼킨다. 인도 농민연합의 바라티야 키산 상Bharatiya Kisan Sangh은 펀자브에서 지난 20년 동안 그렇게 셀포스를 삼켜 목숨을 끊은 사람이 4만~5만 명에 이르는 것으로 추정한다(인도 국가범죄기록국 보고서에 따르면, 1995년 이래로 전국에서 자살한 농민이 27만 명이라고 한다).

실라는 청록색 페인트가 벗겨지고 있는 낡은 오두막에 털썩 주저앉으면서 말한다. "흔한 일이에요." 그녀가 사는 쿠라일 마을에는 열차에 뛰어들거나 지붕 위에서 몸을 던진 이웃집 남편들도 몇 명 있긴 하지만, 살충제를 삼키는 것이 이곳에서 택하는 상징적인 자살 방식이다.

그녀는 왼쪽 손목에 남편의 시계를 차고 있다. 그녀가 든 사진에는 청바지와 붉은 셔츠 위에 재킷을 덧입은 홀쭉한 젊은이가 강가에서 웃고 있는 모습이 찍혀 있다. 펀자브의 많은 농민들이 그렇듯이, 프라카시 싱도 빚을 지고 있었다. 실라는 물이 나오지 않아 점점 더 깊이 파고 들어간 우물만큼이나 깊어진 대출금 때문에 수심에 잠기던 남편의 모습을 기억한다. 그는 90미터면 될 것이라고 생각하고 비용을 예상했다. 150미터까지 파야 할 줄은 생각조차 못했다. 그의 아버지 때에는 15미터만 파도 물이 콸콸 쏟아졌다.

곧 24퍼센트의 이율로 대출을 해준 대금업자가 이른 아침부터 나타나 식구들 앞에서 그를 욕보이기 시작했다. 학교에 가는 세 아이의 앞을 가로막고 돈을 요구하기도 했다. 프라카시와 형이 공동으로 소유한 재산은 은행에 담보로 들어가 있었고, 빚쟁이들은 계속 나타나 빚을 갚으라고 독촉했다. 하루에 세 번이나 나타날 때도 있었다. 프라카시는 밀을 수확하면 갚겠다고 모두에게 약속했다. 하지만 수확량은 형편없었다.

실라는 말한다. "우물을 파는 데 비용이 얼마나 드는지 난 전혀 몰랐어요. 남자들은 대개 여자들에게 말을 안 하니까요. 설령 말을 한다고 해도 액수를 줄이죠. 그가 독을 마시고 죽는 것밖에 방법이 없다고 말했을 때, 나는 어머니와 형제들이 도와주지 않겠냐고 했어요. 하지

인도 펀자브 주의 미망인. 남편이 살충제를 삼키고 자살했다.

만 남편은 그들도 빚에 허덕이고 있다는 사실을 알고 있었죠. 그가 자살을 택할 즈음, 나도 어느 정도 예상은 하고 있었어요. 누구든 그런 선택을 할 때면, 할 수 있는 일은 아무것도 없거든요."

그녀는 아이들에게는 아빠가 사고로 세상을 떠났다고 말했다. 지금 그녀의 큰아들은 농사를 짓고 싶다고 말한다. 하지만 아버지가 없어 누이들의 혼사 비용을 큰아들이 떠맡아야 할 테니 빚은 더 늘어날 것이다. 비록 지금 신부 지참금이 법으로 금지되어 있긴 하지만, 시댁 식구들은 여전히 지참금을 기대한다. 적어도 약간의 금붙이와 차 한 대는 원한다. 게다가 신부를 치장할 옷과 보석, 동네 사람 100명을 대접할 잔치 비용도 대야 한다. 북인도에서 딸을 시집보내는 데 그토록 많은 비용이 든다는 점은 인도가 인구 증가율뿐 아니라 초음파를 통한 여아의 불법 낙태 비율에서도 중국을 초월하게 된 이유 가운데 하나다.

이웃한 하리아나 주의 한 소도시에서는 성비가 남아 1000명당 여아 590명으로까지 벌어지기도 했다.

비쿠 싱Biku Singh은 어떤 의미에서는 자신 같은 농민이 녹색혁명을 위해 빚을 지는 것은 별 문제가 되지 않는 상황이었다고 말한다. 펀자브 주민들은 이미 전통적으로 사회적 부채를 져왔기 때문이다. 하지만 딸을 결혼시키기 위해 몇 년짜리 단기 부채를 지는 것은 전혀 달랐다.

"지금은 예전보다 모든 것이 10배나 더 비쌉니다. 반면에 구할 수 있는 물의 양은 10분의 1로 줄어들었지요." 그가 말한 모든 것은 노동력, 종자, 살충제, 비료를 뜻한다. 비료는 땅이 더 많은 양분을 요구하기 때문에 계속 주어야 한다. 또 곤충에게 내성이 생기기 때문에 농민들은 새 살충제를 계속 사야 한다.

"그리고 전기가 있지요. 지하수위가 계속 낮아질수록, 퍼 올리려면 전기를 더 많이 써야 해요. 예전에는 1만 제곱킬로미터에 500루피였어요. 지금은 5000루피지요. 10마력짜리 펌프 대신 20마력짜리를 써야 해요. 이곳 주민의 절반은 살충제 때문에 병들어 있어요. 심장병, 고혈압, 암 같은 질병들에요. 아이들은 피부병에 시달리고, 눈도 나빠요. 얼마나 많이 먹든 빈혈증을 앓지요. 교사는 그들을 지진아라고 불러요. 그리고 그들의 부모는 모두 1만 제곱킬로미터당 50만 루피의 빚을 지고 있는 자살 대기자이지요. 우리 모두는 서로의 자살 감시자예요."

5월 말이지만 아직 몬순이 올 기미는 전혀 보이지 않는다. 검은 턱수염이 덥수룩한 비쿠는 갈색 인산염 거품으로 뒤덮인 관개수로를 따라 나 있는 비포장도로로 차를 몬다. 옆자리에는 한 세대 선배인 라브 싱Labh Singh이 앉아 있다. 둘 다 헐렁하고 긴 하얀색 셔츠와 헐렁한 흰 바지 차림이다. 비쿠의 터번은 오렌지색이고 라브의 터번은 칙칙한 청색이다. 그들은 사료용 수수가 자라는 밭을 살펴보기 위해 차를 멈춘다. 다른 밭들은 모두 비어 있다. 한 달 전에 겨울밀을 수확했기 때문이다.

2011년 수확량은 나쁘지 않았지만, 날씨가 너무 따뜻해서 농사를 망쳤던 2010년의 손해를 벌충할 정도까지는 아니었다. 지금 그들은 먼지로 뒤덮인 편평한 땅에 벼를 심기 위해 비를 기다리는 중이다.

새도, 곤충도 전혀 보이지 않는다. 밭마다 구석에 진흙을 덧바른 원뿔 모양의 사일로가 있다. 쇠똥을 저장하는 곳이다. 이 쇠똥은 연료로 쓴다. 녹색혁명 농민들이 길러야 할 모든 작물에 주기에는 거름이 부족하다.

라브는 말한다. "녹색혁명 이전, 모든 것을 자연에 의지했을 때가 더 풍족했어요. 석유와 살충제를 들여온 뒤로 우리 재산은 더 쪼그라들기만 해요. 이 지역에는 80개 마을이 있는데, 700명이나 자살했답니다."

자살로 농사를 포기하는 농민이 늘어날수록, 그 땅은 주거지로 바뀌어 가고 있다. 인구가 늘면서 마을들이 확장되어 서로 연결되고 있다. 이곳의 1인당 알코올 소비량은 세계 최고 수준이다. 여러모로 볼 때, 이곳에서 가장 수지가 맞는 사업은 이제 농사가 아니라 헤로인이다. 헤로인은 아프가니스탄에서 재배되어 파키스탄의 펀자브 지역 국경을 통해 밀수되어 들어온다. 최근에 주 정부가 펀자브 주 젊은이의 거의 75퍼센트가 헤로인에 중독되어 있다고 발표했을 때, 아무도 이의를 제기하지 않았다.

녹색혁명으로 펀자브 지방은 세계에서 가장 부유한 국가의 반열에 오를 예정인 나라의 가장 부유한 주에 속하게 되었다. 하지만 할리우드가 소 목장을 신화화했듯이 볼리우드(인도의 영화 산업을 일컫는다—옮긴이)가 찬미해 온 곡물 기반의 이 전설적인 풍요는 지금 붕괴하고 있다. 여전히 해마다 수확량이 최고 기록을 갱신하고 있지만 물은 점점 더 줄어들고 있고, 열에 강하고 물을 덜 쓰는 작물로 전환하는 사례는 거의 찾아볼 수 없다. 비쿠는 말한다. "다른 작물들은 그만큼 이익이 나지 않거든요."

라브는 말한다. "진퇴양난이지요. 더 많이 생산할수록 빚은 더 늘어났습니다. 수익보다 비용이 더 크게 늘어나니까요. 게다가 우리 모두 살충제에 중독된 상태지요."

그들은 녹색혁명이 결코 농민들을 위한 것이 아니었다고 믿는다. 인도의 나머지 국민들을 위한 것이었다고 본다. 물이 사라지기 시작하고 누적된 화학물질과 빚에 짓눌릴 때까지, 그들은 조국을 먹여 살린다는 자부심을 갖고 있었다.

라브는 말한다. "인도만이 아니에요. 우리는 전 세계를 먹여 살렸어요. 하루에 수천 톤씩 곡물을 실은 열차가 40여 차례나 펀자브를 떠났어요. 우리는 모두를 먹일 수 있을 만큼 생산했습니다. 하지만 지금은 인구가 너무 많아졌지요. 그리고 해가 갈수록 우리가 생산하는 양은 줄어들겠지요."

———————

이웃한 하리아나 주는 예전에 펀자브에 속해 있었다. 원래의 펀자브 지방은 1947년 인도의 서쪽 가장자리에서 무슬림 파키스탄이 독립할 때 둘로 쪼개졌고, 1966년 종파에 따라 다시 갈라졌다. 펀자브어를 쓰는 시크교도가 다수를 차지하는 펀자브 주와 힌두어를 쓰는 힌두교도가 다수인 하리아나 주로 나뉘었다. 하리아나의 성비가 기이하게 편향된 이유가 또 하나 있다. 부모를 화장시키는 장작더미에 아들이 불을 붙여야만 극락에 들어간다는, 힌두교도 사이에 널리 퍼진 믿음 때문이다. 그 결과 초음파 영상이 발명된 뒤로, 휴대용 초음파 장비를 승용차에 싣고서 하리아나의 마을들을 돌아다니며 불법 낙태 수술을 하는 사업이 활기를 띠었다.

인도는 1971년부터 낙태를 합법화하긴 했지만, 성별을 가려서 낙태하는 행위는 벌금형과 징역형으로 처벌했다. 그러나 법 집행이 너무 느슨해서 2030년이면 인도는 여성보다 남성이 20퍼센트 더 많아질 수도 있다. 그러면 질투심으로 촉발된 폭력과 성폭력이 빈발해지는 등 심각한 문제가 생길 것이다. 비록 원치 않았지만 태어난 딸을 죽이거나 유기하는 상황을 낙태가 막아 준다고 할지라도, 사망률 통계를 보면 돌보지 않음으로써 간접적으로 유아를 살해하는 일들이 일어나고 있음을 알 수 있다. 유엔 통계에 따르면, 인도에서 다섯 번째 생일이 되기 전에 죽을 확률이 남아보다 여아가 75퍼센트 더 높다. 그것은 부모가 아들들을 다 먹인 뒤에야 남은 음식을 딸에게 먹인다는 것을 시사한다.

새천년 들어 인도의 출산율은 낮아져 왔지만, 하리아나는 인도의 28개 주 가운데 출산율이 대체율보다 한참 높은 10개 주에 들어간다. 유감스럽게도 이 10개 주는 인도 인구의 절반을 차지한다. 인도에서는 2초마다 아기가 한 명씩 태어나며, 하루로 치면 4만 3000명이 넘는다. 1년을 따지면 1500만 명이 넘는다. 뉴욕 시 인구의 거의 두 배에 달한다. 최근에 정부의 인구통계학자들은 인도 인구가 2045년 14억 5000만 명에 이른 뒤에 안정될 것이라는 기존 예측을 수정했다. 현재 그들은 인구가 2060년까지 계속 증가하여 16억 5000만 명으로까지 늘어날 것이라고 말한다. 정부가 출산을 늦추게끔 장려금까지 주었는데도 증가율을 잡지 못했다는 점을 고려해 보면, 이 예측이 다시 수정되지 않으리라고 확신하는 사람은 거의 없다.

하지만 상황을 바꿀 수도 있는 단순한 방법이 하나 있다. 중학교까지 다닌 인도 여성들의 자녀 수는 평균 1.9명이다. 또 중학교를 졸업한 여성들의 자녀수는 평균 1.6명이다. 반면에 교육을 전혀 받지 못한 여성들의 출산율은 평균 6.0명이다.

그리고 인도는 멀리서 방안을 찾을 필요가 전혀 없었다. 여성의 교육과 성 평등이 모든 것을 바꾸어 놓을 수 있음을 보여 주는 놀라운 사례가 인도의 남쪽 끝에서 수십 년째 이어져 오고 있기 때문이다.

매혹적인 유토피아

인도의 케랄라 주는 가난한 사회도 높은 수준의 생활을 누릴 수 있음을 보여 주는 사례로 국제적인 찬사를 받아 왔다. 생활수준을 부가 아니라 삶의 질로 평가한다면 그렇다. 이곳에는 조혼도, 유아 살해도, 성비 불균형도 없다. 케랄라는 사실 여성이 남성보다 조금 더 많으며, 그것은 우리 종에게 자연스러운 현상이다. 또 1970년대 이래로 케랄라는 인도에서 출산율이 가장 낮다. 인도가 막 독립한 1947년에는 인구 증가율이 인도 최고 수준이었다는 점을 생각하면 놀라운 역전이 아닐 수 없다.

하지만 지금 케랄라는 21세기에 인류의 생태가 얼마나 혼란스러운지, 우리 자신의 행성과 지속적인 평화—혹은 적어도 휴전 협정—를 이루고자 한다면 무엇을 피해야 하는지를 경고하는 사례이기도 하다.

"앞날을 내다보려 하면 절망감이 밀려들 거예요." 수가타쿠마리 Sugathakumari가 말한다. 케랄라의 모국어인 말라얄람어Malayalam로 작품을 쓰는 존경받는 시인 수가타쿠마리는 이제 여든 살을 앞두고 있다. 그녀는 우리 종의 미래가 암울하다고 본다.

"포유동물, 새, 벌, 꽃 모두 자연의 법칙을 따릅니다. 단 하나의 생물만이 그것을 어겨 왔어요. 우리가 없다면 세상이 더 나아질 거예요."

케랄라도 그럴까? 연평균 소득이 몇백 달러에 불과하지만, 1990년대에 문맹을 백 퍼센트 퇴치했는데? 또 인도에서 기대 수명이 가장 높아서 거의 미국과 맞먹는데? 그리고 전 주민 의료보장, 성 평등, 의무교육도 이루어지는데? 게다가 수가타쿠마리 본인이 정부의 댐 건설 담당 공무원들로부터 구한 국립공원인 아름다운 사일런트 계곡Silent Valley은 물론이고 서고츠Western Ghats 산맥의 험난한 숲에도 여전히 호랑이와 코끼리가 돌아다니는 등 열대 자연환경이 그대로 보전되어 있는

데? 결혼할 때 여자가 시댁으로 가는 것이 아니라 남자가 처가로 들어가 사는 곳인데?

"케랄라가 왜 이렇게 되었는지 도무지 모르겠어요." 그녀는 투덜거린다. 천장에 달린 팬이 그녀의 긴 은발을 흩날린다. "케랄라의 여성들이 왜 이렇게 되었는지도요. 정말 혐오스럽습니다."

1934년 그녀가 이곳에서 태어났을 때 케랄라는 인도의 다른 지역이었다면 문제가 되었을 법한 상황에 놓여 있었다. 힌두교도가 60퍼센트로 다수를 차지하고 있었고, 나머지 인구는 무슬림과 기독교도 — 주로 가톨릭이나 시리아정교 — 로 균등하게 나뉘어 있었다(후자는 자신들이 기독교 초창기에 개종한 브라만 계급의 후손이라고 주장한다. 당시 의심 많은 사도인 도마가 케랄라로 와서 일곱 곳에 교회를 세웠다고 한다). 하지만 케랄라의 여러 종교들은 종파 갈등을 일으키지 않고 잘 어울려 지내 왔다. 19세기에 깨어 있는 영국 선교사들, 자애로운 젊은 여왕, 자기 계급에서 내쫓긴 카리스마 넘치는 힌두교 개혁사상가, 몇몇 존경받는 무슬림 지도자들 사이에 보기 드문 협정이 이루어졌다. 그 결과 성별, 종교, 계급에 관계없이 — 노예와 불가촉천민도 포함하여 — 모든 주민이 주 법령에 따라 학교교육을 받을 수 있게 되었다.

1956년 인도는 힌두교의 마하라자와 무슬림의 나와브가 통치하던 예전의 토후국들을 주로 언어에 따라 재편했다. 말라얄람어를 쓰는 지역은 케랄라 주가 되었다. 1957년 대중 교육을 옹호하던 카스트 개혁가들은 세계 최초로 민주적으로 선출된 공산주의 정부를 구성했다. 그 뒤로 공산주의자들은 케랄라에서 자주 권력을 잡아 왔다. 그들은 공중 보건과 교육에 힘써 찬사를 받고 선거에서 이기곤 했다.

그들의 성공은 어느 정도는 1960년대에 의료 수준이 높아지면서 유아 사망률이 낮아지고 수명이 늘어나면서 뜻하지 않게 케랄라가 인도에서 인구가 가장 빨리 증가하는 곳이 되었다는 사실을 주민들이 깨달은 덕분이기도 했다. 곧 가족계획 사업이 실시되었다. 당국은 새로 들여온 피임약을 무료로 나눠 주면서, 자녀가 적을수록 교육시키기가 더 수월하다는 점을 강조했다. 자원하여 정관수술이나 자궁관묶기를 하는 사람에게는 얼마간 보상금도 지급했다. 여성의 교육 수준이 높았기 때문에 가족계획은 수월하게 정착되었다. 그 결과 케랄라는 1970년대 중반 산자이 간디가 800만 명이 넘는 인도 남녀에게 강제로 불임수술을 실시했던 '긴급 조치'를 피할 수 있었다. 그 야만적인 조치는 반발을 불러와서 그의 어머니 인디라 간디의 정부가 무너지는 사태까지 초래했다.

1990년대 말에, 케랄라는 인도—그리고 남아시아 전체—에서 최초로 출산율이 대체율 수준으로 떨어졌다. 그것은 민주적인 공산주의가 신뢰를 얻은 또 하나의 성공 사례였다. 비록 주 경제 전체를 파탄냈다는 비판을 받긴 했지만 말이다.

"캐슈, 고무, 코이어(코코넛 열매로 만든 거친 섬유—옮긴이)와 농사, 우리는 모든 것을 지니고 있었어요." 수가타쿠마리는 회상한다. 그녀는 결코 정치에 관여한 적이 없지만, 그녀가 여성과 환경을 위해 펼친 운동은 모두 좌파 정부 때 활기를 띠었다. 하지만 노동자의 권리를 옹호하는 데 치중한 공산주의자들은 결국 역풍을 맞았다. "그들은 노동자들에게 의무를 다하는 것도 중요하다는 점을 가르치지는 않았습니다. 더욱더 많은 임금을 요구하고 노동시간을 줄이라고 가르쳤지요. 노동자들은 굉장한 자부심을 갖고 강해지고 권력화했지요. 노동조합은 고용 조건을 구체적으로 적시했어요. 그러자 공장이 하나둘 문을 닫았습니다."

1957년 케랄라의 첫 공산주의 정부는 주민이 소유할 수 있는 토지 면적을 제한하고, 지주들의 땅을 가난한 소작농들에게 재분배했다. 수가타쿠마리는 말한다. "한편으로 보면, 가난한 노동자에게는 좋은 일이었지요. 하지만 농업은 피폐해졌습니다. 벼를 재배하려면 넓은 논이 필요해요. 그 논을 작게 쪼개니 노동자들은 흥미를 잃었죠. 그래서 그들은 땅을 팔았고, 농업은 취약해졌습니다. 서글픈 일이죠."

그녀가 1985년 설립한 여성 정신 건강 쉼터 바깥의 하늘은 몬순이 다가온다는 것을 예고하듯 잿빛을 띠고 있다. 하지만 수가타쿠마리가 걱정하는 폭풍우는 다른 것이다. 그는 페르시아 만에서 밀려오고 있는 폭풍우를 우려한다. 케랄라의 주도 티루바난타푸람(트리반드룸)의 거리를 뒤덮고 있는 자본의 홍수다. 마하트마 간디가 정글처럼 숲이 울창한 곳이라고 찬사를 보냈던 이 평온한 도시는 지금 거침없이 확대되는 상업 시설의 소음으로 가득하다. 그중에서도 보석류를 파는 상점들과 놀랍도록 크게 늘어난 고급 차들이 큰 비중을 차지한다.

이 변화는 케랄라의 무슬림들에게서 시작되었다. 그들은 한때 이곳에서 가장 가난한 집단이었다. 케랄라의 경제가 붕괴한 시기는 두바이, 아부다비, 도하 같은 아랍의 도시들이 석유로 활기를 띠던 시기와 일치했다. 그 도시들이 성장하고 사치스러워지면서 많은 건설 인력이 아라비아 해를 건너갔고, 곧 케랄라의 무슬림들은 재산을 모아 돌아오기 시작했다. 그들은 외제 차를 몰고 금붙이로 몸을 치장함으로써 교육 수준이 높은 케랄라 힌두교도들의 시선을 끌었다.

일자리를 찾아 이주하는 것이 새로운 현상은 아니었다. 케랄라의 저명인사들은 대부분—인도 최초의 여성 대법관, 최초의 여성 의무감, 최초의 여성 증권거래소장, 소설가 아룬다티 로이Arundhati Roy 같은 세계적인 문학가—케랄라 주 바깥에서 경력을 쌓았다. 우수한 학교교육 덕분에 기업들은 케랄라 출신을 선호한다. 뭄바이와 뉴델리의 기업들은 케랄라에서 정기적으로, 특히 먼 도시에서 일하는 것을 마다하지 않는 독립심 강한 여성들을 대상으로 취업 설명회를 연다.

하지만 지금 케랄라 주민들은 인도에서 경력을 쌓으려 하지 않는다.

일자리는 더 하찮을지 몰라도 부유한 아랍국에서 받는 보수가 더 많기 때문이다. 케랄라의 경제가 마침내 구축되었다는 말도 나왔다. 아라비아 해에서 말이다. 하지만 이주자들이 갖고 돌아온 돈은 케랄라의 모습도 바꿔 놓고 있다.

"모두 황금, 멋진 보트, 고급 차에 돈을 쏟아붓습니다." 수가타쿠마리는 한탄한다. 케랄라는 인도에서 아우디, 메르세데스, BMW의 최대 시장이 되었다. "상점, 리조트, 극장, 호텔이 너무 많아요. 부유한 이들이 세운, 타지마할처럼 보이는 모스크도 수백 개가 새로 지어졌지요. 도로가 늘어나고, 전기도 늘어나고, 시멘트를 만들려고 퍼 가는 강모래도 많아지고, 더 많은 건물을 짓기 위해 더 많은 땅을 개간하지요. 점점 더 많아지기만 해요. 그것이 바로 지금의 표어가 되었습니다. '우리는 더 원한다.'"

그녀는 그토록 많은 금붙이들을 난생처음 보았다. 사람들이 가장 화려한 혼례식, 가장 큰 보석이 박힌 목걸이와 반지, 가장 많은 신부 지참금을 위해 경쟁하는 북인도에서나 볼 법한 금붙이였다. 그뿐만이 아니다. "우리는 늘 부모, 삼촌, 자매, 조부모와 함께 살아왔어요. 가족의 재산을 공유하면서요. 지금은 모두가 분가하고 싶어 해요. 집안의 책임에서 벗어나고 싶어 하지요."

물질주의가 밀려들면서 소득이 낮은 상태에서 인간적인 삶을 누리는 케랄라인이라는 이미지도 혼란에 빠져들었다. 노벨상을 받은 경제학자 아마르티아 센Amartya Sen은 케랄라의 점진적인 사회 발전과 기적 같은 저출산율을 자주 격찬해 왔다. 센은 '케랄라 모델'에 영감을 얻어 1990년대에 파키스탄 경제학자 마흐붑 울하크Mahbub ul-Haq와 함께 GDP의 대안으로서 건강한 발전의 척도인 유엔 인간개발지수Human Development Index를 개발했다. 케랄라는 유엔이 현재의 새천년 개발 목표Millennium Development Goals를 정립할 때 성 평등, 여성의 권익 향상, 산모와 아이의 사망률 감소, 공중보건 의료와 교육 면에서 세계적인 모범 사례로 종종 인용되어 왔다.

지금은 아마르티아 센조차 케랄라가 고등교육을 받은 우수한 인재들이 인도와 남아시아의 다른 지역으로 유출되는 것을 막을 자체 경제를 발전시키는 데 실패했다고 공개적으로 우려를 표명한다. "그리고 페르시아 만의 석유가 고갈되면, 이들에게 어떤 일이 일어날까요? 그들이 다시 귀향한다면, 케랄라가 그들을 모두 받아들일 수 있을까요?" 수가타쿠마리는 묻는다.

그녀는 지금까지 자신들이 매우 잘 해왔다고 말한다. 모든 주민들이 글을 읽을 수 있을 뿐 아니라 실제로 읽고 있었다. 케랄라는 1인당 신문 구독률이 세계 최고라고 한다. 1인당 병원 침대 수도 인도에서 가장 많았다. 주민들은 지하수를 지나치게 퍼 쓰는 코카콜라 사에 맞서 싸웠고, 내분비계를 교란하는 살충제인 엔도설판Endosulfan을 금지하기 위해 국제적인 싸움을 벌여서 승리했다! 그들은 호랑이, 코끼리, 표범, 사슴, 인도염소, 사향고양이 네 종, 멧돼지, 호저, 비단뱀, 털발게르빌hairy-footed gerbil이 인간과 더불어 살아갈 수 있을 만큼 넓은 숲을 보전했다.

수가타쿠마리의 책상에는 자신들이 구한 사일런트 계곡의 양치식물에 둘러싸여, 수천 명의 주민들에게 자신들의 자연유산을 지키도록 영감을 불어넣은 시를 읊고 있는 그녀의 모습을 찍은 사진이 놓여 있다.

우리는 신성한 잎을 치렁치렁 늘어뜨린 나무들에 경배합니다
숲은 우리에게 생명의 숨결을 줍니다
지구를 파괴했을 독을 삼킨 시바 신처럼요……

"하지만 그 뒤로 돈이 독처럼 쏟아졌지요." 그녀는 고개를 절레절레

저었다. 그들이 이룬 모든 성취가 유혹 앞에 무너져 가고 있다.

"앞으로 케랄라에 어떤 일이 일어날지 우린 몰라요. 간디가 말했듯이, 모두의 필요는 충분히 충족시킬 수 있지만 모두의 탐욕을 충족시킬 수는 없으니까요."

다가오는 미래

케랄라—또는 돈에 유혹당하기 이전의 케랄라—가 미래가 될 수 없다면, 뭄바이는 어떨까? 인구통계학적 운명을 바꾸지 않는다면, 곧 세계에서 가장 인구가 많아질 나라에서도 인구밀도가 가장 높은 이 도시가 우리의 미래를 언뜻 보여 주지 않을까?

룩미니*는 경찰을 대하는 법을 잘 안다. "나마스테. 몸에 깃든 신께 경배합니다." 그녀는 합장하면서 감독관인 수다카르에게 인사한다.

금실로 테두리를 두른 반짝이는 붉은 사리를 두른 룩미니는 정숙함과 요염함 사이에서 미묘한 균형을 이루고 있다. 그녀는 길고 까만 머리를 진홍색 리본으로 묶었고, 머리에도 같은 색깔의 가루를 뿌렸다. 제3의 눈이라고 할 미간의 차크라에는 검은 점이 찍혀 있다. 여기에는 숨은 메시지가 있다. 주홍색 머리띠는 신부를 상징하는 반면, 검은 점은 미망인이나 미혼 여성을 뜻한다. 룩미니는 자신이 미망인인지 아닌지 알지 못한다. 콜카타에서 둘째마저 다시 딸을 낳자 남편이 집을 나갔기 때문이다. 그녀는 그럭저럭 옷가게를 운영해 두 딸을 키웠지만, 딸들이 중학교에 들어가니 돈이 더 필요했다. 그때 한 친구가 뭄바이

---

* 본인의 요청에 따라 가명으로 바꾸었다.

인구 쇼크

의 누군가가 지배인을 구한다고 알려 주었다.

기대했던 일은 아니었지만, 하기로 결심했다. 그녀는 타일로 덮여 있던 이 영국 식민지 시대 건물—식민지 시대에도 매음굴로 쓰이던 곳이었다—의 실내장식을 새로 해서, 이곳 거리에 다닥다닥 붙어 있는 싸구려 매춘굴과는 다른 여염집처럼 꾸몄다. 바닥에는 인조 대리석을 깔고 거실 벽에는 산뜻하게 패널을 붙였고, 합판으로 짠 널찍한 침대들을 들여놓았다. 밤마다 그녀가 대기하고 있다가 손님을 끌어들이고 받아들이는, 길과 바로 맞닿아 있는 문간에는 감실을 만들어서 락슈미, 가네샤, 그리고 그녀 자신이 콜카타 출신이기에 그곳에서 섬기는 칼리의 신상을 두었다. 계단 꼭대기에도 감실이 있다.

그녀가 데리고 있는 소녀 15명 중 다섯이 감독관, 그리고 함께 온 경관 두 명 앞으로 줄지어 들어온다. 그녀는 소녀들에게 특별 손님이라고 했고, 그들은 그에 맞춰 옷을 차려 입었다. 사리를 입은 소녀는 한 명 뿐이다. 나머지는 짧은 치마나 착 달라붙는 바지에 속이 비치는 블라우스 차림이다. 한 명은 팽팽한 젖가슴 쪽을 가로질러 흰색 글씨로 'Human Being'이라고 적힌 티셔츠를 입고 있다. 소파 앞에 늘어서 있는 플라스틱 의자에 앉아서 새빨갛게 칠한 입술로 경관들을 향해 미소를 짓는다. 경관들은 수염을 쓰다듬으면서 스탠딩 조명과 금붕어가 든 물이 가득한 수족관의 불빛 아래 상품들을 살펴본다.

"오늘밤은 손님이 거의 없네?" 감독관인 수다카르가 묻는다.

룩미니는 복도를 가리킨다. "한 명뿐이에요. 비 때문에요." 바깥에는 몬순으로 이틀째 비가 퍼붓고 있다. 평소 밤에는 손님을 20명씩 받았다. 하지만 뭄바이 중심 슬럼가인 시다르트나가르의 이 홍등가도 점점 상황이 나빠지고 있다. HIV 공포 때문에 이 유서 깊은 사업도 예전만 못하다. 하지만 일을 하겠다는 소녀는 많다. 화장용 장작에 불을 붙일 아들을 얻을 때까지 아기를 계속 낳는 과정에서 태어나고 방치된, 원치 않았던 딸들이 남아돌기 때문이다. 그들은 인구가 가장 많은 주에서 온다. 뚜쟁이들은 인구가 우글거리는 마을들을 돌아다니면서 글을 못 읽는 소녀들에게 뭄바이에서 돈을 벌 기회를 주겠다고 유혹한다. 볼리우드 영화에 단역으로 출연할 수도 있고, 남편을 구할 수도 있다고 하면서 꾄다.

룩미니를 만날 무렵이면, 이미 그들도 속았다는 것을 안다. "그들이 울면서 올 때 나는 말해 줘요. 이런 곳에 발을 담그지 말라고요. 굳이 하겠다면 되도록 빨리 돈을 벌어서 고향으로 돌아가 부모님과 살면서 자식을 키울 생각을 하라고 말해 주지요."

모두 십 대인 소녀들은 서로 쳐다보면서 킥킥댄다. 그들에게는 귀향하는 쪽이 더 안 좋을지도 모른다. 시다르트나가르의 싸구려 갈봇집과는 달리 이곳에서는 소녀들을 때리지 않는다. 룩미니는 손님들에게 콘돔을 끼라고 한다. 또 그녀는 소녀들에게 보건 검사를 받게 한다. 이 홍등가에서 화대를 가장 비싸게 받기 때문에(350루피) 소녀들은 천막에 사는 지저분한 고객을 맞이할 일이 없다. 또 음식도 풍족하다. 소녀들은 얼마든지 쇼핑을 할 수도 있고, 사원이나 교회나 모스크에 기도를 하러 갈 수도 있다. 또 원한다면 언제든 떠날 수 있다. 하지만 아직까지 떠나려는 소녀는 없다. 비록 집으로 돈을 부치고 있다고 해도, 귀향하면 환영을 받지 못할 소녀들이 대부분이다. 그리고 미모 덕분에 원하는 손님이 많은 네팔과 방글라데시 출신 소녀들은 아예 뭄바이를 떠나고 싶어 하지 않는다. 돈을 벌 수 있는 곳이니까.

매춘은 불법이지만, 룩미니와 경찰은 잘 안다. "애들이 매춘을 하지 못한다면, 이 도시는 끔찍한 수준으로 강간이 늘어날 거예요. 이곳 남자들은 가족을 두고 홀로 일하러 온 이들이 대부분이에요. 오랫동안 아내와 떨어져 지내지만, 남자들이 다 그렇듯이 그들은 섹스를 원해요. 이 애들이 없다면, 이 도시는 미쳐 돌아가겠지요."

한 시간 뒤 경찰들이 떠나려 할 때, 뒷방에서 젊은 남자가 나온다. 그 뒤로 검은 사리를 입은 네팔 소녀가 이불보를 들고 따라 나온다. 그가 검은 모자와 금실이 달린 곤봉 차림의 경찰들을 보고 멈칫하자, 경찰들은 빙긋 웃으면서 가라고 손짓한다. 룩미니는 경찰관이 방문할 때면 대개 문을 잠그지만, 이 남자는 먼저 와 있었다. 그녀는 감독관 수다카르와 경찰들을 따라 계단 아래로 향한다. 그들이 떠나자, 비에 흠뻑 젖어 기다리고 있던 손님 몇이 우르르 들어온다.

룩미니는 그들을 위층으로 안내하다가, 잠시 걸음을 멈추고 락슈미 신상의 발치에 놓인 꽃무더기에서 시든 백합을 뽑아낸다. 그녀는 아침, 저녁, 한밤중에 이 신상들에 신선한 꽃을 바치고 절을 하는 푸자puja(힌두교의 예배 의식—옮긴이)를 올린다.

"이 아이들과 나는 실수라는 죄를 저질렀다는 것을 압니다. 시인하고서 용서를 비는 기도를 올리지요."

경찰관 셋이 마힌드라 지프에 타고서 시다르트나가르 거리를 순찰한다. 뭄바이의 거리를 석재로 포장한 뒤로 상황이 나아졌다. 그전에는 몬순 때마다 좁은 길이 진흙탕이 되곤 했다. 포장을 했어도 이동 속도는 더 빨라지지 않았다. 파란색, 노란색, 붉은색의 천막들이 인도를 차지하고 있어서, 보행자들도 도로로 다니기 때문이다. 천막 아래에서는 사람들이 무언가를 요리하거나 수선하거나 그냥 앉아 있다. 염소도 보인다.

억수같이 퍼붓던 비가 가랑비로 바뀌자 바지 밑단을 말아 올린 남자들, 한 손으로는 아이를 잡고 다른 손으로는 사리 자락을 움켜쥔 여자들이 우르르 몰려나와 물웅덩이를 피해 지나간다. 돌바닥에 부딪혀 튀어 오른 진흙에 경찰차 앞 유리가 뿌예진다. 하지만 이들에게 정말 필요한 것은 인파를 옆으로 밀어낼 배장기(철로의 장애물을 제거하기 위해 기관차 앞에 설치한 기구—옮긴이)다. 이보다 앞서 정오에는 바닥이 딱딱한 곳마다 기도모자를 쓰고 줄줄이 무릎을 꿇고 앉아 기도를 올리는 무슬림 남자들로 발 디딜 틈이 없었다. 이 홍등가에만 48개의 모스크가 들어서 있다. 그들은 대부분 아직 이 거리에서, SC/ST scheduled caste/scheduled tribes(지정 카스트/지정 부족. 관청에서 불가촉천민을 가리키는 용어로 쓰인다) 주민들과 섞여 돌아다닌다. 이곳에는 SC/ST의 힌두 사원 역시 많다. 움막촌에 수천 명의 인파가 복작댄다. 차파티(인도에서 카레 요리를 싸서 먹는 빵—옮긴이)를 만들고, 달dhal(콩을 삶아서 죽처럼 만든 인도의 전통 요리—옮긴이)을 휘젓고, 컴퓨터를 수리하고, 옷을 깁고, 전자 제품을 팔고, 구두를 수선하고, 염소젖을 짜느라 바쁘다. 이렇게 정신을 못 차릴 만큼 혼잡한데도 시다르트나가르는 놀랍도록 평화롭다.

감독관 수다카르는 말한다. "신의 가호 덕분에 뭄바이 사람들은 대체로 예의가 발라요. 서로를 배려하고 이해하라고 말하는 법dharma을 따르기 때문이지요." 경찰관 생활을 오래 하면서 그가 38구경 권총을 쓴 적은 딱 한 번뿐이다. 1993년 종파 소요 사태로 1000여 명이 죽었을 때다. 죽은 이들은 대부분 무슬림이었다. 소요 사태는 3월의 어느 날 도시의 13곳에서 폭탄이 터지면서 끝이 났다. 사람들은 인도의 조직범죄단 두목인 다우드 이브라힘Dawood Ibrahim이 저지른 짓이라고 믿었다. 시다르트나가르에서 양복점을 운영하던 그는 바늘땀을 이용해서 비밀 메시지를 전달했다. 하지만 지금은 폭력보다는 기반 시설이 이미 감당할 수 있는 범위를 한참 초월했다는 점이 더 큰 문제다.

"주차할 곳이 없으니 사람들이 그냥 도로에 자동차를 세우고 갑니다. 도시 전체가 중고차 전시장 같죠. 그나마 도난 차량 신고가 하루에 50건밖에 안 되니 다행이죠."

그래도 이따금 이웃의 파키스탄인에게 테러 공격을 받는다는 것을 제외하면, 놀랍도록 평온하다. "다행이죠. 군중이 계속 늘어날수록 우리 경찰은 일이 많아지니까요. 적어도 이곳은 카라치와는 달라요. 이곳에서는 모두가 일을 하니까요. 모두가 일을 하고 있으니, 범죄를 저지를 시간도, 필요도 없어요. 뭄바이는 뉴욕보다도 훨씬 안전합니다."

예전에는 봄베이로 불렸던 뭄바이가 어떤 식으로든 물리법칙을 어겨 온 것일까? 뭄바이는 불가해한 수준으로 팽창해 있다. 교통은 혼잡하다고 말할 수 있는 차원을 초월했다. 차선은 무시되거나 아예 없고, 끊임없이 경적이 울려대고, 곳곳에서 건설 크레인이 길을 가로막고 있다. 또 어디나 사람들로 복작거린다. 그들은 언제 치울지 알 수 없는 건축 폐기물 더미를 돌아다니면서 돈 될 만한 것을 줍거나, 정체된 차량 사이를 이리저리 비집고 지나가거나, 삼륜차를 타고 인도로 올라가거나 중앙분리대를 넘나든다. 인구가 2100만 명이라고 하지만 실제 인구가 얼마나 될지는 아무도 모르는 뭄바이 대도시권은 거대도시의 원형이라고 할 수 있다. 인도가 인구가 가장 많은 국가가 될 때쯤에는 뭄바이 대도시권은 줄어드는 도쿄를 넘어서서 세계 최대의 도시라는 씁쓸레한 명성을 차지할 것이다.

도쿄가 고도로 발전한 일본에 있는 반면, 인도인의 절반은 아직 흙집이나 움막집 생활을 하고 있다는 점이 다르긴 하다. 그렇긴 해도 세계 최대의 인구 도가니인 이 도시는 어떻게든 돌아가고 있다. 모두가 일을 하고 있기 때문이다. 인도에서 일자리를 원하는 사람은 누구나 뭄바이로 와서 일자리를 찾거나 만들어 낼 수 있다. 그리고 실제로 하루에 1000명 넘는 사람들이 그렇게 와서 일자리를 구한다. 수심이 깊은 항구를 갖춘 뭄바이는 인도의 주된 항구도시이자 금융, 산업, 연예의 중심지다. 인도 세입의 40퍼센트가 이 거대한 도시에서 나온다. 볼리우드와 해안에 고급 휴양지까지 갖추고 있어서, 남아시아의 로스앤젤레스로 불리기도 한다. 로스앤젤레스가 받아들일지는 모르겠지만.

몬순 때마다 물이 넘치고 겨울에도 기온이 섭씨 38도까지 오르곤 하지만, 끊임없이 무언가 건설되고 있기 때문에 이곳에는 일거리가 아주 많다. 6월에 비가 내리기 직전에는 으레 기온이 41~43도까지 치솟곤 한다. 뭄바이에 몬순이 찾아올 때면 마치 스튜가 확 끓어 넘치는 광경을 보는 듯하다. 공기는 숨이 턱턱 막히고, 포장도로에서 이글거리며 열기가 피어오르고, 아스팔트에서 타르가 반짝이는 작은 구슬처럼 스며 나온다. 하지만 아무것도 멈추지 않는다. 오히려 뭄바이는 더 바쁘게 돌아간다. 억수같이 퍼붓는 폭우가 쓸고 가기 전에 마무리하기 위해 건축 현장은 더 바쁘게 돌아가고, 한창 짓고 있는 건물들 사이의 틈새마다 색색의 방수포가 드리운다.

뭄바이는 공터가 없는 도시다. 새로 세워지는 고층 건물들 사이에는 움막집들이 무수히 들어서 있다. 어제 도착한 사람들이 그 천막 아래 살고 있다. 해변을 따라 늘어선 사치스러운 고층 건물들 아래로 난 하수관에도 사람들이 산다. 벽이나 다리나 기둥이 있는 곳이면 어김없이 이주자들의 텐트가 죽 늘어서 있다. 높은 다리 위든 땅 밑의 깊은 구멍 속이든, 어디라도 가리지 않고 어떤 일이든 하겠다고 오는 이들이다. 먼저 날품팔이 노동자가 오고, 이어서 그의 형제들이 온다. 더 시간이 지나면 그의 아내를 비롯해 한 세대의 친척들이 다 오고, 이윽고 아이가 생긴다. 오래 일하면서 금속 쪼가리나 굴러다니는 콘크리트 덩어리를 충분히 주워 모으면, 조금씩 벽이 솟아오르고 그 위에 방수포 지붕이 덮인다. 이윽고 슬럼가가 또 하나 생긴다.

그들을 쫓아내는 사람은 아무도 없다. 그들이 생산적이기 때문이다. 지난 수십 년 동안, 중국에는 엄청난 규모의 젊은 노동력이 있었다. 하지만 중국이 노령화하고 있는 지금 인구통계학자들이 인구 배당 효과population dividend(인구 전체에서 생산 가능 인구의 비율이 높아지면서 경제성

인구 쇼크

장률이 높아지는 현상—옮긴이)라고 부르는 것을 누리는 나라는 인도이며, 뭄바이에는 노동력이 넘치고 있다. 에너지와 자원 분야 복합기업인 릴라이언스 산업Reliance Industries의 회장으로 이 도시에서 가장 큰 부자이며, 가족을 위해 3만 7000제곱미터의 땅에 27층짜리 대저택을 지은 무케시 암바니Mukesh Ambani도 주변 건물들 사이에서 살아가는 이웃들을 내쫓지 않는다. 그의 대저택을 관리하는 데 600명의 인원이 필요하기 때문이다.

뭄바이는 세계에서 고용률이 100퍼센트인 몇 안 되는 지역 가운데 하나다. 800킬로미터 위쪽 아라비아 해 연안에 있는, 또 하나의 분신이라고도 할 수 있는 음울한 거대도시 카라치와 달리 이곳에서는 말 그대로 누구든 일자리를 찾을 수 있다. 카라치를 위협하는 요소가 뭄바이에는 없을지 모르지만, 모든 건설이 끝나면 과연 어떤 일이 일어날까?

크리슈나 푸자리Krishna Pujari가 걱정하는 것도 건설이다. 하지만 건설이 끝날까봐 걱정하는 것이 아니다. 개발업자들이 그가 생계를 유지하며 살고 있는 다라비Dharavi를 다음 표적으로 삼아서 그를 내쫓고 개발을 할 예정이기 때문에 걱정이다. 최근까지 다라비는 아시아에서 인구밀도가 가장 높은 최대 규모의 슬럼가로 알려졌다. 하지만 2011년 〈인도 타임스Times of India〉는 이미 네 곳이 다라비를 능가했다는 기사를 실었다. 그 네 곳도 모두 뭄바이에 있다.

하지만 크리슈나는 다라비가 그 누구의 소유도 아니라고 선언한다. 다라비는 두 통근 열차 선로 사이에 낀 지역이다. 위에서 보면 다닥다닥 붙은 천막과 주석 지붕이 지평선 끝까지 이어져 있어서, 마치 땅에 한 번도 발을 딛지 않고 끝까지 걸어갈 수 있을 듯이 보인다. 그리고 날마다 그 철도로 오가는 수백만 명이 다라비를 지켜본다. 다라비는 사실상 뭄바이의 금융가 한가운데 있기 때문이다. 개발업자들이 군침을 흘릴 만큼 대단히 가치 있는 땅이다.

영국의 동인도회사가 등장하기 전인 17세기에 뭄바이는 7개 섬의 어촌으로 이루어진 곳이었다. 영국은 둑을 쌓아서 섬을 연결했고, 그 주변은 이윽고 봄베이 항이 되었다. 19세기에는 섬 사이의 바다가 메워졌다. 지금 다라비가 있는 곳은 예전에 바다였다. 다라비는 '파도'라는 뜻이며, 몬순으로 하수도가 물바다가 되면 다시금 말 그대로 파도에 잠기곤 한다.

대부분 어른 둘이 겨우 지나갈 정도로 비좁은 다라비의 어두컴컴한 골목에서, 100만 명이 1만 가지의 소규모 산업에 종사한다. 산업 보건과 안전 수준을 재는 장치가 있다면, 그 장치가 한계를 넘어 터져 버릴 정도로 열악한 조건이다. 석면 벽이 검게 그을린 창고에서는 검게 탄 남자들이 알루미늄 음료수 캔 조각을 녹여서 덩어리를 만들고 있다. 근처에서는 남자들이 실내에 피운 화로 위에서 끓고 있는 물에 식물성 기름이 담겼던 커다란 주석 통을 담가서 남은 기름 찌꺼기를 제거하고 있다. 그 옆에서는 여자들이 면으로 된 후줄근한 사리로 연신 얼굴을 닦아내면서 통에 붙은 스티커를 긁어낸다. 위에서는 낮게 깔린 뇌운처럼 연기들이 모였다가 천장에 난 구멍으로 서서히 빠져나간다. 또 심하게 손상되어 재사용할 수 없는 통을 두드려서 납작하게 만드는 이들도 있기 때문에 실내는 마치 거대한 종처럼 시끄럽게 울린다.

거리를 2개 지나자, 모든 이들이 크리슈나의 이름을 부르며 반갑게 맞는다. 몇 블록에 걸쳐 판지를 재활용하는 이들이 모여 있다. 새로 상표를 찍을 수 있는 판지만 남기고, 나머지는 잘게 부숴 새 판지를 만드는 데 쓴다. 크리슈나는 아이들이 소가죽을 염장하는 방에 고개를 들이민다. 이 소가죽은 중국으로 수출되어 무두질된다. 다라시 주민 4만 명이 이 염장 일을 하고 있다. 크리슈나는 쿰바르와다로 향한다. 면적이 4만 제곱미터에 이르는 이 구역에서는 2200가구—부모와 수많은 아이들—가 뭄바이 북부의 논에서 캐서 트럭에 싣고 온 점토로 장식 도자기를 만들고 있다. 이곳에는 다라비의 원주민들도 있다. 그들은 예전에 간디가 장려한 바 있는 가내 공업 면허를 받아 도자기를 빚는다. 그들은 직접 만든 돌림판으로 수천 개의 꽃병을 만들어서, 천 조각으로 하나하나 감싼다. 천 조각은 흙벽돌로 만든 화로 수백 개에 불을 피울 때에도 쓰인다.

도자기 제조는 다라비에서는 덜 유해한 산업인 편이다. 면직물이 폴리에스터에 밀려나기 전까지는 그랬다.

크리슈나는 말한다. "나는 나일론이 탈 때 나는 증기가 유독하다고 그들에게 경고합니다. 그러면 그들은 말하죠. '일을 하려면 할 수 없죠. 더 좋은 방법이 있으면 알려 주세요. 그대로 할 테니까요.'"

크리슈나는 기업가 정신을 발휘하여 일한다. 그는 날렵한 몸에 청바지와 폴로셔츠를 입고 금목걸이를 했으며, 얼굴에는 미소를 띠고 있다. 그는 9남매의 둘째로, 열세 살 때인 1993년에 망갈로르 인근의 농촌을 떠나 이곳으로 왔다. 그는 중학교 사환을 거쳐 사무실에서 잡일을 했고, 형제들이 더 오자 함께 식당에서 종업원으로 일했다. 어느 날 식당에서 시중을 들다가 한 영국인에게 이런 얘기를 들었다. 브라질에서는 관광객들이 리우데자네이루의 산동네 빈민가를 둘러보겠다고 관광 안내인을 고용한다는 것이었다. 거기에서 착안해 그는 2006년부터 리얼리티 투어스 앤드 트래블Reality Tours & Travel 사업을 운영하고 있다. 가난에 찌든 모습을 보겠다고 돈을 낸 20여 명의 관광객을 안내하여 하루 일정으로 뭄바이의 슬럼가를 돌아보는 여행이다.

최근에는 도비가트에서 새벽에 출발하는 자전거 여행도 내놓았다. 도비가트에는 뭄바이의 병원과 호텔에서 나오는 천을 빨아 널어 말리는 드넓은 야외 세탁장이 있다. 사업이 꽤 잘되어서 그는 고향에서 부모가 정한 대로 혼례식을 올린 뒤 아내도 데려올 수 있었다. 그가 최근에 시작한 사업은 컴퓨터 교실이다. 어두컴컴하고 긴 방에 12대의 낡은 모니터를 들여놓고 시작했다. 모니터마다 맨발의 아이들이 앉아서 화면을 열심히 들여다보고 있다. 절반은 여자아이다. 머리를 스카프로 감싼 여자아이도 세 명 있다. "그들에게 미래의 기술을 가르치고 있답니다." 크리슈나는 자랑스럽게 말한다.

그는 회색 거품으로 뒤덮인 배수구에서 공을 건지는 맨발의 아이들을 헤치고, 양잿물 냄새가 코를 찌르는 통로를 지나간다. 열린 문들 안에서는 남녀들이 높이가 1미터쯤 되는 갈색 세탁비누 덩어리를 막대 모양으로 잘라 내고 있다. 그들의 머리 위에는 갖가지 색깔의 액체가 든 플라스틱 병들이 매달려 있다. 그들이 따로 만드는 식기 세정제에 섞을 방향제다. 더 위쪽, 천장 너머가 그들이 사는 곳이다. 다라비 주민들은 거의 모두 작업장 위에서 살지만, 이곳은 너무 좁아서 계단을 설치할 수 없다. 그래서 바깥벽에 박은 사다리를 통해 잠자는 방으로 올라가야 한다.

크리슈나는 사다리를 타고서 지붕으로 올라간다. 눈에 보이는 지붕이 모두 그렇듯, 이 지붕 위에도 온갖 플라스틱 조각들이 널려 있다. 씻어서 말리기 위해 천막 위에 널어놓은 것이다. 플라스틱은 다라비에서 규모가 가장 큰 산업이다. 전 세계에서 나오는 플라스틱이 커다란 자루에 담겨서 트럭에 실려 이곳으로 온다. 물병, 플라스틱 식기, 병원 폐기물, 유람선 쓰레기, 비닐봉지, 산더미 같은 합성섬유 등의 폐품이다. 다라비의 플라스틱 수집 업자들은 호텔 체인이나 항공사와 계약을 맺고서 쓰고 버리는 플라스틱 컵, 칼, 포크, 숟가락, 커피 젓는 막대를 수거한다. "남들에게는 쓰레기처럼 보이는 것이 우리에게는 황금이지요."

지붕에서 내려다보이는 골목길에서 여자들이 플라스틱 조각을 색깔별로 분류해서 수십 개의 우유 상자에 담고 있다. 페이즐리 히잡을 쓴 소녀가 그들에게 차를 건넨다. 이렇게 분류한 플라스틱은 자루에 담겨서 골목길 저쪽에 있는 주철로 만든 분쇄기로 보내진다. 분쇄기는 트럭의 플라이휠을 짜 맞춘 것인데, 불꽃을 튀기면서 플라스틱 가루를 토해 낸다. 가루는 커다란 드럼통에 담아 씻은 뒤 꺼내어 말린다. 그리고 거대한 통에 넣어 녹여서 죽처럼 만든다. 아크릴 냄새가 온 골목에 진동한다. 골목의 다른 곳에서는 여자들이 커피 젓는 막대와 항공기에서 나온 립스틱 묻은 컵을 분류하고, 남자들이 엄청나게 쌓인 전선 더미에서 피복을 벗겨 내고 있다.

걸쭉해진 플라스틱은 형틀에 부어서 알갱이로 만든다. 알갱이는 배에 실려 수출되거나 다시 녹여서 소비재를 만드는 데 쓰인다. 다라비에서는 이른바 '부가가치'를 거의 접할 수 없지만, 이곳에서 직접 자그마한 사원 모형, 플라스틱 신상, 십자가 같은 장신구를 만들 때에는 예외다. 전 세계의 어떤 장신구도 이제 더는 장인들이 만들지 않는다. 슬럼가 주민들이 대량으로 만들어 낸다.

몇 블록을 더 지나자 시큼한 냄새는 사라지고 정말로 유혹적인 냄새가 난다. 크리슈나는 지하의 한 빵집에 들른다. 이 구역에서는 수백 곳에서 케이크, 비스킷, 빵, 군침 도는 카레 냄새를 풍기는 페이스트리를 만들고 있다. 그는 말리려고 밀짚 바구니에 걸쳐 놓은 파파담pappadam 한 조각을 얻는다.

"뭄바이에서 매일 먹는 수많은 음식이 이곳에서 만들어진다는 사실을 아는 사람은 거의 없습니다. 포장지에 안 찍혀 있으니까요." 다라비의 연간 총소득이 6억 6500만 달러로 추정된다는 사실을 아는 사람도 드물다. 하지만 뭄바이의 금융을 지배하는 이들은 이 중요한 지역을 활용할 다른 계획을 갖고 있다. 고층 아파트, 사무실, 병원, 쇼핑몰, 멀티플렉스 등으로 이루어진 야심 찬 다라비 재개발 계획이 곧 시작될 예정이다. 지금 있는 것들은 모두 파괴될 것이다.

"모두가 맞서 싸우는 중이지요. 하지만 정부는 너희가 동의하든 말든 우리는 하겠다고 말해요. 자기 땅이라는 것이죠." 그렇다면 내쫓기는 이들은?

"더 북쪽으로 가겠지요. 그리고 다라비가 더 많이 생길 거고요."

인권운동가들은 세계의 가난한 이들이 부당하게 인구 억제의 표적이 되고 있다고 주장하곤 한다. 전체적으로 볼 때 그들이 지나친 특권을 누리는 소수보다 지구에 미치는 영향이 훨씬 적다는 것이다. 반세기 전에는 분명히 그러했다. 당시 세계 인구의 3분의 2는 농민이었다. 하지만 지금은 인구의 대다수가 도시에 살며, 그들의 대다수는 도시 빈민이다. 아무리 가난해 보일지라도, 다라비 주민 중에는 휴대전화를 지닌 이들이 계속 늘어나고 있다. 그들이 충전할 때 쓰는 전기가 몰래 도둑질한 것이라고 할지라도, 그 전기를 생산하는 과정에서 탄소가 배출된다. 가뜩이나 혼잡한 뭄바이의 교통 상황은 타타모터스가 초소형 디젤 자동차 나노를 내놓은 뒤로 더욱 악화되고 있다. 나노는 삼륜차 엔진으로 움직이며, 누구나 구입할 수 있도록 2000달러에 내놓았다. 물론 다라비의 주민 대부분은 아마도 살 여력이 없겠지만, 21세기 사이버 공간에 정착하는 법을 배우고 있는 그들의 아이들은 살 것이다. 바다를 뺀 모든 방향으로 도로와 철도를 따라 다층 주택들이 늘어날수록, 그들의 총수요는 더 늘어나서 농경지와 수많은 열대 동물들이 사는 곳을 침범할 것이다.

고대 힌두인들은 그 동물들이 우리보다 열등한 존재가 아니라, 신의 여러 가지 모습이 현현된 존재라고 여겼다. 생명을 보호하는 신인 비슈누의 처음 네 가지 아바타, 즉 화신은 인간이 아니라 물고기, 거북, 멧돼지, 사자였다. 《라마야나Ramayana》에 나오는 거대한 전쟁신인 하누

만은 원숭이 모습을 하고 있다. 그리고 힌두교의 만신전에서 가장 경배를 받는 신 가네샤는 장애물을 제거하는 신으로서 코끼리 머리를 하고 있다.

굵은 빗줄기가 쏟아지는 오후에도 가네샤를 모시는 뭄바이의 시디비나야크 사원에는 평소처럼 많은 사람들이 모여 있다. 지금은 화요일, 힌두교 점성술에 따르면 가네샤를 모시기에 가장 좋은 길일이다. 50만여 명의 인파가 금잔화와 히비스커스 꽃다발을 들고 맨발로 뱀처럼 구불구불 길게 줄을 서서 금속 탐지기 몇 대를 통과해 가네샤 신상을 향해 나아간다. 꽃줄이 드리운 금색 옥좌 위의 반쯤 벌어진 연꽃에 코끼리 머리를 한 가네샤가 앉아 있다. 전설에 따르면, 검은 편마암 한 덩어리를 깎아 만든 높이 76센티미터의 이 신상은 어느 밭에 묻혀 있다가 발견되었다고 한다. 지금은 붉은 옻칠이 되어 있고 군데군데 다이아몬드가 박혀 있다. 가네샤는 황금 왕관을 쓰고 네 손에는 팔찌를 끼고 있다. 코끼리 코는 오른쪽으로 굽어 있다. 그것은 모든 욕망을 충족시킨다는 의미다. 순례자들은 나무로 깎아 만든 가네샤의 애완용 생쥐 크론차 상 옆에 꽃, 사탕, 신선한 과일을 놓고서 혼례식, 새 아이, 새집을 지켜 달라고 절을 한다. 멀리 뒤쪽에 있는 사람들을 위해 위쪽의 소니 모니터를 통해 푸자를 올리는 장면이 비치고 있다. 푸자 예배에서는 케틀드럼 소리가 울리는 가운데, 공물 중 가장 좋은 것들을 골라서 가네샤의 신성한 발치에 놓고 있다.

"코끼리는 거대하고 강하고 지능이 뛰어나지요." 시디비나야크 사원의 제사장 가자난 모다크Gajanan Modak가 말한다. 그는 땅딸막하며, 금실로 장식된 흰 도티dhoti(힌두교도 남성이 허리에 두르는 천—옮긴이) 차림이다. "사람처럼 코끼리도 종교의식을 갖습니다. 죽은 코끼리를 애도하고, 나뭇가지와 잎으로 덮어서 묻어 주지요. 주변을 예리하게 관찰하고 감정도 풍부합니다."

하지만 인간과 달리 인도의 코끼리는 현재 멸종 위기에 처해 있으며, 엄청나게 불어나고 있는 인간은 만신전에 모셔진 신의 또 다른 모습인 동물들을 위기로 내몰고 있다. 뭄바이에서 매장과 화장이 지구를 불순물로 오염시킨다고 믿는 조로아스터 교도들은 신성한 탑 꼭대기에 시신을 놔두어 독수리가 먹게끔 한다. 하지만 지금 독수리 수는 크게 줄었다. 네팔의 사체를 청소하는 새들을 없앤 바로 그 소 연고 때문에 사라지고 있다. 그래서 조로아스터 교도들은 태양 집광기로 시신을 분해하려 애쓰고 있다.

뭄바이에서 독수리가 사라지자, 야생화한 개와 고양이가 늘어나면서 공수병을 퍼뜨리고 있다. 모다크는 말한다. "우리 인간이 문제입니다. 우리는 푸자를 거행한 뒤에, 물고기에게 바치는 공물로서 쌀과 꽃을 강에 뿌립니다. 하지만 요즘 사람들은 비닐봉지째 강에 던져요. 그 비닐은 그대로 바다로 흘러들고요." 그는 이 세상이 담을 수 있는 사람의 수를 헤아릴 필요가 있다고 말한다. 힌두교에서는 그 일에 쓰일 수단들을 반대하는 계율 같은 것이 없다. "힌두교는 늘 사람들의 삶을 계획해 왔습니다. 현대의 삶에는 현대의 계획이 필요하지요." 하지만 부모가 극락에 갈 수 있도록 장작에 불을 붙일 아들이 태어날 때까지 자녀를 계속 낳아야 할 필요가 과연 있을까?

"속설일 뿐입니다. 나는 딸만 둘입니다. 딸도 남자처럼 화장용 장작에 불을 붙일 수 있어요."

그는 프라사드(푸자 때 축복을 한 요구르트와 꿀)를 손님들에게 내놓는다. "우리는 칼리유가Kali Yuga(세계가 타락하는 말세-옮긴이)를 자초하고 있어요. 환경을 파괴함으로써 자멸하는 시대이지요. 가장 작은 곤충조차도 이 세계에 존재하는 이유가 있어요. 우리는 모든 생물과 서로 이어져 있습니다. 가네샤는 생쥐를 데리고 있지요. 우리는 그 생쥐에게 먼저 절을 하면서 가네샤에게 절을 해도 좋다는 허락을 구하지요. 크리슈나에게는 신성한 암소가, 사라스와티에게는 백조가, 락슈미에게는 부엉이가 있어요. 힌두교는 우리가 동물 없이는 살 수 없다는 것을 인정합니다. 그들이 살아야 우리도 살 수 있지요."

파란색 아바타로 나타나는 크리슈나는 신성한 암소뿐 아니라 아름다운 연인인 최고의 여신 라다와 늘 함께 있다.

"라다는 자연, 즉 우리 모두의 어머니입니다. 크리슈나는 예수와 부처처럼 인간의 모습을 취한 신입니다. 그는 인류를 상징하지요. 그들은 우리가 추구해야 할 이상적인 한 쌍입니다. 완벽하게 균형을 이룬 인간과 자연이지요. 완벽한 조화, 완벽한 사랑을 이룬 상태를 말합니다."

15
안전한 섹스

고무

방콕에서 남쪽으로 30킬로미터 떨어진 곳에서 짜오프라야 강은 타이만과 만난다. 이곳에는 아직 맹그로브 숲이 남아 있다. 20세기 초에 몇몇 승려가 유서 깊은 불교를 전파하기 위해 도시를 떠나 이곳에 은거했다. 테라바다Theravada 또는 삼림 거주 전통Forest Tradition이라고 하는 남방불교의 일종이다. 그들은 자신들이 세운 사원에 왓 아소카람Wat Asokaram이라는 이름을 붙였다. '슬픔 없는 사원'이라는 뜻이다.

21세기인 지금 왓 아소카람 주변의 강어귀에서는 야생 숲을 더는 찾아볼 수 없다. 한쪽에는 새우 양식장들이 들어서 있고, 반대쪽은 해변 휴양지다. 사원은 지금 유명 불교 관광지가 되어 있다. 정면에서 보면 13개의 뾰족탑으로 이루어진 하얀색 3단 결혼식 케이크 같다. 널찍한 주차장의 한쪽 끝에, 남아 있는 맹그로브 숲으로 이어지는 작은 길이 있다. 나무들 사이로 바닥을 돋운 산책로를 따라 승방이 늘어서 있다. 갯벌에 박은 말뚝 위에 판자로 지은 아담한 집이다. 주위로는 높이 솟아 있는 공기뿌리들이 커튼처럼 그늘을 드리우고 있다.

활기 넘치는 타이 도시의 시끌벅적한 소음 대신, 마도요가 지저귀는 소리와 게와 말뚝망둥어가 물을 튀기는 소리가 고즈넉한 가운데 울려 퍼진다. 반세기 넘게 이곳에서 지낸 승려 아잔 분쿠Ajaan Boonku는 이렇게 말한다. "도시에서도 마음을 다스리는 법을 공부할 수 있습니다. 하지만 평정심을 얻기가 쉽지 않아요. 숲에서는 잡념을 더 쉽게 잊을 수 있지요."

아잔 분쿠는 여든세 살로, 뼈와 가죽만 남은 모습이다. 그는 갈색 무명 가사 차림으로 지붕 덮인 툇마루에 놓인 방석 위에 가부좌를 하고 앉아 있다. 나무로 만든 툇마루 난간 맞은편의 긴 의자에는 평화와 삶의 지침을 얻으러 오는 신도들이 놓고 간 공물이 쌓여 있다. 샴푸, 구강청결제, 양치액, 칫솔, 치약, 휴지 등이다.

불교는 물질적인 것, 더 나아가 이 세상 자체에 대한 집착이 덫이라고 본다. 영원한 것은 없기 때문이다. 그렇다면 불교도에게는 이 맹그로브 숲과 그 안에서 위태롭게 살아가는 동물들을 비롯한 세계를 보전하려고 애쓸 의무가 없다는 것일까?

그는 나뭇잎이 살랑거리는 듯한 목소리로 나직하게 말한다. "자신을 낮추는 불교도가 세상을 지배하려 한다는 것은 어불성설이지요. 하지만 자연이 없이는 균형을 이룰 수 없습니다. 우리 숲의 승려들은 자연을 보전하려 노력합니다. 신도들의 모범이 되어야 하니까요."

그리고 자연이 감당할 수 없을 만큼 인구가 늘어나서 인류 전체가 균형에서 벗어난다면, 불교는 번식을 통제하는 것을 허용할까?

"인구가 많아져 문제가 더 많아진다면, 어떤 방법을 쓰든 간에 인구를 조절해야겠지요. 불교는 산아제한을 반대하지 않습니다. 선량한 중

타이 왓 아소카람 사원의 남방불교 승려 아잔 분쿠

생이라면 적당한 규모로 가정을 이루어야 한다는 것을 압니다."

하지만 승려들의 계율에 익숙지 않은 사람들은 오랫동안 도덕적으로 행동할 방도가 없었기 때문에, 인구는 자연의 상당 부분을 파괴하면서 엄청나게 늘어났다. 인구 급증이 우리 자신의 몰락을 재촉했을 가능성이 있을까? 아잔 분쿠는 눈을 감고 허벅지에 올린 앙상한 한쪽 팔쪽으로 몸을 기울인다. 몇 분이 흐른다. 이윽고 그는 몸을 바로 한다.

"우리는 인류의 종말이 가까워졌는지 알지 못합니다. 그것이 올 수도 있다는 것을 알기에, 마음의 준비는 해야겠지요. 인류는 이 세계를 남용하여 재앙을 초래하고 있습니다. 홍수와 지구온난화가 그렇지요. 하지만 그것이 지구의 종말은 아닙니다. 설령 우리 자신은 끝장난다고 해도 말입니다. 자연은 우리가 사라진 뒤에도 계속 나아갈 것입니다. 지금으로서는 우리를 위해서 숲을 구하는 것이 옳습니다. 그러면 도움이 되겠지요."

짜오프라야 강어귀의 맞은편에도 사원이 하나 있다. 왓 쿤 사뭇 트라왓Wat Khun Samut Trawat이라는 사원인데, 타이 만의 수위가 상승하면서 본토와 끊겨 있다. 현재 이 사원은 작은 바위섬 위에 얹힌 형국이며, 그 주위로는 한때 마을이었던 자리에 전신주들이 물에 반쯤 잠긴 채 서 있다. 사원은 1미터쯤 바닥을 높여 놓았지만, 물이 계속 밀려들고 있다.

2011년 몬순이 찾아왔을 때 평년보다 무려 345퍼센트나 많은 비가 내려 타이의 많은 지역이 물에 잠겼다. 인구 2400만 명이 사는 대도시권인 방콕도 절반이 침수되었다.

서양 세계는 남아시아의 저지대 국가에서 그저 또 한 차례 침수가 일어났다고 여기고 지나갈 법도 했다. 하지만 이번에는 상황이 달랐다. 전 세계에서 소비하는 컴퓨터 하드드라이브와 반도체 칩, 일본과 미국의 자동차 부품 가운데 상당량을 조립하는 방콕의 공장들이 물에 잠겼기 때문이다. 타이의 피해액은 500억 달러에 이르렀고, 공급이 지연되면서 전 세계가 피해를 보았다. 정부가 방콕 도심을 구하기 위해 수문을 열어 불어난 물을 상류 쪽에 있는 수만 제곱킬로미터의 논으로 방류하기로 결정한 덕에, 그나마 피해를 줄일 수 있었다.

쉐라톤 호텔, 웨스턴 호텔, 고층 패션몰이 죽 늘어선 방콕의 수쿰윗 길Sukhumvit Road로 이어진 네 블록에 걸친 좁은 골목인 수쿰윗 소이 12도 잠기지 않았다. 소이 12를 따라 생선 꼬치, 팟타이, 굴 오믈렛, 통닭을 파는 매점이 늘어서 있다. 또 몇 걸음마다 갖가지 안마시술소가 보인다. 허브, 오일, 아로마, 비누를 이용한 안마, 얼굴, 발, 머리, 전신 안마 등등. 이른바 '행복한 마무리'를 해준다는 곳도 많다.

수쿰윗 소이 12를 절반쯤 지나 하얀 대리석 받침대 위에 놓인 작은 부처상을 막 지나치면, 대나무 등불이 켜진 벽돌 길이 나온다. 길로 들어서서 보리수와 야자나무가 자라는 정원을 지나자 식당이 나타난다. 여행 안내서에는 방콕 최고의 맛집 가운데 하나라고 나와 있다. 안으로 들어가면 등불 대신에 공, 꽃다발, 거대한 딸기 모양의 노란색, 오렌지색, 녹색, 붉은색을 띤 장식물들이 나타난다. 자세히 보니, 빛이 나는 콜라주 작품이다. 다양한 색깔의 콘돔으로 만들었다. 한 걸음 떨어져서 둘러보니, 실물 크기의 몇몇 마네킹을 비롯해 모든 것이 콘돔으로 뒤덮여 있다. 한쪽에 옷, 턱수염, 구불구불한 수염까지 모두 붉은색 콘돔과 흰색 콘돔으로 만든 산타 콘돔이 있다. 그 옆에 있는 타이 공주 차림의 마네킹도 마찬가지다. 신부들이 전통적으로 입는 하얀 웨딩 가운과 보석 왕관도 그렇다. 모두 콘돔으로 만들어졌다. 해변을 무대로 한 비키니 차림의 사람들도, 절을 하는 중국인 부부도, 다양한 슈퍼 영웅들도(캡틴 콘돔이라는 이름의 영웅도 있다), 심지어 타이거 우즈도 그렇다. 우즈는 콘돔들을 감아서 만든 골프채를 들고 있다. 그 옆에는 콘돔을 썼는지 기억나느냐고 묻는 팻말이 있다.

식당 안의 기념품점에는 콘돔뿐 아니라, "장갑 없이는 사랑도 없어
No Glove, No Love"라고 적힌 컵받침, 긴 꽃대에 달린 콘돔 꽃, 콘돔 브로치,
콘돔 모양의 USB 드라이브, 만화 주인공 검비처럼 생긴 행복한 콘돔
이 그려진 100퍼센트 타이 실크 넥타이, "우리는 고무를 믿는다"라고
적힌 콘돔 열쇠고리, "대량 보호 무기" 같은 글귀가 새겨진 티셔츠도
있다. 또 이런 글귀도 있다.

"옷을 벗고 내가 네 위에 올라갔어. 얼마나 있어야 달아오를까?"
"몰라. 하지만 벌써 머리가 지끈거려."

바 위쪽, 콘돔 2개를 들고 묘한 미소를 짓고 있는 모나리자의 초상
화 옆에 메이플라워 호(영국에서 미국으로 이주하는 청교도들을 싣고 미국으
로 향한 첫 번째 배─옮긴이)의 모형이 있다. 선체, 돛, 삭구가 모두 콘돔
으로 만들어졌다. 식당의 안뜰에서도 품격 있는 콘돔 실내장식이 이어
지며, 차림표에는 "우리 음식은 임신을 유발하지 않음을 보증합니다"
라고 적혀 있다. 식사를 끝내면, 박하사탕 대신 계산서와 함께 향기 나
는 콘돔이 나온다.

이 혼란스러운 식당의 이름은 캐비지스 앤드 콘돔스Cabbages & Condoms
다. 비록 이 식당의 역사가 타이의 전설적인 섹스 산업의 역사(베트남전
쟁 때 이곳에 5만 명의 미군이 주둔하면서 성장했다)와 얼마간 얽혀 있기는
하지만, 캐비지스 앤드 콘돔스는 더 깊은 의미를 지닌 활동의 산물이
다. 좀 기묘해 보일지는 몰라도, 이 식당은 타이의 모든 것을 변화시켰
으며 지금도 여전히 변화시키고 있는, 많은 이들이 기적이라고 부르는
것의 일부다.

메차이 비라바이댜Mechai Viravaidya는 예전에 미국 의회의 방문단에게 이렇게 말했다. "외국의 지원은 발기와 같습니다. 그 순간에는 좋지만, 영원히 지속되지는 않지요."

그 만남은 1976년에 있었다. 당시 메차이는 멜버른 대학교에서 받은 경제통상학 학위가 아무런 도움이 되지 않는 일을 맡고 있었다. 졸업한 뒤 그는 타이 경제개발청에서 전국을 돌아다니며 기반 시설 사업 계획을 평가하는 일을 맡았다. 그때까지 그는 의사인 부모와 함께 살던 방콕만 알았을 뿐, 바깥 지역은 거의 알지 못했다.

그 일을 통해 그는 교통, 에너지, 관개, 학교, 통신의 이모저모를 배웠다. 하지만 메차이의 전기를 쓴 토머스 다그네스Thomas D'Agnes가 《콘돔에서 양배추까지From Condoms to Cabbages》에서 상세히 기술했듯이, 다니는 곳마다 끊임없이 그의 시선을 사로잡은 것은 어디에나 우글거리는 아이들이었다.

"새로운 마을에 들를 때마다 여성들에게 자녀가 몇 명인지 물었어요." 그는 캐비지스 앤드 콘돔스의 바에 놓인 회의용 탁자에서 커피를 마시며 옛일을 회상한다. 위층에 있는 그의 사무실보다 분위기가 훨씬 좋다. "대개 7~10명이었습니다." 그는 우글거리는 아이들, 그리고 뱃속에 아기를 밴 채 아이에게 젖을 물리고 있는 엄마들을 보고는, 그다음에 자신이 평가하고 있는 사업들을 살펴보았다. 도무지 이치에 맞지 않았다.

"내가 경제학을 공부할 때, 인구 걱정은 아예 하지 말라고 했죠. 언제나 식량 생산량을 더 늘릴 수 있으니까, 아무 문제도 안 된다고요." 하지만 문제가 아주 많았다. 메차이는 인구통계학을 공부하지는 않았지만 회계는 배웠다. 그가 계산한 숫자들을 보면 어느 시점이 되면 논을 새로 만들 땅이 더 이상 없으리라는 것이 뻔해 보였다. 식량만이 아니었다. 아이가 늘어나고 그들이 자랄수록 주택, 의복, 교육, 일자리도

타이 방콕의 캐비지스 앤드 콘돔스

더 늘어나야 했다. 그리고 배관, 수질 정화, 보건 의료 등도 추가되어야 했다. 그가 방문했던 모든 마을에서 정부 차량을 에워싼 아이들의 수에 그 항목들을 곱하면서, 그는 자신이 근무하는 개발청의 목표가 가망 없다는 결론을 내렸다.

그 많은 인구를 지닌 채 타이가 발전할 수 있는 방법은 전혀 없었다. 오히려 타이는 새 세대의 인구가 늘어나면서 몰락할 운명이었다. 개발경제학자들은 대체 무엇 때문에 가능하다고 생각했을까?

자신의 보고서가 관료주의적 절차를 거치면서 사라져 가고 있을 때, 메차이는 'GNP'라는 가명으로 신문에 쉽게 읽히는 경제 칼럼을 쓰면서 명성을 얻기 시작했다. 그 명성에 힘입어 그는 또 다른 가명으로 라디오 평론가로도 나섰다. 평론가는 부업이었을 뿐, 그때도 여전히 공무원으로 일하고 있었다. 그러다가 마침내 그는 텔레비전으로 진출했다. 국내 테니스 대회에서 우승하기도 했던 키 크고 멋진 외모의 메차이는 곧 탤런트와 연극배우로도 유명해졌다.

그럼에도 그는 여전히 경제학자였고, 대중을 설득하는 자신의 능력을 그 일에 어떻게 하면 활용할 수 있을지 고심을 거듭했다. 1968년에 그는 가족계획 담당자들을 발전의 숨은 영웅이라고 칭찬하는 칼럼을 썼는데, 미국에 본부를 둔 비정부기구인 인구위원회에서 파견된 타이 정부 자문관이 그것을 읽었다. 그들은 교분을 맺게 되었고, 그것이 계기가 되어 그는 신설된 타이 가족계획협회에서 일하게 되었다.

하지만 오래 머물 수는 없었다. 그가 섹스 이야기를 할 때마다 상관이 껄끄러운 반응을 보였기 때문이다. 그런 상황에서는 어느 정도 감당해야 할 일이었는데도 말이다. 특히 그녀는 메차이가 공개 시연을 할 때마다 창피해했다.

"처음에 피임약 상자를 꺼내죠. 사람들은 그냥 쳐다보고만 있어요. 그다음에 IUD를 보여주면, 멍한 표정이 되지요." 어느 날 교사들을 교육하던 그는 콘돔을 보여 주다가 무심코 포장지를 벗겼다.

그 즉시 사람들이 낄낄거리기 시작했다. "그때 생각했지요. 아하!"

그래서 그는 콘돔을 펼쳤다. 여자들이 꺅꺅 소리쳤다. 그들의 주의를 사로잡는 데 성공했다는 것만큼은 분명했다. 그는 마침 그때 떠오르는 대로, 콘돔이 지혈대, 머리띠, 포도주 가죽부대, 그리고 요즘에는 휴대전화용 방수팩으로도 쓸 수 있는 다목적 도구라고 설명했다. 그런 뒤 그는 남자아이들이라면 아무데서나 으레 하겠지만 강당을 채운 2000명의 교사들 앞에서는 어느 누구도 한 적이 없는 행동을 했다. 콘돔 풍선을 분 것이다. 꺅 소리를 질렀던 교사들까지 이제 웃음을 터뜨리고 있었다. 메차이는 그들에게 콘돔을 나눠 준 뒤, 풍선을 가장 크게 부는 사람에게 1년 동안 콘돔을 공짜로 제공하겠다면서 분위기를 띄웠다.

그 직후 그는 국제가족계획연맹의 몇몇 핵심 인사들을 설득해 타이의 근엄한 가족계획협회와는 별도로 실험적인 가족계획 사업을 할 예산을 지원받았다. 작은 시골 마을에서 대가족을 꾸려 나가는 여성들에게서 얻은 착상이었다.

그는 여성들에게 이렇게 묻곤 했다. "자녀가 일곱이에요? 정말 대단하세요. 우리 어머니도 대단하시지만, 그렇게 많은 자녀를 키우지는 못하셨을 거예요."

그러면 거의 예외 없이, 한숨을 내쉬고는 그렇게 많은 아이를 낳을 생각은 없었다는 한탄이 쏟아져 나왔다. 그는 그 문제를 해결할 방법이 있다고 말하면서 피임약을 한 상자 건네주었다. "이건 가정의 행복 비타민이에요. 집안의 행복을 위해 드세요. 엄마의 몸이 쉴 시간을 주는 것이죠. 그러면 더 건강해져요. 다시 아기를 갖고 싶으면, 그냥 끊으면 돼요."

여성 스스로 선택하게 하는 이 방식은 자녀를 너무 많이 낳았다며 스스로를 어리석다고 생각하게끔 하거나 죄책감을 갖게 하는 방법보다 훨씬 더 효과가 있었다. 모두가 피임약을 원했다. 그러자 또 다른 문제가 생겼다. 당시까지 피임약은 병·의원에서만 구할 수 있었는데, 병·의원까지 쉽게 오갈 수 있는 지역에 사는 사람은 인구의 20퍼센트밖에 되지 않았다. 게다가 그중에는 병·의원에 가기를 꺼리는 이들이 많았다.

"경영학을 공부할 때, 고객을 잘 파악하라고 배웠지요. 그래서 우리는 여성들에게 동네에서 가장 믿을 만한 사람이 누구인지 물어봤어요. 동네 구멍가게 주인이라는 답이 많았답니다." 그렇다면 더할 나위가 없었다. 그는 동네 구멍가게의 코카콜라 광고 스티커 바로 옆에 "피임 기구는 여기서"라고 적힌 스티커를 붙였다.

"콜라를 사는 소비자와 우리의 고객은 동일했습니다. 그래서 우리는 같은 판매상을 이용했지요. 게다가 우리 제품은 부피도 훨씬 작았지요."

지역사회가 자체적으로 피임 기구를 배급하도록 한다는 것이 바로 그가 국제가족계획연맹에 제시한 착상이었고, 그는 탁월한 설득 능력을 발휘해 원래 예상한 액수보다 훨씬 많은 25만 달러를 지원받았다. 얼마 지나지 않아 메차이 비라바이댜는 타이 어디에서나 볼 수 있는 사람이 되었다. 그는 "하루에 콘돔 하나면 의사가 필요 없다"라고 적힌 티셔츠를 배부했고, 택시 기사와 교통경찰(그의 '경찰과 콘돔' 여단)을 설득해 콘돔을 나눠 주게 했으며, 자신은 외국의 고위 인사들이 모이는 공식 만찬장에서 직접 피임 기구를 나눠 주었다. 타이의 강과 해안을 따라 어민들이 잡은 생선을 직접 파는 노점들이 늘어선 수상 시장에서는 생선과 피임 기구를 함께 팔았다. 전국에서 콘돔은 '메차이'라고 불리게 되었다.

곧 산아제한이 죄인가라는 질문도 당연히 제기되었다. 메차이는 경전에 어떻게 나와 있는지 불교 학자들에게 자문을 구했다. 가장 연관성이 있는 대목은 남방불교의 팔리어語 경전에서 찾을 수 있었다. 출산이 고통이라는 내용이었다.

메차이는 타이의 모든 사원에 서신을 보냈다. "불교의 가르침에 따르면, 출산을 억제하는 것이 곧 고통을 줄이는 길이라고 결론을 지을 수 있습니다." 그는 방콕의 한 사원에서 주지가 피임약과 콘돔에 성수를 뿌리는 장면을 찍은 사진을 동봉했다. 곧 전국의 신문에 그 사진이 실렸다.

여성들은 그에게 말했다. "피임약에 부작용이 없는 것도 당연해요. 축복을 받았잖아요."

채 5년도 지나지 않아서 메차이 비라바이댜의 조직—현재의 인구와지역사회발전협회Population and Community Development Association, PDA—은 학생들에게 가족계획을 가르칠 교사 32만 명을 교육시켰다. 메차이는 직원들에게 말했다. "아이들을 우리 편으로 끌어들여야 합니다. 자식이야말로 소비자에게 가장 중요한 대상이니까요." 점점 더 유명해지고 있는 콘돔 풍선 불기 대회 외에도, 그는 타이 아이들에게 뱀사다리 게임을 변형한 게임판도 보급했다. 엄마가 피임약을 먹거나 삼촌이 콘돔을 사면 한 칸 앞으로 가고, 삼촌이 술을 마시고 콘돔을 쓰지 않으면 뒤로 다섯 칸 가는 등의 규칙이 있는 게임판이었다.

어느 날 한 마을 여성이 그에게 말했다. "자식이 많으면 가난해진다는 말은 맞아요. 하지만 자식이 적다고 해서 더 부자가 되는 것도 아니랍니다."

"당신 말이 맞습니다." 그는 동의했다. 그래서 그는 예산을 늘려서 효과가 거의 즉시 나타날 법한 사업을 시작했다. 바로 비임신 농업 융자금nonpregnancy agriculture credit이었다. 마을 주민들이 믿을 만한 여성들을 선출하고, 선출된 여성 집단이 심사를 해서 다른 여성들에게 초기 자금을 융자해 주는 사업이었다. "1년 동안 임신을 하지 않으면 돼지 두 마리를 키울 돈을 빌릴 수 있어요. 2년 동안 임신을 하지 않으면 네 마리를 키울 돈을 빌릴 수 있고요. 3년 동안 임신을 하지 않으면 여섯 마리까지 가능하지요."

곧 여성들은 임신을 하지 않으면 돈을 번다는 것을 깨달았다. 비임신 융자는 곧 돼지뿐 아니라 버섯, 게, 채소, 식용 귀뚜라미, 유실수로 확대되었다. 마침내 메차이는 진정한 목표를 이루고 있었다. 조국을 살아남게 한다는 목표였다. 그의 전공은 가족계획이 아니라 경제학이었다. 그는 피임이 사람들에게 번영의 기회를 주고 타이의 미래를 확보할 수단이라고 주장했다.

"가난을 벗어날 방법은 사업과 경영뿐입니다. 융자를 받을 권리도 인권이 되어야 합니다." 오랜 세월이 흐른 2007년, 그의 인구와지역사회발전협회는 빌 멀린다 게이츠 재단으로부터 세계보건상Award for Global Health을 받았다. 그는 상금 100만 달러 가운데 일부로 타이 지구온난화재단Global Warming Foundation을 설립해 '맨발의 기업가' 모델을 더욱 확장했다. 가난한 이들에게 자신의 문제뿐 아니라 지구의 시급한 문제를 해결하는 데 도움을 줄 수단을 제공하기 위해서였다. 세월이 흐르면서 인구와지역사회발전협회는 비단 자수와 아이스크림 판매에서부터 제철일 때보다 몇 배 수익성 있는 유기농 라임, 칸탈루프 온실 재배에 이르기까지 다양한 소규모 사업으로 융자금 지원을 확대했다. 지금은 타이의 후원 기업들과 협력해, 나무를 심으면 소액 융자금을 지원한다. 나이 든 주민들이 묘목을 키우고 젊은 주민들이 그것을 심도록 기업이 지원하는 것이다. 묘목 한 그루당 1.25달러를 지원하므로, 2만 5000그루를 심은 마을은 발전 기금으로 3만 달러를 모을 수 있다.

메차이는 말한다. "그럼으로써 주민들은 융자금뿐 아니라 지구의 미래에도 소유 의식을 지닐 수 있습니다."

1970년 미국은 캄보디아를 침략했다. 북베트남군을 쫓는 미군의 폭격을 이미 덩달아 받고 있던 나라였다. 그 침략은 의도하지 않은 결과를 낳았다. 그전까지 북베트남에게 엄격하게 통제를 받고 있던 공산주의 세력인 캄보디아의 크메르루주가 기세를 펴기 시작했다. 크메르루주의 지도자 폴 포트Pol Pot는 곧 대량 학살을 자행하면서 캄보디아판 중국 문화혁명을 일으켰고, 그 혁명은 마찬가지로 엄청난 재앙이 되었다. 미군이 떠난 뒤, 1979년에 베트남은 마침내 크메르루주를 몰아냈다. 크메르루주 치하에서 캄보디아의 농업은 파탄 났고, 캄보디아인의 20퍼센트가 죽었으며, 기근이 만연했다. 거의 100만 명에 이르는 캄보디아 난민들이 타이나 타이 국경을 따라 설치된 난민촌에 모였고, 그중 상당수는 굶주리고 있었다.

타이는 폭발적으로 불어나는 자국 인구를 먹여 살리려 애쓰는 한편으로, 그들도 먹여 살려야 했다. 그 무렵 메차이 비라바이댜의 인구와지역사회발전협회는 공중보건부와 협력해 타이의 엄청난 출산율을 단 6년 만에 거의 절반으로 줄이는 데 기여했다. 대개 대나무 꼬챙이로 쑤시는 방식으로 이루어지던 불법 낙태 수술을 받다 죽는 여성의 수도 인구와지역사회발전협회가 임신부의 건강을 보호하기 위해 합법적으로 낙태 수술을 하는 병원을 설립한 뒤로 줄어들어 왔다. 이 병원을 모델로 삼아 전국에서 비슷한 진료소가 설치되었다. 그러니 위기에 처한 캄보디아인들을 도와달라고 메차이에게 요청이 들어온 것도 놀랄 일은 아니었다.

메차이가 내놓은 난민촌 대책은 인구와지역사회발전협회가 타이의 마을들에서 이미 하고 있던 일들이었다. 첫째, 굶주린 아이를 더 낳을 여력이 없는 가정에 임신을 스스로 통제할 수단을 제공한다. 둘째, 원

조에 무한정 의지하기보다는 스스로 일어설 기회를 준다. 인구와지역
사회발전협회는 난민촌에 가족계획 진료소를 설치해 난민들이 스스로
운영하게 했다. 또 위생과 쓰레기 처리를 담당할 난민 조직도 곧 생겨
났다. 지역 주민들이 적대감을 갖지 않도록 인구와지역사회발전협회
는 자체적으로 소규모 농가들의 연합 망을 구축한 뒤, 구호 기금이 중
간상인을 거치지 않고 그들로부터 직접 식량을 구입할 수 있도록 했
다. 이 사업이 굉장히 잘 운영되었기 때문에 방콕의 인구와지역사회발
전협회 본부에는 양배추, 마늘, 애호박 등 잉여 농산물이 쌓이기 시작
했다. 그래서 메차이는 채소를 파는 노점을 열었고, 수익은 구호 기금
에 집어넣었다. 그가 여전히 콘돔을 보급하고 있었으므로(타이는 오늘
날 세계 최대의 콘돔 생산국이다) 가게 간판에는 '양배추와 콘돔Cabbages &
Condoms'이라고 적었다. 채소 노점은 인기를 끌었고, 이윽고 식당으로
변신했다. 그리고 점포도 여섯 곳으로 늘었다.

　1980년대에 메차이는 타이의 상수도국 국장과 산업부 차관 등을
맡으면서 공익사업에 기여했다. 그러던 중 다시 국가 위기가 찾아왔
다. 에이즈가 처음 출현했을 때, 그는 총리에게 그것이 대단히 심각한
문제라는 것을 납득시키려 애썼다. 하지만 총리는 성병 때문에 국가
비상사태를 선포하면 타이 관광산업이 몰락할 것이라고 우려했다. 섹
스 산업은 타이 관광산업의 대들보였다. 메차이는 상황이 더 악화되어
총리의 마음이 바뀌기를 마냥 기다릴 수가 없었다. 그는 군대와 접촉
했다. 군대는 326번 라디오 채널을 소유하고 있었다. 군인들이 성병에
감염될 수 있다는 것을 우려한 장군들은 그에게 방송 채널을 원하는
대로 이용할 수 있는 전권을 주었다.

　세계적으로 유명한 콘돔 전문가가 국가 에이즈 계획을 담당했다는
것은 결국 뜻하지 않은 행운이었음이 드러났다. 현재 '캡틴 콘돔'은 전
국의 학교에서 콘돔 표본을 나눠 주고 있으며, 기업가들에게 "죽은 소

비자는 아무것도 사지 않는다"는 점을 상기시키고 있다. 메차이가 관광부 장관으로 임명된 뒤, 리조트에는 미스 콘돔 가장행렬이 등장했고, 호텔의 미니바에는 콘돔이 비치되었다. 타이의 사창가에서는 의무적으로 콘돔을 사용하도록 했다. 매춘은 관광객을 끌어들일 뿐 아니라 타이 남자들이 기분을 전환하고 싶을 때 흔히 찾는 수단이었기 때문에, 유엔은 이 조치로 HIV에 감염되는 것을 피한 타이인이 770만 명에 이를 것으로 추정했다.

새천년이 되었을 때, 타이의 HIV 감염률은 90퍼센트나 낮아졌다. 그리고 타이 여성 1인당 출산율은 1975년의 7.5명에서 1.5명으로 떨어졌고, 지금도 그 수준을 유지하고 있다.

대나무

방콕에서 북동쪽으로 차로 다섯 시간을 달리면 농촌 지역인 부리람 주가 나온다. 인구와지역사회발전협회가 사업 운영 경비를 마련하기 위해 운영하는 캐비지스 앤드 콘돔스 휴양지 두 곳 가운데 한 곳에서 10킬로미터 떨어진 곳에 대나무로 지어진 거대한 돔 형태의 건물이 있다. 메차이파타나 학교Mechai Pattana School의 교내에 있는 강당이다. 이 학교는 탄소를 흡수하면서 빨리 자라는 재생 가능한 대나무를 주요 건축 재료로 하여 지어졌다. 2009년부터 7~9학년의 지역 아동 90명이 다니고 있다. 고등학교도 2012년에 설립되었다. 학급마다 교사가 두 명씩 있어서, 교사 대 학생의 비가 1대 5다. 학생들은 수학, 국어, 영어, 과학, 역사, 예술, 사회과학, 환경과학을 배운다. 또 입학 지원자들을 선별하는 데에도 참여한다(족벌주의를 피하기 위해 형제자매는 자동적으로 입학된다. 지금은 시골 여성들도 자녀가 많아야 두 명이므로 남는 자리가 많다). 또 학생들은 교사 후보들을 면담하고 임용하는 데에도 참여하며, 교육위원회에도 부모 및 교사와 함께 참여한다.

교과과정은 교과서 위주가 아니라 학생들이 제안한 학습 과제를 중심으로 짜여 있다. 무엇이든 간에 호기심을 자극하는 것들을 토대로 한다. 기계적인 암기 학습이 아니라 독창적인 사고를 강조한다. 설립자는 이렇게 말한다. "설립 목표는 두 가지예요. 학생들을 사회적 기업가이자 자선사업가로 키운다는 것이지요."

풀어 쓰자면, 방콕의 공장이나 이스라엘의 대추야자 농장으로 가거나 성노동자가 되는 대신에, 자기 마을이 생계를 유지하기 위해 떠날 필요가 없는 곳이 되도록 도울 인재를 양성한다는 것이다. 학생들은 이른바 '대나무 학교'에 다니면서 어린 동생들에게 컴퓨터를 가르치고, 고령자에게 글을 가르치고, 부모에게는 가정 예산을 짜는 법을 가르친다. 학생들은 특용 작물을 기르고, 플라스틱을 재활용하고, 오리알을 판매하고, 장신구를 만들고, 콩나물을 기르고, 빵을 굽는 등 자신의 사업체를 설립하고 운영하며, 학생들이 자체 운영하는 은행으로부터 자금 지원을 받는다. 수익의 절반은 마을에서 지원이 필요하다고 파악한 초등학생들을 위한 장학금으로 쓰인다. 나머지는 자신의 신생 기업에 재투자한다. 10학년 때에는 타이의 유명한 해안 휴양지인 파타야에 있는 인구와지역사회발전협회의 리조트, 버즈 앤드 비즈Birds & Bees의 운영을 1년간 도우면서 환대 사업Hospitality business을 배운다.

학생과 부모는 나무 400그루를 심고, 마을을 가꾸고, 아이들을 가르치고, 사원을 청소하는 등 지역 사회에서 400시간을 봉사하는 것으로 수업료를 대신한다. 메차이는 부모들에게 말한다. "우리 학교는 학생들만을 위한 곳이 아닙니다. 우리는 빈곤선에 가까운 모든 가정을 9개월 안에 빈곤에서 벗어나게 해줄 것이라고 장담합니다." 부모는 자동적으로 소액대출과 직업 훈련을 받을 자격을 얻는다. 학생들의 가정은 주변 16개 마을에서 식용 귀뚜라미 농장을 운영하고, 물을 정화해서 판매하고, 버섯을 재배하고, 혼례식과 장례식에 쓰일 조화를 만들고, 돼지를 키운다.

메차이 비라바이댜는 연꽃으로 가득한 교내 연못을 가로질러서 갖가지 색으로 칠한 기둥 위에 이엉과 대나무로 엮어 만든 다리에 서 있다. 맑은 아침에 기온이 오르면서 수면에서 안개가 피어오르고 개구리들의 합창이 울려 퍼진다. 메차이는 온화한 인상이며, 평소처럼 보타이를 매고 있다. 현재 일흔 살인 그는 당뇨병 때문에 거동이 좀 느려지긴 했지만, 여전히 운동선수처럼 건장하며 계속 활발하게 활동하고 있다. 그는 교정 한쪽으로 나아간다. 무지개 색으로 칠한 다리의 뼈대가 끝나는 곳에 버려진 배수관을 잘라 색칠해 만든 화분 수십 개가 늘어서 있다. 학생들은 이곳에서 아스파라거스, 고추, 바질, 가지를 비롯해 다양한 채소와 라임을 기른다. 라임은 가지치기와 물주기를 잘 조절해 희귀한 계절에 열매가 맺히도록 기른다. 메차이는 교복을 입은 남녀 학생들을 바라본다. 검은 치마와 바지, 격자무늬 깃이 붙은 흰 셔츠와 블라우스를 학생들이 직접 디자인했다. 학생들은 일종의 살아 있는 조각 작품에 물을 주고 있다. 색깔을 칠한 기둥에 못으로 박아서 흙을 채운 음료수 깡통에서 허브와 골파가 자라고 있다. 공중에 매단 PVC 폐파이프 안에서는 생리 식염수가 들어 있던 비닐 백에 연결된 수액 관을 따라 가늘게 뚫은 홈에서 조금씩 똑똑 떨어지는 물을 받으면서 상추가 자란다. 버려진 운동화와 장화도 이곳에서는 화분이 되어 있다.
망고, 코코넛야자, 바나나, 커스터드애플, 로즈애플 나무가 대나무로 지은 교실들 사이에 흩어져 있다. 교실에서 컴퓨터 화면 앞에 앉은 학생들은 생장 주기를 그래프로 그리는 법을 배우고 있다. 학생들이 직접 만든 대나무 가구가 있는 도서관과 학생들이 모은 장난감이 가득한, 마을 아이들을 위한 장난감 대여소도 있다. 교정 주위에는 논이 있고, 유기농 재배를 하는 논에서 얻은 수익으로 교사 봉급과 학교 운영비를 충당한다.

학생들의 소매에는 자수로 표어가 새겨져 있다. "주는 것이 많을수록 받는 것도 많다." 메차이는 벽 없이 탁 트인 널찍한 간이식당에서 학생들 사이에 앉아 있다. 식당은 먼지 하나 없이 깨끗한데, 인공 화학 물질을 전혀 넣지 않고 멀구슬나무 기름과 레몬그라스로 직접 만든 세정제로 청소한다. 학생들은 나무를 심어서 식비를 번다. "공짜 점심은 없단다." 그가 학생들에게 늘 하는 말이다.

학생들은 남기지만 않는다면 원하는 만큼 먹을 수 있다. 메차이가 바라는 대로, 이 학교가 없었다면 글도 모르고 영양실조와 가난을 벗어나지 못했을 시골 아이들이 사회적 기업가나 자선사업가로 자라는지를 알려면 15년은 더 있어야 할 것이다. 여학생의 비율이 절반 이상인데, 그는 이 여학생들이 설령 출세의 길로 들어서지는 못한다고 해도 적어도 성노동자로 전락하지는 않을 것이며, 자신과 자신의 마을, 더 나아가 모국이 감당할 수 없을 만큼 많은 아이를 낳는 엄마가 되지는 않을 것이라고 확신한다.

콘돔 풍선을 불어서 전 국민을 웃겼고, 그렇게 모든 이들이 콘돔을 사용하도록 만든 이 인물은 말한다. "타이에서는 어제를 답습하는 사람이 아니라 내일의 지도자를 교육해야 합니다. 어제는 너무나 많은 아이를 낳았습니다. 오늘은 인구가 먹이고 교육할 만한 수준이 되어 있지요. 여기에서 더 나아가 사람들이 서로를 도와 혜택을 주고받게 할 수 있다면, 모두가 풍족해질 수 있습니다."

PART 5

16
지구는 공원이다

모순어법

시어도어 루스벨트는 십 대 때 찰스 다윈의 《종의 기원Origin of the Species》
을 읽고 야생동물을 연구하는 생물학자가 되기로 마음먹었다. 그는 하
버드 대학 재학 중에 자연과학에서 정치학으로 진로를 바꿨지만, 적어
도 양적인 측면에서 볼 때 다윈이 생물학에서 질적으로 이룬 장엄한 공
헌에 버금가는 기여를 했다. 시어도어 루스벨트 대통령은 1903년에서
1909년 사이에 미국에 150곳의 국유림을 지정했다. 단 하루에 93곳을
지정하기도 했다. 프랑스, 벨기에, 네덜란드, 룩셈부르크를 더한 것과
맞먹는 면적이었다. 또 그는 미국 국립공원의 수도 두 배로 늘렸다(그
때 10개로 늘렸는데, 지금은 59개다).

　　그럼으로써 그는 야생동물 생물학이라는 개념을 응용 분야로까지
확대하는 데 기여했다. 바로 야생동물 관리라는 분야였다. 야생동물을

관리한다니, 다윈이라면 모순어법이라고 했을지도 모르겠다. 야생이면서 동시에 관리가 이루어질 수 있다는 개념은 우리 인간이 복잡한 정체성을 지니고 있음을 단적으로 보여 준다. 프랑스 철학자 블레즈 파스칼Blaise Pascal의 표현을 빌리자면, 우리는 천사와 동물 사이의 어딘가에 놓여 있다. 그렇긴 해도 우리 종이 아닌 다른 많은 종들의 운명은 현재 우리가 먹이, 포식자, 우리 자신 사이의 미묘한 균형을 얼마나 잘 유지하느냐에 달려 있다.

쉬운 일은 아니다. 야생동물 관리의 역사에서 가장 유명한 일화를 생각해 보라. 그랜드캐니언 북쪽에 있는 애리조나 주 카이밥 고원Kaibab Plateau의 노새사슴mule deer 이야기다. 1906년 루스벨트 대통령은 카이밥 고원의 가문비나무, 사시나무, 참나무, 폰데로사소나무, 피넌소나무, 노간주나무를 뜯어 먹는 사슴을 보호하기 위해 그랜드캐니언 국립 사냥금지구역을 설정했다. 당시 그곳에는 약 4000마리의 사슴이 살고 있었다. 사냥금지구역으로 설정한 뒤, 사슴을 보호하기 위해 식물을 놓고 경쟁하는 양과 소를 내쫓고, 그들을 잡아먹는 퓨마, 늑대, 짧은꼬리살쾡이, 코요테를 잡아오면 포상금을 주는 정책이 펼쳐졌다. 그 뒤로 수십 년에 걸쳐 수천 마리의 포식자가 사냥당했다. 너무 많이 잡은 탓에 늑대는 사실상 전멸했다.

1913년 루스벨트는 퓨마를 사냥하러 그곳에 왔다. 사슴이 너무나 많이 불어나 있었다. 그는 사냥을 허용해서 사슴의 수를 줄여야 하지 않을까 생각했다. 하지만 그는 더 이상 대통령이 아니었고, 그가 만든 법은 원래 보호하기로 한 종을 잡는 것을 금지하고 있었다. 1922년 무렵에 노새사슴의 수는 5만~10만 마리에 이르렀다. 그들은 장과, 도토리, 어린 나무, 잎 등을 닥치는 대로 먹어치웠다. 산림청은 사슴의 개체수가 너무 불어나서 붕괴하지나 않을까 우려했다. 생물학자들과 야생동물 관리자들은 모여서 대책을 논의했다. 일부 사슴을 다른 곳으로 이주시켜야 한다, 사냥을 합법화해 수를 줄여야 한다, 아무런 조치도 취할 필요가 없다 등등의 대안이 논의되었다.

하지만 과학이 정치와 얽히면서 상황이 복잡해졌다. 카이밥 고원은 국립사냥금지구역과 새로 지정된 그랜드캐니언 국립공원으로 관할권이 나뉘어 있었다. 양쪽은 관리 목표도 서로 달랐다. 신생 주인 애리조나는 그랜드캐니언의 노스림North Rim에 관광객의 출입을 금지시켰다. 그래서 시끄러운 총을 든 밀렵꾼들은 관광객의 시선을 끌지 않고 큰 뿔이 달린 사슴들을 사냥할 수 있었다.

사슴 개체 수가 급격히 불어난 데는 1918년 이전까지 12년 동안 겨울이 유달리 습했던 탓도 있었다. 별노랑이류와 담자리꽃나무류처럼 즙이 많고 영양분이 풍부한 잎들이 무성하게 자라면서 새끼를 먹일 사슴의 젖도 풍부하게 나왔다. 그 뒤로 몇 년 동안 평년 수준의 강수량이 이어지다가, 1924년에 유달리 가문 해가 찾아왔다. 봄에 식물이 유달리 적게 자랐고, 사슴이 뜯어 먹을 수 있는 낮은 가지에 달린 나뭇잎들은 금방 다 먹혀 사라졌다.

그해 가을, 국립공원 당국과 애리조나 주의 관할권을 무시한 채, 산림청 야생동물 담당자들은 말을 탄 카우보이들을 모집해 노스림에 사는 노새사슴 수천 마리를 그랜드캐니언 아래쪽 계곡으로 내몰았다가 반대편인 사우스림으로 올려 보내려 했다. 하지만 그랜드캐니언 사슴 몰이는 대실패로 끝났다. 몰이에 참여한 서부의 작가 제인 그레이Zane Grey에게 베스트셀러 작품의 소재를 제공했다는 점을 빼면 말이다. 이 계획은 야생동물이 유순한 가축인 소처럼 행동하지 않는다는 사실을 확인해 주었을 뿐이다. 그러자 산림청은 사냥금지구역을 사냥꾼들에게 개방했고, 애리조나 주는 그중 일부를 체포했다. 이어서 혹독한 겨울이 찾아왔고, 모두가 우려했던 개체군 붕괴가 시작되었다. 카이밥 고원의 노새사슴 가운데 70퍼센트가 노스림이 눈으로 뒤덮이자 굶어 죽었다.

20세기의 주요 생태학자로 꼽히는 알도 레오폴드Aldo Leopold와 레이첼 카슨은 훗날 카이밥 고원 노새사슴의 비극을 포식자가 자연의 계획에 왜 필요한지를 말해 주는 구체적인 사례라고 인용하곤 했다. 그런 자연적인 억제 요인이 없다면, 종은 마구 불어나서 자신의 서식지 자체를 먹어치울 것이라고 본 것이다.

애리조나 주립대학의 야생동물 관리학 교수인 생물학자 데이비드 브라운David Brown은 동의하지 않는다. 그는 이렇게 덧붙인다. "단지 포식자 때문이라고 말하는 것은 지나친 단순화입니다. 퓨마의 수를 줄이려 한 억제책은 습한 해가 지속되는 동안 사슴의 수와 함께 퓨마의 수가 늘어나는 것을 막지 못했기 때문에, 사실상 별 효과가 없었어요. 1924년 사슴의 수가 급감했을 때가 바로 개체군이 안정 상태로 나아가기 시작한 해였지요. 개체군이 유지될 만큼 먹이가 있긴 했지만, 개체군이 불어날 만큼 영양가 있는 잎은 부족했기 때문입니다."

1940년이 되자, 카이밥 고원의 노새사슴 수는 마침내 약 1만 마리 수준에서 안정되었고, 그 뒤로는 포식자와 제한적인 사냥을 통해 그 수준이 유지되어 왔다. 브라운은 말한다. "개체군이 앞으로 다시 붕괴하는 일이 없도록 수를 충분히 줄이는 것이 중요하다는 교훈을 얻은 것이죠."

하지만 안정 상태를 유지하려면, 야생동물 관리자들이 이따금 종이 선호하는 식물이나 지방, 탄수화물, 단백질을 고루 섭취할 수 있도록 영양가 많은 식물들의 씨를 혼합하여 파종함으로써 개체 수를 늘려야 할 때도 있다. 때로는 기존 식물에 인위적으로 비료를 주거나, 제초제를 뿌리거나 불을 놓아서 경쟁 식물을 제거하기도 한다. 먹이 종을 관리한다면, 먹이인 식물의 잔가지가 겨울에 얼마나 뜯어 먹혔는지를 봄에 파악해 가을에 몇 마리까지 사냥을 허용해야 할지를 판단해야 한다. 강수량이 적을 때는 구유나 수조를 통해, 또는 물길을 막아 물을 공급하거나 지하수를 퍼 올려서 연못을 만들기도 한다.

미국 어류및야생동물국이 큰뿔영양, 말코손바닥사슴, 가지뿔영양을 관리하는 일을 40년 넘게 도와 온 혈색 좋은 인물인 데이비드 브라운은 그와 같은 물 관리에 반대한다. 사막에 적응한 유제류는 포식자보다 가뭄을 훨씬 잘 견딘다고 보기 때문이다. 그는 야생동물이 면역력을 갖추지 못한 질병을 더 걱정한다. "유럽의 천연두를 막는 항체를 지니지 않았던 아메리카원주민들과 다름없습니다. 전리품을 원하는 사냥꾼들은 큰뿔영양을 멸종시키지 않지만, 가축인 양의 질병은 그럴 수도 있어요." 해결책은 가축을 야생동물과 떼어 놓는 것이지만, 말처럼 간단한 일이 아니다. "우리는 질병의 매개체를 다 파악하지도 못했어요. 프레리도그는 1930년대까지는 이 나라에 없었을 전염병으로 죽어 가고 있습니다. 흰족제비는 개의 질병에 감염되어 죽어 가고 있고요. 우리가 아는 것보다 더 많은 요인들이 관여할 겁니다."

무역과 교통이 발달하면서 과거에 인류 집단을 격리시켰던 대양이라는 장벽이 사라지고 있는 지금, 우리는 야생동물보다 더 취약한 상태에 놓여 있을지도 모른다. 전염병학자들은 에볼라, 사스, 조류독감 바이러스의 돌연변이체보다 한발 앞서기 위해 노심초사하고 있다. 그들이 동물 종에서 우리 종으로 쉽사리 건너는 것처럼 대륙 사이를 쉽게 건너오지 못하게 하기 위해서다. 야생동물 관리 분야에서 얻은 교훈이 우리 자신의 미래를 계획하는 데 도움이 될 수 있을까?

브라운은 말한다. "전혀 아닙니다. 우리가 동물들을 관리할 수 있는 이유는 우리가 다른 종보다 대단히 우월하기 때문입니다. 그 방식을 우리 자신을 관리하는 데 적용하지는 못해요. 그 방면으로는 우리 자신이 대단히 무능하다는 사실이 증명되어 왔으니까요."

그는 8학년 때 교과서에 실려 있던 1940년의 인구 그래프를 기억한다. "당시 미국 인구는 1억 2000만 명이었습니다. 적당했지요. 아직 대공황의 여파에서 벗어나지 못했으니 경제학자들은 기뻐하지 않았지만, 우리는 어떤 종교와도 싸우지 않고 인구 성장률이 제로인 상태에 도달해 있었지요. 경제성장률도 그랬고요. 기본적으로 안락한 삶을 누리고 있던 시기였어요. 이민자도 거의 없었지요. 그들을 위한 일자리가 없었으니까요. 가구당 자녀의 수도 많지 않았고요."

그러다가 제2차 세계대전이 일어났다. "사슴을 관리할 때도 그랬듯이, 언제든 판을 뒤엎는 일이 일어나기 마련입니다. 전쟁이 끝난 뒤, 우리가 맨 처음 한 일은 인구를 늘리는 것이었어요. 게다가 그저 현상 유지만 하고 있는 경제를 원치 않았지요. 우리는 성장을 원했습니다. 우리는 본능적으로 성장을 추구하게 되어 있어요. 그 점에서는 카이밥의 노새사슴도, 옐로스톤의 늑대도 마찬가지이지요. 성장은 생물학적 과정의 일부입니다. 인구가 환경 용량에 알맞은 수준에 이르고 그 상태로 유지된다면 좋겠죠. 하지만 인류가 과연 그렇게 할까요?"

그는 1924년에 카이밥 사슴들이 뼈와 가죽만 남은 상태가 되었다고 말한다. 새끼들은 죽어 가거나 사산되었고, 임신도 잘 되지 않았다. 그 자체는 비극이었지만, 생존할 수 있는 균형을 회복하려면 그렇게 죽어 나가야 했다. 하지만 우리가 인류를 그렇게 한다고 상상해 보라.

"인류를 관리하겠다는 것은 직관에 너무나 반하는 일이지요. 수단의 다르푸르에 가서 굶어 죽는 사람들을 보고 그들에게 식량을 준다면, 출산율이 높아져서 다시 굶주리게 될 겁니다. 지진에 피해를 입은 아이티에 식량과 원조를 하니, 출산율이 다시 높아지고 있잖아요." 그는 그러한 역설에 고개를 절레절레 젓는다. 인구가 다시 늘어나면, 불가피하게 다시 삶이 고단해진다.

"우리는 100년 전부터 이 사실을 알고 있지만, 과연 자신의 행동을 바꾸고 있습니까? 아니죠. 가뜩이나 파탄 상태에 놓인 아이티에, 식량을 제공하면 당신들이 결국에는 더욱 비참한 상황에 처하게 될 테니까 그럴 수 없다고 말할 수는 없잖아요. 우리는 위기 상황에 처한 이에게 식량을 제공하려는 성향이 있어요. 그것이 우리가 하고 있는 일이지요."

인류를 야생동물이나 가축처럼 관리한다는 개념은 법적으로는 말할 것도 없고 도덕적·종교적·철학적 등 여러 층위에서 혐오감을 불러일으킨다. 야생동물 관리의 원칙을 우리 종에게 적용하자는 주장을 들으면, 인류를 사슴처럼 추려 내는 것과 같은 혐오스러운 일들이 저절로 떠오른다. 비록 우리가 역사를 잘 잊는 존재로 유명하긴 하지만, 우리 종족을 추려 내려는 시도들─대량 학살이라고 말하는─은 우리에게는 무엇보다도 잊을 수 없는 역사적 기억이다.

파스칼의 말마따나, 우리가 천국을 열망한다고 해도 여전히 우리는 지상의 다른 모든 동물들과 마찬가지로 식량과 물을 먹어야 하는 포유동물이다. 그리고 우리는 지금 그 자원들을 고갈시키고 있다. 지금 우리는 해산물을 얻기 위해 바다의 바닥까지 박박 긁고 있고, 척박해진 토양에서 작물을 기르기 위해 화학물질을 잔뜩 뿌려대고 있으며, 강은 오염되고 말라 가고 있다. 연료를 얻기 위해 암석을 부수고 쥐어짜고, 얼어붙은 바다를 뚫고 채굴하고, 위험한 곳에서 원자력발전소를 가동하고 있다. 쉽게 얻을 수 있는 연료는 이미 거의 다 써버렸기 때문이다. 카이밥 사슴과 마찬가지로, 생물학의 역사에서 자원이 감당할 수 없을 만큼 개체 수가 불어난 종들은 모두 개체군 붕괴를 겪었다. 그럼으로써 종 자체가 멸종 위기에 처하기도 했다. 현재 이 세계에서 인류가 발을 딛지 않은 곳이 없으므로, 우리는 끝없이 펼쳐진 야생의 세계가 아니라 공원 안에서 살아가는 셈이다. 따라서 우리 종이 계속 살아남으려면, 그런 상황에 맞춰야만 한다.

그 말은 곧 불가피하게 인구를 서서히 줄여야 한다는 것을 의미한다.

그리고 우리는 그 과정이 인간적이고 비폭력적으로 이루어지기를 바란다. 아니면 자연—우리가 지구를 변모시키는 과정에서 뜻하지 않게 우리와 닮은꼴이 된 새로운 자연—에 그 일을 내맡길 수도 있다.

자연은 그 일을 어떻게 할까? 아마 하나가 사라지면서 또 다른 무언가의 상실을 촉발하는 식으로 수많은 연쇄효과를 일으키는 방식일 것이다. 우리가 먹는 생선은 이제 급감하고 있다는 말조차 무색한 수준에 이르렀다. 우리가 탐욕스럽게 먹어치워 사라질 지경에 와 있기 때문이다. 또 자연이 수백만 년에 걸쳐 묻어 온 탄소를 우리가 채 300년도 안 되는 짧은 기간에 거의 다 캐내어 태우는 바람에, 어류가 사는 물의 수온이 그들 중 일부가 견딜 수 없는 수준으로 오르고 있다. 물이 따뜻해지면서 용존 산소 농도가 낮아지고 대사율이 높아지는 바람에, 이미 북대서양의 대구와 해덕haddock은 예측보다 몸집이 더 빨리 줄어들고 있다.

대양은 우리가 뿜어낸 이산화탄소를 흡수하면서 점점 더 알칼리성을 잃어 가고 있다. 설령 산성화가 아직 심하게 일어나지 않았다고 할지라도, 바다는 짠 탄산수로 변해 가고 있다. 이산화탄소가 점점 더 많이 녹아들면서 어린 연체동물과 갑각류의 껍데기를 부식시키고 있다. 우리는 지표면의 평균기온이 산업화 이전 수준보다 섭씨 2도 이상 오르는 것을 넘어서는 안 될 문턱으로 규정하는데, 그 문턱을 넘어서면 따뜻한 물이 더 멀리 퍼지고 얼음이 녹아 더 불어남으로써 해수면 상승이라는 유령이 뚜렷이 형체를 갖추게 될 것이다.*

---

* 섭씨 2도 이상 올라가게 해서는 안 된다는 목표는 2009년 코펜하겐 기후변화회의Climate Change Conference 때 설정한 이래로 문턱값으로 자주 인용되어 왔다. 하지만 미 항공우주국의 제임스 핸슨James Hansen, 스탠퍼드 대학교의 켄 칼데이라Ken Caldeira, 사우샘프턴 대학교의 엘코 롤링Eelco Rohling 같은 손꼽히는 기후과학자들은 선사시대에도 이산화탄소 농도가 증가하면서 해수면이 높아졌던 시기가 있었다고 지적하면서, 섭씨 0.8도가 오른

하지만 지금의 온실가스 배출량 증가 추세를 유지한다면, 앞으로 20~30년 안에 기온은 섭씨 2도 이상 증가할 것이다. 세계 인구의 3분의 2가 해안에서 300킬로미터 이내에 살고 있고, 세계 경제 활동의 대부분이 해안 도시에 집중되어 있으므로 그곳들이 물에 잠길 때 우리가 아는 문명도 침몰할지 여부를 우리는 알지 못한다. 도쿄, 상하이, 광저우, 카라치, 뭄바이, 마닐라, 이스탄불, 부에노스아이레스, 콜카타, 리우데자네이루, 튀니스, 자카르타, 뉴욕, 로스앤젤레스-롱비치, 런던, 라고스, 홍콩, 호찌민, 마이애미, 싱가포르, 바르셀로나, 시드니, 멜버른, 알렉산드리아(그리고 나일강 삼각주 전체), 아테네, 텔아비브, 리스본, 나폴리, 트리폴리, 카사블랑카, 더반, 산후안, 두바이, 아바나, 휴스턴, 베이루트, 퍼스, 마르세유, 스톡홀름, 오데사, 도하, 보스턴, 밴쿠버, 오슬로, 마카오, 코펜하겐, 아부다비, 호놀룰루뿐 아니라 뉴올리언스만 하거나 그보다 작긴 하지만 그곳에서 살고 일하는 주민들에게는 더할 나위 없이 소중한 수백 곳의 도시를 보호하기 위해 거대한 제방을 세워야 하는 상황에 비하면 지금의 엄청난 적자예산도 사소해 보일 것이다.

14세기 중반 흑사병이 돌면서 세계 인구의 약 4분의 1이 죽었을 때, 세계 인구는 훨씬 적었고 훨씬 더 흩어져 살고 있었다. 1918~20년 스페인독감으로 약 5000만 명이 사망했을 때에도 우리 종의 개체 수는 20억 명을 밑돌았다. 하지만 오늘날 70억 명을 넘어서 계속 늘어나고 있는 인구가 복작대는 세계에서, 임균에서부터 연쇄상구균에 이르기까지 다양한 병원체들은 돌연변이를 일으키면서 내성을 획득하여 우

지금도 이미 기상 교란, 홍수, 극지 빙하 융해가 일어나고 있음을 고려할 때 2도가 오르면 재앙이 될 것이라고 결론을 내린다. 하지만 탄소 배출량이 여전히 거침없이 증가하고 있기 때문에 앞으로 2.4도까지는 오를 것이라고 보는 과학자들이 점점 늘어나고 있다. 현재 유엔환경계획United Nations Environmental Program은 2050년에는 3도까지 오를 것이라고 예측한다. 그리고 세계은행은 탄소 기반의 우리 행동을 서둘러 바꾸지 않는다면, 금세기 말이 되기 전에 4도까지 오를 것이라고 경고한다.

리의 항생제를 무력화하고 있다. 다양한 종들이 섞여 사는 생태계를 대체한 단일경작 작물이 다 그렇듯이, 호모사피엔스라고 알려진 종도 세계적인 유행병에 전보다 더 취약해져 있다.

또 우리는 뜻하지 않게 우리 자신뿐 아니라 그 어떤 동물도 방어 수단을 지니고 있지 않은, 미시적인 차원의 위협도 가해 왔다. 텔아비브 최대의 정자은행이 처한 위기 상황—기증할 수 있을 만한 정자를 생산하는 남성이 100명 중 한 명밖에 되지 않는 상황—은 이스라엘이 사막을 경작지로 바꾸려고 살충제를 너무 심하게 뿌려대는 것은 아닌가 하는 우려를 불러일으킨다. 정자 손상은 농화학물질뿐 아니라, 의약품, 가정 세정제, 세제, 플라스틱, 심지어 화장품과 선크림에도 들어 있는 내분비계 교란 물질 때문에 일어나는 것일 수 있다. 그 교란 물질이 유방암과 전립샘암, 자폐증, 난소물혹, 주의력결핍장애, 심장병, 자가면역질환, 비만, 당뇨병, 학습장애가 증가하는 현상과 관련이 있으며, 게다가 그것만으로는 만족할 수 없다는 듯 어류에서부터 개구리와 악어, 북극곰뿐 아니라 인간에 이르기까지 동물들의 성별에 혼란을 일으키고 있음을 시사하는 증거가 많이 있다. 그 결과 인도나 중국에서 태아 초음파 검사를 통해 빚어지는 성비 불균형보다 훨씬 심한 성비 불균형이 나타나기도 한다. 서스캐처원 강에 사는 피라미는 지금 암컷의 비율이 무려 90퍼센트에 이른다. 또 암수한몸으로 태어나는 어류, 양서류, 파충류, 포유류의 개체 수도 크게 늘고 있다. 암컷과 수컷의 생식기를 한 몸에 지닌 이 생물들은 종족 번식의 미래에 암울한 그늘을 드리운다.

다양한 동물들에서부터 인간에 이르기까지, 번식률은 선택해서 낮아지는 것이 아니라 우리가 그간 결코 접하지 못했던 물질들에 노출되어 낮아지고 있다. 그런 물질들을 지칭하기 위해 만든 용어인 성 왜곡 물질gender-bender은 딱 맞는 용어이긴 하지만, 불행히도 너무 생생해서 있는 그대로 진지하게 받아들이기가 쉽지 않다. 이것은 비극이다. 그리고 자연이 행위자들을 살아가기 힘들게 하는 방식으로 부자연스러운 행동을 거부한다는 점을 보여 주는 것이기도 하다.

화학 실험

우리 환경이 화학 물질에 얼마나 심각하게 중독되었는지를 알기에는 아직 이르다. 우리 모두가 그 실험의 일부이기 때문이다. 비록 지구의 모든 배아(인류만이 아니라 모든 종의 배아)가 지금 만연한 성 왜곡 물질에 노출되어 있긴 해도, 아직까지 모든 아이가 자폐증이나 생식기 이상을 갖고 태어나는 것은 아니다. 우리가 유기염소계, 유기인계 농약 같은 물질의 사용을 중단할 경우, 운이 좋으면 그런 물질들을 우리 생태계에서 깨끗이 제거할 수도 있다. 사실상 그것들이 램프에서 탈출한 사악한 지니나 다름없긴 하지만 말이다. 그중에는 파괴가 불가능해 보이는 물질들이 많기 때문이다.

그러나 우리가 스스로 고삐를 조이지 않는다면, 자연은 더 단순한 방법으로 우리의 무분별한 성장을 멈출 것이다. 가장 기본적인 방법은 가장 오래 쓰여 온 방법이다. 바로 식량을 줄이는 것이다. 21세기에는 기본적으로 우리가 녹색혁명 시기에 짧게 접한 것처럼 식량이 늘어나기보다는 오히려 줄어들 것이다.

확률을 따지는 도박사들도, 우리가 앞으로 도달할 100억 인구는커녕 이미 도달한 70억 인구를 먹일 만큼 기르거나 사냥하거나 수확할 수가 없을 것이라는 쪽에 돈을 걸 것이다. 현재의 날씨는 예측하기가 거의 불가능하기 때문에, 해마다 적어도 어느 한 대륙에는 엄청난 흉년이 드는 것이 연례행사가 되었다. 세계가 더 따뜻해지면 수확량이 사실상 늘어날 것이라는 기대는 문턱값이라는 현실 앞에 물거품이 되었다. 평균적으로 옥수수는 섭씨 29도, 콩은 30도가 문턱값이다. 미국에서부터 인도에 이르기까지 많은 농민들이 경험을 통해 아주 잘 알게 되었듯이, 기온이 그 이상 올라가면 수확량은 줄어든다.

또 기온이 올라가면 경작지가 극지방으로까지 확대되어 캐나다 북부와 시베리아가 곡창지대가 될 거라고 호언장담하는 이들이 있는데, 그들은 침엽수로 뒤덮인 타이가의 산성 토양이 곡물을 재배하기에 알맞은 옥토로 변하는 데 수천 년이 걸릴 거라는 사실을 고려하지 못했다. 현재 남아 있는 겉흙, 즉 바람과 홍수에 씻겨 가거나 가뭄에 먼지로 변하지 않은 겉흙은 지나치게 이용되고 인공 비료와 살충제에 뒤범벅되어 있으며, 50년 전만큼의 소출을 내지 못한다.

한편 고갈된 땅을 대신해 바다에서 무한정 많은 해조류를 수확하여 우리가 좋아하는 식량과 비슷하게 가공할 수 있을 것이라는 예측은 기술에 기댄 극단적인 환상처럼 들린다. 생선회를 좋아하는 사람이라면 잘 알고 있듯이, 해조류가 맛있고 영양가가 풍부하며 식량으로 개발할 여지가 많다는 것은 분명하다. 하지만 수십억 명에게 주된 식량이 될 만한 양을 기르고 수확하고 가공해서 공급한다는 것은 에너지 비용부터 시작해서 여러모로 비현실적이다. 해조류로 만든 대체 식품을 받아들이게끔, 이미 해조류를 즐겨 먹는 인구를 제외한 나머지 109억 명의 입맛을 바꾸어야 하는 문제를 논외로 치더라도 말이다. 그리고 바닷물의 산성화는 굴 유생의 껍데기를 녹일 뿐 아니라 현재 미역, 김, 다시마, 우뭇가사리 등이 해안에서 번성할 수 있게 해주는 바닷물의 화학적 성질도 교란할 것이다.

'동물의 윤리적 대우를 위한 사람들People for the Ethical Treatment of Animals, PETA'이라는 동물 권리 옹호 단체는 인공 고기를 발명해 시장에 내놓을 수 있는 사람에게 100만 달러의 상금을 내건 적이 있다. 그 상은 주로 대중의 관심을 끌기 위한 성격이 강했지만, 옥스퍼드 대학교와 암스테르담 대학교를 비롯한 몇몇 기관의 과학자들은 성실하게 시도를 계속하고 있다. 시험관에서 배양한 스테이크라는 개념에 섬뜩해할 사람도 있겠지만, 그 어떤 동물에게도 해를 입히지 않고 숲도 없애지 않는다고 마음에 들어 하는 이들도 있다. 하지만 적극 지지하기 전에, 실험실에서 배양한 고기라고 해서 허공에서 그냥 만들어 내는 것이 아니라는 점을 떠올리는 것이 좋다. 인공 고기도 원료를 공급해야 한다. 옥스퍼드 연구진은 원시적인 조류인 남세균에서 근육 조직을 배양하는 연구를 한다. 한편 네덜란드의 과학자들은 정부의 지원을 든든히 받아서 돼지 줄기세포로 시도하고 있고, 일본 연구자들은 사람의 배설물에 든 단백질로 고기를 만들었다고 주장한다. 혐오감을 논외로 친다고 해도, 지금 당장 쇠고기를 인공적으로 생산하는 데는 1킬로그램당 수천 달러가 들 것이며, 식품과학자들은 상업적인 생산이 가능하려면 적어도 30년은 걸릴 것으로 추정한다.

아무런 격변도 일어나지 않는다고 가정할 때, 그때쯤 인구는 90억 명을 넘어서 100억 명을 향하고 있을 것이다. 농생명공학 대기업인 몬산토(미생물과 곤충이 진화하면서 얻은 능력을 이미 초월한 유전자 변형 기술을 갖춘 회사)가 아무리 장담한다고 하지만, 그렇게 많은 호모사피엔스를 먹일 수 있을 가능성은 매우 낮다. 우리는 이미 있는 70억 명조차 다 먹일 수 없다. 우리 가운데 10억 명은 만성적인 영양실조에 시달리며, 매일 1만 6000명의 아이가 굶어 죽고 있다. 전 교황 베네딕토 16세를 비롯한 이들이 주장하듯이, 식량을 균등하게 배분하기만 하면 모든 사람을 먹일 수 있을까? 이 세계의 식량이 주로 사람들을 먹이기 위해서가 아니라 사람들로부터 수익을 얻기 위해서 생산되기에, 그 주장은 의심스럽다.

채식주의자들은 상품에 시장 보조금을 주어서라도 우리가 먹는 모든 것(소금을 제외하고)을 생산하는 광합성의 산물을 육류 생산이라는 낭비가 많은 과정으로 돌리지 않게만 해도 모든 사람이 풍족하게 먹을 수 있다고 항변한다. 그들은 미국에서 재배하는 곡물의 70퍼센트, 콩의 98퍼센트가 사람이 아니라 가축을 먹이는 데 쓰인다고 주장한다(판매되는 항생제의 80퍼센트도 가축에게 쓰인다).* 얼음으로 덮이지 않은 육지 면적 가운데 거의 3분의 1은 동물을 방목하거나 사료를 기르는 데 쓰인다. 쇠고기 1킬로그램을 생산하는 데는 약 3킬로그램의 곡물과 9000리터의 물이 필요하다.** 돼지는 좀 낫다. 소는 비효율적인 위장이 4개나 있는 반면 돼지는 위장이 하나이기 때문이다. 돼지와 소가 곡물을 식용할 수 있는 살로 전환하는 비율은 4대 1이다. 가금류의 전환율은 돼지의 절반이다.

에너지 비용과 비료 사용량까지 고려하면, 동물 단백질이 식물 단백질보다 생산하는 데 약 여덟 배나 많은 연료가 든다. 하지만 고기가 지구온난화에 미치는 영향은 그것만이 아니다. 또 소가 트림과 방귀로 기여하는 차원에서 그치는 것도 아니다. 2009년에 세계은행의 환경 전문가 로버트 굿랜드 Robert Goodland와 제프 아낭 Jeff Anhang은 가축의 사료, 장내 가스 생산량, 숲을 경작지로 개간할 때 생기는 손실, 육류의 포장, 요리 온도, 폐기물 생산량, 고기를 냉장할 때 쓰이는 불화탄소의 양, 가축뿐 아니라 육식을 하는 사람들의 심장병·암·당뇨병·고혈압·뇌졸중을 치료하는 데 쓰이는 탄소 집약적인 의료 활동, 심지어 전 세계의 닭 190억 마리, 소와 물소 16억 마리, 돼지 10억 마리, 양과 염소 20억 마리가 내뿜는 이산화탄소의 양까지 파악한 포괄적인 연구 보고

---

* 세계적으로 보면, 곡물 생산량의 약 절반은 가축을 먹이는 데 쓰인다.
** 출처: 매사추세츠 대학교 농업기술센터 Extension Center for Agriculture. 사육장에 들어가기 전 동물의 몸무게를 고려하면, 쇠고기 산업의 육류 전환율은 4.6대 1로 추정된다. 채식 옹호 집단은 도살된 소 중에서 실제로 식용 가능한 고기의 비율이 얼마나 되는지를 고려하면 20대 1까지도 올라간다고 주장한다.

서를 내놓았다.

그들은 가축과 그 부산물이 전 세계의 연간 온실가스 배출량 가운데 적어도 51퍼센트를 차지한다는 결론을 내렸다.

하지만 곡물을 직접 인간에게 먹인다면 지구온난화 추세가 단번에 절반으로 줄어들고 세계의 기아를 해결할 수 있다는 채식주의 전사들을 가장 애타게 만드는 것은 대다수의 사람들이 그 주장에 별 관심이 없다는 점이다. 쇠고기의 수요는 인구보다도 더 빠른 속도로 계속 증가하고 있다. 더 많은 사람들이 도시로 모여들고, 그들은 쇠고기 중심의 서양 식단을 비롯한 현대 생활을 누리고 싶어 하기 때문이다. 시장 원리의 기가 막힌 역설에 따라, 부유한 국가들이 고기를 덜 먹는 쪽을 택한다면 고기 가격이 하락하여 가난한 나라들이 고기를 더 많이 먹게 될 것이다.

2011년에 〈환경 연구 레터스Environmental Research Letters〉에는 브라질의 아마존 지역에서 사육되는 소가 7900만 마리라는 논문이 실렸다. 캔자스 주립대학교의 지리학자이자 논문 공저자인 마셀러스 캘더스Marcellus Caldas는 이렇게 말했다. "15년 전에는 1000만 마리를 밑돌았다." 바로 앞서 5년 사이에 브라질의 아마존 가운데 거의 스위스만 한 면적이 소를 먹일 콩을 생산하는 밭으로 바뀌었다. 햄버거가 일으킨 지구온난화는 세계에서 인구가 가장 많은 지역 가운데 몇 곳에 물을 공급하는 안데스와 아프리카의 빙하 면적을 크게 줄이고 있다. 자신이 덮고 있는 산맥만큼 딱딱하게 얼어붙어 있는 히말라야 빙하는 녹는 데 더 오래 걸리겠지만, 세계 기온이 현재의 평균 기온보다 2도 이상 오르고 더 나아가 5도와 6도를 향해 상승하면서, 앞으로 20년 동안 갠지스 강과 인더스 강의 수량은 계속 증가할 것이고 이윽고 정점에 이를 것이다. 그리고 금세기가 저물기 전, 파키스탄 인구가 5억 명으로 정점에 이를

인구 쇼크

무렵 인더스 강은 말라 버릴 것이다. 놀랍도록 모순되는 상황이 벌어지는 셈이다. 그러면 파키스탄인은 수백만 명이 굶어 죽거나, 마찬가지로 비슷한 재앙에 시달리고 있는 이웃의 인도나 아프가니스탄이나 이란과 전쟁을 벌이게 될 것이다.

오스트레일리아에는 빙하가 아예 없고, 3억 1500만 명이 사는 미국의 아래쪽 48개 주를 더한 것과 거의 같은 면적에 2300만 명이 안 되는 인구가 산다. 하지만 점점 더 땅이 말라붙어 왔기 때문에 이민을 중단시켜서 인구를 더 이상 늘리지 말아야 할지를 놓고 국가적인 논쟁이 벌어지고 있다. 사실상 국가 모독 행위라 할, 쇠고기를 금지한다는 생각조차 논의의 대상이 되어 왔다. 그런 와중에 오스트레일리아의 해안 도시들은 미국 화폐 가치로 130억 달러에 상당하는 금액을 투자하여 탈염 시설을 짓고 있다. 탈염 시설은 엄청난 양의 연료를 소비해 물 순환의 시계를 거꾸로 돌리는 설비다. 비용을 줄이기 위해 오스트레일리아는 자국에 풍부한 자원인 역청탄을 사용할 것이 거의 확실하며, 그 결과 기온은 더욱 가파르게 상승할 것이고 호주인들이 더 이상 의심할 수 없을 만큼 기후가 변할 것이다.

타는 듯이 뜨거운 텍사스의 여름에 미국에서 세 번째로 큰 도시인 휴스턴 주민들이 마시는 물은 대부분 댈러스와 포트워스에서 내보내는 하수를 정화한 것이다. 휴스턴의 주된 수원인 트리니티 강에 흐르는 물은 거의 다 댈러스와 포트워스의 하수로 이루어져 있다. 미국 서부의 대동맥인 콜로라도 강은 1984년 이래로 강어귀의 삼각주까지 이른 적이 없다. 스크립스 해양학연구소의 연구자들은 로키산맥 정상의 만년설이 20년째 줄어들고 있어서, 2017년 무렵에는 콜로라도 강의 주된 수원인 미드 호의 수위가 후버 댐의 터빈을 돌릴 수 없을 만큼 낮아질 가능성이 있다고 말한다. 2021년 무렵에는 불가피하게 유입량보다 유출량이 더 많아져 미드 호 자체가 사라질 수도 있다고 한다. 2010년에 미드 호의 수위는 이미 2000년보다 30미터 낮아져서, 라스베이거스로 물을 공급하는 취수구 2개 중 하나에 근접했다. 두 번째 취수구도 조금 더 낮은 곳에 있을 뿐이어서, 라스베이거스는 42미터가량 더 낮은 곳에 세 번째 취수구를 설치하기 위해 호수 밑으로 길이 5킬로미터, 높이 6미터에 이르는 터널을 뚫기 시작했다.

하지만 그 취수구도 라스베이거스(2008년 부동산 폭락이 일어나기 전까지 미국에서 가장 빠르게 성장하던 도시)에 벌어 줄 수 있는 시간이 기껏해야 10년 정도밖에 되지 않는다. 콜로라도 강물에 의존하는 인구 100만 명 이상의 도시는 라스베이거스 말고도 7개나 더 있다.* 2009년, 남부 네바다 상수도국 국장 팻 멀로이Pat Mulroy는 수위가 너무 낮아져서 하류의 캘리포니아에 있는 유권자들에게 돌아갈 콜로라도 강물이 거의 남지 않게 된다면 "국가가 나서서 단계적인 교환을 진지하게 논의할 수밖에 없다"고 말했다. 이 시나리오에 따르면, 네바다는 덴버가 할당받은 콜로라도 강물 수량을 가져오고, 덴버는 네브래스카와 캔자스가 할당받은 플랫 강물을 가져올 것이다. 네브래스카와 캔자스는 미시시피 강물을 퍼서 고갈된 오갈랄라 대수층을 재충전할 수 있기 때문이다. 이런 식으로 동쪽으로 계속 물 교환을 진행한다는 계획이다.

이 장엄한 계획이 폐기된다고 해도 전혀 놀랍지 않을 것이다. 시도할 엄두가 나지 않을 만큼 천문학적인 공사비가 들 뿐 아니라, 지금 마찬가지로 수위가 역대 최저치를 기록하고 있는 오대호 연안에 있는 주들이 슈피리어 호와 미시건 호 등에 다른 배수 유역이 새 빨대를 꽂으려는 시도를 금지하는 법률을 이미 제정했기 때문이기도 하다. 2008년

---

* 라스베이거스 이외의 일곱 도시는 덴버, 솔트레이크시티, 로스앤젤레스, 샌디에이고, 피닉스, 티후아나, 멕시칼리이다. 그 밖에도 콜로라도 강에 의지하는 좀 더 작은 도시는 앨버커키, 투손을 비롯해 수십 곳이 있다.

인구 쇼크

에 조지아 주는 물 부족에 시달린 나머지 주 북서쪽 경계선을 북쪽으로 1.6킬로미터 더 올라간 테네시 강 연안까지 넓히는 150년 전의 해묵은 지리 조사 논쟁을 부활시키는 문제를 심각하게 검토했다. 테네시 주는 달가워하지 않았을 뿐 아니라 전혀 관용을 보이지도 않았다.

요지는 21세기에 우리 종이 세계적인 물고문에 시달리게 된다는 것이다. 그러한 사태를 피하려면 바닷물의 침입을 막기 위해 감당하기 힘든 비용을 들여 제방을 높이 쌓거나, 끌어올 수 있는 다른 수원으로부터 물을 끌어오기 위해 필사적으로 노력하는 방법밖에 없다. 하지만 겉흙과 마찬가지로, 민물을 더 많이 만들어 낼 실용적인 방법은 전혀 없다. 바닷물(비와 유출수가 수백만 년에 걸쳐 바다로 향하면서 암석을 녹인 결과물)에서 염분을 제거하겠다는 계획은 소모될 에너지의 비용 때문에 꺼려지고, 대부분의 경작지가 바다에서 멀리 떨어져 있다는 점 때문에 포기하게 된다. 탈염은 우리가 자연에 도전하는 기술적인 종임을 가장 충실하게 보여 주는 사례일지도 모른다. 샌타크루즈에 있는 캘리포니아 대학교의 통합물연구소Integrated Water Research 소장 브렌트 해더드Brent Haddad는 일간 〈샌타크루즈 센티널Santa Cruz Sentinel〉에 7년 동안 탈염의 경제적·생태적 효과를 연구한 결과를 소개하면서 이렇게 말했다. "우리는 지구가 시작된 이래로 한 방향으로 흘러 온 물 순환을 역전시키고 있다."

이 행성에서 계속 살아가기 위해 시도할 법한 방법 가운데, 우리가 익히 알고 있는 것이 하나 있다. 이 기술은 다른 어떤 방법보다 엄청나게 비용이 덜 든다. 바로 출산율을 조절해 먹여야 할 입의 수를 줄이는 것이다. 자연이 우리를 위해 그 일을 하기 전에 말이다.

이 기술이 완벽하지는 않다. 피임약을 먹고 편두통이나 우울증을 겪는 여성도 일부 있다. 물론 능숙한 의료 전문가가 근처에 있다면 언제든 쉽게 넣었다 뺐다 할 수 있는 구리 함유 T자형 IUD라는 더 나은 대안이 있다. 피임약의 화학적 효과는 여성의 몸에만 국한되지 않는다. 피임약에 든 에스트로겐 가운데 몸속에서 대사되는 것은 절반에 불과하고, 나머지는 몸 밖으로 배출되기 때문이다. 배출된 에스트로겐 일부는 하수처리 시설에서 제거되지만 나머지는 생태계로 들어간다.

전 세계의 강과 호수에서 피라미만이 아니라 송어, 배스, 농어 등의 성을 왜곡해 암컷화하는 에스트로겐 가운데 일부는 구강 피임약에 들어 있는 성분이다. 유콘 강을 제외한 북아메리카의 모든 큰 강에서 현재 큰입우럭과 작은입우럭의 알을 조사하면 수컷보다 암컷이 3분의 2 이상 많다. 하지만 미국, 캐나다, 영국에서 이루어진 몇몇 연구에 따르면, 여성 피임약은 산업 및 농업에서 쓰는 화학물질에 비하면 환경을 공격하는 합성 호르몬에서 차지하는 비중이 미미하다고 한다.

그렇다고 해도 현재의 기술을 개선할 필요가 없다는 의미는 아니다. 여성과 생태계가 노출되는 화학물질의 양은 적으면 적을수록 좋다. 가능성이 높은 대안 중에서도 훨씬 간단하게 피임을 예방할 방법이 있다. 바로 남성의 정자 전달을 방해하는 것이다.

남성판 복용 피임약이라고 할 수 있는 방법이 가장 현실성 있는 두 가지 대안인데, 여성 피임약처럼 호르몬을 조절하는 것은 아니다. 하나는 캔자스 주립대학교에서 이미 쥐, 토끼, 원숭이를 대상으로 실험을 마친 H2-가멘다졸H2-gamendazole이라는 화합물이다. 이 물질은 성욕에는 영향을 미치지 않으면서 남성의 정액에서 정자가 형성되는 것을 막으며, 투여를 중단하면 몇 주 사이에 회복된다. 또 하나는 보스턴의 데이너파버 암연구소 산하 브래드너 연구소가 개발한 JQ1이라는 화합물이다. 이 물질은 정소에만 있는 단백질을 공격해 정자 수를 줄이고 정자의 헤엄치는 능력을 떨어뜨린다. 생쥐 실험에서 이 약은 성욕에는 전혀 영향이 없었으며, 투여를 중단하면 정자도 원래대로 회복되었다.

가장 창의적인 두 가지 접근법은 화학물질이 아니라 기계적인 방법을 이용하는 것이다. Risug—가역적 정자 유도 억제reversible inhibition of sperm under guidance의 약어—는 인도의 몇몇 도시에서 쓰이고 있으며, 2012년에 미국 FDA에서도 임상 실험 승인을 받았다. Risug는 국소 마취를 한 뒤 음낭을 조금 절개하여 정관에 값싼 폴리머 젤polymer gel을 주입하는 수술로, 15분밖에 걸리지 않는다. 입원할 필요도 없다. 젤은 사흘 이내에 내층을 형성하여, 정액을 정상적으로 통과시키긴 하지만 전해질로 작용하여 정자를 파괴한다. 정자 파괴 효과는 10년 동안 지속되지만, 탄산수소나트륨 용액을 주사하면 제거할 수 있다. 이 방법을 개발한 인도인은 노스캐롤라이나 대학교에서 또 다른 방법도 실험하고 있다. 초음파로 정소를 15분 동안 가열하는 방법인데, 동물 실험 결과 6개월 동안 불임 상태가 지속되었다.

이런 기술들은 여성용 화학물질 피임약보다 인간과 환경에 더 안전하고 저렴할 수 있다. 그런 피임법을 쓸 의향이 있는 남성과 안정적인 관계를 맺고 있는 여성이라면, 피임 때문에 자궁이 받는 스트레스를 없애고 그 기관을 자연이 의도한 목적으로만 쓸 수 있을 것이다. 하지만 피임을 남성에게 의존한다는 것은 자기 번식의 통제권도 포기한다는 의미가 될 것이며, 이는 남녀 관계를 새로운 시험대에 올릴 수도 있다. 남성으로서는 그것이 콘돔을 쓸 때 겪는 단절감에서 해방된다는 것을 의미할 수도 있다. 물론 일부일처제를 지키지 않는다면, 성병을 막을 보호 수단을 잃는 것이기도 하다. 인류의 생존을 위협하는 전염병인 HIV가 정액을 통해 전파되는 한 성병 예방과 피임은 계속 연관되어 있겠지만, 서로 별개의 문제로 다룰 수도 있다.

세계 전체로 보면 독성이 없는 간단한 남성 피임법은 강력한 인구 억제책이 될 것이며, 가족계획의 책임을 훨씬 더 균등하게 부담하는 방식이 될 것이다. 극단적인 가톨릭교도와 복음주의 기독교인, 무슬림 근본주의자, 초정통파 유대인이 일으키는 성별 전쟁 때문에 피임이 정치색을 띠고 있어 남성들이 남성 피임법을 꺼리게 될 수도 있다. 남성 피임약과 즉시 복원할 수 있는 정관수술은 우리의 미래를 관리하는 복잡한 일에 기꺼이 환영할 만한 새롭고 흥미로운 요소를 추가할 것이다. 욕구를 충족시키면서도 실행 가능하기 때문이다.

임신중절은 어디로

1971년 맬컴 포츠Malcolm Potts 박사는 하비 카먼Harvey Karman이라는 전과자를 만나기 위해 런던에서 캘리포니아로 향했다. 케임브리지 대학교 교수인 포츠는 산과의사이면서 발생학 박사 학위도 지니고 있었다. 카먼은 낙태 시술자였다.

때는 대법원이 로 대 웨이드 사건 판결(1973년 미국 대법원이 낙태를 제한하는 것은 위헌이라고 선고한 판결. 미국 대법원 역사상 가장 논쟁이 되는 판결 중 하나이다—옮긴이)을 통해 미국에서 낙태를 기본권으로 합법화하기 2년 전이었다. 비록 캘리포니아 같은 몇몇 주는 강간으로 임신했거나 임신부의 건강이 위태로운 상황에 한해 낙태를 허용하고 있긴 했다. 카먼은 의사가 아니었기에 합법적으로 낙태 수술을 할 수 없었지만, 낙태 수술을 하는 캘리포니아 의사들에게는 유명 인사였다.

1950년대 중반, 치료를 위한 임신중절의 감정적인 측면을 연구하던 UCLA 심리학과 대학원생 카먼은 동료 학생이 엉성한 불법 낙태 수술을 받고 사망했다는 소식을 들었다. 또 임신 사실을 알고 나서 자살한 여학생도 있었다. 그는 낙태 수술을 받고자 하는 여성들을 멕시코로 데려가는 은밀한 사업을 시작했다. 그러다가 멕시코의 비위생적인 수술실과 터무니없는 비용에 실망한 그는 모텔 방에서 직접 낙태 수술을 하기 시작했다. 결국 들키는 바람에 그는 주 교도소에서 2년 반을 살아야 했다.

그래도 굴하지 않고 그는 불법 수술을 계속했고, 낙태권을 공개적으로 주창하는 투사가 되었다. 또 그는 혁신적인 도구를 발명했다. 진공 흡입 방식으로 낙태 수술을 할 수 있는 수동 주사기였다. 동력을 이용해 여성의 자궁벽을 긁어내는 진공 흡입기가 이미 널리 쓰이고 있었지만, 카먼의 발명품은 몇 가지 이점이 있었다. 수동으로 흡입하기 때문에 아주 조용해서 여성은 수술이 진행되고 있는지조차 알아차리지 못할 때가 많았다. 또 값비싼 전기 펌프가 전혀 필요 없고, 재사용할 수 있는 50밀리리터짜리 값싼 감압 주사기만 있으면 되었다. 가장 중요한 점은 기존의 딱딱한 금속 삽입관을 대신해 부드러운 비닐 관을 끼우도록 고안했다는 것이다. 이 부드러운 삽입관은 아주 가늘어서 자궁목을 확장시킬 필요가 없었고, 훨씬 더 편안했으며 수술 후 외상을 일으킬 가능성이 훨씬 적었다. 게다가 자궁에 구멍이 날 가능성도 최소로 줄였다.

로 대 웨이드 판결이 날 무렵, 카먼은 이미 미국 전역의 많은 의사들과 맬컴 포츠 같은 타국의 의사들에게 그 기구의 사용법을 가르치고 있었다. 카먼과 마찬가지로 포츠도 대학원에 다니던 1950년대에 임신중절에 관심을 가졌다. 케임브리지의 병원 산부인과에서 24시간 내내 근무할 때, 그는 거의 매일 밤 불려 나가 자궁목을 확장하고 자궁벽을 긁어내는 수술을 하곤 했다. 그는 자발적으로 인공유산을 택하는 이들이 얼마나 되며, 불법으로 낙태 수술을 받는 이들이 얼마나 될지 궁금해졌다.

한 마취 의사가 그에게 말해 주었다. "거의 전부가 계획적으로 인공유산을 합니다."

"어떻게 알지요?"

마침 의사는 자신도 궁금해서 환자가 의식을 잃기 전 몽롱할 때 물어보곤 했다는 것이다. 포츠는 이 동료가 무방비 상태의 환자들로부터 그들이 알면 난처해할 정보를 얻은 것이고, 또 발표했다가는 야간에 불법으로 부업을 하는 몇몇 동료들에게 피해가 갈 수도 있다고 하면서 그 내용을 발표할 수 없다고 거절하자 깊은 인상을 받았다. 하지만 그가 더 깊은 인상을 받은 부분은 낙태를 필요로 하는 사람이 그토록 많다는 점이었다.

1966년, 맬컴 포츠는 동유럽을 방문했다. 그곳에서는 10년 전부터 합법적으로 안전한 방식으로 임신중절 수술을 해왔으며, 가장 쉽게 접할 수 있는 피임법이 질외 사정밖에 없는데도 출산율이 아주 낮았다. 이윽고 그는 영국 의회에 자문가로 나서서 1967년 낙태 수술을 합법화하는 낙태법이 제정되는 데 일조했다. 그는 런던에 있는 마리스톱스 병원의 첫 남성 의사가 되었다. 1968년 그는 국제가족계획연맹의 의학 부장으로 임명되었다.

그는 그 기관의 임원 자격으로 하비 카먼을 만났다. 그 즉시 그는 카먼의 발명품이 저개발국에 대단히 중요하리라는 것을 알아차렸다. 저개발국에서는 판잣집에서 시술되는 엉성한 낙태 수술이 여성 사망의 주된 원인이었다. 카먼은 그 기구를 세계의 가장 가난한 나라들에서도 이용할 수 있게끔, 남이 특허를 낼 수 없게 논문을 공동 발표하자는 말에 동의했다. 공동 논문이 영국 의학 전문지 〈랜싯The Lancet〉에 실리기도 전에, 포츠는 방글라데시 정부의 초청을 받아 카먼과 다른 전문가 세 명을 데리고 갔다. 1971년 파키스탄과 독립전쟁을 벌일 때 강간당한 소녀와 여성을 돕기 위해서였다. 그들이 낙태 수술을 해준 환자 1500명 가운데 상당수는 남편과 집안으로부터 버림받은 이들이었다. 자살을 한 이들은 훨씬 더 많았다. 방글라데시가 낙태를 금지하고 있었기 때문에, 그들은 카먼의 삽입관을 이용한 수술을 '월경 추출법

menstrual extraction'이라고 했다. 여성의 월경 주기를 조절하는 방법이라는 뜻이었고, 기술적인 면에서 보면 틀린 말도 아니었다. 그들은 마을을 돌아다니면서 의사, 간호사, 조산사에게 그 간단하면서도 고통 없는 기술을 가르쳤는데, 그 방법은 지금도 쓰이고 있다.

"우리 의사들이 하는 일이 대부분 그렇듯, 낙태도 치료 과정의 일환입니다." 맬컴 포츠는 말한다. 그는 현재 버클리에 있는 캘리포니아 대학교에서 빅스비 인구보건지속가능성 센터를 맡고 있다. 그의 아내는 세계적인 생식권 옹호 운동가인 마사 캠벨Martha Campbell이다. "열일곱 살 여성의 뜻하지 않은 임신을 5분 수술로 끝낸다면, 앞으로 50년 동안의 인생 궤도를 바꿀 수 있습니다. 의학에서 그만큼 큰 힘을 발휘하는 수술은 거의 없지요."

포츠는 바티칸이 1869년까지도 생명이 언제 시작되는가에 대해 논평하기를 거부했다고 말한다. 그는 교황 요한 바오로 2세가 1983년 잉태되는 순간에 생명이 시작된다고 주장했는데, 접합체에서 배아와 태아 단계를 거쳐 아기가 될 때까지 살아남지 못하는 수정란이 아주 많기 때문에 그 주장은 의학적인 근거가 전혀 없다고 덧붙인다.

"생명이 언제 시작되느냐는 문제에 관한 종교적 주장은 사후 세계에 관한 종교적 믿음과 비슷합니다. 양쪽 다 강력하게 주장되고 있지만, 과학적으로 입증하거나 반증할 수 없어요. 천문학자가 아무리 별자리를 훑어도 천국의 문을 찾아 천국이 존재하는지 여부를 알려 줄 수 없는 것처럼, 발생학자인 내가 아무리 현미경을 들여다본다고 해도 생명이 언제 시작되는지 알 수 없답니다."

그러나 그는 2025년이면 30억 명이 물 부족에 시달릴 것이고, 파키스탄처럼 출산율 억제에 실패하고 강이 말라 가는 나라는 해마다 더욱 심각한 위기에 처하리라는 것은 안다. 세계 인구가 30억 명에 못 미쳤던 1958년에 드와이트 아이젠하워Dwight Eisenhower 미국 대통령은 인구 증가를 전략적 안보 문제로 파악했다. 그가 조사관으로 임명한 윌리엄 드레이퍼William Draper 소장은 세계 지도자들에게 가족계획에 예산을 지원하라고 설득하면서 여생을 보냈다. 반세기가 흐르고 인구가 두 배 이상 늘어난 지금, 맬컴 포츠는 9·11 위원회 보고서에 이런 경고가 실려 있다는 점을 사람들에게 상기시킨다. "……대규모로 꾸준히 증가하는 젊은 층 인구야말로 사회적 격변을 불러올 확실한 처방전이다."

70억 명인 세계 인구 중에서 스물여덟 살이 안 된 사람의 비율이 절반을 넘는다. 그리고 그중 남성이 절반을 넘는다. 그리고 그 남성 중 최근까지 인류 문화의 대부분을 규정하던 토지 기반의 전통을 내던지고 도시에서 서로 부대끼며 살아가는 이들이 절반을 넘는다. 화산 폭발을 제외하면, 현재 세계에서 일어나는 모든 위기 상황은 환경이 감당할 수 없을 만큼 많은 인구가 산다는 사실과 관련이 있거나 그 인구 때문에 더 악화된 것이다. 전 세계에서 활동해 온 맬컴 포츠(타이의 메차이 비라바이댜에게 처음으로 가족계획 기금을 지원한 사람이 바로 그였다)는 피임이 지구와 그 안에 사는 사람들의 건강을 회복하는 데 없어서는 안 될 도구라고 믿는다.

또 그는 낙태가 온갖 이념으로 얼룩져 있기는 하지만, 피임이 실패했을 때를 위한 안전망이라는 점도 이해하고 있다. "출산율이 대체율 수준으로 떨어진 나라는 모두 안전한 임신중절 수술을 받을 수 있는 나라입니다. 수술을 받으러 영국으로 가야 하는 아일랜드와 이탈리아로 가야 하는 몰타도 있긴 합니다. 하지만 그 두 가톨릭 국가도 현재 대체율 수준에 있습니다."

최근 그는 무슬림 국가인 에티오피아의 아디스아바바에서 일했다. 에티오피아는 세계에서 인구가 가장 많은 내륙 국가로, 2006년에 낙태를 합법화했다. "정형외과든 신경과든 간에 병원 침대의 70퍼센트는 불법 낙태 수술의 후유증에 시달리는 사람들이 차지하고 있었습니다. 우리는 채 1년도 안 되어 병실을 다 비웠습니다. 그곳의 출산율은 지금 1.8명으로 떨어졌어요. 피임 기구와 안전한 임신중절 수술을 제공하니까요. 사실 피임 기구를 가장 꾸준히 사용하는 사람들은 낙태 수술을 받았던 여성들이에요."

하지만 에티오피아의 수도 바깥에는 훈련받은 낙태 시술자가 거의 없으며, 니제르처럼 가난에 찌든 나라들이 그렇듯 피임 기구를 구할 수 있는 여성은 14퍼센트밖에 되지 않는다. 유엔인구기금, 그리고 생식건강과 인구정책 분석으로 유명한 기관인 구트마커 연구소Guttmacher Institute*는 출산을 늦추거나 그만 낳고 싶지만 현대적 피임 기구를 접할 수 없는 여성이 약 2억 5000만 명에 이른다고 추정한다.

그들에게 피임 기구를 전달하면 어떻게 될까?

---

* 설립자인 앨런 구트마커Alan Guttmacher는 산부인과 의사로 존스홉킨스, 마운트시나이, 알베르트아인슈타인 의대에서 교수로 재직했다. 1960년대에 그는 미국 가족계획연맹의 회장을 맡았다.

17
인류가 더 적은 세계

기준선

좋은 소식이 있다. 구트마커 연구소와 유엔인구기금이 옳다면, 우리가 이미 그 목표의 4분의 3은 이루었다는 사실이다. 그들의 추정값에 따르면, 2012년 중반에 개발도상국에서 성관계를 갖긴 하지만 앞으로 2년 동안 임신을 피하려고 하는(즉 터울을 두고 자녀를 낳을 생각이거나 더 낳을 생각이 없는) 여성 가운데 75퍼센트는 이미 피임 기구를 쓰고 있다. 그들은 그 결과 연간 원치 않는 임신 2억 1800만 건, 낙태 1억 3800만 건, 유산 2500만 건, 출산 또는 불법 낙태의 후유증에 따른 산모 사망 11만 8000건이 예방된 것으로 계산한다.

　따라서 개발도상국에서 이루어지는 가족계획 사업은 예방한 낙태와 유산 건수를 제외하고 5500만 건의 원치 않는 출산을 막아 주는 셈이다. 현재 연간 8000만 명씩—4.5일마다 100만 명씩—인구가 늘고 있으므로, 이 여성들이 피임 기구를 이용할 수 없다면 2.5일마다 굶주리는 인구가 100만 명씩 늘어날 것이다. 그러면 지금처럼 1년마다 베이징이 4개씩 늘어나는 대신에 7개씩 늘어날 것이다.

너무 엄청난 수라 실감이 잘 나지 않는다. 맬컴 포츠는 말한다. "우리가 소집단에서 진화했기 때문이지요. 현대에 이르기 전까지, 1000명을 한꺼번에 본 사람은 아무도 없었을 겁니다. 그래서 10만 명을 보면 대부분은 멍해지지요. 다윈은 우리가 자연과 우주의 일부를 이해할 수는 있겠지만 전체를 파악할 수는 없다고 했습니다. 10억 초는 31.7년입니다. 앞으로 12년 사이에 인구는 10억 명이 더 늘어날 겁니다. 인구가 그런 속도로 늘어나면, 우리는 셀 수조차 없을 겁니다."

앞으로 12년 안에 인구가 10억 명이 더 늘어나는 사태를 피하기 위해, 현재 가족계획을 하지 않거나 할 수 없는 2억 5000만 명의 여성*이 가족계획을 할 수 있게 되고, 그렇게 했다고 가정해 보자. 구트마커 연구소와 유엔인구기금의 추정값에 따르면, 그런 여성들은 연간 8000만 건의 원치 않는 임신을 한다. 그중 절반인 4000만 명은 낙태 수술을 받고, 낙태 수술을 받는 여성 중 절반 이상은 위험하고 끔찍한 방법을 쓴다. 또 1000만 명은 유산을 한다. 3000만 명은 아기를 낳고, 태어난 아기 중 600만 명은 첫돌이 되기 전에 죽는다.

개발도상국에서 필요로 하는 모든 피임 기구가 제공된다고 해도, 그 3000만 명의 원치 않는 출산을 모두 막을 수 있는 것은 아니다. 때로는 깜박 잊고 피임 기구를 사용하지 않을 때도 있고, 피임 기구가 파

---

* 실제로 구트마커 연구소와 유엔인구기금이 2012년에 내놓은 추정값에 따르면, 개발도상국에서 필요한 피임 기구를 접하지 못하는 여성이 2억 2200만 명이었다. 2013년, 유엔 인구국은 현재 결혼한 모든 여성을 토대로 삼아 2015년의 추정값을 2억 3300만 명으로 높였다. 이 책에서 택한 2억 5000만 명은 현대 피임 기구를 쉽게 접하지 못하면서 결혼하지 않은 채 성관계를 갖는 미지의 여성 수를 더한 값이다.

손될 때도 있다. 부작용이 걱정되어 사용을 중단했다가 대안을 찾기 전에 임신하는 여성도 있다. 수유가 임신을 완전히 막아 준다고 오해하는 여성도 있다. 그렇다고 해도 적어도 2100만 건은 줄어들 것이다. 1년에 베이징 하나씩을 빼는 셈이다.

낙태 건수도 4000만 건에서 약 1400만 건으로 줄어들 것이다. 낙태에 반대하는 사람에게는 대단히 크게 와 닿을 값이다. 지금 이 순간에 임신하는 세계의 가난한 여성 중 절반이, 안전하게 임신중절을 할 여유가 없을 때 위험하고 정서적으로나 신체적으로 고통스럽고 때로 자신이나 누군가에게 죄책감을 느끼게 하는 위험한 수단을 택한다는 의미이기도 하다. 그들은 합법적이든 불법적이든 간에, (예외 없이 남성들로 구성된) 종교 당국이 허용하든 말든 간에 낙태를 한다. 그들이 피임기구를 이용할 수 있게 한다면, 이용 가능한 산아제한 수단들을 통해 이미 막은 1억 3800만 건에다가 추가로 전 세계에서 연간 2600만 건의 낙태를 예방하게 될 것이다. 지금까지 낙태 반대 운동을 통해 이룩한 총 낙태 회피 건수를 훨씬 초월한다. 그리고 인도주의적인 덤도 하나 추가된다. 가난한 여성들이 받는 낙태 수술의 절반 이상—2200만 건—은 안전하지 않으므로, 낙태가 700만 건 이하로 줄어든다면 여성 약 5만 명의 생명을 구하는 셈이 된다.

그렇게 하려면 혼전 성교를 부도덕하다고 낙인찍는 지역의 미혼 여성들이나 전통적으로 임신 준비 여부를 스스로 판단하지 못해 온 지역의 기혼 여성들에게 산아제한을 인식시켜야 하는 등 넘어야 할 장벽이 있다. 그들 중 일부는 남편 모르게 IUD나 오래 지속되는 주사제를 이용하고자 할 것이고, 일부 독신 여성은 자신이 필요로 하는 것을 얻을 방법을 찾아낼 것이다. 그런 방법을 자신이 사는 지역에서 이용할 수 있다면 말이다.

그것을 이용할 수 있는지 없는지는 세계의 모든 여성에게 필요한 피임 기구를 제공할 수 있느냐에 달려 있으며, 거기에 들어가는 비용은 놀랍도록 적다.

현재 개발도상국의 피임 사업에 들어가는 예산은 연간 40억 달러다. 유엔인구기금과 구트마커 연구소는 그 액수의 약 두 배인 연간 81억 달러면 모든 개발도상국의 현대 피임 기구 수요를 전부 충족시킬 수 있다고 추정한다.

2001년부터 2011년 사이, 미국은 이라크와 아프가니스탄에서 한 달 동안 그보다 더 많은 돈을 쓰곤 했다.

현재 그 비용 가운데 약 10억 달러는 영국, 네덜란드, 독일 같은 나라에서 나온다. 미국은 훨씬 더 많은 액수를 지원하고 있지만, 1984년 이래로 누가 대통령이 되느냐에 따라 지원액이 달라져 왔다. 비록 미국이 1969년 리처드 닉슨Richard Nixon 대통령 때 유엔인구기금을 창설하는 데 기여하긴 했지만, 1973년의 헬름스 수정법Helms Amendment은 가족계획의 한 가지 방법으로 쓰이는 낙태에 대한 해외 원조를 금지했다. 1984년 레이건 정부는 해외 비정부기구들에게 실제로 낙태 상담이나 수술에 얼마나 돈을 쓰는지 상관없이, 미국의 자금 지원을 받고 싶다면 "낙태를 가족계획 방법으로 시행하거나 장려하지 않겠다"고 서약할 것을 요구하는 행정명령을 내렸다. 이 행정명령은 현재 멕시코시티 정책 또는 '세계 함구령Global Gag Rule'이라고 불린다. 즉 낙태라는 대안은 아예 입에 담지도 말라는 뜻이었다.

이 정책은 클린턴 대통령 때 폐지되었다가 조지 부시 대통령 때 부활했고, 오바마 대통령 때 다시 폐지되었다. 부시 2세는 유엔인구기금이 중국에서 벌이는 활동이 켐프-캐스턴 수정법Kemp-Kasten Amendment에 위배된다고 주장하면서 유엔인구기금에 지원하던 모든 예산을 끊기도 했다. 켐프-캐스턴 수정법은 강압적인 낙태나 강제 불임수술을 지지하는 사업에는 지원을 전면 금지한다는 법이다. 2009년에 오바마는 다시 유엔인구기금에 5000만 달러를 지원했지만, 그 뒤로 의회는 지원액을 매년 꾸준히 삭감해 왔다.

하지만 미국이 인구문제에 지원하는 예산은 대부분 유엔을 거치지 않고 직접 국제개발처로 전달된다. 국제개발처는 가족계획과 생식건강을 지원하는 세계 최대의 기관이다. 나머지 돈은 민간 기관, 지방정부, 판매대에서 피임약과 콘돔을 사는 소비자에게서 나온다.

2009년에 유엔인구기금의 기금 가운데 98퍼센트는 미국의 재단들에서 나왔다. 그리고 그중 81퍼센트는 단 한 곳에서 지원했다. 바로 빌 멀린다 게이츠 재단이다.* 세계 여성들의 운명이 미국의 후원에 그토록 심하게 의존하고 있다는 점은 세계 가족계획 사업이 허약한 기반 위에 서 있다는 것을 보여 준다. 새천년 들어 낙태만이 아니라 피임 자체를 놓고서도 한쪽은 도덕 가치의 회복이라고 찬사를 보내고 다른 쪽은 여성을 상대로 전쟁을 벌일 것을 요구하면서 격렬한 양극화로 치닫고 있기에 더욱 그렇다.

누가 뭐라고 하든 간에 아이젠하워, 닉슨, 심지어 아버지 조지 부시 같은 역대 공화당 대통령이 모두 인구 억제를 지지했다는 점을 알면 충격을 받을지도 모르겠다.

부시 2세 집권기에는 원래 세계 가족계획에 쓰였을 예산이 HIV-에이즈 사업에 돌아갔다. 현재 세계적으로 에이즈 사업은 가족계획 사업보다 열 배나 많은 돈을 지원받고 있다. 맬컴 포츠는 그 점을 몹시 우려한다.

"HIV가 세계 질병 중에서 차지하는 비중은 5퍼센트에 불과한데, 세

---

* 그 밖에도 윌리엄 플로라 휼렛 재단, 데이비드 루실 패커드 재단, 존 D. 캐서린 T. 맥아더 재단 등이 있다.

계 보건을 위해 부국이 빈국에 지원하는 돈의 20퍼센트가 그쪽으로 갑니다." 포츠도 초기에 에이즈의 위협을 널리 알리는 데 노력한 의사였다. 그는 에이즈도 무섭긴 하지만, 인구 위기가 더 섬뜩하다고 말한다. 포츠와 마사 캠벨은 2011년에 이렇게 썼다. "올해 초부터 단 5개월 사이에 세계 인구는 30년 전 에이즈가 출현한 뒤로 그 전염병으로 죽은 사망자 수를 다 더한 것만큼 늘어났다."

포츠는 인구 증가에 관한 논의의 대부분이 유엔의 중간 추정값인 92억 명을 인용한다고 말한다. 2050년에 인구가 그 수준에서 안정된다는 추정값이다.

"지금은 상황이 급변했습니다. 이제는 2100년에 인구가 100억 명을 초과할 거라고 말합니다. 하지만 유엔이 내놓은 2100년의 높은 추정값과 낮은 추정값은 실현 가능성이 동일합니다. 어느 쪽이 될지는 세계가 가족계획을 얼마나 진지하게 받아들이느냐에 달려 있습니다. 양쪽 값의 차이는 여성 1인당 자녀 0.5명에 불과해요. 즉 아이를 0.5명 덜 낳으면, 인구는 훨씬 더 지속 가능한 수준인 62억 명에서 그칠 겁니다. 자녀를 0.5명 더 낳는다면, 인구는 158억 명으로 늘어납니다. 후자는 재앙 그 자체가 되겠지요. 따라서 우리가 앞으로 10~15년 동안 어떻게 하느냐에 따라 세계의 모습은 엄청나게 달라질 겁니다."

황금빛 풀밭

폴 에를리히는 낡은 파란색 스웨터에 헐렁한 캔버스 모자 차림으로, 양손에 쥔 등산 스틱으로 땅을 짚으면서 자신이 반세기 넘게 조사해 온 재스퍼리지Jasper Ridge의 초원을 가로지른다. 3월의 눈부시게 화창한 오후다. 산들바람이 저 아래 실리콘밸리에서 들리는 소음을 가려 준다. 에를리히는 여든 살이지만, 여전히 친구들이 따라가기에 바쁠 만

재스퍼리지의 폴 에를리히

큼 성큼성큼 걸음을 옮긴다. "여기 오면 삶이 가치 있다고 느끼게 됩니다." 그는 행복한 표정으로 황금빛 풀밭을 둘러보면서 말한다. 비록 그가 1959년 처음 이곳에 와서 조사했던 베이어리표범나비Bay checkerspot butterfly는 1998년에 사라졌지만 말이다.

샌앤드레아스 단층을 따라 솟아 있는 재스퍼리지는 원래 농장 부지의 일부였다가 스탠퍼드 대학교의 교정이 되었다. 에를리히는 자신이 생태학자로서 실질적으로 기여한 일이 주변의 농장과 숲을 게걸스럽게 잠식하던 개발의 손길로부터 이 산등성이를 구한 것이라고 종종 말하곤 한다. 지난 10년 동안 그는 자기 시간의 거의 4분의 1을 할애해 약 5제곱킬로미터에 이르는 이곳을 생물 보호구역으로 지정하기 위해 애썼다. 스탠퍼드 대학교 재무부가 이곳을 개발하면 큰 수익을 올릴 수 있을 것이라고 여겼기 때문이다.

재스퍼리지는 예나 지금이나 그다지 변하지 않은 듯하다. 오히려 더 좋아 보인다. 자동차에 촉매 변환기가 설치된 덕분에 스모그가 많이 걷혀서 공기가 더 맑아졌다. 에를리히가 살펴보고 있는 지의류로 뒤덮인 참나무에는 이제 막 잎이 돋아나는 참이다. 서쪽의 건조한 비탈은 가시가 많은 관목류로 뒤덮여 있다. 더 습한 북북쪽 비탈에는 나무껍질이 매끄럽고 불그스름한 마드론과 더글러스소나무가 자라며, 하천변에는 세쿼이아가 늘어서 있다. 이곳은 세쿼이아 분포의 남쪽 한계선이다. 황금빛을 띤 풀은 주로 배를 통해 들어오거나 수입한 벽돌에 묻어 온 야생귀리 같은 외래 침입 종이다. 스모그에 섞인 인간이 배출한 질소 덕분에 이 일년생 침입 종들이 번성하기에 좋은 환경이 되었다. 현재 유럽인들이 오기 전에 캘리포니아를 뒤덮고 있던 다년생 풀밭을 복원하려면 어떻게 해야 할지 연구가 이루어지고 있다. 이곳에서는 언제든 50여 개의 연구 계획이 진행된다.

에를리히가 지나가는 오솔길의 상록 참나무 사이를 솜털딱따구리 downy woodpecker 한 마리가 바쁘게 오간다. 1970년대에 한 학생이 연구 과제를 수행하다가 태평양의 철새들이 오가는 길에 있는 재스퍼리지가 미국에서 육지 새들의 번식 밀도가 가장 높은 곳이라는 사실을 발견했다. 이곳에는 철새와 텃새를 합쳐 150종이 넘는 새들이 있으며 짧은꼬리살쾡이, 붉은여우와 회색여우, 족제비, 미국너구리, 노새사슴, 퓨마도 산다. 이곳의 한 연구 센터에는 50년 동안 학생들이 수행한 연구 과제 자료가 보관되어 있다. 학부 시절 에를리히에게서 사사한 스튜어트 브랜드 Stewart Brand는 타란툴라 두 종의 서식지를 조사해서 지도로 작성했다. 그 지도는 나중에 《홀 어스 카탈로그 The Whole Earth Catalog》에 실렸고, 지금도 쓰이고 있다.

《인구 폭탄》을 출간하기 오래전에 이미 폴 에를리히는 훗날 미주리 식물원 원장이 된 피터 레이븐과 공동으로 저술한 논문으로 생태학자들 사이에 널리 알려져 있었다. 처음으로 공진화를 다룬 논문이었다. 공진화는 나비와 그 애벌레가 먹는 식물처럼, 상호작용하는 두 종이 서로 영향을 미치면서 진화하는 양상을 말한다. 그전에도 연구자들은 공진화를 점점 확대되는 생물학적 군비경쟁—식물이 곤충을 물리칠 화학물질을 갖추면, 곤충은 그 물질에 대한 면역력을 갖추는 식으로—의 일종으로 이해하고 있긴 했지만, 에를리히와 레이븐은 베이어리표범나비와 칼케돈어리표범나비Chalcedon checkerspot 두 종이 먹는 식물 종이 유연관계가 있지만 서로 다르다는 점을 관찰함으로써 구체적인 사례를 제시했다.

초원 건너편에서 생물학 강의를 듣는 대학생들이 주홍색 끈끈이물꽈리아재비sticky monkey-flower 꽃을 살펴보고 있다. 칼케돈어리표범나비와 공진화한 식물이다. 흔히 길가에 자라기 때문에 재스퍼리지에서 가장 무성한 식물인 옻나무를 건드리지 않고서도 학생들이 조사하기에 알맞은 종이다. 둘러보니 곳곳에서 붉은색 옻나무 새잎이 돋아나고 있다.

칼케돈어리표범나비가 모습을 드러내려면 아직 2주는 더 있어야 한다. 이 나비는 지금은 사라진 베이어리표범나비와 비슷하지만, 가장자리에 붉은 점이 몇 개 있을 뿐 날개가 주로 흑백을 띠고 있다. 에를리히는 베이어리표범나비가 사라진 이유가 기후변화로 날씨가 극단적으로 오락가락했기 때문이라는 것을 안다. 베이어리표범나비의 생활사가 원활히 진행되려면, 봄비가 그치고 숙주식물이 말라죽기 전에 모충이 휴면기에 들어가야 한다. 그런데 1990년대부터 유달리 봄에 비가 심하게 내려서 모충이 먹이를 먹기 시작하는 시기가 늦어지는 해와 유달리 건조해서 먹이가 부족한 해가 번갈아 나타났다. 양쪽 해에 모두 모충들이 대량으로 굶어 죽었다.

에를리히가 대량 아사를 걱정하기 시작한 것은 더 오래전인 1966년으로 거슬러 올라간다. 그와 아내 앤, 딸 리사가 탄 택시가 델리의 거리에서 엄청난 인파에 묻혀 오도 가도 못하게 된 일을 겪은 뒤였다. 녹색혁명이 시작되기 전이었다. 집단생물학자인 에를리히는 수학적으로 배증 시간이 어떤 결과를 낳는지 알고 있었다. 그는 앤과 함께 인류의 인구 증가율을 작물 수확량 자료와 비교했고, 1970년대가 되면 기근으로 수억 명이 죽을 것이라고 결론 내렸다.《인구 폭탄》의 서문에 썼듯이, 식량 생산량을 극적으로 늘려서 지구의 환경 용량을 늘리는 계획을 마련하지 않는다면 말이다.

그들은 이렇게 썼다. "하지만 인구를 억제할 단호하고도 성공적인 노력이 수반되지 않는 한, 그런 계획은 그저 처형 시간을 일시적으로 미루는 것에 불과할 것이다."

그들의 책이 출간되었을 때, 노먼 볼로그가 내놓은 기적의 품종들은 인도와 파키스탄에서 첫 수확을 내고 있었고, 그들이 1970년대에 닥칠 것이라고 예측했던 기근은 오지 않았다. 그 뒤로 수십 년 동안 성장을 옹호하는 경제학자들은 폴 에를리히와 그의 선배인 토머스 로버트 맬서스를 샌드백으로 삼아서 틈만 나면 조롱했다. 하지만 과학자들 중에는 그들에게 맞장구를 치는 사람이 한 명도 없었다. 지금 에를리히는 세계에서 가장 존경받는 생태학자다. 그는 스웨덴 왕립과학아카데미가 노벨상 이외의 분야에 주는 상인 크라포르드 상과 맥아더 상, 하인츠 상(앤과 공동 수상), 미국 생명과학연구소의 '뛰어난 과학자 상Distinguished Scientist Award'을 받았다. 또 미국 과학아카데미와 영국 왕립협회를 비롯한 유명 연구 단체의 회원이기도 하다.

노먼 볼로그도 결코 그를 비방하지 않았다. 볼로그는 노벨상 수락 연설에서 인구를 억제하지 않는 한 녹색혁명이 그저 전 세계에 시간을 벌어 준 것에 불과하다고, 그와 똑같은 경고를 했다. 하지만 과학계 바깥에서 에를리히의 이름은 여전히 조롱거리가 되어 왔다. 자유 시장을 옹호하는 싱크탱크인 카토 연구소의 경제학자 줄리언 사이먼이 유명한 내기를 한 뒤로는 더욱 그러했다.

인간의 창의성에 힘입어서 자원이 고갈되는 일은 결코 일어나지 않을 것이라는 주장이 담긴 《근본 자원 2》를 쓴 풍요론자인 사이먼은 환경과학자들에게 아니라면 증명해 보라고 종종 도전하곤 했다. 1980년에 그는 에를리히와 버클리의 존 홀드런, 존 하트John Harte에게 다섯 가지 금속을 택하라고 하고, 그 금속들의 가격이 10년 사이에 희소성 때문에 오를지 안 오를지 1000달러를 걸고 내기하자고 했다. 그들은 크롬, 구리, 니켈, 주석, 텅스텐을 골랐다. 10년 뒤 그들은 졌다. 1980년대에 세계 경기 침체로 산업에서 금속의 수요가 줄어든다는 것을 예측하지 못했기 때문이다.

그 내기 결과는 자유시장주의자들에게 뜻밖의 호재가 되었고, 지금도 에를리히, 맬서스, 그리고 1972년의 로마클럽 보고서 《성장의 한계》의 저자들이 틀렸으며 앞으로도 계속 틀릴 것임을 말해 주는 증거로서 널리 인용되고 있다.

하지만 새천년에 들어서서 몇몇 경제학자들과 런던의 〈이코노미스트The Economist〉는 에를리히가 그저 시기를 잘못 판단하는 실수를 저질렀을 뿐이라고 말해 왔다. 앞으로 10년 뒤에는 그와 동료들이 이길 것이라고 말이다. 또 에를리히는 사이먼에게 제안한 두 번째 내기에서도 이겼을 것이다. 그는 지구 기온, 이산화탄소 농도, 경작지, 숲, 남성 정자 수 등 15개 환경 지표들이 10년 뒤에 더 악화될 것인지를 놓고 내기를 걸자고 했다. 사이먼은 거절했다.

몇 년 뒤인 1994년에 사이먼은 이렇게 썼다. "현재 우리는 앞으로 70억 년 동안 계속 늘어날 인구를 먹이고 입히고 그들에게 에너지를 제공할 기술을 수중에 —사실은 도서관에— 지니고 있다." 그 후 세계 인구가 연간 1.4퍼센트씩 증가하고 있을 때, 에를리히 부부는 사이먼의 계산 결과를 검토하여 그런 일은 불가능하다고 응수했다. 그들은 현재의 인구 증가율이 유지되면, 6000년 안에 인류의 무게가 우주의 무게와 같아질 것이라고 했다.

에를리히는 자신이 옳았음이 드러나도 결코 놀라지 않는다. 너무나 심란한 결과이기에 예측이 맞았다는 기쁨을 느낄 수도 없다. 그와 앤이 《인구 폭탄》에서 희망한 있을 법하지 않은 농업의 기적, 녹색혁명과 함께 예기치 않게 닥친 그 기적은 지금 점점 더 피할 수 없어 보이는 결과의 도래 시점을 늦춰 왔다. 작물생태학자들은 평균기온이 1도 오를 때마다 곡물 수확량이 10퍼센트씩 줄어들 것으로 예상한다. 현재의 온실가스 배출량으로 계산해 보면 세계 기온이 앞으로 2도 이상 올라갈 것으로 예상되는 상황에서, 인구는 계속 증가하고 식량 생산은 줄어들 것이며, 세계 벼 생산량의 상당량을 보호하기 위해 높은 제방을 쌓아야 할지도 모른다. 기온이 겨우 0.8도 증가했는데도, 2011년 중국의 겨울 밀 농사는 거의 끝장날 뻔했다. 수확을 코앞에 둔 3월에 비가 내린 덕분에 가까스로 수확할 수 있었다. 세계 최대의 밀 수입국인 이집트가 그 혼란 때문에 중국과 곡물 수입 경쟁을 벌여야 하는 상황에 처하리라는 것을 누가 상상이나 했겠는가.

그리고 2012년 북아메리카에 심각한 가뭄이 들어서 작황이 엉망이 되리라는 것 역시 아무도 예상할 수 없었다. 세계의 식량 대부분이 벼, 밀, 옥수수―우리가 지구에서 가장 풍부한 식물로 만들기 전에는 희귀한 세 가지 잡초에 불과했던―라는 극소수의 단일경작 식물에 의존하고 있기 때문에, 그 작물들에 질병 하나만 돌아도 인류는 문명의 토대를 뒤흔들 수도 있을 격변에 휩싸일 수 있다. 지난 세기에는 느릅나무와 밤나무의 질병이 북아메리카에서만 돌았다. 에볼라 같은 전염병이 우리를 말살시킬 가능성은 작물 전염병이 전 세계에 돌아서 우리의 식량 공급이 파탄 날 가능성에 비하면 훨씬 낮다.

첫 지구정상회의가 열린 지 20년이 지난 2012년 6월, 유엔 회의인 리우+20의 개최를 일주일 앞두고, 영국 왕립협회의 주도하에 세계 105개 과학아카데미는 인구 증가와 과소비를 억제하려는 노력이 실패한다면 "인류의 안녕이 파국을 맞이할" 것이라고 경고했다. 유엔 지속가능발전회의United Natious Conference on Sustainable Development라는 이름으로 열린 리우+20이 예전의 지구정상회의가 그러했던 것과 거의 같은 이유로 인구문제를 외면한 데 대해 폴 에를리히는 전혀 충격을 받지 않았다. 1992년에도 그러했듯이, 바티칸은 인구 억제 프로그램이 부당하게도 가난한 여성들에게 세계의 환경을 병들게 한다는 혐의를 씌우고 있다고 주장하면서 인권 단체와 여성 단체들에게 지지를 호소했다. 한때는 과수원 사이로 나 있었지만 지금은 몇 킬로미터에 걸쳐 끝도 없이 상가만 늘어선 6차선 도로 엘카미노레알을 따라 픽업트럭을 몰고 팰로앨토로 돌아갈 때, 폴 에를리히는 자기 고장이 세계에서 인구가 가장 과밀한 지역이라는 걸 의심하지 않는다.

"콘돔이 남아나질 않아요." 그는 뻔뻔스럽게 구매력을 과시하는 실리콘밸리에 유감을 표한다. 통일된 물리학 이론을 찾아내는 것보다 인간의 탐욕을 억제하는 방법을 찾아내는 것이 훨씬 더 성가신 수수께끼다. 지난 50년 사이에 세계 인구는 두 배 이상 늘었지만, 세계 경제는 일곱 배 성장했다. 피임에다가 행운이 따른다면 세계 인구는 안정될지도 모르겠지만, 소비는 거의 기하급수적으로 계속 증가할 것이다. 인구가 늘수록 그들이 원하는 것은 더 많아진다.

에를리히는 말한다. "하지만 인구와 소비를 따로 논의하자는 것은 직사각형의 높이가 폭보다 면적에 더 기여한다고 말하는 것과 다를 바 없습니다." 미국은 1인당 소비가 세계 최고인 나라이며, 3억 1500만 명인 현재의 인구는 2050년에는 4억 3900만 명 이상으로 늘어날 것으로 추정된다. 그리고 1970년대에 그와 존 홀드런이 내놓은 $I = PAT$라는 공식에서 영향(I)을 강화하는 새로운 요인이 추가되어 왔다. 인구, 풍요, 기술은 시간이 흐를수록 더 악화된다는 것이다.

"앞으로 늘어날 20억 명은 예전의 20억 명보다 훨씬 더 많은 피해를 입힐 겁니다." 이미 살고 있는 우리는 가장 낮게 달린 자원들을 이미 따먹어 왔다. 암석에서 석유를 쥐어짜 내야 하듯이, 우리가 쓰는 것들을 얻으려면 앞으로 훨씬 더 힘들게 일해야 할 것이다. 훨씬 더 많은 에너지를 써야 할 것이고, 훨씬 더 큰 쓰레기 더미를 남길 것이다.

2008년 미국 대통령 선거 다음 날, 폴과 앤 에를리히는 버락 오바마에게 "출생자를 사망자와 동등하게 대우하라"는 탄원서를 썼다. 그들은 지난 세기에 인류가 엄청난 발전을 이루어서 기대 수명을 늘렸다고 썼다. "하지만 사망률 감소로 빚어진 인구 폭발이 낳을 무시무시한 결과를 생각할 때, 높은 출산율을 낮추는 데에도 똑같이 주의를 기울일 필요가 있다."

그들은 목표를 제시했다. "인도적인 방식으로 가능한 한 빨리 인구 증가를 중단시키고, 그 뒤에 생명을 지탱하는 우리의 자연계에 돌이킬 수 없는 손상을 입히지 않고 원하는 생활양식을 유지할 수 있는 수준에서 출생률과 사망률이 균형을 이룰 때까지 인구를 줄여야 한다."

그들은 앞서 제시한 바 있는 20억 명이라는 인구는 언급하지 않았다. 그들은 앞으로 수십 년에 걸쳐 "그 생활양식과 적절한 최대 인구 규모에 관한 합의를 이룰" 세계적인 논의를 하자고 제안했다. "다행히도 우리는 그 인구 규모가 현재의 67억 명보다 적어야 한다는 것을 이미 알고 있다." 그들은 덧붙였다. "그 목표는 잠정적일 수 있다. 운이 좋다면 반세기 남짓한 기간에 세계 인구가 감소하기 시작할 수도 있고, 그러면 어느 수준에서 인구를 안정시키는 것이 가장 좋을지를 생각하고 평가할 시간을 수십 년은 벌 수 있을 테니까."

또 그들은 오바마에게 "레이건 행정부의 '멕시코시티 정책'이 합법적인 낙태를 하지 못하게 막아 전 세계의 여성들을 살해하고 있으므로 즉시 폐기"하라고 요청했다. 그들의 바람대로 오바마는 취임한 지 며칠 만에 그 정책을 폐기했다. 그 무렵 오바마는 에를리히의 가장 친한 친구인 존 홀드런을 과학 고문으로 임명했다. 다음 해에 대통령은 모두가 이용할 수 있는 국민 건강보험 법안에 서명했고, 1년 뒤에는 2013년까지는 미국의 건강보험이 여성에게 산아제한 수단을 무료로 제공할 수 있게 할 것이라고 선언했다. 그 결과 피임을 위해 매달 50달러까지 쓰던 수백만 명의 여성들은 갑자기 그 돈으로 저녁 식사를 할지 데포프로베라를 구입할지를 놓고 고민할 필요가 없어졌다.

임신의 거의 절반이 의도하지 않은 결과인 나라에서 마침내 희망을 가질 만한 이유가 생긴 것이다. 오바마 후보를 지지했던 이들이 대부분 그러했듯이, 폴 에를리히도 대통령이 집권 1기를 시작할 때 기후변화에 관심을 보이지 않았다는 사실에 실망했다. 하지만 에를리히는 오바마가 새로운 프랭클린 D. 루스벨트가 되기를 기대했던 미국인들 가운데 다음과 같은 사실을 생각조차 해본 이가 거의 없으리라는 점을 잘 안다.

미국 인구가 3억 명이 넘었기 때문에 오바마는 루스벨트보다 거의 세 배에 달하는 시민을 고용하고 먹이고 교육하고 건강을 돌보아야 한다는 사실 말이다.

그는 도중에 앤을 태운 뒤, 차를 몰고 교정을 가로지른다. 그들은 그레천 데일리가 대학원생들과 각자 음식을 가져와서 먹는 모임에 참석한다. 데일리의 코스타리카 연구진도 보이고, 하와이와 콜롬비아에서 현지 조사를 하고 있는 젊은 여성들, 재스퍼리지의 직원 몇 명, 외지에서 온 손님도 몇 명 있다. 앤보다 머리 하나가 더 큰 폴은 널찍한 집 안

인구 쇼크

을 지나 사람들이 모여 있는 뒤뜰로 조심스럽게 앤을 안내한다. 그는 인사하는 사람들마다 자신의 첫 부인을 만난 적이 있느냐고 자랑스럽게 묻는다.

모인 사람들 모두가 익히 들은 바 있는 오래된 농담이지만, 폴이 아내를 얼마나 흠모하는지가 고스란히 드러나기 때문에 들을 때마다 기분이 좋아진다. 스탠퍼드 보전 생물학 센터의 부소장인 앤은 지금도 남편과 함께 왕성하게 논문을 발표하고 있고, 그녀의 손을 거쳐야 멋진 문장이 나온다. 그들은 자연산 연어와 익힌 채소를 접시에 담은 뒤, 잔디밭에 놓인 의자에 앉아서 그레천의 어린 두 아이 루크, 카멘과 토론에 열중한다. 두 아이는 엄마를 닮아서 금발이다. 그레천이 샐러드 그릇을 양손 가득 들고 나타난다. 레이저과학자인 남편은 유럽에 가 있다. 남편은 그녀가 미니애폴리스에서 돌아오자마자 잠깐 얼굴을 보고는 떠났다. 그녀는 그곳에서 자연자본계획의 협력자들을 만났다. "정말 감동했다니까요!" 그녀는 일이 잘되었다는 표정으로 환하게 웃는다.

그녀는 그 협력자 중 한 명이 미네소타 대학교 환경연구소 소장인 조너선 폴리Jonathan Foley라고 설명한다. 폴리는 원래 천체물리학자인데, 그 분야에 쓰이는 고차원적인 수학을 지구와 지구의 대기에 적용하는 일을 해왔다. "그는 지구 전체의 흐름을 파악하기 위해 세계 각국의 엄청나게 많은 식량 생산 자료를 수집해 왔어요. 유엔식량농업기구가 지닌 데이터베이스보다 규모가 훨씬 큽니다."

그것은 보전이 어떻게 경제를 튼튼하게 하고 공동체를 보호할 수 있는지를 의사 결정권자들이 파악하는 데 도움을 주기 위해 고안된 무료 인베스트 프로그램의 핵심 자원이기도 하다. 세계 모든 지역의 사용자들이 혜택을 볼 만큼 프로그램을 폭넓고 강력하게 만들려면 천문학적인 양의 정보가 필요하다. 몇 년 전 폴리는 미 항공우주국의 위성

영상이 어디가 숲이고 어디가 밭인지를 보여 주기는 하지만, 그 밭의 주인이 누구이고, 무엇을 재배하며, 어떻게 키우는지는 알려 주지 않는다는 점에 주목했다. 그는 세계 각지에서 그런 사항들을 다 알아내어 위성 영상과 통합한다면, 지구에 어떤 일이 일어나고 있는지를 제대로 이해할 수 있지 않을까 추론했다.

그가 그 얘기를 꺼내자, 주변에서는 그런 조사를 하려면 수천 명의 연구자가 10~20년을 매달려야 하고 비용도 수백만 달러가 드는 대규모 국제 연구 계획을 세워야 한다고 말했다. 하지만 폴리는 어느 나라든 간에 농업부에는 트럭을 몰고 돌아다니면서 농민들에게 "이번에 뭘 심었어요? 비료는 얼마나 줍니까? 판매처는 어디죠?"라고 물으면서 기록을 하는 이들이 있을 것이라고 생각했다.

그는 어려울 것이라며 비웃는 이들에게 말했다. "헛소리 그만하세요. 각자 다른 언어를 알고 인내심이 많은 영리한 대학생 10여 명만 있으면 됩니다. 비용도 수백만 달러가 아니라 수만 달러면 충분할 거고요." 그래서 그는 포르투갈어, 에스파냐어, 중국어, 러시아어, 아랍어, 스와힐리어, 타갈로그어 등을 읽을 수 있는 학생들을 모집했고, 학생들은 햄버거를 굽는 일보다 더 재미있는 일에 시간당 10달러를 주겠다고 하자 기꺼이 응했다. 전 세계의 농업부에 자료를 달라고 편지를 보내거나 도서관 간 장서 대여 협약을 이용해, 그들은 2년 만에 지구의 모든 국가들의 농업 자료를 모은 세계 최대의 데이터베이스를 구축했다.

그는 그레천에게 말했다. "정부가 와해된 몇몇 나라에서 자료를 얻기가 힘들었을 뿐이에요. 그리고 북한의 자료는 그다지 믿을 만하지 않아요."

하지만 그 밖의 나라에서는 1960년부터 2010년까지의 자료를 풍부하게 확보했다. 녹색혁명이 시작되었을 때부터 현재에 이르기까지

50년의 자료였다. 175가지 작물을 기르는 데 토지, 물, 비료, 화학물질이 얼마나 쓰였는지가 들어 있었다. 얼마 지나지 않아 연구진은 구글, 게이츠 재단, 세계은행, 심지어 헤지펀드 관리자에게서 만나자는 제안을 받기 시작했다. 그 자료가 금광이나 다름없다는 것이었다. 그레천은 말한다. "그들은 최대한 빨리 그것을 공개하여 공공 영역에서 이용할 수 있게 했습니다."

폴리의 황금 같은 자료를 경관 영상에 겹쳐서 엄청난 배급력을 갖춘 구글에 올려놓자, 인베스트는 현존하는 가장 강력한 환경 계획 도구 가운데 하나가 되었다. 하지만 그 엄청난 자료를 보면서 과학자들은 지구와 그 생물 종들의 미래가 불길하다고 느낀다. 뛰어난 동료와 학생, 그들의 자녀와 가족을 만날 때의 고무적인 분위기를 짓누르고, 새로운 저서를 내고 국제적인 상을 받으면서 기쁜 한편으로 씁쓸한 기분을 느끼게 하는 공포의 기운이다.

그들은 역사상 가장 심각한 질문을 던지고 답을 내놓으려 애쓴다. 우리 인류는 어떻게 해야 헤쳐 나갈 수 있을까?

2008년, 스웨덴에서 열린 회의에서 조녀선 폴리와 3개 대륙에서 온 동료 28명은 마치 까마득한 낭떠러지 앞에서 아래를 내려다보는 기분이라는 말에 동의했다. 어떤 식으로든 간에 지구를 조금만 더 떠밀면, 세계는 인류가 이전에 알던 모습과 전혀 달라질 것이다. 정확히 얼마나 멀리까지 밀 수 있을지, 아니 떨어지기 전에 우리가 알 수 있는지조차 아무도 확신하지 못했다. 하지만 그들은 알아보려는 시도를 하는 것이 중요하다는 데 의견을 같이했다.

그들은 〈네이처〉에 발표한 논문—〈생태와 사회Ecology and Society〉, 〈사이언티픽 아메리칸〉에도 같은 취지의 논문이 실렸다—에서 지구의 한계선을 아홉 가지로 파악했다. 그 한계선을 넘으면, 세계는 인류에게 재앙이 될 수 있는 상전이를 겪을 것이다. 그들은 현재 나온 것 가운데 가장 나은 과학 자료를 토대로 한 것이라고는 해도, 이 연구 결과는 "불확실하고 부족한 자료가 많은 상태에서 나온 엉성한 1차 추정값에 불과하다"는 것을 인정하면서, 빠진 부분을 채우려면 앞으로 중대한 과학적 발전이 이루어져야 할 것이라고 했다. 이 아홉 가지 한계선은 기후변화, 생물 다양성 상실, 지구 질소 및 인 순환의 교란, 오존층 파괴, 대양의 산성화, 민물 이용, 토지 이용 변화, 화학물질 오염, 대기 입자 물질을 말한다.

이 모든 것을 배후에서 내몰고 있는 원인은 동일했다. 바로 점점 늘어나는 인류다. 인류는 어느 한 가지 한계선에만 해를 끼쳐 온 것이 아니었다. 자기 종의 수를 제한하는 문제는 감정적인 측면이 강하기 때문에, 일반인뿐 아니라 과학자들도 섣불리 입에 담기를 꺼린다. 그 판단을 내리려고 시도한다면, 지구의 실상을 너무나 적나라하게 드러내고 있는 이 창의적인 연구에 집중되어야 할 시선이 불가피하게 그쪽으로 쏠리게 될지도 모른다.

연구자들은 이 범주들 가운데 두 가지, 대기 입자 물질과 화학물질 오염은 아직 연구가 충분하지 않아 지구가 그것들을 흡수할 능력이 얼마나 될지 판단할 수 없다고 보았다. 반면에 그들은 이미 한계를 넘어선 범주도 세 가지 있다고 주장했다.

기후변화가 그중 하나였다. 그들은 대기의 이산화탄소 농도가 350ppm을 초과해서는 안 된다고 결론지었다. 논문이 발표된 시점인 2009년에 이산화탄소 농도는 387ppm이었다.*

두 번째는 인류가 이용하기 위해 대기에서 추출하는 질소의 양이

---

* 2013년에는 평균 398ppm이었지만, 이미 400ppm을 넘곤 했다. 출처: NOAA 지구 모니터링국/지구 시스템 연구소.

다. 이 과정은 주로 하버-보슈 공정을 통해 이루어진다. 그들이 판단한 한계선은 연간 3500만 톤이지만, 현재 연간 1억 2100만 톤이 생산되고 있다. (연구진은 바다로 흘러드는 인의 한계선을 연간 1100만 톤으로 제시했다. 인은 아직 그 한계선에 미치지 못하지만, 현재 850만~950만 톤의 인산염이 이미 세계의 넓은 삼각주들에서 죽음의 띠를 만들고 있다. 하지만 인의 또 한 가지 걱정거리는 필수영양소인 이 원소가 지구의 토양에 적게 들어 있으며, 태평양의 환초와 플로리다의 석회암 지층에 쌓인 인은 이미 우리가 거의 다 써버렸다는 점이다. 유일하게 많이 남아 있는 원천은 모로코와 이웃한, 미래를 장담할 수 없을 만큼 정국이 불안한 서사하라에 있어서 세계의 농학자들에게 걱정을 안겨 준다.)

세 번째는 생물 다양성 상실이다. 산업혁명 이전까지, 화석 기록을 보면 연간 100만 종 가운데 0.1~1종이 사라졌다고 추정되었다. 연구진은 10종까지는 용인할 수 있다고 보았다. 하지만 지금의 실제 상실 속도는 100만 종당 적어도 100종이며, 금세기에는 이보다 10배는 더 증가할 것이라는 우려가 만연해 있다. 소행성 충돌로 공룡이 멸종한 이래로 결코 없었던 일이 벌어지고 있다.

자연이 어느 정도까지 파괴되어도 인간이 여전히 번성할 수 있는지를 숫자로 제시한다는 것은 대담한 시도였지만 무의미할지도 모른다. 생물 다양성을 어떻게 정량화하겠는가? 종의 수를 세어서? 아니면 종이 하는 일을 세어서? 폴리는 자신이 대답할 수 없는 질문들을 하고 있다는 것을 알아차렸다. "사라진 세균 하나와 도도 가운데 어느 쪽이 더 중요할까?" "벌새 500종류가 정말로 다 필요할까? 아니면 숲의 낙엽을 분해하여 유기물과 양분으로 전환하는 세균 500종류가 다 필요할까?"

이 세계는 동물 총생물량의 대부분을 곤충이 차지하고 대다수의 종이 미생물이지만, 우리의 지각은 반대 방향으로 편향되어 있다. 우리는 세균이나 선충이 아니라 조류와 포유류처럼 우리 눈에 잘 보이는 대상들을 훨씬 더 많이 안다. 어느 종이 사라졌을 때 우리가 살 수 없는지 정확히 짚어 내기란 불가능하다. 지구의 생명을 대상으로 진행되는 장엄한 실험에는 대조군이 아예 없기 때문이다. 우리는 그 종이 사라질 때까지 확실히 알지 못할 것이며, 사라진 뒤에는 돌이키기에 이미 때가 늦은 상태일 것이다.

우리가 분명히 알고 있는 사실은 더 많은 종들이 어울려 살아갈수록 더 낫다는 것이다. 폴리가 있는 미네소타 대학교의 데이비드 틸먼 David Tilman은 교정에서 북쪽으로 50킬로미터 떨어진 곳에서 1977년부터 세계에서 가장 오랜 기간 진행되는 생물 다양성 실험을 해왔다. 수백 곳의 실험 대상지에서 초원의 풀들이 홀로 자라거나 다양한 식물들과 함께 자라고 있다. 이산화탄소를 더 공급하는 곳도 있고, 난방기로 열을 더 가하는 곳도 있고, 질소 농도를 다르게 하여 재배하는 곳도 있다. 이 각각의 변수들이 어떤 영향을 미치는지 알아보기 위해서다. 가장 명백한 사실은 생물 다양성이 가장 높은 실험 대상지가 일차 생산성(식물이 대기 탄소를 생물량으로 전환하는 능력)이 가장 높다는 것이다. 식물의 종류가 많을수록, 토양에서 다양한 자원을 더 효율적으로 이용한다.

이 연구 결과는 그레천 데일리와 폴 에를리히의 학생들이 열대 코스타리카에서 발견한 내용의 온대판인 셈이다. 양쪽 연구로부터 식물의 다양성이 높을수록 식물을 먹는 해충이 더 적다는 추론이 나온다. 다양성이 높아서 자연에 더 가까운 재배지에는 그 해충들을 먹기 위해 더 많은 종류의 곤충, 박쥐, 새가 찾아오기 때문이다.

해마다 남북 반구를 오가는 명금류를 보호하는 이유는 단지 그들의 노래를 듣고 그들의 모습을 볼 때 즐겁기 때문만이 아니다. 그들이 이주하는 것은 먹이가 많은 곳에서 새끼를 키우기 위해서다. 그들은 밭과 나무에서 곤충을 잡아먹음으로써 우리에게 가장 중요한 해충 방제자가 된다. 그 새들이 사라진다면 어떤 일이 벌어질지 우리는 알지 못한다.

3월의 캘리포니아 북부는 밤이 되면 추워진다. 사람들은 실내로 자리를 옮긴다. 그레천의 두 아이는 피아노 앞에 앉아서 폴과 앤에게 들려주겠다고 연주를 한다. 점점 더 악화되고 있음을 보여주는 생태학 자료들과 그럼에도 부정하면서 치명적인 정치적 공방을 벌이는 이들을 보면서, 에를리히가 걱정하는 것은 바로 이 아이들이다.

"희망이 전혀 없다고 말하려는 것은 아닙니다. 문명의 붕괴를 피할 기회가 10퍼센트에 불과하다고 생각할 때에도, 나는 루크와 카멘을 위해 그것을 11퍼센트로 만들기 위해 노력할 겁니다."

"이미 충분히 했어요." 앤이 말한다.

"내 생각에 50퍼센트는 안 되지만, 10퍼센트는 넘어요." 그레천이 말한다.

모두 포옹하면서 인사를 나눈다. 폴은 자신의 제자가 무척 자랑스럽다. 그녀는 정부와 기업에서부터 자신이 위원으로 있는 비정부기구에 이르기까지 다양한 기관에서 집단생태학의 원리를, 세계를 어떻게 운영할 것인가라는 문제에 적용하면서, 앞으로 우리 모두를 포용할 수도 있고 포용하지 않을 수도 있는 목소리 없는 자연의 대변자 역할을 해왔다. 소비 억제 외에 폴 에를리히가 맞닥뜨린 가장 어려운 수수께끼는 왜 어머니 자연—우리에게 생명과 숨결을 주는 어머니—의 건강에 관한 결정을 자연이 얼마나 위중한 상태에 있는지를 잘 아는 과학자들이 아니라 정치가들이 내리느냐는 것이다.

"그건 우리 개인의 건강에 관한 결정을 보험회사 회계사가 내리는 것처럼 부도덕한 일입니다."

그의 친구 존 홀드런을 과학 고문으로 임명할 만큼 기민한 대통령조차 그에게 자문을 구할 생각은 하지 않은 듯하다. 임기 2기에는 아마 달라질 것이다. 하지만 그레천과 자연자본계획의 동료들은 자연의 원금을 헛되이 낭비하지 않으면서 비용 대비 효과적으로 자료를 확충하고 전 세계의 과학자, 투자자, 정책 비판자, 소프트웨어 전문가로 이루어진 인맥을 점점 확충하고 있지만, 아직 금권정치를 행사하는 이들의 주의를 끌지 못하고 있는 듯하다. 에를리히는 그 노력을 하고 있는 그녀가 더할 나위 없이 고맙다.

1995년, 록펠러 대학교 인구연구소의 소장인 수학자 겸 생물학자 조엘 E. 코언 Joel E. Cohen은 《지구는 얼마나 많은 사람을 부양할 수 있는가 How Many People Can the Earth Support?》라는 제목의 책을 냈다. 그는 광범위하게 탐구를 했지만 그 질문의 답을 결코 하나의 숫자로 제시하지는 않았다. 그전에 해결해야 할 관련 질문이 너무나 많기 때문에 답을 내놓을 수 없다고 말했을 뿐이다. 이런 질문이다. 물질적 복지는 어느 수준이어야 하며, 세계 사람들에게 어느 정도로 배분되어야 할까? 어떤 기술, 어떤 물리적 환경, 어떤 유형의 정부를 갖춰야 할까? 위험, 건전성, 안정성은 어느 수준이어야 할까? 즉 얼마나 오래 인류를 부양해야 할까? 인류는 무엇에 가치를 두어야 할까?

누군가의 아들, 딸, 부모이면서 자신들과 같은 인간을 가까운 친구로 둔 전 세계의 생태학자들은 산더미 같은 자료와 관찰을 통해 이런 질문들의 답을 찾아가지만, 그들의 마음은 진정한 답을 알고 있다. 우리가 무엇을 하고 얼마나 많은 이들이 그 일을 하느냐를 공정하게 생각하고 측정하고 올바로 유도해야 할 때가 올 것이며, 그 시기가 금세기에 도래할 가능성이 높다는 것이다.

미국의 수학자, 기상학자, 혼돈이론가인 에드워드 로렌즈Edward Lorenz
가 주창하여 우리 시대의 우화가 된 이야기가 있다. 브라질의 나비가
날갯짓을 하면 텍사스에 폭풍이 일어날 수 있다는 것이다. 1945년 폴
에를리히라는 이름의 열세 살 소년은 버몬트에서 여름 캠프 중에 나비
한 마리를 보고 상상에 사로잡혔다. 그 뒤로 이런저런 일들이 잇달아
일어난 끝에 그는 캔자스 대학교로 가서, 나비에 푹 빠졌던 자신처럼
벌에 푹 빠진 한 현자의 제자가 되었다. 그곳에서 그는 첫 번째이자 유
일한 아내가 될 화가이자 생물 삽화가이자 명석한 저술가인 여성을 만
났다. 그녀는 완벽한 나비 그림을 그릴 수 있었고, 그를 도와서 우리
자신과 관련이 있는 가장 허약한 곤충들의 집단 동역학을 규명하는 데
몰두했다. 그 연구는 우리 자신이 그들과 마찬가지로 결국은 허약한
존재임을 이해하는 계기가 되었다. 그들이 먹을 꽃의 꿀을 중독시키
고, 그들의 벌판을 빼앗고, 그들이 먹을 것을 다 없애고, 그들의 기후를
교란한다면 그들은 죽을 것이다. 우리도 마찬가지다.

궁극적으로 인류는 온갖 비방을 받았지만 결코 진정으로 논박된 적
이 없는 경제학자이자 성직자인 토머스 로버트 맬서스가 18세기에 처
음 제기했던 논의를 다시 꺼내게 될 것이다. 그의 주장은 그 뒤로 200년
에 걸쳐 세계를 재편한 성장이라는 무거운 기계에 짓눌려서 거의 사망
할 지경에 이르렀다. 그러다가 성장이 정점을 향해 가속되던 시점에,
에를리히 부부가 책을 펴냈다. 그 책은 수백만 부가 팔렸지만, 똑같은
비방을 받게 되었다. 자칭 경제에 도통했다는 현자들과 전문가들로 이
루어진 군대는 에를리히 부부가 전하려는 서신을 물속 깊이 가라앉히
려 애썼다. 하지만 그 편지는 수면으로 계속 떠오른다.

비록 한없이 넓고 경이로운 생태학적 인식이 밑바탕에 깔려 있긴
하지만, 그들이 전하고자 하는 말은 그리 복잡한 것이 아니다.

모든 것―화학, 다양성, 수―이 적절히 균형을 이루게끔 한다면, 우리 아이들, 그리고 모든 새와 나비의 후손들이 앞으로도 계속 함께 살아갈 희망이 있다는 것이다.

인류가 현재의 궤도를 유지한다면, 2100년에는 인구가 100억 명을 넘어설 것이다. 이 추세가 조금만 요동쳐도, 수십억 명이 더 늘어날 수 있다.

하지만 사회적 반감은 일단 제쳐놓고서, 이론적으로 내일 당장 전세계가 한 자녀 정책을 실시한다고 해보자. 이 세기가 끝날 무렵 인구는 1900년과 같은 16억 명으로 돌아갈 것이다.

믿어지지 않겠지만, 조금만 생각해 보면 옳다는 것이 드러난다. 우리가 번식을 완전히 중단하면, 채 100년도 지나지 않아 인구는 제로가될 것이다. 따라서 가구당 한 자녀 정책을 몇 세대만 유지하면 인구는 기하급수적으로 줄어들 것이다.

그러면 인구는 4분의 3이 줄어들고, 남는 수천만 제곱킬로미터의 땅에서 다른 종들이, 우리도 속해 있는 곳인 생태계가 제 기능을 하는데 필요한 종들이 살아갈 수 있을 것이다. 하지만 한 자녀 정책은 생각만 해도 섬뜩한 느낌을 준다. 그것을 시행해 온 중국에서조차 대다수의 중국인들은 그렇게 생각한다. 정말이지 사적이고 자연스럽게 이루어져야 할 일에 남이 이래라 저래라 하기를 원할 사람은 아무도 없다.

그럼에도 현재 많은 이들은 자신의 이익을 위해 <u>스스로</u> 출산을 제한한다. 2008년 미국에서 출산율이 가장 높은 유타 주를 순회 강연할 때, 나는 대부분이 모르몬교도인 청중에게 그 문제를 어떻게 생각하는지 질문했다. 초기 이스라엘인과 마찬가지로 초기 모르몬교도도 아내를 여럿 두었는데, 이유는 같았다. 자손을 많이 퍼뜨려서 자기 부족의 인구를 빨리 늘리려는 전략이었다. 하지만 19세기 말에 모르몬교는 미국 정부의 압박에 못 이겨서 일부다처제를 포기해야 했다. 그렇긴 해도 그들은 여전히 자녀를 많이 낳았고, 곧 위기가 닥쳤다. 출산을 하다가 죽는 여성이 늘어나기 시작했다. 한 가정에 아내가 한 명으로 줄어든 상황에서 출산율을 계속 유지하려다 보니, 출산을 한 뒤에 너무 일찍 다시 임신을 하는 여성들이 많아진 탓이었다.

모르몬교 같은 가족 중심의 사회에서, 어머니 없는 가정은 단순히 비극인 차원을 넘어서서 사회구조 자체를 위협하는 요인이었다. 다행히도 모르몬교는 교육의 중요성을 강조해 왔으며, 점점 늘어나고 있던 모르몬교 의사들은 1900년 무렵에 자기 종교의 생활방식이 위기에 빠지는 것을 막으려면 여성들에게 터울을 좀 두고서 자녀를 낳으라고 조언할 필요가 있음을 깨달았다.

나는 청중에게 이렇게 말했다. "그래서 나는 어머니와 자기 사회를 구하기 위해 임신을 관리하는 쪽을 택한 바 있는 사회라면 어머니 자연을 구하기 위해서도 그래야 한다는 점을 가장 잘 이해하지 않을까 하는 생각을 했습니다. 게다가 말일 성도를 모시는 여러분은 수천 년 된 전례에 여전히 얽매여 있는 우리 같은 사람들보다 더 유리한 입장에 있는지도 모릅니다. 여러분은 현대에 새로운 기독교 교회를 세울 만큼 융통성을 발휘했습니다. 지금 우리 모두가 직면한 환경 위기에 대처하기 위해서 필요한 것은 바로 그 융통성입니다."

강연이 끝나고 토의를 할 때, 출산을 억제하는 것이 자신들에게 이익이 된다는 공감대가 폭넓게 형성되었다. 많은 이들이 현재 오그던 북쪽에서부터 프로보 남쪽으로 약 150킬로미터에 걸쳐 뻗어 있는 교통 체증이 극심한 대상^{帶狀}도시와, 저 높은 산비탈까지 차츰 높이 차오르면서 멋진 산악 풍경을 뿌옇게 만드는 오염에 불만을 쏟아냈다. 그리고 말라 가고 있는 콜로라도 강 유역에 속한 이 사막 주의 물 상황을 모두가 심각하게 우려했다.

"우리 지구에 인구가 더 적어진다면 해결하기가 더 수월해질 문제가 한두 가지가 아니겠지요." 솔트레이크시티에 사는 한 여성이 말했다. 놀랍게도 반대하는 사람이 아무도 없었다.

그래서 나는 궁금해졌다. 인류 역사나 세계의 다른 문화와 종교에 속한 경전 중에서 우리와 나머지 자연 사이의 균형을 회복할 때까지, 즉 다시 가구당 평균 2명의 자녀를 낳아 적정 인구에 도달할 때까지 앞으로 2~3세대 동안 자녀의 수를 제한한다는 개념을 받아들이게 할 만한, 혹은 받아들이지 못하게 막을 만한 사례나 내용이 있을까?

하지만 이 의문을 탐구하기 위해 세계 곳곳을 여행하기 시작했을 때, 또 다른 의문이, 우리 종 전체에 보편적으로 적용되는 의문이 떠올랐다.

우리가 결코 알지 못할 후손들을 위해 결정을 내릴 의지와 선견지명을 과연 우리는 갖추고 있을까?

예전에 인류는 250년 이내에는 완공되지 않으리라는 것을 알면서도 장엄한 대성당을 짓기 시작하곤 했다. 1892년에 착공된 뉴욕의 세인트존더디바인 대성당과 1882년에 안토니오 가우디_{Antonio Gaudí}가 짓기 시작해 가장 최근의 추정에 따르면 2026년에 완공할 예정인 바르셀로나의 사그라다파밀리아 성당이 대표적이다. 둘 다 우리 사회가 더 이상 후대를 위해 계획을 세우는 일이 그다지 없다는 통념의 신선한 예외 사례다. 위기에 처한 코알라를 껴안고 있는 아이의 영상을 보여 주면서, 감정에 호소하여 우리 손자손녀를 위해 자연을 보호하자는 이야기를 하는 방식은 유감스러우리만치 효과가 없다. 궁극적으로 우리는 후손에게 필요한 것보다 지금 당장 우리 자신에게 필요한 것을 우선시한다.

따라서 위의 질문은 이렇게 바꿀 수 있다. 지난 세기에 세계 각국이 간당간당한 오존층을 구할 협약에 함께 서명을 한 것과 비슷하게 21세기에 인구를 줄이는 데 모두가 동의한다면, 지금 당장 우리에게 어떤 혜택이 돌아올까?

런던 리버풀 역의 커피숍에서 나는 스물한 살의 아스마 압두르 라만Asma Abdur Rahman에게 그 질문을 했다.

"아이를 한 명만 낳으면 내게 혜택이 있겠냐는 거지요?"

"한 명이나 두 명." 일부 가정에서 자녀를 둘 낳기로 결정한다면 적정 인구에 도달하는 시기가 더 늦춰지겠지만, 그 대안이 훨씬 더 현실적이긴 하다. 폴 에를리히도 그레천 데일리 같은 여성 동료들과 자신의 딸에게 "둘도 괜찮을 거야"라고 안심시킨다.

그녀는 차를 들이마셨다. 금실이 섞인 붉은 히잡을 쓴 그녀는 생각에 잠긴 표정이었다. 영국으로 이민 온 방글라데시인 가정에서 태어난 그녀는 4남매 중 한 명이었다. 그녀의 아버지는 7남매 중 한 명이었고, 어머니는 9남매 중 한 명이었다. 그녀는 옥스퍼드를 졸업하고 런던정경대학의 환경 정책 석사과정을 다니고 있었다. 최근 그녀는 수업 시간에 인구문제만 따로 다룰 수는 없다는 내용의 발표를 했다. "인구 감소에 발맞춰 소비도 줄이지 않는다면 헛수고가 될 겁니다. 부유한 소수가 가난한 다수만큼 많은 자원을 소비할 수 있을 테니까요."

또 자녀가 적어지면서 가정이 더 풍족해져서 소비를 더 많이 할 위험도 있다. 그녀는 런던정경대학에서 과소비의 해결책을 내놓은 사람을 한 명도 보지 못했다. 나도 그랬다. 그래서 소비자의 수를 줄인다는 개념으로 돌아갔다.

그녀는 자신이 결코 조부모처럼 대가족을 꾸리지는 않을 교육받은 2세대 무슬림 영국인의 전형적인 사례라고 말했다. 하지만 방글라데시에 사는 그녀의 사촌들은 결코 그렇지 않을 것이다. 세계에서 인구 밀도가 가장 높은 나라라는 영예롭지 않은 영예를 획득한 이래로, 방글라데시는 가족계획에 힘써 왔다. 현재 방글라데시의 초등학교와 중학교에는 남학생보다 여학생이 많다. 1971년 파키스탄에서 독립할 당시 여성 1인당 6.9명이었던 출산율은 현재 거의 대체율 수준인 2.25명으로 낮아졌다. 2011년 빈 인구통계연구소는 여러 가지 교육 시나리오를 적용한 모형을 구축한 끝에 모든 나라가 여성의 학교교육에 야심 찬 투자를 한다면, 아무런 조치를 취하지 않았을 때보다 2050년에 인구가 10억 명 더 적을 수 있다고 결론지었다.

"하지만 여성 교육은 인구를 줄이기 위해서가 아니라, 그 자체를 위해 장려해야 하는 거예요. 비록 인구 감소가 자연스러운 부수 효과이긴 하지만요." 그녀는 그렇게 덧붙였다.

그 점은 논란의 여지가 없으며, 나는 여성이 완전히 평등한 권리를 누리는 세계를 모형화한 연구를 한다면 더 많은 것이 드러나지 않을까 생각했다. 낭비되는 여성의 두뇌를 활용한다면 부작용이 전혀 없이 매우 귀중한 자원을 이용하는 셈이 되지 않을까? 또 인구 감소가 가져올 노동력 부족을 해소하는 데도 도움이 될 것이다. 하지만 나는 그녀에게 처음에 했던 질문을 상기시켰다. 자녀를 적게 낳으면 그녀 자신에게 어떤 혜택이 있을까?

"저도 동의해요. 관리해야 하는 것은 환경이 아니라 우리 자신이죠. 인구가 절반으로 줄어들면 영국이 얼마나 살기 좋은 곳이 될지 상상해 봐요. 하지만 아이를 한 명만 낳아서 행복할 거라는 생각은 들지 않아요. 내 자신이 형제자매들에게서 많은 영향을 받으며 자랐으니까요."

나도 마찬가지였다. 2남매인 나는 누나가 본보기가 되어 주고 애정을 쏟아 준 덕분에 많은 혜택을 보았다. 나는 중국의 광저우 대학교에서도 같은 질문을 해보았다. 홍콩에서 북쪽으로 자동차로 두 시간 거리에 있는 인구 1300만 명의 광저우는 현재 중국에서 세 번째로 큰 도시다. 광저우 시 자체만으로도 그렇다. 광저우는 사실상 세계에서 가장 큰 대도시권을 이룬 복합 산업 단지에 속해 있다. 광저우가 있는 주장 강 삼각주에는 5개 도시가 더 있다. 그 5개 도시의 인구까지 더하면 4000만 명에 이른다(5개 도시 가운데 가장 큰 도시는 인구가 300만 명쯤 된다). 이 지역은 공장에서 일자리를 얻기 위해 중국의 가난한 지역에서 몰려든 사람들 때문에 경이로운 성장세를 보여 왔다.

나는 대학생 400명 앞에서 강연을 하고 있었다. 문화혁명으로 족쇄에 매여 있던 이전 세대와 달리, 이들에게는 배울 기회가 많고 마음에 드는 직장을 얻어서 돈을 벌 기회도 많았다. 그들이 뻗어 나가지 못할 곳은 하늘뿐이었다. 비유적인 의미에서만이 아니라 실제로도 그러했으며, 그들도 그 사실을 잘 알고 있었다. 창밖으로는 해를 직접 바라볼 수 있었다. 산업 시설에서 내뿜는 오염 물질에 공기가 늘 흐릿해서 해가 창백한 원반처럼 보였다. 이 중국의 젊은이들은 어떤 식으로든 미래가 자신들의 것임을 알고 있었다. 환경 황폐화는 그들과 그들의 꿈 사이를 가로막고 서 있는 악귀였으며, 그들은 그것을 피할 방법을 찾는 데 관심이 많았다.

강연을 하다가 문득 의문이 떠올랐다. "이들은 모두 외동아이인가요?" 나는 통역사에게 물었다.

"물론이에요. 우리 모두 그렇죠."

나는 학생들에게 말했다. "여러분은 내가 만난 학생들 중에서 가장 활기차고 지적인 이들입니다. 그런데 심리적으로 일그러져 보이지 않네요. 형제자매가 있으면 좋겠다는 생각이 들지 않나요?"

그들은 그렇다고 인정하면서도, 번식 억제가 필요하다는 점을 이해한다. 그리고 그에 맞춰 적응해 왔다. "사촌들과 가까운 친구들이 형제자매가 되었지요." 사회를 맡은 학생이 설명했다.

"우리는 가정을 재창안하고 있는 셈이에요." 다른 여학생이 말했다.

나는 호모사피엔스가 대단히 적응력이 뛰어나며, 우리가 지닌 놀라운 융통성이 지금까지 우리가 살아남은 이유를 설명해 준다는 사실을 다시금 떠올렸다. 그리고 우리가 앞으로 어떻게 해야 계속 살아남을 수 있는지도 미리 알려 줄지 모른다.

인구가 지금처럼 유례없이 늘어난 이유는 아주 단순하다. 인구는 약 20만 년 동안 거의 일정하게 유지되다가, 인류 역사의 마지막 0.1퍼센트 동안에 해마다 죽는 사람보다 더 많은 사람이 태어났다. 그런 일이 일어나는 길은 두 가지뿐이다. 출생자가 더 많아지거나 사망자가 더 적어지는 것이다. 그리고 둘은 서로 분리할 수 없다. 지난 2세기에 걸쳐, 우리는 질병을 물리치거나 예방하는 데 뛰어난 능력을 발휘해 왔다. 우리는 병든 몸도 고친다. 세계의 상당히 많은 지역에서 우리는 인간의 평균 수명을 40세 미만에서 거의 80세로, 두 배로 늘렸다.

우리가 그렇게 하지 않고 자연의 흐름에 그냥 자신을 내맡겨 왔다면, 지나치게 무성해진 숲이 불길에 휩싸이곤 하듯이 인류는 주기적으로 세계적인 전염병에 초토화했을 것이고, 지금 훨씬 적은 수의 인구가 살고 있을 것이다. 현재 살고 있는 마흔 살 이상의 인구 23억 명 가운데 대부분은 없을 것이다. 모든 아이 가운데 절반쯤은 다섯 살도 되지 않아 죽었을 것이고, 모든 여성 가운데 적어도 5분의 1은 아기를 채 낳지도 못한 채 출산 합병증으로 죽었을 것이다.

우리 조상들이 받은 고통이 어느 정도일지는 상상도 할 수 없으며, 우리는 적어도 자발적으로는 그런 상황으로 돌아가고 싶어 하지 않을 것이다. 우리가 기적의 항생제, 특히 가축에게 쓰는 항생제를 남용한 탓에, 그중 상당수는 더 이상 효과가 없어졌다. 공진화하는 곤충과 식물 사이의 점점 확대되는 군비경쟁과 마찬가지로, 내성을 획득한 세균들이 출현하면서 우리에게 역공을 가하고 있다. 그렇긴 해도 우리의 의학 기술은 그것을 발명할 지능을 갖춘 우리에게 엄청난 혜택을 준다. 또 그것은 우리가 더 오래 살기 때문에 지구에 사람들이 더 많이 살면서 음식을 비롯한 모든 것을 더 많이 소비한다는 의미이기도 하다. 극소수의 소시오패스를 뺀 모든 이들은 사망률을 높이는 데 반대할 것이므로, 우리가 인구를 줄이고자 한다면 방법은 하나뿐이다. 출생률을 낮추는 것이다.

과연 우리 대다수가 그것을 선택할까? 유타 주에서 사람들이 계곡과 산비탈을 무자비하게 잠식하면서 팽창하는 도시화를 한탄할 때, 나는 여행하는 지역에서 늘 듣던 말을 다시금 들었다. 어디에 살든, 나이가 얼마나 들었든, 어떤 정치적 신념과 종교를 지녔든 간에, 사람들은 누구나 소란스럽고 혼잡한 곳을 벗어나서 가곤 하던 장소를 기억한다. 너무 멀지 않은 곳, 걸어서 가거나 소풍을 가거나 낡은 자전거로 가던 곳이다. 그곳에서 그들은 새를 관찰할 수 있었고, 사냥을 좋아한다면 새를 사냥할 수도 있었다. 나무를 껴안을 수도 있었고, 잘라내어 장작으로 삼을 수도 있었고, 그냥 그 아래 앉아서 잠을 잘 수도 있었다. 하지만 그들이 즐겨 찾던 그곳은 지금 사라지고 없다. 그 자리에는 죽 뻗은 상가나 산업 단지, 아파트가 들어섰다.

사람은 누구나 더 좋았던 세상을 기억한다. 덜 혼잡했던 세상, 더 아름다웠던 세상, 더 자유롭다고 느꼈던 세상을 말이다.

우리 인류가 재배하는 작물에 관한 전 세계의 방대한 데이터베이스를 구축한 미네소타 대학교의 조너선 폴리를 만나기 위해 내가 태어난 곳인 미니애폴리스로 돌아왔을 때, 나도 그러했다. 하지만 나는 먼저 미니애폴리스-세인트폴이라는 트윈시티의 북쪽에 있는 시더크릭 생태학 연구 구역으로 향했다. 진화생물학자 데이비드 틸먼이 우리가 한 종을 제거할 때마다 생명의 그물이 얼마나 약해지는지를 35년 동안 연구해 온 초원 연구 지역이다.

논리적으로 볼 때, 세계의 정착촌은 대부분 좋은 농경지 근처에 세워지게 마련이다. 유감스럽게도 그런 농경지의 상당 부분은 지난 50년 사이에 콘크리트 따위에 깔려 사라졌다. 매번 고향에 돌아갈 때마다, 나는 예상보다 훨씬 더 확장된 도시를 보면서 놀라곤 한다. 65번 도로를 따라 70킬로미터 거리를 가는 동안 작은 창고, 부동산 중개소, 복사 가게, 주유소, 타이어 할인점, 동물병원, 피자 가게, 선탠 전문 미용실, 이동 주택 주차장, 중고차 거래점, 신용협동조합, 비디오 대여점, 자동차 부품 가게, 칠리 상점, 문구점, 플라스틱 패널을 덧대 식민지 시대의 주택처럼 꾸민 조립식 주택 판매장 등이 눈에 띄었다. 미네소타 공영 라디오 방송에서는 두 경제학자가 시장을 회복하려면 주에서 신규 주택이 얼마나 많이 지어져야 하는지를 놓고 토론을 벌이고 있었다.

구명구에 매달려 있는 홍수 피해자처럼, 판박이처럼 늘어선 상가들 가운데 내 어린 시절의 흔적이 흩어져 있었다. 옥수수를 파는 농가 가판대와 생물 미끼를 파는 상점이 그러했다. 나는 한 시간쯤 간 뒤에 24번 카운티 도로로 들어섰다. 지금은 노스이스트 237번 도로로 이름이 바뀌었다. 길은 틸먼의 야외 연구 시설로 이어져 있었다. 노랑데이지와 자주색 향수박하가 가득한 꽃밭 사이로 녹색으로 칠한 목조 건물들이 들어서 있었다.

때는 7월 중순이었다. 숨이 턱턱 막힐 만큼 습도가 높았다. 대학원생인 제인 카울스Jane Cowles와 피터 래그Peter Wragg가 일년생 식물과 다년생 식물을 여러 가지로 조합해 심은 실험 재배지로 나를 안내했다. 개밀, 좀참새귀리, 쇠풀, 나도솔새, 바랭이 등이 서양톱풀, 달레아, 유액

식물, 미역취, 루피너스 같은 활엽 초본이나 콩과 식물과 함께 자라고 있었다. 재배지마다 적외선 등을 켜서 가뜩이나 땀이 배어 나오는 아침 기온보다 온도를 2~5도 더 높이고 있었다. 가열되는 재배지에서는 식물들이 훨씬 더 빨리 더 크게 자라고 있었다. 이미 꽃이 핀 것도 있었다. 나는 이것이 지구온난화가 작물에 좋다는 의미냐고 물었다.

"꼭 그런 건 아니에요." 카울스가 대답했다. "곤충의 생활사 시간도 바뀌지 않는다면, 꽃가루 매개자와 꽃의 시간이 서로 어긋날 겁니다."

온도를 인위적으로 높인 상태에서도 종이 가장 다양한 재배지의 식물들이 상당히 더 잘 자랐다. 하지만 불행히도 우리 작물은 대부분 단일경작을 한다.

이산화탄소 증가 실험은 식물과 비료의 양을 다양하게 조합한 50개 재배지로 나뉜 원형의 밭 세 곳에서 이루어진다. 밭 가장자리를 따라 세워진 구멍이 송송 난 PVC에서 이산화탄소가 뿜어진다. 래그는 밭마다 한가운데에 감지기가 있어서 이산화탄소 농도가 550ppm으로 일정하게 유지된다고 설명했다. 2050년의 대기 이산화탄소 농도로 예상되는 값이다.* 실험 첫 해에 이산화탄소 농도를 높이자 식물은 더 왕성하게 자랐다. 산소 농도가 증가하면 우리가 더 활기차게 움직이는 것과 비슷하다. 농도가 너무 높아져서 독성을 일으키기 전까지 그렇다. 마찬가지로 이산화탄소 농도가 증가해도 질소비료를 더 추가하지 않으면 식물의 생산성은 어느 수준에서 멈추었다. 따라서 상황은 점점 더 악화된다. 과다 사용되는 질소 자체는 온실가스의 가장 큰 원천 중 하나이기 때문이다.

---

* 산업혁명 이전의 대기 이산화탄소 농도는 평균 280ppm이었다. 2013년에 이산화탄소 농도는 300만 년 만에 처음으로 400ppm을 넘어섰다(1500만 년 만에 처음이라고 말하는 과학자들도 있다. 어느 쪽이든 간에 당시의 해수면은 지금보다 24~30미터 더 높았다).

온도 상승 실험에서와 마찬가지로, 이산화탄소 농도 상승 실험에서도 생물 다양성이 가장 높은 재배지가 생산성이 가장 높았다. 우리는 질소 증가 실험을 하는 밭을 둘러보기 위해 차를 타고 나섰다. 그런데 예정에 없던 일식이 일어난 듯 갑자기 하늘이 어두컴컴해졌다. 남쪽에서 거대한 적란운이 마치 하늘을 폐쇄시키려는 듯이 시꺼멓게 몰려오고 있었다. 우리는 잡목 숲 사이로 차를 몰았다. 그때 강풍에 자작나무 한 그루가 쓰러지면서 앞길을 막았다.

차를 돌려 돌아오는데 라디오에서 토네이도 경보가 울려댔다. 강풍에 흔들리는 운전대를 꽉 움켜쥐고 깔때기처럼 변하고 있는 하늘을 지켜보면서, 나는 지금 사람들이 으레 그렇듯 이 급변하는 날씨가 기후변화 때문이 아닐까 생각했다. 그런 한편으로 이른바 토네이도 통로Tornado Alley의 이 북쪽 구간에서 자랐기 때문에 이런 현상이 익숙하게 느껴지기도 했다. 하지만 라디오에서는 아직 봄인데도 미네소타에 찾아온 열파로 소들이 죽어서 피해액이 이미 100만 달러를 넘었다고 말하고 있었다.

과학자들은 점점 늘어나는 극심한 기상 현상들이 하나의 추세를 이루어서 기후에 상전이가 일어났음을 보여 주고 있는 것인지는 시간이 흐른 뒤에야 알 수 있을 것이라고 경고한다. 하지만 모든 측정값들이 그렇다고 말할 때까지 대책 없이 마냥 기다린다면, 때는 이미 너무 늦을 것이다. 과학자들이 가능성 높은 미래를 예측하기 위해 모형에 가능한 모든 변수를 집어넣으려 애쓰고 있는 이유가 바로 그것이다. 기술적인 측면에서 보면 그런 예측은 일종의 추론이므로, 현재 방식대로 활동함으로써 이익을 얻는 이들은 그것을 믿을 수 없다고 공격하곤 한다. 하지만 지금까지 기후변화 모형들에서 발견된 오류는 오직 시기를 잘못 예측했다는 것뿐이다. 2008년에 발표된 기후변화 모형에서는, 여름에 북극해의 얼음이 완전히 사라지는 최악의 사태가 발생하는 시기가 2050년이라고 예측되었지만, 지금은 이르면 2016년에도 그러한 상황이 발생할 수 있다고 예상된다.

어느 시점에, 어떤 증거를 들이대면서 설득을 해야 정치가들과 기업가들은 이미 극적인 변화가 일어나고 있으며, 제대로 대처하지 않으면 상황이 더 나빠지기만 할—아마도 치명적인 수준으로—뿐이라는 것을 납득하게 될까? 그해 말에 나는 일본의 유명한 경제 잡지로부터 다음과 같은 질문을 받았다. 후쿠시마 비극이 일어난 뒤에 사람들이 원자력발전소를 폐기하라고 요구하고 있는데, 그것이 히스테리 증상이라고 생각하지 않나요?

"나는 히스테리라고 말하지 않겠습니다. 일본의 원자력발전소는 모두 지진대나 해안에 있어서 태풍과 지진해일에 노출되어 있기 때문입니다."

"하지만 생산성이 떨어진다면 국민들은 더욱 고통을 받을 겁니다. 그 점을 고려하지 않고 말하는 것은 히스테리가 아닐까요?" 기자는 반박했다. 그 뒤로 30분 동안, 그는 내가 더 흡족할 만한 대답을 하기를 바라면서 같은 질문을 고쳐 계속 물어댔다. 그가 네 번째로 시도할 때, 도쿄 중심부를 강타한 지진에 우리가 앉아 있던 커피숍이 뒤흔들렸다. 굳이 내가 대답할 필요가 없어졌다.

미니애폴리스를 뒤덮은 검은 구름은 회오리바람을 일으키진 않았지만, 조녀선 폴리가 가르치는 세인트폴에 있는 미네소타 대학교의 교내는 온통 부러진 나뭇가지로 뒤덮였다. 사십 대 초반인 폴리는 마른 편에 동안이다. 인류가 얼마나 심각한 상황에 처해 있는지를 잘 아는 사람이니 늘 심각한 표정을 짓고 있을 법도 한데, 예상 외로 그는 활짝 웃고 있었다. 그는 녹색과 갈색으로 칠해진 세계 지도를 보여 주었다.

"녹색으로 칠한 부분이 경작지입니다. 다 더하면 남아메리카만 한 면적이 되지요. 갈색은 목초지인데, 다 더하면 아프리카만 해요." 도시가 무분별하게 확장되는 것을 보고 내가 충격을 받았다고 하자, 그는 충격을 받을 것은 따로 있다고 했다. 인류는 식량을 생산하기 위해 그보다 60배나 많은 땅을 쓰고 있다는 것이었다. 나머지 땅은 모두 사막, 너무 건조하거나 험해서 경작을 할 수 없는 산, 탄소를 흡수하는 데 필요한 숲이라고 했다.

"우리는 쓸 만한 경작지는 이미 다 이용하고 있어요. 그다지 더 늘어나지 않을 그 땅으로 앞으로 20억 명을 더 먹여 살려야 합니다. 게다가 아시아가 풍족해지면서 중산층이 점점 늘어나고 있지요. 그것은 금세기 중반까지 세계 식량 생산량을 두 배로 늘려야 한다는 뜻이지요. 지금도 세계 인구 중 10억 명은 영양실조에 시달리고 있습니다. 금세기 말에는 적어도 10억 명은 더 늘어나겠지요. 따라서 수확량을 세 배로 늘려야 합니다. 그것이 인류가 직면한 가장 큰 도전 과제입니다."

전에도 줄곧 들은 이야기였지만, 우리가 재배하는 작물에 관해 그 어느 누구보다 많은 정보를 모은 사람에게서 그 말을 들으니 최종 평결처럼 느껴졌다. 그래서 나는 그가 다음에 한 말을 듣고 놀랐다. "희소식은 내가 그 일이 가능하다고 생각한다는 것이죠."

어떻게?

"모든 일이 완벽하게 이루어지기만 한다면요. 그리고 지금까지 말하지 않은 올바른 일들을 한다면요. 즉 가능한 한 빨리 그리고 인간적으로 인구를 안정시킨다면, 또 점점 더 육류 위주로 진행되는 식단을 재고한다면요. 80억 명이든 10억 명이든 모두 햄버거를 먹을 수는 없어요. 그리고 세계 식량의 적어도 3분의 1은 쓰레기로 낭비되는데, 그것을 줄인다면요. 부유한 국가에서는 식당에서 쓰레기를 남기거나 냉장고에서 썩혀 버리죠. 공급 사슬의 끝에 놓인 소비자가 말입니다."

우리는 '브레드 앤드 초콜릿 Bread and Chocolate'이라는 이름의 널찍하고 환한 간이식당에서 점심을 먹고 있었다. 음식의 축제를 벌이는 듯한 장소였다. 나는 좀 양심에 찔려서 접시에 장식용으로 놓인 파슬리를 집어먹었다. 폴리는 말을 계속했다. "가난한 나라에서는 대개 농민 선에서 끝납니다. 저장한 곡식은 해충이 먹어치우거나 곰팡이 같은 것에 상하지요. 시장에 제때 내놓지 못할 수도 있어요. 어디다 두었는지 못 찾기도 하고요."

그는 잠시 숨을 골랐다. '한다면'이라는 말이 더 많이 더 큰 규모에서 이어졌다. "만약 우리가……." 그는 말을 멈추었다가 바꿔 말했다. "우리는 물과 질소를 가장 덜 쓰면서 가장 많은 식량을 기를 수 있는 방법을 찾아야 합니다. 둘 다 엄청난 규모로 쓰이지요. 따라서 지금까지 하던 행동을 대폭 바꿔야 하는데, 너무나 두려운 일이지요."

인류는 구약성서 시대에도 물을 두고 다퉜다. 하지만 합성 질소는 1960년대에 들어서야 널리 쓰이기 시작했다. 폴리는 말했다. "그 뒤로 농업은 우리가 지구를 두드리는 유일한 망치가 되었습니다. 농업은 모든 공장과 발전소의 배출량을 더한 것보다 많은 온실가스를 내뿜는 최대 배출원입니다. 모든 자동차, 기차, 선박, 항공기에서 뿜어내는 양보다 더 많지요."

삼림 파괴, 소와 논에서 나오는 메탄, 비료 공장, 과다 사용한 비료에서 은밀하게 나오는 부산물인 질소산화물이 범인이다. 질소산화물은 이산화탄소보다 300배나 강력한 온실가스다.

"일종의 골디락스Goldilocks(동화《골디락스와 곰 세 마리》의 주인공—옮긴이) 우화입니다. 세계의 절반은 질소가 너무나 부족합니다. 세계의 절반은 질소가 너무 많고요. 적정량을 쓰는 사람은 아무도 없어요. 이곳 미국에서, 그리고 특히 중국과 인도에서는 질소비료를 너무 많이 써요. 그중 식물이 흡수하는 양은 4분의 1에서 절반에 불과합니다. 나머지는 오염 물질이에요. 하지만 말라위 같은 지역에서는 옥수수 밭에 비료를 조금만 주어도 생산성이 세 배로 늘 수 있습니다. 따라서 각 장소와 기후와 토양과 문화에 가장 알맞은 사용량을 찾는 것이 문제인 셈이죠."

행복한 미래로 나아가는 길은 아주 좁아 보였다. 내가 출발했던 곳으로 돌아와서 보니 더욱 그러했다. 과거에 미니애폴리스와 세인트폴은 제분업과 철도 산업이 활황을 누리던 부유한 도시였다. 이 도시의 개척자들은 교육, 예술, 문화를 중시했다. 수량이 풍부한 강을 끼고 있고 비옥한 토양과 물고기가 많은 맑은 호수를 갖춘 풍족한 경관에 자리한 이 우아한 도시는 아름답지만 그 속에서 자라는 이들에게는 바깥 세상도 그럴 것이라고 여기게 만드는 기만적인 곳이기도 했다. 이 도시를 떠나서 그렇지 않다는 것을 알아차릴 때까지, 나는 그런 환경이 정상적이라고 여겼다. 이 편안한 모태에 돌아온 나는 지구 전체의 상황을 떠올리기 위해 애를 써야 했다.

나는 폴리에게 물었다. "하버-보슈법이 발명되지 않아서 우리가 인공적으로 질소를 고정하지 못했다면 어땠을까요? 식량 생산량이 콩과 식물의 뿌리에서 질소를 고정하는 세균의 능력에 따라 제한되면서 인구가 훨씬 적어졌을 겁니다. 반면에 우리는 식물의 광합성 중 절반을 먹어치우고 민물의 70퍼센트를 작물을 키우느라 훔치고 있어요. 비료를 발명하지 못했다면, 녹색혁명도 필요 없지 않았을까요?"

그는 움찔했다. "합성 비료를 발명하지 못했다면, 20세기는 진정으로 처량했을 겁니다. 실제보다 더욱 처량했겠지요. 지금 우리에게 필요한 것은 제2의 녹색혁명입니다. 훨씬 더 자연 친화적인 혁명 말입니다. 하지만 녹색혁명은 우리가 지금 향해 가는 맬서스식의 위기와 식량 부족이라는 재앙을 피하게 함으로써, 인간적으로 인구통계학적 전이를 거칠 수 있게 해준 것이지요."

인구통계학적 전이, 즉 높았던 출생률과 사망률이 낮아지는 과정은 진행되는 양상의 지표이자 결과로 볼 수 있다. "우리가 수십억 명이 굶주리고 핵무기로 무장한 세계에 있다고 상상해 봐요. 우리는 그런 일촉즉발의 상황을 피한 겁니다."

하지만 미네소타 대학교의 또 다른 과학자이자 녹색혁명의 창시자인 노먼 볼로그는 우리가 사실상 아무것도 피하지 못했다고 경고했다. 불가피하게 찾아올 인구 붕괴를 단지 연기했을 뿐이라는 것이다. 그리고 핵무기를 갖춘 녹색혁명의 초기 수혜국 파키스탄은 지금 인구가 폭발적으로 늘면서 기아를 향해 가고 있다. 줄어드는 물을 늘릴 기적이 일어나지 않는 한 그렇다. 마찬가지로 핵무기를 갖춘 이스라엘과 인도도 물 부족과 급증하는 인구문제에 시달리고 있다.

폴리가 수집한 엄청난 자료에 따르면, 정량의 비료를 주며 미각을 충족시키고 지위를 확인하기 위해 사치스럽게 육류를 과소비하는 행위를 최소화하는 방법으로, 중구난방으로 이루어지는 행위들을 절묘하게 훈련된 자원 관리 방식으로 전환하지 않는다면, 우리는 맬서스의 예언을 충족시키기 위해 맹렬하게 질주하는 꼴이 될 것이다.

이미 지력이 고갈된 바로 그 땅에서 식량 생산량을 세 배로 쥐어짜내려 애쓰기보다는 인구를 관리하려고 시도하는 것이 더 현실적인 목표가 아닐까?

폴리는 아일랜드계 특유의 긴 콧마루를 두 손가락으로 주무른다. 그는 이렇게 대답했다. "우리는 엄청난 자원과 믿어지지 않을 만큼 많은 에너지, 생물, 물을 지닌 이 경이로운 행성을 물려받았습니다. 지금 모든 궤도는 잘못된 방향으로 나아가고 있어요. 너무나 많은 인구가 자원 기반이 점점 줄어드는 행성에서 너무나 많은 것을 원해 왔지요. 앞으로도 오랫동안 같은 일이 계속되겠지만, 종반전은 근본적으로 달라질 겁니다. 미래의 어느 시점에서 종반전은 인구가 더 적은 행성에서 우리 문명을 살아남게 하는 일이 될 겁니다. 몇 명이 될지는 나도 모릅니다. 10억 명일 수도 있고 20억 명일 수도 있겠지요. 누가 알겠어요?"

바깥에서는 6월의 조용한 오후가 흐르고 있었다. 작별의 악수를 나눌 때 폴리가 말했다. "우리는 크나큰 관성을 지닌 역사의 흐름에 사로잡혀 있어요. 우리 생전에는 이 문제를 풀 수 없습니다. 해결하는 데 몇 세대가 걸릴 겁니다. 그래도 나는 절망하지 않아요. 오히려 사실상 의욕이 충만해지는 것을 느껴요. 활력이 넘친다고나 할까요? 나는 다음 세대들이 싸울 수 있게 준비를 해왔습니다. 가능한 한 그들이 맞서 싸울 최상의 도구를 갖춰 주어야 합니다. 아마 우리가 밀 수 있는 레버 하나가 인구를 100억 명이 아니라 80억 명에서 멈출 수도 있을 겁니다. 그들에게 세계의 우림을 30퍼센트가 아니라 41퍼센트를 남겨줄 수도 있겠고요."

차를 타고 미시시피 강을 건너며, 나는 그가 보인 단호한 의지를 생각했다. 동료인 그레천 데일리와 마찬가지로 조너선 폴리도 우리가 직면한 상황을 솔직하게 이야기하지만, 그럼에도 희망을 버리지 않았다.

그가 공동으로 써서 생태학에 이정표가 된 한 논문에는 인류 활동의 기하급수적인 증가가 생태계를 불안정하게 만들고, 인류의 안녕에 재앙을 가져올지 모를 돌이킬 수 없는 갑작스러운 환경 변화를 촉발할 수 있다는 대목이 있었다. 그 논문은 이렇게 결론을 내렸다. "이것은 심각한 난제다. 사회적·경제적 발전을 앞세우는 주류 패러다임은 인류가 대륙에서 행성 규모에 이르는 환경 재앙을 일으킬 위험을 거의 염두에 두지 않고 있기 때문이다." 학술적인 문장으로 과학 특유의 중립적인 관점에서 서술하고 있지만, 나는 그 안에 담긴 비명을 들을 수 있었다. 자신이 무슨 짓을 하고 있는지 왜 깨닫지도 못한단 말인가!

94번 주간州間도로의 커브를 돌자 눈부시게 반짝이는 미니애폴리스

도심이 모습을 드러냈다. 나는 예전에 미니애폴리스 공공 도서관이 서 있던 주차장을 찾았다. 적갈색 사암으로 지어진 그 19세기의 건물에서 유년기의 나는 많은 시간을 보냈다. 나는 꼭대기 층에 있는 작은 박물관에 들러서 나그네비둘기의 박제를 보곤 했다. 나그네비둘기는 한때 지구에서 가장 수가 많은 새였다. 인간은 1914년에 그들을 멸종시켰다. 하지만 나중에 내가 읽은 바에 따르면, 100만 마리가 남았을 때에도 그들은 이미 기능적으로 멸종한 상태였다고 한다. 그들이 의지하던 서식지와 먹이 공급원이 이미 사라질 운명에 처해 있었기 때문이다. 나는 그렇다면 우리 종도 이미 살아 있는 시체라고 할 수 있을지 궁금해졌다.

그 전주에 나는 워싱턴에서 리처드 시직Richard Cizik 목사를 만났다. 그는 원래 전미복음주의협회National Association of Evangelicals의 워싱턴 로비스트로 일했다. 2008년에 그는 그 단체와 결별하고 '공공선을 위한 새 복음주의 파트너십New Evangelical Partnership for the Common Good'을 설립했다. 그가 '창조 질서 보호Creation Care'라고 부르는 환경 전도 사업을 하는 기독교 단체다. 그는 내게 말했다. "지난 3년 동안 신의 말씀을 지금의 지구 위기 상황에 비추어 생산적이고 다방면으로 적용될 수 있도록 해석할 신학적 토대를 마련하는 일을 해왔습니다." 열정적인 모습의 그는 마른 편이며 금발은 이미 숱이 줄어들기 시작했다. 그는 몇 주 전에 〈워싱턴 포스트Washington Post〉의 신앙 관련 블로그에 가족계획 모금 활동을 공개적으로 지원하는 글을 쓴 바 있다.

"가족계획은 도덕적으로 옳을 뿐 아니라 우리가 해야 할 일이다. 생육하고 번성하라는 말씀은 홍수 이후에 신의 모든 창조물과 평화롭게 살라는 말씀으로 대체되었다."

그는 보수적인 복음주의자들이 내쳐도 굴하지 않았고, 환경을 걱정하는 젊은 신세대 기독교인들의 반응에 용기를 얻었다고 했다.

"주기도문에서 예수는 말하지요. 하늘에서 이루어진 것과 같이 땅에서도 이루어지이다. 그렇게 되려면, 우리는 하늘의 가치 기준을 땅으로 가져와야 합니다. 하늘에서는 그 어느 것도 멸종하지 않아요. 지속 가능성은 멸종하지 않게 한다는 의미입니다. 하지만 우리는 멸종시키고 있어요. 종 전체를요. 말을 하지 못하는 창조물들이 우리에게 말하고 있는 것을 설명하는 데 도움을 주는 과학자들의 말에 귀를 기울이지 않는다면, 우리는 그 사실을 깨닫지 못해요. 과학의 가치가 바로 그겁니다. 창조물이 자기 자신에 관해 하는 말을 우리가 이해하도록 돕는 것이죠."

헤어질 때 그는 내게 〈요한계시록〉 11장 18절을 설명했다.

"종말의 날 환영 속에서, 요한은 신이 지구를 파괴하는 이들을 없앤다고 예견합니다. 따라서 우리는 지구를 돌볼 도덕적 의무를 지니며, 우리의 삶과 미래가 모두 그들에게 의존하는 것처럼 살아가야 합니다."

어릴 때 나는 미니애폴리스의 호수에서 물고기를 잡고 헤엄치는 법을 배웠다. 대학생 때는 그곳에서 인명 구조원으로 일했고, 비번일 때는 나룻배나 요트를 몰거나 주변에서 달리기를 하곤 했다. 나는 가장 아름다운 호수 가운데 하나인 아일스 호에 들렀다. 호숫가에 무성하게 자란 부들 옆에 청둥오리 한 쌍과 푸른날개쇠오리들이 떠 있었다. 수양버들 아래로 난 길에 사람들도 쌍쌍이 돌아다니고 있었고, 유모차를 미는 젊은 엄마들도 보였다. 여기 와 보니 이 행성에는 내 추억에 담긴 그 시절만큼 여전히 아름다운 곳이 많이 남아 있다고 느꼈다. 나는 시직이 성서에 관해 했던 다른 말도 들어맞기를 바랐다. 그는 성서에 이세상이 불타 사라지는 것이 아니라 다듬어지고 정화될 것이라고 나와 있다고 했다.

인구통계학적 전이는 현실이다. 인류 문명이 발달하면서 수명이 늘고, 부모가 적어도 몇 명은 살아남기를 바라면서 자신을 쏙 빼닮은 아이를 계속 낳을 필요성이 줄어들었기 때문이다. 아프리카와 남아시아의 가장 가난한 나라들이나 필리핀, 아프가니스탄, 하레디가 많은 이스라엘 지역에서처럼 종교적 극단주의에 빠진 집단들을 제외하고, 전세계에서 인구 증가의 추진력은 약해져 왔다. 지금 문제는 우리 종이 자연이 얼마나 버틸지 계속 시험하는 이 상황에서, 인구 감소 과정을 촉진하는 것이 우리 자신뿐 아니라 이 행성에 함께 사는 동료 종들에게 최선일까 하는 것이다.

바꿔 말하면 이렇다. 가장 명석한 과학자들이 우리에게 경각심을 갖도록 애쓰고 있는, 재앙이 될 돌이킬 수 없는 변화를 피할 수 있을 만큼 인구를 빨리 줄이는 것이 최선일까?

록펠러 대학교의 인구통계학자 조엘 코언은 2012년 하버드의 케네디스쿨에서 강연을 할 때 이렇게 말했다. "인구통계는 운명을 말하는 것이 아닙니다. 우리는 지금 당장 행동을 함으로써 우리 아이들과 손자들의 세계에 영향을 미칠 수 있습니다." 코언은 인구 전문가인 맬컴 포츠의 말에 동의하면서, 세계의 출산율을 여성 1인당 0.5명만 줄이면 금세기 말에 인구가 60억 명으로 줄어들고 0.5명을 늘리면 160억 명으로 늘어날 수 있다고 말했다.

물론 우리는 160억 명에 이르지는 못할 것이다. 그 전에 여러 한계를 초월해 인구는 붕괴할 것이고, 아마 다시 회복되지 못할 것이기 때문이다. 아니면 전 세계의 가정이 자녀를 한두 명만 낳음으로써 인구가 더 빨리 줄어들 수도 있다. 그렇다면 우리는 지금까지도 알아차리지 못한 채 다가가고 있는 파국을 피할 수 있을 것이다.

아일스 호 주변을 걷는데, 공원 도로 옆에 서 있는 대저택들이 보였다. 한때 제분업계와 양곡업계를 좌지우지하던 가문들이 살던 곳이었는데 이제 매물로 나와 있었다. 2010년에 가까워지면서, 경제성장을 보여 주는 신성불가침의 기준으로 여겨지던 주택 시장은 행운의 편지나 폰지 사기와 흡사한 기만적인 사례임이 드러났다. 우리는 모두 그다음에 어떤 일이 벌어졌는지 잘 안다. 그 여파로 지금까지도 유럽연합과 세계 금융 체제의 토대가 뒤흔들리고 있다.

하지만 당신이 기업을 소유하고 있고, 주택담보대출 시장의 붕괴가 임박했음을 알아차리지 못한 그 경제학자들 중 누군가를 자문가로 고용했다고 하자. 그 경제학자들이 성장이야말로 기업 경쟁력 강화의 척도라고 강박적으로 집착하고 있다고 해도(결코 의심하지 않고 읊어대는 주문이다), 기업의 건전성을 확보하려고 하는 당신은 그들이 무슨 말을 할지 이미 안다.

"비대해졌어요. 군살을 빼야 합니다."

그다음 주에 출근한 직원들 중 25퍼센트는 책상 위에 해고 통지서가 놓여 있는 것을 본다. 좀 무자비한 방식으로, 당신의 기업은 단번에 인원을 감축함으로써 더 건전한 규모가 되었다. 물론 당신이 인간적인 방식으로 기업을 운영한다면 상황은 다를 것이다. 당신은 많아진 사슴을 추려 내듯이 직원의 4분의 1을 단번에 자르는 대신에, 더 온건한 방법을 쓴다. 자연적인 감소다. 해마다 퇴직하거나 이직하거나 사망하는 직원이 생길 때, 충원할 직원을 좀 덜 뽑는다. 남아 있는 직원들에게는 이전에 더 많은 인원이 했던 일을 더 효율적으로 할 수 있도록 새로운 기술을 배우게 한다. 서서히 당신의 회사는 지속 가능한 규모로 적절하게 줄어든다.

당신이 기업을 소유할 만큼 운이 좋은 사람이 아니라면 환상에 불과한 이야기이겠지만, 이 사례는 우리 행성이 처한 현실을 일부 반영한다. 현재 지구는 생존할 수 없을 만큼 비대해진 기업과 같다. 지구의 식당은 직원을 모두 먹일 수가 없고, 직원이 너무 많아져서 적절한 수준의 봉급을 줄 수도 없다.

지구는 현재의 인구를 지탱할 수 없으며, 어떤 식으로든 어쩔 수 없이 인구는 줄어들어야 한다. 이 글을 쓰는 지금, 2011년에 마이애미 대학교의 지질학과장인 해럴드 원레스Harold Wanless 박사가 인터뷰에서 했던 경고가 떠오른다.

"금세기 말에 플로리다 남부 지역은 인간이 살 수 없는 곳이 될 겁니다. 마이애미-데이드 카운티는 버려질 겁니다. 뭄바이도 버려질 겁니다. 1500만 명이 사는 도시지요. 애틀랜틱시티도 마찬가지일 거고요. 해수면이 1.2~1.5미터 솟아오르면서, 세계의 삼각주는 대부분 버려질 겁니다."

최근까지 그런 경고는 괴짜들이 내뱉는 헛소리로 치부되곤 했다. 하지만 2007년에 기후변화에 관한 정부 간 협의체가 내놓았던 최악의 시나리오, 즉 2100년까지 해수면 상승은 60센티미터를 밑돌 것이라는 시나리오는 현재 재고해야 할 상황이 되었다. 극지방의 얼음이 예상보다 빨리 녹고 있으며, 녹아내린 짙은 색 물은 열을 더 많이 흡수하고 있다. 그리고 얼었던 메탄 퇴적층이 녹아서 메탄이 부글부글 솟아오르고 있다. 찾아봤더니 원레스 박사의 극단적인 예측을 반박한 글은 플로리다의 한 부동산 업자가 블로그에 올린 것뿐이었다. 그가 강연을 한 지 채 1년도 지나지 않아, 애틀랜틱시티뿐 아니라 뉴욕 시의 해안도 밀려든 파도에 잠기면서 그의 견해를 반박할 여지가 점점 줄어들었다.

나는 지금 살고 있는 어느 누구도 추려 내고 싶지 않다. 지금 살고 있는 모두가 건강하게 오래 살기를 원한다. 하지만 우리가 스스로 억제하고, 떠나는 사람보다 더 적은 수를 충원하는 식으로 인구를 인도적으로 줄이지 않는다면, 자연이 우리에게 대량으로 해고 통지서를 보낼 것이다. 내셔널지오그래픽 채널에서 동물들의 적자생존을 다룬 프로그램을 보고 있으면 재미있다. 같은 일이 우리 종에게 일어난다면, 그리 재미있지 않을 것이다.

어느새 호숫가에서 유모차를 미는 젊은 엄마들과 이른 저녁에 달리기를 하던 사람들이 떠나고 없었다. 땅거미가 깔리고 우단 같은 하늘에 목성이 모습을 드러냈다. 호숫가에 난 길은 젊은 연인들과 나이 든 연인들의 차지가 되었다. 손을 잡고 걷는 그들을 보니, 내 고향인 이 도시의 인구 조성이 스칸디나비아인이 대다수를 차지했던 초창기와 달리 현재 세계화한 우리 종을 대변하는 다양한 인종으로 바뀌었음을 느낄 수 있었다. 라틴아메리카인, 백인, 아시아인, 아프리카인, 아메리카 원주민 등이 자연스럽게 우리 인류가 고대부터 해오던 구애 의식을 펼치고 있었다.

우리가 그 의식을 계속할 수 있으려면, 동료 종들도 같은 일을 할 수 있도록 공간을 마련해 주기만 하면 된다. 아주 간단하면서도 합리적인 일이다. 그리고 우리 자신과 우리 후손의 멋진 미래를 위해서도 꼭 필요한 일이다.

감사의 말

오래전 멕시코의 시골에서 지낼 때, 노새 안장에 백신과 피임약이 가득 든 비닐 주머니를 매달고 오지 마을을 찾아다니는 사람들을 본 적이 있다. 살아 있는 아이들을 보호하는 백신을 처음 본 여성들은 피임약을 써도 괜찮겠다는 믿음을 갖게 되었다. 게다가 전국적인 대중매체를 통해 이미 강력하게 메시지가 전달되고 있었기 때문에 여성들은 진작부터 피임약을 써보고 싶어 했다.

그들에게 메시지를 전달한 매체는 라틴아메리카에서 시청률이 가장 높은 텔레비전 드라마였다. 나는 치와와 주의 코퍼캐니언에서 저녁 무렵 말을 탄 카우보이 다섯 명이 식료품점 창문 너머로 텔레노벨라, 즉 멜로드라마를 시청하는 모습을 본 적이 있다. 가게 안에서는 디젤 발전기를 돌려서 켠 13인치 흑백 TV 앞에 옹기종기 동네 주민들이 모여 있었다. 1970년대 말에 가장 인기를 끈 드라마 중에는 〈아콤파냐메 Acompáñame〉('나와 함께'라는 뜻)가 있었다. 미구엘 사비도가 제작하고 연출하고 공동으로 각본을 쓴 드라마였다. 세 자매가 각각 남편과 살면서 겪는 일들을 그린 이 가족 드라마에는 임신을 계획하는 문제를 비롯해 핵가족이 더 낫다는 메시지가 담겨 있었다.

인구 쇼크

<아콤파냐메>는 시리즈가 방영되던 10년에 걸쳐 멕시코의 출산율을 무려 34퍼센트나 낮췄다고 널리 찬사를 받았다. 이러한 방식은 버몬트 주 벌링턴에 있는 인구미디어센터Population Media Center, PMC에 영향을 미쳤다. 인구미디어센터는 현재 22개 언어로 가족계획을 장려하는 드라마를 제작하고 있다. 내가 파키스탄에서 본 가족계획 거리 공연의 전자 매체판인 셈이다. 인구미디어센터는 생식건강에 관한 정보와 소식을 풍부하게 제공해 왔다. 이곳의 빌 라이어슨, 케이티 엘모어, 조 비시에게 고마움을 전한다.

또 여러모로 도움을 준 여러 인구 관련 비정부기구에도 깊은 감사를 전한다. 각 단체는 나름의 방식으로 이 복잡한 주제를 다루어 왔다. 인구 커넥션(옛 명칭은 제로인구성장이다)의 메리언 스타키, 미국 인구조사국의 제이슨 브렘너와 국제인구행동연구소Population Action International에서 일한 바 있는 동료 캐런 하디, 패커드 재단의 인구 및 생식건강 프로그램의 전 소장인 무심비 카뇨로, 우드로 윌슨 인터내셔널 센터 인구건강환경 프로그램의 제프 다벨코와 메건 파커, 영국의 인구현안, 즉 옛 적정인구재단의 존 길버드와 로저 마틴에게도 감사드린다.

또 이 책을 쓰는 내내 날마다 새로운 깨달음을 안겨 준 자료를 마음껏 볼 수 있도록 도와준 구트마커 연구소, 유엔인구기금, 그리고 통신 컨소시엄 미디어 센터의 <푸시 저널PUSH Journal>(세계의 성건강과 생식건강 현안 소식을 전하는 정기 간행물) 측에도 큰 신세를 졌다. 마지막으로 유엔 인구국의 전 국장 하니아 즐로트닉에게도 깊이 감사드린다. 나는 2009년 그의 사무실에 어렴풋한 생각을 품고 들어갔다가 몇 시간 뒤 중요한 문헌들을 한 아름 안고 나왔다. 그 뒤로 3년 넘게 그는 내가 이 원고를 계속 쓸 수 있도록 지치지 않고 현명한 조언을 해주었다.

국제개발처의 인구, 건강, 환경 사업을 총괄한 전 국장 헤더 다그네스는 내게 용기를 주고 중요한 정보를 알려 주었으며, 핵심 인맥을 소개했다. 또 그녀 집안의 조언자들에게도 빚을 졌다. 동남아시아에서 생식건강 사업 자문가로 일했던 그녀의 어머니 리오나 다그네스는 필리핀과 타이 여행에 도움을 주었고, 그녀의 아버지 토머스 다그네스는 메차이 비라바이댜의 전기인 《콘돔에서 양배추까지》를 쓴 저자다.

2003년, 21세기 갈등의 원천인 물을 주제로 강연하기 위해 독일 하노버의 국제회의에 참석했다. 그곳에서 나는 지구의 벗-중동 Friends of the Earth-Middle East 지국장인 이스라엘인과 팔레스타인 상수도국 부국장이 공동으로 발표를 하는 모습에 깊은 인상을 받았다. 두 민족 사이에 아무리 불꽃 튀기는 긴장감이 흘러도 그들은 매주 만났다. 희소한 천연자원을 보존하는 것이 민족을 초월한 긴박한 현안이었기 때문이다. 이 용감한 이들의 발표를 들으면서 많은 이들이 벅찬 감동에 눈시울을 적셨다.

그 기억에 자극을 받은 나는 세계의 많은 지역에서 성지로 여기고 있는 분열된 땅을 이 책의 첫 여행지로 삼았다. 이스라엘에서 신세를 진 분들은 다음과 같다. 하이파에 있는 이스라엘 공대의 대니얼 오렌스타인과 동료들, 에코피스 EcoPeace/지구의 벗-중동의 기돈 브롬버그, 환경 학습과 리더십을 위한 헤셸 센터의 아일런 슈워츠와 예레미 벤스테인, 헤셸의 전 직원이자 경관건축가인 라헬 라다니, '환경을 위한 하레딤'의 랍비 두디 질베르슐라그, 텔아비브 대학교 동물학과의 타마르 다얀, 요란 욤토브, 아모츠 자하비, 조류학자 요시 레셈, 예루살렘 부시장 나오미 추르, 메아 셰아림에 있는 샤리하토라 학교의 비냐민 에이벤보임 교장, 하이파 대학교의 지질학자 아논 소퍼, 히브리 대학교의 인구통계학자 세르조 델라페르골라, 훌라 계곡의 농부 엘리 갈릴리, 〈하레츠〉 기자 자프리르 리나트, 〈빌리지 보이스 Village Voice〉의 기자 실바나 포아, 탈염 시설 계획 입안자 댄 페리, 아라바 환경연구소의 알론 탈,

인구 쇼크

엘리 그로너, 데이비드 레러, 타마르 노킨, 타레크 아부 하메드, 중요한 인사들을 많이 소개해 준 필 워버그, 타마르 긴디스, 베두인족이 사는 라하트 시의 셰이크 사에드 크리나위와 아마드 암라니에게 감사드린다.

팔레스타인에서 신세를 진 분들은 다음과 같다. 예루살렘 아랍연구협회의 인구통계학자 칼릴 토우파크지, 베들레헴에 있는 응용연구소-예루살렘의 자드 이삭과 아비르 사파르, 지구의 벗-중동의 팔레스타인인 사무국장 나디르 카테브, 변호사이자 평화 회담 중재자인 디아나 부토, 알아마리 난민 수용소 주민인 루와이다 움사이드, 아야트 움사이드, 그녀의 아이들인 렘과 자카리아, 그들의 이웃인 아베드, 자베르트, 하야트, 아마드 파타, 또 피르얄, 니스렌, 알라아 식구들, 마무드와 니달, 지리학자 칼둔 리시마위, 특히 내 안내인이자 아랍어와 히브리어 통역사인 니달 라파에게 고맙다는 말을 전한다.

그 여행은 요르단의 아카바에서 끝났다. 다음 여행지는 영국이었다. 영국에서는 적정인구재단/인구현안 외에도 화가 그레거 하비, 슈롭셔의 조류학자 존 터커, 영국민족당의 부대표 사이먼 다비, 버밍엄 센트럴 모스크의 모하마드 나심, 이슬람생태환경과학재단의 파즐룬 칼리드, 케임브리지 세인트존스 칼리지의 경제학자 파사 다스굽타, 도이치 은행의 경제학자 파반 슈크데프, 런던 알마나르 무슬림 문화유산센터의 압둘카림 칼릴 소장, 유세프 노덴 부소장, 파리드 샴수딘 이사회 부의장, 이맘 사메르 다위시, 런던정경대학의 석사과정 학생인 아스마 압두르 라만, 미래포럼의 사라 파킨에게 감사드린다.

코스타리카의 산호세에서는 코스타리카 인구통계협회의 일다 피카도 회장과 코스타리카 대학교 중앙아메리카 인구 센터의 인구통계학자 루이스 로세로 빅스비가 친절하게도 시간을 내주었다. 그 뒤에 열대연구기구Organization for Tropical Studies의 라스크루시스 생물연구소에서 보전생물학자 그레천 데일리, 스탠퍼드의 대학원생들인 체이스 멘던홀, 대니 카프, 멀린다 벨리슬, 자연사학자 헤이슨 피게로아 산디, 조류학자 짐 주크를 만났다. 현장에서 일하는 위대한 과학자들이 모두 그렇듯이, 그들도 어느 누구보다 즐기면서, 열심히 일하는 듯했다. 그들과 함께할 수 있어 즐거웠다.

그다음으로 간 곳은 우간다였다. 그곳에서 헌신적인 생식건강 전문가이자 유행병학자인 린 개피킨과 에이미 뵈디시와 함께 브윈디 국립공원을 둘러보았다. 그들 덕분에 CTPH의 가슴 따뜻한 수의사 글래디스 칼레마지쿠소카와 남편 로렌스, 직원들인 데이비드 마트시코, 조지프 비오나네비, 앨릭스 나바라노, 압둘하메드 카테레가, 멜린다, 허시, 새뮤얼 루가바, CTPH의 공동 설립자 스티븐 루방가를 만날 수 있었다. 그분들 모두에게 존경하는 마음으로 감사를 드린다. 브윈디 지역병원에서는 무타홍가 비롱기, 아이작 카힌다, 가족계획국장 플로렌스 니시마의 도움을 받았다. 바트와 발전 프로그램의 리처드 매제지, 고인이 된 블래키 곤살베스, 무콩고로 정착촌의 바트와 피그미족 여러분께도 감사를 드린다. 마운틴고릴라를 찾아보게끔 흔쾌히 허락한 우간다 야생동물보호국의 총관리인 찰스 툼웨시지와 숲 안내인 가드 카누앙계요와 프레드 투가루리르웨에게도 감사를 드린다.

우간다 수도 캄팔라에서는 우간다 생식건강의 피터 이벰베 박사에게 신세를 졌다. 또 국제인구서비스의 수전 무카사, 라디오 방송국 기자 피우스 사와, 가족건강인터내셔널-우간다의 퍼트리샤 와말라, 쉬운건강소통교육사업의 도로시 발라바와 데니스 무비루, 야생동물보전협회-우간다의 얀 브로에크후이스, 특히 패스파인더인터내셔널의 앤 피들러와 우간다 인구국의 조이 나이가에게 고마움을 전한다.

친절하게도 그레천 데일리는 중국 여행을 갈 때 나를 초청했다. 그녀는 자연자본계획의 동료 크리스 콜빈, 드리스 엔나나이, 루이스 솔로르자노, 중국 과학원의 동료들과 함께 중국 서부를 여행했다. 동행하게 된 나를 환대해 준 생태학자 어우양즈윈, 왕위퀴안, 장정화, 경제학자 리제에게도 감사한다. 그분들 덕분에 펑첸, 링관, 차오치의 티벳 마을, 하이난 섬의 주민들과 대화를 나눌 수 있었다. 쓰촨 성을 여행하는 동안 도움을 준 해박한 통역사 얀징에게도 감사한다. 시안에서 큰 도움을 준 사랑의 집의 설립자 리쑤저우에게 감사드린다. 베이징에서는 전직 미사일과학자이자 인구 계획자인 그의 스승 장정화에게 큰 도움을 받았다. 갈 때마다 놀라운 중국의 수도에서 도움을 준 베이징 아오베이 병원의 산부인과 간호사 왕밍리, 환경 취재 보도의 걸작《중국 없는 세계》를 쓴〈가디언〉특파원 조나단 와츠, 베이징 기자 첸우, 얀카이, 푸후이, 특히 내 통역을 맡은 쿠이정에게도 고맙다는 말을 하고 싶다. 마지막으로 친절하게 자신들의 이야기를 들려준 '린샤'와 그 부모님, 나의 총명한 중국 저작권 대리인 재키 황에게도 고맙다는 말을 전한다.

필리핀 여행에서는 패스 재단의 호안 카스트로와 론 퀸타나에게 많은 도움을 받았다. 또 필리핀 인구발전센터의 라몬 산 파스콸 의회의원, 가족계획발전포럼의 벤 데 레온, 지역 생식건강 단체 리칸의 후니스 멜갈에게도 감사한다. 기꺼이 시간을 내어 대화에 응해 준 마닐라 대도시권의 리칸 병원에 있던 많은 여성분들에게도 감사한다. 또 신앙과 직업 사이의 갈등을 솔직하게 이야기해 준 간호사 '롤런드'와 그가 일하는 보건 시설에도 감사드린다.

패스 재단은 베르데 섬과 보홀 섬 여행도 주선했다. 베르데 섬의 혜 말린 라요스와 보홀 섬의 뛰어난 안내자 혜리 미아스코에게 감사한다. 혜리는 탈리본에서 프랑크 로보, 후마이후마이에서 조산사 메르시 부타완, 우바이에서 에우티키오 베르날레스 시장, 연안 자원 담당자 알

피오스 델리마를 소개해 주었다. 또 헤리는 긴닥판 섬에도 동행했다. 그 섬에서 영양사 페를라 파냐레스, 간호사 에스트렐라 토레빌랴스, 그 밖에도 많은 어민들이 시간을 내어 바다가 자기 마을을 어떻게 집 어삼키고 있는지 보여 주었다.

이리스 디마노부가용은 루손의 국제미작연구소 방문을 주선해 주었고, 그곳 소장인 로버트 지글러는 시간을 내어 직원들을 소개해 주었다. 그와 작물학자 롤런드 부레시, 진화생태학자 루아라이드 색빌 해밀턴, C4 미작 계획의 책임자 폴 퀴크에게 감사드린다.

멕시코 텍스코코의 국제옥수수밀연구소에서는 토머스 럼프킨 소장의 환대를 받았다. 또 옥수수 육종가 펠릭스 산비센테, 세계밀계획의 책임자 한스요아힘 브라운, 밀 생리학자 매슈 레이놀즈, 연구 부책임자 마리아니 반지거, 유전자원센터 소장 톰 페인, 사회경제학자 페드로 아키노메르카도와 다고베르토 플로레스, 작물 정보학 센터 소장 피터 웬슬에게도 감사드린다. 그리고 방문 일정을 짜준 카리티나 베나도에게도 고맙다는 말을 전한다. 멕시코시티에서는 멕시코 대학의 인구통계학자 실비아 엘레나 기오르굴리 사우세도, 마누엘 오르도리카 멜라도, 호세 루이스 레자마, 시인 호메로 아리드히스와 100인 그룹의 베티 퍼버, 생식 선택 정보 집단GIRE의 마리아 루이사 산체스 푸엔테스, 카사 데 로스 아미고스의 닉 라이트, '옥수수 없이는 국가도 없다Sin Maíz no hay País'의 아렐리 카레온, 건축가 에두아르도 파라, 멕시코 환경법 센터의 후안 카를로스 아르호나, 공동체 활동가 에두아르도 파라, 국가인구위원회의 카를로스 안자도에게도 빚을 졌다.

모렐로스 주에서 도움을 준 생식권 활동가 에스텔라 켐피스와 남편인 영화 제작자 그레고리 버거에게도 감사드린다. 또 고아원 '우리의 어린 형제자매들'의 루이스 모레노, 필 클리어리 신부, 파코 만자나레스, 엘비 클라라 하라밀로, 마리솔 아후일라르 카스틸로, 에리카 클로츠에게도 감사를 표하며, 아이들 수천 명의 목숨을 구해 인류애를 실천한 고 윌리엄 왓슨 신부를 추모한다.

언론인 생활 초창기에 왓슨 신부의 활동을 다룬 글을 쓴 적이 있다. 그 뒤로 오랜 세월 그는 나의 친구이자 스승이었다. 그와 가톨릭 교리를 놓고 벌이곤 했던 토론은 내가 세계의 가장 작은 나라이면서 영향력은 가장 큰 편에 속한 나라를 연구할 때 이루 가치를 따질 수 없을 만큼 큰 도움이 되었다. 또 내가 제기한 민감한 현안을 놓고 기꺼이 토론을 해준 바티칸 교황청 과학원 원장 마르첼로 산체스 소론도와 교황청 정의평화위원회의 피터 코드워 아피아 턱슨 추기경에게도 감사를 드린다. 또 바티칸 취재에는 〈내셔널 가톨릭 리포터National Catholic Reporter's〉의 존 앨런과 NPR 특파원 실비아 포졸리가 도움을 주었다.

바티칸 너머에서는 인구통계학자 안토니오 골리니와 마시모 리비 바치, 정치학자 조반니 사르토리, 이탈리아 상원 부의장이자 현재 외무부 장관인 엠마 보니노, 북부동맹의 의원 클라우디오 다미코, 경제학자 레오나르도 베체티와 티토 보에리, 환경단체인 레감비엔테의 사무국장 비토리오 코글리아티 데자, 산부인과 의사 카를로 플라미그니, 남성 생식 의학 전문가 주세페 라페라, '의료 연대와 이주'의 루치아 에르콜리 교수, 로마의 살보 다퀴스토 중학교, 다니엘레 마닌 중학교, 세인트 조지 영국국제학교의 학생과 교직원, WWF-이탈리아의 잔프랑코 볼로냐, 이민자인 랩 음악가 아미르 이사, 로마과학축제의 야코포 모몰리와 클라우디아 리베트, 경영인 오르넬라 비탈레, 공원 안내인 리치아 카파렐라, 의사 빈첸초 피피토네, 생물학자이자 영양학자인 클라우디아 자파글리오네, 소프트웨어 설계자 에밀리오 바카, 또 도와주었을 뿐 아니라 안내도 맡았던 언론인 사브리나 프로벤자니 같은 분들에게 신세를 졌다. 통역을 맡은 리비아 보르헤스, 이탈리아의 출산율 감소에 관한 식견을 아낌없이 전해 준 매사추세츠-암허스트 대학교의 인류학자 벳시 크라우스에게도 감사한다. 인구통계학자 마르가리타 델가도는 내가 마드리드의 국가연구위원회를 방문했을 때 유럽의 또 다른 전통적 가톨릭 국가인 스페인의 출산율 현황을 설명해 주었다.

니제르로 가는 길에 리비아의 트리폴리에서 언론인 유스라 테크발리의 도움을 받았고, 그녀의 형제 살람 테크발리, 친구들인 주바이다 벤타헤르, 모하 벤소피아, 아담 하산, 시데크 카바이와 대화를 나누면서 그녀의 조국에 관해 많은 사실을 알게 되었다. 독재자 무아마르 카다피 정권을 무너뜨린 일련의 사건들이 당시 막 일어나려 하면서, 리비아의 각성을 원하는 이 영민한 젊은이들에게 희망을 불어넣고 있었다. 몇 주 지나지 않아, 모든 리비아인들이 달아나거나 싸우거나 가족을 지키거나 아직 결정되지 않은 미래의 리비아를 탄생시킬 출산의 고통을 지켜보아야 했다. 내 비자가 빨리 나오게끔 애쓴 아르크노 여행사의 자말 사이드 프테이스가 내가 떠난 직후 모스크에 다녀오다가 카다피의 군인에게 사살되었다는 소식을 듣고 정말 슬펐다. 나는 이 세계에서 그가 마지막으로 한 행동인 기도가 그의 마지막 순간에 평안을 주었기를 바란다.

서아프리카 사헬 국가인 니제르를 여행하면서는 지금도 계속 소식을 주고받는 친구인 니제르 언론인 바라우 이디의 안내를 받았다. 그와 그의 아내 마리아나 하사네 이디의 따뜻한 환대에 감사한다. 또 압두 무무니 디오포 데 니아메 대학교의 인구통계학자 문카일라 하루나, 니제르 사회적 마케팅 협회(아니마스-수투라)의 콘돔 보급 사업인 풀라의 책임자 바코 바가사, 서아프리카와 중앙아프리카 교육 연구 네트워크의 갈리 카디르 압델카데르 박사, 비정부기구인 '니제르 여성과 유아의 행복'의 코흐 라미네, 마이다지 우마루, 사야디 사니, 국제의료행동연맹ALIMA의 티에리 알라포트두버거 사무국장, 니제르 식량안보국의 국장 압둘카림 구코예 장군, UNFPA의 다부문 인구통계 프로그램 PRODEM의 마르탱 카마초, 국제반건조열대작물연구소-니제르의 사히두 압두살람, 나비드 드제와크, 아가테 디아마에게도 감사한다.

수도 니아메의 서부를 여행할 때는 봉굼 마을의 풀라니족에게 환대를 받았고, 그 뒤에 데이비드 부레이마가 동쪽의 마라디 지역까지 데려다주었다. 거리낌 없이 환대해 준 마라디 술탄 알리 자키에게 감사드린다. 바르가자의 알하지 라보 마마네 촌장을 비롯한 마을 주민들, 그의 아내 하사나와 자이밀라, 아들 이노사, 수라만 마을의 누라 바코 촌장을 비롯한 주민들, 마다룬파의 하지 이로 단 다디 촌장을 비롯한 마을 주민들, 마라디 시장 후보 모크타르 카숨, 이맘 라이둔 이사카와 그의 형제 이맘 차피우 이사카에게도 감사드린다. 다코로 지역의 출입을 허락하고 무장 호위병을 붙여 준 인사 아다몬 서기장, 코라한 보건 센터의 할리마 다하야 간호사, 바세 교육 기금의 마무드 두 말리키와 오마르 마마네 사니, 마일라피아 마을 주민들, 특히 단 다와예 마을의 학생들에게 감사드린다. 마지막으로 타후아 지역의 술탄 알하지 마니루 마가지 로고, 취임식에 초대해 준 마다우아의 압둘라예 알티네 시장에게도 감사드린다.

파키스탄 유엔 대표부의 나딤 아마드 니아지에게 감사드린다. 그는 내가 언론인 비자를 받을 수 있도록 도와주었다. 파키스탄에서 동행한 카라치 출신의 노련한 기자 샤히드 후사인에게도 신세를 졌다. 카라치 대학교의 파키스탄학 학과장 시드 자파르 아메드와 사회학자 파테 무하마드 부르파트, 환경보전보호협회의 탄비르 아리프와 나임 문와르 샤흐, 퓨 연구 센터의 인구통계학자 메타브 카림, 파키스탄 국립 모성 건강위원회의 의사 니카트 사이드 칸, 리아리 시의 가족, 리아리 자원

센터의 잘릴 압둘 이브라힘과 나즈렌 찬디오, 리아리 여성보건 요원인 아스마 타바숨과 나자카트 찬디오, 보건영양증진협회의 샤이크 탄비르 아메드, 시민 병원-카라치의 의사들인 소니아 포시니, 하미드 알리, 리아콰트 알리 샤이크, 모아크 고스 묘지 관리인 카이르와 나딤 모하마드에게도 감사를 드린다.

카라치 어민 발전 기구의 살해당한 지도자 압둘 가니, 하지 아부 바카르의 유족들에게 진심으로 위로와 감사의 말을 전한다. 그들은 슬픔에 잠긴 와중에도 나를 집으로 초청해 이야기를 들려주었다. NPR 특파원 줄리 매카시, 인더스 계곡의 마을 주민들인 하지 카심, 마하르, 아메드 자트, 아메드 칸 주르, 보건영양발달협회의 샤이크 탄비르 아메드, 타타의 샤게한 모스크의 이맘 카리 압둘 바시드에게도 감사드린다. 마지막으로 시민재단 보흐라 학교의 교장 아프샨 타바숨을 비롯한 교직원과 학생들, 미래를 내다보면서 비범한 활동을 펼치는 시민재단의 부회장 아흐손 라바니에게도 진심으로 존경과 감사의 마음을 전한다. 가장 힘겨운 곳에서 그들은 교육이 세계의 병폐를 얼마나 많이 해결할 수 있는지를 모든 이들에게 보여 주고 있다.

카트만두에서 동히말라야 생태지역 프로그램의 수바시 로하니와 부누 바이댜를 만나도록 주선해 준 세계야생동물기금의 주디 오글토프와 리 포스턴에게 감사드린다. 그리고 네팔의 테라이 지역을 안내한 로하니와 바이댜, 그들의 동료 틸라크 달칼, 가축 양로원 및 독수리 보전 센터라는 멋진 이름을 지닌 곳의 모티 아드히키리, 바르디아 국립공원의 감시원 바르바디아 에차르와 조류학자 가우탐 파우딜, 테라이의 랄마티야, 마드후완, 달라푸르 마을과 카타 통로의 주민들에게도 고맙다는 말을 전한다. 네팔 가족계획협회 회장 나빈 타파 박사에게도 감사드린다.

인도에서는 펀자브 농업부의 수문학자 칸와르 지트 싱, 펀자브 대학교의 식물학자 R. K. 콜리, 펀자브 농업위원회의 G. S. 칼카트 박사, 농업 지도자 발비르 싱 라제왈, 비쿠 싱, 라브 싱, 미망인인 구르디알과 실라 카우르에게 도움을 받았다. 불법 초음파와 여아 낙태에 관한 이야기를 들려준 하르야나 주의 카이탈과 암발라 구역에 사는 익명의 많은 여성들에게도 감사드린다. 펀자브와 하르야나를 여행할 때는 찬디가르 주재 〈트리뷴〉 특파원 기탄잘리 가야트리의 안내를 받았다. 많은 상을 받은 바 있는 그에게 아무리 감사의 말을 전한다 해도 지나치지 않다.

케랄라에서는 에르나쿨람에 거주하는 프리랜서 기자 안나 매슈스의 도움을 받았다. 케랄라의 전 재무장관인 토머스 아이작, 아추타 메논 건강연구센터의 경제학자 TK 순다리 라빈드란, 삼림 관리자 제임스 자카리아, 인구통계학자 이루다야 라단, 케랄라 대학교 교육학과의 테레사 수전 박사, SAT 병원 및 의대의 산부인과 의사 C. 니르말라, 라마크리슈나 교단의 스와미 아미타브하난다, 특히 극빈층 여성들을 위한 기관인 아브하야의 설립자이자 위대한 말라얄람어 시인 수가타쿠마리에게 감사드린다.

뭄바이와 푸네에서는 BBC와 PBS의 노련한 주재 기자 프라치 바리에게 신세를 졌다. 그녀와 언론인 난디니 라즈와데, 칼파나 샤르마에게 감사드린다. 또 푸네의 환경운동가인 아시시 코타리, 심바이오시스 대학교의 S. B. 무줌다르 총장, 뭄바이의 예술가 자얀타와 바르샤 판디트, 현실관광여행사의 크리슈나 푸자리와 다라비의 주민들, 국제인구연구소의 파즈다르 람, 라이슈람 라두싱, P. 아로키아사미 박사, 프레마 데비 아슈람의 스와미 아트마난다지 박사, 뭄바이의 나그파다 경찰서와 싯다르타나가르의 '룩미니' 여사, 뭄바이 시드히비나야크 사원의 제사장 가자난 모다크와 관리자 니틴 카담에게도 감사드린다.

이 책을 위한 마지막 여행은 일본에서 시작했는데, 경제학자 마쓰타니 아키히코가 함께했다. 그는 연구의 방향을 돌려 더 작은 사회로 재조정하는 과정에서 어떻게 하면 좋은 기회를 얻을 수 있을지 연구하고 있다. 그와 금융경제학자 가네코 마사루, 도쿄의 건축가 구마 겐고, 상원의원 이노구치 구니코, 봉건시대 무사의 후손으로 '주권 회복을 위한 이민 반대 모임'의 일원인 니시무라 슈헤이, 전직 원자력공학자이자 일본 지속 가능 에너지 정책 연구소의 소장인 이다 데쓰나리, 교토 대학교 원자로실험소의 반핵운동가 고이데 히로아키, 게이오 대학교 학장 세이케 아쓰시, 환경부 사토야마 사업단의 다케모토 가즈히코, 도유카의 농업학자 도시미치 나리타와 이누스베 가와고에, 벼농사를 짓는 나와테 이쓰요시, 고추냉이 농사를 짓는 가시타니 요시미와 다케야 요시오, 나라 현 노세가와의 송어 양식장 관리인 나카타니 오사무, 도카이 고무공업과 리켄의 리바 II 계획에 참여중인 로봇공학자 궈시지에, 사토 스스무, 시라오케 다카히사에게 감사드린다.

그리고 요코하마 대학교의 인류학자이자 나무늘보클럽의 창시자인 오이와 게이보, 나가노 현 시가 마을에 사는 도쿠히사 마리와 다키자와 미치코에게 깊은 감사를 표한다. 마지막으로 3개 언어를 능숙하게 구사하는 통역사이자 문제 해결사인 다카하시 준코, 그녀의 친구들인 니시 요코와 게이코에게도 감사한다.

타이에서는 스님 세 분과 대화를 나눴다. 물에 잠긴 사찰 왓 쿤 사뭇 트라왓의 아봇 아티카른 솜누카티 판요, 테라바다 불교의 사찰인 왓 아소카람의 아잔 분쿠, 타이의 저명한 인도주의자 술락 시바락사다. 또 그분들과의 만남을 주선한 미국 테라바다 수도승 아잔 조프, 유능한 통역사이자 문제 해결사인 케마팟 로이와니쿤에게도 감사드린다.

방콕의 캐비지스 앤드 콘돔스에서는 직접 캡틴 콘돔 분장을 한 메차이 비라바이댜와 즐거운 만남을 가졌다. 그리고 인구와지역사회발전협회에 있는 그의 직원들, 부리람에 있는 메차이파타나 학교의 교직원들에게도 감사드린다. 가족계획이 단순히 책무가 아니라 아주 큰 즐거움의 원천이 될 수 있음을 그들이 보여준 덕분에, 타이는 훨씬 안전하고 건강하고 행복한 곳이 되었다. 메차이와 그의 조수 파울 살베테, 아모른라사미 로이파미 교장과 카엔스리 차이콧 교감, 교사인 마납트 미춤난과 파비나 메타이송, 계획 총괄 조정자인 이사도어 로이드에게 감사해 마지않는다.

내 나라 미국이 이란 언론인에게 비자를 주지 않기 때문에, 거꾸로 나도 마지막 방문 국가인 이란의 언론인 비자를 받을 수 없었다. 그래도 애써 준 유엔 이란 대표부의 바히드 카리미 박사에게 감사드린다. 어쨌든 나는 최근에 이란까지 진출한 중동 전문 여행사를 찾아냈다. 솜씨 좋게 이 여행을 성사시킨 앱솔루트 여행사의 매슈 라폴리스에게 진심으로 감사를 표한다. 이란에서 과연 인터뷰를 할 수 있을지 확신하지 못했기에, 나는 아내 베키 크라베츠에게 함께 가자고 했다. 아내와 함께 다닌 덕분에 나는 원하는 누구와도 대화를 할 수 있었고, 이란의 과거와 현재에 관한 끝 모를 지식을 갖춘 걸어 다니는 백과사전이라 할 앱솔루트 여행사 안내인 알리레자 피루지는 우리의 통역사이자 문제 해결사 역할을 톡톡히 했다. 그와 운전사 역할을 한 시인 아마드 모잘랄에게 어떻게 감사를 드려야 할지 모르겠다.

이란에서 많은 도움을 준 테헤란 대학교의 인구통계학자 모하마드 잘랄 아바시샤바지, 샤히드 베헤슈티 대학교 의대의 후리에 샴시리 박사, 이슬람 아자드 대학교의 에스마일 카흐롬 박사에게 깊은 감사를 드린다. 또 테헤란에서 여행 일정을 준비하고 마중까지 나온 이란계 미국인 작가 후만 마지드, 이란의 인구통계학자들과 만날 수 있도록 주선한 호주 인구통계및사회연구소의 피터 맥도널드 소장, 테헤란의 아운 이란 예술재단의 카란 바파다리와 아파린 네이사리에게도 감사해 마지않는다. 파르바르 보호구역의 자파르 이마니, 골레스탄 국립공원의 감시인 자바드 셸바리와 감독관 모하마드 레자 물라 아바시, 미안칼레 야생동물 보호구역의 알리 아부탈리비 소장, 바무 국립공원의 후세인 니캄과 로할라 모하마디, 에스파한 공대와 녹색 메시지의 메디 바시리, 아마드 카투나바디, 아가파크르 미를로히, 특히 환경오염에 맞서는 여성 협회 이스파한 지부의 용감한 회원들에게도 감사드린다.

테헤란 지속가능발전센터의 타기 파르바르에게도 감사드리며, 실명을 쓰지 말아달라고 요청한 그의 지속가능발전센터 동료들의 지혜와 활동과 환대에 깊은 감명을 받았다고 말하고 싶다. 람사르에서부터 라시트, 시라즈, 쿰에 이르기까지 이란 전역에서 많은 이들이 낯선 이방인인 우리를 환대하고 차와 식사를 함께하자고 초대했으며, 자국을 방문해 주어서 감사하다고 말하곤 했다. 기꺼이 호의를 베풀고, 자신들의 음악과 시와 미술과 역사와 이야기를 접하게 해준 그 모든 분들에게 진심으로 감사드린다. 우리는 두 정부 사이의 불신이 머지않아 해소되기를 진심으로 바란다.

미국에서는 월드워치 연구소의 로버트 엔젤먼 회장에게 계속해서 도움과 격려를 받았다. 초기에 야생동물보전협회의 에릭 샌더슨과 나눈 대화는 생각을 가다듬는 데 많은 도움이 되었다. 그분들, 플로리다 남부를 인간의 지나친 활동으로부터 보호하려는 자신들의 노력을 설명한 레슬리 블랙너, 앨런 파라고, 매기 허철러, 에버글레이즈 습지를 안내한 듀크 대학교의 생태학자 스튜어트 핌에게 감사드린다. 또 공공선을 위한 새 복음주의 파트너십의 리처드 시직 목사, 콜로라도 대학교 물리학 명예 교수 앨버트 바틀릿, 캘리포니아-버클리 대학교의 인구 전문가 맬컴 포츠와 마사 캠벨, 이슬람 파이낸셜 대학교의 아이자즈 후사인, 조지아 대학교 생태학자 론 풀리엄, 애리조나 주립대학교의 야생동물학자 데이비드 브라운에게도 고맙다는 말을 하고 싶다.

초기에 애리조나 대학교에서 조사할 때 지리학자 다이애나 리버먼, 민족식물학자 개리 폴 나반, 물리학자 빌 윙과 토론하면서 많은 도움을 받았고, 언론대학원의 재클린 샤키 학장과 비범한 특파원 모트 로젠블룸에게서도 지속적으로 지원을 받았다. 친절하게도 라틴어를 교정해 준 동 대학교의 고전학자 마리사 거틀러에게도 감사드린다.

애리조나의 프레스콧 대학에서는 생태학자 마크 리그너, 톰 플리슈너, 더그 험스, 칼 토모프, 지속가능성연구소 소장 제임스 피트먼에게 도움을 받았다. 턱슨 생물다양성센터의 세라 버그먼, 랜디 세라글리오, 설립자 키런 서클링에게도 감사한다.

코넬 대학교의 농학자 레베카 넬슨, 피터 홉스, 노먼 업호프, 데이비드 피멘털, 버몬트 대학교 건드 생태경제학연구소의 존 에릭슨과 조슈아 팔리에게도 많은 신세를 졌다.

미네소타 대학교의 진화생물학자 데이비드 틸먼, 대학원생들인 제이 카울스와 피터 래그, 경제학자 스티븐 폴라스키, 특히 환경연구소 소장 조너선 폴리에게도 감사드린다.

스탠퍼드 대학교에서도 유용한 도움을 많이 받았다. 스탠퍼드 국제생식교육서비스 프로그램의 책임자 폴 블루먼설 박사는 내가 우간다로 그의 아내 린 개피킨과 SPIRES의 동료 에이미 뵈디시 박사를 만나러 가기 전에 귀중한 조언을 많이 해주었다. 경제학자 래리 굴더와 켄 애로는 인류가 다른 생물들에게 살아갈 공간을 주면서 지속 가능한 번영을 누릴 방법에 관해 유용한 깨달음을 전해 주었다. 신경생물학자 로버트 새폴스키, 인류학자 제이미 존스, 집단생물학자 시리파드 툴랴푸르카르와 마커스 펠드먼, 스탠퍼드 식량 안보와 환경 센터의 데이비드 로벨, 생지구화학자 피터 비터섹, 스탠퍼드에 있는 카네기 연구소 지구생태학과의 크리스 필드, 재스퍼리지 생물보호구역의 총괄 연구자 노나 치아리엘로, 자연자본계획의 수석 과학자 헤더 탈리스에게도 감사드린다.

자연자본계획의 창시자이자 생태학자이자 보전 생물학 센터 소장인 그레천 데일리에게 다시 한 번 깊은 감사를 드린다. 나는 그녀와 함께 다니면서 늘 초콜릿을 먹으며 많은 토론을 하고 영감을 얻는 기쁨을 누렸다. 마지막으로 유머와 끊임없이 쏟아지는 해박한 지식과 놀라운 식견으로 아낌없이 협조를 해준, 보전 생물학 센터의 부소장인 생태학자 앤 에를리히와 회장인 집단생물학자 폴 에를리히에게 진심으로 감사의 말씀을 드린다.

언론인 클로딘 로모나코가 취재를 돕고 각종 업무를 도맡아 처리하지 않았다면 이 책은 나올 수 없었다. 내 여행이 시작될 때 마침 그녀가 라디오 방송국에서 육아 휴직을 한 덕분에 도움을 받을 수 있었던 것이 내게는 크나큰 행운이었다. 그녀의 곁에서 늘 계산을 도맡아 한 그녀의 남편 천체물리학자 시드니 반스에게 고마움을 전한다.

내가 미로처럼 얽힌 여행 일정을 소화하는 동안 언제나 믿음직하게 나와 연락을 취하곤 했던 크롤리 여행사의 아일린 클린턴, 수백 시간 분량의 인터뷰 녹음 내용을 옮겨 적은 수전 웨어와 미건 졸콥스키, 기나긴 이 책의 참고문헌을 정리한 LK 제임스, 원고를 정리한 조안 매슈스에게도 감사한다.

언론인보호위원회의 사무국장 조엘 사이먼, 각자 그 위원회의 중동, 북아프리카, 라틴아메리카, 아시아 사업을 총괄하고 있는 모하메드 압델 다엠, 카를로스 로리아, 밥 디에츠의 도움에 깊은 감사를 드리며, 또 그들이 하고 있는 일에 존중을 표한다.

조사를 하고 집필을 하는 동안 많은 동료, 친구, 지인에게서 현명한 조언과 정신적 지지와 신뢰를 받았고, 식사와 지낼 곳을 마련해 준 이들도 있었다. 그 모든 분들에게 감사하며, 끊임없이 영감을 불어넣은 홈랜즈 프로덕션스의 동료 존 밀러, 샌디 톨런, 세실리아 바이스먼, 객원 프로듀서 샘 이튼에게도 감사한다. 또 앨리슨 호손 데밍, 빌 매키벤, 캐서린 엘리슨, 스티븐 필브릭, 코니 탤벗, 앨리스 코졸리노, 에이미 풀리, 로즈 드리스콜, 앨턴 왓슨, 캐런과 베닝뇨 산체스에플러, 짐과 뎁 힐스, 메리와 앨런 프로보스트, 로첼 호프먼, 피터와 제이넵 호프먼, 브라이언과 파후아 호프먼, 조안 크라베츠, 신디 캘런드, 조너선과 신시아 루닌, 클라크 스트런드, 퍼디타 핀, 배리 로페즈, 데브라 과트니, 톰 밀러, 다이애나 파풀리어스, 프랜시 리치, 빌 포스닉, 린 데이비스, 루디 울리처, 콘스탄자 비에라, 메리 맥나마라, 리처드 스테이턴, 누바 알렉사니언, 레베카 코크, 제프 제이콥슨, 마니 앤드루스, 존 힙스, 리즈 스토리, 론 스펜서, 블레이크 하이너스, 딕 캠프, 바버라 페리, 다이애나 해들리, 그리고 선견지명을 지녔던 생물인류학자 고 피터 워셜에게도 고맙다는 말을 하고 싶다.

또 다양한 시기에 내게 다가와서 격려를 해준 리처드 노리스, 제니 하울런드, 마리아 갈로, 베스 코티스, 랄레 소투데, 댄 스티플, 페르난도 페레스, 샤힌 타바타바에이, 호아 아그넬로트라이스타에게도 감사한다.

나 스스로 종종 회의감에 빠졌는데도 나와 이 책을 늘 믿어 준 니컬러스 엘리슨 에이전시의 내 저작권 대리인 닉 엘리슨, 해외 저작권 담당자 첼시 린드먼, 편집부원 클로이 워커에게도 감사한다. 또 늘 흔들림 없이 나를 지원해 준 리틀 브라운 컴퍼니 출판사의 데이비드 영, 마이클 피치, 말린 폰 오일러호간, 캐런린 오키프, 어맨다 브라운, 헤더 페인, 페기 프로이덴탈, 이제 두 권째 내 책을 맡은 뛰어난 편집자 존 파슬리에게도 감사의 말을 전한다.

마지막으로 이 책을 쓰는 내내 나를 돌보아 준 내 아내이자 조각가

이자 가면 제작자이자 공연 예술가인 베키 크라베츠에게 고맙다는 말을 해야겠다. 물론 늘 그렇듯이 이 말로는 부족하기 그지없다. 우리 종의 존속을 정당화할 수 있는 가장 큰 근거 중 하나인 인류의 미술 전체에 기여하는 당신이 정말 고맙소.

우리가 사랑할 능력을 지니고 있음을 보여 주는 당신에게, 당신의 사랑에 감사하며.

앨런 와이즈먼

격세지감과 아이러니. 인구 문제를 대하는 우리의 심경을 말하라면 그렇게 요약할 수 있지 않을까? 세계 인구는 어느덧 70억 명을 넘어서 계속 늘어나고 있는 반면, 우리나라의 출산율은 세계 최저 수준이다. '둘만 낳자', 아니 '하나도 괜찮다'라는 표어가 동네방네 붙어 있던 광경이 엊그제처럼 여겨지건만, 겨우 한 세대도 지나지 않아서 거꾸로 출산율 장려 정책에 힘쓰고 있는 상황이 벌어지고 있다. 사실 우리는 인구 억제 정책의 대성공을 기뻐해야 하는 것이 아닐까? 인구 억제 정책은 이런 상황까지 고려한 것이 아니었던가? 아니면 인구 피라미드가 역삼각형을 이룸으로써, 노동력과 연금기금 부족 문제가 생기리라는 것을 내다보지 못했을까? 아니면 인구 억제 정책에 사회적 변화가 겹쳐짐으로써 예상 외로 출산율이 너무 심하게 떨어진 것일까?

　이 책은 걷잡을 수 없을 만치 계속 늘어나고 있는 인구를 과연 지구가 감당할 수 있을까 하는 단순한 물음에서 출발한다. 묻는 대상이 인간이 아니라 다른 동식물, 혹은 사물이라면 모두가 한마디로 답할 것이 분명하다. 감당하기가 불가능하다고. 불어난 개체 수를 감당할 수 없어서 대규모 이동을 하다가 결국 절벽에서 떨어져 집단 자살하고 마는 레밍이나, 재고가 급격히 늘어나서 복도 천장까지 상자가 가득 쌓였다가 결국 파산하고 마는 기업의 모습이 언뜻 떠오르기도 한다.

하지만 그 대상이 우리 자신이라면 셈법은 복잡하게 얽힌다. 우리는 자국의 인구를 경제력, 국방력, 창의력 등의 원천으로 본다. 그렇기에 인구 감소와 그에 따른 사회 고령화는 심각한 국가 문제로 대두된다. 또 정부가 그런 사실을 잘 알면서도 출산 장려 정책에 별 신경을 쓰지 않는다고 분개하기도 한다. 그런 한편으로 우리는 세계 인구가너무 많다는 데에도 동의한다. 자원 고갈, 환경 파괴, 지구온난화, 생물다양성 감소, 넘쳐나는 쓰레기 등등 오늘날 인류가 일으키는 온갖 문제들이 근원적으로 인구가 너무 많아서 일어나는 현상이라는 것도 잘안다. 세계 인구가 줄어들면 더 깨끗한 환경에서 더 풍족하게 살아갈수 있을 것이라고 생각한다. 이 모순을 어떻게 해결해야 할까?

저자는 이런 문제들을 책상머리에 앉아서 살펴보지 않는다. 그는인구 문제뿐 아니라 민족 갈등과 물 같은 자원 문제, 국제 정세까지 복잡하게 뒤엉켜 있는 이스라엘과 팔레스타인부터 시작하여 전 세계를돌아다니면서 사람들의 생각을 직접 들어본다. 기아와 갈증에 허덕이면서도 누군가 살아남기를 바라면서 가능한 한 많은 자식을 낳으려 애쓰는 가난한 시골 사람들의 이야기도 듣고, 인구과잉 문제의 해결 없이는 자국의 미래도 없다는 사명감에 불타서 인구 억제 활동에 매진하는 전문가도 만나 본다. 늘어난 인구를 먹여 살리기 위해 식량 생산량을 늘릴 방안을 모색하는 연구자, 여성의 평등과 교육 수준 향상이 최선의 인구 억제책이라고 설파하는 활동가, 과감한 억제 정책이 필요하다는 정부 관료와도 인터뷰를 한다.

저자는 그들의 이야기를 통해 세계 각국이 현재 어떤 상황에 처해있고 앞날이 어떻게 될지를 우리가 깨닫도록 한다. 또 각국의 주민들이 어떻게 살아가고, 인구문제가 그들의 삶에 어떤 영향을 미치고 있는지도 설득력 있게 제시한다. 인구 억제만이 살길이라고 여기는 국가 지도자의 결정에 따라 과감하게 인구를 억제하는 데 성공했다가 지도자가 바뀌면서 인구야말로 자원이라고 출산을 장려하는 정책으로 돌아선 나라에서, 주민들의 삶이 어떻게 달라지고 어떤 갈등이 일어나고 있는지도 들려준다. 우리보다 앞서 인구 감소라는 문제에 직면한 일본의 현실과 한 자녀 정책이라는 국가 차원의 강력한 정책을 펼치면서 인구 억제에 애쓴 중국과 인구 증가를 거의 방임하다시피 하고 있는 인도의 사례도 실감나게 말해 준다. 이런 이야기들을 들으면서, 우리는 그 나라에 살고 있다면 알아차리지 못할 수도 있는 현실을 세계 전체를 보는 더 폭넓은 시각에서 살펴보게 된다.

각 나라의 인구문제를 깊이 살펴보면서도, 저자는 결코 어느 누구도 비난하는 태도를 보이지 않는다. 저자는 각국이 어떤 상황에서 어떻게 현재의 인구에 이르게 되었으며, 각국의 인구 목표와 정책이 어떠한지, 그리고 인구문제로 주민들이 어떤 상황에 처해 있는지를 때로는 애틋하게 때로는 유쾌하게 들려줄 뿐이다. 그 이야기들을 듣는 우리는 나라마다 처한 현실과 특수한 상황을 감안하면서도 지구 전체의 환경이라는 시각 속에서 바라볼 수 있다. 이 책은 우리나라가 처한 현실과 미래를 좀 더 넓고도 긴 안목에서 바라볼 수 있는 식견을 제공할 것이 분명하다.

2014년 12월
이한음

참고문헌

Brown, Lester R. *Plan B: Rescuing a Planet Under Stress and a Civilization in Trouble*. New York: W. W. Norton & Company, 2003.

──────. *World on the Edge: How to Prevent Environmental and Economic Collapse*. London: Earthscan Publications, 2011.

Brown, Lester R., et al. *Beyond Malthus*. New York: W. W. Norton & Company, 1999.

Catton, William R. *Bottleneck: Humanity's Impending Impasse*. Bloomington, IN: Xlibris Corporation, 2009.

──────. *Overshoot: The Ecological Basis of Revolutionary Change*. Champaign-Urbana: University of Illinois Press, 1982.

Cohen, Joel E. *How Many People Can the Earth Support?* New York: W. W. Norton & Company, 1995.

Connelly, Matthew. *Fatal Misconception: The Struggle to Control World Population*. Cambridge, MA: Harvard University Press, 2008.

Daily, Gretchen C., ed. *Nature's Services: Societal Dependence on Natural Ecosystems*. Washington, DC: Island Press, 1997.

Department of Economic and Social Affairs, Population Division. *World Population Prospects: The 2010 Revision*. New York: United Nations, 2010 (Updated: April 15, 2011).

Ehrlich, Anne H., and Paul R. Ehrlich. *The Dominant Animal: Human Evolution and the Environment*. Washington, DC: Island Press, 2008.

──────. *The Population Explosion*. New York: Simon & Schuster, 1990.

Ehrlich, Paul R. *The Population Bomb*. Cutchogue, NY: Buccaneer Books 1997.

Engelman, Robert. *More: Population, Nature, and What Women Want*. Washington, DC: Island Press, 2008.

Foreman, Dave. *Man Swarm and the Killing of Wildlife*. Durango, CO: Raven's Eye Press LLC, 2011.

Gilding, Paul. *The Great Disruption: Why the Climate Crisis Will Bring On the End of Shopping and the Birth of a New World*. New York: Bloomsbury Press, 2011.

Livi-Bacci, Massimo. *A Concise History of World Population*. Hoboken, NJ: John Wiley & Sons, 2012.

Longman, Phillip. *The Empty Cradle: How Falling Birthrates Threaten World Prosperity, and What to Do About It*. New York: Basic Books, 2004.

Lovelock, James. *The Vanishing Face of Gaia: A Final Warning*. New York: Basic Books, 2009.

Malthus, Thomas R. *An Essay on the Principle of Population: Text, Sources and Background, Criticism*, edited by Philip Appelman. New York: W. W. Norton & Company, 1976.

————. *Population: The First Essay*. Ann Arbor: University of Michigan Press, 1959.

Mazur, Laurie, ed. *A Pivotal Moment: Population, Justice, and the Environmental Challenge*. Washington, DC: Island Press, 2009.

McKee, Jeffrey K. *Sparing Nature: The Conflict Between Human Population Growth and Earth's Biodiversity*. Piscataway, NJ: Rutgers University Press, 2003.

Pearce, Fred. *The Coming Population Crash: And Our Planet's Surprising Future*. Boston: Beacon Press, 2010.

Pimm, Stuart L. *A Scientist Audits the Earth*. Piscataway, NJ: Rutgers University Press, 2001.

Randers, Jørgen. *2052: A Global Forecast for the Next Forty Years*. White River Junction, VT: Chelsea Green Publishing, 2012.

Rees, W., and M. Wackernagel. *Our Ecological Footprint: Reducing Human Impact on the Earth*. Gabriola Island, BC: New Society Publishers, 1996.

Wilson, Edward O. *The Diversity of Life*. New York: W. W. Norton & Company, 1999.

————. *The Future of Life*. New York: Alfred A. Knopf, 2002.

Worldwatch Institute. *Vital Signs 2012: The Trends That Are Shaping Our Future*. Washington, DC: Island Press, 2012.

01
피곤한 땅에 대한 네 가지 질문

책

Benstein, Jeremy. *The Way Into Judaism and the Environment*. Woodstock, VT: Jewish Lights Publishing, 2006.

Bernstein, Ellen. *Splendor of Creation: A Biblical Ecology*. Berea, OH: The Pilgrim Press, 2005.

Colborn, Theo, et al. *Our Stolen Future: Are We Threatening Our Fertility, Intelligence, and Survival?—A Scientific Detective Story*. New York: Penguin Books, 1997.

DellaPergola, Sergio. "Jewish Demography & Peoplehood: 2008," in *Facing Tomorrow: Background Policy Documents*. Jerusalem: The Jewish People Policy Planning Institute, 2008, pp. 231–50.

Hillel, Daniel. *The Natural History of the Bible: An Environmental Exploration of the Hebrew Scriptures*. New York: Columbia University Press, 2006.

Leshem, Y., Y. Yom-Tov, D. Alon, and J. Shamoun-Baranes. "Bird Migration as an Interdicipinary Tool for Global Cooperation," in *Aviation Migration*, edited by Peter Berthold, Eberhad Gwinner, and Edith Sonnenschein. Heidelberg and Berlin: Springer-Verlag, 2003, pp. 585–99.

Orenstein, Daniel E. "Zionist and Israeli Perspectives on Population Growth and

Environmental Impact in Palestine and Israel," in *Between Ruin and Restoration: An Environmental History of Israel*, edited by Daniel E. Orenstein, Alon Tal, and Char Miller. Pittsburgh: University of Pittsburgh Press, 2013, pp. 82–105.

Status of the Environment in the Occupied Palestinian Territory. Bethlehem, Palestine: Applied Research Institute–Jerusalem (ARIJ), 2007.

Tal, Alon. *Pollution in a Promised Land: An Environmental History of Israel*. Berkeley: University of California Press, 2009.

Tolan, Sandy. *The Lemon Tree: An Arab, a Jew, and the Heart of the Middle East*. New York: Bloomsbury, 2007.

Vogel, Carole G., and Yossi Leshem. *The Man Who Flies With Birds*. Minneapolis: Kar-Ben Publishing, 2009.

Yom-Tov, Yoram, and Heinrich Mendelssohm. "Changes in the Distribution and Abundance of Vertebrates in Israel During the 20th Century," in *The Zoogeography of Israel*, Yoram Yom-Tov and E. Tchernov, editors. The Hague, Holland: Dr. W. Junk Publishers, 1988, pp. 515–48.

기사 및 논문

"After 1,000 Years, Israel Is Largest Jewish Center." Arutz Sheva7, May 1, 2005.

Allen, Lori, Vincent A. Brown, and Ajantha Subramanian. "Condemning Kramer." *Harvard Crimson*, April 19, 2010.

Beit Sourik Village Council v. The Government of Israel. HCJ 2056/04, Israel: Supreme Court, May 30, 2004. http://domino.un.org/unispal.nsf.

Bystrov, Evgenia, and Arnon Soffer. "Israel: Demography and Density 2007–2020." Chaikin Chair in Geostrategy, University of Haifa. May 2008.

Cairncross, Frances. "Connecting Flights." *Conservation in Practice*, vol. 7, no. 1 (2006): 14–21.

Cunningham, Erin. *"Fertility Prospects in Israel: Ever Below Replacement Level?"* UN Population Expert Group Meeting on Recent and Future Trends in Fertility. November 17, 2009.

———. "World Water Day: Thirsty Gaza Residents Battle Salt, Sewage." *Christian Science Monitor*, March 22, 2010.

Finkelstein, Yoram, Yael Dubowski, et al. "Organophosphates in Hula Basin: Atmospheric Levels, Transport, Degradation, Products and Neurotoxic Hazards in Children Following Low-Level Long Term Exposure." *Environment and Health Fund*, http://www.ehf.org.il/en/node/243.

Greenwood, Phoebe. "Israel Threatens to Cut Water and Power to Gaza in Tel Aviv." *Telegraph* (UK), November 27, 2011.

"Israel Tops Western World in Pesticide Use." Argo News, November 1, 2012. http://news.agropages.com/News.

Jeffay, Nathan. "Sand for Sale: An Unusual Solution to Theft in the Negev." *Jewish Daily*

Forward, November 26, 2008.

Kaplan, M. M., Y. Goor, and E. S. Tiekel. "A Field Demonstration of Rabies Control Using Chicken Embryo Vaccine in Dogs." *Bulletin of the World Health Organization*, vol. 10, no. 5 (1954): 743–52.

Kennedy, Marie. "7th Generation: Israel's War for Water." *Progressive Planning Magazine*, no. 196 (Fall 2006): 2–6.

Klein, Jeff. "Martin Kramer, Harvard and the Eugenics of Zion." *Counterpunch*, April 12, 2010.

Levy, Gideon. "The Threat of the 'Demographic Threat.'" Haaretz, July 25, 2007.

Orenstein, Daniel. "Population Growth and Environmental Impact: Ideology and Academic Discourse in Israel." *Population and Environment*, vol. 26, no. 1 (2004): 41–60.

"Palestine Denied Water." BBC News, October 27, 2009.

Philosophical Transactions of the Royal Society, vol. 364, no. 1532 (October 2009): 2969–3124.

Prime Minister of Israel's Office. "Cabinet Approves Emergency Plan to Increase the Production of Desalinated Water." Press release, January 30, 2011.

Rinat, Zafrir. "Panel Says Pesticides Are Harming People, Killing Birds." Haaretz, October 20, 2009. http://www.haaretz.com/print-edition/news.

———. "When Coverage of a Water Crisis Vanishes." *Nieman Report*, 2005.

Rozenman, Eric. "Israeli Arabs and the Future of the Jewish State." *Middle East Quarterly*, vol. 6, no. 3 (September 1999): 15–23. http://www.meforum.org/478.

Sanders, Edmund. "Israel Sperm Banks Find Quality Is Plummeting." *Los Angeles Times*, August 15, 2012.

"The Separation Barrier in the West Bank." B'Tselem—The Israeli Information Center for Human Rights in the Occupied Territories (map), February 2008.

Siegel-Itzkovich, Judy. "Birds on His Brain." Science section, *Jerusalem Post*, November 6, 2005, p. 7.

Sontag, Debora. "Cramped Gaza Multiplies at Unrivaled Rates." *New York Times*, February 24, 2000.

Tolan, Sandy. "It's the Occupation, Stupid." *Le Monde Diplomatique*, English edition, September 26, 2011. http://mondediplo.com/openpage/it-s-the-occupation-stupid.

Turner, Michael, Nader Kahteeb, and Kalhed Nassar. *Crossing the Jordan: Concept Document to Rehabilitate, Promote Prosperity and Help Bring Peace to the Lower Jordan River Valley*. Amman, Bethlehem, and Tel Aviv: Eco Peace/Friends of the Earth Middle East, March 2005.

Udasin, Sharon. "Israel Uses More Pesticides Than Any OECD Country." *Jerusalem Post*, November 1, 2012.

Wulfsohn, Aubrey. "What Retreat from the Territories Means for Israel's Water Supply." *Think-Israel* (website), March–April 2005. http://www.think-israel.org/wulfsohn.water.html.

Yom-Tov, Yoram, et al. "Cattle Predation by the Golden Jackal (*Canis avreus*) in the Golan

Heights Israel." *Biological Conservation*, vol. 73 (1995): 19–22.

Yuval-Davis, Nira. "Bearers of the Collective: Women and Religious Legislation in Israel." *Feminist Review*, vol. 4 (1980): 15–27.

Zureik, Elia. "Demography and Transfer: Israel's Road to Nowhere." *Third World Quarterly*, vol. 24, no. 4 (2003): 619–30.

02
폭발이 시작된 세계

책

Baird, Vanessa. *The No-Nonsense Guide to World Population*. Oxford: New Internationalist Guide Publication, 2011.

Bartlett, Albert A., Robert G. Fuller, and Vicki L. Plano Clark. *The Essential Exponential! For the Future of Our Planet*. Lincoln, NE: Center for Science, Mathematics & Computer Education, 2008.

Brown, Lester R. *Plan B: Rescuing a Planet Under Stress and a Civilization in Trouble*. New York: W. W. Norton & Company, 2003.

——. *World on the Edge: How to Prevent Environmental and Economic Collapse*. London: Earthscan Publications, 2011.

Connelly, Matthew. *Fatal Misconception: The Struggle to Control World Population*. Cambridge, MA: Harvard University Press, 2008.

Hartmann, Betsy. *Reproductive Rights and Wrongs: The Global Politics of Population Control*. Boston: South End Press, 1995.

Lovelock, James. *The Vanishing Face of Gaia: A Final Warning*. New York: Basic Books, 2009.

Mazur, Laurie, ed. *A Pivotal Moment: Population, Justice, and the Environmental Challenge*. Washington, DC: Island Press, 2009.

Pimm, Stuart L. *A Scientist Audits the Earth*. Piscataway, NJ: Rutgers University Press, 2001.

Randers, Jørgen. *2052: A Global Forecast for the Next Forty Years*. White River Junction, VT: Chelsea Green Publishing, 2012.

Rees, W., and M. Wackernagel. *Our Ecological Footprint: Reducing Human Impact on the Earth*. Gabriola Island, BC: New Society Publishers, 1996.

Rosenzweig, Michael L. *Win-Win Ecology: How the Earth's Species Can Survive in the Midst of Human Enterprise*. New York: Oxford University Press, 2003.

Shankar Singh, Jyoti. *Creating a New Consensus on Population*. London: Earthscan Publications, 1998.

Simon, Julian. *The Ultimate Resource 2*. Princeton, NJ: Princeton University Press, 1998.

Worldwatch Institute. *Vital Signs 2012: The Trends That Are Shaping Our Future*. Washington, DC: Island Press, 2012.

기사 및 논문 ....

Angus, Ian, and Simon Butler. "Panic Over 7 Billion: Letting the 1% Off the Hook." *Different Takes*, no. 73 (Fall 2011).

Bartlett, Albert A. "Arithmetic, Population and Energy." Lecture, Global Public Media, August 29, 2004. http://old.globalpublicmedia.com/lectures/461.

——. "Democracy Cannot Survive Overpopulation." *Population and Environment: A Journal of Interdisciplinary Studies*, vol. 22, no. 1 (September 2000): 63–71.

——, and Edward P. Lytwak. "Rejoinder to Daily, Ehrlich, and Ehrlich: Immigration and Population Policy in the United States." *Population and Environment: A Journal of Interdisciplinary Studies*, vol. 16, no. 6 (July 1995): 527–37.

——. "Zero Growth of the Population of the United States." *Population and Environment: A Journal of Interdisciplinary Studies*, vol. 16, no. 5 (May 1995): 415–28.

Blackner, Lesley. "Existing Residents Should Guide Community Growth." *St. Petersburg Times*, guest column, May 3, 2004.

Brill, Richard. "Earth's Carrying Capacity Is an Inescapable Fact." *Honolulu Star-Advertiser*, November 5, 2012.

Carter, Jimmy. "Address to the Nation on Energy," April 18, 1977. Transcript and video. Miller Institute of Public Affairs, University of Virginia, http://millercenter.org/president/speeches/detail/3398.

Cave, Damien. "Florida Voters Enter Battle on Growth." *New York Times*, September 27, 2010. http://www.nytimes.com/2010/09/28.

Daily, Gretchen C., Anne H. Ehrlich, and Paul R. Ehrlich. "Response to Bartlett and Lytwak (1995): Population and Immigration Policy in the United States." *Population and Environment: A Journal of Interdisciplinary Studies*, vol. 16, no. 6 (July 1995): 521–27.

Fanelli, Daniele. "Meat Is Murder on the Environment." *New Scientist*, no. 2613, July 18, 2007.

Hartmann, Betsy. "10 Reasons Why Population Control Is Not the Solution to Global Warming." *Different Takes*, no. 57 (Winter 2009).

——. "Rebuttal to Chris Hedges: Stop the Tired Overpopulation Hysteria." AlterNet, March 13, 2009. http://www.alternet.org/authors/betsy-hartmann.

——. "The Return of Population Control: Incentives, Targets, and the Backlash Against Cairo." *Different Takes*, no. 70 (Spring 2011).

Howard, Peter E. "Report Warns of State Growth to 101 Million." National/World section, *Tampa Tribune*, final edition, April 2, 1999, p. 1.

Jansen, Michael. "Palestinian Population Fast Approaching That of Israeli Jews." *Irish Times*, January 8, 2011.

Kennedy, Marie. "7th Generation Israel's War for Water." *Progressive Planning Magazine*, Fall 2006. http://www.plannersnetwork.org/publications/2006_Fall/kennedy.html.

Lori, Aviva. "Grounds for Disbelief." Haaretz, May 8, 2003.

Murtaugh, Paul A., and Michael G. Schlax. "Reproduction and the Carbon Legacies of

Individuals." *Global Environmental Change*, vol. 19 (2009): 14–20.

Oldham, James. "Rethinking the Link: A Critical Review of Population-Environment Programs." A joint publication of the Population and Development Program at Hampshire College and the Political Economy Research Institute at the University of Massachusetts, Amherst, February 2006.

Owen, James. "Farming Claims Almost Half Earth's Land, New Maps Show." *National Geographic News*, December 9, 2005.

Pearce, Fred. "The Overpopulation Myth." *Prospect Magazine*, March 8, 2010.

Population and Development Program at Hampshire College. "10 Reasons to Rethink 'Overpopulation.' " *Different Takes*, no. 40, Fall 2006.

Price of Sprawl Calculator website, http://www.priceofsprawl.com.

Rees, William. "Are Humans Unsustainable by Nature?" Trudeau Lecture at the Memorial University of Newfoundland, January 28, 2009.

Tripati, A. K., C. D. Roberts, and R. A. Eagle. "Coupling of CO2 and Ice Sheet Stability Over Major Climate Transitions of the Last 20 Million Years." *Science*, vol. 326, no. 5958 (December 2009): 1394–97. doi: 10.1126/science.1178296.

Weisman, Alan. "Harnessing the Big H." *Los Angeles Times Magazine*, September 25, 1994.

Whitty, Julia. "The Last Taboo." *Mother Jones*, May/June 2010.

03
인구와 식량의 역설

책

Catton, William R. *Bottleneck: Humanity's Impending Impasse*. Bloomington, IN: Xlibris Corporation, 2009.

―――. *Overshoot: The Ecological Basis of Revolutionary Change*. Champaign-Urbana: University of Illinois Press, 1982.

Coffey, Patrick. *Cathedrals of Science: The Personalities and Rivalries That Made Modern Science*. Oxford: Oxford University Press, 2008.

Engelman, Robert. *More: Population, Nature, and What Women Want*. Washington, DC: Island Press, 2010.

Malthus, Thomas R. *An Essay on the Principle of Population: Text, Sources and Background, Criticism*, edited by Philip Appelman. New York: W. W. Norton & Company, 1976.

―――. *Population: The First Essay*. Ann Arbor: University of Michigan Press, 1959.

McCullough, David. *The Path Between the Seas: The Creation of the Panama Canal, 1870–1914*, reprint edition. New York: Simon & Schuster, 1978.

Nicholson, Nick. *I Was a Stranger*. New York: Sheed & Ward, 1972.

Pimentel, David, and Marcia Pimentel. *Food, Energy, and Society*. Boca Raton, FL: CRC Press, 2008.

Smil, Vaclav. *Enriching the Earth: Fritz Haber, Carl Bosch, and the Transformation of World Food Production.* Cambridge, MA: Massachusetts Institute of Technology Press, 2001.

Vallero, Daniel A. *Biomedical Ethics for Engineers: Ethics and Decision Making in Biomedical and Biosystem Engineering.* The Biomedical Engineering Series. Burlington, MA: Academic Press/Elsevier, 2007.

기사 및 논문

Ambrose, Stanley H. "Late Pleistocene Human Population Bottlenecks, Volcanic Winter, and Differentiation of Modern Humans." *Journal of Human Evolution*, vol. 34, no. 4 (1998): 623–51. doi: 10.1006/jhev.1998.0219.

Best, M., and D. Neuhauser. "Heroes and Martyrs of Quality and Safety: Ignaz Semmelweis and the Birth of Infection Control." *Quality Safe Health Care*, vol. 13 (2004): 233–34. doi: 10.1136/qshc.2004.010918.

Bodnar, Anastasia. "Stress Tolerant Maize for the Developing World—Challenges and Prospects." Biology Fortified, Inc., website, The Biofortified Blog, March 20, 2010.

Borlaug, Norman. "Billions Served: An Interview with Norman Borlaug." Interviewed by Ronald Bailey. *Reason Magazine*, April 2000.

———. Nobel Peace Prize Acceptance Speech. Oslo, December 10, 1970. http://www.nobelprize.org/nobel_prizes/peace/laureates/1970/borlaug-acceptance.html.

Brown, Lester R. "Rising Temperatures Melting Away Global Food Security." Earth Policy Release, July 6, 2011. Adapted from *World on the Edge*. www.earthpolicy.org/book_bytes/2011/wotech4_ss3.

Canfield, Donald, Alexander Glazer, and Paul G. Falkowski. "The Evolution and Future of Earth's Nitrogen Cycle." *Science*, vol. 330, no. 6001 (October 2010): 192–96. doi: 10.1126/science.1186120.

Dighe, N. S., D. Shukla, R. S. Kalkotwar, R. B. Laware, S. B. Bhawar, and R. W. Gaikwad. "Nitrogenase Enzymes: A Review." *Der Pharmacia Sinica*, vol. 1, no. 2 (2010): 77–84.

Easterbrook, Gregg. "Forgotten Benefactor of Humanity." *Atlantic Monthly*, January 1997.

———. "The Man Who Defused the 'Population Bomb.' " *Wall Street Journal*, September 16, 2009.

Ehrlich, Paul R. "Homage to Norman Borlaug." *International Journal of Environmental Studies* (Stanford University), vol. 66, no. 6 (February 2009): 673–77.

Erisman, Jan Willem, Mark A. Sutton, James Galloway, Zbigniew Klimont, and Wilfried Winiwarter. "How a Century of Ammonia Synthesis Changed the World." *Nature Geoscience*, vol. 1 (October 2008): 636–39.

Fedoroff, N. V., et al. "Radically Rethinking Agriculture for the 21st Century." *Science*, vol. 327, no. 833 (2010): 833–34. doi: 10.1126/science.1186834.

Floros, John D., Rosetta Newsome, William Fisher, et al. "Feeding the World Today and Tomorrow: The Importance of Food Science and Technology." *Comprehensive Reviews in Food Science and Safety*, vol. 9, issue 5 (2010): 1–28. doi: 10.1111/j.1541-

4337.2010.00127.x.

Fryzuk, Michael D. "Ammonia Transformed." *Nature*, vol. 427 (February 2004): 498–99.

Godfray, H. C., et al. "Food Security: The Challenge of Feeding 9 Billion People." *Science*, vol. 327, no. 5867 (2010): 812–18.

Goran, Morris. "The Present-Day Significance of Fritz Haber." *American Scientist*, vol. 35, no. 3 (July 1947): 400–03.

Haber, Fritz. "The Synthesis of Ammonia from Its Elements." Lecture given June 2, 1920. From *Nobel Lectures, Chemistry 1901–1921*. Amsterdam: Elsevier Publishing Company, 1966.

Hanninen, O., M. Farago, and E. Monos. "Ignaz Philipp Semmelweis: The Prophet of Bacteriology." *Infection Control*, vol. 4, no. 5 (September/October 1983): 367–70.

Harpending, Henry C., et al. "Genetic Traces of Ancient Demography." *Proceedings of the National Academy of Science*, vol. 95, no. 4 (February 17, 1998): 1961–67.

Hawley, Chris. "Mexico's Capital Is a Sinking Metropolis." *Arizona Republic*, April 9, 2010.

Hopfenburg, Russell. "Human Carrying Capacity Is Determined by Food Availability." *Population and Environment*, vol. 25, no. 2 (November 2003): 109–17.

———, and David Pimentel. "Human Population Numbers as a Function of Food Supply." Minnesotans for Sustainability, March 6, 2001. http://www.oilcrash.com/population. htm.

Lobell, David B., Wolfram Schlenker, and Justin Costa-Roberts. "Climate Trends and Global Crop Production Since 1980." *Science*, vol. 333, no. 6042 (July 2011): 616–20. doi: 10.1126/science.1204531.

Madrigal, Alexis. "How to Make Fertilizer Appear out of Thin Air, Part I." *Wired*, May 7, 2008. http://www.wired.com/wiredscience/2008/05/how-to-make-nit.

Mandaro, Laura. "Better Living Through Chemistry; Innovate: Bullion Cubes, Fertilizer and Aspirin? Credit Justus von Liebig." *Investors*, June 3, 2005. http://news.investors. com/06/03/2005.

Matchett, Karin. "Scientific Agriculture Across Borders: The Rockefeller Foundation and Collaboration Between Mexico and the U.S. in Corn Breeding." PhD diss., University of Minnesota, 2001.

McNeily, A. S. "Neuroendocrine Changes and Fertility in Breast-Feeding Women." *Progress in Brain Research*, vol. 133, (2001): 207–14.

Morishima, Hiroko. "Evolution and Domestication of Rice," in *Rice Genetics IV*, proceedings of the Fourth International Rice Genetics Symposium, October 2000, edited by G. S. Khush et al. Enfield, NH: Science Publishers, 2001, pp. 22–27.

Nolan, Tanya. "Population Boom Increasing Global Food Crisis." ABC (Australia), May 4, 2011.

Ortiz, Rodomiro, et al. "Dedication: Norman E. Borlaug, the Humanitarian Plant Scientist Who Changed the World." *Plant Breeding Reviews*, vol. 28 (2007).

Reynolds, Matthew P. "Wheat Warriors: The Struggle to Break the Yield Barrier." *CIMMYT*

E-News, vol. 6, no. 6 (October 2009).

————, ed. "Climate Change and Crop Production." International Maize and Wheat Improvement Center, 1996.

————, and N. E. Borlaug. "Centenary Review: Impacts of Breeding on International Collaborative Wheat Improvement." *Journal of Agricultural Science* (Cambridge University Press), vol. 144 (2006): 3–17.

Reynolds, Matthew P., et al. "Raising Yield Potential of Wheat. I. Overview of a Consortium Approach and Breeding Strategies." *Journal of Experimental Botany*, October 15, 2010: 1–14. doi: 10.1093/jxb/erq311.

Ritter, Steven K. "The Haber-Bosch Reaction: An Early Chemical Impact on Sustainability." *Chemical & Engineering News*, vol. 86, no. 33 (August 18, 2008).

Ronald, Bailey. "Norman Borlaug: The Greatest Humanitarian." *Forbes*, September, 14, 2009. http://www.forbes.com/2009/09/14/norman-borlaug-green-revolution-opinions-contributors-ronald-bailey.html.

Singh, Salil. "Norman Borlaug: A Billion Lives Saved, a World Connected." *AgBioWorld*. http://www.agbioworld.org/biotech-info/topics/borlaug/special.html.

Skorup, Jarrett. "Norman Borlaug: An American Hero." *Men's News Daily*, December 30, 2009. http://mensnewsdaily.com/2009/12/30/norman-borlaug-an-american-hero.

Smil, Vaclav. "Detonator of the Population Explosion." *Nature*, vol. 400 (July 1999): 415.

Smith, Barry E. "Nitrogenase Reveals Its Inner Secrets." *Science*, vol. 297, no. 5587 (September 2002): 1654–55.

Stevens, Emily E., Thelma E. Patrick, and Rita Pickler. "A History of Infant Feeding." *Journal of Perinatal Education*, vol. 18, no. 2 (Spring 2009): 32–39.

U.S. Census Bureau, Current Population Reports. "Longevity and Health Characteristics," in *65+ in the United States: 2005*. Washington, DC: U.S. Government Printing Office, 2005. www.census.gov/prod/1/pop/p23-190/p23190-g.pdf.

Vidal, John. "UN Warns of Looming Worldwide Food Crisis in 2013." *Observer* (UK), October 13, 2012.

Wall, J. D., and M. Przeworski. "When Did the Human Population Size Start Increasing?" *Genetics*, vol. 155, no. 4 (2000): 1865–74.

Wigle, Donald T. "Safe Drinking Water: A Public Health Challenge." *Chronic Diseases in Canada*, vol. 19, no. 3 (1998): 103–7.

World Economic and Social Survey 2011: The Great Green Technological Transformation. New York: United Nations, 2011.

World Health Organization. *Malaria, Fact sheet N° 94*, January 2013. http://www.who.int/mediacentre/factsheets/fs094/en.

04
환경 용량과 요람

책

Asbell, Bernard. *The Pill: A Biography of the Drug That Changed the World*. New York: Random House, 1995.

Belton, Tom. "Eugenics Board," in *Encyclopedia of North Carolina*, edited by William S. Powell and Jay Mazzocchi. Chapel Hill: University of North Carolina Press, 2006.

Brandt, Allan M. *No Magic Bullet: A Social History of Venereal Disease in the United States Since 1880*. Oxford: Oxford University Press, 1985.

Brown, Lester R., et al. *Beyond Malthus*. New York: W. W. Norton & Company, 1999.

Buchmann, Stephen L., and Gary Paul Nabhan. *The Forgotten Pollinators*. Washington, DC: Island Press, 1996.

Connors, R. J. *The Coming Extinction of Humanity: Six Converging Crises That Threaten Our Survival*. CreateSpace, 2010.

Ehrlich, Anne H., and Paul R. Ehrlich. *The Dominant Animal: Human Evolution and the Environment*. Washington, DC: Island Press, 2008.

———. *The Population Explosion*. New York: Simon & Schuster, 1990.

Ehrlich, Paul R. *The Population Bomb*. New York: Sierra Club/Ballantine, 1968.

———, and Anne H. Ehrlich. *Extinction: The Causes and Consequences of the Disappearance of Species*. New York: Random House, 1981.

Ehrlich, Paul R., John P. Holdren, and Anne H. Ehrlich. *Ecoscience: Population, Resources, Environment*. San Francisco: W. H. Freeman & Co., 1977.

Foreman, Dave. *Man Swarm and the Killing of Wildlife*. Durango, CO: Raven's Eye Press, 2011.

Gordon, Linda. *The Moral Property of Women: A History of Birth Control Politics in America*. Champaign-Urbana: University of Illinois, 2007.

Lopez, Iris. *Matters of Choice: Puerto Rican Women's Struggle for Reproductive Freedom*. Piscataway, NJ: Rutgers University Press, 2008.

McClory, Robert. *Turning Point: The Inside Story of the Papal Birth Control Commission, & How* Humanae Vitae *Changed the Life of Patty Crowley and the Future of the Church*. New York: Crossroad, 1995.

McKee, Jeffrey K. *Sparing Nature: The Conflict Between Human Population Growth and Earth's Biodiversity*. Piscataway, NJ: Rutgers University Press, 2003.

Myers, Norman. *A Wealth of Wild Species: Storehouse for Human Welfare*. Boulder, CO: Westview Press, 1983.

Stern, Alexandra. *Eugenic Nation: Faults and Frontiers of Better Breeding in Modern America*. Berkeley: University of California Press, 2005.

인구 쇼크

기사 및 논문

Back, Kurt W., Reuben Hill, and J. Mayone Stycos. "The Puerto Rican Field Experiment in Population Control." *Human Relations*, vol. 10 (November 1957): 315–34.

Camp, S., and S. Conly. "Population Policy and the 'Earth Summit': The Passages of History." *Imbonezamuryango*, no. 25 (December 1992): 29–31.

Campbell Madison, Martha. "Schools of Thought: An Analysis of Interest Groups Influential in Population Policy." *Population and Environment*, vol. 19, no. 6 (November 1998): 487–512.

Cardinale, Bradley J., Kristin L. Matulich, David U. Hooper, et al. "The Functional Role of Producer Diversity in Ecosystems." *American Journal of Botany*, vol. 98, no. 3 (2011): 572–92. doi: 10.3732/ajb.1000364.

Carranza, Maria. "A Brief Account of the History of Family Planning in Costa Rica," in *Demographic Transformations and Inequalities in Latin America: Historical Trends and Recent Patterns*, edited by Suzana Cavenaghi. Rio de Janeiro: Latin American Population Association, 2009, pp. 307–14.

Committee for Puerto Rican Decolonization. "35% of Puerto Rican Women Sterilized." Chicago Women's Liberation Union, Herstory Archive, ca. 1970.

Daily, Gretchen C., Anne H. Ehrlich, and Paul R. Ehrlich. "Optimum Human Population Size." *Population and Environment: A Journal of Interdisciplinary Studies*, vol. 15, no. 6 (July 1994): 469–75.

Daily, Gretchen C., Gerardo Ceballos, Jesús Pacheco, Gerardo Suzán, and Arturo Sánchez-Azofeifa. "Countryside Biogeography of Neotropical Mammals: Conservation Opportunities in Agricultural Landscapes of Costa Rica." *Conservation Biology*, vol. 17, no. 6 (December 2003): 1814–26.

Ehrlich, Paul R., and Gretchen C. Daily. "Red-Naped Sapsuckers Feeding at Willows: Possible Keystone Herbivores." *American Birds*, vol. 42, no. 3 (Fall 1988): 357–65.

———. "Sapsuckers at Work." *Whole Earth*, no. 93 (Summer 1998): 24–26.

Ehrlich, Paul R., and John P. Holdren. "Hidden Effects of Overpopulation." *Saturday Review*, August l, 1970: 52.

———. "The People Problem." *Saturday Review*, July 4, 1970: 42–43.

———. "Population and Panaceas: A Technological Perspective." *BioScience*, vol. 19, no. 12 (December 1969): 1065–71.

Ehrlich, Paul R., and Brian Walker. "Rivets and Redundancy." *BioScience*, vol. 48, no. 5 (May 1998): 1–2.

Fox, James W. "Real Progress: Fifty Years of USAID in Costa Rica." Center for Development Information and Evaluation, U.S. Agency for International Development, November 1998.

———. "U.S. Aid to Costa Rica: An Overview." Center for Development Information and Evaluation, U.S. Agency for International Development, March 1996. pdf.usaid.gov/pdf_docs/PDACK960.pdfSimilar 1996.

Fuentes, Annette. "They Call It La Operacion." *New Internationalist*, vol. 176 (October 1987). http://www.newint.org/features/1987/10/05/call.

Goldberg, Michelle. "Holdren's Controversial Population Control Past." *American Prospect*, July 21, 2009. http://prospect.org/article/holdrens-controversial-population-control-past.

Gunson, Phil. "Obituary of Jose Figueres: The Wealthy 'Farmer-Socialist' Who Turned Costa Rica into a Welfare State." *Guardian* (UK), June 13, 1990.

Hertsgaard, Mark. P. "Still Ticking." *Mother Jones*, vol. 18, no. 2 (March/April 1993): 20.

Holdren, John P. "Population and the Energy Problem." *Population and Environment*, vol. 12, no. 3 (Spring 1991): 231–55.

"John Holdren, Obama's Science Czar, says: Forced Abortions and Mass Sterilization Needed to Save the Planet." Zombie Time website. http://zombietime.com/john_holdren.

Kenny, Charles. "An Aging Population May Be What the World Needs." *Bloomberg Businessweek*, February 7, 2013.

Krase, Katherine. "Sterilization Abuse." Newsletter of the National Women's Health Network, January/February 1996. http://www.ourbodiesourselves.org/book/companion.asp?id=18&compID=55.

La Federacion Alianza Evangelica Costarricense. "Lista de Afiliados." http://www.alianzaevangelica.org/index_6.html.

Lakshmanan, Indira A. R. "Evangelism Is Luring Latin America's Catholics: Charismatic Sects Focus on Earthly Rewards." *Boston Globe*, May 8, 2005.

Marks, Lara. "Human Guinea Pigs? The History of the Early Oral Contraceptive Clinical Trials." *History and Technology: An International Journal*, vol. 15, no. 4 (1999): 263–88.

McCormick, Katharine. Katharine McCormick to Margaret Sanger, June 19, 1954. In *Women's Letters: America from the Revolutionary War to the Present*, edited by Lisa Grunwald and Stephen J. Adler. New York: Dial Press, 2005.

Mears, Eleanor, and Ellen C. G. Grant. " 'Anovlar' as an Oral Contraceptive." *British Medical Journal*, vol. 2, no. 5297 (July 1962): 75–79.

Mendelsohn, Everett. "The Eugenic Temptation: When Ethics Lag Behind Technology." *Harvard Magazine*, March–April 2000.

Moenne, Maria Elena Acuna. "Embodying Memory: Women and the Legacy of the Military Government in Chile." *Feminist Review* (London), no. 79 (March 2005): 150.

"Obama's Science Czar Does Not Support Coercive Population Control." Catholic News Agency, July 15, 2009.

Pacheco, Jesus, Gerardo Ceballos, Gretchen C. Daily, Paul R. Ehrlich, Gerardo Suzán, Bernal Rodríguez-Herreral, and Erika Marcé. "Diversidad, Historia Natural y Conservación de los Mamíferos de San Vito de Coto Brus, Costa Rica." *Revista de Biología Tropical* (San José), vol. 54, no. 1 (March 2006): 219–40.

Paul VI. *Humanae Vitae:* Encyclical letter on the regulations of birth control, May 1, 1968.

"The Pill." *The American Experience*, February 24, 2003. http://www.pbs.org/wgbh/amex/pill/peopleevents/e_puertorico.html.

인구 쇼크

Planned Parenthood Federation of America. *A History of Birth Control Methods.* Report published by Katharine Dexter McCormick Library, November 2006.

Rodis, Rodel. "Papal Infallibility." *Inquirer Global Nation,* June 25, 2011.

Samuel, Anand A. "FDA Regulation of Condoms: Minimal Scientific Uncertainty Fuels the Moral Conservative Plea to Rip a Large Hole in the Public's Perception of Contraception." Third-Year Paper. Harvard Law School, May 2005.

Sanger, Margaret. "A Question of Privilege." *Women United,* October 1949: 6–8.

––––––. *Family Limitations.* New York: s.n., 1917, available online at http://archive.lib.msu.edu/DMC/AmRad/familylimitations.pdf.

Shaw, Russell. "Church Birth Control Commission Docs Unveiled." *Our Sunday Visitor Newsweekly,* February 27, 2011.

Smail, J. Kenneth. "Beyond Population Stabilization: The Case for Dramatically Reducing Global Human Numbers." *Politics and the Life Sciences,* vol. 16, no. 2 (September 1997), 183–192.

––––––. "Confronting a Surfeit of People: Reducing Global Human Numbers to Sustainable Levels," *Environment, Development and Sustainability,* vol. 4, no. 1 (2002): 21–50.

Strong, Maurice. Earth Summit address to the United Nations Conference on Environment and Development (UNCED), Rio de Janeiro, June 1992.

Swomley, John M. "The Pope and the Pill." *Christian Social Action,* February 1998: 12.

Vázquez Calzada, José L., and Zoraida Morales del Valle. "Female Sterilization in Puerto Rico and Its Demographic Effectiveness." *Puerto Rico Health Sciences Journal,* vol. 1, no. 2 (June 1982): 68–79.

Vidal, John. "Rio+20: Earth Summit Dawns with Stormier Clouds than in 1992." *Guardian* (UK), June 19, 2012.

Virgo, Paul. "Biodiversity: Not Just About Tigers and Pandas." Inter Press Service, May 23, 2010.

Zucchino, David. "Forced Sterilization Worth $50,000, North Carolina Panel Says." *Los Angeles Times,* January 10, 2012.

05
섬 세계

책

Ali, A. Yusuf. *An English Interpretation of the Holy Koran.* Bensenville, IL: Lushena Books, 2007.

Coale, Ansley J., and Susan Cotts Watson, eds. *The Decline of Fertility in Europe.* Princeton, NJ: Princeton University Press, 1986.

Longman, Phillip. *The Empty Cradle: How Falling Birthrates Threaten World Prosperity and What to Do About It.* New York: Basic Books, 2004.

Pearce, Fred. *The Coming Population Crash: And Our Planet's Surprising Future*. Boston: Beacon Press, 2010.

기사 및 논문

Allen, Jr., John L. "Synod Notebook: Video on Islam Rocks the House." *National Catholic Reporter*, October 15, 2012.

Anastasaki, Erasmia. *Running Up a Down Escalator*. MSc diss., commissioned by Population Matters, September 2010. http://populationmatters.org/documents/escalator_summary.pdf.

Attenborough, David. "People and Planet." RSA President's Lecture 2011. Royal Society for the Encouragement of Arts, Manufactures and Commerce, March 11, 2011.

Beckford, Martin. "Foreigners and Older Mothers Drive Biggest Baby Boom Since 1972." *Daily Telegraph* (UK), July 14, 2011.

"BNP Leader Charged with Race Hate." BBC News, April 6, 2005.

Borland, Sophie. "Schoolgirls of 13 Given Contraceptive Implants." *Daily Mail* (UK), February 8, 2012.

Davey, E., acting chair: Optimum Population Trust. "Think-Tank Urges Population Inquiry by Government." News release, January 5, 2009. http://populationmatters.org/2009/press/thinktank-urges-population-inquiry-government.

DeParle, Jason. "The Anti-Immigration Crusader." *New York Times*, April 17, 2011.

Desvaux, Martin. "The Sustainability of Human Populations: How Many People Can Live on Earth." *Significance*, vol. 4, no. 3 (September 2007): 102–7. http://populationmatters.org/documents/sustainable_populations.pdf. Accessed: June 2009.

―――. "Towards Sustainable and Optimum Populations." Optimum Population Trust, April 8, 2008. http://www.populationmatters.org/documents.

Doughty, Steve. "One in Three Babies Born Today 'Will Live for at Least 100 Years.'" *Daily Mail* (UK), March 27, 2012.

Doward, Jamie. "British Farming in Crisis as Crop Losses from 'Relentless' Floods Pile Up Woes." *Observer* (UK), February 23, 2013.

Fairlie, Simon. "Can Britain Feed Itself?" *The Land Magazine*, no. 4 (Winter 2007–2008): 18–26.

Ferguson, Andrew, ed. "2nd Footprint Forum, Part II: Ethics of Carrying Capacity." *Optimum Population Trust Journal*, vol. 3, no. 2 (October 2003).

Forum for the Future. *Growing Pains: Population and Sustainability in the UK*. June 2010.

Gillis, Justin, and Celia W. Dugger. "U.N. Forecasts 10.1 Billion People by Century's End." *New York Times*, May 3, 2011.

Griffin, Nick. "A Right Menace." *Independent*, May 23, 2009.

Guillebaud, J. "Youthquake: Population, Fertility and Environment in the 21st Century." Optimum Population Trust, 2007.

―――, and Hayes P. "Editorial: Population Growth and Climate Change." *British Medical*

Journal, vol. 337 (2008): 247–48.

"Inside Out/West Midlands: Report on Sharia Law." *BBC Home*, January 20, 2009.

Islamic Foundation for Ecology and Environmental Sciences. *EcoIslam*, no. 8, June 2011.

Johnson, Wesley. "UK Population 'Largest in Western Europe by 2050.' " *Independent* (UK), July 30, 2010.

Kaiser, Jocelyn. "10 Billion Plus: Why World Population Projections Were Too Low." *Science/ ScienceInsider*, May 4, 2011. http://news.sciencemag.org/scienceinsider/2011/05/10-billion-plus-why-world-population.html.

Khalid, Fazlun M. "Guardians of the Natural Order." *One Planet Magazine*, August 1996.

———. "Islam and the Environment," in *Social and Economic Dimensions of Global Environmental Change*. Vol. 5 of *Encyclopedia of Global Environmental Change*. Chichester, UK: John Wiley & Sons, 2002, pp. 332–39.

———. "The Copenhagen Syndrome." *Globalia Magazine*, December 1, 2010.

Knight, Richard. "Debunking a YouTube Hit." BBC News, August 7, 2009.

Levitt, Tom. "Chief Scientist Refutes Fred Pearce's Bad Logic About Population and Environment." *Ecologist*, February 14, 2012. http://www.theecologist.org/News.

Martin, Roger. "Population, Environment and Conflict." Population Matters, paper presented at the African Population Conference in Ougadougou, organized by the Union for African Population Studies (UAPS). UAPS, 2011.

McDougall, Rosamund. "The UK's Population Problem." Optimum Population Trust, 2003, updated 2010.

Morris, Steven, and Martin Wainwright. "BNP Leader Held by Police over Racist Remarks." *Guardian* (UK), December 14, 2004.

Murray, Douglas. "It's Official: Muslim Population of Britain Doubles." Gatestone Institute website, December 21, 2012. http://www.gatestoneinstitute.org/3511.

"Muslim Demographics." YouTube video. Posted by friendofmuslim, March 30, 2009. http://www.youtube.com/watch?v=6-3X5hIFXYU.

Myhrvold, N. P., and K. Caldeira. "Greenhouse Gases, Climate Change and the Transition from Coal to Low-Carbon Electricity." *Environmental Research Letters*, vol. 7 (2012): 1–8.

Nicholson-Lord, David. "The Fewer the Better." *New Statesman*, November 8, 2004.

Optimum Population Trust. "Britain Overpopulated by 70 Percent." Press release, February 18, 2008.

———. "Population Projections," June 3, 2009.

"People and the Planet." Report for the Royal Society Science Policy Centre, London. Final report, April 26, 2012.

Pipes, Daniel. "Predicting a Majority-Muslim Russia." Lion's Den (blog), *Daniel Pipes: Middle East Forum*, August 6, 2005. http://www.danielpipes.org/blog/2005/08.

"School Children Offered Contraceptive Implants." BBC News, Health, February 8, 2012. http://www.bbc.co.uk/news/health-16951331.

Snopes.com. "Muslim Demographics." Uban Legends Reference Pages, last updated April

2009. http://www.snopes.com/politics/religion/demographics.asp.

Swinford, Steven. "Contraceptive Implants and Injections for Schoolgirls Treble." *Telegraph* (UK), October 30, 2012.

———. "Girls of 13 Given Birth Control Jab at School Without Parents' Knowledge." *Telegraph* (UK), October 28, 2012.

"UK Muslim Population Doubled in a Decade." PressTV, December 22, 2012.

United Kingdom Office for National Statistics, "What Are the Chances of Surviving to Age 100?" Historic and Projected Mortality Data (1951–2060) from the UK Life Tables, 2010-based, March 26, 2012.

Vaisse, Justin. "Eurabian Follies." *Foreign Policy*, January/February 2010.

Vaughan, Adam. "UK's Year of Drought and Flooding Unprecedented, Experts Say." *Guardian* (UK), October 18, 2012.

Ware, John. "What Happens If Britain's Population Hits 70m?" *BBC Panorama*, April 19, 2010.

Whitehead, Tom. "Immigration Drives UK's Population Boom." *Telegraph* (UK), July 1, 2011.

———. "Women Wait Until 29 and Settle for Fewer Children." *Telegraph* (UK), September 24, 2010.

Wiley, David. "Letter: Optimum Population." *New Scientist*, no. 1944, September 24, 1994.

Wire, Thomas. *Fewer Emitters, Lower Emissions, Less Cost: Reducing Future Carbon Emissions by Investing in Family Planning: A Cost/Benefit Analysis*. London School of Economics, Operational Research. Sponsored by Optimum Population Trust, August 2009.

06
교황청

책

Department of Economic and Social Affairs, Population Division. *World Population Prospects: The 2010 Revision*. New York: United Nations, 2010 (Updated: April 15, 2011)

Hasler, August. *How the Pope Became Infallible: Pius IX and the Politics of Persuasion*. New York: Doubleday, 1981.

Keilis-Borok, V. I., and M. Sanchez Sorondo, eds. *Science for Survival and Sustainable Development: Proceedings of Study Week 12–16 March 1999*. Vatican City: Scripta Varia 98, 2000.

Krause, Elizabeth L. *A Crisis of Births: Population Politics and Family-Making in Italy (Case Studies on Contemporary Social Issues)*. Belmont, CA: Thomson/Wadsworth, 2005.

———. *Unraveled: A Weaver's Tale of Life Gone Modern*. Berkeley: University of California Press, 2009.

Livi-Bacci, Massimo. *A Concise History of World Population*. Hoboken, NJ: John Wiley &

Sons, 2012.

Losito, Maria. *The Casina Pio IV in the Vatican: Historical and Iconographic Guide*. Vatican City: Pontifical Academy of Sciences, 2010.

Maguire, Daniel C. *Sacred Choices: The Right to Contraception and Abortion in Ten World Religions*. Minneapolis: Fortress Press, 2001.

McClory, Robert. *Turning Point: The Inside Story of the Papal Birth Control Commission*. New York: Crossroad, 1995.

Mumford, Stephen. *American Democracy and the Vatican: Population Growth and National Security*. Washington, DC: American Humanist Association, 1984.

Pontifical Academy of Sciences. *Popolazione e Risorse [Population and Resources]*. Vatican City: Vita e Pensiero, 1994.

Seewald, Peter, and Pope Benedict XVI. *Light of the World: The Pope, the Church and the Signs of Times*. Translated by Michael J. Miller and Adrian J. Walker. San Francisco: Ignatius Press, 2010.

Tanner, Norman, and Guiseppe Albergio, eds. *Decrees of the Ecumenical Councils*. Washington, DC: Georgetown University Press, 1990.

기사 및 논문

Allen Jr., John L. "Vatican Studies Genetically Modified Crops." *National Catholic Reporter*, May 18, 2009.

Benedict XVI. *Caritas in Veritate:* Encyclical Letter on Integral Human Development in Charity and Truth. June 29, 2009.

"Berlusconi Investigated in Teen Dancer Case." Associated Press, January 14, 2011.

"Berlusconi's 'Party Girls' Driven by Ambitious Parents." Agence France-Presse, January 20, 2011.

Bruni, F. "Persistent Drop in Fertility Reshapes Europe's Future." *New York Times*, December 26, 2002.

Capparella v. E.N.P.A, Civil Court of Rome, February 11, 2009. Conciliation Report, p. 392.

Carr, David. "The Bible Is Pro-Birth Control." *Reader Supported News*, March 8, 2012. http://readersupportednews.org/opinion2/295-164/10356-the-bible-Is-Pro-birth-control.

Catholics for Choice. "Truth and Consequence: A Look Behind the Vatican's Ban on Contraception," 2008.

Colonnello, Paolo. "Gli Amici Serpenti del Cavaliere." LaStampa.it, January 19, 2011. http://www.lastampa.it/2011/01/19/italia/politica/gli-amici-serpenti-del-cavaliere-XTm7TjZWlU8f1vvGr32FaN/pagina.html.

Cowell, Alan. "Scientists Linked to the Vatican Call for Population Curbs." *New York Times*, June 16, 1994.

Delaney, Sarah. "Genetically Modified Crops Call for Caution, Bishop Tells Synod." Catholic News Service, October 8, 2009.

Donadio, Rachel. "Europe's Young Grow Agitated over Future Prospects." *New York Times*,

January 1, 2011.

———. "Surreal: A Soap Opera Starring Berlusconi." *New York Times*, January 22, 2011.

Ehrlich, Paul R., and Peter H. Raven. "Butterflies and Plants: A Study in Coevolution." *Evolution*, vol. 18, no. 4 (December 1964): 586–608.

Engelman, Robert. "The Pope's Scientists." *Conscience*, vol. 31, no. 2 (2010).

Flanders, Laura. "Giving the Vatican the Boot." *Ms. Magazine*, October/November 1999.

Fox, Thomas C. "New Birth Control Commission Papers Reveal Vatican's Hand." *National Catholic Reporter*, March 23, 2011. http://ncronline.org.

"Il fratello di Roberta. 'Brava, hai lavorato bene.' " Repubblica TV, September 21, 2010. http://video.repubblica.it/le-inchieste/il-fratello-di-roberta-brava-hai-lavorato-bene/95230/93612.

Glatz, Carol. "Synod Working Document Seeks Ways to Promote Justice, Peace in Africa." Catholic News Service, March 19, 2009.

Grandoni, Dino. "98% of Catholic Women Have Used Contraception the Church Opposes." Atlantic Wire, February 10, 2012.

Gumbel, Andrew. "Italian Men Cling to Mamma; Unemployment and a Housing Crisis Force Males to Live at Home in Their Thirties." The World section, *Independent* (UK), December 15, 1996.

Hebblethwaite, Peter. "Science, Magisterium at Odds: Pontifical Academy Emphasizes Need for Global Population Control—Pontifical

Academy of Sciences." *National Catholic Reporter*, July 15, 1994.

ISTAT. *Demographic Indicators: Year 2010.* January 24, 2011. http://demo.istat.it/index_e.html.

Kertzer, David I., Alessandra Gribaldo, and Maya Judd. "An Imperfect Contraceptive Society: Fertility and Contraception in Italy." *Population and Development Review*, vol. 35, no. 3 (September 2009): 551–84.

Kessler, Glenn. "The Claim That 98 Percent of Catholic Women Use Contraception: A Media Foul." The Fact Checker (blog), *Washington Post*, February 17, 2012.

Kington, Tom. "Silvio Berlusconi Gave Me €7,000, Says 17-Year-Old Belly Dancer." *Observer* (UK), October 30, 2010.

———. "Silvio Berlusconi Wiretaps Reveal Boast of Spending Night with Eight Women." *Observer* (UK), September 17, 2011.

Kissling, Frances. "The Vatican and Reproductive Freedom: A Human Rights Perspective on the Importance of Supporting Reproductive Choices." Testimony given by Frances Kissling before the All-Party Parliamentary Group on Population, Development and Reproductive Health at a hearing in the UK Parliament on Monday, July 3, 2006. http://www.catholicsforchoice.org/conscience/current/.

Krause, Elizabeth L. " 'Empty Cradles' and the Quiet Revolution: Demographic Discourse and Cultural Struggles of Gender, Race, and Class in Italy." *Cultural Anthropology*, vol. 16, no. 4 (2001): 576–611.

————. "Dangerous Demographies and the Scientific Manufacture of Fear," in *Selected Publications of EFS Faculty, Students, and Alumni*. Paper 4, July 2006.

————. " 'Toys and Perfumes': Imploding Italy's Population Paradox and Motherly Myths," in *Barren States: The Population "Implosion" in Europe*, edited by Carrie B. Douglass. London: Berg, 2005, pp. 159–82.

Krause, Elizabeth L., and Milena Marchesi. "Fertility Politics as 'Social Viagra': Reproducing Boundaries, Social Cohesion, and Modernity in Italy." *American Anthropologist*, vol. 109, no. 2 (June 2007): 350–62. doi: 10.1525/AA.2007.109.2.350.

Lavanga, Claudio. "Berlusconi Tells Businessman to Bring Girls, But Not Tall Ones, Wiretaps Reveal." NBC News, September 17, 2011.

Ludwig, Mike. "New WikiLeaks Cables Show US Diplomats Promote Genetically Engineered Crops Worldwide." Truthout, August 25, 2011. http://www.truth-out. org/new-wikileaks-cables-show-us-diplomats-promote-genetically-engineered-crops-worldwide/1314303978.

————. "US to Vatican: Genetically Modified Food Is a 'Moral Imperative.' " Truthout, December 29, 2010.

Meldolesi, Anna. "Vatican Panel Backs GMOs." *Nature Biotechnology*, vol. 29, no. 11 (2011). doi: 10.1038/nbt0111-11.

Mumford, Stephen D. "Why the Church Can't Change." *Council for Secular Humanism Free Inquiry*, vol. 21, no 1 (Winter 2000/2001).

————. "Why the Pope Can't Change the Church's Position on Birth Control: Implications for Americans." Presentation to Vatican Influence on Public Policy Symposium, at the Center for Research on Population and Security: St. Louis, Missouri. January 27, 1999.

O'Brien, Jon, and Sara Morello. "Catholics for Choice and Abortion: Prochoice Catholicism 101." *Conscience*, Spring 2008: 24–26.

Partridge, Loren W. Review of *The Casino of Pius IV*, by Graham Smith. *The Art Bulletin*, vol. 60, no. 2 (June 1978): 369–72. http://www.jstor.org/stable/3049799. Accessed: 30/03/2012.

Paul VI. *Humanae Vitae:* Encyclical letter on the regulations of birth control. May 1, 1968.

Pontifical Council for the Family. "Ethical and Pastoral Dimensions of Population Trends." March 25, 1994.

Potrykus, Ingo, and Klaus Ammann, eds. "Transgenic Plants for Food Security in the Context of Development: Proceedings of a Study Week of the Pontifical Academy of Sciences." *New Biotechnology*, vol. 27, no. 5 (November 2010): 445–718.

Raven, Peter H. "Does the Use of Transgenic Plants Diminish or Promote Biodiversity?" *New Biotechnology*, vol. 27, no. 5 (2010): 528–53.

Ravenholt, R. T. "Poorest Peasant Couple in Remotest Village Will Seize Opportunity to Control Family Size." Paper presented to the First USAID World Population Conference, Washington, DC, December 1976.

————. "World Fertility Survey: Origin and Development of the WFS." Paper presented to the Conference at the National Press Club on 30 Years of USAID Efforts in Population and Health Data Collection. Washington, DC, June 3, 2002.

Sarzanini, Fiorenza. "Fede, Mora e le Feste: 'Lui Stasera è Pimpante, Chiama le Nostre Vallette.' " *Corriere della Sera*, January 19, 2011.

Schnieder, Jane, and Peter Schneider. "Sex and Respectability in an Age of Fertility Decline: A Sicilian Case Study." *Social Science & Medicine*, vol. 33, no. 8 (1991): 885–95.

Shiva, Vandana. "The 'Golden Rice' Hoax: When Public Relations Replaces Science." Accessed at http://online.sfsu.edu/rone/GEessays/goldenricehoax.html.

Swomley, John M. "The Pope and the Pill." *Christian Social Action*, February 1998.

Urquhart, Gordon. "The Vatican and Family Politics." For Conservative Catholic Influence in Europe: An Investigative Series. Washington, DC: Catholics for a Free Choice, 1997.

"Vatican Calls for 'More Solid Morality' in Wake of Berlusconi Sex Scandal." France24 International News 24/7, January 21, 2011. http://www.france24.com/en/20110120-berlusconi-political-persecution-scandal-vows-prostitution-minor-law.

07
우리 안의 고릴라

책

Hall, Ruth. *The Life of Marie Stopes*. New York: W. W. Norton & Company, 1978.

Hanson, Thor. *The Impenetrable Forest: My Gorilla Years in Uganda*, revised edition. Warwick, NY: 1500 Books, 2008.

Turner, Pamela. *Gorilla Doctors: Saving Endangered Great Apes*. Boston: Houghton Mifflin Harcourt, 2008.

기사 및 논문

Anderson, Curt. "U.S. Arrests 3 in Uganda Tourist Slayings." Associated Press, March 3, 2003.

"Bwindi Impenetrable Forest," Tropical Ecology Assessment and Monitoring Network website. http://www.teamnetwork.org/network/sites/bwindi-national-park-0.

Caccone, Adalgisa. "DNA Divergence Among Hominoids." *Evolution*, vol. 43, no. 5 (1989): 925–41.

Clarke, Jody. "Tullow Accused of Acts of Bribery in Uganda." *Irish Times*, October 14, 2011. http://www.irishtimes.com/newspaper/world/2011/1014/1224305758151.html.

Cohen, Tamara. "What Separates Man from the Apes?" *Daily Mail* (UK), March 8, 2012.

Craig, Allison Layne. " 'Quality Is Everything': Rhetoric of the Transatlantic Birth Control Movement in Interwar Women's Literature of England, Ireland and the United States." PhD diss., University of Texas at Austin, December 2009.

Gaffikin, Lynne. "Population Growth, Ecosystem Services, and Human Well-Being," in *A*

Pivotal Moment: Population, Justice, and the Environmental Challenge, edited by Laurie Mazur. Washington, DC: Island Press, 2009.

————, and Kalema-Zikusoka, G. *Integrating Human and Animal Health for Conservation and Development: Findings from a Program Evaluation in Southwest Uganda.* Conservation Through Public Health, Evaluation and Research Technologies for Health, and John Snow, 2010.

Gatsiounis, Ioannis. "Uganda's Soaring Population a Factor in Poverty, Deadly Riots." *Washington Times*, June 14, 2011.

Kanyeheyo, Ivan Mafigiri. "Nation's Population Growth a Self-Laid Economic Trap." *Monitor* (Kampala), June 23, 2011.

Klein, Alice. "Uganda's Fledgling Oil Industry Could Undermine Development Progress." *Guardian* (UK), December 12, 2011.

Lirri, Evelyn. "The Tragedy of the Nation's Many Unwanted Pregnancies." *Monitor* (Uganda), May 28, 2011.

Loconte, Joseph. "The White House Initiative to Combat AIDS: Learning from Uganda." *Heritage Foundation Backgrounder*, no. 1692 (September 29, 2003).

Maykuth, Andrew. "Uncertain Times in the Impenetrable Forest." *Philadelphia Inquirer*, Sunday Magazine, April 23, 2000.

Nanteza, Winnie. "Will Mother Nature Survive Population Pressure?" *New Vision* (Uganda), July 7, 2010.

Nordland, Rod. "Death March." *Newsweek*, March 14, 1999.

Palacios, G., L. J. Lowenstine, M. R. Cranfield, K. V. K. Gilardi, L. Spelman, M. Lukasik-Braum, et al. "Human Metapneumovirus Infection in Wild Mountain Gorillas, Rwanda." *Emerging Infectious Diseases*, vol. 17, no. 4 (April 2011).

Plumptre, A. J., A. Kayitare, H. Rainer, M. Gray, I. Munanura, N. Barakabuye, S. Asuma, M. Sivha, and A. Namara. "The Socio-economic Status of People Living Near Protected Areas in the Central Albertine Rift." *Albertine Rift Technical Reports*, vol. 4 (2004): 127.

Songa, Martha. "Stop Talking and Take Action on Reproductive Health." *New Vision*, July 5, 2011.

"3 Rebels Charged in U.S. Tourist Killings." *Chicago Tribune*, March 4, 2003.

Tumusha, Joseph. "The Politics of HIV/AIDS in Uganda." Social Policy and Development Programme, Paper Number 28. United Nations Research Institute for Social Development, August 2006.

"Uganda Biodiversity and Tropical Forest Assessment." U.S. Agency for International Development. Final report, July 2006.

Wambi, Michael. "When Women Go Without Needed Contraceptives." InterPress Service-Uganda, June 28, 2011.

Wax, Emily. "Ugandans Say Facts, Not Abstinence, Will Win AIDS War." *Washington Post*, July 9, 2003.

08
거대한 인구 장벽

책

Fong, Vanessa L. *Only Hope: Coming of Age Under China's One-Child Policy.* Palo Alto, CA: Stanford University Press, 2004.

Greenhalgh, Susan. *Just One Child: Science and Policy in Deng's China.* Berkeley: University of California Press, 2008.

Hvistendahl, Mara. *Unnatural Selection: Choosing Boys Over Girls, and the Consequences of a World Full of Men.* New York: Public Affairs, 2011.

Meadows, Donella, Dennis Meadows, Jørgen Randers, and W. W. Behrens III. *The Limits to Growth.* New York: Universe Books, 1972.

Shapiro, Judith. *Mao's War Against Nature: Politics and the Environment in Revolutionary China (Studies in Environment and History).* New York: Cambridge University Press, 2001.

Watts, Jonathan. *When a Billion Chinese Jump: How China Will Save Mankind—Or Destroy It.* London: Faber & Faber, 2010.

기사 및 논문

Bethune, Brian. "The Women Shortage: Interview with Mara Hvistendahl, Beijing Correspondent for *Science* Magazine." *Maclean's*, June 14, 2011.

Brinkley, Joel. "Abortion Opponents Play Chinese Dissident Card." *San Francisco Chronicle*, June 30, 2012.

Brown, Lester R. "Can the United States Feed China?" Plan B Updates, Earth Policy Release, March 23, 2011.

Burkitt, Laurie. "Agency Move Hints at Shift in China's One-Child Policy." *Wall Street Journal*, Eastern edition (New York), March 11, 2013.

"Buying Farmland Abroad: Outsourcing's Third Wave." *The Economist*, May 21, 2009.

"China to Maintain Family Planning Policy: Official." Xinhua News Agency (China), March 11, 2013. http://english.peopledaily.com.cn/90785/8162924.html.

Collins, Gabe, and Andrew Erickson. "The 10 Biggest Cities in China That You've Probably Never Heard of." *China SignPost*, no. 37, June 1, 2011.

Cruz, Anthony dela. "Chinese Investments in the Philippines." *China Business*, June, 2008.

Daily, Gretchen C. "Conservation and Development for the 21st Century: Harmonizing with Nature." PowerPoint presentation to the Chinese Academy of Sciences, September 24, 2010.

Earle, Christopher J., ed. "Gymnosperms of Sichuan." *The Gymnosperm Database*, November 11, 2011. http://www.conifers.org/topics/sichuan.php.

Ehrlich, Paul R., Peter M. Kareiva, and Gretchen C. Daily. "Securing Natural Capital and Expanding Equity to Rescale Civilization." *Nature*, vol. 486 (June 2012): 68–73.

Ennaanay, Driss. "InVEST: A Tool for Mapping and Valuing Hydrological Ecosystem

Services." PowerPoint presentation to the Chinese Academy of Sciences, September 24, 2010.

Gittings, John. "Growing Sex Imbalance Shocks China." *Guardian* (UK), May 12, 2002.

Goodkind, Daniel. "Child Underreporting, Fertility, and Sex Ratio Imbalance in China." *Demography*, vol. 48, no. 1 (February 2011): 291–316.

Greenhalgh, Susan. "Fresh Winds in Beijing: Chinese Feminists Speak Out on the One-Child Policy and Women's Lives." *Signs* (University of Chicago Press), vol. 26, no. 3 (Spring 2001): 847–86.

———. "Science, Modernity, and the Making of China's One-Child Policy." *Population and Development Review*, vol. 29, no. 2 (June 2003): 163–96.

"Growing Urban Population Strains Chinese Cities." Agence France-Presse. June 26, 2011.

Gupta, Monica Das. "Explaining Asia's 'Missing Women': A New Look at the Data." *Population and Development Review*, vol. 31, no. 3 (September 2005): 529–35.

"Hope in Reforming China's One-Child Rule?" *The Economist*, July 25, 2011.

Huang, Shu-tse. "China's Views on Major Issues of World Population." Speech to the 1974 United Nations World Population Conference, *Peking Review*, no. 35, August 30, 1974.

Hvistendahl, Mara. "Has China Outgrown the One-Child Policy?" *Science*, vol. 329, no. 5998 (September 2010): 1458–61.

———. "Of Population Projections and Projectiles." *Science*, vol. 329, no. 5998 (September 2010): 1460.

Jiang, Steven. "Forced Abortion Sparks Outrage, Debate in China." CNN, June 15, 2012.

Jihong, Liu, Ulla Larsen, and Grace Wyshak. "Factors Affecting Adoption in China, 1950–87." *Population Studies*, vol. 58, no. 1 (March 2004): 21–36.

Johansson, Sten, and Ola Nygren. "The Missing Girls of China: A New Demographic Account." *Population and Development Review*, vol. 17, no. 1 (March 1991): 35–51.

Jones, David. "The Baby Panda Factory." *Daily Mail* (UK), July 30, 2010.

Kim, Hyung-Jin, and Yu Bing. "South Korea Finds Smuggled Capsules Contain Human Flesh." Associated Press, May 8, 2012.

Larsen, Janet. "Meat Consumption in China Now Double That in the United States." Plan B Updates, Earth Policy Institute, April 24, 2012.

"Learning Chinese: Budget Brides from Vietnam." Globaltimes.cn, April 23, 2012. http://www.globaltimes.cn/DesktopModules/DnnForge%20-%20NewsArticles/Print.aspx?tabid=99&tabmoduleid=94&articleId=706219&moduleId=405&PortalID=0.

Li, Jie, Marcus W. Feldman, Shuzhuo Li, and Gretchen C. Daily. "Rural Household Income and Inequality Under the Sloping Land Conversion Program in Western China." *Proceedings of the National Academy of Sciences*, May 10, 2011.

Li, Laifang, Xu Xiaoqing, and Xu Yang. "Population Policy to Be Improved." Xinhua News Agency (China), March 5, 2013. http://www.xinhuanet.com.

"The Loneliness of the Chinese Birdwatcher." *The Economist*, December 18, 2008.

Merli, M. Giovanna. "Underreporting of Births and Infant Deaths in Rural China: Evidence from Field Research in One County of Northern China." *China Quarterly*, no. 155 (September 1998): 637–55.

Moore, Malcolm. "China's Mega City: The Country's Existing Mega Cities." *Telegraph* (UK), January 24, 2011.

Myers, Norman, Russell A. Mittermeier, Cristina G. Mittermeier, Gustavo A. B. da Fonseca, and Jennifer Kent. "Biodiversity Hotspots for Conservation Priorities." *Nature*, vol. 403 (February 2000): 853–58.

Oster, Shai. "China: New Dam Builder for the World." *Wall Street Journal*, December 28, 2007.

———. "China Traffic Jam Could Last Weeks." *Asia News*, August 24, 2010.

Ouyang, Zhiyun. "Ecosystem Services Valuation and Its Applications." PowerPoint presentation to the Chinese Academy of Sciences, September 24, 2010.

Patranobis, Sutirtho. "China Softens Its One-Child Policy." *Hindustan Times* (Beijing), March 7, 2013.

Peng, Xizhe. "China's Demographic History and Future Challenges." *Science*, vol. 333, no. 6042 (2011): 581–87.

Pinghui, Zhuang. "Officials Suspended After Forced Late-Term Abortion." *South China Morning Post*, June 15, 2012.

Roberts, Dexter. "China Prepares for Urban Revolution." *Bloomberg Businessweek*, November 13, 2008.

Rosenthal, Elisabeth. "China's Widely Flouted One-Child Policy Undercuts Its Census." *New York Times*, April 14, 2000.

"Second Probe into Capsules 'Made from Dead Babies.'" *Shanghai Daily*, May 9, 2012.

"South-to-North Water Diversion Project, China." Water-technology.net. Net Resources International, 2012. http://www.water-technology.net/projects/south_north/.

Springer, Kate. "Soaring to Sinking: How Building Up Is Bringing Shanghai Down." *Time*, May 21, 2012.

Sudworth, John. "Chinese Officials Apologize to Woman in Forced Abortion." BBC News, June 15, 2012.

Thayer Lodging Group. "What Is the Opportunity in China?" PowerPoint Presentation, October 2, 2011. http://www.hotelschool.cornell.edu/about/dean/documents/.

Wang, Yukuan. "Ecosystem Service Assessment and Management." PowerPoint Presentation, Chinese Academy of Sciences, September 24, 2010.

Webel, Sebastian. "Sustainability Boom." *Pictures of the Future Magazine* (Siemens), Spring 2012: 90–94. http://www.siemens.com/pof.

Webster, Paul, and Jason Burke. "How the Rise of the Megacity Is Changing the Way We Live." *Observer* (UK), January 21, 2012.

Weiss, Kenneth R. "Beyond 7 Billion: The China Effect." *Los Angeles Times*, July 22, 2012.

Wines, Michael. "Qian Xuesen, Father of China's Space Program, Dies at 98." *New York Times*, November 3, 2009.

Wong, Edward. "Reports of Forced Abortions Fuel Push to End Chinese Law." *New York Times*, July 22, 2012.

"The Worldwide War on Baby Girls." *Economist*, March 4, 2010.

Yi, Zeng, Tu Ping, Gu Baochang, Xu Yi, Li Bohua, and Li Yongping. "Causes and Implications of the Recent Increase in the Reported Sex Ratio at Birth in China." *Population and Development Review*, vol. 19, no. 2 (June 1993): 283–302.

Yin, Runsheng, Jintao Xu, Zhou Li, and Can Liu. "China's Ecological Rehabilitation: The Unprecedented Efforts and Dramatic Impacts of Reforestation and Slope Protection in Western China." *China Environment Series* (Wilson Center), no. 7 (2005): 17–32.

Zhao, Xing. "Chinese Men Head to Vietnam for the Perfect Wife." CNN-Go, February 19, 2010. http://www.cnngo.com/shanghai/.

09
바다

책

Alino, Porfirio M. *Atlas of Philippine Coral Reefs*. Quezon City, Philippines: Goodwill Trading Co., 2002.

Bain, David Haward. *Sitting in Darkness: Americans in the Philippines*. New York: Houghton Mifflin, 1984.

Coastal Resource Management Project/Fisheries Resource Management Project/Department of Agriculture. *Coastal Resource Management for Food Security*. Makati City, Philippines: The Bookmark, Inc., 1999.

Concepcion, Mercedes B., ed. *Population of the Philippines*. Manila: Population Institute, University of the Philippines, 1977.

Goldoftas, Barbara. *The Green Tiger: The Costs of Ecological Decline in the Philippines*. Oxford: Oxford University Press, 2006.

Kiple, Kenneth F., and Kriemhild Conee Ornelas, eds. *The Cambridge World History of Food*. Cambridge: Cambridge University Press, 2000.

기사 및 논문

Alave, Kristine L. "Contraception Is Corruption." *Philippine Daily Inquirer*, August 5, 2012.

Anderson, Maren C. "History and Future of Population-Health-Environment Programs: Evolution of Funding and Programming." MPP Professional Paper, University of Minnesota, 2010.

Annual Report 2010, PATH Foundation Philippines.

Aragon-Choudhury, Perla. "11 Filipinas Die in Childbirth Daily—What About Their Rights to Prenatal Care?" *Womens Feature Service*, September 9, 2010.

Barclay, Adam. "Hybridizing the World." *Rice Today*, October/December 2010: 32–35.

Barlaan, Karl Allan, and Christian Cardiente. "So We Would All Be Informed: Dissecting the Flood Problem in Metro Manilan." *Manila Standard Today*, August 8, 2011. http://www.manilastandardtoday.com/insideOpinion.htm?f=2011/.

"Birth Control Proponents Retreat on 2 Key Fronts." *Manila Standard*, March 26, 2011.

"Bishop Open to Plebiscite on RH Bill." GMA News, November 17, 2010. http://www.gmanews.tv/story/206151/bishop-open-to-plebiscite-on-rh-billLBG/VVP/RSJ, GMANews.TV.

Boncocan, Karen. "RH Bill Finally Signed into Law." *Philippine Daily Inquirer*, December 28, 2012.

"Budget for Condoms from P880M to Zero." *Philippine Daily Inquirer*, December 18, 2010.

Bugna-Barrer, Sahlee. "Increasing Population and Growing Demand Push Biodiversity to Its Limits." *Business Mirror*, July 8, 2012.

Cabacungan, Gil. "UN to Stop Funding Philippine Population Plan." *Philippine Daily Inquirer*, September 1, 2011. http://www.mb.com.ph/articles/351065/unity-earth-population-devt-last-two-parts.

Calonzo, Andreo. "Pacquiao Says Marquez KO Strengthened His Opposition to RH Bill." GMA News Online, December 13, 2012. http://www.gmanetwork.com/news/story/286164/news/nation/.

Carpenter, Kent E., and Victor G. Springer. "The Center of the Center of Marine Shore Fish Biodiversity: The Philippine Islands." *Environmental Biology of Fishes*, vol. 72 (2005): 467–80.

Castro, Joan R., and Leona A. D'Agnes. "Fishing for Families: Reproductive Health and Integrated Coastal Management in the Philippines." *Focus on Population, Environment, and Security*, no. 15 (April 2008).

———, and Carmina Angel Aquino. "Mainstreaming Reproductive Health and Integrated Coastal Management in Local Governance: The Philippines Experience." Prepared for the CZAP conference: Cebu, Philippines, 2004. PATH Foundation Philippines.

"Catholics Criticize, Praise Aquino over Family Planning." *Sun Star Davao*, September 30, 2010. http://www.sunstar.com.ph/davao/local-news/catholics-criticize-praise-aquino-over-family-planning.

"Catholics Launch 'Anti-RH with a Smile' Campaign." GMA News, July 22, 2011.

"China Sets Up Yuan Longping Institute of Science and Technology." *People's Daily*, August 7, 2000.

"Church OKs Info Drive on Family Planning." *Philippine Daily Inquirer*, December 20, 2010.

D'Agnes, Leona A. *Overview Integrated Population and Coastal Resource Management (IPOPCORM) Approach*. PATH Foundation Philippines, January 2009.

———, Heather D'Agnes, J. Brad Schwartz, Maria Lourdes Amarillo, and Joan Castro. "Integrated Management of Coastal Resources and Human Health Yields Added Value: A Comparative Study in Palawan (Philippines)." *Environmental Conservation*, vol. 37, no.

인구 쇼크

4 (2010): 1–12.

"Demographic Trends in Philippines Marine Biodiversity Conservation Priority Areas." PATH Foundation Philippines, November 2009.

Diokno, Benjamin E. "RH Bill over the Hump." *BusinessWorld*, December 19, 2012.

Domingo, Ronnel. "Large Population May Boost Economic Growth, Says BSP: But Raising Purchasing Power Is Crucial." *Philippine Daily Inquirer*, October 24, 2010.

Eaton, Sam. "Food for 9 Billion: Turning the Population Tide in the Philippines." *PBS NewsHour*, January 23, 2012.

Esguerra, Christian V. "Why Pacquiao Voted No Even if He's No Longer a Catholic." *Philippine Daily Inquirer*, December 14, 2012.

"EU to Infuse 35M to Support PHLs Health System Reforms." GMA News, April 15, 2011.

"Facts on Barriers to Contraceptive Use in the Philippines." Guttmacher Institute, In Brief Series, May 2010.

"Forsaken Lives: The Harmful Impact of the Philippine Criminal Abortion Ban." Center for Reproductive Rights, 2010.

Gutierrez, Jason. "Fewer Bites for Philippine Fishermen." Agence France-Presse, July 8, 2011.

Hamilton, Ruaraidh Sackville. "Agricultural Biodiversity: The Lasting Legacy of Early Farmers." *Rice Today*, October–December 2010.

Herdt, R. W., and C. Capule. *Adoption, Spread, and Production Impact of Modern Rice Varieties in Asia*. International Rice Research Institute, Los Banos, Laguna, Philippines: 1983.

IPOPCORM Monograph. "Overview, Key Lessons & Challenges." PATH Foundation Philippines, September 2007.

Javier, Luzi Ann. "Philippines May Lose 600,000 Tons Rice from Typhoon." *Bloomberg*, October 18, 2010.

Jimenez-David, Rina. "At Large: The Shadow of the A Word." *Philippine Daily Inquirer*, August 10, 2010.

Khan, Natasha, and Norman P. Aquino. "Condom Queues Incite Church Tensions in Philippines." *Bloomberg*, March 27, 2012.

Li, Jiming, Xin Yeyun, and Yuan Longping. "Hybrid Rice Technology Development: IFPRI Discussion Paper 00918." *International Food Policy Research Institute*, November 2009.

Lynch, Wyeth. "General Studies on Hybrid Rice." China National Hybrid Rice Research and Development Center, 2004.

Manson, Jamie L. "Church's Ban on Contraception Starves Families and Damages Ecosystem." *National Catholic Review*, Grace Margins (blog), February 6, 2012. http://ncronline.org/blogs.

Manthorpe, Jonathan. "Lawmakers Back Away from Family Planning Bill." *Vancouver Sun*, November 19, 2012.

Maramag, Sarah Katrina. "Overseas Filipino Nurses, Ailing Healers." *Philippine Online Chronicles*, July 10, 2010.

McDonald, Mark. "In Philippines, a Turning Point on Contraception." *New York Times*,

December 18, 2012.

"Meeting Women's Contraceptive Needs in the Philippines." Guttmacher Institute, In Brief Series, no. 1, 2009.

Michael, Christopher. "C4 Rice and Hoping the Sun Can End Hunger: Tales of Plants, Evolution, Transgenics and Crisis." PhD diss., University of California, Davis, 2012. ProQuest (UMI 3540557).

" 'Miracle Rice' Finding Proves We Can Never Stop Rice Breeding." International Rice Research Institute, *E! Science News, Earth & Climate*, October 8, 2010. http://esciencenews.com/articles/2010/10/08/miracle.rice.finding.proves.we.can.never.stop.rice.breeding.

Mora C., O. Aburto-Oropeza, A. Ayala Bocos, P. M. Ayotte, S. Banks, et al. "Global Human Footprint on the Linkage Between Biodiversity and Ecosystem Functioning in Reef Fishes." *PLoS Biol*, vol. 9, no. 4 (2011).

Overview Integrated Population and Coastal Resource Management (IPOPCORM) Initiative, Overview, Key Lessons and Challenges. PATH Foundation Philippines, September 2007.

"Philippine Business Supports Birth Control Despite Church." Agence France-Presse, October 26, 2010.

"Philippine Church Hits President on Contraception." Associated Press, September 29, 2010.

"The Philippine Marine Biodiversity: A Unique World Treasure." *One Ocean Information*, OneOcean.org. http://www.oneocean.org/flash/philippine_biodiversity.html.

"Philippine President Vows to Push for Enactment of Pro-Family Planning Bill." Xinhua News Agency (China), April 17, 2011.

"Philippines Says Likely to Miss UN Millennium Goals." Agence France-Presse, September 8, 2010.

"Philippines Women's Groups Call for Legalized Abortions." Channel News Asia. August 17, 2010.

"PHS Vatican Shows Force Against RH Bill." *Philippine Daily Inquirer*, September 19, 2011.

Ramos, Fidel V. "Empowering the Filipino People." Unity of Earth, Population, Dev't (Last of Two Parts). *Manila Bulletin*, February 11, 2012.

Rauhala, Emily. "More Catholic than the Pope? Manila Suburb Cracks Down on Condoms." Global Spin (blog), *Time*, April 4, 2011. http://globalspin.blogs.time.com/2011/04/04/more-catholic-than-the-pope-manila-suburb-cracks-down-on-condoms/#ixzz1n7CTbMkj.

———. "When a Country Cracks Down on Contraception: Grim Lessons from the Philippines." Global Spin (blog), *Time*, February 21, 2012. http://globalspin.blogs.time.com/2012/02/21/when-a-country-cracks-down-on-contraception-grim-lessons-from-the-philippines/#ixzz1n7DMQusS.

"Research Report: Is Emergency Obstetric Care Within the Reach of Malabon's Poor Women?" Likhaan Center for Women's Health, Inc., n.d.

Robles, Raissa. "Bishops Swim Against the Tide on Family Planning." *South China Morning Post*, August 19, 2012.

" 'Rolling Back' the Process of Overfishing: IPOPCORM Approach." Monograph Series No. 2, PATH Foundation Philippines, 2007.

Sandique-Carlos, Rhea. "Philippines Adopts Contraception Law." *Wall Street Journal*, December 29, 2012.

Singh, Susheela, et al. *Abortion Worldwide: A Decade of Uneven Progress*. New York: Guttmacher Institute, 2009.

————. *Unintended Pregnancy and Induced Abortion in the Philippines*. New York: Guttmacher Institute, 2006.

Tan, Michael, L. "Abortion: Realities and Responsibilities." Health Alert, 211. *Health Action Information Network* (Manila), January 2000.

Tulali, Carlos. "Bishops in Our Bedrooom." Philippine Legislators' Committee on Population and Development, Inc., Policy Brief, November 2009.

Walden, Bello. "Rwanda in the Pacific? Population Pressure, Development, and Conflict in the Philippines." *Philippine Daily Inquirer*, August 27, 2011.

Weiss, Kenneth R., and Sol Vanzi. "Philippine Contraceptive Bill Wins Passage." *Los Angeles Times*, December 18, 2012.

Whately, Floyd. "Bill to Expand Birth Control Is Approved in Philippines." *New York Times*, December 17, 2012.

————. "Church Officials Call on Filipinos to Campaign Against Birth Control Law." *New York Times*, December 18, 2012.

Zeigler, Dr. Robert S. "Leading Crop Scientist Warns of Potential Rice Crisis." Interview with Mike Billington and Marcia Merry Baker, *Executive Intelligence Review*, March 2, 2007: 54–63.

10
지하수

책

Murakami, Masahiro. *Managing Water for Peace in the Middle East: Alternative Strategies*. New York: United Nations University Press, 1996.

기사 및 논문

Abu, Festus. "Nigeria Population to Hit 367 Million in 2050—UN." *Punch*, April 6, 2012.

Bilger, Burkhard. "The Great Oasis: Can a Wall of Trees Stop the Sahara from Spreading?" *New Yorker*, December 19, 2011.

Bongaarts, John. "Can Family Planning Programs Reduce High Desired Family Size in Sub-Saharan Africa?" *International Perspectives on Sexual and Reproductive Health*, Guttmacher

Institute, vol. 37, no. 4 (December 2011).

Cleland, J., S. Bernstein, A. Ezeh, A. Faundes, A. Glasier, and J. Innis. "Family Planning: The Unfinished Agenda." Sexual and Reproductive Health Series, *Lancet*, vol. 368 (2006): 1810–27.

de Sam Lazaro, Fred. "Niger Famine and Re-greening." PBS Religion & Ethics, *News-Weekly*, June 29, 2012.

Margulis, Jennifer. "Backstory: Are Niger's Giraffes a Fading Spot on the Horizon?" *Christian Science Monitor*, January 11, 2007.

"Niger: Experts Explain Why Malnutrition Is Recurrent." IRIN, March 15, 2010.

"Niger: Southern Villages Emptying as Drought Bites." IRIN, March 10, 2010.

"Niger Appeals for Emergency Food Aid." Agence France-Presse, March 10, 2010.

"Niger Farmland Threatened by Locusts: Official." Agence France-Presse, June 13, 2012.

"Niger—Food Insecurity." Fact Sheet #1, Fiscal Year 2010. U.S. Agency of International Development and the Office of U.S. Foreign Disaster Assistance, March 16, 2010.

Pitman, Todd. "Niger: Once-Taboo Topic of Hunger Spoken Again." Associated Press, February 26, 2010.

———. "President's Ouster in Coup Praised in Niger." *Guardian* (UK), February 23, 2010.

Polgreen, Lydia. "In Niger, Trees and Crops Turn Back the Desert." *New York Times*, February 11, 2007.

Potts, Malcolm, Virginia Gidi, Martha Campbell, and Sarah Zureick. "Niger: Too Little, Too Late." *International Perspectives on Sexual and Reproductive Health, Guttmacher Institute*, vol. 37, no. 2 (June 2011).

Reij, Chris. "Regreening the Sahel." *Our Planet*, United Nations Environmental Programme, September 2011.

———, Gray Tappan, and Melinda Smale. "Agroenvironmental Transformation in the Sahel: Another Kind of 'Green Revolution.' " Paper prepared for the project Millions Fed: Proven Success in Agricultural Development, International Food Policy Research Institute, November 2009.

Roberts, Leslie. "9 Billion?" *Science*, vol. 333 (July 29, 2011): 540–43.

Rosenthal, Elisabeth. "Nigeria Tested by Rapid Rise in Population." *New York Times*, April 14, 2012.

Russeau, Simba. "Libya: Water Emerges as Hidden Weapon." Inter Press Service, May 27, 2011.

Werner, Louis, and Kevin Bubriski. "Seas Beneath the Sands." *Saudi Aramco World*, vol. 58, no. 1 (January/February 2007): 34–39.

World Food Programme. "Torrential Rains in Niger Lead to Prolonged Flooding and Devastated Cropland." October 2, 2012. http://www.wfp.org/node/3540/3391/317705.

11
해체되는 세계

책

Brown, Lester R. *World on the Edge: How to Prevent Environmental and Economic Collapse.* New York: W. W. Norton & Company, 2011.

기사 및 논문

Anjum, Aliya. "Education Emergency in Pakistan." *Pakistan Observer*, April 7, 2011.

"As Pakistan's Population Soars, Contraceptives Remain a Hard Sell." December 17, 2011.

"Average Number of Children per Woman in Pakistan Declines from 6.7 to 4.1." OnePakistan News, October 21, 2011. http://pakistan.onepakistan.com/news/city/karachi/.

Baig, Khurram. "Still One of the Worst Places in the World to Be a Woman." *Express Tribune* (Pakistan), July 1, 2012.

Bano, Farida. "A Study of Physical and Major Chemical Constituents of Malir River (Within Karachi) to Determine the Extent of Pollution." Doctoral thesis, Department of Zoology, University of Karachi, 1999.

Bhatti, M. Waqar. "WWF-Pakistan Honours Nature Conservationists with Awards." *News* (Pakistan), January 11, 2013.

Brulliard, Karin. "In Pakistan, Family Planning a Hard Sell." *Washington Post*, December 15, 2011.

"Call for Greater Awareness About Contraception." *Pakistan Today*, September 27, 2011.

Constable, Pamela. "Pakistani Case Shows Limits of Women's Rights." *Washington Post*, April 25, 2011.

Cronin, Richard P. "90149: Pakistan Aid Cutoff: U.S. Nonproliferation and Foreign Policy Considerations." Foreign Affairs and National Defense Division, Congressional Research Service Reports. Updated December 6, 1996.

Daly, Herman E. "Economics in a Full World." *Scientific American*, vol. 293, no. 3 (September 2005).

Datta, Anil. "Population Planning Made More Acceptable Socially." *News* (Pakistan), January 20, 2012.

"Doctors in Rural Areas to Educate People on Population Control." *Pakistan Today*, January 16, 2012.

Dugger, Celia W. "Very Young Populations Contribute to Strife, Study Concludes." *New York Times*, April 4, 2007.

Ebrahim, Zofeen. "Lack of Access to Contraception, Abortion Persist." Inter Press Service, April 30, 2010.

————. "Pakistan: Controversial 'Abortion' Drug Worries Some Experts." Inter Press Service, August 10, 2010.

"Education Emergency Pakistan." The Pakistan Education Task Force. March for Education

Campaign, 2011. http://www.educationemergency.com.pk.

Fatima, Unbreen. "Baby Hatches Are Helping to Save Lives in Pakistan." *Deutsche Welle World*, April 11, 2012.

Giosana, Liviu, et al. "Fluvial Landscapes of the Harappan Civilization." *Proceedings NAS*, vol. 109, no. 26 (June 26, 2012).

Guttmacher Institute. "Abortion in Pakistan." In Brief Series, no. 2 (2009).

Hafeez, A., B. K. Mohamud, M. R. Shiekh, S. A. Shah, and R. Jooma. "Lady Health Workers Programme in Pakistan: Challenges, Achievements and the Way Forward." *Journal of the Pakistan Medical Association*, vol. 61, no. 3 (March 2011): 210–15.

Hardee, Karen. "Where's Family Planning on Climate Change Radar?" Interview by Zofeen Ebrahim. *IPS News*, May 19, 2010.

"High Population Growth Rate Affecting Economy." *Daily Times* (Pakistan), July 12, 2011.

Husain, Shahid. "Malaria Cases Have Risen by 30–35 Percent in Sindh." *News* (Pakistan), April 26, 2012. http://www.thenews.com.pk/Todays-News-4-104990-Malaria-cases-have-risen-by-30-35-percent-in-Sindh.

———. "Salt in Wounds: Damage to the Water Flow of the Once-Mighty Indus Is Forcing Major Changes in Pakistan—and Could Lead to Conflict." *Guardian* (UK), January 14, 2003.

Joshua, Anita. "Karachi Violence Leaves 95 Dead." *Hindu*, July 8, 2011. http://www.thehindu.com/news/international/article2211601.ece.

Khambatta, Nargish. "Agents of Change." *Gulf News*, August 21, 2009.

Khan, Faisal Raza. "Mangroves Martyrs." *Islamabad Pulse*, June 1, 2012. http://www.weeklypulse.org/details.aspx?contentID=2369&storylist=2.

Kristof, Nicholas. "A Girl, a School, and Hope." *New York Times*, November 10, 2010.

Lall, Marie. "Creating Agents of Positive Change—The Citizens Foundation in Pakistan." The Citizens Foundation, Karachi, January 2009. http://www.tcf.org.pk/ePanel/Resources/DownloadFiles/Publications/Category/8/36/Marie%20Lall%20Report.pdf.

"Letter: The Ticking Population Bomb." *Nation* (Pakistan), June 19, 2011.

"90,000 LHWs Working Across Country." Associated Press (Pakistan), May 25, 2010.

"Pakistan: Experts Warn of Desertification." *Right Vision News* (Pakistan), June 18, 2011.

"Pakistan: UNDP and the Youth." From the website of the United Nations Development Programme, Pakistan. http://undp.org.pk/undp-and-the-youth.html.

"Pakistan: Urgent Need to Fill the Funding Gap for 6,000 Pregnant Women in Sindh." *Right Vision News* (Pakistan), October 12, 2011.

"Pakistan's Rape Laws Amended." *Human Rights Defender*, February/March 2007.

"Population Explosion in Pakistan." *Business Recorder* (Pakistan), August 9, 2010.

Rauf, Saleha. "Child Protection: 'Islam Has Clear Teachings on Rights.' " *Express Tribune* (Pakistan), April 28, 2011.

Schoof, Renee. "Food Crisis Looms After Floods in Pakistan." McClatchy Newspapers, August 30, 2010.

인구 쇼크

Shah, Saeed. "U.S. Considers Funding Pakistani Dam Project, Angering India." McClatchy Newspapers, August 16, 2011. http://www.mcclatchydc.com/2011/08/16/120878/us-considers-funding-pakistani.html#ixzz1VF0ZkQQA.

"30% Marriages in Pakistan Fall into Child Marriage Category." *Baluchistan Times* (Pakistan), January 19, 2012.

Tran, Mark, et al. "Pakistan Flood Victims Flee Thatta After Another Levee Is Breached." *Guardian* (UK), August 27, 2010.

"UN: Pakistan's Population to Double Within 40 Years." Daily Clarity website, n.d. http://mydailyclarity.com/2009/07/un-pakistan-population-to-double-within-40-years/.

"UNFPA Rushes Reproductive Health Supplies to Sindh as Floods Worsen." *Pakistan Press International*, September 16, 2011.

"Victims Include 115,000 Pregnant Women." *Statesman* (Pakistan), September 18, 2011.

"World Population Day: South Asia Carries 20% of World Population Burden." *Pakistan Newswire*, July 10, 2010.

Zia, Amir. "Karachi Least Environment Friendly City in Asia: Report." *News* (Pakistan), February 15, 2011. http://www.thenews.com.pk/TodaysPrintDetail.aspx?ID=4020&Cat=13.

12
아야톨라의 뜻대로

책

Abbasi-Shavazi, Mohammad Jalal, Peter McDonald, and Meimanat Hosseini-Chavoshi. *The Fertility Transition in Iran: Revolution and Reproduction*. London: Springer, 2009.

Cordesman, Anthony H. *Iraq and the War of Sanctions: Conventional Threats and Weapons of Mass Destruction*. Westport, CT: Praeger, 1999.

Dunn, Eliza. *Rugs in Their Native Land*. New York: Dodd, Mead and Company, 1916.

Hiro, Dilip. *The Longest War: The Iran-Iraq Military Conflict*. New York: Routledge, 1989.

Humphreys, P. N., and E. Kahrom, *The Lion and the Gazelle: The Mammals and Birds of Iran*. Gwent, UK: Comma International Biological Systems, 1995.

Majd, Hooman. *The Ayatollah Begs to Differ: The Paradox of Modern Iran*. New York: Anchor, 2009.

―――. *The Ayatollahs' Democracy: An Iranian Challenge*. New York: W. W. Norton & Company, 2010.

기사 및 논문

Abbasi-Shavazi, Mohammad Jalal. "The Fertility Revolution in Iran." *Population & Sociétés*, no. 373 (November 2001): 1–4.

―――, Amir Mehryar, Gavin Jones, and Peter McDonald. "Revolution, War and

Modernization: Population Policy and Fertility Change in Iran." *Journal of Population Research*, vol. 19, no. 1 (2002): 25–46.

———, Meimanat Hosseini-Chavoshi, and Peter McDonald. "The Path to Below Replacement Fertility in the Islamic Republic of Iran." *Asia-Pacific Population Journal*, vol. 22, no. 2 (August 2007): 91–112.

———, S. Philip Morgan, Meimanat Hossein-Chavoshi, and Peter McDonald. "Family Change and Continuity in the Islamic Republic of Iran: Birth Control Use Before the First Pregnancy." *Journal of Marriage and Family*, vol. 71, no. 5 (December 2009): 1309–24.

"Ahmadinejad to Iran's Rulers: Keep Coed Colleges." *New York Times*, July 10, 2011.

Amjadi, Maryam Ala. "Iranian Women Shoulder to Shoulder with Men." *Tehran Times*, August 18, 2011.

Austin, Greg. "IAEA Confusion on Iran Is Not Helpful." *News Europe/EastWest Institute*, November 13, 2011.

Barford, Vanessa. "Iran's 'Diagnosed Transsexuals.'" BBC News, February 25, 2008.

Boms, Nir, and Shayan Arya. "Iran's Environmental Ticking Bomb." *Today's Zaman*, September 14, 2011. http://www.todayszaman.com/.

Brown, Lester R. "Smart Family Planning Improves Women's Health and Cuts Poverty." International Press Service, for Guardian Development Network, April 14, 2011.

Camron, Michael Amin. "Propaganda and Remembrance: Gender, Education, and 'The Women's Awakening' of 1936." *Iranian Studies*, vol. 32, no. 3 (1999): 351–86.

Chaulia, Sreeram. "Go Forth and Multiply?" *Financial Express*, July 29, 2010.

Cincotta, Richard. "Iran: Taking Aim at Low Fertility and Women's Mobility." Stimson Center, October 15, 2012. http://www.stimson.org/experts/richard-cincotta.

———. "Prospects for Ahmadinejad's Call for More Rapid Population Growth in Iran." Stimson Center, November 13, 2006. http://www.stimson.org/experts/richard-cincotta.

Dehghanpisheh, Babak. "Smugglers for the State." *Newsweek*, July 10, 2010.

"Dr. Mohammad Mossadegh Biography: Prime Minister of Iran, 1951–1953." The Mossadegh Project website. http://www.mohammadmossadegh.com/biography.

Erfani, Amir. "Abortion in Iran: What Do We Know?" *Population Studies Centre Discussion Papers Series*, vol. 22, no. 1, article 1 (January 2, 2008). http://ir.lib.uwo.ca/pscpapers/vol22/iss1/1.

Femia, Francesco, and Caitlin Werrell. "Socio-Environmental Impacts of Iran's Disappearing Lake Urmia." The Center for Climate & Security website, May 18, 2012. http://climateandsecurity.org/2012/05/18.

Ferrigno, Jane G. "Glaciers of the Middle East and Africa—Glaciers of Iran," in U.S. Geological Survey, professional paper 1386-G-2: G31-G47, edited by Richard S. Williams Jr. and Jane G. Ferrigno.

Ghasemi, Shapour. "History of Iran: Pahlavi Dynasty." Iran Chamber Society website, History of Iran. http://www.iranchamber.com/history/pahlavi.

Girgis, Monique. "Veiling" from Women in Pre-Revolutionary, Revolutionary and Post-Revolutionary Iran, 1996. Iran Chamber Society website. http://www.iranchamber.com/society/articles.

Hersh, Seymour M. "Iran and the I.A.E.A." in Daily Comment (blog), *The New Yorker*, November 18, 2011. http://www.newyorker.com/online/blogs/comment/2011/11/iran-and-the-iaea.html#ixzz2NeT46sEd.

Higgins, Andrew. "A Feared Force Roils Business in Iran." *Wall Street Journal*, October 14, 2006.

Hoodfar, Homa. "Volunteer Health Workers in Iran as Social Activists: Can 'Governmental Non-Governmental Organisations' Be Agents of Democratisation?" Occasional Paper No. 10, Women Living Under Muslim Laws, December 1998.

Ibrahim Al Isa, Khalil. "Iraqi Scientist Reports on German, Other Help for Iraq Chemical Weapons Program." *Al Zaman* (London), December 1, 2003.

"Implementation of the NPT Safeguards Agreement and Relevant Provisions of Security Council Resolutions in the Islamic Republic of Iran: Report by the Director General." International Atomic Energy Agency, November 8, 2011.

"Iran: The People Take Over." *Time*, August 31, 1953.

"Iran Environment in Grave Danger." Press TV (Tehran), April 30, 2010.

"Iran Experiencing Population Decline, Growing Old." Mehr News Agency (Tehran), July 9, 2011. http://www.mehrnews.com/en.

"Iran Gives Up Birth Control Program to Boost Population." *Al Arabiya*, August 3, 2012.

"The Iranian Parliament Failed to Take an Action to Save Lake Urmia, Which Is Drying Up Rapidly." Lake Urmia Conservation Institute website, August 27, 2011. http://saveurmia.com/main/2011/08/27.

"Iran Revolutionary Guards Officers Nabbed for Child Prostitution." *Iran Focus*, April 11, 2005. http://www.iranfocus.com.

"Iran to Pay for Babies to Boost Population." *Boston Globe*, July 28, 2010.

"Iran/United Nations: Iran Is Blessed with Dynamic Young Population of 17-M—UNFPA." *Thai Press Reports*, August 12, 2010.

Kadivar, H. "Overseas Medical Elective Assessment: Primary Health Care and Family Planning in the Islamic Republic of Iran." Accessed at: http://keck.usc.edu/en/About/Administrative_Offices/Global_Health_Scholars_Program/-/media/Docs/Offices/Global%20Health/H_Kadivar_Iran.doc.

Kahrom, Esmail. "Wildlife Conservation in Iran." *Asian Affairs*, vol. 31, no.1 (2000): 49–56.

Karimi, Nasser. "Iran Urges Baby Boom." Associated Press, July 29, 2012.

Katzman, Kenneth. "Iran: U.S. Concerns and Policy Responses." Congressional Research Service CRS Report for Congress, September 5, 2012.

Kerr, Paul K. "Iran's Nuclear Program: Tehran's Compliance with International Obligations." Congressional Research Service CRS Report for Congress, September 18, 2012.

Khalaj, Monavar. "Iranians Resist Call to Boost Population." *Financial Times*, July 23, 2012.

Khosravifard, Sam. "Iran's Wildlife Under Threat." *Iran IRN*, no. 47, Institute for War & Peace Reporting, August 6, 2010. http://iwpr.net/report-news.

Koushafar, Mohammad, Farhad Amini, and Shiva Azadipour. "The Role of Environmental NGOs in Protection Zayanderood River in Isfahan." *International NGO Journal*, vol. 2, no. 2 (February 2007): 27–29. Available online at: http://www.academicjournals.org/INGOJ 27–29.

Lal, Vinay. "Iran's Revolution and the Global Politics of Resistance." *Economic & Political Weekly*, April 5, 2012.

Linzer, Dafna. "U.N. Finds No Nuclear Bomb Program in Iran." *Washington Post*, November 16, 2004.

Lutz, Wolfgang, Jesús Crespo Cuaresma, and Mohammad Jalal Abbasi-Shavazi. "Demography, Education and Democracy: Global Trends and the Case of Iran." Interim Report Paper, International Institute for Applied Systems Analysis, June 24, 2009.

MacFarquahar, Neil. "With Iran Population Boom, Vasectomy Receives Blessing." *New York Times*, September 8, 1996.

Malekafzali, H. "Primary Health Care in the Rural Area of the Islamic Republic of Iran." *Iranian Journal of Public Health*, vol. 38, supplement 1 (2009): 69–70.

Mehr, Arya, and Shahanshah. "Mohammad Reza Shah Pahlavi." Iran Chamber Society website, History of Iran. http://www.iranchamber.com/history/mohammad_rezashah/mohammad_rezashah.php.

Mehryar, Amir H., Akbar Aghajanian, Shirin Ahmad-Nia, Muhammad Mirzae, and Mohsen Naghavi. "Primary Health Care System, Narrowing of Rural-Urban Gap in Health Indicators, and Rural Poverty Reduction: The Experience of Iran." Paper accepted for presentation at the XXV General Population Conference of the International Union for the Scientific Study of Population, Tours, France. July 2005.

Mirrazavi, Firouzeh, ed. "The Removing of Hijab in Iran." *Iran Review*, February 7, 2013.

Mirzaie, Mohammad. "Swings in Fertility Limitation in Iran." Working Papers in Demography, no. 72. Australian National University, Research School of Social Sciences, 1998.

Namakydoust, Azadeh. "Covered in Messages: The Veil as a Political Tool." *Iranian*, May 8, 2003.

Obermeyer, Carla Makhlouf. "A Cross-Cultural Perspective on Reproductive Rights." *Human Rights Quarterly*, vol. 17, no. 2 (May 1995): 366–81.

"Overpopulation of Tehran Will Cause Ecological Ruin." Social Desk, *Tehran Times*, October 24, 2010.

PARSA Community Foundation. "Women Society Against Environmental Pollution (WSAEP)," in "In the Spotlight: Environmental Activists and NGOs." http://www.parsacf.org/Page/242.

Pengra, Bruce. "The Drying of Iran's Lake Urmia and Its Environmental Consequences." *UNEP Global Environmental Alert Service*, February 2012. www.unep.org/pdf/GEAS_

인구 쇼크

Feb2012.pdf.

Peterson, Scott. "Ahmadinejad Calls on Iranian Girls to Marry at 16; Iranian President Mahmoud Ahmadinejad's Comment Is His Latest Effort to Create a Baby Boom, Reversing Iran's Lauded Model of Family Planning." *Christian Science Monitor* (U.S.), November 22, 2010.

Radio Zamaneh. "Fewer Female Students Admitted to Iranian University." Payvand Iran News, August 9, 2012.

"Rate of Population Decrease in Iran Is Faster Than Other Countries." Mehr News Agency (Tehran), July 29, 2012.

Risen, James. "Secrets of History: The C.I.A. in Iran—A Special Report; How a Plot Convulsed Iran in '53 (and in '79)." *New York Times*, April 16, 2000.

————, and Mark Mazzetti. "U.S. Agencies See No Move by Iran to Build a Bomb." *New York Times*, February 24, 2012.

Roudi, Farzaneh. "A Perspective on Fertility Behavior of Iranian Women." Research paper submitted to IUSSP International Population Conference, Morocco, 2009. iussp2009.princeton.edu/download.aspx?submissionId=93104.

Salehi-Isfahani, Djavad, M. Jalal Abbasi-Shavazi, and Meimanat Hosseini-Chavoshi. "Family Planning and Rural Fertility Decline in Iran: A Study in Program Evaluation." Working paper, Meimanat Hosseini-Chavoshi Ministry of Health and Medical Education Iran, October 2008.

Shamshiri-Milani, Hourieh, Abolghasem Pourreza, and Feizollah Akbari. "Knowledge and Attitudes of a Number of Iranian Policy-Makers Towards Abortion." *Journal of Reproduction and Infertility*, vol. 11, no. 3 (October/December 2010): 189–95.

Sherwell, Philip, and Colin Freeman. "Iran's Revolutionary Guards Cash In After a Year of Suppressing Dissent." *Telegraph* (UK), June 12, 2010.

Slackman, Michael. "Hard-Line Force Extends Grip over a Splintered Iran." *New York Times*, July 20, 2009.

Spindle, Bill. "As Tehran and West Face Off, Iranians Bear Down." *Wall Street Journal*, March 10, 2012.

Tait, Robert. "Iran Scraps Birth Control and Aims for a Baby Boom." *Daily Telegraph* (UK), August 2, 2012.

————. "Iran Scraps State-Sponsored Birth Control Policy." *The Daily Beast*, August 3, 2012. http://www.thedailybeast.com/articles/2012/08/03/iran-scraps-state-sponsored-birth-control-policy.html.

Tarmann, Allison. "Iran Achieves Replacement-Level Fertility." *Population Today*, vol. 30, no. 4 (May/June 2002): 8–9.

Tomlinson, Hugh. "Revolutionary Guard 'Running Iran Drug Trade.' " *Times* (London), November 18, 2011.

"UN Sanctions Against Iranians in Arms Smuggling." Agence France-Presse, April 21, 2012.

Warrick, Joby. "IAEA Says Foreign Expertise Has Brought Iran to Threshold of Nuclear

Capability." *Washington Post*, November 6, 2011.

Wright, Robin. "Iran's Population-Control Programs Are User-Friendly." *Los Angeles Times*, May 10, 1998.

Zia-Ebrahimi, Reza. "Self-Orientalization and Dislocation: The Uses and Abuses of the 'Aryan' Discourse in Iran." *Iranian Studies*, vol. 44, no. 4 (2011): 445–72.

13
위축과 번영

책

Daily, Gretchen C., and Katherine Ellison. *The New Economy of Nature: The Quest to Make Conservation Profitable*. Washington, DC: Island Press, 2002.

Daly, Herman E. *Beyond Growth: The Economics of Sustainable Development*. Boston: Beacon Press, 1996.

———, and Joshua Farley. *Ecological Economics*. Washington, DC: Island Press, 2010.

Dyson, Tim. *Population and Development: The Demographic Transition*. London: Zed Books, 2006.

Eggleston, Karen, and Shripad Tuljapurkar. *Aging Asia: The Economic and Social Implications of Rapid Demographic Change in China, Japan, and South Korea*. Washington, DC: Brookings Institution Press, 2010.

Heinberg, Richard. *The End of Growth: Adapting to Our New Economic Reality*. Gabriola Island, BC: New Society Publishers, 2011.

Jackson, Tim. *Prosperity Without Growth: Economics for a Finite Planet*. New York: Earthscan Publications, 2009.

Latouche, Serge. *Farewell to Growth*. Cambridge: Polity, 2009. Matsutani, Akihiko. *Shrinking-Population Economics: Lessons from Japan*. Tokyo: International House of Japan, 2006.

Pineda, Cecile. *Devil's Tango: How I Learned the Fukushima Step by Step*. San Antonio, TX: Wings Press, 2010.

기사 및 논문

Ackerman, Frank, Elizabeth A. Stanton, Stephen J. DeCanio, et al. "The Economics of 350: The Benefits and Costs of Climate Stabilization." Economics for Equity and Environment, October 2009. www.e3network.org.

Alpert, Emily. "Government Incentives Fail to Reverse Japan's Population Decline." *Chicago Tribune*, August 14, 2012.

Alvarez, Robert. "Why Fukushima Is a Greater Disaster than Chernobyl and a Warning Sign for the US." *Institute for Policy Studies*, April 24, 2012.

Arrow, Kenneth J., Maureen L. Cropper, George C. Eads, Robert W. Hahn, Lester B. Lave, Roger G. Noll, Paul R. Portney, Milton Russell, Richard Schmalensee, V. Kerry Smith, and Robert N. Stavins. "Is There a Role for Benefit-Cost Analysis in Environmental, Health, and Safety Regulation?" *Science*, New Series, vol. 272, no. 5259 (April 12, 1996): 221–22.

Arrow, Kenneth J., Alain Bensoussan, Qi Feng, and Suresh P. Sethi. "Optimal Savings and the Value of Population." *Proceedings of the National Academy of Science*, vol. 104, no. 47 (November 20, 2007): 18421–26.

Arrow, Kenneth J., Bert Bolin, Robert Costanza, et al. "Economic Growth, Carrying Capacity, and the Environment." *Science*, New Series, vol. 268, no. 5210 (April 28, 1995): 520–21. http://www.jstor.org/stable/2886637. Accessed: 10/04/2010.

Astor, Maggie. "Goldman Sachs Sets Aside $10 Billion for Bonuses While Hemorrhaging Money." *International Business Times*, October 21, 2011.

"Average Age of New Mothers in Japan Tops 30 for 1st Time." Jiji Press Ticker Service (Japan), June 5, 2012.

Bird, Winifred. "Japan's Creeping Natural Disaster." *Japan Times*, August 23, 2009.

Botelho, Greg. "Six Months Post-Fukushima, Weighing Costs, Risks Key to Nuclear Debate." CNN, September 10, 2011.

Brown, Lester R. "Learning from China: Why the Existing Economic Model Will Fail." Earth Policy Institute, September 8, 2011. www.earth-policy.org/data_highlights/2011/highlights18.

Burch, Thomas K. "Induced Abortion in Japan Under Eugenic Protection Law of 1948." *Biodemography and Social Biology*, vol. 2, no. 3 (1955): 140–51.

Clark, Matthew. "Germany's Angela Merkel: Multiculturalism Has 'Utterly Failed.' " *The Christian Science Monitor*, October 17, 2010.

Connolly, Kate. "Angela Merkel Declares Death of German Multiculturalism." *Guardian* (UK), October 17, 2010. http://www.guardian.co.uk/world/2010/oct/17/angela-merkel-germany-multiculturalism-failures.

"Cuban Population Declines, Numbers of Homes Increases." Fox News Latino, Efe, December 7, 2012.

Daily, Gretchen C., et al. "Ecology: The Value of Nature and the Nature of Value." *Science*, vol. 289, no. 5478 (July 2000): 395–96.

Daly, Herman E. "A Steady-State Economy: A Failed Growth Economy and a Steady-State Economy Are Not the Same Thing; They Are the Very Different Alternatives We Face." Presented to the Sustainable Development Commission, UK, April 24, 2008.

———. "Economics in a Full World." *Scientific American*, vol. 293, no. 3 (September 2005).

———. "Population and Economics: A Bioeconomic Analysis." *Population and Environment: A Journal of Interdisciplinary Studies*, vol. 12, no. 3 (Spring 1991): 257–63.

Das, Satyajit. "A World Without Growth Is a Possibility." *Global Finance Stratagy News*, August 31, 2011. http://www.gfsnews.com/article/2842/1/A_world_without_growth_Is_a_possibility.

Dasgupta, Partha. "Nature in Economics." *Environmental and Resource Economics*, vol. 39

(2008): 1–7. doi: 10.1007/s10640-007-9178-4.

———. "Population, Consumption and Resources: Ethical Issues." *Ecological Economics*, vol. 24 (1998): 139–52.

———. "Regarding Optimum Population." *Journal of Political Philosophy*, vol. 13, no. 4 (2005): 414–42.

Da-ye, Kim. "Population Decrease to Stunt Korea's GDP." *Korea Times*, November 3, 2010.

"Doomsday Demographics." *Washington Times*, November 27, 2004.

Dyson, Tim. "On Development, Demography and Climate Change: The End of the World as We Know It?" *Population and Environment*, vol. 27, no. 2 (2005): 117–49.

Eberstadt, Nicholas. "Japan Shrinks: Many Nations Have Aging Populations, but None Can Quite Match Japan." *Wilson Quarterly* (Spring 2012): 30–37.

———. "Russia's Demographic Straightjacket." *SAIS Review*, vol. 24, no. 2 (Summer–Fall 2004): 9–25.

———. "Russia, the Sick Man of Europe." *Public Interest*, no. 158 (Winter 2005): 3–20.

"Economic Growth Cannot Continue." BBC News. January 28, 2010. Access at: http://news.bbc.co.uk/2/hi/science/nature/8478770.stm.

Farmer, James. "The US: Living in a Lower Population Growth Environment." *IFA Magazine*, January 6, 2012. http://www.ifamagazine.com/news.

Farrell, Paul B. "A 20-Rule Manifesto for New No-Growth Economics; Commentary: Classical Economics Is Fatally Flawed." *MarketWatch*, August 30, 2011. http://www.marketwatch.com/story/.

———. "Population Bomb: 9 Billion March to WWIII." *MarketWatch*, June 28, 2011. http://www.marketwatch.com/story/population-bomb-9-billion-march-to-wwiii-2011-06-28.

———. "Why Big-Money Men Ignore World's Biggest Problem." *MarketWatch*, October 11, 2011.

Filipo, Fabrice, and Francois Schneider, eds. Proceedings of the First International Conference on Economic De-growth for Ecological Sustainability and Social Equity, Paris, April 18–19, 2008.

Freeland, Chrystia. "Demographics Putting a Squeeze on the Debt Dilemma." Reuters, August 1, 2011.

Ghimire, Bhumika. "Germany: Population Decline and the Economy." Suite101.com, February 22, 2011. http://suite101.com/article.

Goulder, Lawrence H., and Robert N. Stavins. "Eye on the Future." *Nature*, vol. 419 (October 17, 2002): 673–74. www.nature.com/nature.

Graham, James. "Japan's Economic Expansion into Manchuria and China in World War Two." Historyorb.com, May 2004. http://www.historyorb.com/asia/japan_economic_expansion.php.

Harrop, Froma. "Birthrates Did Not Doom Japan." *The Leave Chronicle*, March 22, 2012. http://www.theleafchronicle.com/article/20120323.

Hasegawa, Kyoko. "Japan Faces 'Extinction' in 1,000 Years." Agence France-Presse, May 11, 2012.

Hayashi, Yuka. "Quake-Hit Area Was Already Reeling," *Wall Street Journal*, March 11, 2011.

Heinberg, Richard. "Gross National Happiness." *MuseLetter*, no. 232, September 2011.

————. "Welcome to the Post-Growth Economy." *MuseLetter*, no. 232, September 2011.

"HIV/AIDS in Russia & Eurasia." Center for Strategic and International Studies website, Russia and Eurasia Past Projects. http://csis.org/program/hivaids.

"Immigrants Boost German Population." *The Local*, July 2, 2012.

Jackson, Tim. "Prosperity Without Growth? —The Transition to a Sustainable Economy." Sustainable Development Commission, March 2009.

Jacobson, Brad. "The Worst Yet to Come? Why Nuclear Experts Are Calling Fukushima a Ticking Time-Bomb." AlterNet, May 7, 2012.

Jamail, Dahr. "Fukushima: It's Much Worse Than You Think." Al-Jazeera English, June 16, 2011.

James, Kyle. "No Brakes on Germany's Population Freefall." *Deutsche Welle*, August 17, 2006.

"Japan Has 23.3% Aging Population in 2011: Gov't." Xinhua News Agency (China). April 17, 2012.

"Japanese Women Fall Behind Hong Kong in Longevity." BBC News, July 26, 2012.

"Japan Revises Up Long-Term Fertility Rate Forecast." Jiji Press Ticker Service (Japan). January 30, 2012.

"Japan's Population Declines for the 3rd Straight Year." Xinhua News Agency (China). August 7, 2012.

"Japan's Population to Shrink About 30% to 86.7 Mil. by 2060." Japan Economic Newswire, January 30, 2012.

"Japan to Test-Drill for Seabed 'Burning Ice.' " Agence France-Presse, July 26, 2011.

"Japan Vows to Continue Nuclear Plant Exports." Agence France-Presse, August 5, 2011.

Johnson, Eric. "Kansai Chiefs Accept 'Limited' Reactor Restart: Even Hashimoto Caves Amid Intense Lobbying, Now Faces Public Ire." *Japan Times*, June 1, 2012.

Kayler-Thomson, Wayne, and Darin Ritchie. "OP-ED: Demographic Debate—It's Now or Never." *Age* (Australia), May 20, 2011.

Kenny, Charles. "An Aging Population May Be What the World Needs." *Bloomberg Businessweek*, February 7, 2013.

Krugman, Paul, Krugman & Co. "Japan's Horror Story Not So Scary After All." Op-Ed, *Truthout*, October 1, 2010.

"Love Is in the Air in Singapore." *Destinations of the World News*, August 5, 2012. Accessed at http://www.dotwnews.com/focus/love-Is-in-the-air-in-singapore.

Mann, Donald. "A No-Growth, Steady-State Economy Must Be Our Goal." Position paper for Negative Population Growth Inc., August 2002.

Mauricio, Vicente. "La Población Cubana Decrece Por Tercer Año Consecutivo." *El País*, June 1, 2008.

McCurry, Justin. "Japan: Below-Par Birth Rate from Fewer Marriages Bucks World Trend and Accelerates Decline." *Guardian* (UK), October 26, 2011.

Merkel, Angela. "Multiculturalism Utterly Failed in Germany." YouTube video, Posted by RussiaToday, October 17, 2010. http://www.youtube.com/watch?v=UKG76HF24_k&playnext=1&list=PL50883A09779FEA59&feature=results_video.

Mohr, Mark, ed. "Japan's Declining Population: Clearly a Problem, but What's the Solution?" Asia Program Special Report No. 141, Woodrow Wilson International Center for Scholars, July 2008.

Moore, Tristana. "Baby Gap: Germany's Birth Rate Hits Historic Low." *Time*, May 23, 2010. http://www.time.com/time/world/article.

Muzuhashi. "Hay Fever." Muzuhashi (blog), August 3, 2012. http://www.muzuhashi.com.

Normile, Dennis. "The Upside of Downsizing." *Science*, vol. 333, no. 6042 (July 2011): 547. doi: 10.1126/science.333.6042.547.

Oiwa, Keibo. "Nuked and X-rayed." Keibo Oiwa (blog), April 8, 2011. http://keibooiwa.sblo.jp/article/44193716.html.

Oltermann, Philip. "Merkel's Own Goal." *Guardian* (UK), October 17, 2010.

Onishi, Norimitsu. "Japanese, in Shortage, Willingly Ration Watts." *New York Times*, July 28, 2011.

Panchaud, Christine, Susheela Singh, Dina Feivelson, and Jacqueline E. Darroch. "Sexually Transmitted Diseases Among Adolescents in Developed Countries." *Family Planning Perspectives*, vol. 32, no. 1 (January/February 2000).

Petersen, Freya. "Population Clock Shows Japanese Face Extinction in 1000 Years." *GlobalPost*, May 13, 2012.

Petrosian, Kristine. "AIDS Explodes in Russia—HIV Rate 'Fastest' in the World." Russiatoday.com. http://www.russiatoday.com/rusjournal.

Piper, David. "Lack of Babies Could Mean the Extinction of the Japanese People." FoxNews.com, May 11, 2012.

Rees, William E. "Toward a Sustainable World Economy." Presented at the Institute for New Economic Thinking Annual Conference, Bretton Woods, NH, April 8–11, 2011.

Retherford, Robert D., and Naohiro Ogawa. "Japan's Baby Bust: Causes, Implications, and Policy Responses." East-West Center Working Papers, Population and Health Series. No. 118, April 2005.

"Reversing the Population Decline." *Japan Times*, June 19, 2012.

Rodriguez, Andrea. "Cuba's Aging Population Will Test Economic Reform." Associated Press, August 7, 2012.

Romm, Joe. "Jeremy Grantham Must-Read, 'Time to Wake Up: Days of Abundant Resources and Falling Prices Are Over Forever.'" Thinkprogress.org, May 2, 2011. http://thinkprogress.org/romm/2011/05/02.

Ryall, Julian. "Japan's Population Has Contracted at the Fastest Rate Since at Least 1947." *Telegraph* (UK), January 4, 2012.

———. "Japan's Vanishing Villages; Gradual Depopulation Has Left Rural Districts Teetering on Extinction." *Straits Times* (Singapore), May 21, 2012.

Sharp, Andy. "Japan's Population Declines by Record in Challenge for Growth." *Bloomberg Businessweek*, April 17, 2012. http://www.businessweek.com/news/2012-04-17/japan-s-population-declined-by-largest-ever-0-dot-2-percent-last-year.

Sherman, Janette D., and Josephe Mango. "A 35% Spike in Infant Mortality in Northwest Cities Since Meltdown: Is the Dramatic Increase in Baby Deaths in the US a Result of Fukushima Fallout?" *Counter Punch*, weekend edition, June 10, 2011. Access at: http://www.counterpunch.org/sherman06102011.html.

Singapore government's Baby Bonus Scheme, website: http://www.babybonus.gov.sg/bbss/html/index.html.

Smith, Ron. "Population, Debt Problems So Big, They Defy Solutions." *Baltimore Sun*, July 18, 2011.

Stewart, Heather, and Phillip Inman. "Age of Austerity Set to Last for Decades: Key Factor Is the Rising Cost of Health Care for an Ageing Population." *Guardian* (UK), July 22, 2011.

Sukhdev, Pavan. "The Corporate Climate Overhaul: The Rules of Business Must Be Changed if the Planet Is to Be Saved." *Nature*, vol. 486 (June 7, 2012): 27–28.

Takahashi, Junko. "Abstinencia a la Japonesa: Crisis Sexual en el Pais del Sol Naciente." *El Mundo*, April 27, 2008.

Takeuchi, Kazuhiko. "Rebuilding the Relationship Between People and Nature: The Satoyama Initiative." *Ecological Research*, vol. 25, no. 5 (2010): 891–97.

Tavernise, Sabrina. "Dip in Birth Rates Reflects Recession, Report Suggests." *New York Times*, October 13, 2011.

United Nations, Department of Economic and Social Affairs, Population Division. *World Population to 2300*. New York: United Nations, 2004.

Wehner, Mike. "Sushi-Making Robots Can Crank Out Tasty Fish Rolls 24 Hours a Day." Today in Tech (blog), Tecca, Yahoo! News, April 6, 2012.

"Whose Lost Decade?" *Economist* (UK), November 19, 2011. http://www.economist.com/node/21538745.

Yamada, Takao. "Weighing Economic Growth Against Nuclear Risks Makes No Sense." *Mainichi Daily News* (Japan), August 1, 2011.

Yasunari, Teppei J., Andreas Stohl, Ryugo S. Hayano, John F. Burkhart, Sabine Eckhardt, and Tetsuzo Yasunari. "Cesium-137 Deposition and Contamination of Japanese Soils Due to the Fukushima Nuclear Accident." *Proceedings of the National Academy of Sciences*, vol. 108, no. 49 (December 2011): 1530–34. www.pnas.org/cgi/doi/10.1073/pnas.1112058108.

"Young Japanese Losing Sex Drive." Agence France-Presse, January 14, 2011.

14
내일

책

Boo, Katherine. *Behind the Beautiful Forevers: Life, Death, and Hope in a Mumbai Undercity.* New York: Random House, Inc., 2012.

Brown, Lester R. *Outgrowing the Earth: The Security Challenge in an Age of Falling Water Tables and Rising Temperatures.* Boca Raton, FL: CRC Press, 2012.

Human Development Report 2005: Kerala. Thiruvananthapuram, Kerala, India: Centre for Development Studies, Government of Kerala, 2006.

McKibben, Bill. *Deep Economy.* New York: Times Books, 2007.

Minahan, James B. *Ethnic Groups of South Asia and the Pacific: An Encyclopedia.* Santa Barbara, CA: ABC-CLIO, 2012.

Sharma, Kalpana. *Rediscovering Dharavi: Stories from Asia's Largest Slum.* New York: Penguin Books, 2000.

기사 및 논문

Ahuja, Charanjit. "Water Table Dips in Punjab, Haryana." *Financial Express*, September 2, 2012.

"Annual Estimates of Total Fertility Rate by Residence, India and Bigger States, 2005–10." National Family Health Survey, International Institute of Population Sciences, Mumbai. April 10, 2012. Accessed at: planningcommission.nic.in/data/datatable/0904/tab_137.pdf.

"Appeals for Sanjay Dutt, but Should He Go Free?" *Hindustan Times*, March 24, 2013.

Bagchi, Suvojit. "Punjab suicides cast shadow on polls." BBC News, April 12, 2009.

Bedi, Rahul. "Youth Drug Addiction Crisis Ravages Punjab's Heartlands." June 17, 2010. http://www.sikhphilosophy.net/hard-talk.

Central Bureau of Investigation (India). "Bombay Bomb Blast Cases." http://cbi.nic.in/fromarchives/bombayblast/mumblast.php.

Chavan, Shri S. B., Minister of Home Affairs. "Bomb Blast in Bombay." April 21, 1993. http://parliamentofindia.nic.in/ls/lsdeb/ls10/ses6/0521049301.htm.

Chu, Henry, and Mark Magnie. "For Muslims in India, an Uneasy Calm." *Los Angeles Times*, December 14, 2008.

"Dr. Gurcharan Singh Kalkat." Accessed at: pbplanning.gov.in/pdf/Biodata%20GS%20Kalkat.pdf.

"Farmer suicides: NGO points to Punjab reporting fewer numbers." *Times of India*, December 30, 2011.

Ferris, David. "Asia's Megacities Pose a Stark Environmental Challenge." *Forbes*, August 31, 2012.

Goldenberg, Suzanne. "Where a Baby Is Born Every 2 Seconds." *Guardian* (UK), Saturday 14, 1999.

Gupta, Shankar Prasad. "Forest Tenure Issues in Terai of Nepal: Understanding the Present Management Regimes." A Term Paper Report on Forestry and Wildlife. Kathmandu University, 2011.

Gwatkin, Davidson R. "Political Will and Family Planning: The Implications of India's Emergency Experience." *Population and Development Review*, vol. 5, no. 1 (March 1979): 29–59.

"India Postpones Population Stabilization Target by 15 Years." Merinews (India), May 6, 2012.

Jain, R. K., N. B. Gouda, V. K. Sharma, T. N. Dubey, A. Shende, R. Malik, and G. Tiwari. "Esophageal Complications Following Aluminium Phosphide Ingestion: An Emerging Issue Among Survivors of Poisoning." *Dysphagia*, vol. 25, no. 4 (December 2010): 271–76.

John, Mary E. "Feminism, Poverty and Globalization: An Indian View." *Inter-Asia Cultural Studies*, vol. 3, no. 3 (2002).

Kaur, Naunidhi. "Mumbai: A Decade After Riots." *Frontline*, vol. 20, no.14, July 5, 2003.

Kumar, Siddhartha. "Unwanted Daughters." Deutsche Presse-Agentur, April 18, 2012.

Lewis, Clara. "Dharavi in Mumbai Is No Longer Asia's Largest Slum." *Times of India*, July 6, 2011.

Marquand, Robert. "Six Billion People and a Countertrend: Literate Women in India's Kerala Help Hold Population Growth Nearly Flat." *Christian Science Monitor*, October 12, 1999.

Mathew, E. T. "Growth of Literacy in Kerala: State Intervention, Missionary Initiatives and Social Movements." *Economic and Political Weekly*, vol. 34, no. 39 (September 25–October 1, 1999): 2811–20.

"Methane Gas from Cows: The Proof Is in the Feces." ScienceDaily, June 7, 2011. http://www.sciencedaily.com/releases/2011/06/110606112822.htm.

"Mumbai FY09 Tax Revenue May Miss Target." *Economic Times*, December 16, 2008.

Murali, R., Ashish Bhalla, Dalbir Singh, and Surjit Singh. "Acute Pesticide Poisoning: 15 Years Experience of a Large North-West Indian Hospital." *Clinical Toxicology*, vol. 47, no. 1 (2009): 35–38.

Nag, Kingshuk. "Smaller States a Recipe for Disaster." *Times of India*, June 29, 2009.

Naidoo, G. V., R. Cuthbert, R. E. Green, D. J. Pain, et al. "Removing the Threat of Diclofenac to Critically Endangered Asian Vultures." *PLoS Biol*, vol. 4, no. 3 (2006). e66. doi: 10.1371/journal.pbio.0040066.

Narayan, Shoba. "It's Mumbai, Yaar!" *Condé Nast Traveler*, October 2009.

"Punjab's Killing Fields." *India Today*, April 15, 2010.

"Ruminant Livestock," U.S. Environmental Protection Agency. http://www.epa.gov/rlep.

Sekar, Rukmini. "Interview with Sugatha Kumari." *New Internationalist Magazine*, January

1996.

Sen, Amartya. "Capitalism Beyond the Crisis." *New York Review of Books*, March 26, 2009.

Shwartz, Mark. "Global Bird Populations Face Dramatic Decline in Coming Decades, Study Predicts." *Proceedings of the National Academy of Sciences*, online early edition, December 7, 2004.

Singh, D., I. Jit, and S. Tyagi. "Changing Trends in Acute Poisoning in Chandigarh Zone: A 25-Year Autopsy Experience from a Tertiary Care Hospital in Northern India." *American Journal of Forensic Medical Pathology*, vol. 20, no. 2 (June 1999): 203–10.

Sinha, Kounteya. "Average Indian's Life Expectancy up 4.6 Years." *Times of India*, October 2, 2012.

"The Situation of Children in India: A Profile." United Nations Children's Fund (UNICEF), May 2011. http://www.unicef.org/sitan/files/SitAn_India_May_2011.pdf.

Srivastava, Vivek, Mumtaz Ansari, Somprakas Basu, Damayanti Agrawal, T. K. Lahiri, and Anand Kumar. "Colonic Conduit for Esophageal Bypass in Celphos-Induced Tracheoesophageal Fistula: Our Experience of Two Cases." *International Journal of Colorectal Disease*, vol. 24, no. 6 (2009): 727–28.

Stephenson, Wesley. "Indian farmers and suicide: How big is the problem?" BBC News, January 22, 2013.

Sugathakumari. "Marathinu Sthuthi" [Hymn to Trees], in *Ambala Mani* [Temple Bells]. Kottayam, Kerala, India: National Book Stall, 1981, p. 127.

Tait, Malcolm. "Towers of Silence." *Ecologist*, vol. 34, no. 8 (October 2004): 14.

Tharu, Susie, and J. Ke Lalita. "Sugatha Kumari," in *Women Writing in India, Volume II: The Twentieth Century*. New York: Feminist Press at CUNY, 1993, pp. 398–401.

Thomas, Rajaji Mathew. "Kerala's Silent Revolution." Countercurrents.org, March 18, 2005.

Thomas, Shibu, Bharati Dubey, and Dhananjay Mahapatra. "1993 Bombay Bomb Blasts: Sanjay Dutt Has Little Chance of Relief." *Times of India*, March 22, 2013.

Verma, Vijay Kumar, S. K. Gupta, and Ashok Parihar. "Aluminium Phosphide Poisoning: A Challenge for the Physician." *JK Science*, vol. 1, no. 1 (January–March 2001).

Yadav, Priya. "Another Report Says 73.5% Punjab Youth Drug Addicts." *Times of India*, October 14, 2012.

15
안전한 섹스

책

D'Agnes, Thomas. *From Condoms to Cabbages: An Authorized Biography of Mechai Viravaidya*. Bangkok: Post Books, 2001.

기사 및 논문

Corben, Ron. "Thailand Floods Worst in Five Decades." *Voice of America*, October 2, 2011.

"Could Thailand Withstand Another Flood?" *Asia Sentinel/The Irrawaddy*, August 31, 2012.

Evans, Ben. "U.S. Condom Factory Losing U.S. Contract to Asian Companies." Associated Press, March 25, 2009.

Hunter, Elise. "Transforming Communities Through Humor, Grit and Entrepreneurship: A Conversation with Thailand's 'Mr Condom.' " *Huffington Post*, March 5, 2013. http://www.huffingtonpost.com/student-reporter.

"Mechai Viravaidya: Using Condoms to Fight Poverty," YouTube video. Posted by Gates Foundation, April 14, 2011. http://www.youtube.com/watch?v=kCCJky_SC4U.

"Paticca-samuppada-vibhanga Sutta: Analysis of Dependent Co-arising" (SN 12.2). Translated from the Pali by Thanissaro Bhikkhu. *Access to Insight*, June 17, 2010. http://www.accesstoinsight.org/tipitaka/sn/sn12/sn12.002.than.html.

Simpkins, Dulcey. "Rethinking the Sex Industry: Thailand's Sex Workers, the State, and Changing Cultures of Consumption." *Michigan Feminist Studies*, vol. 12, 1997–1998.

Szuster, Brian W. "Shrimp Farming in Thailand's Chao Phraya River Delta: Boom, Bust and Echo." *International Water Management Institute River Basin Case Study Project*, January 2003.

"The Thai Floods, Rain, and Water Going into the Dams—Part 1." Bangkok Pundit (blog), *Asian Correspondent*, October 24, 2011. http://asiancorrespondent.com/67873/.

"The Thai Floods, Rain, and Water Going into the Dams—Part 2." Bangkok Pundit (blog), *Asian Correspondent*, November 2, 2011. http://asiancorrespondent.com/67987.

Thai Meteorological Department. "Monthly Current Report Rainfall and Accumulative Rainfall." March 2011. http://www.tmd.go.th.

Thielke, Thilo. "Thailand's Heavy Monsoons: Bangkok Evacuates as Floodwaters Rise." *Der Spiegel*, no. 44 (2011).

Viravaidya, Mechai. "The School That Flies." Qi: Global Network of Innovators video, 2010. http://www.qi-global.com/10mv.

Winterwerp, Johan C., William G. Borst, and Mindert B. de Vries. "Pilot Study on the Erosion and Rehabilitation of a Mangrove Mud Coast." *Journal of Coastal Research*, vol. 21, no. 2 (2005): 223–30.

16
지구는 공원이다

책

Bongaarts, John, John Cleland, John W. Townsend, Jane T. Bertrand, and Monica Das Gupta. *Family Planning Programs for the 21st Century: Rationale and Design*. New York: The Population Council, 2012.

Brinkley, Douglas. *The Wilderness Warrior: Theodore Roosevelt and the Crusade for America*. New York: HarperCollins Publishers, 2009.

Brown, Lester R. *Eco-Economy: Building an Economy for the Earth*. London: Earthscan Publications, 2003.

Carson, Rachel. *Silent Spring*. New York: Houghton Mifflin, 1962.

Cincotta, Richard P., Robert Engelman, and Daniele Anastasion. *The Security Demographic: Population and Civil Conflict After the Cold War*. Washington, DC: Population Action International, 2003.

Clancy, Kate. *Greener Pastures: How Grass-Fed Beef and Milk Contribute to Healthy Eating*. Cambridge, MA: Union of Concerned Scientists, 2006.

Coastal Hazards. Highlights of National Academies Reports, Ocean Science Series, Washington, DC: National Academy of Sciences, 2007.

Kean, Thomas H., Chair. *The 9/11 Commission Report: Final Report of the National Commission on Terrorist Attacks upon the United States*. Washington, DC: National Commission on Terrorist Attacks upon the United States, 2004. http://www.9-11commission.gov/report/911Report.pdf.

Leopold, Aldo. *Game Management*. Madison: University of Wisconsin Press, 1987.

————. *A Sand County Almanac: With Essays on Conservation from Round River*. Oxford, UK: Oxford University Press, 1949.

Lynas, Mark. *Six Degrees: Our Future on a Hotter Planet*. Washington, DC: National Geographic Society, 2008.

Pimentel, David, and Marcia H. Pimentel, eds. *Food, Energy, and Society*, 3d edition. Boca Raton, FL: CRC Press, 2007.

Sanger, Alexander. *Beyond Choice: Reproductive Freedom in the 21st Century*. New York: Public Affairs, 2004.

기사 및 논문

"Additional Investments in Family Planning Would Save Developing Countries More Than $11 Billion a Year." Press release, UN Population Fund (UNFPA), November 14, 2012. http://www.unfpa.org/public/home/news/pid/12601.

"Ag 101: Major Crops Grown in the United States." U.S. Environmental Protection Agency. http://www.epa.gov/agriculture/ag101/cropmajor.html.

Arima, Eugenio Y., Peter Richards, Robert Walker, and Marcellus M. Caldas. "StatisticalConfirmation of Indirect Land Use Change in the Brazilian Amazon," *Environmental Research Letters*, vol. 6, no. 2 (May 2011).

Bachelard, Michael. "Some Say Cows Are Killing the Earth. So Do We Need to Ban Beef?" *Sydney Morning Herald*, September 25, 2011.

Bamber, J. L., and W. P. Aspinall. "An Expert Judgment Assessment of Future Sea Level Rise from the Ice Sheets." *Nature Climate Change*, January 6, 2013.

Barnett, T. P., and D. W. Pierce. "When Will Lake Mead Go Dry?" *Water Resources Research*, vol. 44, issue 3 (March 2008).

Barrett, Julia R. "The Science of Soy: What Do We Really Know?" *Environmental Health Perspectives*, vol. 114, no. 6 (June 2006): A352–58.

Barthole, Jeffrey. "When Will Scientists Grow Meat in a Petri Dish?" *Scientific American*, May 17, 2011.

Bavley, Alan. "Researchers Hopeful About Male Partner for 'The Pill.'" McClatchy Newspapers, February 26, 2012.

Belluck, Pam. "Scientific Advances on Contraceptive for Men." *New York Times*, July 23, 2011.

Binkley, Dan, Margaret M. Moore, William H. Romme, and Peter M. Brown. "Was Aldo Leopold Right About the Kaibab Deer Herd?" *Ecosystems*, vol. 9 (2006): 227–41.

Brean, Henry. "Concrete Trucks Rev Up for Third Intake Project at Lake Mead." *Las Vegas Review-Journal*, September 25, 2012.

Brown, J. M. "'Fresh-Squeezed Water': Desalination Debate Raises Financial, Environmental and Philosophical Concerns." *Santa Cruz Sentinel*, September 27, 2012.

Chaudhury, K., A. K. Bhattacharyya, and S. K. Guha. "Studies on the Membrane Integrity of Human Sperm Treated with a New Injectable Male Contraceptive." *Human Reproduction*, vol. 19, no. 8 (Spring 2004): 1826–30.

Clinkenbeard, Jon. "The Best Birth Control in the World Is for Men." Techcitment.com, March 26, 2012. http://techcitement.com/culture.

Cohen, Joel E. "Meat." First Annual Malthus Lecture for Population Reference Bureau and the International Food Policy Research Institute, Washington, DC, March 2010.

Dewan, Shaila. "Georgia Claims a Sliver of the Tennessee River." *New York Times*, February 22, 2008.

Diamanti-Kandarakis, E., et al. "Endocrine-Disrupting Chemicals: An Endocrine Society Scientific Statement." *Endocrine Reviews* (2009) 30(4):293–342.

"Difference Engine: Waste Not, Want Not." *Economist*, January 20, 2012.

Doherty, Leo F., Jason G. Bromer, Yuping Zhou, Tamir S. Aldad, Hugh S. Taylor. "In Utero Exposure to Diethylstilbestrol (DES) or Bisphenol-A (BPA) Increases EZH2 Expression in the Mammary Gland: An Epigenetic Mechanism Linking Endocrine Disruptors to Breast Cancer." *Hormones and Cancer*, June 2010, 1(3):146–55

Draper Jr., William H. "Oral History Interview with General William H. Draper Jr.," by Jerry N. Hess. Harry S. Truman Library, January 11, 1972. http://www.trumanlibrary.org/oralhist/draperw.htm.

Eaton, Sam. "Antarctica Warming Raises Sea Level Rise Risk." *World*, January 28, 2013.

———. "Sea Levels May Rise Faster than Expected." *World*, December 6, 2011.

Edwards, Haley Sweetland. "From Abortion to Contraception." Latitude (blog), *New York Times*, July 20, 2012. http://latitude.blogs.nytimes.com/2012/07/20/from-abortion-to-contraception-in-georgia.

Erb, Karl-Heinz, Andreas Mayer, Thomas Kastner, Kristine-Elena Sallet, and Helmut

Haberl. "The Impact of Industrial Grain Fed Livestock Production on Food Security: An Extended Literature Review." Institute of Social Ecology, February 2012. http://www. uni-klu.ac.at/socec.

Field, Christopher. Testimony to the House Energy and Commerce Committee Climate Science Hearing, Carnegie Institution for Science, March 8, 2011.

"Finally, the Promise of Male Birth Control in a Pill: Compound Makes Mice Reversibly Infertile." ScienceDaily, August 16, 2012. http://www.sciencedaily.com/ releases/2012/08/120816121950.htm.

Food and Drug Administration, Department of Health and Human Services. "2009 Summary Report on Antimicrobials Sold or Distributed for Use in Food-Producing Animals." Accessed at: http://www.fda.gov/downloads/ForIndustry/UserFees/ AnimalDrugUserFeeActADUFA/UCM231851.pdf.

Foster, J. C. "The Deer of Kaibab: Federal-State Conflict in Arizona." *Arizona and the West*, vol. 12, no. 3 (1970): 255–68.

Goodland, Robert, and Jeff Anhang. "Livestock and Climate Change." *World Watch Magazine*, vol. 22, no. 6 (November/December, 2009): 10–19.

Gwynne, S. C. "The Last Drop." *Texas Monthly*, February 2008.

Hallmayer, Joachim, Sue Cleveland, Andrea Torres, et al. "Genetic Heritability and Shared Environmental Factors Among Twin Pairs With Autism." *Archives of General Psychiatry*, vol. 68, no. 11 (2011):1095–102.

Hansen, James, Ken Caldeira, and Eelco Rohling. "Paleoclimate Record Points Toward Potential Rapid Climate Changes." *American Geophysical Union*, Fall Meeting (slide presentation), San Francisco, December 6, 2011. http://www.nasa.gov/pdf/608352ma in_AGU_paleo_final.pdf.

Harvey, Fiona. "Artificial Meat Could Slice Emissions, Say Scientists." *Guardian* (UK), June 20, 2011. http://www.guardian.co.uk/environment/2011/jun/20/artificial-meat-emissions.

Hay, William W. "Could Estimates of the Rate of Future Sea-Level Rise Be Too Low?" Presentation to Geological Society of America Annual Meeting, Session No. 14, November 4, 2012.

Hertel, Thomas W., Marshall B. Burke, and David B. Lobell. "The Poverty Implications of Climate-Induced Crop Yield Changes by 2030." *Global Trade Analysis Project*, Working Paper No. 59, 2010.

Hickman, Leo. "Why I'd Happily Eat Lab-Grown Meat." *Guardian* (UK), November 30, 2009.

Hinck, J. E., V. S. Blazer, C. J. Schmitt, D. M. Papoulias, and D. E. Tillitt. "Widespread Occurrence of Intersex in Black Basses (Micropterus spp.) from U.S. Rivers, 1995– 2004." *Aquatic Toxicology*, vol. 95, no. 1 (October 2009): 60–70.

Hinrichson, D., and B. Robey. "Population and Environment: the Global Challenge." *Population Reports*, series M, no. 15. Johns Hopkins University School of Public Health,

Population, and Information Program, Fall 2009.

Howden, Daniel. "Toxic Chemicals Blamed for the Disappearance of Arctic Bays." *Independent*, September 12, 2007.

Hungerford, C. R. "Response of Kaibab Mule Deer to Management of Summer Range." *Journal of Wildlife Management*, vol. 34, no. 4 (October 1970): 852–62.

Joshi, Manoj, Ed Hawkins, Rowan Sutton, Jason Lowe, and David Frame. "Projections of When Temperature Change Will Exceed 2 [deg]C Above Pre-industrial Levels." *Nature Climate Change* 1, no. 8 (November 2011): 407–12.

Karman, Harvey, and Malcolm Potts. "Very Early Abortion Using Syringe as Vacuum Source." *Lancet*, vol. 300, no. 7786 (May 1972): 1051–52.

Koneswaran, G., Nierenberg, D. "Global farm animal production and global warming: impacting and mitigating climate change." *Environmental Health Perspectives*, 2008; 116: 578–582.

La Jacono, S. "Establishment and Modification of National Forest Boundaries: A Chronological Record, 1891–1973." U.S. Forest Service, Division of Engineering, 1973.

Lewis, Marlo. "House Energy and Commerce Climate Science Hearing: Is U.S. Corn Doomed?" GlobalWarming.org (blog), March 11, 2011. http://www.globalwarming.org/2011/03/11/house-energy-and-commerce-climate-science-hearing-Is-u-s-cor-doomed.

Lewis, Tanya. "Sea Level Rise Overflowing Estimates: Feedback Mechanisms Are Speeding Up Ice Melt." *Science News*, November 8, 2012.

Lobell, D. B., W. Schlenker, and J. Costa-Roberts. "Climate Trends and Global Crop Production Since 1980." *Science*, vol. 333, no. 6042 (July 2011): 616–20.

Marcott, Shaun A., Jeremy D. Shakun, Peter U. Clark, and Alan C. Mix. "A Reconstruction of Regional and Global Temperature for the Past 11,300 Years." *Science*, vol. 339, no. 6124 (March 2013): 1198–201.

Matzuk, Martin M., et al. "Small-Molecule Inhibition of BRDT for Male Contraception." *Cell*, vol. 150, no. 4 (August 2012): 673–84.

McGrath, Matt. "Climate Change 'May Shrink Fish.' " BBC World Service, September 30, 2012.

McKenna, Maryn. "Update: Farm Animals Get 80 Percent of Antibiotics Sold in U.S." *Wired*, Science Blog, December 24, 2010. http://www.wired.com/wiredscience/2010/12/news-update-farm-animals-get-80-of-antibiotics-sold-in-us.

McKibben, Bill. "Global Warming's Terrifying New Math." *Rolling Stone*, July 19, 2012.

Meinshausen, Malte, et al. "Greenhouse-Gas Emission Targets for Limiting Global Warming to 2°C." *Nature*, vol. 458: 1158–62. April 30, 2009.

Mellon, Margaret, Charles Benbrook, and Karen Lutz Benbrook. "Hogging It: Estimates of Antimicrobial Abuse in Livestock." *Union of Concerned Scientists*, January 2001. http://www.ucsusa.org/food_and_agriculture/our-failing-food-system/industrial-agriculture/hogging-it-estimates-of.html.

Nicholls, R. J., et al. "Ranking Port Cities with High Exposure and Vulnerability to Climate Extremes: Exposure Estimates." *OECD Environment Working Papers*, OECD Publishing, no. 1, November 19, 2008. http://dx.doi.org/10.1787/011766488208.

Onishi, Norimitsu. "Arid Australia Sips Seawater, but at a Cost." *New York Times*, July 10, 2010.

Parry, Wynne. "2 Degrees of Warming a Recipe for Disaster, NASA Scientist Says." *LiveScience*, December 6, 2011. http://www.livescience.com/17340-agu-climate-sensitivity-nasa-hansen.html.

Peters, Glen P., Robbie M. Andrew, Tom Boden, Josep G. Canadell, Philippe Ciais, Corinne Le Quéré, Gregg Marland, Michael R. Raupach, and Charlie Wilson. "The Challenge to Keep Global Warming Below 2 °C." *Nature Climate Change*, vol. 3 (January 2013). www.nature.com/natureclimatechange.

Philpott, Tom. "Attack of the Monsanto Superinsects." *Mother Jones*, August 30, 2011.

———. "The Meat Industry Now Consumes Four-Fifths of All Antibiotics." *Mother Jones*, February 8, 2013.

Potsdam Institute for Climate Impact Research and Climate Analytics. "Turn Down the Heat: Why a 4°C Warmer World Must Be Avoided." A report for the World Bank, November 2012. http://climatechange.worldbank.org/sites/default/files/Turn_Down_the_heat_Why_a_4_degree_centrigrade_warmer_world_must_be_avoided.pdf.

Potts, Malcolm. "Abortion Perspectives." *The European Journal of Contraception and Reproductive Health Care*, vol. 15 (June 2010): 157–59.

———. "Global Population Growth—Is It Sustainable?" Presented to the Parliamentary and Scientific Committee, October 22, 2007. *Science in Parliament*, vol. 65, no. 1 (Spring 2008): 18–19.

Prins, Gail S. "Endocrine disruptors and prostate cancer risk." *Endocrine-Related Cancer*, vol. 15 (2008) 649–56.

Rettner, Rachael. "Steak Made from Human Excrement: Is It Safe?" MyHealth NewsDaily.com, June 17, 2011. http://www.myhealthnewsdaily.com/1400-poop-meat-safety.html.

Richards, Gwendolyn. "Him or Herring? Chemicals Causing 'Gender-Bending' Fish in Alberta." *Calgary Herald*, July 29, 2010.

Roosevelt, Theodore. "A Cougar Hunt on the Rim of the Grand Canyon." *Outlook*, October 4, 1913: 259–65.

Sansoucy, R. "Livestock: A Driving Force for Food Security and Sustainable Development." *World Animal Review Series* (FAO), 1995: 5–17. http://www.fao.org/docrep/V8180T/V8180T00.htm.

Schellnhuber, Hans Joachim. "Global Warming: Stop Worrying, Start Panicking?" *Proceedings of the National Academy of Science*, vol. 105, no. 38 (September 23, 2008): 14239–40.

Schlenker, Wolfram, and Michael J. Roberts. "Estimating the Impact of Climate Change on Crop Yields: The Importance of Nonlinear Temperature Effects." *National Bureau of Economic Research*, Working Paper No. 13799, February 2008. http://www.nber.org/

papers/w13799.

———. "Nonlinear Temperature Effects Indicate Severe Damages to U.S. Crop Yields Under Climate Change." *Proceedings of the National Academy of Science*, vol. 106, no. 37 (2009): 15594–98.

Singh, Susheela, and Jacqueline E. Darroch. "Adding It Up: Costs and Benefits of Contraceptive Services—Estimates for 2012." Guttmacher Institute. http://www. guttmacher.org/pubs/AIU-2012-estimates.pdf.

Sohn, Emily. "More Hermaphrodite Fish in U.S. Rivers." *Discovery News*, September 15, 2009. http://news.discovery.com/animals/whales-dolphins.

"Soybean Demand Continues to Drive Production." Worldwatch Institute, http://www. worldwatch.org/node/5442.

"Soy Facts." Soyatech, http://www.soyatech.com/soy_facts.htm.

Squires, Rosie. "Male Pill a Step Closer to Reality." *Advertiser* (Australia), August 17, 2012.

"The State of World Population 2012." UN Population Fund (UNFPA), November 14, 2012.

Steinfeld, H., et al. "Livestock's long shadow: environmental issues and options." LEAD/FAO publication, Rome, 2006.

Tash, Joseph S., et al. "Gamendazole, an Orally Active Indazole Carboxylic Acid Male Contraceptive Agent, Targets HSP90AB1 (HSP90BETA) and EEF1A1 (eEF1A), and Stimulates Il1a Transcription in Rat Sertoli Cells." *Biology of Reproduction*, vol. 78, no. 6 (June 2008): 1139–52.

Tavernise, Sabrina. "Farm Use of Antibiotics Defies Scrutiny." *New York Times*, September 3, 2012.

Thornton, Philip K. "Livestock Production: Recent Trends, Future Prospects." *Philosophical Transactions of the Royal Society, Biological Sciences*, vol. 365, no. 1554 (September 27, 2010): 2853–67. http://rstb.royalsocietypublishing.org/content/365/1554/2853.full.

"The U.S. Government and International Family Planning and Reproductive Health Fact Sheet." Henry J. Kaiser Family Foundation Menlo Park (CA), with Henry J. Kaiser Family Foundation, April 2012.

Vidal, John. "One Quarter of US Grain Crops Fed to Cars—Not People, New Figures Show." *Guardian* (UK), January 22, 2010.

Weisman, Alan. "Endgame." *Dispatches*, August 2009.

———. "Three Planetary Futures." *Vanity Fair*, April 21, 2008. http://www.vanityfair.com/ politics/features/2008/04/envirofuture200804?currentPage=1.

Weiss, Kenneth R. "Tinderbox of Youth: Runaway Population Growth Often Fuels Youth-Driven Uprisings." *Los Angeles Times*, July 22, 2012.

Wilonsky, Robert. "Thanks to Drought, Houston's Drinking More of Dallas's Wastewater Than Ever Before." Unfair Park (blog), *Dallas Observer*, December 21, 2011. http:// blogs.dallasobserver.com/unfairpark/2011/12/thanks_to_drought_houstons_dri.php.

Wise, Amber, Kacie O'Brien, and Tracey Woodruff. "Are Oral Contraceptives a Significant Contributor to the Estrogenicity of Drinking Water?" *Environmental Science &*

Technology, vol. 45 (2011): 51–60.

Woo, Elaine. "Creator of Device for Safer Abortions; Harvey Karman, 1924–2008." *Los Angeles Times* (obituary), May 18, 2008.

Young, C. C. "Defining the Range: Carrying Capacity in the History of Wildlife Biology and Ecology." *Journal of the History of Biology*, vol. 31, no. 1 (1998): 61–83.

17
인류가 더 적은 세계 및 맺음말

책

Cincotta, Richard P., Robert Engelman, and Daniele Anastasion. *The Security Demographic: Population and Civil Conflict After the Cold War*. Washington, DC: Population Action International, 2003.

Cohen, Joel E. *How Many People Can the Earth Support?* New York: W. W. Norton & Company, 1995.

Ehrlich, Paul R., and Ilkka Hanski, eds. *On the Wings of Checkerspots: A Model System for Population Biology*. Oxford: Oxford University Press, 2004.

Gilding, Paul. *The Great Disruption: Why the Climate Crisis Will Bring on the End of Shopping and the Birth of a New World*. New York: Bloomsbury Press, 2011.

Klare, Michael T. *The Race for What's Left: The Global Scramble for the World's Last Resources*. London: Macmillan, 2012.

Myers, N., and J. Simon. *Scarcity or Abundance: A Debate on the Environment*. New York: W. W. Norton & Company, 1994.

Wilson, Edward O. *The Future of Life*. New York: Alfred A. Knopf, 2002.

기사 및 논문

" '233 million women' lacking contraception in 2015." Agence France-Presse, March 11, 2013.

Alkema, Leontine, et al. "National, regional, and global rates and trends in contraceptive prevalence and unmet need for family planning between 1990 and 2015: a systematic and comprehensive analysis." *Lancet*, March 12, 2013.

Ashford-Grooms, Meghan. " 'Mexico City Policy' or No, U.S. Aid Can't Be Used on Abortion." *Austin American Statesman*, July 1, 2011.

"Bangladesh's Population Stands at 164.4 Million: UNFPA." *Asia Pulse*, October 21, 2010.

Barnosky, Anthony D., Elizabeth A. Hadly, Jordi Bascompte, et al. "Approaching a State Shift in Earth's Biosphere." *Nature*, vol. 486 (June 7, 2012): 52–58.

———, Nicholas Matzke, Susumu Tomiya, et al. "Has the Earth's Sixth Mass Extinction Already Arrived?" *Nature*, vol. 471 (March 2011): 51–57.

Bartoli, Gretta, Barbel Honisch, and Richard Zeebe. "Atmospheric CO2 decline duringthe

Pliocene intensification of Northern Hemisphere glaciations." *Paleoceanography*, vol. 26, no. 4 (December 2011).

"Bay Checkerspot Butterfly: Euphydryas Editha Bayensis." EPA Endangered Species Facts. Office of Pesticide Programs, February 2010. http://www.epa.gov/espp.

"Biography: George H. W. Bush." PBS American Experience documentary series. http://www.pbs.org/wgbh/americanexperience/features/biography/bush-george.

Bonebrake, Timothy C., et al. "Avian Diversity at Jasper Ridge: Exploring Dynamics Across Habitats and Through the Decades." https://lbreapps.stanford.edu/searsville/Biology%20studies/StateofPreserve-BirdsDraft1a.pdf.

Boyce, Daniel G., Marlon R. Lewis, and Boris Worm."Global Phytoplankton Decline over the Past Century." *Nature*, vol. 466, no. 7306 (July 2010): 591–96.

Bradsher, Keith. "Rain and Snowfall Ease Drought in China." *New York Times*, March 7, 2011.

Brill, Richard. "Earth's Carrying Capacity Is an Inescapable Fact." *Honolulu Star-Advertiser*, November 5, 2010.

Bump, Philip. "The Arctic Could Be Ice-Free by 2016." *Grist*, September 18, 2012.

Cabal, Luisa. "Regressive Contraception Policies 'Failing Women' in EU." *Public Service Europe*, March 23, 2012. http://www.publicserviceeurope.com/article/1694.

Cafaro, Philip. "Climate Ethics and Population Policy." *WIREs Climate Change*, vol. 3 (2012): 45–61. doi: 10.1002/wcc.153.

Campbell, Martha. "Why the Silence on Population?" *Population Environment*, vol. 28 (2007): 237–46.

Carpenter, Stephen R. "Phosphorus: Approaching Fundamental Limits?" *Stockholm Water Front Magazine*, no. 2 (2011): 4.

Childers, Daniel L., Jessica Corman, Mark Edwards, and James J. Elser. "Sustainability Challenges of Phosphorus and Food: Solutions from Closing the Human Phosphorus Cycle." *BioScience*, vol. 61, no. 2 (2011): 117–24.

Cincotta, Richard P., Jennifer Wisnewski, and Robert Engelman. "Human Population in the Biodiversity Hotspots." *Nature*, vol. 404 (April 27, 2000): 990–92.

Cizik, Rev. Richard, and Rev. Debra W. Haffner. "Shared Commitment to Women and Children," On Faith, *Washington Post*, March 3, 2011. http://onfaith.washingtonpost.com/onfaith/guestvoices.

"Climate Change: Local Governments Should Wait." *South Dade Matters*, February 9, 2012. http://southdadematters.com/tag/sea-level-rise.

Cohen, Susan A. "The United States and the United Nations Population Fund: A Rocky Relationship." *The Guttmacher Report on Public Policy*, vol. 2, no. 1 (February 1999).

Coleman, Les. "Alarming Climate Change Effects on FL." *Public News Service*, November 21, 2011. http://www.publicnewsservice.org/index.php?/content/article/23338-1.

"Consumption Driving 'Unprecedented' Environment Damage: UN." Agence France-Presse. June 6, 2012.

DeFillipo, Valerie. "House Appropriations Committee Votes to Defund UNFPA." Another Blow Against Women (blog), *Huffington Post*, May 17, 2012.

Dilorenzo, Sarah. "Energy Agency Warns World Must Take Action to Greatly Reduce Emissions by 2017—or Else." Associated Press, September 9, 2011.

Ehrlich, Anne H., and Paul R. Ehrlich. "Can a Collapse of Global Civilization Be Avoided?" *Proceedings of the Royal Society: Biological Sciences*, vol. 280 (2013). http://rspb. royalsocietypublishing.org/content/280/1754/20122845.full.html#ref-list-1.

Ehrlich, Paul R., and Anne H. Ehrlich. "Letter to Barack Obama: What Needs to Be Done." Department of Biology, Stanford University, November 6, 2008.

Ehrlich, Paul R., and Raven, P. H. "Butterflies and Plants: A Study in Coevolution." *Evolution*, vol. 18 (1964): 586–608.

Engelman, Robert. "Population, Climate Change, and Women's Lives." World Watch Report 183, Worldwatch Institute, 2010.

Financial Resource Flows for Population Activities 2009. New York: United Nations Population Fund, 2009.

Foley, Jonathan A. "Living on a New Earth." *Scientific American*, April 2010: 54–60.

———, et al. "Global Consequences of Land Use." *Science*, vol. 309 (July 22, 2005): 570–74.

———, Navin Ramankutty, Elena M. Bennett, et al. "Solutions for a Cultivated Planet: Addressing Our Global Food Production and Environmental Sustainability Challenges." *Nature*, vol. 478 (October 20, 2011): 337–42.

Food and Agriculture Organization of the United Nations. "Global Information and Early Warning System on Food and Agriculture Country Briefs: Egypt." September 6, 2012. http://www.fao.org/giews/countrybrief/country.jsp?code=EGY.

"Future Agricultural Demands for Phosphorus, a Finite and Dwindling Resource That Is Essential for Plant Growth, May Be Lower than Previously Projected." *Proceedings of the National Academy of Science*, vol. 109, no. 16 (2012). http://www.pnas.org/cgi/doi/10.1073/pnas.1113675109.

Gates, Melinda. "Let's Put Birth Control Back on the Agenda." TED video. April 2012. http://www.ted.com/talks/melinda_gates_let_s_put_birth_control_back_on_the_agenda.html.

Guttmacher Institute. "Costs and Benefits of Investing in Contraceptive Services in the Developing World." UNFPA Fact Sheet, June 2011.

Haq, Naimul. "Bangladesh Scores on Girls' Schooling." Inter Press Service, May 1, 2012.

Hardin, Garrett. "From Shortage to Longage: Forty Years in the Population Vineyards." *Population and Environment: A Journal of Interdisciplinary Studies*, vol. 12, no. 3 (Spring 1991): 339–49.

Heller, Karen. "Some Family-Planning Wisdom from Nixon." *Philadelphia Inquirer*, April 13, 2011.

Hooper, David U., E. Carol Adair, Bradley J. Cardinale, Jarrett E. K. Byrnes, Bruce A.

Hungate, et al. "A Global Synthesis Reveals Biodiversity Loss as a Major Driver of Ecosystem Change." *Nature*, vol. 486 (June 2012): 105–8.

Horton, Tom. "Concerns over U.S. Population Growth Date Back to Nixon Era." *Chesapeake Bay Journal*, April 2012.

IAP: The Global Network of Science Academies. Statement on Population and Consumption, June 2012.

Johnson, Robert. "What the Money Spent in Iraq and Afghanistan Could Have Bought at Home in America." *Business Insider*, August 16, 2011. http://articles.businessinsider.com/2011-08-16/news.

Kareiva, Peter, and Michelle Marvier. "Conservation for the People." *Scientific American*, October 2007: 2–9.

———, Robert Lalasz, and Michelle Marvier. "Conservation in the Anthropocene." *Breakthrough Journal*, no. 2 (Fall 2011).

Kennedy, Kelly. "Drugmakers Have Paid $8 Billion in Fraud Fines." *USA Today*, March 6, 2012.

Kiel, Katherine A., Victor A. Matheson, and Kevin Golembiewski. "Luck or Skill? An Examination of the Ehrlich-Simon Bet." Research Series, Paper no. 09-08. College of the Holy Cross, Department of Economics Faculty, July 2009.

LaFranchi, Howard. "Rio+20 Earth Summit: Why Hillary Clinton Won Applause for Statement on Women." *Christian Science Monitor*, June 22, 2012. http://www.csmonitor.com/USA/Foreign-Policy/2012.

Lewis, Leo. "Scientists Warn of Lack of Vital Phosphorus as Biofuels Raise Demand." World Business, *Times* (London), June 23, 2008.

Lutz, Wolfgang, and K. C. Samir. "Global Human Capital: Integrating Education and Population." *Science*, vol. 333, no. 6042 (July 29, 2011): 587–92.

Malter, Jessica. "Trends in US Population Assistance." *Population Action International*, Guttmacher Institute, October 4, 2011. http://populationaction.org/articles.

Martin, Glen. "Taking the Heat: Bay Area Ecosystems in the Age of Climate Change." January 1, 2008. http://baynature.org/articles/taking-the-heat.

Martin, Jack, and Stanley Fogel. "Projecting the U.S. Population to 2050: Four Immigration Scenarios." A report by the Federation of American Immigration Reform, March 2006. http://www.fairus.org/site/DocServer/pop_projections.pdf.

"Melinda Gates' New Crusade: Investing Billions in Women's Health." *Daily Beast*, May 7, 2012.

Melnick, Meredith. "Is the Catholic Church's Argument Against IVF a Bit Holey?" Heathland.Times.com, October 8, 2010.

Moore, Malcolm, and Peter Foster. "China to Create Largest Mega City in the World with 42 Million People." *Telegraph* (UK), January 24, 2011.

Mora, Camilo, and Peter F. Sale. "Ongoing Global Biodiversity Loss and the Need to Move Beyond Protected Areas: A Review of the Technical and Practical Shortcomings of Protected Areas on Land and Sea." Marine Ecology Progress Series. doi: 10.3354/meps09214.

Moreland, Scott, Ellen Smith, and Suneeta Sharma. "World Population Prospects and Unmet Need for Family Planning." Washington, DC: Futures Group, April 2010.

Nordhaus, Ted, Michael Shellenberger, and Linus Blomqvist. *The Planetary Boundaries hypothesis: A Review of the Evidence*. Oakland, CA: The Breakthrough Institute, June 11, 2012

"Obama Administration: Health Insurers Must Cover Birth Control with No Copays." *Huffington Post*, August 1, 2011.

O'Neill Brian C., Michael Dalton, Regina Fuchs, Leiwen Jiang, Shonali Pachauri, and Katarina Zigova. "Global Demographic Trends and Future Carbon Emissions." *Proceedings of the National Academy of Sciences*, August 27, 2010.

Oppenheimer, Mark. "An Evolving View of Natural Family Planning." *New York Times*, July 9, 2011.

Oreskes, Naomi, and Conway, Erik M. "The Collapse of Western Civilization: A View from the Future." *Dædalus, the Journal of the American Academy of Arts & Sciences*. The Alternative Energy Future issue, vol. 2 (Winter 2013): 40–58.

Pimm, S. L., and P. H. Raven. "Extinction by Numbers." *Nature*, vol. 403 (February 2000): 843–45.

———, A. Peterson, C. H. Sekercioglu, and P. Ehrlich. "Human Impacts on the Rates of Recent, Present and Future Bird Extinctions." *Proceedings of the National Academy of Sciences*, vol. 103, no. 29 (2006): 10941–46.

"Policy Fact Sheet," The Henry J. Kaiser Family Foundation, April 2012. http://www.kff.org/globalhealth/8073.cfm.

Potts, Malcolm. "A Game-Changer Again." *Los Angeles Times*, February 20, 2012.

———. "Global Population Growth—Is It Sustainable?" Presented to the Parliamentary and Scientific Committee, October 22, 2007. *Science in Parliament*, vol. 65, no. 1 (Spring 2008): 18–19.

———, and Martha Campbell. "The Myth of 9 Billion." *Foreign Policy*, May 9, 2011.

———, and Roger Short. "The Impact of Population Growth on Tomorrow's World." *Philosophical Transactions of the Royal Society*, vol. 364, no. 1532 (October 2009): 2969–3124.

Powell, Alvin. "A Close Eye on Population Growth." *Harvard Gazette*, October 6, 2012.

Report to Prohibit Funding to the United Nations Population Fund. U.S. House of Representatives, 112th Congress, 2d session, January 17, 2012, 112–36.

"The Revenge of Malthus: A Famous Bet Recalculated." *Economist*, August 6, 2011.

"Rio+20 Conference Rejects Calls to Support Abortion, Population Control." *Catholic World News*, June 20, 2012. http://www.catholicculture.org/news.

Rockström, J., W. Steffen, K. Noone, Å. Persson, F. S. Chapin, III, E. Lambin, T. M. Lenton, M. Scheffer, C. Folke, H. Schellnhuber, B. Nykvist, C. A. De Wit, T. Hughes, S. van der

Leeuw, H. Rodhe, S. Sörlin, P. K. Snyder, R. Costanza, U. Svedin, M. Falkenmark, L. Karlberg, R. W. Corell, V. J. Fabry, J. Hansen, B. Walker, D. Liverman, K. Richardson, P. Crutzen, and J. Foley. "Planetary Boundaries: Exploring the Safe Operating Space for Humanity." *Ecology and Society*, vol. 14, no. 2, Article 32 (2009).

————. "A Safe Operating Space for Humanity." *Nature*, vol. 461 (September 24, 2009): 472–75.

Sample, Ian. "Earth Facing 'Catastrophic' Loss of Species." *Guardian* (UK), July 19, 2006.

Schneider, Keith. "China's Water Crisis Threatens to Leave Economy High and Dry." *Nation* (Thailand), July 15, 2011.

Schol, John R. "The Christian Case for Environmentalism: The Confluence of Good Friday and Earth Day Is a Reminder of Our Duty to Protect God's Creation." *Baltimore Sun*, May 2, 2011. http://www.baltimoresun.com/news/opinion.

Secretariat of the Convention on Biological Diversity. *Global Biodiversity Outlook 3—Executive Summary*. Montréal, 2010.

Sethi, Nitin. "Reproductive Rights Fail to Find Mention in Rio Declaration." *Times of India*, June 22, 2012.

Shahriar, Sharif. "Bangladesh Achieves Equality in Education." *Khabar South Asia*, June 22, 2012. http://khabarsouthasia.com/en_GB/articles/apwi/articles/features/2012/06/22/feature-02.

Singh, S., and J. E. Darroch. *Adding It Up: Costs and Benefits of Contraceptive Services—Estimates for 2012*. New York: Guttmacher Institute and United Nations Population Fund (UNFPA), 2012.

Steffen, Will, Paul J. Crutzen, and John R. McNeill. "The Anthropocene: Are Humans Now Overwhelming the Great Forces of Nature?" *Ambio*, vol. 36, no. 8 (December 2007): 614–21.

Suckling, Kieran. "Conservation for the Real World." *Breakthrough Journal*, April 2012.

Sulat, Nate. "Feasibility Study: Reintroduction of the Bay Checkerspot Butterfly to Stanford University Lands." http://woods.stanford.edu/environmental-venture-projects/feasibility-study-reintroduction-bay-checkerspot-butterfly-stanford.

Temmerman, M., D. Van Braeckel, and O. Degomme. "A Call for a Family Planning Surge." *FVV in ObGyn*, vol. 4, no. 1 (2012): 25–29.

Tilman, David, and John A. Downing. "Biodiversity and Sustainability in Grasslands." *Nature*, vol. 367 (January 27, 1994): 363–65.

————, ————, and David A. Wedin. Letter from Scientific Correspondence in *Nature*, vol. 371 (September 8, 1994): 114.

Tilman, David, Kenneth G. Cassman, Pamela A. Matson, Rosamond Naylor, and Stephen Polasky. "Agricultural Sustainability and Intensive Production Practices." *Nature*, vol. 418 (August 8, 2002): 671–77.

Turner, Tom. "The Vindication of a Public Scholar." *Earth Island Journal*, Summer 2009.

U.S. Environmental Protection Agency. "Nitrous Oxide Emissions," in Greenhouse Gas

Emissions. Last updated: June 14, 2012. http://epa.gov/climatechange/ghgemissions.

"The U.S. Government and International Family Planning & Reproductive Health." Fact sheet, U.S. Global Health Policy, The Henry J. Kaiser Family Foundation, April 2012.

United Nations Population Fund (UNFPA) Annual Report: 2010.

United States Census Bureau. "U.S. & World Population Clocks." http://www.census.gov/main/www/popclock.

"Universal Ownership: Why Environmental Externalities Matter to Institutional Investors." Report by United Nations Environment Programme Finance Initiative, and Principles for Responsible Investment, October 2010.

Vitousek, Peter M., Harold A. Mooney, Jane Lubchenco, and Jerry M. Melillo. "Human Domination of Earth's Ecosystems." *Science*, vol. 227 (July 25, 1997): 494–99. doi: 10.1126/science.277.5325.494.

"Why Biodiversity Matters," in *Ecosystems and Biodiversity*. Population Matters, 2011.

Wile, Rob. "America 2050: Here's How the Country Will Look Three Decades from Now." *Business Insider*, October 19, 2012. http://www.businessinsider.com.

"World Population to Hit 10 Billion, but 15 Billion Possible: UN." Agence France-Presse. October 26, 2011.

Youssef, Nancy A. "True Cost of Wars in Afghanistan, Iraq Is Anyone's Guess." McClatchy Newspapers, *Stars and Stripes*, August 15, 2011.

찾아보기

인구 쇼크

1판 1쇄 발행 2015년 1월 9일
1판 2쇄 발행 2015년 2월 4일

지은이 앨런 와이즈먼
옮긴이 이한음

발행인 양원석
본부장 송명주
편집장 김정옥
책임편집 최일규
교정교열 구윤회   **전산조판** 김미선
해외저작권 황지현, 지소연
제작 문태일, 김수진
영업마케팅 김경만, 정재만, 곽희은, 임충진, 이영인, 장현기, 김민수,
        임우열, 윤기봉, 송기현, 우지연, 정미진, 이선미, 최경민

펴낸 곳 ㈜알에이치코리아
주소 서울시 금천구 가산디지털2로 53, 20층 (가산동, 한라시그마밸리)
편집문의 02-6443-8851   **구입문의** 02-6443-8838
홈페이지 http://rhk.co.kr
등록 2004년 1월 15일 제2-3726호

ISBN 978-89-255-5498-3 (03300)